亲切关怀

2015 年 10 月 20 日，在国家主席习近平和英国首相卡梅伦的见证下，中国华电集团公司与英国 BP 集团签署了液化天然气销售和购买协议。

CHINA HUADIAN CORPORATION

考察调研

2015 年 6 月 12 日，集团公司董事长、党组书记李庆奎到华电运营企业调研。

2015 年 12 月 8 日，集团公司董事长、党组书记李庆奎到华电湖南区域企业调研。

2015 年 9 月 16 日至 17 日，集团公司总经理、党组成员程念高到华电广西区域企业调研。

2015 年 10 月 20 日至 23 日，集团公司总经理、党组成员程念高到华电山西区域企业调研。

2015 年 9 月 17 日，集团公司党组副书记、副总经理任书辉到华电湖北区域企业调研。

2015 年 3 月 11 日，集团公司党组成员、副总经理辛保安到华电内蒙古区域企业调研。

CHINA HUADIAN CORPORATION

2015 年 11 月 5 日，集团公司党组成员、副总经理邓建玲到华电陕西区域企业调研。

2015 年 12 月 15 日至 17 日，集团公司党组成员、副总经理陈建华到华电福建区域企业调研。

2015 年 4 月 23 日，集团公司党组成员、纪检组组长蒋亮平到华电天津区域企业调研。

重要会议

2015 年 1 月 19 日至 21 日，集团公司召开 2015 年工作会议。

2015 年 2 月 13 日，集团公司召开反腐倡廉建设工作会议。

2015 年 3 月 24 日，集团公司召开供热工作现场会。

CHINA HUADIAN CORPORATION

2015 年 4 月 8 日至 9 日，集团公司召开新能源工作座谈会。

2015 年 4 月 10 日，集团公司召开依法治企工作会暨季度工作例会。

2015 年 4 月 16 日，国务院国资委召开中国华电集团公司建设规范董事会工作会议，宣布国资委聘任的华电集团外部董事，标志着集团公司规范董事会正式组建运行。

2015 年 5 月 13 日，集团公司举办“三严三实”专题教育党课。

2015 年 5 月 15 日，集团公司召开第一届董事会第一次会议。

2015 年 6 月 5 日，集团公司召开精神文明建设经验交流暨道德讲堂观摩视频会。

CHINA HUADIAN CORPORATION

2015 年 6 月 10 日，集团公司召开火电企业“强基”暨 7S 管理总结推进现场会。

2015 年 7 月 1 日，集团公司召开市场营销体系建设暨筹建售电公司工作会议。

2015 年 7 月 15 日至 17 日，集团公司召开上半年经济活动分析会。

2015 年 7 月 17 日，集团公司召开第一届董事会第二次会议。

2015 年 8 月 26 日，集团公司召开保密委扩大会议。

2015 年 9 月 1 日，集团公司召开改革工作推进会。

CHINA HUADIAN CORPORATION

2015 年 10 月 13 日，集团公司召开三季度工作例会。

2015 年 10 月 15 日，集团公司召开 ERP 二期推广启动会。

2015年11月26日至27日，集团公司举办五中全会精神研修班，并召开2016年度工作务虚会。

重要事件及活动

2015 年 1 月 28 日，集团公司与四川能投集团在北京签署战略合作框架协议。

2015 年 5 月 12 日，集团公司与上海申能能源科技有限公司在上海签订节能减排新技术应用合作框架协议。

2015 年 5 月 20 日，集团公司第八份社会责任报告——《2014 年社会责任报告》在北京发布，这也是集团公司发布的第三份“五星级”社会责任报告。

2015 年 5 月 26 日，集团公司召开《华电法典（2015 版）》发布会。

2015 年 6 月 12 日，集团公司与中国联通网络信息安全专家论坛暨网络安全统一管控项目签约仪式在北京举行。

2015 年 7 月 22 日，由联合国全球契约中国网络主办的第三届“生态文明·美丽家园”关注气候中国峰会在北京举行。集团公司凭借“火电超低排放助力减排升级”项目获评“中国绿色科技创新成果奖”。

2015年8月1日16时30分，印度尼西亚巴厘岛3×142MW燃煤电厂3号机组顺利通过168小时满负荷试运行，正式投产发电，标志着集团公司在印度尼西亚的第三个电源项目建成投产。

2015年11月9日至12日，集团公司第23届技能大赛（火电继电保护）在四川宜宾分公司（珙县公司）举行。

2015年12月17日，中国华电工程（集团）有限公司正式更名为中国华电科工集团有限公司。

CHINA HUADIAN CORPORATION

2015年12月18日，在北京召开的创建国家优质工程总结表彰大会上，华电句容电厂一期2×1000MW机组“上大压小”新建工程以综合排名第一的成绩，荣膺“2014-2015年度国家优质工程奖金奖”。

2015年12月29日，集团公司举行展望“十三五”暨形象平台启用仪式。

2015年12月29日23时12分，华电常德电厂2号机组顺利通过168小时试运行，正式投入商业运营，标志着常德电厂一期2×660MW项目全部竣工投产。该项目是华中地区首个新建超低排放项目，也是集团公司首个660MW等级新建超低排放项目。

中国华电集团公司年鉴

2015

《中国华电集团公司年鉴》编委会

中国电力出版社
CHINA ELECTRIC POWER PRESS

图书在版编目（CIP）数据

中国华电集团公司年鉴．2015／《中国华电集团公司年鉴》编委会编．—北京：中国电力出版社，2016．10
ISBN 978-7-5123-9667-8

Ⅰ．①中…　Ⅱ．①中…　Ⅲ．①电力工业-工业企业-中国-2015-年鉴　Ⅳ．①F426．61-54

中国版本图书馆 CIP 数据核字（2016）第 192506 号

中国电力出版社出版
（北京市东城区北京站西街 19 号　100005　http：//www．cepp．sgcc．com．cn）
北京盛通印刷股份有限公司印刷
*
2016 年 10 月第一版　　2016 年 10 月北京第一次印刷
787 毫米×1092 毫米　16 开本　22 印张　630 千字　8 插页
定价 **180．00** 元

《中国华电集团公司年鉴》编纂委员会

《中国华电集团公司年鉴》编辑部

编辑说明

1.《中国华电集团公司年鉴》是由中国华电集团公司（简称集团公司）主编的企业年鉴，旨在全面、系统、翔实地记载集团公司工作成就和向战略目标迈进的发展历程，发挥年鉴资政、知情、教化、存史、窗口作用，为集团公司经营发展服务。同时，它也是一部融史实性、指导性、全面性、实用性和可读性为一体，文、图、表并茂，对外公开出版的综合性大型资料工具书。

2. 编纂《中国华电集团公司年鉴》的指导思想是：以邓小平理论、“三个代表”重要思想、科学发展观和习近平总书记系列重要讲话精神为指导，坚持实事求是、与时俱进的方针，紧密围绕集团公司战略，贯穿发展主题，把握工作重点，突出企业特色，全面反映各项工作的新特点、新成就和新经验，努力做到体系完整、时间连续、内容真实和行文规范。

3. 本年鉴为《中国华电集团公司年鉴》的第十卷，编入资料的时间范围为2015年1月1日~2015年12月31日，少数条目酌情收录了一些回溯性、展望性资料。文中涉及的领导班子组成、组织机构及有关事件，除特别注明外，均为2015年末的情况。

4. 本年鉴记载的主体是集团公司，并收录了公司系统有关二级单位。集团公司参股企业以及2015年12月31日之后成立的单位没有纳入本年鉴。

5. 本年鉴采用分类编辑法，按篇目、栏目、条目三层结构进行编写，共设14个篇目，即特载、集团公司概况、总部建设与管理、科学发展、经营管理、科技与环保、信息化建设与管理、人力资源管理、党的建设和精神文明建设、交流与合作、成员单位、荣誉、大事记、统计资料，共45个栏目、266个条目，总字数约63万字。

6. 本年鉴采用文章和条目两种体裁，以条目体为主，并选配具有一定史料价值的图片共40幅，力求做到图文并茂。

7. 本年鉴中的单位名称、集团总部各部门名称首次出现均使用规范全称，重复出现一般使用简称。除特别注明外，文中“中国华电”“华电集团”“集团公司”“公司”均指“中国华电集团公司”。领导人员在文中首次出现时，在其姓名前加写主要职务，重复出现只写姓名，不再加写职务。

8. 本年鉴“成员单位”篇目中，【领导人员】条目系指广义的领导班子，包含公司制企业法人治理结构，亦包含非公司制企业和单位的党政班子。

9. 本年鉴“荣誉”篇目中，主要收录集团公司表彰的荣誉。

10. 本年鉴的编纂工作在《中国华电集团公司年鉴》编纂委员会的领导下进行。稿件由集团总部各部门、各单位确定专人负责撰写，并经以上撰稿部门、单位领导审核，由年鉴编辑部汇总编辑。

《中国华电集团公司年鉴》编辑部

二〇一六年八月

篇目

目录

一、特 载

四、科 学 发 展

五、经 营 管 理

六、科技与环保

七、信息化建设与管理

八、人力资源管理

九、党的建设和精神文明建设

十、交流与合作

十一、成员单位

十二、荣　誉

十三、大 事 记

十四、统 计 资 料

一、特　　载

重 要 文 件

关于王怀书免职的通知

国资任字〔2015〕72号

中国华电集团公司：

经研究，王怀书不再担任中国华电集团公司总会计师职务，请按有关规定办理。

国务院国有资产监督管理委员会

2015年6月29日

关于任书辉任职的通知

国资党任字〔2015〕126号

中共中国华电集团公司党组：

经研究，任书辉同志任中国华电集团公司党组副书记。

中共国务院国有资产监督管理委员会委员会

2015年12月11日

王勇国务委员批示

庆奎同志：

华电集团在2014年工作中，认真贯彻落实党中央、国务院各项决策部署，保增长、调结构、推改革、提质增效，创出历史最好业绩。向你们表示祝贺！向华电集团全体干部员工表示慰问和感谢！希望今年再接再厉，继续努力，在新常态下全力推进企业进一步提质增效升级，做强做优做大，为促进国民经济平稳健康发展做出新的更大贡献。

王勇

2015年1月17日

张毅主任题词

庆奎同志：

过去的一年，华电集团奋力同心，开拓进取，全力保增长、调结构、推改革、增效益，取得了喜人成绩，为优化电力产业结构，保障经济健康平稳运行做出了重要贡献。我代表国务院国资委对你们所取得的成绩表示热烈祝贺！希望你们在新的一年里，主动适应经济发展新常态，围绕做强做优做大国有企业，着力转方式调结构，全力强管理降成本保增长，全面深化改革，强化依法治企，进一步提升发展质量和效益，为保障国家能源安全和经济社会健康发展做出积极贡献。

二〇一五年一月十九日

适应新常态 谋划新发展 为建成世界一流企业集团而努力奋斗

——在集团公司2015年工作会议上的讲话

李庆奎

（2015年1月20日）

一、2014年工作回顾

2014年，我们在党中央、国务院和国资委的坚强领导下，认真落实上级各项决策部署，攻坚克难，真抓实干，全力保增长、调结构、推改革、提效益，公司主要经营发展指标创出历史新高，进入到成立以来的最好时期。

（一）定战略，补短板，项目发展取得重要突破

我们着眼长远，科学谋划公司可持续发展，制定了2014—2020年发展战略，确立了中长期发展规划和“1181”“三个翻番”的战略目标。以战略为统领，集中精力做强做优主业，突出大项目带动和重点区域布局，加快调结构、补短板，转型升级取得明显成效。莱州二期、句容二期、芜湖二期、永利一期、江陵一期、邵武三期、新疆西黑山、襄垣一期等一批战略性项目列入国家清洁高效火电建设规划。后续储备的项目不仅增加较多，而且均是高效环保大机组，区位优势明显，

具有较强的竞争能力。西南水电迎来发展契机，新能源开发建设明显提速，清洁能源装机占比三分之一。协同推进煤炭、金融、工程技术等产业发展，控股原煤产量、港口吞吐量、航运货运量均大幅增长，金融产业发展稳中有升，工程技术产业新签合同总额200亿元，国内首台航改机成功下线。“走出去”步伐不断加快，柬埔寨额勒赛水电项目正式进入商业运行，越南沿海二期项目获得核准，成功在俄罗斯、西班牙、加拿大等国家并购了一批发电和油气资源项目。

（二）早启动，稳推进，全面深化改革取得积极成效

认真贯彻落实十八届三中全会精神，制订出台了全面深化改革指导意见和九个重点改革方案，按照上级改革部署，快速行动，整体谋划，突出重点，试点先行，一些重点领域和关键环节的改革取得积极成效。按照建立现代企业制度要求，建立了党组会、董事长办公会、总经理月度协调会以及季度工作例会等运作机制，初步构建起权责分明、高效执行的现代企业治理体系。顺应国家简政放权新形势，确立了总部“抓总”、区域“做实”、基层“强基”的管控体制改革思路，调整总部管理职能，优化制度流程，理顺部分区域管理关系，加大向二级单位授权力度，下放部分管理权限，调动了二级单位的积极性。按照公司改革总体设计，稳步推行发电区域化、煤炭专业化和物资、燃料集约化管理，在内蒙古、陕西区域率先实现发电区域化管理，14家煤矿、47家发电企业顺利完成移交。协同推进配套激励机制建设，制订出台了“千人计划”、践行社会主义核心价值观、用人用工、薪酬分配和绩效考核等保障机制。

（三）保增长，拓市场，经营效益再创新高

围绕年度经营目标，全力增产增收、降本提效，公司利润总额、归属母公司净利润、净资产收益率、保值增值率等主要指标创出历史最好水平，跻身同行业前列。积极应对不利市场环境，强化运营协调，优化电量结构，努力稳发多发，发电量增幅高于全国2个百分点。科学组织煤炭生产运销，抓好自产煤购销衔接，开通了自产煤直达专列和准班轮，全年煤炭内销量实现翻番。狠抓燃料、物资、资金等关键经营要素，严控成本费用，全年五项经费同比下降16%。资本运作捷报频传，华电重工成功上市，华电国际、华电福新、金山股份顺利完成增发，累计募集资金89亿元，是历史上募集资金最多的一年。加快清理处置低效无效资产，回笼资金7亿元。积极配合中央巡视组、国家审计署、国务院派驻公司监事会开展外部监督检查，认真抓好问题整改和责任追究，提升了依法治企水平。

（四）强管理，固根基，安全生产和科技环保工作总体良好

认真学习贯彻国家新出台的《安全生产法》，全面落实各级安全责任，加强电力和煤炭安全管理，深入开展季节性安全检查、“六打六治”等专项工作，突出抓好煤矿移交前后的安全监管，强化事故易发环节和重点领域安全整治，保证了电力、热力、煤炭的安全生产和可靠供应。深入推进国家创新型试点企业建设，完善科技创新体系，火电能效和生物燃气制备2个国家级研发平台通过审批；全年新增授权专利335项，累计专利数继续保持央企前列。认真落实国家环保政策要求，贯彻执行新的《环保法》，加大环保设施治理力度，现役脱硝机组容量同比提高44%。强化环保监督管理，增加减排指标绩效考核权重，扎实推进战略性项目环评。密切跟踪研究和应用超低排放技术，河北裕华、山东章丘、天津军粮城等企业在公司系统率先实现超低排放。

（五）抓党建，带队伍，政治优势得到有效发挥

按照中央统一部署，圆满完成了第二批教育实践活动，广大党员干部的思想灵魂受到洗礼，工作作风明显转变，得到中央督导组充分肯定。认真学习贯彻党的十八届四中全会精神，举办专题学习研修班，召开党的建设改革创新工作会议，深入推进党建改革创新，加快构建系统完备的党建制度体系。深化干部人事制度改革，完善了干部选用、交流等管理制度。拓宽员工职业发展通道，建立覆盖全系统的职位序列体系，启动了首批拔尖人才选拔培养计划。推动党的纪律检查体制机制改革，认真落实党风廉政建设“两个责任”，开展廉政教育和集体谈话，加强内部巡视检查及招投标、工程外包等重点领域效能监察，严肃查处违反中央八项规定精神等违纪违法案件，巩固扩大了作风建设成果。加强工团组织和企业文化建设，开展华电品牌建设、共青团主题教育

实践活动，大力宣贯社会主义核心价值观，选树表彰一批劳动模范和道德模范，凝聚了队伍合力。认真履行社会责任，积极参与援疆援藏和公益事业，发布社会责任报告，社会责任发展指数位列全国第四。

二、当前和今后一个时期面临的形势

（一）准确把握宏观经济走势的新常态

从国际形势来看，世界经济仍处在国际金融危机后的深度调整期，今年世界经济增速可能会略有回升，但总体复苏疲弱态势难有明显改观，世界经济走势分化、金融市场动荡、大宗商品价格波动、非经济因素影响上升、政治力量冲突加剧，但核心是经济问题，归根到底是实力较量。从国内形势来看，经济总体保持平稳，但下行压力加大，处于增长速度换挡期、结构调整阵痛期、前期刺激政策消化期“三期叠加”阶段，进入速度变化、结构优化、动力转换的新常态，今年的经济增长预期比去年略低，据各种机构判断在7%左右。习近平总书记在中央经济工作会议上，从消费需求、投资需求、市场竞争特点、资源环境约束等九个方面深刻分析了新常态下的经济趋势性变化。新常态下，国有企业进入爬坡过坎阶段，面临着市场需求不足、产能过剩严重、大宗商品价格波动等困难和挑战。做强做优做大国有企业，对于增强我国经济实力、国防实力、国家竞争力和民族凝聚力，极为关键。这是我们必须肩负起的历史使命，必须肩负的重大政治责任。我们要坚定这样的信心和决心，深刻认识新常态下我国经济发展的新趋势、新特征、新动力，主动适应新常态，切实用新常态的观点审视和谋划我们的工作。

（二）准确把握能源行业呈现的新走势

当前，全球能源正处于大调整、大变革时期，能源消费持续增长并且重心东移，气候变化成为能源发展的重要约束，电力在能源体系中的中心地位不断提升，可再生能源、非常规油气已进入大规模应用阶段，智能电网、可燃冰开发、碳捕获封存等技术演进加快，能源发展的趋势呈现出清洁化、低碳化、多元化、智能化特征。从国内来看，国家推进新型工业化、信息化、城镇化、农业现代化同步发展，重点实施“一带一路”、京津冀协同发展、长江经济带三大战略，大力推进能源生产革命、消费革命、技术革命和体制革命，推动能源空间布局和结构优化，加快西南水电、西北风电、沿海核电建设和煤电节能减排升级改造，大力推进12条特高压通道和9大煤电基地建设。可以说，近两年是电源升级发展的重要时期，谁抓住了这一轮机遇，谁就能在未来的竞争中增添后劲，赢得先机。国家倡导并推动“一带一路”和周边国家“互联互通”战略构想，加快优势产业“走出去”步伐，当前，新兴国家能源增长空间大，西欧等发达国家受经济危机影响资产价格走低，俄罗斯、东欧等国家正在推行老化设备升级换代，这些地方都存在着大量投资、并购和更新换代市场机会，给我们实施“走出去”战略，开展国际化经营带来难得契机。

（三）准确把握市场要素发生的新变化

电力市场表现为，低速增长将成为新常态，设备利用小时数和电价将会下降。去年，全社会用电量同比增长不到4%，比“十二五”前三年平均增速低5个百分点，这意味着电力产能过剩、市场竞争加剧。今年在经济稳中趋缓、新增装机增长等因素影响下，电力市场增长乏力的状况不会有太大改观，电量将继续保持低位增长。就电价来看，在国家深化电力体制改革的大背景下，降电价的趋势和电价市场化改革的预期已经凸显。国家下调陆上风电电价，将天然气存量气与增量气价格并轨到位，短期内给风电、燃机的经营带来不小压力。煤炭市场表现为，总量保持宽松、结构性过剩仍然是主旋律，并且近几年内不会轻易改变，电煤价格仍将保持低位运行。从当前来看，在政府限产、压减进口煤、清费利税的影响下，煤炭行业负担将会有所减轻，煤价也将企稳回升，但持续上涨的动力不足，预计今年煤炭均价总体会低于去年。资金市场表现为，融资环境相对宽松，资金成本进入下降通道。去年，央行已经下调了一次存贷款利率，有关金融机构预计今年还有降息、降准的可能，整体来看，今年的融资环境不会太紧，融资成本也将进一步下降。

（四）准确把握深化改革提出的新课题

全面深化改革覆盖面很广，我重点谈谈三个方面的改革。投资体制改革方面，国家加大简政放权力度，下放投资审批权限，以省为实体的特点越来越明显，近期国家要求一律不得将企业经营自主权事项作为企业投资项目核准前置条件，并公布取消了三大类18项核准前置条件，其中包括电网接入意见、燃料运输协议、可行性研究报告审查意见等与我们密切相关的事项。这意味着，审批效率提高，企业的自主决策权更充分，市场在资源配置中的决定性作用更加突出。对此，我们要转变前期工作方式，适应新的投资体制要求，更加准确地研判好市场边界条件。国企改革方面，习近平总书记在中央经济工作会议上，充分肯定了国企特别是央企的重要地位和作用，强调要增强国有经济活力、控制力、影响力和抗风险能力，要求发展混合所有制经济，坚持以管资本为主加强国有资产监管，改革国有资本授权经营体制。今年是国企改革大年，国务院国资委正在加快研究出台包括深化国有企业改革指导意见以及央企功能界定分类、布局结构调整、发展混合所有制经济等一揽子改革方案，国有企业必将迎来大变革、大调整、大改组。对此，我们要高度关注，借国企改革东风，推动公司做强做优做大。电力体制改革方面，新一轮电力体制改革启动在即，国家发展改革委牵头制订的《关于进一步深化电力体制改革的若干意见》很快会出台，从各方面了解的情况看，改革的初步基调是“四放开、一独立、一加强”，即输配以外的经营性电价放开、新增配电业务放开、售电放开、发电计划放开，交易平台相对独立，加强规划。目前，国家已经在深圳、甘肃等地推行电价、电量市场化改革试点。对我们而言，在目前相对宽松的电力供需形势下，市场交易电量的增加将导致电量计划的缩减，进而影响电价和机组利用率，市场化将更加突出。同时，售电侧放开后，发电企业可以成立售电公司进行售电，这将使公司市场营销模式出现重大变化。其他关于财税体制、金融体制、科技体制、资本市场、对外投资等领域的改革，我们也要紧密跟踪和研究。

（五）准确把握安全环保带来的新要求

过去，我国经济发展规模较小，能源资源和生态环境空间相对较大，现在，环境承载能力已经达到或接近极限，人民群众对清新空气、清澈水质、清洁环境的需求越来越迫切，这一趋势性变化对我们提出了更高要求。去年以来，国家出台了《能源行业大气污染防治工作方案》等一系列环保政策，并从今年开始实施新的《环保法》，重点治理大气雾霾，坚持源头严防、过程严管、后果严惩，对环保违法实行“零容忍”。国家提出新建煤电机组供电煤耗必须小于每度电 300 克标准煤，东部地区新建煤电机组大气污染排放浓度要基本达到燃机排放限值，中西部地区也要争取达到这一要求。对于我们来讲，有挑战也有机遇。挑战是，环保投入将进一步加大，节能减排升级改造任务十分繁重，环保设施运行面临严格的监管要求，煤电发展面临着排放总量、煤炭总量控制的巨大压力。机遇是，超低排放技术的应用为煤机生存发展开辟了一条新路，集中供热机组得到政策支持，节能环保产业迎来广阔发展空间，碳排放市场交易将更加活跃。在安全生产上，去年以来，社会上一些安全事故、公共安全、应急事件呈多发态势，国家实施新的《安全生产法》，对安全生产的重视程度空前提高，公司自身保电供热、煤矿生产、基本建设以及海外业务也面临较大的安全压力，这些都给我们提出了更高的安全要求。

综合以上分析，大家要认识到，中国经济新常态，不单是经济增速由高速转向中高速，更是增长驱动力的转换，意味着我国经济发展的条件和环境都将发生诸多重大转变。那么，在内外部形势影响下，结合自身来看，未来一个时期，华电面临什么样的新常态，有什么样的趋势性变化，我认为，可以归结为以下几个方面：

（1）从企业定位上看，习近平总书记强调“国有企业是我国经济发展的重要力量，也是我们党和国家事业发展的重要物质基础，一定要搞好”“要坚定不移地把国企做强做优做大，不断增强国有经济的活力、控制力、影响力、抗风险能力”。随着形势变化和国企改革的深入推进，中央企业面临的内外部条件正在发生深刻变化，将由原来接受国资委资产监管向接受资本监管转变，将由原来的国有独资股权形式向拥有多元投资主体的混合所有制转变，将由原来更多接受上级监管向注重履行社会责任，接受上级监管和社会监督转变。我们必须准确把握企业定位，肩负起国家赋予的历史使命，适应环境变化，转变思维方式和工作角色，努力实现公司做强做优做大。

（2）从发展取向上看，过去电力是短缺经济，上项目、扩规模是关键，对发展的布局、领域、边界条件不是十分关注。现在是过剩经济，设备利用小时数大幅下降是最直接的体现，电力和煤炭的供需日趋平稳，国内电力增长空间已经有限，清洁能源发展的浪潮十分迅猛，对煤炭的清洁高效利用也大大超出预期，许多节能环保新技术广泛应用。在这种情况下，产业的转型升级是必然的，发展的速度将由过去的高速增长向中高速增长转变，发展的动力将由过去靠规模带动向依靠提升质量、改革创新和提高劳动者素质驱动转变，发展的空间将由过去局限在国内市场向国内、国际两个市场转变。我们必须更加依靠内涵式增长，更加注重发展的质量效益、清洁高效、低碳环保、科技含量。

（3）从经营方式上看，过去，电力的计划色彩很浓，主要靠争取电量计划来增发增收，市场交易电量占比很小；现在，随着电力市场化改革的推进，市场电量占比将越来越高，甚至全部放开，竞争只会更加激烈，电量主体将由计划电量向市场电量转变，电量争取将由原来的找政府、找调度向找市场、找用户转变，市场竞争的要素将由电量计划竞争向成本、环保和安全等要素的综合竞争转变。我们必须进一步转变经营方式，最大空间上开拓市场，最大程度上控制成本，最大可能上降低排放，提升企业综合竞争能力。

（4）从管理能力上看，过去，我们的管理还较为传统和粗放，现代法人治理结构还没有完全建立，管理还不够规范、高效、精细；现在，伴随公司的转型升级、深化改革，以及信息技术手段的应用，企业管理也在发生变革，将由传统的企业管理向规范的现代企业管理转变，将由粗放式管理向精益化、标准化、信息化转变，将由原来的更多靠“人治”管理向依法治企转变。我们必须适应战略转型、现代治理、跨国经营的要求，持续加大管理创新力度，构建起具有时代特点和自身特色的管理体系，提高资源配置效率，向管理要效益、要竞争力。

（5）从队伍建设上看，过去，公司的人员结构主要是电力专业，现在，公司拓展至煤炭、金融、工程技术、页岩气、LNG等产业，“走出去”步伐不断加快，这对人员队伍的全球视野、市场意识、专业结构、知识层次都提出更高的要求。公司对人才的需求将由传统的电力人才为主向传统产业、新兴产业和国际化人才并重转变，对领导干部素质的要求将由注重专业知识向既重视专业知识，也要有管理能力、营销能力和国际化视野转变，对员工的需求将由原来注重单一薪酬待遇向注重环境改善、受人尊重、自我实现转变。我们必须坚持以人为本，既要着眼于华电事业发展，培养和引进人才，也要从员工自身需求出发，提升幸福指数，实现企业与员工协调发展。

以上这些趋势性变化说明，我们华电正在向发展更可持续、结构更加合理、竞争更加充分、管理更加现代化的阶段演化，认识这一新常态、适应新常态、引领新常态，是当前和今后一个时期发展的大逻辑。

三、2020年公司远景展望和2015年目标要求

总的考虑是，未来一个时期，我们要坚持稳中求进、实现可持续发展的总基调，顺应国内外能源发展的大趋势，遵循价值思维理念，统筹抓好增量的战略性增长和存量的内涵式提升，统筹利用国内国际两个市场、两种资源，统筹推动差异化发展、集约化经营、精益化管理，全面提升质量效益，全面提升管理水平，全面提升科技含量，全面提升幸福指数，全面提升品牌形象，推进公司做强做优做大，到2020年，也就是国家全面建成小康社会之时，公司如期实现“1181”“三个翻番”战略目标，综合实力达到国际一流水平，建成现代化、市场化、国际化的世界一流企业集团。

结合国内外学者、机构对世界知名企业的案例研究分析，立足公司经营发展实际，我们认为，华电要建成世界一流企业集团，应具备以下五个方面的特征。

（1）稳固的可持续发展能力。世界500强中，很多企业是百年老店，尤其是在传统能源行业，如法国电力公司、德国意昂集团等公司都有上百年的历史。在可持续发展能力上，清洁发电装机比重高的企业排放较少，减排的压力较小，未来可持续发展能力更强。与他们相比，我们尽管清洁能源装机增长较快，但占总装机的比重仍然较小。我们要加大以水电为主的可再生能源发展力度，保持燃机优势，努力突破核电，大力推进煤电超低排放改造，到2020年清洁发电装机要占到总装机的40%。

（2）较高的国际化水平。随着经济全球化的发展，世界一流企业必须融入世界经济大格局，立足全球配置资本、人才、技术、市场等各类资源。世界500强中的电力企业多数已进入全球市场，欧洲电力企业国际化经营水平处于前列，海外收入占比大多过半。相比较而言，我们的业务主要还集中在国内，国际化水平尚处于初级阶段。未来，我们要紧跟国家能源外交战略，扩大海外业务规模，优化海外业务结构，使国际业务成为公司新的利润增长极。

（3）领先的创新能力。创新能力是世界一流企业的灵魂，体现在拥有自主知识产权的世界领先核心技术，在行业标准的制定上具有话语权。例如，法国电力公司在核电技术领域处于全球领先水平，拥有当今世界最高水平的反应堆技术；日本的电力公司十分注重研发，在提高火电机组效率、天然气高效利用等领域拥有较多核心技术。对于电力这样的同质无差异产品，减少火电对环境的损害、开发新的电力产品，必须要以技术创新为基础。我们要大力实施创新驱动战略，加大研发投入强度，完善科技体制机制，到2020年公司科技研发投入强度要进入世界同行业先进水平，力争在超低排放、智能发电、燃机分布式发电等方面取得一批在国际上具有重大影响的科技成果，引领发电行业前沿技术发展。这对我们也是难度最大、挑战最大的。

（4）较强的企业经营能力。一方面，要有规模优势，包括电源装机规模和主营业务收入，在国际同行业中排名前列。目前，公司已经连续三年进入世界500强，发电装机占到全国装机的9%，在规模上还有一定的提升空间。另一方面，要有较强的盈利能力，国际一流电力企业净资产收益率大多超过10%。我们要全方位加强经营管理，大力实施成本领先战略，提升价值创造能力，保持持续向好的经营态势。

（5）强大的品牌优势。品牌是社会公众对一个企业及其产品的评价和认知，凝聚了质量、管理、文化、风险控制等一系列要素。世界一流企业是人们高度认同的企业，必须要拥有知名的品牌。未来，随着公司向售电领域的介入和供热市场的扩大，直接面对的消费者群体更大，品牌的影响力越发重要。我们要在电力供应、煤炭销售、金融服务、技术产品、工程承包和运营中叫响“中国华电”品牌，不断扩大品牌的影响力和知名度，早日进入世界品牌500强行列。

综合以上来讲，这五个方面是公司建设世界一流企业的评判标准，也是新常态下持续改进提升的努力方向。应该看到，我们在装机规模、技术装备等一些方面已形成了一定的竞争优势，为创建世界一流企业奠定了较好的基础。我们坚信，只要方向正确，措施有力，上下同欲，就一定能行稳致远，创建世界一流将务期必成。

对于2015年来说，今年是“十二五”规划的收官之年，也是承前启后、谋划“十三五”发展的重要一年，更是公司全面深化改革的关键之年。公司改革发展的总体思路是：认真贯彻落实党的十八届三中、四中全会精神，中央经济工作会议、中央企业和地方国资委负责人会议精神，围绕“改革创新调结构、做实强基稳增长”这条主线，以创新驱动和精益化管理为支撑，以加强党的建设和依法治企为保障，加快结构布局优化，加快改革创新步伐，全面推进公司提质增效升级，确保完成年度目标任务，努力开创各项工作新局面。

四、关于发展工作

（一）要进一步明确各产业的战略定位

各产业的发展环境、发展方向和生命周期不同，因此调结构的方式和重点也不同，要把握规律，精准发力，统筹推进。发电产业要抓重点，更加注重清洁高效、低碳环保和区域相对竞争力，重点发展符合环保要求、带动力强的优质大项目。要高起点、高标准、高质量抓好项目建设筹划，不要急于开工建设，要下力气优化工程设计，规范设备选型、招投标管理，加强新技术的研究和应用，强化过程监督和“四大控制”，使每一台新建机组都在同时期、同地域、同类型中处于领先水平，建成华电乃至全国的“精品工程”。还未进入国家规划的项目，要深度做好前期工作，集中优势兵力，紧盯项目不松劲，攻坚克难，抓好落地。煤炭产业要抓管理，大家要清醒地认识到，一个时期内，煤炭供大于求的局面不会发生根本性改变，基本面仍然是产能过剩。要适应煤炭专业化管理的要求，以内部整合提效为主，强化管理，苦练内功，全面推进安全质量标准化建设，积极与一流煤矿开展全方位、多层次持续对标，抓好煤炭销售，着力提高安全管理水平和成本控制水平，促进煤矿控亏增盈。要尽快完善核准手续，办理齐备煤矿生产证照，保证安全合法、高效生产。新的煤矿和煤化工项目的开发要慎之又慎。同时，要抓住国家国有资产整合重组的机遇，探讨研究部分地区中小煤矿的资产重组、转让的可行性。金融产业要抓融合，我们发展金融产业的目的在很大程度上是服务和壮大主业，不仅仅是为了博取高风险下的高收益。因此，要稳健发展金融产业，深度推进产融结合，切实发挥金融在实体产业中的杠杆效应，在服务实体产业上多下功夫、多出成果。对于新的金融门类项目，要根据市场环境，稳妥投资和介入，注重防范风险。工程技术产业要抓创新，工程技术产业在提升集团创新能力、科技实力方面肩负重任。要顺应数字化、网络化、智能化发展趋势，抓住重大装备产品升级换代的新机遇，立足电力上下游，聚焦主业需求，着力打造高回报率、高附加值、高技术含量的业务和项目，积极推动企业由价值链低端向价值链高端攀升，由生产制造型向生产服务型延伸。

（二）要更加注重发展的差异化和后续战略储备

什么是差异化？我认为，就是扬长避短，另辟蹊径，不走寻常路，把我们的优势做足。今后的发展要多运用差异化的思维进行战略谋划，在产业的布局、链条的延伸、区域的选择上不搞全面开花、多点出击，要有所为有所不为，紧跟政策，突出重点，创新发展内涵，形成比较优势。比如，火电的发展空间已经有限，优质的风电资源也所剩无几，那么后续大的开发机会在哪里，在水电。目前，我们控制的水电资源在同行业中可以说是最多的，潜力也是最大的。国家在推进能源供给革命、大力发展非化石能源规划中，把发展水电放在首要地位，明确要加快西南水电基地建设，积极推动金沙江上游项目前期工作，加快怒江的规划论证。这些政策信号都与我们息息相关，影响巨大。下一步，我们要把水电的开发作为“重头戏”，乘着国家水电大开发的东风，实现公司重点水电项目的新突破。我相信，只要我们的水电上来了，必将形成后发优势，华电也将是另一番景象。比如，在区域的发展上，“三北”区域再上大型纯凝机组难度非常大，在这种情况下，我们就要因地制宜地发展背压式供热机组，走“以热定电”的路子。随着城镇化建设的加快和小锅炉房的拆除，这一块的市场潜力非常大。要总结推广黑龙江、河北地区智能供热、拓展电力市场的经验做法，有效推进智能供热和管网经营，丰富发展内涵，培育新的利润增长点。比如，当前国际油气价格大幅下降，国内天然气供应也出现新的变化，而我们的燃机数量较多，近几年还有一批重型燃机、分布式能源项目将投产发电，要从自身实际出发，融入国际油气供应和国内页岩气开发的大格局中，对天然气发电产业多进行前瞻性、战略性的思考和判断，把握好产业开发和建设节奏。要统筹推进 LNG 产业布局，运作好华瑞燃机、通华燃机服务平台，着力提高天然气供应能力、燃机修造技术水平和产品储备水平，有效降低燃机运营成本。要大力开拓航改机产品市场，扩大市场份额，提高效益水平。比如，在新能源的开发上，要有进有退，把质量和效益放在首位，选好优质资源区域，加大资源储备，扎扎实实推进风电、光伏和分布式能源发展，对于弃风严重、设备利用小时数长期偏低的区域，要严控新项目开工。要积极争取核电资质，在确保安全的前提下推进核电项目布局和发展。比如，在后续项目储备上，要重点盯住“两江一岛”，即怒江、金沙江上游和中游以及福建平潭岛，这三个地方适合进行大规模水电项目、高效火电项目、港口项目的集群式开发，要把握政策，深入研究，充分论证，拿出开发意见，进行战略上的长远布局。

（三）要积极推进国际化发展

我们建设世界一流企业集团，就要有国际化的业务和布局与之匹配。应该说，当前是中央企业“走出去”的大好时机，国家鼓励我们积极拓展国际市场。今年元旦刚过，李克强总理就赶到深圳，调研了广东电力设计院等单位，鼓励企业大步走出国门。我们要把握当前难得的“走出去”窗口期，立足两个市场，统筹两种资源，熟悉两种规则，积极在国家“一带一路”“互联互通”和国际“价值洼地”中寻找和把握机会。“走出去”总的原则是能力可及、风险可控、效益可观，方式是“四轮驱动”“联合出海”，各业务主体单位要分工协作、优势互补，形成产业联盟。今年，公司要通过深化改革，进一步理顺各个海外发展主体的关系，组建国际化投融资平台、贸易运作平台，着力加大国际业务的整合和拓展力度，增强整体竞争力。“走出去”要有重点，甄别国家，选准主攻方向，不搞四面出击，重点推进“两片一链”，即把布局的重点放到以俄罗斯为代表的独联体、以印尼为代表的东南亚地区这两片，以及 LNG 产业链的有效拓展上。在国际上寻找投资机会不难，难的是我们对投资风险的有效把控，我们既缺人才，也缺经验，要深入了解投资国国情和相关政策法规，先培育，后突破，再壮大，规避国际化经营中的政治、经济、法律、文化等风险，尤其是汇率风险，确保走得出、走得稳、走得好。

五、关于改革工作

（一）推动

就是按照国家关于央企改革的一系列指导意见要求，推动集团层面的改革。要抓住国有企业改革重组的有利时机，积极寻找市场并购、重组、整合机会，进一步拓宽发展路径，优化产业结构。要大力推进资本运作，这几年公司所属企业盈利状况较好，具备了注入上市公司的条件，今年我们要加大向上市公司的资产注入力度，坚定不移地朝整体上市方向推进。要认真研究上市公司的定位问题，减少同业竞争、发展交叉和关联交易，加大市场融资力度，承担发展重任。要抓好集团内部不同专业公司之间的资产整合重组，推动专业公司向优势产业集中，做强主业，不符合主业发展方向的要坚决予以处置。要进一步完善现代企业制度，公司作为中央企业规范董事会建设试点，要加快推进董事会建设，建立相应的组织机构和运行机制，健全公司法人治理结构。按照上级部署要求，结合自身实际，稳妥、规范、有序发展混合所有制经济，宜独则独、宜控则控、宜参则参，在具备条件的单位先行先试。准确把握政策，探索开展混合所有制企业员工持股工作。

（二）深化

就是在去年的基础上，进一步深化“抓总”“做实”“强基”管控体制改革。总部“抓总”就是加强战略管控，按照现代化、市场化、国际化的目标定位，切实转变管理理念，优化运行机制，向抓宏观、抓研判、抓监督、抓考核转变，提高战略管控水平和协调指挥能力。要进一步调整优化总部机构设置，明确职能分工，补充调整总部定编、定员，引进急需的高精尖人才。总部现有人员要加快知识储备，适应新的管控要求。区域“做实”就是实行区域集约化经营，强化对燃料、物资、资金等“大成本”的集约化管控，发挥好区域战略协同优势，切实在项目发展、经营管理、安全环保、党的建设和协调服务等五个方面做实，不断提高“四自能力”。各区域公司要加快建立科学高效、规范统一的管理体系，调整充实机构人员，承担起经营发展责任。我们讲“做实”，主要是针对区域公司，对于跨区域的上市公司，要按照集团统一要求，在把管理权限下放给区域公司的基础上，腾出更多的精力研究投资发展和资本运作，更好地发挥投融资功能。对于专业公司，要加强自身专业管理，提高专业化管理能力。基层“强基”就是推行全面精益化管理，精益化管理是以最小的资源投入，创造更多的价值，精益化管理不等于管理精细化，相对而言，精益化管理更注重需求拉动、价值驱动和流程再造。需求拉动就是面向市场和客户需求而不是按照企业自己的想法来安排生产经营，这是发电企业未来要面临的问题。价值驱动就是要像7S管理倡导的那样，“整理”不具备价值创造的多余环节，“整顿”和“清理”不必要的环节，通过“清洁”机制制度化、规范化，最终使员工养成持续完善的工作“素养”。流程再造就是围绕需求拉动和价值创造来重构流程，以价值最大化为目标安排经营要素运作，按照市场需求组织生产。基层企业是集团公司成本控制的前沿、安全生产的主体、和谐稳定的基石，在安全环保、成本控制、技术改造、科技创新和队伍建设工作中，都要用精益化的思想来谋划和推进，切实做到安全生产稳、盈利能力强、主要指标优、环保形象佳、体制机制活、队伍建设好。各基层企业要把星级创建、7S管理、对标管理、班组管理等行之有效的管理手段有机结合，融为一体，发挥出更大的管理效用。这次会上印发了“做实”“强基”工作指引，昨天也都参观了邹县电厂，希望大家结合实际，在“做实”“强基”方面大胆探索实践，总部部门要做好经验总结和推广，形成具有华电特色的管控体系。

（三）完善

就是完善改革相配套的激励约束机制，在考核办法、指标设计、薪酬分配等方面体现出差异化、专业化、精益化。业绩的考核要以价值创造和业绩贡献为导向，遵循市场规律，符合产业特点，分类考核，体现差异，考核的重点在于各级领导干部。今年，我们要实行新的考核制度，切实通过考核的调整，在领导干部中引入“赛马机制”，加大薪酬与考核的挂钩力度，并以此作为职务任免的重要依据。公司继续实施特殊奖励政策，并且新增加了项目发展奖励，要进一步优化完善，鼓励大家围绕公司重点难点，主动攻坚克难。要实行规范灵活的用人机制，充分借助市场化的手段，引进企业急需人才。要大力实施“千人计划”，加快拓展员工职业发展通道，推进职位序列管理，从根本上解决职业发展“过独木桥”和“天花板”问题。

六、关于创新驱动

经济新常态下，科技创新是国家经济转型升级的动力和路径。当前，新一轮科技变革和产业变革正在兴起，一些关键的核心技术、研发方式、创新手段、商业模式，甚至企业的组织形式已经取得革命性突破，工业 4.0 正在向我们走来。我们要迎接新一轮科技创新浪潮，立足当前，着眼长远，加大创新驱动力度，充分借助科技手段，提升技术装备水平、安全环保水平、节能降耗水平。如何实施好创新驱动战略？习近平总书记讲过，创新要实，必须落实到创造新的增长点上，把创新成果变成实实在在的产业活动。结合集团实际，把创新变实，一是要加强对科技创新的整体谋划。研判行业变革大势和技术应用潮流，制定“十三五”科技创新规划，明确科技进步路线图，确定创新突破口，切实依靠科技创新推动产业优化升级。要探讨建立新的科研体制机制，整合科技资源，完善创新平台，构建起“面向集团、服务主业、产研结合”的科技创新体系，提升科技研发能力、应用能力、服务能力和产业化能力，使科技创新与产业发展融合度更高，研发成果转化速度更快，科技对集团的贡献度更大。二是要围绕主业需求推动科技产业发展。主业的需求在哪里，科技创新的着眼点就应该在哪里。华电工程、国电南自、华电重工和科研总院、电科院、郑机院作为集团公司的科技企业，要坚持“技术立身、融入中心、服务主业”，紧跟主业技术需求和高新技术发展趋势，抓研发、推创新、强服务，提高技术标准，完善技术手段，提升科技含量，打造知名品牌，增强核心竞争力。三是要抓好科技成果的产出和应用。加快分布式能源、页岩气、航改机等战略性新兴产业及国家级研发平台建设，为形成公司未来的利润增长点做好技术储备。要充分发挥科技创新对节能减排升级改造的技术支撑作用，积极应用安全、高效、节能、环保的新技术、新材料、新工艺，广泛深入推进超低排放技术改造和应用，确定最优技术路线，提升节能减排水平。四是要加快推进信息化建设。信息化是创新驱动战略的重要内容。应该认识到，总部“抓总”、区域“做实”、基层“强基”的支撑很大程度上在于信息化。要适应公司战略要求，以 ERP 系统建设为核心，加快推进信息化建设，搭建统一、规范、标准、高效的信息化平台，服务好燃料、物资、资金等“大成本”的集约化管控。要建立区域技术支撑平台，开展设备在线监测、故障诊断分析，为区域电厂提供技术监督和技术服务。信息化的建设要选准重点业务领域，不能一上来就追求“大而全”，要先在急需的领域用起来，真正发挥效果。要做好信息化与实际工作的深度融合，进一步优化工作流程，提高管理效率。需要强调的是，二级单位是公司承上启下的中枢，要加大信息化建设和应用力度，真正使信息化成为促进“做实”的重要手段。同时，也希望大家加强对信息化知识的学习，正确熟练地应用好信息化系统。

七、关于加强党的建设和依法治企

党的建设和依法治企是公司可持续发展的两大保障。要认真学习贯彻党的十八届四中全会精神，认真落实全面从严治党要求，坚持思想建党，把不断深入学习习近平总书记系列重要讲话精神作为重要政治任务，领会精神实质，坚定理想信念，并落实到忠诚信仰上、严于律己上、勇于担当上。去年，在公司深化党的建设改革创新工作会上，我对党建工作提出了具体要求，会后也出台了一系列制度文件，各级党组织要认真贯彻落实，各有关部门要抓好督导检查，以完善实施“大党建”制度体系和考评体系为抓手，强基固本、提升品牌，不断提升党建工作科学化水平，强化党组织政治核心作用的发挥。要大力践行社会主义核心价值观，加强精神文明建设，各单位都要争当本区域精神文明建设的标兵，每位员工都要努力为华电增光添彩。根据内外部形势变化和新的公司战略，要修订完善企业文化体系，在今年年中工作会上印发实施。要践行华电核心价值，弘扬华电精神，统一华电标识，提升“中国华电”品牌形象。要认真学习贯彻十八届中央纪委第五次全会精神，大家要充分认识到，中央在对待腐败问题上的态度和决心，坚持零容忍的态度不变、猛药去疴的决心不减、刮骨疗毒的勇气不泄、严厉惩处的尺度不松。作为领导干部，要守纪律、讲规矩，必须维护党中央权威，必须维护党的团结，必须遵循组织程序，必须服从组织决定，必须管好亲属和身边工作人员。要落实“两个责任”，持之以恒地落实中央“八项规定”精神和集团公司党组“22项具体要求”，各级党委（党组）要切实履行领导职责，不断让企业干部受警醒、明底线、知敬畏。

社会主义市场经济本质上是法治经济，企业是市场的主体，必须依法合规经营。要把中央做出的依法治国的决定部署贯穿到改革发展的各个环节，落实好央企法制工作新五年规划，用法治思维和法治方式深化改革、推动发展、化解矛盾、维护稳定，着力建立起依法治企的制度体系、实施体系、监督体系、保障体系，建设法治华电。国家审计署已经向我们反馈了审计意见，要求在一个月之内完成整改，要以钉钉子的精神抓好审计、巡视查出的问题整改，采取“挂牌督办”的方式，整改一项，摘牌一项，对于整改不及时、不彻底，甚至走过场的，要追究主要领导责任。要严格经营决策程序，严格执行国家各项法律法规，重点抓好重组并购、招投标等过程的依法运作和风险防范。强调依法治企，构建法治环境，很重要的一点是为了保护各级领导干部，对此，大家要提高认识，强化知法守法意识，始终依法合规经营，用制度管人，按规章办事，把权力关进制度的笼子里，坚决守住“底线”，不碰“红线”。

要进一步加强领导班子和干部队伍建设。前不久，习近平总书记在与中央党校第一期县委书记研修班学员座谈时，提出要做焦裕禄式的县委书记，始终做到心中有党、心中有民、心中有责、心中有戒。去年，我在学习十八届四中全会精神研修班上，也讲过华电“好班子”“好干部”的要求。希望大家都好好学习领会，谨记心间，恪尽职守，努力成为华电的“好班子”“好干部”。作为一名领导干部，要始终胸怀坦荡、品性正直、心态阳光，干部之间要团结共事、坦诚相待，绝不允许搞“小圈子”“小帮派”“小阵营”，坚决杜绝“七个有之”，始终光明磊落，一身浩然正气。在新常态下，要动脑筋思考和提升领导能力和领导艺术。一名领导干部要管好一个企业，治理一方区域，赢得员工拥戴，既要有过硬的专业知识，还要有丰富的情商智慧；既要有市场化的经营意识，还要有国际化的战略视野；既能抓生产经营，还要精通企业文化管理，努力成为一名复合型领导干部。当今社会，员工的需求日趋多元，稳定的收入、成长的通道、美好的环境、健康的心理、丰富的文化，这是每一名员工的追求所在，也是华电每一个家庭的幸福所在，更是甘心为企业辛勤付出的动力所在。作为领导干部来讲，要始终树立群众观点，坚持走群众路线，注重把握员工的多元化需求，多倾听员工呼声，多改善员工生产生活环境，多为偏远地区、生产一线的员工创造便利的工作生活条件，等等，真正把教育实践活动的成效体现到实际工作中。要多一些“雪中送炭”，少搞“锦上添花”，真心实意对待员工，不做表面文章。

在集团公司2015年工作会议上的讲话

程念高

（2015年1月21日）

一、会议基本情况及主要收获

这次会议时间安排相对宽松，内容十分丰富。会前，专门拿出一天时间到邹县电厂现场观摩。会上，李庆奎董事长做了题为《适应新常态，谋划新发展，为建成世界一流企业集团而努力奋斗》的重要讲话。讲话全面总结了公司2014年工作，充分肯定了公司在转型升级、经营提效、深化改革、安全环保以及党的建设等方面取得的显著成绩，从五个方面分析了当前公司面临的内外形势，阐述了在中国经济新常态大背景下，公司在定位、发展、经营、管理、队伍等方面进入新常态的五个趋势性变化，指出了世界一流企业的五个特征，围绕公司当前和今后一个时期的改革发展，提出了新常态下“三统筹五提升”的基本方略和今年“围绕一条主线、推进两个加快、突出两个支撑、强化两个保障”的总体思路，部署了发展、改革、创新驱动、加强党的建设和依法治企四个方面重点工作。大家一致认为，董事长的讲话立意高远、视野开阔，思路清晰、目标明确，鼓舞人心、催人奋进，具有很强的针对性和可操作性，对于动员公司系统广大干部员工进一步坚定信心、认清形势、明确方向，推动公司可持续发展，建成现代化、市场化、国际化的世界一流企业集团具有重要指导意义。对于董事长的讲话，大家一定要认真学习领会，把握精神实质，全面抓好落实。

（1）肯定了成绩，鼓舞了士气。2014年，是公司发展历程中不平凡的一年，是公司上下砥砺奋进、攻坚克难的一年，也是取得成果最为丰硕的一年。一年来，我们定战略、补短板，项目发展取得了新突破；拓市场、强管理，经营效益实现了新跨越；见事早、行动快，深化改革迈出了新步伐；转作风、建队伍，公司上下展现了新风貌，交出了一份亮丽的答卷，极大地振奋了干部员工精神。成绩来之不易，公司系统广大干部员工为此做了大量艰苦细致的工作。一年来的实践充分说明，集团公司确定的发展战略是正确的，对全年工作的决策部署是有效的，我们的广大干部员工是能干事、干成事的。展望今年乃至今后一个时期，华电站上了一个新的起点，新常态下的征程已经开启，责任更大，目标更高，任务更重，还需要我们再鼓干劲，再创佳绩。

（2）分析了形势，明确了任务。会议对集团公司面临的形势进行了科学研判，阐述了公司进入新常态的趋势性变化，提出了未来发展的战略思路和愿景目标，明确了2015年的改革发展总体思路、主要目标和重点工作。通过这次会议，大家对面临的形势有了一个整体的把握，对当前公司新常态的描述及对策高度认同，对今年全年的目标任务已经十分明确。大家认为，会议对形势的判断、思路的提出和任务的安排，完全符合国家宏观经济的发展趋势，符合电力行业的发展要求，符合集团公司的发展实际，抓住了集团公司的主要矛盾和关键问题，对于做好今后一个时期的工作具有重要的指导作用。这些目标任务虽具有一定的挑战性，但经过努力是完全可以实现的。大家表示，在新的一年里，将以更加昂扬向上的精神面貌、更加务实高效的工作作风、更加扎实有力的工作措施，全力抓好贯彻落实，确保全面完成年度各项目标任务，开创公司改革发展新局面。

（3）交流了经验，开阔了思路。会议专门安排了一天时间到邹县电厂现场观摩学习，今天上午又听了邹县电厂的经验介绍，归纳起来，我认为有以下几个方面值得总结，这就是制度化、规范化、现代化的管理手段，科学高效实用的管理体制机制，持续增强的创新创效能力，爱岗敬业、敢为人先、永争第一的企业精神，共同构成了邹县电厂独具特色的全面精益化管理模式。从这个意义上讲，邹县电厂不愧是华电的窗口企业和一面旗帜。这次会上，我们印发了区域公司“做实”和基层企业“强基”工作指引，“强基”指引就是以邹县电厂为模板编写的，体现了邹县电厂企业管理的精髓，对其他基层企业改进管理很有借鉴意义，对各区域公司抓好基层企业管理也有重要参考价值。会上还有九家单位做了交流发言，介绍了他们在改革发展、经营管理、科技创新、做实强基等方面的经验。希望大家认真学习，对照先进，查找差距，制订改进措施，全面提升管理水平。

二、抓好这次会议精神的贯彻落实

这里，就做好今年的工作，我再强调几点：

（一）加快发展步伐，推动产业转型升级

（1）抓好发展规划编制，加强项目储备。根据国家“十三五”规划编制进展情况，组织编制集团公司“十三五”发展规划。各二级单位也要相应启动“十三五”规划编制工作，主动适应国家简政放权新形势，加大向省、市两级政府的汇报沟通力度，积极推进广东湛江、湖北襄阳、山西沁源、六安三期、宿州二期等一批大型煤电项目，以及江苏、浙江沿海大火电和山西、陕西、内蒙古、新疆煤电基地外送项目前期工作，力争更多项目进入国家或地方“十三五”规划盘子。尽早完成金沙江上游电力送出、经济性分析、移民、环保等四个专题研究，推动国家早日审查决策。尽快解决怒江水产种质资源保护区问题，重点做好一库四级项目前期工作，争取列入国家“十三五”能源发展规划。在“三北”资源富集区域和中东部经济发达区域，加大优质风光电资源储备力度，增强新能源产业发展后劲。

（2）全力抓好重点项目推进。对于集团确定的战略性项目，要逐一制订推进方案，及时跟踪督导进展情况，全力推进这些项目尽快落地。其中，句容二期、莱州二期、芜湖二期、永利一期、江陵一期、邵武三期、襄垣 期、十里泉扩建、新疆西黑山、韶关南雄、山西兴县、内蒙古大路等项目，要做好核准申报工作，确保年内核准；可门三期、龙口四期、白音华二期、十二连城、平江等项目，要进一步加强沟通协调，抓紧落实条件，确保年内列入国家火电建设规划盘子。抓住国家加快实施“西电东送”“藏电外送”有利时机，加快水电开发步伐，今年重点确保苏洼龙、大古水电站核准开工建设，力争俄日、钻根、池潭扩建等项目获得核准。根据国家下调陆上风电标杆上网电价的实际情况，对于已经核准且在电价下调区域的风电项目，要优先安排投资，科学倒排工期，抓好设备订货和配套送出工程建设，确保项目按期投产并实现盈利。做好“三北”地区热力市场开拓，推进智能供热和管网经营。跟踪储备优质煤炭项目，力争西黑山煤矿获得核准。加快煤矿证照办理，肖家洼、小纪汗、下梨园、万通源煤矿要取得全部证照。全力推进隆德、白芦、东易、众兴煤矿生产能力提升核定工作，力争取得批复。加快煤矿配套设施建设，确保肖家洼、小纪汗铁路专用线年底前通车运行，尽快确定隆德铁路专用线接轨方案，力争年底前核准开工。稳步推进页岩气项目勘探，选择2~3口井实施探井和压裂求产，力争发现工业气流。积极推进华东、华南、环渤海等3个LNG槽车物流通道建设，加快推进广东江门LNG接收站前期工作。

（3）着力提升项目发展质量。要区分不同产业、不同区域、不同项目，采取针对性发展策略，提升发展质量。煤电项目除了重点在沿海沿江、特高压送出端、煤炭富集区域选点布局外，要多尝试走热电联产的路子，“三北”地区可考虑使用双转子高背压供热机组和热泵技术，进一步提升市场竞争能力。燃机、分布式等气电项目要结合气源、气价、电价政策和市场边界条件，合理控制投资节奏，在建项目要提前落实电价政策和争取财政补贴，计划开工项目要认真做好项目经济性评价，确保投产即盈利。水电项目要结合配套送出、市场消纳等因素，把握好前期推进和开工建设节奏。新能源项目发展要加大不弃风地区的开发力度；对于弃风弃光严重区域，要严控新开工项目，保证投资收益。境外项目发展要聚焦国家“一带一路”“互联互通”战略，围绕董事长提出的“两片一链”布局重点，坚持新建与并购结合，提升集团公司国际化经营水平。要按照上述策略，合理安排项目决策、开工、投产时序，把有限的资金集中在重点和优势项目上。煤炭产业要积极推动煤矿资产重组整合，加快处置低效无效资产，加强煤矿盈亏平衡和边际利润核算，无边际贡献煤矿要停产。金融产业要全力提升风险监管和产融结合两种能力，继续探索产融结合的新路径、新方法，通过企业资产证券化、优先股、永续债等多种工具，增强集团公司的融资和资金保障能力。工程技术产业要加强创新体系建设，抓好关键点风险控制，积极拓展外部市场，提升科技含量和效益水平。

（二）巩固经营成果，提升持续盈利能力

（1）强化市场营销。密切跟踪电力市场化改革进展情况，结合“做实”“强基”工作，进一步落实二级单位特别是区域公司的营销管理主体责任，完善营销机构，充实营销人员，加强督导纠偏，有效解决个别地区利用小时数和电量市场占有率落后问题，确保计划电量、利用小时数不低于“三同”水平。积极争取市场电量，各区域市场电量占有率要在确保达到应有份额的基础上，力争超额完成5%。持续开展电量结构优化工作，提高大容量煤电机组电量比重，扩大水火替代，减少水电弃水损失。加强水电优化调度，抬高非汛期水库水位，提高水能利用率，千方百计多发电量。深入分析公司风电、光电利用小时数偏低的原因，研究制订解决措施，加强对“非停”和弃风弃光的考核，下决心扭转新能源产业“重发展、轻管理”问题，争取早日达到“三同”水平，提升新能源产业效益。要根据电力市场改革实际情况，超前谋划论证成立配电公司、售电公司的可行性。加强煤炭运销工作，重点做好肖家洼、小纪汗煤矿铁路通道运力争取工作，提高不连沟煤矿铁路自有运力计划。做好自产煤内销衔接，确保自产煤内销率达到50%，实现内部效益最大化。工程技术产业要下决心解决好应收账款占比过高的问题。

（2）强化成本控制。进一步强化集团和区域公司两个层级燃料、物资、资金的集约化管理，提升整体资源获取能力、市场议价能力和风险控制能力。科学制订电煤采购策略，把握好采购和存煤节奏，有效控制采购成本。落实集团公司关于集团化采购的文件要求，推进集团公司招标和物资集采平台、电子商务平台建设，做好陕西、内蒙古、福新、川藏等区域物资公司组建工作，加强重要大宗物资集中采购，盘活公司系统物资储备，有效降低库存，实现集团利益最大化。加强资金结算过程管理，启动资金流量归集管理，提高资金使用效率，降低资金使用成本。进一步优化融资结构，提高集团公司直接融资比例，力争完成华电国际和华电福新H股闪电配售工作。梳理和清查非上市常规发电资产，制定并实施相关资产注入上市公司的方案，提高资产证券化水平。科学合理安排年度技改项目，优先安排保安全、保环保、保供热的技改资金，确保有限的资金用在刀刃上。严格煤矿成本管理，总结推广不连沟煤矿全面预算和定额管理经验，深入开展对标管理，努力降低成本费用。

（3）强化政策争取。主动加强与国家、地方政府有关部门的沟通，敦促省级政府出台燃机标杆电价，全力争取燃机电价联动、供热补贴等政策。抓好水电电价政策落地，系统各有关单位要对照政策要求，对已建和在建的水电项目上网电价进行测算，主动与地方物价部门进行汇报沟通，敦促加快上报批准。积极协调解决可再生能源补贴欠费问题，推动国家有关部委加快资金拨付和结算工作。扎实做好陆上风电电价下调后的基建、经营和发展工作，制订应对措施，有效降低和防范风险。跟踪研究国家新出台的输配电价试点政策，提前做好应对改革的各项准备。结合营业税改征增值税、煤炭资源税从价计征等政策变化，加强集团公司整体税务筹划，降低税负水平。

（三）狠抓安全生产，提升本质安全水平

（1）严格落实安全生产责任。要全面落实“党政同责、一岗双责、齐抓共管”的安全责任，各级企业“一把手”要亲自抓、负总责，分管领导要具体抓、专门盯，其他领导要履行“一岗双责”，保障企业安全投入，纠正安全管理偏差，切实加强和改进安全生产工作。基层企业要将安全责任具体落实到各个环节、各个岗位、每位员工，杜绝责任盲区；二级单位要全面履行安全生产监管职责，加大指导和督促检查力度。要严格执行安全生产“一票否决”，加大责任追究和指标考核力度，持续保持安全生产高压态势。

（2）健全安全管理机制。严格按照新《安全生产法》要求，建立健全机制，优化管理流程，夯实安全基础。健全安全生产管理机制，加强“两票三制”管理，强化安全规程、操作规程执行的监督检查，落实各项安全措施，杜绝因违章造成的人身伤亡事故。推进煤矿安全质量标准化建设和星级安全煤矿创建工作，全面提升煤矿安全基础水平。健全安全应急管理机制，做好电力和煤炭生产建设、供热、重大危险源、极端天气以及地质灾害的防范和应急工作，提高应对突发事件的能力。健全安全培训机制，推进集团公司煤矿安全培训中心和应急救援基地建设，培养壮大电力、煤矿注册安全工程师队伍，提高企业依法治安能力和水平。结合各产业特点，进一步健全安全隐患排查治理长效机制，努力推进本质安全型企业建设。

（3）加强安全隐患排查治理。要把消除隐患、降低“非停”作为重点工作，开展设备安全隐患排查，加强“四管”泄漏和环保设施故障问题治理，保证设备安全可靠运行。深入开展季节性和专项安全大检查，特别是要深查地下供热、供水管线、油气管网的隐蔽致灾隐患，做到“严监管、全覆盖”。加强水电厂大坝、火电厂灰坝隐患排查治理，严防溃坝垮坝事故。深化工程建设、环保技改领域事故专项整治“回头看”，防止人身伤害和大型机具、重要设备损坏事故。加快煤矿技改整合进度，重点抓好水、火、瓦斯、粉尘等重大隐患排查治理，确保煤矿生产安全。

（四）强化科技环保工作，提升技术支撑和节能减排水平

（1）进一步推进科技创新。大力实施创新驱动战略，完善科技创新体系，加强二级单位技术保障能力建设，完善科研经费筹措和成果转化机制，构建“面向集团、服务主业、产研结合”的科技创新体系。积极推进分布式能源技术研发中心、火电能效检测平台、生物质高效制备及利用中心等国家级研发平台建设。加大技术研发投入，鼓励支持系统相关单位在超低排放、太阳能发电、航改型燃机、分布式能源等领域，形成一批具有自主知识产权的研究成果和具有核心竞争力的拳头产品。进一步做好科研总院研发的高效多相流分离技术、分布式能源智能优化系统、炉前脱硫脱灰技术等成果的推广运用，积极发挥“千人计划”专家团队作用，为集团重大投资决策提供专业技术支持。规划建设区域技术支撑平台，为区域内电厂提供技术监督和技术服务，提高电厂设备运行管理水平。

（2）进一步加强环保工作。以学习贯彻新《环保法》为抓手，组织开展“环境守法宣传年”系列活动，提高系统各企业的环保主体责任意识。落实国家煤电节能减排升级与改造行动计划要求，推进环保设施改造工作，今年要完成火电机组脱

硫改造55台，脱硝改造22台。继续推进超低排放改造试点工作，重点实施邹县、望亭、扬州等电厂共计11台680万kW机组超低排放改造，抓好常德、十里泉、忻州广宇、杨凌等基建项目的超低排放方案设计和施工。建立燃煤发电企业污染物排放监控平台，实时监视DCS和CEMS主要参数，确保污染物达标排放。严格落实污染物总量年度减排目标考核，今年公司二氧化硫、氮氧化物排放绩效要控制在1.72、1.69g/（kW·h），确保完成“十二五”总量减排各项任务。

（五）推行全面精益化管理，提高管控效能

（1）推广运用先进管理模式。要抓好“做实”“强基”工作指引的落实，建立健全相应的管理体制机制，提升区域公司的集约化经营和基层企业的精益化管理水平。要结合“强基”工作，持续抓好7S管理在发电企业的推广，并逐步推行到煤炭和工程技术企业，今年重点抓好肖家洼、白芦煤矿的试点工作。组织召开7S管理先进典型现场会，及时总结推广成功经验，发挥典型引领作用。要加强对“做实”“强基”工作和7S管理推行情况的跟踪督导，将其纳入二级单位绩效考核和星级发电企业评价体系，层层保证工作落实。这里要重点强调的是，推行7S管理不是简单地在生产现场进行“涂抹挂”，而是要在企业日常生产管理中，把7S管理的要求贯穿其中，潜移默化，变成企业自觉的管理行为，彻底治理脏乱差和跑冒滴漏问题。要组织实施“2015—2017年水电提效计划”，深入抓好远程集控、在线监测、生产优化、提效扩容四项工作。积极开展水电和新能源企业“远程集控、少人维护”和在线监测管理模式推广工作，及时总结推广乌江公司和蒙西区域新能源企业试点经验，更好地发挥信息化对企业管理现代化的支撑作用，力争2016年底实现集团公司水电和新能源“远程集控”全覆盖。

（2）强化基建工程管理。今年基建任务很重，工程管理尤为重要。要从班子配备、方案设计、设备选型、现场施工、竣工决算等环节抓细、抓实，确保安全、质量、造价、进度可控在控。合理选配项目公司领导班子成员，主要领导和分管基建的领导必须具有较丰富的工程建设经验。把“一优化、四策划”作为项目开工决策的必备条件，把项目筹建期的基本功做足，确保项目按预定方案，高效、有序组织实施。科学抓好设备选型，尽可能地统一技术规范和标准，方便备品配件的联储联备。精心选取监理队伍，尽量安排同楼办公，同步跟进考核奖惩措施，把监理队伍紧紧地团结在项目公司周围。规范和完善外包工程管理，严格实施资质审查责任追究和承包商准入制度，建立黑名单和淘汰机制。加强对施工分包队伍的监管，在工程招标时，要严格对承包商的投标书进行审查，凡是有可能出现分包的，项目单位要延伸对分包商资质的审查，对审查合格的分包商工作团队，要在合同中固定下来。要加强对隐蔽工程施工的监管，充分利用现代化信息系统，加强在线监视，并将录像资料整理存档，做到来源可查证、责任可追溯。要严格遵守公司有关规定，开工项目要保持工程建设的连续性，竣工项目要履行好决算工作备案程序，提高决算报告编制质量和决算办理的及时性，确保在规定时间节点内完成竣工决算。

（3）加快信息化建设步伐。要把信息化建设与集团发展战略和管理体制机制有机结合起来，服从服务于公司经营发展大局。以ERP系统建设为核心，进一步加快ERP一期的推广应用，做好主数据管理与业务数据对标系统开发工作，优化升级人力资源管理系统，确保年内完成在江苏、内蒙古、金中、乌江、黔源电力等5家二级单位的全面覆盖实施，实现业务、财务和支付一体化。要加快ERP在系统内推广实施的步伐，力争2017年底前所有二级机构和规模以上的三级单位实现全覆盖。要规范推进信息化建设、管理和运维，实现上线信息化系统单轨应用，精简工作流程，提高工作效率，使信息化系统成为支撑企业发展、运营、创效、监督的管理平台。要进一步加强信息安全建设和互联网出口统一安全策略管理，创新信息化水平评价指标体系，加大对二级单位信息化工作的考核力度，推动信息化系统应用，以信息化促进公司管理现代化。

（六）推进依法治企，保证企业持续健康发展

要深入学习贯彻党的十八届四中全会精神，主动适应建设法治中国的大趋势，全面推进公司依法治企工作。这次国家审计和中央巡视发现的问题，为我们敲响了警钟、亮起了红灯，暴露了一些单位依法经营意识比较淡薄，仍不同程度地存在有法不依、有章不循的现象。对于这些问题，我们一定要高度重视，认真研究，逐条逐项提出

整改措施。要采取挂牌督办、对账销号的方式，落实责任，倒排日期，确保按照目标要求和工作时限整改到位。要以此次整改为契机，进一步强化法制宣传教育，提高公司系统广大干部员工，特别是各级领导干部的法治意识，提升依法决策、依法经营、依法管理的能力，切实做到学法、知法、守法、用法。要综合运用审计、监察和法律力量，强化对公司各级企业投融资、招投标、工程建设、资产并购等重点领域的监督，确保依法规范运作。系统各单位要举一反三，进一步深入查找企业管理的薄弱环节和工作短板，完善规章制度，健全内部控制和风险管理机制，全面提升依法治企水平，推动企业持续健康发展。

三、关于当前的重点工作

（1）抓好会议精神的传达贯彻。要做好这次会议精神的学习传达，系统各单位要通过组织召开党委（党组）会、工作会、职代会等形式，及时将会议精神传达到每个单位和每位干部员工，切实把干部员工的思想和行动统一到董事长讲话精神和集团公司的决策部署上来。原则上，春节前系统各单位要把年度工作会开完。公司系统各级企业要把董事长提出的新常态下公司工作的基本方略和到2020年公司发展的美好愿景，融入本单位的“十三五”规划编制和日常工作中。总部各部门、系统各单位要结合各自实际，谋划好全年工作，把目标任务分解到单位、部门、班组、岗位，细化完善各项工作措施，确保集团公司工作思路和各项任务部署不折不扣地落到实处。

（2）抓好春节期间的安全生产工作。岁末年初历来是事故高发期，系统各单位要始终做到警钟长鸣，进一步强化安全红线意识和底线思维。要在节前对重大危险源和重点环节、在建工程的重点部位进行一次全面检查，及时消除设备缺陷和事故隐患，完善各类事故防范措施和处置预案，确保节日期间的供电供热安全和煤矿生产安全。要做好防火、防盗、防爆工作，防止重大火灾事故、财产损失和人员伤亡。要加强车辆管理和交通安全教育，确保出行安全。要做好春节期间值班工作，安排领导干部带班、专人在岗值班，坚持重大事项报告制度，确保出现问题能够得到及时妥善处理。

（3）抓好春节期间的走访慰问和廉洁自律工作。要认真做好春节走访慰问工作，广泛开展多种形式的“送温暖、献爱心”活动，重点帮扶困难家庭和困难职工，关心偏远地区、生产一线职工的工作生活需求，切实把职工冷暖放在心上，把集团公司党组的关怀送到每个家庭、每位员工。要认真落实中央“八项规定”精神和集团公司党组“22项具体要求”，厉行勤俭节约，反对铺张浪费。公司各级领导干部要严格把好廉洁自律关，做好表率，积极营造节俭文明的过节氛围，过一个廉洁简朴愉快的春节。

在集团公司2015年上半年经济活动分析会上的讲话

李庆奎

（2015年7月17日）

今年上半年，公司外部形势严峻，内部任务繁重，项目发展的压力、电量增长的压力、环保约束的压力、巡视整改的压力都很大。在这种形势下，我们在党中央、国务院和国资委的坚强领导下，深入贯彻落实党的十八大，十八届三中、四中全会精神和集团公司工作会议部署，紧紧围绕“改革创新调结构、做实强基稳增长”这条主线，按照“四个坚定不移”的工作要求，一手抓中央巡视和审计反馈意见整改，一手抓经营发展和深化改革中心工作，实现了“两手抓、两不误、两促进”。上半年工作主要体现在：企业经营逆势而上，在经济下行压力加大、电量下滑、市场萎缩、多个行业经营困难的形势下，我们充分发挥中央企业稳增长作用，外拓市场抓开源，内控成本抓节流，经营效益稳中向好，公司利润总额、净利润、净资产收益率、国有资产保值增值率等主要经营指标再创历史新高，稳居同行前列。项目发展捷报频传，我们全力调结构、优布局，加快补短板，一批重点战略性项目进展顺利，规划中清洁高效“大火电”项目按核准计划有序推进，湖北江陵、新疆昌吉、邵武三期、大方二期等一批项目获得核准。改革创新稳扎稳打，我们顺应国家改革大势，超前谋划，系统安排，顶层设计，配套推进，公司管控体制优化、营销体制改革、7S管理、人力资源机制建设等重要改革工作向纵深推进，“抓总”“做实”“强基”工作不断深化，发电区域化、煤炭专业化等管理工作得到巩固和加强。特别是上半年我们按照国资委关于建设规范董事会试点要求，建立起公司新的法人治理结构，董事会各项工作开始高效运转，公司治理进入新的阶段。巡视整改效果初显，我们把专项巡视和审计问题整改作为首要政治任务，明确责任，规定时限，逐项制订针对性措施，严肃认真抓好整改。尤其是在追回煤矿并购资金上，逐笔落实追讨责任，采取多种资产保全措施，尽最大努力挽回损失。同时，我们举一反三，自查自纠，结合党建制度创新和法人治理结构，制定和完善了一批管长远、治根本的管控制度。通过狠抓问题整改，重构了企业发展生态。

一、关于公司面临的内外形势

从产业发展角度来看，世界经济深度调整，复苏进程曲折多变，地缘政治影响加重，大宗商品价格震荡走低，近期希腊债务危机又引发了新一轮市场动荡。与此同时，全球能源格局也在发生深刻变化。对于我们而言，在谋划发展上，要重点关注四个方面的影响，一是趋势性影响。在经济新周期的大背景下，电力、煤炭行业也从过去“短缺”进入到“全面过剩”，几年内这一趋势还将加剧，难以逆转。据统计，目前燃煤发电机组的富余度达到35%。可以说，后续装机增长空间、环保空间都十分有限。在这种趋势性影响下，我们必须把发展的质量和效益放在首位，着力发展高效环保的大型火电和优质的水电、风光资源项目，推进提质增效升级。二是空间性影响。在国内，就要高度关注“四化同步”下实施的能源空间布局和结构优化，把发展的重点放在国家能源局规划的“五基两带”、特高压通道、煤电基地上。同时，国家实施“一带一路”战略，推进国际产能和装备制造合作，为我们“走出去”提供了广阔空间。近期，国家电网公司已经在谋划涉外电力输送，相继启动两个涉外输送通道研究，对此，我们要紧密跟踪，推动“一带一路”能源合作，不断拓展国际化发展空间。三是低碳性影响。前不久，李克强总理访问法国时承诺，中国二氧化碳排放量将在2030年达到峰值，单位国内生产总值的二氧化碳排放量比2005年下降60%～65%。这反映到国内，最直接的体现就是环保约束和监管的日趋严格，超标排放的违规成本也更为昂贵。近期，环保部对去年脱硫脱硝设施存在突出问题的46家单位予以处罚，力度之大，前所未有。同时，环境的刚性约束倒逼煤炭的清洁利用，燃煤发电将由注重局部领先向整体节能环保转变，超低能耗、超低排放是重要的产业方向。另外，全国碳市场建设已全面铺开，明年将正式启动，我们也要超前做好准备。四是技术性影响。智能制造、云计算、大数据、“互联网+”等颠覆传统思维的革命性技术已经渗透到能源领域。国务院发布的《关于积极推进“互联网+”行动的指导意见》中提出，要通过互联网促进能源系统扁平化。未来电力市场将转向用户导向，充分考虑客户端的需求将是能源革命的重要内涵，这些都需要我们进行前瞻性研究。

从生产经营角度看，当前经济下行压力仍然较大，“三期叠加”更趋明显，需求不足、产能过剩、价格下滑和成本刚性增长的矛盾仍然较为突出，今年将是金融危机以来国有企业稳增长面临形势最严峻、情况最复杂、任务最艰巨的一年。为应对这一形势，近期国务院密集召开会议，重点研究稳增长事宜，部署加大重点领域有效投资，发挥稳增长、惠民生多重作用。对于我们来讲，虽然在中央企业中经营效益相对不错，但形势也较复杂严峻。电力市场方面，公司前5个月电量同比负增长1.68个百分点，这种情况仅在金融危机时出现过，虽然6月有所好转，但设备利用小时数下降明显，这一趋势在年内乃至今后一个时期恐怕将是常态。上半年，电量的下降直接导致公司收入同比减少11%，同时电价下调的政策性减利、市场竞争的白热化都将给经营带来不小压力。最近两天电量同比有所增长，这是空调负荷的拉动作用，并不是经济增长的需求。煤炭市场方面，在煤炭需求放缓、过剩产能难以消化、国际能源价格下降等多重因素影响下，年初以来煤炭价格一路下跌，秦皇岛港5500kcal动力煤价格处于近10年来低位。下半年，随着各项稳增长政策的落地，煤炭消费降幅将逐渐收窄，煤炭市场形势可能出现好转趋势，但供大于求的格局短期内尚难以发生根本性转变。金融市场方面，融资环境趋于宽松，资金成本处于下降通道，资本市场经过一轮快速上行后大幅度调整。近期，国家采取了一系列稳定资本市场的“救市”措施，央行进行了降息和定向降准，并取消了银行存贷比，有机构预计年内还有下调空间，货币政策继续趋于宽松，企业融资成本将会降低。

从改革创新角度看，在电力体制改革方面，

新一轮电改已经开启，国家发展改革委正在研究出台电力市场建设、交易机构组建、发用电计划放开、售电侧改革和输配电价改革等5个配套办法，同时将输配电价改革试点从深圳、蒙西扩大到安徽、湖北、宁夏、云南、贵州，电力市场化改革进一步提速。最大的变化就是，无论是区域内还是跨省区电能交易主要以市场化交易方式为主，电价由双边协商确定。同时，售电公司的成立也闻风而动，目前全国已有20家独立售电企业完成工商注册，并进入全国企业信用信息系统。对于这些电改进程，我们要密切关注，当前最紧迫的任务是抓紧推进公司营销体系建设。在国有企业改革方面，中央关于深化国有企业改革的一系列重要文件近期将会陆续出台。同时，还将出台国有企业分类改革、完善现代企业制度、完善国有资产管理体制、发展混合所有制经济等重点改革文件，我们要按照中央和上级部委统一部署，认真贯彻落实，确保改革沿着正确方向顺利推进。

综合来看，当前短期因素和长期因素叠加在一起，政策性影响和市场性变量交织在一起，许多因素会在较长一个时期影响公司经营发展。尤其是前不久，国内资本市场风云突变，股票市场连续暴跌，金融风险快速累加，经济形势更趋复杂严峻。央行、证监会、保监会等金融机构纷纷采取措施，加大稳定市场力度。国资委也要求中央企业在股市异常波动期间不得减持所控股上市公司股票，并支持中央企业增持股价偏离其价值的所控股上市公司股票，努力维护上市公司股价稳定。巨幅震荡的资本市场对我们正在推进的上市公司再融资工作带来不确定性影响，完成全年负债率控制目标难度增大。我们要认真落实中央和国资委关于稳定经济增长、维护市场稳定的工作部署，正视当前市场形势的复杂性和严峻性，坚定信心，冷静分析，科学研判，保持定力，更加注重发展质量，更加注重提升效益，更加注重防范风险。对于火电项目的发展，要优中选优，严格开工条件，把控投资强度；煤炭企业要控亏“止血”，原则上不再扩大工程建设和技改投资；金融企业要严控风险，坚持“现金为王”，慎重投资；工程技术企业要严控“两金”，收缩战线，集中技术力量打造优势产业。总之，越是形势复杂严峻，市场动荡加剧，我们越要缜密思考，稳扎稳打，把各项工作做深入、做扎实，确保企业行稳致远，基业长青。

二、关于公司发展和“十三五”规划

（一）准确把握公司战略总布局

经济新常态下，我们在制定中长期战略中，要遵循价值思维理念，把握“三个统筹”，努力实现健康可持续发展。一是统筹抓好增量的战略性增长和存量的内涵式提升，也就是增量资产的发展要符合价值创造要求，沿产业价值链进行延伸拓展，对于行业特性不熟悉、盈利预期不确定、自身优势不明显的产业不要贸然进入；存量资产要走内涵式提升之路，重点抓好运营改善，做到低成本、低能耗、低排放，增强竞争能力。二是统筹利用国内国际两个市场、两种资源，也就是必须要具有国际视野，把握当前中央企业“走出去”的大好时机，积极参与“一带一路”建设，提升国际化经营水平。三是统筹推动差异化发展、集约化经营、精益化管理，也就是根据我们所处的经济和行业的周期性、趋势性特征，运用不同策略，提升核心能力。谋发展就要在布局上有所为有所不为，做到人无我有，人有我精，在差异化的竞争中赢得比较优势；抓经营就要强调资源的优化配置和统一调配，发挥规模效应，在集约化的管控中降低成本；强管理就要注重效率和效益的协调一致，创新管理理念和思路，不断改进方式方法，在精益化的重构中创造价值。通过“三个统筹”的实施，我们最终实现打造“六个华电”、建设“三化一流”的愿景目标，即打造价值华电、绿色华电、创新华电、阳光华电、法治华电、幸福华电，建设具有现代化治理架构、市场化运营方式、国际化战略布局的世界一流能源集团。

（二）科学谋划各产业发展

发电产业要把握机遇增后劲，目前来看，近两年可能是发电产业最后一轮的发展机遇期。我们要牢牢抓住和用好这一轮机遇，大力发展有效益、高质量的装机规模，增强发展后劲，扩大市场份额。发展过程中，要把规划布局放在首要位置，确保每一个项目都符合国家能源空间布局优化要求，具有较强的市场消纳能力和盈利能力。“三北”区域的热电联产项目，要以热源的落实为前提，严把开工程序。水电的发展，要趁着国家水电大开发的东风，加快推进金沙江上游、怒江等大型流域开发前期工作，打好资源保卫战，科学安排开工时序，先易后难，滚动开发。风电、太阳能的发展，要把质量和效益放在首位，多争取和储备优质资源。天然气发电的发展，要融入国际油气供应和国内页岩气开发的大格局中统筹规划布局。积极推进分布式能源示范工程建设，探索和推广分布式项目开发的成功模式。煤炭产业要固本强基提效益，国家对煤炭消费设置了天花板，并要求必须高效清洁利用。我们对现有煤矿资源，要一矿一策，仔细研究，没有竞争力的项目坚决不能上。已投产煤矿要苦练内功，着力降本提效，特别是要加大煤炭营销力度，抓好煤炭销售，打通运力通道，促进控亏增盈。集团公司鼓励系统单位多用自产煤炭，提高自产煤内销率，实现内部效益最大化。对煤化工项目的开发要慎之又慎，市场不确定，技术、人才条件不落实，坚决不能开工建设。金融产业要稳健发展控风险，紧紧围绕集团总体战略，适应国家金融改革形势变化，深入思考和研究信托、证券、租赁等金融产业转型发展的方向和重点，科学谋划好“十三五”发展，切实把防范风险放在突出位置，强化产融结合，提升金融价值，为实体产业的发展提供有效的资金支持和优质的金融服务。科工产业要顺势而为重创新，原来我们讲工程技术产业，我认为在“中国制造2025”大的战略机遇下，应该转型为科技和工程装备产业，体现出创新性、高端性的特点。所以，我建议以后把工程技术产业改为科工产业，工程技术企业可以研究更新名称，以增强市场影响，这不仅仅是名称的改变，而是发展理念的变革。要顺应智能制造、互联网+、大数据等科技发展潮流，坚持有进有退，在符合创新方向、体现自身优势、投资回报较高、市场需求广阔的领域和产品上，要集中精力、形成拳头，积极去“进”；对于没有优势的短板业务要舍得去“退”。要积极学习借鉴吸收当今世界最新技术成果，改造升级我们重工装备、电力自动化、轨道交通、环保技术、水处理等传统优势业务，提高技术含量和市场竞争能力，使科工产业焕发生机与活力。集团本身就是一个大市场，对节能环保等产品的需求空间很大，在这方面，有关单位要聚焦主业需求，多做些文章，为公司转型升级提供优质产品和服务。集团会全力支持，但不保护落后。

关于国际化的工作，国家高度重视，今年以来李克强总理主持召开了多次会议进行研究部署，国资委专门召开了推进中央企业参与“一带一路”建设暨国际产能和装备制造合作工作会议，鼓励中央企业“走出去”。从当前形势来看，国内产能过剩的局面还将持续几年，作为能源央企，拓展更大的发展空间必须“走出去”。我们要立足两个市场、统筹两种资源、熟悉两种规则，按照能力可及、风险可控、效益可观的原则，加快弥补在人才、资金和技术上的短板，采取“四轮驱动”“联合出海”的方式，加快“走出去”步伐。要把参与“一带一路”建设作为公司“十三五”发展规划的重要内容，与公司年度计划、境外重大项目投资计划紧密衔接，立足公司发展战略和比较优势，汲取央企在国际化发展过程中的经验教训，完善境外产业风险管控体系，重点围绕“两片一链”，精挑细选境外项目，量力而行，重点突破，形成优势，不能头脑发热，四面出击。

（三）要着力提升发展质量效益

适应经济发展新常态，一个最显著的特征，就是从原来的规模思维，转换到更加注重质量效益的可持续发展上来。特别是在电力供应过剩、市场化竞争日趋激烈的新形势下，更要把发展的质量效益放在首位。我们提出要把负债率降到80%以内，其中投资规模控制是大头，但要发展还要保持合理的投资规模，怎么办？那就必须要保证项目投资的有效性，新增投资必须要能增加合理的利润回报。要控制好发展节奏，现在随着火电效益好转，各地上项目的积极性很高，越是在这种情况下，我们越要保持警惕和理性，严控投资规模，注重质量效益。要做深做细前期基础工作，加强对前期项目的论证研判，分析市场空间、竞价能力，落实投资条件，把精益化管理贯穿至选、建、管全过程，提升项目的区域相对竞争力。

三、关于下一步改革工作

（一）抓好集团总部层面的改革推进

集团总部是改革的顶层设计和推动者，要适应公司转型要求，强化部门职能作用，加强宏观思考和自身建设，服务改革全局。一是要规范治理结构。目前，公司已经建立了规范董事会，这是现代企业制度下新的治理结构探索。要按照董事会建设要求，认真学习贯彻公司印发的董事会议事规则、董事长办公会和总经理办公会议事规则等规章制度，建立经营班子周一碰头会制度，沟通情况，推进工作，健全完善决策、执行、监督、保障相关制度，进一步优化决策机制、治理规则和工作流程，全力提升战略统筹、宏观研判、风险把控、前瞻思考的能力，促进公司治理的法治化、规范化、程序化，真正发挥总部职能作用，做好“抓总”这篇大文章。二是要优化配置资源。按照整体上市的思路，抓住近几年盈利状况较好的有利时机，加大资产注入上市公司力度，提高资产证券化水平，发挥好上市公司融资功能，为集团发展提供资金支持。当前，资本市场震荡较大，我们要坚定信心，把握时机，加强上市公司市值管理，与投资者做好沟通，树立公司资本市场良好形象。加大内部资源盘活力度，唤醒那些沉睡的历史沉淀资金、应收账款、参股资产、库存物资等，使这些低效、无效资产重新成为有效资金流。三是要跟踪研究国企改革政策。按照中央关于国企改革的统一部署，积极稳妥探索推进混合所有制、员工持股等改革工作，有条件的二级单位要研究引进战略投资者和股权投资基金。

（二）加快推进重点专业领域改革

下半年公司改革的任务十分繁重，我们要加大工作力度，对于方向和任务已经明确的有关重点领域的改革，要果断推进，务见成效。一是积极参与电力体制改革。当务之急要跟踪国家电改配套细则，加快推进营销体制改革，建设好区域售电平台。同时，要积极参与国家层面的政策研究和规则制定，反映合理的利益诉求。改革过程中，我们要思考如何建立起适应电力市场化改革的投资决策体系，重新优化和改进项目投资边界条件、经济评价模型等，切实建立起项目发展质量保障机制。二是推进科技创新体制改革。在这方面，近几年我们做了一些工作，但效果不太明显。下半年，要以制定“十三五”科技创新规划为契机，规划设计科技体制改革路线图，加快推进公司系统科研院所整合，变革系统科技管理体制机制，把集团公司科技资源最大化地聚合起来，建立起“面向集团、服务主业、产研结合”的科技创新体系，提升科技创新对集团发展的贡献度。三是推进科工产业改革。当前存在的问题是科工企业发展战略不够清晰、业务布局较为分散、市场竞争力不强，要抓好对科工产业的战略性整合重组，借助资本市场平台，有效合并同类业务，改革现有体制机制，优化内部资源配置，切实通过改革的手段助推企业转型升级。四是深化国际业务改革。根据公司“走出去”“两片一链”战略部署，研究整合海外投资、运营维护、工程建设、国际贸易平台，形成高度协同的国际化发展格局。下一步，公司将打造统一的国际投融资平台，分区域、分专业设立子公司，全面整合海外业务，谋划开展境外发债、股权融资、引入境外投资者、境外上市等工作。五是推进金融体制改革。根据国家金融改革进程，进一步加强对集团金融产业转型发展的研究和探索，制定切实可行的发展规划和改革方案，稳步推进实施。完善激励约束机制，进一步提升金融产业市场化运作水平和风险防范能力。

（三）下大力气抓好区域“做实”和基层“强基”

区域“做实”，这是集团管控体制改革的核心内容。从目前情况来看，“做实”工作的进展还不平衡。江苏、湖北等公司经过一年多的探索，积累了很好的经验。关于区域“做实”，我强调过多次，这是符合国家简政放权大形势和集团发展实际的重要改革举措，公司的目标很明确，决心也是坚定不移的，希望各相关单位要和集团公司保持高度一致，把该授的权尽快授下去，该移交的企业真正移交出去，不能因个人或局部利益而阻碍改革大局。各区域要按照“做实”要求，抓紧调整充实机构人员，建立健全管理体系，真正成为具有“四自能力”的经营发展管理实体，承担起集团赋予的经营发展重任。跨区域的上市公司要按照集团统一要求，深度推进所属区域公司授权，授权下去后就要严格遵照职责界面来开展工作、落实责任。完成授权和发电企业托管后，跨区域上市公司要把工作的重点放在谋划投资发展和资本运作上，发挥好投融资功能。基层企业要按照“强基”要求，全面推行精益化管理，综合运用好星级创建、“7S”管理、对标管理等手段，切实把管理基础夯实打牢。总的来讲，我们强调“抓总”“做实”“强基”，就是要强化总部职能部门职能作用、区域公司的整体协调“四自”功能、专业公司的专业优势、基层企业的基础作用，形成三级管控、精益管理的格局。

四、关于新常态下党的建设和干部队伍建设

党的十八大以来，以习近平为总书记的党中央，从坚持和发展中国特色社会主义全局出发，提出了“四个全面”的战略布局和实现中华民族伟大复兴的“中国梦”，出台并严格执行“八项规定”，保持反腐败高压态势，党风政风为之焕然一新，可以说我国的政治生态也进入到一个新常态。面对新常态下政治、经济和社会环境的巨大变化，大家要有充分的认识，必须从政治品格上、思想观念上、工作方式上、生活习惯上，尽快适应新常态，引领新常态，在新常态下有所作为。

从我们自身来讲，公司近年来不断深化党建改革创新，抓班子、带队伍、调结构、提效益、推改革、促发展，干部队伍的主流是好的，素质、能力、作风是过硬的。但也存在着一些不容忽视的问题，从专项巡视和内外部审计暴露出的问题看，主要是部分干部的法治意识、纪律意识、规矩意识不强，缺乏专业知识和依法治企能力，违反决策程序，盲目决策，给公司造成重大损失；极个别同志违反“八项规定”和公司财经纪律，公私不分，违规报销，等等。我们必须认真对待，进行整改。同时也要注意到，受外部因素的影响，公司系统有些干部心态也发生了变化，工作不在状态，精神萎靡不振，失去了进取的动力和目标；有的产生了“多一事不如少一事、少干事就能少出事”的怠政懒政行为，这些都是要不得的。

面对这些与新常态不相适应的问题，我们必须从严治党，把纪律和规矩挺在前面。近一段时间以来，中央陆续出台了关于在国企改革中坚持党的领导、党组工作条例、巡视工作条例等一系列重要文件，对新常态下加强党的建设、全面从严治党提出了新的更高的要求。各级党组织、纪检组织要切实承担起党风廉政建设的主体责任和监督责任，党组织主要负责同志要承担起第一责任人的职责，其他同志要坚持“一岗双责”，对职责范围内的党风廉政建设负责，共同担负起公司系统从严治党管党的重要责任。各级领导干部要强化监督意识，一方面要适应在各方面监督下工作，另一方面对职责范围内的人和事要履行好监督责任。要处理好内部监督和外部监督的关系，内部监督部门的作用要保证企业外部检查时没有问题。要充分发挥内部财务、审计、纪检监察部门的职能作用，严格执行财经纪律，加强审计监督，关口前移，抓早抓小，防微杜渐，坚持标本兼治，使领导干部不想腐、不能腐、不敢腐。对于财务、审计、纪检监察工作中发现的违法问题要严惩不贷，发现的违规违纪问题要认真整改。对于干部身上出现的苗头性、倾向性问题，要及时“咬咬耳朵”“扯扯袖子”。打铁还需自身硬，从事监督工作的同志更要严格要求自己，时时处处谨言慎行，以身作则，在各方面起到模范带头作用，始终围绕中心，服务大局，做党纪政纪的忠诚卫士，要把不发生违纪违法的人和事，营造风清气正、干事创业的良好环境作为干好工作的标准。

公司未来发展大业，迫切需要一大批“好班子”“好干部”和优秀人才。近期，中央印发了推进领导干部能上能下的若干规定，我们要认真学习中央精神，完善公司领导人员管理办法，进一步优化调整干部结构，把那些想干事、能干事、干成事的干部用起来。要从战略的高度，全面审视和系统谋划公司人才的可持续发展，建立健全人才选拔、培养、使用、引进机制，多领域、多层次、多岗位培养锻炼干部，为公司改革发展提供强有力的人才支撑。要继续推进“千人计划”，畅通成长通道，规划职业生涯，搭建成长平台，让每一名员工都有成才的机会，都有发展的奔头。这次会上印发了企业文化体系修订方案，这是着眼新常态，践行社会主义核心价值观，凝聚广大干部员工力量的精神纽带，各单位要结合区域文化，丰富完善，提炼升华，形成具有华电特色的文化体系，宣贯好新的《华电宪章》，叫响中国华电品牌，提升社会美誉度。

新常态的来临，无论是对国有企业，还是干部员工，都带来了新的挑战，提出了新的要求。每位领导干部都要学会适应新常态，告别那些不相适宜的思想理念、工作的方式方法和生活习惯。要在思想上适应新常态，可以说，无论是推改革，还是谋发展，谁的思想解放得早，谁就能率先破局、抢占先机。从公司目前情况看，部分领导干部还存在着对互联网迅猛发展和科技快速变化带来的挑战不适应，对电力市场化改革带来的经营方式重大改变不适应，对依法治企、依法经营、依法管理不适应，对从严态势下的规矩约束不适应。这些“不适应”从根本上讲，是旧有习性带来的惯性依赖，是思想之窗没有洞开，我们要勇于突破旧有思想观念的桎梏，增强对新事物、新技术、新趋势的感知度和接受力，主动从旧的条条框框中跳出来，保持与时俱进的精神品质和奋发有为的精神状态。要在工作上适应新常态，新常态下公司在企业定位、发展取向、经营方式、管理能力、队伍建设方面出现的趋势性变化，将会长期存在和发展。对此，各级领导干部要学会借势谋势，顺势而为，在思考角度、工作方法、工作作风上都要适应要求，融入角色。尤其是对于改革的深化、项目的争取、效益的提升等重要工作，大家要敢于担当，主动作为，一马当先，负起重任。要在能力上适应新常态，在一个智能革命、信息爆炸和知识经济时代，社会开放的广度、革新的速度、复杂的程度与几十年前已不可同日而语，对于干部综合能力的要求也不可同日而语。公司转型升级、“走出去”、营销体制改革等都对干部提出了新的要求，各级领导干部要有强烈的知识恐慌、能力恐慌，加强学习，培养战略思维、世界眼光，提升驾驭企业发展和市场变化的能力。要在行为上适应新常态，干部能力有高低，但在遵纪守法上不能有差异。通过专项巡视、外部审计和内部巡视来看，有些干部不学法、不懂法，不知法律的边界、合法的要件、违法的认定等基本法律知识，缺少对法律的敬畏。各级干部必须要增强法治修养，自觉遵法守法，做到依法治企，依法办事。干部之间要团结共事、坦诚相待，绝不允许搞“小圈子”“小帮派”“小阵营”，始终公私分明、清正廉洁、坦荡正直，保持阳光心态，健康快乐地工作和生活。

在集团公司2015年上半年经济活动分析会上的讲话

程念高

（2015年7月16日）

一、上半年工作开展情况

今年以来，面对前所未有的复杂经营环境，公司系统上下认真贯彻落实集团公司工作会议和季度工作例会精神，主动作为，迎难而上，逆势图强，全力保增长、调结构、推改革、提效益，各方面工作都取得了新的进展，主要经济技术指标稳中有升，为完成全年目标任务打下了坚实基础。

（一）立足长远谋发展，重点项目取得新突破

以国家能源发展规划和“一带一路”战略为引领，认真谋划公司“十三五”发展规划，加快推进重点区域布局和重点项目发展，江陵一期、邵武三期、新疆昌吉英格玛、贵州大方二期等煤电项目获得核准；永利一期、哈密四期等项目近期有望获得核准；句容二期已上报核准申请，并被国家能源局列为燃煤发电设备国产化示范依托工程；平江一期规划获得国家能源局批复；可门三期进入福建省2015年火电建设规划，并被列为核准计划首选项目；莱州二期、芜湖二期等项目也取得积极进展。福建池潭扩建、四川俄日等水电项目获得核准，苏洼龙、巴塘、叶巴滩、拉哇、大古等项目前期工作进展顺利。新能源项目储备明显增加，江苏、湖南、湖北、广西等区域纳入风电核准计划的项目实现突破，新疆、甘肃、宁夏、河北等区域资源储备继续保持良好势头。坚持“四策划、一优化”，提升项目建设质量，控制工程造价，公司系统有5个项目获得2015年度中国电力优质工程奖。稳步推进可可盖、西黑山等重点煤矿前期工作，加快推进煤矿证照办理和产能核定提升，小纪汗煤矿取得采矿许可证，肖家洼煤矿采矿证正在国土部受理当中。加强金融风险监管，研究推进信托公司、资本控股转型发展，完成租赁公司增资扩股。深化产融结合，金融产业为集团公司提供资金支持351亿元，同比提高13个百分点。梳理整合工程技术企业交叉业务，聚焦优势专业，科技创新能力持续增强。页岩气、LNG、航改机等战略性新兴产业发展稳步推进。以“两片一链”为重点，积极拓展海外市场业务，巴淡、额勒赛等项目运营稳定，巴厘岛两台机组顺利投产，俄罗斯捷宁项目建设进展顺利，印尼玻雅项目正式签署融资协议。

（二）全力以赴提效益，经营业绩再创新高

按照国资委统一部署，认真开展“降本增效、提质升级”主题活动，成立工作机构，制定实施方案，坚持一企一策，强化经营督导，全力开源节流、增产增收，公司利润总额、净利润、净资产收益率、国有资产保值增值率等主要经营指标创出历史同期新高。积极应对电量增速大幅回落、利用小时数明显下滑的严峻市场形势，调整优化营销策略，加大运营协调力度，突出抓好电量争取和结构优化，市场占有率超过全国平均水平；山东、内蒙古、湖北、湖南等区域电量争取工作成效明显，贵州、云南、河北等区域在减少弃风弃水方面做了大量工作。组织召开供热生产经营

现场会，进一步明确供热业务板块发展思路，健全生产和营销两个管理体系，全力推动公司供热业务板块再升级、供热管理水平再提升。科学组织煤炭生产和销售，加强内部管理，抓好供需对接，实施煤电协同度绩效考核，煤炭产、销量同比实现大幅增长。积极推进资本运作，保证了公司经营发展对资金的需求。

（三）扎实有序推改革，进一步增强了发展动力活力

认真贯彻落实中央和上级改革部署，主动推进改革，制定了年度改革要点，确立了今年改革12个方面54项具体任务，明确改革重点难点、责任分工和完成时限，突出重点抓好落实。根据国资委关于建设规范董事会的要求，组建了公司董事会和四个专门委员会，成立了董事会办公室，召开了一届一次董事会，建立健全《公司章程》《董事会议事规则》《董事长办公会议事规则》等一系列规章制度，初步构建起了权责分明、各司其职、有效制衡、运转高效的现代企业法人治理体系。积极参与电力市场化改革，加强电改政策研究和培训，定期通报电改最新动态和实施情况；顺应电力市场变化，谋划改进公司运营模式，推进蒙西区域电力营销体系改革和售电公司筹建试点工作，并进一步扩展到其他10个重点区域，搭建区域一体化营销平台，提升市场竞争能力。持续深化总部“抓总”、区域“做实”、基层“强基”，抓好“做实”“强基”工作指引落实，稳步推进发电区域化、煤炭专业化以及燃料、物资和资金集约化管理改革。分产业召开“7S”管理及“强基”工作推进会，在总部推行“7S”管理，开展办公环境优化美化活动；启动实施水电提效计划；积极推进对标管理，强化行业对标和系统对标。调整优化总部和二级单位机构设置，加大向二级单位授权力度，完善了领导人员选拔任用、年度考核评价等一整套干部人事制度；加大总部与基层交流力度，面向公司系统公推遴选34个总部岗位，扎实推进“千人计划”，开展初期培训，效果良好。

（四）坚持不懈强管理，安全生产和科技环保水平不断提升

深入贯彻落实新的《安全生产法》，全面推行“党政同责、一岗双责、齐抓共管”，健全完善安全责任体系，着力加强反违章和作业环境本质安全管理，扎实开展春季安全生产大检查、外包工程专项治理和防汛检查，举办安全应急技能大赛，安全生产总体保持稳定。突出抓好煤炭安全管理，完善煤矿安全生产考核管理体系，扎实推进煤矿安全质量标准化建设，强化煤炭企业应急救援和安全培训能力建设，认真开展煤矿安全检查和隐患排查治理，煤炭产业安全生产保持平稳。启动公司工业4.0及智能发电技术路线研究，推进两化融合智能制造专项，加快引进申能外三电厂先进节能减排新技术成果。深化国家创新型企业创建，整合优化公司系统科研组织体系，积极推进国家级研发平台建设，新增授权专利163项。认真落实国家环保政策要求，组织开展“环境守法宣传年”系列活动，加强环保暗查暗访和现场突击检查，推动环保隐患排查与整改，顺利通过环保部年度减排核查核算。进一步健全环保监督管理体系，利用环保信息化平台构建“互联网+环保监督”模式，环保数据动态分析研判基础基本建立。加快推进ERP系统一期推广实施，试点单位业务财务支付一体化单轨运行取得阶段性成果，集团公司网络安全统一管控项目列入国家信息安全专项。

（五）聚焦问题抓整改，依法治企工作得到加强

高度重视抓好中央巡视和国家审计反馈问题整改落实工作，迅速成立了整改组织机构，多次召开整改工作领导小组会、党组会、董事长办公会、总经理协调会等会议，专题研究整改工作，制订整改方案，倒排整改时限，逐级签字背书，加强实地督导，全力挽回经济损失，对一些违规违纪事实比较清楚的相关责任人进行了追责问责。以问题整改落实为契机，坚持立行立改与长效机制建设相结合，举一反三、标本兼治，将近年来国家审计监督和公司内审发现的问题一并打包整改，进一步规范内部运作流程，新建或修订投资决策、合同管理、大额资金管理、资产收购、燃料预付款等相关规章制度41项。抓好内控体系建设和风险管理，强化企业领导人员任期经济责任审计和专项审计。加大内部巡视力度，上半年对华电工程、山西公司、国电南自、资本控股等9家单位开展了巡视监督，着力发现党风廉政建设和生产经营管理方面存在的突出问题，督促抓好整改，切实发挥巡视“利剑”作用。大力推进依

法治企工作，制定实施法制工作新五年规划，发布《华电法典》，强化法律风险防范和重大合同法律审核把关，协调处理法律纠纷案件，促进企业依法合规经营。

总的来看，在刚刚过去的半年时间里，我们面临的形势比年初预料的更为复杂严峻，承受的经营压力也比年初预料的要大。冷静总结取得的成绩，分析面临的形势，当前公司工作中还存在一些隐忧和问题，需要引起大家的高度关注。一是电量下滑严重，二是经营分化十分明显，三是要素制约仍然较多。

二、下半年工作安排

（一）强化战略引领，提升发展质量和效益

（1）制定公司“十三五”发展规划。紧跟国家能源产业政策和发展规划，完成公司“十三五”发展规划制定工作，三季度要基本定稿。在此基础上，要按照区域发展差异化、产业发展专业化的原则要求，组织指导相关二级单位做好本区域、本产业“十三五”发展规划研究制定工作，搞好与公司“十三五”规划的有效衔接和战略协同。要强化规划的战略引领作用，根据规划要求抓好前期项目清理工作，该加快的加快，该放缓的放缓，该处置的处置，确保投资效益。加强前期工作计划执行情况的定期跟踪分析，有针对性地指导二级单位开展项目前期工作。

（2）推进战略重点项目落地。按照公司规划和年初发展计划，加快推进战略重点项目前期工作，确保句容二期、莱州二期、芜湖二期第一台、永利一期、襄垣一期等项目取得核准，力争核准广东汕头、湖南平江、陕西红敦界、安康等项目。要进一步加大后续项目储备力度，积极争取江苏通州湾、连云港、襄阳三期、龙口四期、十二连城一期、山西偏关、白音华二期等项目纳入国家规划。大力推进供热业务发展，在北方大中型城市发展高效热电联产机组，在新兴工业园区发展热负荷有保障、热价合理的超（超）临界热电联产机组。抓住国家实施“一带一路”战略的有利时机，围绕“两片一链”，加快推进海外重点项目布局和建设。

（3）加快清洁能源发展步伐。有序推进水电项目开发，确保金沙江上游苏洼龙项目年内核准，扎实推进巴塘、叶巴滩、拉哇等水电前期工作。西藏大古项目要在确保取得国家定额投资的前提下，力争早日通过审批。怒江水电规划和环评报告要在完成水产种质资源保护区调整的基础上，尽快取得国家批复，力促六库项目核准，争取怒江水电开发取得实质性突破。要在保证质量和效益的前提下，进一步加快新能源发展步伐，确保甘肃毛井二期、陕西榆林、山西汾阳、盐湖二期等风电项目年内获得核准。加快推进河北曹妃甸、福清海坛海峡等海上风电核准进程，确保今年具备核准条件。继续在国家和地方规划的风电基地，储备优质风光电项目资源，力争更多项目进入风电基地规划和年度开发建设实施方案。另外，国家规定2014年底前核准、在2015年底前必须投产才能享受不降电价政策的风电项目，要加快建设进度，务必在年底前投产，为后续运营打好基础。

（4）推进相关产业协同发展。有序推进煤炭重点项目建设，万通源煤矿、甜水堡二矿年底前要投入试生产。在建煤矿项目要高度重视造价控制和建设质量，努力降低工程造价，在基建时期就要形成成本竞争优势。加强煤炭销售、物流和贸易体系建设，确保小纪汗、肖家洼铁路专用线在年底前投入运行，隆德铁路专用线年底前要确定设计方案。结合公司“十三五”规划制定，深入研究金融产业转型发展路径，当前的首要任务是防范和控制金融风险，加强部分风险资产保全和处置。工程技术产业要抓住国家实施“中国制造2025”的战略机遇，加大科研投入，加快行业领军人才的引进和培养，整合内部交叉业务，重点关注和发展节能环保产业，培育智能配售电业务，积极推进水务投资项目开工，增强服务主业的能力和水平。要稳妥推进页岩气项目勘探工作；要加大同政府部门的沟通力度，力争广东江门LNG接收站及配套燃气电站项目进入政府规划。

（二）全力增产增收，确保实现全年稳增长目标

（1）加大市场营销力度。适应日趋激烈的电力市场竞争形势，下大力气加强电力市场营销工作，千方百计多发稳发，确保不低于“三同”目标。根据电力市场供需形势，合理安排调整设备检修计划，提高设备安全可靠水平和可用、可调率，防止出现“市场行情好时机组趴窝、设备可用时却又遇上行情不好无电可发”的现象。大力开拓供热市场，增加以热定电电量，利用保电网安全的调峰调压机组争取调节性电量，进一步增

加具有优先发电权的机组容量，扩大政府定价电量比重。推进区域一体化营销体系建设，落实区域公司市场营销主体责任，发挥区域整体效应和规模优势。以区域为单位开展电力用户的全覆盖调查和建档工作，筛选优质用户签订供电意向协议。积极开展售电公司筹建工作，探索实施“互联网+售电”模式，创新拓展公司售电业务，争取年底前重要区域售电公司全部建成。抓住迎峰度夏、需求旺盛的有利时机，做好煤炭市场销售工作，大力开拓新渠道、新用户，以量保价，力争实现产销平衡。进一步加大内销煤协调力度，确保完成自产煤内销率50%的目标。

（2）推进降本增效。坚持“一企一策”，开展亏损企业专项治理工作。按照差异化管理的要求，坚持以水位控制系数和耗水率指标为主的水电生产考核原则，扎实推进水库优化调度，实现非汛期水库维持在较高水位运行，并在汛前有序消落水位。风光电企业要按照“一场一策”要求，加强设备治理，尽快完成涉网试验，使已投产风电场早日进入商运，减少弃风弃光率，提高利用小时数，力争达到并超过区域“三同”水平。结合煤炭专业化管理改革，落实“一矿一策”措施，努力减亏、控亏、扭亏。加快肖家洼、小纪汗、下梨园、万通源等煤矿证照办理，力争年内取得全部证照。华电工程、国电南自要采取有力措施，落实责任，切实解决存货和应收账款过高的问题。按照国资委控制负债率的要求，合理安排投资规模，优化投资结构，把有限的资金用在刀刃上。继续坚持“过紧日子”，加强各项费用支出控制，严控规模，严把标准，严格审批，杜绝不必要的开支。

（3）加强资本运作。继续加大优质资产注入上市公司力度，提升资产证券化水平。

（三）抓好安全环保工作，夯实经营发展基础

（1）持续强化安全管理。要以实现全年“零死亡、零事故”为目标，扎实开展各项安全生产基础工作。认真落实国家能源局重大“非停”上报制度，按照年度“零非停”工作要求，加大降“非停”工作力度，督导重点区域，跟进重点机组，解决突出问题。今年以来，我国气候十分反常，南方暴雨不断，地质灾害频发，现在又恰逢汛期，各单位要始终绷紧安全生产这根弦，加强水电厂大坝和火电厂灰坝隐患排查治理，严防溃坝垮坝事故。要针对夏季温度高、机组高负荷运行的特点，加强设备巡检维护，及早发现并处理隐患，确保机组安全迎峰度夏。加强外包工程安全监管，杜绝“以包代管”现象。加大安全教育培训力度，深化全员安全应急技能提升。深入推进煤矿安全质量标准化考核评级和星级安全煤矿创建工作，全面提升煤炭产业安全管理水平。深入开展煤矿安全检查和隐患排查治理工作，及时消除矿井各类隐患。

（2）进一步深化环保工作。严格遵守《环保法》和国家有关规定，着力抓好各项污染物排放总量减排措施落实，继续推进燃煤机组脱硫、脱硝和除尘改造，确保全面完成公司“十二五”总量减排任务。上个月，环保部通报了一批环保违法违规企业，有个别中央和地方企业被暂停了项目环评审批。集团公司在这方面也曾有过教训，系统各单位要高度重视，搞好自查自纠。对于因环保问题给公司造成不良影响的，将严肃追究相关责任人责任。建立集团公司火电环境保护监督技术中心，强化环保动态监督与考核，完善环境风险预警机制，实现环保工作闭环管理。密切跟踪国家碳排放权交易政策走向，在公司系统全面开展碳盘查工作，加强碳市场交易能力建设。

（四）实施创新驱动，提升综合竞争能力

（1）大力推进科技创新。深化科技体制改革，整合科研力量，构建“面向集团、服务主业、产研结合”的科技创新体系，进一步提高集团公司科研创新能力。制定公司“十三五”科技发展规划。加快推进火电、水电等领域智能发电技术论证，研究提出符合华电实际的智能发电理论体系、技术内涵、目标任务和工作路径。推进“分布式能源技术”“火电能效检测平台”等国家级研发平台建设。组织做好华电工程湿式电除尘及系统外节能减排新技术成果的推广应用。

（2）深入推行“7S”管理。按照公司总体安排，全面完成“7S”管理推行阶段的工作，做到生产、办公、后勤等区域100%全覆盖。新建发电企业在设计阶段就要引入“7S”管理理念和做法，科学统筹安排工程建设管理。抓好“7S”管理在肖家洼煤矿、白芦煤矿、福建储运公司3家煤炭试点单位的导入和推行工作，为在煤炭产业全面推行“7S”管理提供借鉴。各企业在推行“7S”管理过程中，要及时总结经验、完善制度、固化

成果，逐步实现“7S”管理的制度化、标准化。

（3）稳步推进远程集控平台建设。落实集团公司《2015—2017年水电提效计划》，年底前乌江公司、金中公司水电厂要全面实现远程集控，其他具备条件区域完成系统建设，2016年具备运行条件。加强新能源远程集控和远程诊断平台建设，一个区域建设一个远程集控中心，在选取远程集控和远程诊断设备时，要尽可能保持规范统一，便于今后运营、检修和维护。新建项目要同步配套建设远程集控平台和远程诊断平台，争取一步到位。

（4）加快推进信息化与产业深度融合。组织实施《集团公司2014—2017年信息化规划》，继续开展ERP系统建设，努力建成基于先进网络和信息平台支撑的、满足集团公司科学决策、高效管理和协同运转需要的世界一流能源集团信息系统平台。全力以赴抓好ERP（一期）项目推广实施工作，年底前实现ERP推广单位薪酬、燃料、工程造价、生产、合同与财务支付一体化单轨上线运行。加强网络安全管理，推进网络安全统一管控项目建设，年底前完成公司系统互联网的统一出口汇聚和网络安全的统一管控。

（5）加强招标和物资管理工作。系统各单位要高度重视评标专家推荐和履职工作，进一步补充完善集团公司评标专家库，支持和督促本单位评标专家履职尽责，确保合法合规、科学公正。要按照有关规定加强对评标专家履职情况进行年度评价考核。探讨研究部分区域设立物资公司的方案。研究制定随机备品备件采购指导意见，深入开展备品备件三级联储工作。集团物资公司要继续配合各产业部门做好主机和重要辅机招标申请、招标文件审查，同时牵头做好合同谈判工作。

（五）加强风险防范，保障持续健康发展

现在中央巡视整改工作已经进入到关键阶段，各相关责任部门、单位和人员，要切实增强紧迫感和压力感，按照任务分工，一项一项抓好落实，确保如期完成整改任务，向中央交出一份合格的答卷。要认真总结汲取中央巡视和国家审计查出问题的经验教训，加强总部对涉及公司重大利益事项的法律事务管控，有效防范经营风险。加强资产并购业务的监督管理，重点强化尽职调查和资产评估，进一步规范资产并购行为。组织开展公司系统法律体检、合同清理、法律纠纷案件处理及境外法律风险排查工作，提升公司管理法治化水平。加强对重点单位、重点领域和重点环节的监督，组织开展“三重一大”决策制度执行情况监督检查，及时发现和纠正违法违规行为，有效堵塞管理漏洞。

重要论述

努力开创新常态下企业发展新局面

集团公司董事长、党组书记　李庆奎

党的十八届五中全会审议通过的“十三五”规划建议，是指导未来五年我国经济社会发展的纲领性文件，为我们发电产业中长期发展指明了方向。当前我国已进入速度变化、结构调整、动力转换的经济发展新常态，面对新常态带来的政治、经济、社会等方面的巨大变化，发电产业作为国民经济的支柱产业，必须按照习近平总书记提出的“四个全面”总布局和“四个革命、一个合作”的能源战略构想，以“十三五”规划为引领，深入贯彻创新、协调、绿色、开放、共享的发展理念，从发展方式上、体制机制上、能力素质上主动适应和引领新常态，加快做强做优做大，努力建成市场化、现代化、国际化的世界一流能源集团。

一、在发展方式上适应和引领新常态：抓好“压”和“保”，增强市场竞争力

“十三五”及今后一段时期，中国电力工业既面临诸多困难和挑战，也将迎来结构调整、布局优化和转型升级的重要窗口期。改革开放以来，我国电力工业迅猛发展，目前发电总装机容量已达14亿kW，稳居世界第一，有力保障了国民经济发展对电力的需求，客观上也造成了发电企业对投资建设和社会用电高速增长的过度依赖，而在经济放缓、产能过剩、发展转型和环境倒逼等新形势下，企业发展的速度正由过去的高速增长向中高速增长转变，发展的动力由主要靠规模带动向提升质量效益、改革创新和提高劳动者素质驱动转变，发展的空间也将由专注国内向利用国内、国际两个市场、两种资源转变。面对这些变化，我们要准确把握能源发展变革新特征，以发展理念转变引领发展方式转变，坚持有保有压，有所为有所不为，着力提升发展质量和效益，为增强企业竞争力，实现可持续发展打下坚实基础。

加快结构调整。新常态下，能源结构将呈现出多元化、低碳化、智能化和分布式等特征，在市场竞争、资源供给、环境保护等多重因素约束下，新增的电力需求将主要由清洁低碳的非化石能源来提供，以碳基能源为主的能源供应格局将被打破。发电企业必须顺应这一发展潮流，聚焦发电主业，沿价值链有效延伸产业链，形成以电为核心的产业协同发展格局。加快发展风电、太阳能、核电等新能源，积极有序发展大型流域水电，优化发展大容量、高参数、环保型煤电。要把分布式能源发展放到优先位置，根据国家有关部门预测，到2020年全国发电装机容量将达到20亿kW左右，其中火电约14亿kW，而目前已建成、在建以及核准待建的火电总规模已接近2020年规划目标，后续发展空间将越来越小。我国水电装机容量截至2014年底容量突破3亿kW，已接近实际可开发资源的60%，可开发的优质资源已经不多，且主要分布在西南地区崇山峻岭之中，开发难度大，建设成本高，环保约束严。而另一方面，随着新能源发电技术的不断突破和天然气价格的大幅下调，以及与分布式能源相配套的微电网、智能电网、能源互联网的逐步完善，分布式靠近终端、能效高、经济性好、有利于能源战略安全的优势逐渐凸显，成为未来电力能源发展的一个重要方向。我们要顺应潮流，加大分布式能源研究，推动国家建立市场竞争环境下合理的分布式电价形成机制，促进分布式能源的快速发展。

优化产业布局。根据我国资源禀赋与能源需求逆向分布的特点，按照国家能源战略和产业政策，认真谋划和布局项目发展。在市场条件比较好的沿海沿江地区和电力能源外送基地，建设一批大型港电一体、煤电一体化项目；在水资源丰富的西南、风资源丰富的西北地区重点建设大型水电和风电基地；在中部地区重点布局一些热电联产项目；按照国家关于城市经济带建设和智慧城市发展规划，超前布局一批分布式能源。贯彻国家“一带一路”“互联互通”、全球能源互联网等国际化发展战略，加快能源产业全球布局。当前，新兴国家能源市场增长空间很大，西欧等发达国家受经济危机影响资产价格走低，俄罗斯、中东欧等国家和地区正在推行老化设备升级换代，存在大量投资、并购和更新换代市场机会。我们要抓住机遇，按照效益可观、风险可控、能力可及的原则，发挥在电力规划、装备制造、工程施工、电站运营等方面优势，推进国际产能和装备制造合作，构建电力产业国际化发展新格局，不断拓展新的发展空间和效益增长点。

提升质量效益。企业的根本属性是创造效益、提升价值，要把注重质量效益的价值理念贯穿项目前期、建设和运营全过程，实现增量的优质增长和存量的内涵式提升。要打牢项目支撑点，从源头抓起，全面梳理前期项目，坚决舍弃那些不符合国家产业发展方向、盈利预期不确定、竞争力不强的项目，发展符合国家能源发展战略、促进结构优化升级、能为企业效益增加正能量的项目。精心组织工程建设，搞好设备选型，为生产运营奠定物资基础。要把握经营关键点，聚焦重点企业，把握关键环节，综合运用各种策略，提升经营管理水平，扩大市场份额，实现增产增收、降本提效，增强市场竞争力，为国家“稳增长”做贡献。要止住效益“出血点”，严格投资决策，优化投资方向，把有限的资金用在刀刃上，保证投资收益。抓好亏损企业扭亏增盈工作，清理僵尸企业，淘汰落后产能，优化资源配置。坚持过“紧日子”，合理压减各项费用，严格控制负债，坚持现金为王，防范经营风险，确保企业持续健康发展。

二、在体制机制上适应和引领新常态：勇于“破”和“立”，释放发展新动力

改革创新是引领发展的第一动力。当前，国企改革、电力体制改革等各领域改革正深入推进，给发电企业带来根本性影响，发电企业产权结构将由原来的国有独资向拥有多元投资主体的混合所有制转变，企业治理将由传统管理向建立以董事会为中心的法人治理转变，生产组织方式将由原来的以计划为主向充分的市场竞争转变，技术装备由低端向中高端转变。我们要尽快适应和助推这种新变化，通过改革创新，破除那些不适应形势发展、生产力要求和市场竞争需要的体制机制性障碍，按照习总书记提出的推进理论创新、制度创新、科技创新等各方面创新的部署要求，建立新常态下企业先进的管控体制、运行机制、工作流程，在改革创新中重构企业管控体系和微观基础，加快从要素驱动转向创新驱动，不断增强国有企业的活力、控制力和影响力。

推进治理结构创新。健全公司法人治理结构，是建立现代企业制度的核心，是推进企业治理法治化、现代化、规范化的重要途径。要按照《公司法》要求，尽快完善企业法人治理结构，发挥好党组领导核心和党组织政治核心、董事会依法决策、监事会有效监督、经理层贯彻执行的管控功能，建立起权责对等、运转协调、有效制衡的决策执行监督机制。当前，随着国家简政放权改革力度的加大和电力体制改革的不断深化，包括电力项目审批、电量、电价管理等，越来越多的行政审批和管理权限下放到地方。我们要顺应这一变化，优化内部管控体系，加大向所属区域公司授权，按照集团化管控、专业化管理、集约化运营的要求，建立集团总部“抓总”、区域公司“做实”、专业公司“做优”、基层企业“强基”的管控体系，缩短管理链条，减少管理层级，强化内部协同，提高管控效能。

推进运营体制机制创新。能源电力发展的关键在于构建有效竞争的市场结构和市场体系，还原能源的商品属性。我们要遵循市场化规律，按照电力体制改革要求，推进电力营销体制改革，建设区域一体化营销体系，健全营销机构，成立售电公司，创新运用互联网+、大数据、供应链、PPP 等商业模式，努力开拓市场。贯彻落实中央关于分类推进国企改革的精神，发挥跨区域上市公司投融资优势，将其打造成以投融资为主的投资公司，将区域公司建成以生产运营为主的运营公司。目前发电企业 70% 的成本是燃料、物资和资金成本，要实施成本领先战略，利用集团统一平台和规模优势，推进大成本的集约化管理，发挥市场在资源配置中的决定性作用，有效降低生产经营成本。按照中央部署，有序推进企业混合所有制改革，先期可以尝试通过吸引非国有资本参股热力公司、售电公司、分布式能源站等中小型项目的建设和运营，以此为切入点逐步实现企业股权多元化。深化干部人事制度改革，强化党组织在干部选拔任用、教育培养、管理监督中的责任，坚持董事会依法选择经营管理者、经营管理者依法行使用人权相结合，创新干部人事制度，注重培养选拔政治强、懂专业、善治理、敢担当、作风正的领导干部，建立健全科学有效的培养、选拔、使用、管理、监督、考核体系，形成干部能上能下、员工能进能出、收入能升能降的激励机制。

推进科学技术创新。当今世界，新一轮科技革命和产业变革正蓄势待发，分布式发电、微电网、智能电网、电动汽车、用户储能、需求响应、能源互联网等各种新生事物不断涌现，给电力企业生产经营带来深刻影响。我们要积极推动大众创业、万众创新，变革创新驱动体制机制，重视基础性、前沿性以及颠覆性技术研究，推进技术改造和装备升级，在能源技术革命中充当科技创新领头羊。我们看到，新能源技术的快速发展，已成为缓解能源危机、改善现有能源结构的重要途径。近期，世界顶尖科学杂志《自然》刊登文章，提出了钙钛矿太阳能电池工业化的巨大可能性，其能效高达 50%，一旦投入市场，将会给新能源发展带来革命性影响。但目前新能源尖端技术主要在国外，核心技术仍然受制于人，我们要发挥国企优势，加大对新能源核心技术的研发攻关力度，积极与高校、科研院所合作，努力掌握核心技术，形成拳头产品，打破国外对新能源核心技术的垄断。要创造性地运用二次再热、IGCC、智能控制、微电网、分布式等新技术，实施电力装备技术改造升级，建设智能电厂，提升装备运行效率。绿色低碳循环发展是当今时代科技革命和产业变革的重要方向，作为碳排放的重点行业，我们要大力倡导和推动低碳循环绿色发展，加强以燃煤机组脱硫、脱硝和超低排放为主要内容的环保技术改造，打造高效清洁可持续发展的煤电升级版，建成资源节约、环境友好型企业。

三、在能力素质上适应和引领新常态：统筹“虚”和“实”，打造企业软实力

伴随新常态下的产业拓展、企业转型、装备升级、产能过剩、竞争加剧等趋势性变化，发电企业管理的对象将由最初的发电为主向传统发电产业、新兴产业和国际化产业并重转变，管理要求将由较为粗放的传统管理向市场化、现代化、国际化的现代管理转变，管理企业的方式也将由原来更多靠“人治”向依法治企转变，这些变化使得驾驭和管理企业的难度大大增加。我们必须从思想观念、能力素质、企业文化等多个方面加快转变，把虚功做实，在增强硬实力的同时打造企业软实力，实现基业常青，永续经营。

加快转变思想观念。思想是行动的先导，谁的思想解放得早，转换得快，谁就能在新常态下率先破局，抢占发展先机。从目前情况看，企业干部员工对深化改革、市场竞争、科技进步、规矩约束等带来的新变化、新挑战很不适应，影响了企业的持续健康发展。我们要勇于突破旧有思想观念的束缚，增强对新事物、新技术、新趋势的感知度和接受力，保持与时俱进的精神品质和奋发有为的精神状态。在发挥市场资源配置决定性作用的同时，更好地发挥国有企业政治优势，坚持从严治党、依法治企，落实“两个责任”和“三严三实”要求，严格执行《中国共产党廉洁自律准则》《中国共产党纪律处分条例》等规章制度，始终把纪律和规矩挺在前面，为企业发展营造风清气正的良好环境。

着力提升能力水平。当前，发电企业装机规模不断扩大，产业转型升级步伐加快，科技进步日新月异，国际化程度越来越高，都对企业干部员工素质能力提出了更高要求。我们要着眼建设国际一流能源集团，把人才作为支撑发展的第一资源，把人才战略作为企业第一战略，把人才优势作为企业第一优势，创新人才体制机制，加大激励力度，积极探索以人才创新要素参与持股和利益分配等措施，最大限度地激发人才活力，增强企业发展内生动力。坚持自主化培养、高端化引进、市场化选用、差异化考核，以更大力度培养和引进企业紧缺人才，特别是加快培育和打造具有全球视野、战略思维的高层领导人才、科技领军人才、复合型管理人才、高素质技能人才团队，使不同产业、不同专业、不同岗位的人都能人尽其才、才尽其用，形成各类人才百舸争流、万马奔腾的良好局面。

重视培育企业文化。新常态孕育新文化，新文化引领新常态。我们要坚持先进文化前进方向，融入社会主义核心价值观，积极构建新常态下富有激励、各具特色、积极向上的企业文化，增强企业核心竞争力。随着发电企业市场化、国际化程度的加深，品牌的影响力越发重要，我们要重视并加快实施有效的品牌规划、管理和传播，打造具有卓越价值、可持续发展能力和国际知名度的企业品牌。要坚持共享发展理念，牢记央企责任，让更多百姓享受到优质、可靠、实惠的电力、热力服务；坚持企业发展与员工发展相协调，健全员工利益表达、协调和保护机制，改善员工生产生活条件，提高员工幸福指数，形成人人参与、人人尽力、人人享有的共享发展机制，最大限度地调动广大员工的积极性、主动性和创造性。

（2015 年 12 月 10 日 《中国电力报》）

在集团公司学习五中全会精神研修班上的讲话

集团公司董事长、党组书记 李庆奎

（2015 年 11 月 27 日）

一、准确把握五大发展要素变化，科学研判公司面临的形势

（一）深入分析经济发展速度放缓的影响

从世界来看，国际金融危机深层次影响还在继续，全球经济增长持续低于预期，一些新的不确定因素，如美联储加息、大宗商品价格走势、地缘政治冲突等，可能进一步干扰全球经济复苏进程。世界经济要从亚健康完全走向健康，需要经历一个长期曲折的过程。从国内来看，我国经济已进入新常态，正处在由高速增长转向中高速增长的换挡期，从 2013 年以来经济下行压力不断加大，今年情况尤其突出，前三季度 GDP 六年来首度“破 7”，10 月主要经济数据依然没有起色，CPI、PPI、PMI 等指标同比继续下滑，全国规模以上工业增加值创 7 个月来新低，固定资产投资增速也降至低位。这样的情况在“十三五”很可能还要持续几年，预计未来五年我国经济增速将在 6.5%～7%之间浮动。电量是经济的晴雨表，经济增速的换挡，也将使发用电量的增速放缓下来。但总的来看，我国经济发展长期向好的基本面没有变，经济韧性好、潜力足、回旋余地大的基本特征没有变，经济持续增长的良好支撑基础和条件没有变，经济结构调整优化的前进态势没有变，

更重要的是到2020年全面建成小康社会的目标没有变，这些都将对未来电力发展形成基本支撑。因此，我们既要充分估计发展形势的复杂性和严峻性，更要增强对未来发展的信心和决心，实现新常态下的持续健康发展。

（二）深入分析经济发展动力转换的影响

纵观当今世界，创新正取代要素和投资，成为驱动新一轮全球经济增长的主要引擎。从美国推动制造业创新网络到日本聚焦机器人、再生医疗等的“制造业白皮书计划”，从德国力推的“工业4.0”到印度全力打造的“数字印度”“技能印度”，创新在全球范围内正被赋予越来越重大的意义，云计算、物联网、3D打印等新生事物也是层出不穷。我国是世界第一制造大国，220多种主要工业产品的产量居世界首位，但产品附加值不高，总体处于国际产业链和价值链的中低端。我国电力工业的情况也大体如此，虽然自2014年电力装机和发电量已跃居世界第一，但我们的发电特别是新能源核心技术仍然受制于人，企业管理水平与世界一流发电企业相比还有较大差距，发展驱动还主要靠增加投资、增加用工和扩张规模，市场竞争能力还相对比较弱。对此，我们要有清醒的认识，深入贯彻落实国家创新驱动战略，加快推动公司从主要依靠规模拉动向改革创新和提高劳动者素质驱动转变，努力实现提质增效升级。

（三）深入分析经济体制改革的影响

党的十八届三中全会对我国全面深化改革做出战略部署，要求到2020年，在重要领域和关键环节改革上取得决定性成果。这就意味着，未来五年的发展，全面深化改革将与我们相伴相随。今年以来，中央先后印发了深化电力体制改革、国企改革指导意见及相关配套文件，接下来还将继续推动简政放权、财税、金融、科技等领域的改革，这些改革举措都与我们息息相关，根本目的就是让我们这样的电力央企到市场经济的大潮中去适应、去拼搏、去发展，成为真正的依法自主经营、自负盈亏、自担风险、自我发展、自我完善的市场竞争主体。我们必须顺应改革潮流，积极支持改革、参与改革、融入改革，不断为公司发展增添动力、活力。

（四）深入分析外部市场变化的影响

电力市场方面，从今年的电力数据看，需求乏力、产能过剩、利用小时数下滑的态势或将长期存在，预计未来5年全社会用电量将维持1%～5%的中低速增长。1～10月，全国规模以上电厂发电量同比降低0.1%，出现了历史上少有的负增长；发电设备和火电设备利用小时数同比降幅继续扩大。煤炭市场方面，整个行业经过“十年黄金发展期”后，也进入产能过剩、市场疲软和转型发展的新阶段。1～10月，全国原煤产量同比下降3.6%，秦皇岛5500kcal市场动力煤平仓价较年初下降30%，前三季度全国规模以上煤炭企业实现利润同比下降64%，产量、消费量、价格、利润全面下滑。煤炭严重过剩的局面短期内很难实现根本性逆转。资本市场方面，为应对经济下行压力，世界多数国家采取量化宽松的货币政策，我国央行年内5次降准降息，这对我们加大融资力度、降低资金成本、保障投资发展、实现结构调整和转型升级都十分有利。近期人民币加入货币储备篮子（SDR）也备受关注，11月30日，也就是再过两天，国际货币基金组织就将对此进行讨论表决，从目前情况看，通过的可能性很大，这将进一步推动人民币国际化，也会加速人民币汇率和利率市场化，有利于我们打造境外投融资平台，加快实施“走出去”战略。预计未来几年，我国资本市场仍将保持适度宽松的环境，对于我们加快发展总体有利。

（五）深入分析发展条件约束的影响

“十三五”时期，制约我们发展的因素还不少，概括来看：一是发展的空间越来越小。随着我国经济增速回落和社会用电量放缓，我们发电装机增长的步伐也将随之放慢。火电方面，目前已建成、在建以及核准待建的火电总规模已接近这个目标。水电开发已占到技术可开发量的60%，后续可供开发的资源已经不多，且存在着开发难度大、建设成本高、环保约束严等难题。风光电经过近几年的快速发展，优质资源也基本开发殆尽。总的来说，发电产业的后续发展空间已经不大，需要通过技术进步、结构调整和转型升级，寻找新的发展支撑。二是盈利和投资能力将经受严峻考验。今年以来，煤电、风电、光电价格相继下调，对公司盈利能力产生重大影响。在电力产能严重过剩的情况下，随着电力市场化改革进一步深化，市场竞争将更趋激烈，电价下调已成大势所趋，发电企业将可能重回历史上的微利经营时代，有业内专家据此认为，发电企业的好日子已经走到了尽头。高负债率也是一个不容忽视的问题，这些年我们盈利水平还不错，负债率也一直在下降，可一旦利润水平下来了，举债发展的日子会越过越艰难。三是环保约束越来越严。随着全球气候变暖，环境保护越来越受到全世界的关注，绿色、低碳、循环、可持续发展已经成为不可逆转的历史潮流。我国已向世界做出庄严承诺，到 2020 年单位 GDP 二氧化碳排放量降低 40%～45%，到 2030 年左右碳排放要达到峰值。为了践行承诺，近两年国家相继出台了《大气污染行动计划》《环保法》《煤电节能减排升级与改造行动计划》等一系列环保法规，自 2014 年 7 月 1 日起，我国煤电开始执行堪称史上最严的排放标准，今年又要求新建煤电全部达到超低排放标准。可以预见，未来几年国家对环保的要求只会更严不会放松，这不仅给我们环保投入带来巨大资金压力，也给项目发展带来更大难度。对于这些困难和挑战，我们必须要有清醒认识，更加周全地做好应对准备。

二、认真贯彻五大发展理念，推动公司做强做优做大

在 2014 年工作会上，我们提出了“1181”和“三个翻番”战略目标，目前来看，由于外部环境发生重大变化，“三个翻番”必须调整，但“1181”目标还是符合形势和公司发展实际的。我们要坚持“1181”战略目标不动摇，打造“六个华电”不懈怠，建成“三化一流”能源集团不停步，积极适应新常态，把握新常态，引领新常态，努力开创新常态下公司发展新局面。

（一）坚持创新发展

要把创新作为引领公司发展的第一动力，摆在公司发展全局的核心位置，不断推进理念创新、体制创新、制度创新、科技创新等各方面创新，让创新贯穿公司各项工作全过程，让创新在公司系统蔚然成风。

推进发展理念创新，切实解放思想、转变观念。面对新常态，谁的思想解放得早，转换得快，谁就能在新常态下率先破局，抢占发展先机。从目前情况看，公司不少干部员工对深化改革、市场竞争、科技进步、规矩约束等带来的新变化、新挑战很不适应，影响了公司的进一步发展。我们必须转变思想观念，加快从规模向价值、从速度向质量、从计划向市场、从粗放向精益等思维方式的转变，勇于突破旧有思想观念的束缚，努力探索发展新思路、打造发展新优势、推出发展新举措、开创发展新局面。这里我还想强调的是，在解放思想、转变观念这个问题上，我们鼓励探索，支持创新，宽容失误。法无禁止皆可为，只要有利于公司科学发展、有利于提高经济效益、有利于和谐稳定、有利于树立良好形象，都可以大胆地试、大胆地闯、大胆地干。

推进体制机制创新，增强企业发展动力活力。当前，从中央到地方，从行业到企业，改革的大幕已经拉开，将给公司经营发展带来革命性影响。近年来，我们对改革认识不断深化，推进力度持续加大，管理水平有效提升，但改革没有止境，我们要继续通过深化改革，进一步破除制约公司科学发展的体制机制障碍，建立新常态下企业先进的管控体制、运行机制、工作流程，在改革创新中重构公司的管控体系和微观基础。要认真学习研究深化国企改革、电力体制改革意见及相应配套制度，搞好政策对接，创造性地抓好落实。要继续深化公司内部改革，完善现代企业制度，保证企业依法决策、民主决策、科学决策。继续推进集团总部“抓总”、区域公司“做实”、专业公司“做优”、基层企业“强基”等管控体制改革，落实发电区域化、煤炭专业化改革部署，深化营销体制、科研体系、国际业务、金融产业和燃料管理等重点领域改革，到 2020 年，基本建成具有华电特色的管理体系，实现公司治理体系和治理能力现代化，为推动公司可持续发展提供强大持久的内生动力。

推进科技创新，抢占行业发展制高点。当今世界，新一轮科技革命和产业变革正在全球范围内孕育兴起，分布式发电、微电网、智能电网、电动汽车、用户储能、能源互联网等新技术、新事物不断涌现，给公司生产经营带来深刻影响。我们要积极响应中央号召，推动大众创业、万众创新，重视基础性、前沿性以及颠覆性技术研究，推进技术改造和装备升级，在能源技术革命中争当科技创新领头羊。近期新能源技术的快速发展备受全球瞩目，世界顶尖科学杂志《自然》刊登文章，提出了钙钛矿太阳能电池工业化的巨大可能性，其能效高达 50%，一旦投入市场，将会给新能源发展带来颠覆性影响。在这方面，我们要发挥自身科研人才和产研结合的优势，紧紧围绕产业发展实际需要，加大对新能源核心技术的研发攻关力度，积极与高校、科研院所合作，开展科技攻关，努力掌握核心技术，形成拳头产品。现在电力技术发展日新月异，智能控制、二次再热、IGCC 等技术成果不断推出，我们要积极应用这些新技术、新成果，实施电力装备技术改造升级，提高发展和运营水平，建设智能电厂。

（二）坚持协调发展

协调发展是企业集团可持续发展的重要前提。目前，我们实施的是电为主体、适度多元、产业协同的发展战略，要实现协调发展，必须统筹好各产业之间、区域之间、企业之间以及存量和增量之间的发展关系，增强发展的整体性、协同性、有效性，走出一条结构更优、质量更高、效益更好的发展新路。

统筹抓好发电与相关产业的协调发展。作为发电集团，电源建设运营是我们的看家本领，也是国务院国资委赋予我们的核心职能，要坚定不移做强做优做大主业，同时，围绕发电主业协同发展其他产业，充分发挥煤炭产业的燃料保障、金融产业的资金保障、科工产业的技术保障作用，优化完善电为主体、煤为基础、产融结合、科技支撑的协同发展格局。发电产业要在“调整结构中优化发展”。要如期实现 2020 年发展目标，我们必须认真谋划，切实下一番功夫。要在继续争取稀有煤电优质“大块头”的同时，积极发展热电联产项目。从近几年的情况看，我们走热电联产的路子效果不错，经济效益、社会效益都比较明显，有条件的区域在这方面还要加大力度，多做工作，进一步扩大市场份额，提升热电联产对公司效益的贡献度。要因时而动、量力而行，有序滚动大力开发水电项目。这里我想重点谈一谈分布式能源的发展，随着新能源发电技术的不断突破和天然气价格的大幅下调，以及与分布式能源相配套的微电网、智能电网、能源互联网的逐步完善，分布式靠近终端、能效高、经济性好、有利于能源战略安全的优势逐渐凸显，成为未来电力发展的一个重要方向。我们要把分布式能源发展放到优先位置，充分利用国家级分布式能源研发中心、航改机设备制造基地，以及已建成的多个分布式能源电站等现有优势，建立一体化、专业化的分布式能源发展体系，加快分布式能源的发展。煤炭产业要在“提质增效中安全发展”，一方面，要加强现有煤矿的内部挖潜，特别是对于千万吨级的特大型煤矿，要尽快落实“一矿一策”措施，完善各种证照手续，练好内功，轻装前进，确保在漫长的经营严冬中生存下来。近期中国煤炭工业协会提出了煤矿退出机制的政策建议初稿，我们要积极跟踪研究，妥善做好小煤矿的处置工作。另一方面，要密切关注国家煤炭“十三五”规划编制进展情况，根据规划要求，择机推进优质煤炭资源开发，优选精建，控制成本，把这些煤矿建成具有较强市场竞争能力的现代化大矿。金融产业要在“防控风险中稳健发展”，当前国内外金融产业由于多年超宽松、低利率、高负债而累积的风险开始集中暴发，行业利润空间变小，经营难度加大，我们要总结过去的经验教训，坚持与时俱进，以服务公司主业发展为根本出发点，切实把发展的方式从规模、速度转到质量、效益上来，做到稳中求进、稳健经营。要更加注重投资收益，创新经营模式，不断降低运营成本，增强市场竞争能力；要根据政策和形势变化修改完善金融产业风险控制体系，健全风险监测预警和评估处置机制，切时防范和化解金融风险；要更加注重培养和引进金融专业人才，创新激励约束机制，打造专业化团队。科工产业要在“服务主业中创新发展”，在当前国内外经济普遍不太景气的大背景下，科工产业发展出现了明显的分化，那些转型升级成功的企业得到了突破性发展，而那些还在沿袭传统产业发展方式的企业则在艰难度日或已走向衰落。从近年来的经营情况看，我们的科工产业也不容乐观，要认真反思，找准病根，为未来发展开出药方。要以服务公司发展为基础，以“中国制造 2025”发展规划为指导，进一步明确发展战略和定位，确定发展方向和重点，在做强传统优势业务的基础上，加大科技研发投入，培育具有自主知识产权和市场竞争力的优势产业，为公司转型升级和可持续发展提供有力的技术支撑。

统筹抓好上市公司、区域公司、专业公司的协调发展。随着国家简政放权改革力度的加大和电力体制改革的不断深化，包括电力项目审批、电量、电价管理等，越来越多的行政审批和管理权限下放到地方，区域的地位将更加突出，以省为实体的特征会更加明显。在这方面，我们从去年开始就加大了对区域公司的授权，目前来看效果不错。下一步还要继续按照这个思路，统筹处理好上市公司、区域公司和专业公司的发展关系。贯彻落实中央关于分类推进国企改革的精神，发挥上市公司的投融资优势、区域公司的运营协调优势、专业公司的专业管理优势，将跨区域上市公司打造成以投融资为主的投资公司，将区域公司打造成以生产运营为主的运营公司，将专业公司打造成专业化管理公司，充分调动各方积极性和创造性。同时，还要进一步加大优质资产注入上市公司的力度，提升公司资产证券化水平，稳步推进公司整体上市。

统筹抓好存量与增量协调发展。要把注重质量效益的价值思维理念贯穿项目前期、建设和运营全过程，实现增量的优质增长和存量的内涵式提升。坚持做优增量，从源头抓起，全面梳理前期项目，坚决舍弃那些不符合国家产业发展方向、盈利预期不确定、竞争力不强的项目，发展符合国家能源发展战略、促进结构优化升级、能为企业效益增加正能量的项目。精心组织项目建设，搞好设备选型，落实外部条件，提高工程质量，为投产运营奠定物质基础。坚持做强存量，综合运用各种策略，提升经营管理水平，实现增产增收、降本提效，增强市场竞争力。抓好亏损企业扭亏增盈工作，清理僵尸企业，合理压减各项费用，严格控制负债，止住效益“出血点”。

（三）坚持绿色发展

绿色低碳循环发展是当今时代科技革命和产业变革的重要方向，作为碳排放的重点行业，我们要大力倡导和推动绿色低碳循环发展，加快电源结构由煤电为主向低碳清洁能源转型，加强以燃煤机组脱硫、脱硝和超低排放为主要内容的环保技术改造，打造高效清洁可持续发展的煤电升级版，建成资源节约、环境友好型企业。

大力发展清洁能源。要进一步抓好水电、风电、光电等绿色能源发展，提高清洁发电装机比重。近期金沙江上游苏洼龙水电项目获得核准，为我们开了个好头，怒江水电开发有望实现突破，金沙江龙头水库电站作为全国两个千亿元级投资项目之一，有望列入国家能源“十三五”规划。但水电开发周期长，需要五年、十年甚至更长的时间，且移民难度大、工程规模大、资金需求大，我们要整体谋划，从长计议，实施“流域、梯级、滚动”开发。要在落实电量、电价政策的基础上，成熟一个开工一个，千万不能为了上项目，给公司经营背上新的包袱。风光电发展要坚持新建和并购相结合，主动避开限电严重区域，积极介入中低速风电、海上风电、分布式光伏的发展。核电发展也不能放弃，随着政策变化和技术进步，要积极寻找进入机会，特别是要在现有参股项目上积累经验，为争取控股建设资质打好基础。

大力推进节能减排。这既是我们参与市场竞争、实现可持续发展的内在要求，也是作为中央企业应尽的义务。我们要进一步增强责任意识，严格遵守国家环保法律法规，规划推进公司节能减排工作。要加强煤炭清洁高效利用研究，加大设备节能、脱硫、脱硝、除尘技改力度，进一步优化供电煤耗、厂用电率等能耗指标，减少大气污染物排放。加强超低排放新技术的推广应用，力争“十三五”时期符合国家要求的煤电机组全部完成超低排放改造任务。积极参与碳市场交易，倒逼煤电企业减少碳排放。进一步完善环境事件责任追究机制，对发生影响公司形象的环境违法单位和个人进行严肃追责问责。

（四）坚持开放发展

从我国的发展现状和资源禀赋看，目前国内市场已经饱和，资源也难以支撑未来发展，我们要实现做强做优做大，必须走出去，到世界广阔的天地去开辟新的发展空间和效益增长点。同时还要善于“请进来”，借用外部力量，助推公司发展。

大力实施“走出去”战略。认真贯彻国家“一带一路”“互联互通”、全球能源互联网等国际化发展战略，立足公司发展战略和比较优势，确定公司“十三五”国际化发展的总体思路、发展方向和工作重点，沿“两片一链”加快公司发展全球布局。要按照效益可观、风险可控、能力可及的原则，发挥我们在电力规划、建设、运营等方面的优势，采取绿地建设、收购、合作等方式，加快境外能源产业布局，提高资源全球化配置能力和国际化经营水平。近期境外恐怖主义袭击事件频发，也给我们“走出去”敲响了警钟，要把防范风险摆在公司海外发展的突出位置，科学甄别投资地的政治、经济、文化环境，确保走得出、走得稳、走得好。

积极探索“请进来”方式。对于国家来说，开放发展就是打开国门“走出去”，而对于我们企业来讲，还包括打开公司大门，把外部投资者“请进来”。当前国家正在推进国有企业混合所有制改革，在这方面我们既不能“冒进”，也不能“保守”。要坚持因地施策、因业施策、因企施策，稳步发展混合所有制经济，可以考虑在公司二级及以下企业，以研发创新、生产服务等实体企业为重点，引入非国有资本，为公司落实混改意见探索积累经验。我们还要加强同能源央企、地方国企的战略合作，特别是在LNG、页岩气等产业发展上，要主动引入资金、技术和人才，尽快取得突破性进展。

（五）坚持共享发展

“十三五”规划建议指出，共享是中国特色社会主义的本质要求，必须坚持发展为了人民、发展依靠人民、发展成果由人民共享。我们要始终牢记央企责任，把维护党、国家和人民的根本利益作为一切工作的出发点和落脚点。

积极履行央企社会责任。认真贯彻党中央、国务院和国资委关于稳增长的决策部署，通过扎实有效的工作措施，确保国有资产保值增值，为我国经济社会发展做出央企应有的贡献。持续抓好安全生产和节能减排，为社会提供安全、可靠、优质、高效、清洁、实惠的电力热力服务。坚持开展多种形式的援助、捐赠、帮扶、共建活动，支持社会公益和慈善事业，树立公司负责任的形象。

让员工共享发展成果。员工是企业发展的根本，是企业最可宝贵的财富。讲得直白一点，这么多年来，我们的发展既为了党、为国家、为社会、为人民，还有一个重要的目的，就是为了我们广大干部员工过上更加美好的生活，这不仅是公司发展进步的根本保证，也是我们建设“幸福华电”的本质所在。要建立人人参与、人人尽力、人人享有的共享发展机制，最大限度地调动广大员工的积极性、主动性和创造性。要建立健全员工利益表达、协调和保护机制，做到尊重员工、了解员工、关心员工、体贴员工。要拓宽员工职业上升通道，改善员工生产生活条件，让员工得到看得见、摸得着的实惠，不断提高员工幸福指数。

三、强化五大发展保障，确保公司可持续发展

（一）强化政治保障

近日召开的中央政治局会议强调，管党治党根子在党委，关键靠担当，要落实全面从严治党主体责任，做到敢管敢治、严管严治、长管长治。中央纪委杨晓渡副书记日前来公司调研时指出，中央企业是负有重要政治使命的特殊市场主体，无论内外部形势如何复杂多变，都必须与党中央始终保持高度一致，在发挥市场资源配置决定性作用的同时，坚决贯彻党的路线方针政策和中央决策部署，保证企业正确的发展方向。要把加强党的领导和完善公司治理统一起来，落实党组工作条例，明确党组织在公司法人治理结构中的法定地位，在公司改革发展中坚持“四个同步”，充分发挥党委的政治核心、党支部的战斗堡垒和党员的先锋模范作用，团结带领广大干部员工为推动公司“十三五”发展建功立业。要加强对二级单位党建工作的年度考核，运用好考评结果，实现闭环管理，推动“大党建”上新水平。要严格执行《中国共产党廉洁自律准则》《中国共产党纪律处分条例》和中央“八项规定”等规章制度，始终把纪律和规矩挺在前面，为企业发展营造风清气正的良好环境。

（二）强化制度保障

制度是企业管理的基石，是员工行动的指南。落实“十三五”规划，实现公司可持续发展，必须在制度建设上狠下功夫，强基固本，筑牢根基。要坚持依法治企，树立法治意识，强化法治思维，推进依法办事。要与“十三五”发展、“七五”普法同步谋划，结合公司现代企业制度建设、管控体制改革、巡视问题整改、“7S”管理等工作，做好制度建设的统筹规划和顶层设计，建立健全公司决策、执行、管理、监督、检查、考核等制度体系，保证企业每一项工作都有规可依、有章可循、有据可查。要注重将公司改革发展过程中形成的好经验、好做法以制度形式固化下来，把中央巡视暴露出的制度漏洞和薄弱环节查找出来，抓好制度的立改废，确保制度富有效率、充满活力、管用管好。要抓好制度的执行，加强对制度执行情况的监督检查，加大违反制度的问责力度，做到执章必严、违章必究，为公司改革发展提供可靠的制度保障。

（三）强化人才保障

人才是企业的第一资源，是推动公司改革发展的根本保障。今后几年是公司转型升级、跨越发展的关键时期，需要一大批结构合理、素质过硬、能力突出的人才支撑起来。要着眼公司长远发展，完善人才发展规划，科学确定人才队伍建设目标和举措，着力打造能够担负公司发展使命的人才团队。目前公司拥有员工十多万人，是巨大的人才资源，我们要立足自主培养，盘活用好自有人才，积极为他们提供脱颖而出、施展才华的机会和平台。继续实施“千人计划”，不拘一格擢选青年才俊，把优秀的年轻干部放到更加重要的岗位上去培养、去历练，为公司战略实施储备更多优秀人才。要按照市场化原则，加快引进公司急需的各类紧缺人才，使天下英才为我所用。创新人才体制机制，加大竞争性选人用人力度，最大限度地激发人才活力，形成各类人才百舸争流、万马奔腾的良好局面。近期公司将拿出部分主任、副主任级岗位进行公推遴选，力求优中选优，提高选人用人公信度。

（四）强化资金保障

据初步统计，公司未来五年的发展，需要约5000亿元的资金支撑，这么庞大的资金量，光靠公司自有资金是远远不够的。我们要千方百计筹措资金，重点从“造血”和“输血”两个方面去努力。一方面，要强化“造血”功能，提高存量和增量资产的盈利能力；另一方面，要增强“输血”能力，利用当前较为宽松的融资环境，进一步加大在资本市场的融资力度，将符合条件的资产逐步注入上市公司，增强上市公司的再融资能力；积极培育和推动具备条件的企业上市融资；充分利用债券、票据等各类金融产品，多形式、多渠道筹措发展资金；积极引进外部股东参与公司项目投资，减轻发展资金压力。

（五）强化文化保障

企业文化是形成内部凝聚力和外部竞争力的核心所在，也是一个企业软实力的重要体现。我们要着力建设与公司发展战略相适应，与公司转型升级步伐相协调，与公司管理创新相融合的具有华电特色的企业文化，把“中国华电”打造成国际化品牌。要以社会主义核心价值观为统领，以《华电宪章》为主导，加强公司企业文化建设，努力把公司打造成具有卓越领导力、高效执行力、持续学习力、强大凝聚力和优美形象力的智慧型企业。在坚持企业标识、核心价值观、工作原则“三个统一”的前提下，鼓励系统各单位丰富和发展富有特色的子文化，共同推动华电文化的繁荣发展。大力开展“中国华电”品牌传播，增强“中国华电”品牌在国际国内的影响力，为公司发展营造良好的内外部环境。

四、认真谋划明年工作，确保“十三五”良好开局

（一）打好增产增收攻坚战

关于集团公司明年的预算盘子，总部财务部等部门正在组织编制，那么如何安排这个大盘子，相信大家都比较关心。基于大的经济形势判断，明年国家保增长的任务仍然很重，国资委对我们的要求也不会放松，我想明年的经营总盘子不能低于今年的水平，要力求稳中有升，主要经济指标要继续保持同行前列。这样安排是在不考虑电价大幅下调的情况下做出的，相应的利润总额也不能低于今年目标，发电量要在今年基础上有所增长，煤价和融资成本可能进一步下降，这有利于我们经营目标的完成。对此，希望大家能够正确认识，切实增强大局意识、责任意识、担当意识，以积极的姿态和务实的作风确定明年的经营发展目标。尽管确定并完成这些目标困难很大，但我们还是要坚定信心，鼓足干劲，尽最大努力争取最好的结果。要紧紧牵住电量这个牛鼻子，努力在更加激烈的市场竞争中多发多供，增产增收。要紧盯重点亏损企业和增收盈利大户，抓好两头，带动中间，全力以赴扭亏增盈。要加强燃料、物资、资金等大成本管理，加大低效无效资产处置力度，努力降本提效，确保全年目标务期必成。

（二）积极有序推进项目发展

就在前天，国家发展改革委和国家能源局已经下发通知，要求加强火电审批权限下放后的调控与监管，避免造成火电装机过剩和投资浪费。这也充分印证了我们这两年拿项目、补短板的正确性和及时性，正如我前面提到的，在未来发展空间越来越小的情况下，获得这些项目特别是大块头煤电项目实属不易，我们要倍加珍惜。明年估计项目核准的节奏可能放缓，我们一方面要再接再厉，力争更多项目获得核准或是进入地方规划盘子，另一方面可以用更多的时间和精力，把已拿到手的项目建成建好，打造成精品，为公司提质增效注入新的有生力量。当然，对这些核准的项目不能齐头并进开工建设，而是要根据项目开工条件、边际贡献、社会效益等因素进行综合排序，择优择机有序推进。要重点抓好莱州二期、句容二期、可门三期、芜湖二期等项目，以及热负荷落实的热电联产项目、符合未来能源发展方向的清洁能源项目的开工建设，争取早开工、早投产、早见效。关于煤炭、金融、科工等产业的发展，前面已经谈了基本思路和想法，这里就不再一一强调，总的一个原则就是，要把质量效益摆在首要位置，切实符合“四个有利于”的发展标准。

（三）坚定不移深化改革创新

公司今年改革取得积极成效，确实促进了公司经营发展工作，我们要把这一改革的精神和势头保持下去。根据公司关于改革总体部署和今年改革的推进情况，明年改革任务更加繁重，特别是国家关于国企改革和电力体制改革等一系列改革将全面展开，公司内部改革也到了攻坚阶段，我们务必要进一步提高思想认识，加强组织领导，加大推进力度，把握改革规律和节奏，努力做到“蹄急步稳”。一是对于政策性强、摸不准的改革，不能抢跑。虽然电力体制改革、国企改革指导意见已经印发，但相关配套政策还在陆续出台当中，一些具体操作措施还不是很明了，比如国有企业分类、职工持股、组建国有资本投资和运营公司等，既不能盲目推进，也不能等待观望，要密切跟踪研究，做好改革准备。二是对于上级有明确要求又看得准的改革要抓好对接，大胆领跑。比如电力营销体制改革，现在我们已经推出了一些改革措施，在部分区域和单位开展了试点，下一步要按照国家电改部署，加快推进，力求抢占市场先机。三是对于公司自身迫切需要推进的内部改革要加速快跑。公司改革目标任务都已明确，接下来要抓好推进落实。比如国际业务改革，这是我们实施“走出去”战略的重要举措，必须搞好顶层设计，分步实施，逐步打造统一的境外投融资平台，增强“走出去”的整体实力和水平。再比如科技体制改革，既是创新驱动战略大形势的倒逼，更是我们加快转型升级、增强发展能力的内在要求，必须尽快推进。还有其他重点领域的改革，也要尽快行动起来，通过改革释放红利，增添动力活力。

（四）坚持不懈抓好巡视整改

尽管经过近一年的努力，我们巡视整改工作取得了阶段性成效，但用杨晓渡副书记的话来讲，华电的整改工作还在路上，任务还很重，还需要加倍努力。我们要按照中纪委、中央巡视办、巡视组的整改要求和晓渡书记的指示精神，敬终如始、善始善终抓好整改，以实际成效让上级领导满意，让广大干部职工满意。一是在思想观念上从“要我改”向“我要改”转变。我们要充分认识到，巡视整改工作既是中央的要求，更是公司自身持续健康发展的需要，一定要把整改作为分内的事、自己的事，变成行动自觉，只有这样才能达到整改的真正效果和目的。二是持之以恒抓好整改。要对已经签订的整改责任书逐项进行梳理，列出“时限清单”“目标清单”“责任清单”三个清单，确保整改责任目标始终清楚到位，要把避免和挽回损失作为整改的重中之重，努力把损失降到最小。三是要抓好执纪问责。要根据王岐山书记提出的监督执纪“四种形态”，在还原历史、分清责任的基础上，把握尺度，完备程序，严密操作，依规依纪准确量纪，年底前分情况分批处置一批违纪违规人员。四是巩固扩大整改成果。深化巡视整改工作，既要着力治标，又要注重治本，通过巡视整改，举一反三，进一步健全公司治理体系、决策机制和管理制度，综合运用监察、审计、巡视等各种手段，抓好检查监督和考核，形成不敢腐的惩戒机制、不能腐的防范机制、不易腐的保障机制。

规范程序　科学管理
着力提升煤炭产业基本建设水平

——集团公司煤炭产业基本建设
工作座谈会上的讲话

集团公司党组成员、总经理　程念高

（2015 年 6 月 2 日）

一、煤炭产业基本建设工作回顾

2008 年以来，公司系统在集团公司正确领导下，全力拓资源、抓基建、提产能，推创新、强管理、提效益，煤炭产业从零起步，快速拓展，控股煤炭资源、产能、产量实现大幅增长，煤矿基建工作总体平稳有序，工程建设质量可控在控，产业管理水平不断提升。

（一）科学规划实施，快速建成一批优质高效项目

在短短几年内集中建成了不连沟、隆德、肖

家洼、小纪汗等千万吨级优质高效的大型现代化矿井。白芦、东易等一批煤矿顺利完成技改任务，甜水堡二矿、万通源、下梨园煤矿项目即将投产，还有一批项目蓄势待建。华电煤业进入全国煤企50强行列，在2014年全国煤炭企业100强中排名第34位。福建可门储运中心一期工程已经投入运营，曹妃甸三期工程开工建设，江苏句容煤码头已做好开工准备。在铁路方面，不连沟铁路专运线投入运营，肖家洼、隆德、小纪汗煤矿配套铁路项目有序推进。经过系统上下的不懈努力，集团公司初步形成煤、电、化、陆、港、航一体化的产业链格局，为集团公司推进以电源为主体、煤电协同发展的转型升级注入强大动力。

（二）实施品牌战略，工程建设质量取得丰硕成果

各单位牢固树立“精品工程”意识，精心组织施工，严格过程控制，加强基础管理、施工管理、项目管理，煤炭工程建设水平不断提升。不连沟煤矿荣获国家优秀工程咨询二等奖、全国煤炭行业“优质工程”奖、“太阳杯”奖，矿井及选煤厂工程项目又整体荣获“2012~2013年度第一批中国建设工程鲁班奖（国家优质工程）”，这是自鲁班奖创立25年来，我国首个煤矿整体项目（含选煤厂）获此殊荣，填补了煤炭企业建设史的空白。小纪汗煤矿等8个煤炭工程被评为2013~2014年度煤炭行业“优质工程”和“太阳杯”工程。曹妃甸三期项目按照“争创‘鲁班奖’、确保交通行业优质工程奖”的建设目标，正在高标准推进。

（三）加强隐患治理，基本建设安全平稳

集团公司先后制定实施涵盖前期、基建、安全生产等方面的一系列规章制度，明确了建设、设计、施工、监理四方安全责任，层层落实各级安全生产责任制，认真开展各类安全隐患排查治理，及时开展“回头看”活动，做到警钟长鸣、常抓不懈，确保了安全隐患及时治理到位。在基建任务重、分布区域广、施工难度大的情况下，煤炭项目基本建设大多取得了快速、优质、安全的显著成效。

（四）积累建设经验，储备发展力量

集团公司非常重视煤炭专业人才培育，五湖四海招贤纳士，引进了一批懂技术、懂管理、勤奋敬业的业内优秀管理干部和技术人才。在煤炭产业发展过程中，广大干部员工充分发挥聪明才智，迎难而上，攻坚克难，先后攻克了特厚复合顶煤围岩控制、富水煤层快速掘进、倾斜煤层复杂条件区域支护等一道道难题，既积累了丰富的建井经验，又锻炼造就了一支优秀的专业人才队伍。这些都为煤炭产业厚积薄发、健康发展奠定了坚实基础和人才支撑。

二、认清形势，理清思路，科学谋划煤炭产业基本建设

自2012年以来，受国内外、行业内外多方面因素的影响，我国煤炭市场形势发生逆转，煤炭行业产能过剩矛盾凸显，市场需求持续低迷，煤炭价格进入下行通道，宣告了煤炭行业“黄金十年”的终结。今年以来，我国经济增速进一步放缓，国家调控能源消费总量，降低煤炭占一次能源消费比重，煤炭需求强度进一步降低，预计煤炭市场仍将保持低位运行态势。

我国经济发展进入新常态，正从高速增长转向中高速增长，经济结构从增量扩能为主转向调整存量、做优增量的深度调整。在此基础上，中国煤炭协会做出了“煤炭行业进入‘需求增速放缓期、过剩产能和库存消化期、环境制约强化期、结构调整攻坚期’四期并存的发展阶段”的形势判断。今后一个时期，中国煤炭消费增速将由10年前的10%左右回落到现在3%左右，控制煤炭生产总量、优化煤炭生产结构将成为煤炭行业发展的主要方向。

我们也要看到，党的十八大提出，到2020年国内生产总值和城乡居民人均收入比2010年翻一番，确保实现全面建成小康社会的宏伟目标，我国短期内以煤为主的能源结构不会改变，我国短期内新能源和可再生能源对煤炭替代还需要一个较长的过程。在国家经济下行压力很大的大背景下，国家和地方政府正在采取一系列积极措施，努力扩大内需，减轻煤炭企业负担，煤炭市场行情会逐步有所好转。从公司内部来看，集团公司煤炭产业发展起点高、标准高，自主开发建设的主力煤矿多为千万吨级大矿，区域优势明显，人员负担少，社会包袱轻，市场竞争力强，为可持续发展奠定了坚实基础；在总部有关部门和系统各单位的大力支持配合下，煤炭自销率不断提高，煤电一体化发展优势比较明显。

面对当前的煤炭市场形势，我们一定要统一思想认识，既要看到煤炭行业面临的冲击和挑战，

保持冷静，积极应对，有效化解各种风险；又要看到在不利环境中蕴藏着机遇，着眼长远，稳中求进，增强未来发展的信心决心。公司上下要正确认识新常态，积极适应新常态，抓住用好新常态蕴含的新机遇，重视化解面临的风险和挑战，增强忧患意识和底线思维，创新发展模式，顺势而为，坚持产业融合、上下延伸、一体化发展的总思路，深化产业改革，创新体制机制，及时调整发展节奏，合理优化产业布局，调整存量、做优增量，通过创新驱动和结构调整，提升煤炭产业发展质量、管理水平和竞争能力。

具体到基本建设上来讲，公司煤炭产业由前一阶段的快速扩张期进入优化调整和规范发展期，要着力在“规范、有序、科学、创新”上下功夫、做文章、求实效。一要规范发展。依法、合规建设，严格规范前期工作及核准程序，强化建设项目开工备案管理。二要有序发展。成熟一个，推进一个。忌贪多求快，努力实现由数量、速度、粗放型发展方式向质量、效益、集约型发展方式转变。三要科学发展。高起点设计、高标准建设、高质量施工、高规格验收，确保安全，强化管理，扎实推进。四要创新发展。按照煤炭产业专业化改革思路，优化流程，落实责任，强化措施，切实完成基建工作安全、质量、进度、造价等各项指标任务。

三、科学管理，全面提升基本建设管理水平

（一）规范程序，保证基本建设合规有序

在过去几年煤炭产业快速发展的过程中，为抢占先机，我们有些煤矿项目基本建设存在边审批、边设计、边建设的违规现象。这两年，国家发展改革委、国家能源局，国家安全监察总局、煤矿安全监察局连续出台了一系列规定，进一步规范煤矿生产建设行为。我们要审时度势，增强遵纪守法的底线意识，切实规范建设生产行为。已经完成或正在进行基本建设任务的项目要加大工作力度，及时完善各项手续，切实做到合法、合规建设，这是当前及今后一个时期基本建设工作的第一要务。甜水堡二矿、西黑山煤矿要尽快核准，小纪汗煤矿、肖家洼煤矿、下梨园煤矿年内要取得全部证照，万通源煤矿要依法合规进行试生产。实际产量超出设计生产能力的项目，要通过生产能力核定等途径使实际产量与核定生产能力匹配。

所有基建煤矿项目要按照“一矿一策”研究结论，明确暂停的项目一定要停下来；继续建设的项目要尽快完善各项手续；条件发生重大变化的项目，要重新履行决策程序；尚未开工建设的项目，必须严格执行决策程序，严格遵守开工管理规定。

在这里，我着重强调，系统各单位必须增强对法律法规和规章制度的敬畏意识，进一步提升制度执行力，严肃认真地执行集团公司基本建设管理制度。今后，凡违反程序造成投资超出预算标准的，集团公司不予办理认可手续，造成决策失误或其他严重后果的，严肃追究有关人员的责任。

（二）落实责任，确保基本建设安全可控

各单位要进一步强化红线意识，积极构建“五落实、五到位”的安全生产责任体系，牢固树立安全建设理念，切实加强基本建设安全工作。

当前，集团公司基本建设潜在的安全风险依然存在。我们决不能掉以轻心，要切实加强对基建矿井安全的日常监督检查，不具备安全建设条件的矿井要停建整顿。加强施工单位资质审核，坚决清理不具备安全施工条件的施工单位。加大对基建矿井重点环节和突出问题的专项检查和整改。目前，煤炭企业亏损面扩大，经济效益普遍下滑，越是经营困难，越不能对安全生产掉以轻心，要更加注重抓好安全生产，做到安全投入不打折、隐患整改不缺位、设备更新不拖延，坚决杜绝重大基建安全事故。

（三）优化设计，科学谋划基本建设

初步设计是工程建设的指导性文件，初步设计审查是提高工程设计质量、控制工程投资的关键环节。各单位必须高度重视初步设计管理工作，初步设计内容和深度应符合国家和行业规范要求，同时要认真履行初步设计文件审查程序。按照集团公司基本建设“一优化、四策划”管理要求，认真研究分析项目建设内容、建设标准、建设条件，提高创优和精品意识，提高设计质量。初步设计编制完成，应按照有关规定及时提出书面审查申请报告，建设方案一经确定不得随意变动。初步设计未经收口审查，一律不得进行施工图设计，不得进行施工图审查，不得办理开工备案手续。项目施工过程地质条件发生重大变化，原设计方案重大变更，或施工过程中发现设计存在重大缺陷、影响安全施工，需要修改设计的，应当立即停止施工，委托原设计单位对初步设计进行修改，并报原批准单位审批。其中，涉及项目核准文件所规定的建设规模、重大技术方案等有关内容调整的，应当事先以书面形式向原核准部门报批。

集团公司技经中心要进一步提升自主创新能力，充分发挥集团公司“技术排头兵”的作用，增强服务意识，加大煤炭产业技术支撑力度，把好项目建设的技术审查关，对建设工程总体设计、项目组成、主体工艺、主要设备、工程量及投资概算等主要内容进行严格把关，不符合规范规定的，一律不得列入建设投资范围。人资部要商煤炭产业部，技经中心和涉煤二级单位，共同研究进一步健全煤炭产业技术服务支撑体系，充实力量，合理定位，规范流程，更好地为煤炭产业发展规划和相关决策提供服务。

（四）强化预算管理，严格控制基建投资

根据日常检查和专项审计情况来看，煤炭产业基建项目投资“三超”现象比较普遍，有的超出原批复概算 100% 以上，严重影响基本建设秩序，影响项目决策判断，影响项目经济性评价。这里面原因比较复杂，主观来看，一是部分建设单位对前期工作不够重视，仓促上马，存在程序倒置、并行情况，导致施工过程中设计变更和概算调整。二是可研、初步设计质量不高。对影响项目投资因素分析不足、外部建设条件不落实，设计依据不充分、设计深度不够，导致概算失真。三是盲目追求“高、大、上”，擅自改变建设方案、扩大建设规模、增加工程内容、提高建设标准，敞口建设。四是部分单位管理意识不强，制度不完善，管控不力，导致投资失控。

对此，我们必须采取有针对性的措施，有效解决这一突出问题。一要高度重视前期工作，对项目建设进行充分论证，确保内、外部建设条件落实到位，尽量减少设计变更。二要提高可行性研究、初步设计质量，严格实行限额设计。三要树立正确的投资观念，增强投资控制意识，正确认识和处理建设高标准与投资严控制的关系。本着“经济、适用、够用”的原则合理确定需求，严禁盲目追求豪华标准，不顾实际、贪大做大项目。四要提升素质，加强管控。完善奖惩责任机制，推行建设项目问责制度；严格执行设计变更和签证程序；刚性控制概算投资，推行执行概算制度，严把资金使用关。未经批准的设计变更，不作为计价依据；未经批准的概算外工程投资不得列入竣工决算；基本建设工作任务完成后，及时组织竣工决算。同时，要加大协调力度，处理好地企关系、民企关系和股东双方关系，保障项目施工进度，有效降低管理费用。

（五）规范操作，切实抓好基本建设招标工作

工程建设的招投标工作，是保证工程建设进度、质量和安全，有效控制建设投资的重要关口；同时，招标环节历来是腐败滋生的易发、多发领域。当前，集团公司招投标工作体制机制较为健全，过程规范，但由于种种不确定因素和条件影响，个别单位仍然存在规避招标、违规招标、监督乏力、后续监管不到位等现象，投诉现象时有发生，招标工作还有待进一步加强。

各级领导干部和有关部门一定要充分认识新形势下加强招标工作的重要性和紧迫性，充分认识招投标工作的严肃性，增强法律意识，依法合规开展招投标工作。一要依法依规招标。严格遵守国家相关法律法规和集团公司管理制度，提高依法招标意识，当招必招，严格按照招标程序、招标范围、招标标准开展招标工作，评标结果按规定的时间和程序及时公布。严禁以各种理由规避招标、虚假招标。二要完善招标机制。进一步优化招标流程，建立内部风险防范机制，强化从业人员自律意识，提高职业素养。三要科学招标。明确招标必备条件，坚决杜绝边设计、边招标、边施工的“三边工程”；合理界定招标采购的内容和范围，合理划分标段和定标方式；加强评标专家库的维护管理，规范专家抽取程序。四要严肃纪律。招标活动全过程应置于专业监督和公众监督视野范围之内，实现招标活动阳光化；监察部门要参与招标活动全过程，及时制止和纠正违规行为。五要规范权力运作。任何人不得以任何形式干预、操纵招标采购活动，这是一条不可逾越的红线。

（六）增强本领能力，全面提高基本建设管理水平

做好煤炭产业基本建设工作，事关集团公司如期实现“1181”“三个翻番”战略目标，事关建成现代化、市场化、国际化的世界一流企业集团的大局。总部各部门、系统各单位要从战略、全局的高

度，按照煤炭产业专业化改革的总体要求，积极探索和创新新形势下基本建设管理方式，完善基本建设管理体系，努力提高基本建设管理水平。

基本建设管理是一个非常复杂的系统工程，涉及设计、施工、监理、检测等众多参建单位，涉及规划、财务、审计、监察等多个部门；既要严格基本建设程序，又要符合专业技术规范、强制性标准及法律法规的要求；既要处理好地企、民企等外部关系，又要协调好股东关系和内部关系；基建工作急事多、大事多、难事多，方方面面需要协调。因此，务必要充分利用各种平台，通过各种手段，加强基本建设培训工作，大力普及煤炭基本建设技术知识、规范标准、规章制度和操作流程，努力提高从业人员特别是管理人员的履职能力。总部各部门、系统各单位既要各司其职、各负其责，又要密切配合、通力协作，战略规划部门要做好规划，人资部门要提供人资保障，产业部门要做好业务指导，监察审计部门要做好监督工作，财务资产部门要做好经济评价和投资控制，技经中心、招标公司和相关二级单位要大力配合，齐心合力，共同推进煤炭产业健康发展。

我们要准确把握新形势下基本建设目标任务和工作要求，及时解决当前存在的突出矛盾和问题，积极开展对标工作，瞄准国内外同行业、同类矿井、同类工程的最好水平进行对标，努力把每一个基建项目建成经得起检验的精品工程、阳光工程。要全面认识和把握基建工作的基本规律，推广应用科学先进的管理理论和管理模式，努力建设结构合理、配置科学、程序严密、制约有效的建设管理机制，以更高的标准和要求，全面提升煤炭产业基本建设管理水平。

在集团公司供热工作现场会上的讲话

集团公司党组成员、总经理　程念高

（2015 年 3 月 24 日）

一、供热工作回顾

2014 年，在集团党组的正确领导下，供热企业紧紧围绕生产经营工作，认真遵循价值思维理念，重点加强基础管理，努力提高“三电、三热”水平，严格控制电热成本，保民生、创效益、控风险、树品牌，工作成效显著，各项经济指标创出历史最好水平。

（1）供热规模得到迅猛发展。截至 2014 年底，公司系统供热企业 69 家，独立热网企业 17 家。相比集团公司成立时，供热装机规模增长 11.3 倍，热量增长 3.8 倍，供热面积增长 3.85 倍，供热发展规模取得历史性跨越，一批战略性热源、热网项目实现关键突破。

（2）供热经营效益屡创新高。不断加大市场营销力度，积极争取热电政策，强化协调“以热定电，以热促电”，在经济复苏缓慢、电力市场持续下滑的情况下，热电联产机组利用小时数得到保障。加强与政府职能部门沟通协调，保持合理热价水平，拓展热费缴纳渠道，企业权益和效益得到提升。2014 年，公司供热边际利润总额达到 30.3 亿元。

（3）供热技术指标持续优化。一是不断加大技术创新力度，热源余热利用、热网智能化供热等一批重大供热科研项目取得突破，并得到应用和推广，供热科技成果申请专利近百项，形成了集中供热网源一体化技术专利群，多项成果荣获国家级能源科技进步奖，“热泵与发电耦合的能量梯级利用技术”获得联合国 2014 全球人居环境绿色技术奖。二是不断加大技改投入力度，打孔抽汽、变频改造、机组整体优化等成熟节能技术得到大力推广。三是不断加大热网智能化管理力度，全面启动智能热网改造，数字化、信息化、智能化管理水平显著提升，热网热损失下降 20% 以上。

（4）供热板块精益化管理体系初步建立。集团公司层面，建立供热技术经济指标体系，出台供热企业经营工作评价标准，制定热量、供热面积核查、热力收入等管理办法，建立了供热台账地图和供热用户信息档案，一系列供热经营管理制度的建设走在全国热电行业的前列，为规范供热企业经营管理、改善供热经营指标、提高集团供热板块贡献度等打下了基础。华电能源成立供热职能管理部门，区域统筹、管理、指导职能得到强化，“做实”措施有效；华电国际成立石家庄供热集团，交叉互备安全性提高，统购统销成效显著，“大集团”供热优势充分发挥。

（5）供热安全总体保持稳定。全面落实供热安全生产责任制，区域公司供热安全管理的主导作用、热网企业的龙头作用和热源企业的支撑作用得到强化。不断强化设备综合治理，开展以供热期降“非停”、防“四管”泄漏为重点内容的专项治理活动，强化技术监督，有效降低了机组运行尤其是供热期间的“非停”台次。不断强化供热事故应急管理，坚持顾全大局、服务民生，履行央企社会责任，树立了“华电供热”品牌形象，供热安全形势总体保持稳定，没有发生较大及以上供热安全生产事故，没有发生对公司形象造成不利影响的供热事件。

二、供热工作面临的新形势

科学分析当前形势，准确研判未来走势，是做好各项工作的基本前提。我国城镇集中供热已走过40多年的历程，供热形势和特点也在悄然发生变化。一是集中供热市场还将保持快速增长。随着经济社会发展、城镇化步伐加快和改善环境需求，集中供热面积仍将连年大幅增长。2014年末，国务院发布《关于发布政府核准的投资项目目录（2014年本）的通知》，将热电联产的核准下放至地方政府，供热企业即将迎来新一轮的快速发展机遇期。二是供热格局正在发生变化。小锅炉、小区域供热逐渐退出，大集团、大规模、细分工正在成为主流，形成“三级五化”市场格局，即“热源、热网、用户”三级市场和“规模化、一体化、专业化、资本化、智能化”的产业链。三是供热市场竞争更趋激烈。受经济增速放缓、电力需求不旺等因素的影响，多家发电集团将发展目光聚焦到供热产业上来，再加上各级政府着力打破垄断局面，推进建立多元化、市场化的新格局，降低供热经营准入门槛，积极引入民间资本，未来的市场竞争异常激烈。

面对一方面是快速发展的供热市场、旺盛的供热需求，另一方面是饱和的电力市场、萎靡的电力需求的新常态，作为发电集团，我们应该审时度势，认真研判，破解发展难题，统筹增量的战略性增长和存量的内涵式提升，大力发展热电联产，走“以热定电”的路子，把供热培养成公司新的利润增长点。首先，发展热电联产是公司做强做大做优的需要。热电联产是提高能效、改善与增加能源基础和保护环境的最有效的能源供给方式，供热市场前景十分广阔，在电力市场持续疲软、发电发展后劲不足的情况下，争取供热市场对于推动公司调结构、稳增长具有战略意义。其次，发展热电联产是优化指标、增效增益的需要。热电联产机组利用抽汽、余热、乏汽供热，实现能源梯级利用效率，降低能耗指标，提高发电利用小时数，有着先天的成本优势，综合效益十分巨大。再次，发展热电联产是央企履行社会责任的需要。作为五大发电集团之一，集团公司理应紧跟我国城镇化建设和经济社会发展的步伐，积极贯彻落实国家节能减排政策，承担环境治理、改善民生的社会责任，积极发展热电联产。

因此，公司上下要充分认识当前供热形势，准确把握供热行业动态，明断大势，精研市场，谋定而动，顺势而为，抓住历史机遇期，勇于迎接挑战，谋划好未来发展，总体要求是：未来一个时期，供热业务要实现板块化管理，“明确一个思路、健全两个体系”。明确一个思路就是明确大力发展热电联产，将供热板块打造成为公司新的利润增长点的总体发展思路；健全两个体系就是健全供热生产精细化管理体系和供热营销精益化管理体系，改善存量，推动增量，促进生产指标、安全管理、技术装备再上台阶，促进经营指标、市场营销、客服管理再有提升。

三、主要工作任务

（一）加快发展步伐，推进供热板块提质增效

发展才是硬道理，抓供热发展要有前瞻性，既要立足当前又要着眼长远，目前供热需求正在快速释放，供热市场处于重新洗牌的关键时期，抢占供热市场千载难逢，我们要准确把握市场规律，顺势而为，主动作为，大力发展热电联产，实现新格局下的供热板块快速发展。一是要优先考虑直供。特别是对于工业供汽，全年利用小时数有优势，效益有保障，盈利能力较强，具备条件一定要上；对于“三北”区域采暖供热，在热网建设投资政策到位的情况下，要积极争取热网自己投资、自行建设、自主经营，只有掌握了流通环节，才能实现热价全覆盖、热负荷落实有保障，事实证明直供相比趸售优势明显。二是要实现网源工程建设一体化。热源与热网建设要做到“三同步”，即同步设计、同步建设、同步投运，源头抓起，一次规划，分步实施。三是要积极拓展供热市场。进一步内部挖潜，提质增效，利用供热新技术，提升热源供热能力，积极开拓新市场，以存量推动增量发展。四是要丰富热力内涵。根据市场需求，丰富热力产品，形成采暖、供汽、热水等多形式热力产品，增强市场竞争能力。

（二）加强基础管理，提升供热生产精细化管理水平

依托发电管理优势，以强化对标、星级企业创建为载体，以推进“7S”管理为契机，建立健全供热管理体系，夯实管理基础，提升供热生产管理水平。一是要实现供热板块化管理。供热生产系统庞大，涉及专业多，社会影响大，与发电生产指标相互牵连，对外经营利益错综复杂，实现供热板块化管理很有必要，供热企业要设置专职人员负责供热管理，供热任务繁重、条件成熟的区域和企业也可成立专门的管理部室，确保供热管理落到实处。二是要建立健全管理体系。要比对发电生产管理指标体系，建立供热指标统计、监测、评价考核三大体系，健全各项规章制度和措施预案，梳理和优化管理流程，尽快改变重发电、轻供热、弱管理的供热管理现状。三是要切实提升供热可靠性。尤其对于运行时间较长的老旧管网，要有计划、分区域地更换或改造，保证资金投入，加大设备治理，进一步提升供热装备等级；要统筹热网管理和调度，条件具备的要早日实现热网联网，同时努力提高热源供热能力，进一步增加供热安全裕度，提升供热安全可靠性。四是要建立指标对标管理体系。以优秀企业为标杆，深化细化供热相关联指标对标工作，找准差距，持续改善，不断超越，实现主要技术经济指标达到同行业先进水平。五是要大力推进“7S”管理。以推行“7S”管理为契机，加强设备治漏和文明生产治理，保证热网投入力度，确保实现“7S”管理全覆盖，杜绝出现厂里厂外两个标准、两重天。六是要开展供热技术监督工作。认真开展供热相关联专业技术监督工作，改善设备健康状况，发挥技术监督对安全供热和经济供热保障作用。

（三）巩固经营成果，全面加强供热营销工作

通过科学发展热力市场、推广实施供热经济指标体系、开展供热深度营销等有效手段，着力加强供热营销工作。一是建立健全供热营销管理制度。以深入开展供热大营销、深度营销为目标，以供热营销精益化管理为抓手，全面推进供热营销管理信息化、规范化。积极开展供热企业经营评价工作，并将查评结果作为供热企业经营评优选先的重要依据。二是不断提升供热总体经济效益。高度关注供热业务的投入产出比，特别是热网企业的直接投资，要注重效益回报，避免热网投资过度超前，给企业带来较高财务成本。持续优化供热市场结构，努力提升非居民用户和工业直供用户比例。不断深化“以热促电，以热定电；产业协同，市场运作”的发展理念，使供热总体经济效益最大化。三是加大供热政策争取力度。通过供热争取年度发电利用小时数，充分发挥供热机组综合效益；稳定热价水平，确保供热效益不缩水。全力争取供热补贴政策，认证落实燃机电热价格；供热没有边际贡献的单位要继续开展热价争取工作，供热账面亏损单位要制定政策争取方案；继续争取供热税费减免、无息贷款、供热低价煤等政策。四是强化供热营销基础管理，提高供热管理业务水平。加强供热营销业务培训工作，增强供热业务素质、规范意识和法律意识，熟练掌握国家和地方供热相关法律法规，及时了解供热市场动态，灵活应对供热市场变化。推进公司系统内部业务交流学习，提高公司供热整体营销管理水平。

（四）强化科技成果转换，提升供热技术装备水平

大力推广供热新技术，深挖企业供热潜力，以创新的、领先的核心技术开创供热板块新局面。一是要实现高水平建设和投产。大胆采用新工艺、新材料，注重设计规范化，提高设备选型能力，加大节能减排优化力度，努力建设“超低能耗、超低排放”供热电厂，达到“安全优质、高效环保、指标先进、竞争力强”的要求，后建机组在各项指标上要优于前面投产机组，后建热网自动化、智能化管理水平要优于先建热网。二是要积极推广成熟节能技术。深刻领会科技供热的意义，加大成熟技术应用，稳步推进技术装备升级改造，降低能耗指标，扩大成本优势，提升企业核心竞争力。余热利用、智能热网等项目，我们走在了电力行业前列，技术成熟，方案可靠，在增强机组供热能力和提升机组技术指标方面效果明显，只要技经评价合理，我们就要大力推广，大胆应用，早投资，早收益。

在集团公司上半年经济活动分析会上的讲话

集团公司党组成员、副总经理　任书辉

（2015年7月16日）

按照李庆奎董事长的要求，今年初，集团公

司2015年工作会议在“强基”试点单位山东邹县电厂召开，这次会议放在区域“做实”的试点单位江苏公司召开，希望借这次会议的机会，请大家现场学习观摩。昨天我们组织大家到句容电厂进行了参观，江苏公司还要在会上专题介绍他们“做实”“强基”和提质增效等方面的经验做法。另外，今年是抗日战争暨世界反法西斯战争胜利70周年，昨天我们参观了南京大屠杀纪念馆，开展了一次爱国主义教育。

刚才，李庆奎董事长站在全局的高度，客观评价了公司上半年工作，从产业发展、生产经营、改革创新等多个方面，深入分析了下半年公司面临的内外部形势，提出了今后一个时期公司在改革、发展、提效以及党的建设等方面的指导性意见。程总在讲话中全面总结了上半年公司工作，特别是在项目发展、经营提效、深化改革、安全环保以及依法治企等方面取得的成效，围绕年度工作目标，从提升发展质量、全力增产增收、狠抓安全环保、实施创新驱动四个方面对下半年工作进行了安排部署。两位领导的重要讲话，思想深刻，内涵丰富，是指导我们做好下半年乃至今后一个时期工作的纲领性文件。大家要深入学习领会，紧密结合实际，狠抓贯彻落实，确保全面完成年度目标任务，不断开创公司工作新局面。

会上，4个部门通报了上半年生产经营发展情况，提出了下半年工作的思路和措施，并对“十三五”发展规划、华电宪章（修订版）两个文件的起草情况做了说明。10家单位结合自身实际，分别从内部改革、区域“做实”、转型升级、扭亏增盈等方面做了很好的发言，在发言中大家谈经验做法，谈对工作的探索与思考，有不少特点和亮点，对于其他单位具有很好的借鉴意义。希望各单位进一步加强学习交流，取长补短，共同提高，努力推动各项工作再上新台阶。

同志们，这次会议既是总结工作、直面问题、安排任务的经济活动分析会，也是全面分析面临形势、与时俱进谋划公司可持续发展的研讨会，还是统一思想、凝聚力量、鼓劲加油做好下半年工作的动员会。对于我们更好地开展下一步工作，完成全年目标任务，实现公司可持续发展，具有重要的指导意义。

会后，各部门、各单位要抓好会议精神的学习贯彻，通过召开半年会等各种形式，及时将会议精神传达到每个单位和每位干部员工，切实把干部员工的思想和行动统一到两位主要领导的讲话精神上来，统一到会议部署要求上来。要抓好当前迎峰度夏和防洪度汛工作，加强组织领导，落实工作责任，制订应对预案，加大厂房、大坝、灰场等重点设施检查防护力度，确保安全度汛。要抓住夏季发电有利时机，千方百计稳发多发，努力增产增收，降本提效，为完成全年生产经营目标创造条件。

最后，通报一个情况，为更好地宣传“中国华电”品牌形象，创新传播载体，服务建设现代化、市场化、国际化的一流能源集团，集团公司近期申请建立了“中国华电”官方微信号，将向社会和系统员工定期发布集团动态、行业资讯、政策解读、社会责任等信息。今天，这个微信公众号正式上线了，欢迎大家通过扫描二维码等形式给予关注并积极参与。

同志们，在大家的共同努力下，集团公司上半年经济活动分析会圆满完成了各项议程。下半年我们面临的形势仍然复杂严峻，任务更加艰巨繁重。我们要全面贯彻落实本次会议精神，以更加强烈的责任感、压力感和紧迫感，以奋发有为的精神状态，坚定信心，真抓实干，攻坚克难，全面完成年度目标任务，为早日建成世界一流能源集团而努力奋斗！

在集团公司“幸福行动”推进会上的讲话

集团公司党组成员、副总经理　辛保安

（2015年3月4日）

一、三年来公司开展“幸福行动”取得积极成效

2012年2月9日，中央印发《关于深入开展学雷锋活动的意见》后，集团公司党组迅速做出了实施“幸福行动”的全面部署，公司系统各单位积极响应落实。三年来，公司系统各单位大力学习弘扬雷锋精神，纷纷组建郭明义爱心团队，从奔赴一线抢险救灾到参与援疆扶贫，从关爱留守儿童到慰问孤寡老人，从十大道德模范到人人伸出友爱之手；广大干部员工踊跃参与“幸福行动”，奉献爱心，传送文明，在新的历史条件下再

现了雷锋精神的风采。公司“幸福行动”呈现出三个特点：一是推进扎实。制定实施“组建‘郭明义爱心团队’暨华电‘幸福行动’活动方案”，充分运用网站、QQ群、微博、微信、微电影等新媒体加大宣传，开设网上“幸福驿站”，搭建“青春华电”微信平台，保证了组织到位、人员到位、责任到位、宣传到位。二是涵盖面广。在援疆援藏、电力服务、节能环保、捐资助学、扶老助残、帮困解难、文明引导等多个领域奉献爱心，活动惠及贫困学生、少数民族、老人儿童、困难员工、残障人士、农民工等众多群体。仅2014年，开展志愿服务活动就超过200次、1.45万人次参与，涌现出华电国际帮助贫困白内障患者重见光明、乌江公司爱心支教等典型案例。三是成效较好。公司系统已经成立140余支郭明义爱心团队，志愿者队伍不断发展壮大，志愿活动健康发展，“幸福行动”成为践行社会主义核心价值观、履行央企责任、服务企业改革发展、加强员工思想道德建设的有力实践。公司系统11家企业被授予“第四届全国文明单位”称号，累计19家单位荣获“全国文明单位”称号。中央电视台等中央媒体先后专题报道集团公司践行社会主义核心价值观情况，青春励志故事代言核心价值观活动入选中宣部“培育和践行社会主义核心价值观百家经验”，一名员工荣获中央企业优秀志愿者。总之，集团公司志愿服务工作取得明显成效，“幸福行动”深受企业欢迎、员工拥护和社会好评。

二、中央一系列新部署为推进“幸福行动”提出了更高要求

公司开展“幸福行动”是落实志愿服务、弘扬雷锋精神、加强精神文明建设的重要抓手。我们要充分认识新形势下开展志愿服务的重要性和必要性，以社会主义核心价值观为引领，切实增强开展“幸福行动”的责任感和使命感。

党的十八大和十八届三中全会做出“广泛开展志愿服务”“支持和发展志愿服务组织”的工作部署。自2013年国际志愿者日以来，习近平总书记在不到一年时间里相继给“本禹志愿服务队”“郭明义爱心团队”和“南京青奥会志愿者”回信，他指出：“雷锋精神，人人可学；奉献爱心，处处可为”“国无德不兴，人无德不立”。他要求：“引导人们向往和追求讲道德、尊道德、守道德的生活，形成向上的力量、向善的力量”。2013年底，中国志愿服务联合会在京成立；去年2月，中央文明委印发《关于推进志愿服务制度化的意见》；去年底，国务院国资委召开中央企业志愿服务工作推进会。这些战略部署和重大举措，充分表明党中央对志愿服务工作的高度重视，为我们开展“幸福行动”指明了正确方向。

中央企业作为全面建成小康社会的重要力量，不仅要为社会提供巨大的物质财富，而且要用公益行动和志愿服务为社会提供丰富的精神财富。我们要自觉树立和践行社会主义核心价值观，做社会主义核心价值观的宣传者、践行者。一种价值观要真正发挥作用，必须自然地融入生产生活，让人们在实践中感知它、领悟它。志愿服务把关怀带给社会的同时，也传递了爱心，传播了文明。“幸福行动”以弘扬志愿精神为核心，能够把服务他人、服务企业、服务社会与实现个人价值有机结合起来，有利于倡导爱国、敬业、诚信、友善等基本道德规范，树立道德“风向标”，传递情感“正能量”，引导员工在做好事、献爱心的过程中陶冶情操、提升境界，从而把践行社会主义核心价值观的任务落到实处。

三、进一步深入推进“幸福行动”扎实开展

公司系统各单位要认真学习贯彻习近平总书记系列重要讲话精神，紧扣建设世界一流企业集团的中心任务，按照“四个有利于”的原则，着力巩固和提升“幸福行动”成果，着力推动“幸福行动”向深度和广度拓展，着力唱响主旋律、凝聚正能量、树立新风尚、展现新风貌，推动“中国华电”品牌建设、员工道德素养提升、生产经营环境改善和重点发展项目拓展。

（1）要突出践行社会主义核心价值观。志愿服务本质上是一种道德实践活动，为社会主义核心价值观的内涵作了最为直接的诠释。希望通过开展华电“幸福行动”，能够把道德教育转变为形象生动的道德实践，让广大员工在真诚用心服务中，不断增进对核心价值观的认同和理解，使社会主义核心价值观落到实处、细处。集团公司两届道德模范和广大志愿者是道德榜样，是践行社会主义核心价值观的鲜活教材。各级党组织、群团组织要加强选树和宣传，同时全面推广“道德讲堂”，征集“让我难忘的瞬间”微故事，开展最美志愿者、最佳志愿服务项目、最佳志愿服务团队创建和推介，让他们的先进事迹入耳、入脑、入心，培育员工正确的道德判断和道德责任。要结合华电核心价值建设，探索具有华电特色的志愿服务文化，融入员工生产生活和精神世界，增强志愿服务的文化支撑。

（2）要立足实际拓宽行动载体。从事志愿服务首先需要立足自己的岗位。雷锋精神其中一个内涵是“螺丝钉精神”，就是在做好本职工作的基础上，为社会做奉献。每个人首先都有他的职业角色，要把干好本职岗位作为前提，把个人理想同企业发展、同志愿服务紧密结合起来。从事志愿服务需要结合好企业的实际。开展华电“幸福行动”，要紧密结合援疆援藏、扶贫攻坚、移民搬迁、保电任务、节能环保等重大实践，通过有效的制度安排、项目设计形成持久的幸福源动力，从而提供更多、更优质的服务。

（3）要精心打造“幸福行动”品牌。目前我们主要有社会公益活动、“岗位学雷锋，争做好员工”活动、关爱企业员工、建设网上“幸福驿站”等几个主要载体，下一步要在抓深化、创品牌上下功夫，找准“幸福行动”的切入点和结合点，把国家倡导、社会需要、产业特点和企业实际紧密结合起来，每个单位都要力争形成具有鲜明特色的志愿服务品牌，这些特色汇聚在一起，就形成了“幸福行动”的集中品牌。要做精做强已有品牌，打造新的活动品牌，今后开展的捐赠活动，继续用于华电“七彩小屋”建设，争取5年内建成500个华电“七彩小屋”。其次，要有相应制度安排，结合中央文明办及国资委文明委关于推进志愿服务制度化的相关意见，成立集团公司志愿服务协会，完善志愿服务工时记录、异地转移和接续、嘉许回馈等机制，推进志愿服务规范化、制度化，为打造“幸福行动”品牌提供制度保证。

（4）要广泛发动员工参与“幸福行动”。开展“幸福行动”，参与者是华电全体干部员工，服务对象是社会，是企业，是员工。在这里，我特别强调团员青年要做“幸福行动”的排头兵。习总书记指出：“青年一代有理想、有担当，国家就有前途，民族就有希望。”服务好青年员工健康成长、全面发展是“幸福行动”的应有之义。要围绕生产经营、学习成才、文化生活、权益维护搞好服务，开展人文关怀和心理疏导，帮助青年员工提高素质和岗位技能，结合集团公司开展的“千人计划”和“70、80工程”，推荐优秀青年进入更重要的生产和工作岗位，为企业发展做贡献。要落实团中央《关于推动团员成为注册志愿者的意见》，发动公司系统团员青年带头成为注册志愿者，并把“每年参加志愿服务不少于20小时”作为团员注册成为志愿者的承诺，使他们成为志愿服务的先锋力量。推动团员成为注册志愿者，是为了培养一大批服务骨干力量，更好地发挥团员模范作用。要以推动团员成为注册志愿者工作为契机，切实加强志愿服务组织体系建设，健全各级志愿者协会，引导青年参与服务、自我服务、互相服务。

（5）要形成推进“幸福行动”的工作合力。志愿服务活动是加强新形势下精神文明建设的有力抓手，“幸福行动”是华电上下共同的志愿服务品牌。要在组织上形成合力。各单位党组（党委）要加强组织领导，把志愿服务工作纳入企业管理活动，纳入精神文明建设统一部署，纳入文明单位创建指标体系，把“幸福行动”切实抓紧抓好。要健全志愿服务保障体系，在人员、经费、激励政策等方面予以保障支持，对积极投身志愿服务的个人要鼓励支持，让做好事的人有好报，引导形成向上向善的氛围。

在集团公司“三严三实”专题教育专题研讨会上的讲话

集团公司党组成员、副总经理　邓建玲

（2015年7月8日）

第一个问题，严以修身的意义所在，为什么我们要高度重视严以修身？

开展“三严三实”专题教育是集团公司系统今年一项重大政治任务，是深入贯彻落实习近平总书记管党治党战略思想、进一步强化党的思想政治建设和作风建设、推动形成从严管党治党新常态的重大部署和重要举措。“三严三实”要求中，每一项都很重要，但我认为“严以修身”是基础，是前提，是首要条件，没有良好的个人崇德修身作为基础和支撑，其他都无从谈起。尤其在面对各种复杂严峻内外部形势考验的新的历史时期、在集团公司上下举全公司之力认真落实中央巡视组查出问题整改关键阶段、在全面推进公司建设世界一流能源集团的背景下，就更显示出其重要性和必要性。

（1）严以修身是中华民族优良传统和共产党人安身立命之本。中华民族具有以德治国的悠久历史，历代仁人志士非常重视个人、家庭良好作风的培育。在儒家思想“修身齐家治国平天下”主张中，修身是前提和基础。在历史的长河中也涌现出了一大批严以修身、严格自律的典范和楷模。从忍辱负重、发愤著书的司马迁到一生清廉、鞠躬尽瘁的诸葛亮，从一身正气、公而忘私的包拯到刚正不阿、直言敢谏的海瑞，以及一代廉吏于成龙、民族英雄林则徐，等等，他们律己之严格、修身之严格，可以说彪炳史册、令人感佩。共产党自成立以来就非常重视党员干部自身修养的培养。从“三大纪律”“八项注意”到新中国成立后南京路上好八连和衣睡马路，严格纪律、自我约束一以贯之。延安时期党的主要领导人严格要求、以身作则，深入群众带头参加劳动，树立了榜样典范。中国共产党之所以能带领全国人民推翻“三座大山”，取得革命胜利和全国解放，离不开“特殊材料”做成的共产党员的严格自律，离不开我们党在全国人民心目中树立的严格自律光辉形象，以及由此产生的强大感召力、凝聚力。

（2）严以修身是党员领导干部进一步加强思想道德和作风建设的重要途径和基本前提。德乃立身之本、为官之要。中央印发关于加强对领导干部德的考核意见，要求树立以德修身、以德服众、以德领才、以德润才、德才兼备的正确导向，更加突出强调了德的重要性。党员领导干部作风经过教育实践活动的洗礼和整改，取得了很大的成效，但是还不彻底，还需进一步巩固。提高领导干部的道德修养，进一步转变作风，不会凭空而来、自然增长，这些都要求党员领导干部必须进一步搞好严以修身，认真落实“三严三实”要求。也只有进一步强化严以修身，搞好“自律”，才能加强党性修养、坚定理想信念、提升道德境界，才能提高自身肌体的“免疫力”和“抵抗力”，经得起各种风险和诱惑的考验，炼就“金刚不坏之身”。现在我们正在积极推进党建制度改革，健全完善一系列制度体系，进一步加强对党建和思想政治工作的考评，但这些只是“外部行为”，贯彻、落实、执行好这些制度还需要人来完成，还需要有良好的作风和较强的素质作为前提和保证，需要严以修身为“他律”提供基础，更好地把“自律”和“他律”结合起来，做到相辅相成、相得益彰。

（3）严以修身是党员领导干部干事创业、建设一流的思想基础和根本保障。公司成立十几年来能很好地实现负重超越、华丽转身，原因很多，但我觉得离不开软实力、内环境，离不开公司党组始终坚持加强党员干部思想作风所采取的一系列务实举措，这是我们践行严以修身要求的直接体现。面对改革发展的繁重任务和推进建设一流的宏伟目标，仍然需要强化严以修身。严以修身能进一步加强党员领导干部的思想政治建设和作风建设，全面提高党员干部的政治意识、思想素质和道德水平，有利于打造适应形势任务需要的过硬干部队伍；严以修身能提高党员领导干部工作的主动性和自觉性，始终保持昂扬向上、奋发有为的精神状态，顽强拼搏、攻坚克难的工作激情，有利于公司各项决策部署的落实和各项工作的深入推进；严以修身能使党员干部准确把握领会组织意图，正确处理遇到的压力挫折，宽容对待他人，建立和谐友善关系，保持健康平和心态，有利于推进阳光和谐、先进繁荣华电文化的塑造，营造干事创业的良好内外部氛围环境。总之，能为公司各项改革发展事业的全面推进、加快建成世界一流能源集团提供思想保证、强大动力。

第二个问题，公司上下从组织到个人在严以修身方面存在哪些问题和不足呢？（略）

第三个问题，什么原因造成了这些问题和不足呢？（略）

第四个问题，作为党员领导干部，我们应该如何落实严以修身的要求呢？

（1）“严”字当头，常抓不懈。

1）严格落实各级党组织和党组织书记党建工作责任，把抓好党建工作作为最大政绩，把抓好党员干部思想道德建设和培养良好作风作为重要职责，认真开展好宣传思想和理想信念教育，强化对党员领导干部严以修身工作的组织领导。尤其是对于各级党组来讲，6 月 16 日中央印发的《中国共产党党组工作条例（试行）》明确党组工作职责之一是“意识形态工作、思想政治工作和精神文明建设方面的重要事项”，这是各级党组包括公司党组开展工作的制度依据，同时是中央赋予的光荣使命。

2）严格执行中央和集团公司党建制度改革各

项决策部署，借助全面构建公司“大党建”制度体系和考评体系的大好时机，把修身律己和思想道德作风情况作为重要内容纳入其中，加强监督检查，严格制度执行和工作考核，用好考评这个指挥棒，坚持正确的工作导向，形成一级抓一级、层层抓落实的良好氛围。切实抓好干部选拔任用中德的考核，按照中央政治局会议关于坚决调整“四不”干部的要求，对于思想道德和作风建设出现问题的干部按照有关规定予以调整，形成良好的用人导向。

3）严格落实党风廉政建设“两个责任”，把规矩挺到法律的前面，强化规矩意识和法制观念，抓好廉洁自律教育，另外高度重视加强反腐倡廉法规制度建设，把制度建设贯穿到反腐倡廉各个领域、落实到制约和监督权力各个方面，发挥法规制度的激励约束作用，为党员领导干部搞好修身做人亮出“底线”，划出“红线”。

（2）“修”字为要，勤学苦练。

1）修“学”，提升素养境界。勤于钻研、学用结合，认真学习和全面掌握马列主义、毛泽东思想和中国特色社会主义理论体系，特别是深入学习贯彻习近平总书记系列重要讲话精神，并以之武装头脑、指导实践、推动工作，做到真学真懂真信真用。要多读书、读好书。除了以上之外，其他人类文明史流传下来的有关哲学、政治、历史、文化和管理等方面的书籍都尽可能多读、细读，通过读书，增长知识，涵养性情，提升品位，提高境界。

2）修“念”，坚定理想信念。要使理想信念坚如磐石，首先就要方向明确，“药”吃的对，始终坚守对马克思主义的信仰，坚定共产主义远大理想、中国特色社会主义道路理想信念，不被形形色色的各类主义迷惑。另外，要时刻省察检视，出了问题及时纠偏，确保“总开关”始终紧固牢靠。作为公司党员领导干部，就要坚持建成世界一流能源集团的战略部署不动摇，排除万难、勇往直前、务期必成。

3）修“心”，真正无私无畏。“欲修其身者，先正其心”。要修是非之心，在大是大非问题面前旗帜鲜明、立场坚定，不做骑墙派，不能随风倒，认真遵守政治纪律，始终与党中央和集团公司党组保持高度一致。要修敬畏之心，须知“头顶三尺有神明”，敬畏组织、敬畏法纪、敬畏规矩，做人不自满，为官不自大，用权不任性，始终保持如临深渊、如履薄冰的意识，凡事按制度规定办。要修担当之心，坚持守土有责、守土尽责，勇于直面问题，敢于直面挑战，拿出“明知山有虎，偏向虎山行”的勇气，认真解决企业改革发展中遇到的各种难题。

4）修“行”，规范各项行为。认真遵守国家法律法规和公司各项规章制度，提高依法治企的水平，培养法治文化，建设法治华电。大力弘扬和自觉践行社会主义核心价值观，带头落实新修订的《华电宪章》，使其真正成为指导我们管理和行为的规范。严格党内政治生活锻炼，牢记自己是一名普通党员，发挥领导干部的示范带头作用，主动自觉参加党内各项活动，克服庸俗化、自由化、形式化等不良倾向，使其真正认真起来、严肃起来，真正成为严以修身的“大熔炉”。

5）修“德”，强化道德修养。年初公司工作会议在山东济宁召开，那里是孔子的故乡、儒家精神的发源地，儒家的“仁、义、礼、智、信”思想，也是我们修德的一个方面。同时，共产党员的修养要求我们还要经常向革命先辈学习，向道德模范学习，向职工群众学习，“见贤思齐焉，见不贤而内自省也”。平时善待家人、朋友、同事，善待社会、自然和世界，为人处事不以自我为中心，善于换位思考，多关心别人、帮助别人、爱护别人，做到赠人玫瑰，手留余香，常怀感恩之心。

（3）“用”字为本，助推发展。

1）以严以修身成果推动专题教育圆满完成。“三严三实”专题教育，既是落实“三严三实”要求的一项重要举措，也是搞好严以修身的一次重要契机。广大党员干部应本着对党组织高度负责的态度，发扬严实作风，认真参加专题教育各项活动，切实搞好专题研讨、参加专题民主生活会和整改落实、立规执纪等“关键动作”，带头深入查问题、找不足、定措施、促提升。

2）以严以修身成果推动审计巡视各项问题整改到位。搞好巡视审计查出问题的整改，是公司当前的首要政治任务。有关党员领导干部要以坚强的党性作为保证，坚定工作信心，树立“一盘棋”思想，认真落实集团公司党组的部署，按照职责分工，排除万难，在最后关键阶段，一项一项抓整改、一笔一笔挽损失，确保查出问题真正整改到位、不留死角。对于整改工作不到位、任务没完成的，我觉得就是政治敏感性不强、工作作风不实的具体表现，最终将按照上级和公司党组的规定严格执行。

3）以严以修身成果凝聚企业改革发展强大正能量。去年我们公司继续跻身中央企业经营业绩考核A级行列，但是完成今年任务难度更大。面对今年复杂严峻的外部形势，应围绕中央和上级有关要求，认真落实好集团公司半年工作会议精神和各项部署，针对国企改革和电力体制改革加快、电量大幅下滑、安全生产和环保要求不断提高等外部环境，发扬领导干部示范带头作用，团结带领干部职工攻坚克难，确保全年各项任务务期必成，建设世界一流能源集团目标早日实现。

在集团公司火电企业强基暨“7S”管理总结推进现场会上的讲话

集团公司党组成员、副总经理　陈建华

（2015年6月10日）

一、火电企业“强基”和“7S”管理工作取得的成效

1. 现场环境明显改善

发电企业把生产现场作为推进7S的工作重点，大力开展环境整治，建立完善了现场文明生产管理制度，共打造了约3500个各具特色的样板区。通过样板示范，整体推进，现场环境显著改观，人、机、料、法、环和谐统一，物品放置更加有序，设备标识更加清晰，工作现场更加整洁，厂区环境更加美化。安徽公司专门召开两次现场会，抓住现场7S推行中的重点难点问题，以“问题导向”攻坚克难排“雷区”，生产现场焕然一新。云南公司开展走基层“寻找最美7S样板区”活动产生蝴蝶效应，带动厂区整体环境提升。

2. 设备管理水平大幅提升

各单位坚持治理优先、标本兼治的原则，对照“7S”管理技术规范，从消除设备“跑、冒、滴、漏”等缺陷入手，强化设备治理，将“7S”管理融入机组检修和设备点检，提升了检修质量，规范了点检管理。经过近一年的治理，设备缺陷明显减少，可靠性提升，机组健康水平不断提高，今年1~5月，公司系统火电企业发生强迫停运80台·次，同比减少20台·次，降幅达到20%。

3. 管理基础得到夯实

将7S融入企业日常管理，通过“清扫”“清洁”，全面梳理整合标准化、信息化、规章制度、员工培训等基础管理工作，使管理职责界面更加清晰，管理方法更加科学，管理流程持续优化，工作效率和效果显著提升。

4. 员工面貌焕然一新

“强基”和“7S”管理工作的深入开展，使员工养成了严谨细实的工作作风，按制度办事、按流程操作的意识更浓，员工积极主动参与企业管理，工作责任感和创新创效能动性显著增强。

5. 安全保障能力增强

将“7S”管理与安全设施标准化建设相结合，规范现场安全设施配置，完善安全目视化管理，作业环境本质安全水平提升；开展KYT等活动，强化员工的安全防范意识，员工的危险识别和预知能力增强。7S与安全管理的有效融合，使火电企业的安全保障能力进一步加强，今年以来，安全生产创出最好水平，公司系统未发生各类事故，圆满完成了供热、保电等重要任务，安全生产长周期的发电企业数量持续增加。

6. 降本增效成果显著

各单位以效益最大化为目标，树立“大成本”理念，着力强化营销、燃料和节能管理，严格控制“三项费用”，不断提升内部管理效能，各种浪费有效减少，企业成本管控能力、价值创造能力显著增强，经营效益再创新高。

火电产业“强基”和“7S”管理工作取得阶段性成果，归纳起来有以下特点和经验，值得总结和推广。

（1）领导高度重视。李庆奎董事长在多次会议上对做实“强基”工作进行理论论述和系统部署，程念高总经理对发电企业全面推行“7S”管理工作做出具体安排，各单位“一把手”主持召开推进会、表彰会，深入现场，亲力亲为，与员工共同实施改善。领导思想上的高度重视、资源上的及时供给、行动上的有力支持，起到了很好的鼓舞和带动作用。

（2）组织协调有力。集团公司组织编制7S培训教材，并举办近900人的管理人员先期培训，制订推广实施方案，明确推行原则、远近期目标和实施步骤；区域公司和发电企业结合实际制订切实有效的推行方案，成立推进办公室，将7S推行

融入企业中心工作，做到了组织体系健全、工作目标明确、工作责任具体、措施细化到位。

（3）激励引导到位。集团公司将“7S”管理内容纳入星级企业评价体系，二级单位将“7S”管理推行情况纳入发电企业绩效考评，各单位通过举办知识讲座、经验交流和现场观摩、组织咨询辅导、发放书籍手册、制作微电影等方式，加强培训宣传和激励引导，潜移默化地将“7S”管理理念植入员工心中。让员工走上讲台分享推进故事、用员工的名字命名改善创意，有效激发员工的价值感和荣誉感，使员工的工作热情持续高涨，企业凝聚力不断增强。

（4）检查评价及时。区域公司按照推进计划定期跟进、检查工作开展情况，总结先进经验，查找问题不足，明确努力方向。发电企业每批次样板区打造完成后，及时组织检查评比，表彰先进，形成了“比、学、赶、帮、超”的良好氛围，推动和保证了计划的如期完成。

以上这些特点和经验，是我们经过探索和实践，总结出的利器和法宝，在下一阶段工作开展过程中，要更好地加以运用。

二、存在的问题和面临的形势

通过公司系统干部员工的共同努力，“强基”和“7S”管理工作取得了预期成效，实践证明，集团公司开展“强基”和“7S”管理工作的决策是完全正确的，各单位活动开展也达到了预期效果。但我们仍要看到工作中还有一些问题和矛盾急需解决：一是对7S的理解和认识不足，二是7S推进质量和进度不均衡，三是开展工作流于形式，四是自主创新意识不强。以上这些问题，我们要高度重视，认真研究对策，在今后的工作中重点加以解决。

当前正是集团公司谋划“十三五”发展、全面深化改革的关键时期，生产经营和改革发展的任务非常繁重，面临的内外部形势错综复杂。

从市场环境上看，中国经济经过30多年快速发展，已经进入“三期”叠加阶段，经济增速逐渐放缓，社会用电需求下滑，火电机组利用小时数呈下降趋势。去年以来，国家出台了《能源行业大气污染防治工作方案》等一系列环保政策措施，颁布新《环保法》，重点治理大气雾霾，坚持源头严防、过程严管、后果严惩，对环保违法实行“零容忍”。国家实施煤电价格联动，4月又下调火电企业上网电价，为系统发电企业完成年度经营目标带来很大压力。完成“十二五”万家企业节能行动目标任务繁重，仍有近10家电厂存在差距。

从电力改革方面看，新电改方案已经出台，国家将按照“管住中间、放开两头”的原则，加强对输配环节的政府监管，在发电侧和售电侧实行市场开放准入，引入竞争，放开用户选择权，形成多买多卖的市场格局，价格由市场形成，进一步发挥市场配置资源的决定性作用。电力市场的逐步开放将使发电企业面临更加严酷的市场竞争，对机组的可靠性和相对竞争力提出了更高要求。

从公司系统内部看，火电产业是集团的支柱产业，占集团装机容量的73%、资产规模的41%，火电盈利水平和竞争力水平直接关系到集团的可持续发展。公司成立以来，火电产业结构布局持续优化，经济技术指标不断改善，运营管理水平明显提高，企业盈利能力不断增强，取得了有目共睹的成绩。但我们更要清醒地看到，当前集团公司火电大机组比重偏低，老小机组多；部分类型机组能耗水平居高不下，部分区域市场营销工作有待加强，火电企业盈利能力整体上还是比较脆弱的，经营受煤炭市场和电力市场影响较大，对上游成本缺乏控制力，抗风险能力和持续盈利能力不强，即使在当前较好的经营环境下，仍有10家火电企业处于亏损状态。

因此，我们要深刻认识到火电产业面临的机遇和挑战，积极顺应国家政策和能源行业发展形势，强化管理、提质增效，不断增强企业竞争力，实现火电产业可持续发展。火电企业竞争力的具体体现就是机组安全环保可靠、技术经济指标先进、盈利能力的可持续。“强基”和“7S”管理是帮助企业强身健体、增强抵抗力的基本功，是提高企业竞争力的基础和保障，我们一定要全力练好这两项基本功，不断提升精益化管理水平，向管理要经营质量、要效益，努力降低生产成本、优化经济技术指标，提高生产效率，增强企业竞争力。只有这样，才能在越来越激烈的市场竞争中立于不败之地。

三、下一步工作要求

1. 加强领导，落实责任

“强基”工作涉及企业管理根本，无论是管理制度的建立，还是管理模式的改变，都需要主要领导亲自抓、坚持抓。各单位要从“建设现代化、市场化、国际化世界一流企业集团”的战略高度，统一并提高对发电企业“强基”和7S工作重要性的认识。企业一把手要亲自组织研究、亲自抓落实，要定期听取工作汇报，掌握情况、解决问题；班子成员要主动承担责任，充分调动各方面的积极性，形成合力。要科学建立安全生产、经营管理、综合管理、队伍建设、党建工作等方面的管理机制，合理分解工作任务，将责任层层落实到每个岗位、每位员工，进一步强化激励约束，推动各项工作纵深开展。

2. 学习借鉴，取长补短

今天会上交流的四家企业分别介绍了他们在“强基”管理和推行“7S”管理的经验，对我们是很好的借鉴和启发，其他单位也有很多好的经验和做法，大家要相互学习、取长补短，尽可能避免在推行过程中“走冤枉路”“走回头路”。区域公司要积极开展横向对标，树立区域样板和典型，通过以点带面、辐射引导，推动工作的整体深入开展；发电企业一方面要“走出去”，向系统内外的先进企业学习，不断提高工作标准，另一方面要进一步抓好企业内部先进典型的选树，将好经验、好做法以及推行过程的典型人物事迹宣传和推广出去，有效地激励员工，促进管理水平再上新台阶。

3. 鼓励创新，扩大成果

各单位管理状况千差万别，推进“强基”和“7S”管理的切入点和侧重点也不尽相同，要立足自身实际，因地制宜、因企制宜，避免僵化地照搬、复制。要建立健全创新创效的激励机制，积极引导员工立足岗位、勇于探索、不断创新，找到适合企业实际的改善方法和“强基”路径。同时，要持续扩大管理成果，实现“连点成线、由线到面”的水平推广和复制，年底前要基本完成火电企业“7S”现场推行阶段的全部工作，具备转到管理提升阶段的条件。区域公司要以基层企业“强基”工作指引为蓝本，结合实际，分析所属企业管理现状，系统整合各企业先进的管理经验和管理方法，集中本区域有效资源和管理优势，上半年完成区域“强基”示范电厂的选树，9月底前初步完成示范电厂和“7S”样板电厂的打造工作，并在区域内推广。

4. 固化标准，完善机制

“7S”管理推行容易，难在保持。推行一段时间，员工的新鲜感过后会进入疲乏期，如果不及时建立常态化管理机制，容易停留在“形式化”阶段，使得管理标准滑坡，改善成果得不到保持。各单位要在对推进工作进行认真总结的基础上，完善和固化改善标准，将“现场7S”过渡到“管理7S”，从日常工作入手，从细微之处着眼，全面查摆内部管理存在的问题和浪费，积极寻求解决方法，推动管理方式由粗放型向精益化转变。同时，要加强常态化管理机制建设，集团公司要将“强基”和“7S”管理工作开展情况纳入对二级单位的绩效考核，要进一步细化、量化星级企业评价细则中“强基”和“7S”管理相关内容；区域公司和发电企业要完善常设机构管理内容，建立“强基”和“7S”的常态化管理、评价、考核机制，持之以恒，持续发力。

5. 专项提升，消除短板

各单位要通过与样板和典型开展对标，积极查找不足，针对企业的自身需要和管理短板，制订有针对性的方案，明确目标任务，细化工作措施，重点做好以下几个方面的专项提升。

（1）做好安全管理专项提升。加强安全设施标准化建设，以安全目视化管理为手段，切实提高作业环境本质安全水平。

（2）做好设备管理专项提升。加强设备隐患排查治理，加大对老旧设备的改造治理力度，将“7S”管理与检修工作有机结合，做好全过程规范化检修管理，切实提高设备健康水平。

（3）做好经营管理专项提升。研究新形势下市场营销工作规律，制订有效“三电”策略；加强燃料管理，努力健全行为规范、运转协调、公正透明、廉洁高效的燃料管理体系。

（4）做好基础管理专项提升。将“7S”与“五型”班组建设相结合，开展星级班组创建，持续提升班组管理水平。加快信息资源整合利用，推进信息化建设，强化管理和科技创新，培育更多的利润增长点。

6. 以人为本，持续改善

各单位要将“7S”推进的重点放在员工素养提升方面，开展多种形式的素养提升活动，将“7S”管理要求纳入员工手册，完善员工行为导则，使员工养成良好的工作习惯和行为习惯。结合“强基”和“7S”建立持续改善机制，充分激发员工的创造力，激活企业管理提升的内在动力，使企业形成自我发现问题、自我解决问题的良性体内循环。

四、近期生产运营重点工作

利用本次会议，将近期需要注意的几个问题强调如下：

（1）安全管理。各单位要充分认识到安全生产工作的长期性和艰巨性，时刻绷紧安全这根弦，不能有一丝一毫的松懈和麻痹，要牢固树立安全生产的“红线”意识和底线思维，完善安全责任追溯机制，加大安全考核力度，深入开展安全生产月、季节性、专项安全大检查，坚持“四不两直”工作方法，加强对重点单位、事故易发多发领域的排查治理。突出抓好外包工程管理，完善反事故措施和应急预案，做好在建项目和技改项目的施工安全管控，通过广泛开展7S素养和KYT等活动，提升员工的安全防范意识和安全自保能力，确保实现全年“零事故”目标。

（2）设备管理。深入开展自查自纠，严格落实“零非停”目标要求，认真落实锅炉防磨防爆、电控设备隐患排查治理等措施，结合春检查出问题，抓好治理和整改。进一步加大精密点检推广力度，扎实开展机组检修精细化管理，持续推进技术监督深化改革，推动管理创新，提升管理水平。当前正值迎峰度夏时期，各单位要按照集团公司关于防汛和迎峰度夏工作的有关部署，细心巡查，精心运维，确保设备安全度夏；要结合区域发电形势，合理调整检修计划，重点加强质量管控，确保迎峰度夏期间机组可用可靠、稳发满发。

（3）电量营销。各区域要积极探索电力体制改革给市场营销模式带来的新变化，在落实电量计划、保证计划兑现率上下功夫，在积极开展专项电量争取上下功夫，在增加计划外市场交易电量上下功夫，强化区域对标，确保“三同”水平。各区域公司要坚定信心，充分发挥统筹协调优势，加强月、旬、周等短期电力供需形势变化的预判，优化发电时机，争取多发满发。

（4）环保管理。近几年来，集团公司积极响应国家环保政策要求，严格监管，加大环保投入力度，各项工作均取得积极成效。各单位要进一步增强责任意识，确保依规合法生产经营，坚决不能打擦边球，该投入就投入、该管好就必须管好，一是要加快推进各项环保技改，早谋划、严管控；二是要积极应用新技术、新工艺，深入推进超低排放技术改造和应用；三是要加强环保设施管理，加大运维和监管力度，确保设备运行可靠、机组排放达标。

（5）万家企业节能行动。万家企业节能行动是国家在“十二五”期间能效管理的一项重要举措，集团公司有80家火电企业参加节能行动，总体情况是好的。国家对“十二五”节能量目标考核很明确，对未完成节能目标的中央企业，要在经营业绩考核中实行降级降分处理，并与中央企业负责人薪酬紧密挂钩。另外，在2013年节能量考核通报中增加了对未完成等级企业的新建高耗能项目能评暂缓审批的考核事项。各单位“十二五”节能目标完成与否直接关系到集团公司形象，关系到区域和企业的生存与发展。今年是“十二五”的最后一年，也是衡量评价节能目标完成情况的收官之年，各单位务必高度重视，务必全面完成“十二五”节能目标。万家企业节能行动实行属地管理，区域公司要负起主体责任，加强指导和监督，对所属企业进行全面梳理和排查，对于因节能量目标制定不科学、外部条件发生变化、节能量确定和考核计算不统一等原因造成节能目标无法完成的，区域公司和电厂要加大与地方节能主管部门沟通与协调，取得理解和支持，通过争取节能量目标调减、节能量确定和考核算法一致等政策，取得符合实际的节能目标和评价方法；有差距的企业要进一步强化指标管理，积极争取地方和上级公司政策，保质保量完成节能目标。

在集团公司反腐倡廉建设工作会上的讲话

集团公司党组成员、纪检组组长　蒋亮平

（2015年2月13日）

一、2014年党风建设和反腐败工作情况

（一）着力抓顶层设计，扎实推进纪检监察体制机制改革

落实“两个为主”，创新纪检监察体制机制。立足实现监督职能相对独立、促进监督资源充分整合，制定以“双重领导、垂直管理、提级监督、资源协同”为主要内容的《深化纪检监察体制改革方案》，重点围绕落实“两个为主”，积极构建体制支撑，完善制度保障。强化上级纪委对下级纪委的领导，组织实施了下级纪委向上级纪委报

告工作、定期述责述廉述作风。落实纪检干部考察考核以上级纪委为主，2014年党组纪检组提名调整二级单位纪检组长（纪委书记）16人。注重“优进优出、科学流动”，公司系统30余名纪检干部转任或提任其他领导岗位，使纪检岗位成为领导干部德能勤绩廉的综合锻炼平台。落实查办案件以上级纪委领导为主，加大集团公司党组纪检组直接核查和重点督办力度，遴选纪检、监察、财务、审计、法律等不同专业的34名人员进入集团公司办案人才库，实现了办案力量的有效整合与统筹使用。

牵“牛鼻子”，突出强化党风廉政建设主体责任。印发《关于落实党风廉政建设党委主体责任和纪委监督责任的实施意见（试行）》，明确各级责任主体的责任内容和履责要求，促进责任落实规范化、制度化、常态化。集团公司党组认真落实主体责任，班子成员认真落实“一岗双责”，把党风廉政建设贯穿到业务管理当中，及时研究、布置、检查和报告分管部门、单位的党风建设和反腐败工作，并对领导人员进行专门约谈。建立了重大廉洁风险问题联系督改机制，分管领导亲自挂帅，对信访举报、审计监督、监事会检查等发现的重大风险问题督促整改。系统各单位认真执行党风廉政建设责任定期报告制度，完成了向上级党委和纪委的述责述廉述作风工作，接受民主评议。

深入推进“三转”，聚焦主业强化监督执纪问责。一是清理和退出议事协调机构。集团公司党组纪检组、监察部原参与各类领导小组、委员会、督导组等机构25个，经研究梳理共退出投资决策审核等协调议事机构19个，公司系统各级纪检监察机构比照集团总部逐级逐步落实，这在一定程度上解决了职责不清、职能发散、越位错位不到位等问题。二是落实纪委书记不分管其他业务要求。按照“区别共性和个性，不强求上下一律”的思想，对公司系统纪检组组长（纪委书记）的分工、兼职情况进行全面清理，除部分单位因领导班子职数限制等原因纪检组组长（纪委书记）仍然兼任了工会主席，其他与监督无关的分工和兼职全部调整到位，专职性、独立性明显增强。三是探索强化由纪检组牵头的监督协调机制。以纪检组为主，综合运用纪检、监察、审计、监事会和巡视等监督力量，促进信息共享、资源整合、职能互补、行动协调，对反腐败重大事项进行决策、部署和实施。尤其在配合中央第11巡视组的专项巡视过程中，公司党组和党组纪检组大力统筹协调，积极支持配合，妥善把控风险，有力保证了中央巡视工作的顺利进行，得到了中央第11巡视组的高度肯定。

（二）着力抓纪律建设，持之以恒纠正“四风”

强化组织意识和纪律观念。举办学习贯彻习近平总书记系列讲话精神集中轮训班，深入开展第二批党的群众路线教育实践活动，召开党组中心组学习扩大会，组织参加中央纪委举办的党风廉政教育大讲堂，开展以“正风肃纪、廉洁从业”为主题的反腐倡廉宣传教育月活动，各级领导人员党的观念、党性意识不断增强。以严明党的政治纪律和政治规矩为统领，加强对中央路线、方针、政策和集团公司党组重大决策部署贯彻执行情况的监督检查，坚决查处和纠正上有政策、下有对策、有令不行、有禁不止以及“七个有之”的行为，做到了集团公司发展战略符合中央决策部署，各级企业经营管理遵循国家政策要求，广大党员干部思想上、行动上与中央保持一致。

坚决贯彻落实中央“八项规定”精神。一是健全正风肃纪制度体系。部署深化党的建设制度改革，完善与中央“八项规定”精神相关的管理规定，对公务用车配备使用、总部员工差旅费管理等做出细致要求，从流程上规范和控制各项费用支出。二是全面规范“五项经费”管理。派出5个检查组，对20家二级单位及其所属企业落实中央“八项规定”精神情况进行专项巡视，重点检查“五项经费”管理情况，从严控制领导干部履职待遇和业务支出，对存在问题的单位逐一下发了整改和问责通知单。三是深入开展专项治理，对总部领导人员及离退休人员办公用房进行规范和清退，加强对因私出国（境）报告及持有因私护照、通行证等的管控，按照“零持有、零报告”的要求清退各种消费娱乐场所会员卡。四是狠抓节假日纪律执行和党风建设，严肃查处顶风违纪行为。

（三）着力抓重点监督，积极防范廉洁风险

强化源头治理，协助党组把好选人用人关。立足全面充分履行监督责任，注重在加强人事工作监督上积极发挥作用。把各级领导班子成员特别是“一把手”作为重点监督对象，把具有业务处置权的中层干部和关键岗位人员也纳入重点监督视野，对廉洁上存在问题的领导干部拟用人选，认真行使"一票否决权"。

紧盯权力运行，加强领导人员履职监督。重点围绕"三重一大"决策制度执行情况，加大对领导人员违纪违规、失职失责行为的监督问责惩处。已着手研究制定《中国华电集团公司领导人员问责管理办法》，健全执行、问责和经济责任审计等制度，对信访举报、审计监督、监事会检查等发现重大风险、领导人员存在失职失责问题的，纪检组均提出具体问责意见，坚持做到有案必查、有腐必惩、有责必究。

围绕重点领域，促进规范管理。针对物资采购、资产并购、工程建设、招标投标、燃料管理等信访举报较多、腐败易发多发领域加强监督检查，推动总部部门和系统各单位履行监管职责，健全规章制度，防控腐败风险，促进廉洁从业。

（四）着力抓案件审查，形成不敢腐的高压态势

加强线索整理。对2003年以来问题线索进行"大起底"，按照中纪委"五类"标准重新进行核查处理。落实信访举报和反映问题线索月报告制度，认真排查巡视、审计及外部监督反映的案件线索，严格审查和处置党员干部违纪违规、涉嫌违法的行为。坚持"抓早抓小"，对贯彻党风廉政建设责任制不力、出现违纪违法苗头的单位和领导干部，通过集体廉洁谈话、函询、诫勉谈话、组织处理等方式，早打招呼早处理，防止小错演变成大错。

（五）着力抓自身建设，打造合格的纪检监察队伍

推进作风转变，树立良好形象。按照"打铁还要自身硬"的要求，在纪检监察系统率先开展清退会员卡及纪检干部配偶子女移居国（境）外情况摸底排查工作。扎实改会风、转文风，以视频会议方式召开年度反腐倡廉建设工作会议，将二级单位报告党风廉政建设情况、纪检组组长述职述廉述作风、集体学习以及廉洁谈话等内容合并为座谈会一并召开，减轻基层负担。改进调查研究，上、下半年在公司系统各组织一次"两个责任"落实情况调研检查，努力掌握第一手情况，夯实工作基础。加大反腐倡廉宣传工作力度，积极向中央纪委网站等权威媒体投放信息，发布量居央企前列，较好地反映了集团公司党风廉政建设成效。

强化教育管理，提高履职能力。建立纪检组集中学习制度，每月召开一次纪检组全体组员例会，集中学习研讨上级精神，研究重要问题。依托中国纪检监察学院对公司系统纪检组组长（纪委书记）开展培训，举办《查办案件的程序与方法》等专项业务培训班，研究完善纪检监察工作相关制度，为纪检监察人员正确履职提供指引。建立纪检组组员参与纪检监察工作机制，2014年开展的重大监督检查活动全部由纪检组组员牵头挂帅，让每位组员有职有责。

二、全面落实2015年党风建设和反腐败工作任务

新的一年是中央加快推进国有企业改革发展的关键之年，是集团公司"1181""三个翻番"战略目标的奋力推进之年，抓好党风建设和反腐败工作，对于保障集团公司健康发展意义重大。总体要求是：以习近平总书记系列重要讲话精神为指导，深入学习贯彻党的十八大及历次全会和中央纪委、国资委系列会议精神，主动适应党风建设和反腐败斗争新常态，将党风建设和反腐败工作与集团公司改革发展同步推进，坚持从严治党依法治企，坚持严格执纪落实责任，坚持改革创新立行立改，突出抓好中央专项巡视和国家审计署发现问题的整改问责任务，打造忠诚、干净、担当的纪检监察队伍，开创反腐倡廉建设新局面。

（一）严明纪律，从严治党

深入贯彻十八届四中全会精神。紧密结合集团公司实际，首先坚持、始终坚持党的领导，坚持依法治国、依规治党与依法治企相结合，完成好国有资产保值增值的使命职责，为夯实党的执政基础提供坚强保障。各级党员干部特别是领导人员，要牢记党员身份，强化党的意识，认真学习党章和党内有关法规，自觉执行党的纪律，模范遵守国家法律法规，做到令行禁止、政令畅通。

把严的规矩立起来，把严的制度建起来。《中国共产党党员领导干部廉洁从政若干准则》是党员领导干部廉洁从政的重要遵循，《中国共产党纪律处分条例》是加强纪律建设的重要保障。今年，中央将结合十八大特别是十八届三中全会以来党的纪律检查体制改革实践成果，对部分党内制度规定进行修订，各级党委、纪委要深入组织宣贯，严格抓好执行。同时，要按照公司全面深化改革

部署，认真做好《深化党的建设制度改革工作方案》中30余项制度的制定或修订工作，健全反腐倡廉建设规章制度体系，加强对权力运行的制约和监督，强化公开，细化程序，严防暗箱操作，把严的规矩立起来，把制度篱笆扎得更紧。

守纪律，讲规矩。党规党纪严于国家法律。作为公民，遵守国家法律法规是一项基本义务；作为党员，除遵守国家法律法规以外，还要受到党规党纪的约束。国有企业党员干部也不能例外。守纪律是底线，讲规矩靠自觉。要深入开展纪律监督和教育，强化“四个服从”意识，坚决纠正无组织、无纪律问题，严肃查处欺骗组织、对抗组织的行为；绝不容忍结党营私、培植亲信、拉帮结派、搞“小圈圈”；决不允许自行其是、阳奉阴违。要把贯彻落实公司党组决策和工作部署情况纳入纪律检查的范围，严肃查处有令不行、有禁不止、随意变通、恶意规避等行为，严肃查处违反组织和工作程序、超越权限办事、先斩后奏、边斩边奏甚至斩而不奏等行为，增强纪律刚性约束。

（二）深化改革，推动创新

坚持立行立改。关于推进党的纪律检查体制机制改革，中央多次强调，要坚持问题导向，立行立改，认准一条就改一条，发现一个问题就解决一个问题。针对“中央纪委是不是可以多发一点文件，告诉我们改革改什么，落实主体责任该做些什么；或者列出一个责任清单，下面好‘照单’办事”等说法，中央强调指出，等政策、等文件是一种依赖心理，是推脱责任、缺乏责任担当的表现。王岐山书记在中央纪委五次全会上分组讨论时强调，“别总是希望发文件把什么问题都解决了，那是不可能的，那是文牍主义”。这些等待观望的情况在公司系统也大部分存在。中央的要求已经明确，“两个为主”的原则和方向非常清晰，集团公司《深化纪检监察体制改革方案》经过反复研究即将印发，公司系统各级党委、纪委要认真学深悟透，迅速行动起来。特别是各级党委，要负起主体责任，敢于先行先试，以鲜明的政治态度和切实有力的举措推进纪检监察体制机制改革。要按照于法周延、于事简便的思路，切实以创新举措解决造成阻碍的体制机制问题，紧紧围绕落实“两个责任”和“两个为主”，抓住关键，带动全局，形成实实在在的工作支撑。

发挥专项巡视利剑作用。今年，要巩固上一轮专项巡视检查的成果，结合案件线索“大起底”以及信访举报、审计检查等掌握的问题线索，加强力度、加快频度、扩大范围，对有关区域、专业公司和重点企业进行专项巡视检查，实现对主要二、三级单位的巡视检查“全覆盖”。党组纪检组将按照“四个着力”的要求，重点围绕“两个责任”以及“八项规定”精神落实情况开展专项巡视，闻风而动、出其不意，哪里有反映就奔向哪里。巡视可以针对一件信访举报、一名领导干部、一笔费用支出、一个招标项目、一次产权转让开展，就是要明确指向、机动灵活，精准发现、定点突破。

（三）扛起责任，失责必究

让主体责任落地生根。主体责任就是党委（党组）直接抓党风廉政建设和反腐败工作，党政主要领导是第一责任人，班子成员是职责范围内的党风廉政建设第一责任人。各级党委（党组）班子和班子成员要旗帜鲜明地把这份沉甸甸的责任扛起来，既要挂帅更要出征，不能当甩手掌柜。要加强对党员干部的日常管理和监督，深入开展理想信念宗旨和党风廉政教育，加强作风建设和纪律建设，加强对权力运行的制约和监督，坚决惩治腐败，定期向上级党委和纪委报告责任落实情况。去年，集团公司印发了关于落实“两个责任”的意见，明确了具体责任内容和保障措施。今年要重点抓好二级单位“两个责任”的贯彻落实，一级抓一级，把压力传导下去。

用严肃问责倒逼责任落实。各级纪委（纪检组）要切实履行监督责任，对履行党风廉政建设责任不力、监督责任缺位、发生顶风违纪问题的，不仅严肃处理责任人，还要坚持“一案双查”，既追究主体责任、监督责任，又严肃追究领导责任。要重点查处十八大以后特别是中央专项巡视和国家审计署揭示的违纪违规问题，按照“一把手工程”要求，制订整改方案，明确责任人，排出时间表，加强督促检查，尽快整改到位。对于整改不力或已经造成国有资产严重损失的，要严肃问责相关责任人，同时严肃查处背后的权力寻租、利益输送等腐败问题。以问责问责再问责不断倒逼整改落实，切实解决“屡查屡犯”的腐败存量，有效遏制腐败增量。

（四）持之以恒，正风肃纪

坚持作风建设永远在路上，防止“四风”反

弹。作风问题关乎人心向背，关乎党的生死存亡。我们要深刻认识加强作风建设的重大意义，深刻认识中央对待作风建设的坚决态度，绝不是一阵松、一阵紧，就是要在坚持中深化、在深化中坚持，继续盯住一个个节点，抓住一件件小事，解决一个个问题，带动作风的整体转变。在落实“八项规定”精神和反对“四风”问题上，公司党组立场鲜明，态度坚决，就是要尽快整改消除存量、坚决遏制腐败增量，立足抓早抓细抓具体，推进作风建设常态化。要按照中央专项巡视反馈的意见和国资委的部署，认真开展选人用人、办公用房、公务用车等专项治理，严格控制企业领导人员履职待遇和业务支出，限制违规可能，挤压违规空间，并将执行情况纳入巡视、审计、财务等经常性监督。

强化执纪监督，持续正风肃纪。要把不收敛、不收手、顶风违反中央“八项规定”精神和“搞四风”列为纪律审查的重点，对公款吃喝、旅游、送礼等腐败增量问题坚决零容忍，发现一起，查处一起，点名道姓公开曝光，决不姑息、决不护短，越往后执纪越严，不仅追究顶风违纪者，还要对所在企业党委和纪委进行问责，并与经营业绩考核和评先评优资格挂钩，罚就要罚得心痛，付出代价，昭示零容忍的态度，持续正风肃纪。

践行社会主义核心价值观，崇尚廉洁文化。结合深化华电核心价值体系建设，加强反腐倡廉宣传教育工作，突出重点，创新形式，深入开展党性党风、纪律教育和廉洁从业教育，推进廉洁文化建设，践行厚德修廉理念。

（五）保持高压，遏制腐败

保持惩治腐败的高压态势。坚持零容忍的态度不变、猛药去疴的决心不减、刮骨疗毒的勇气不泄、严厉惩处的尺度不松，高举反腐利剑，突出纪律审查重点，加强对权力集中、资金密集、资源富集的部门和岗位的监管，加强对党委议事规则、“三重一大”决策制度执行情况的监督，坚决查处十八大后不收敛、不收手，问题线索反映集中、群众反映强烈，现在重要岗位且可能还要提拔使用的领导干部的腐败问题；坚决查处发生在燃料管理、物资采购、招标投标、工程建设、资产并购、产权交易等重点领域和关键环节的腐败问题，特别是违规决策、失职渎职造成的国有资产重大损失的腐败问题；坚决查处利用职权为亲友经营提供便利，默许亲属利用职权影响谋取非法利益等腐败问题。

加强信访举报受理和案件线索管理。强化问题线索管理，按照中央纪委拟立案、初核、谈话函询、暂存、了结五类标准分类处置，定期清理，规范管理。坚持抓早抓小，对反映党员干部的苗头性、倾向性问题，早发现、早提醒、早处置，及时约谈、函询、诫勉，防止小错演变成大错。认真履行工作程序，在举报受理、初核立案、调查取证、案件审理、结案报告等各个环节，都要严把程序关、事实关、证据关和定性关，夯实管理基础，提高办案质量，确保每一起案件都经得起检验。要综合运用各种办案措施，把查办案件与巡视、审计、调研督查、专项检查和业务考核等结合起来，多渠道掌握信息，发现案件线索，提高调查取证能力，提升办案能力和水平。

（六）深化三转，建设忠诚、干净、担当的纪检监察队伍

各级纪检监察机构要聚焦中心任务，强化监督执纪问责。集团总部将对监察部（纪检组办公室）内设处室职能进行调整，在不扩编、不增员的情况下，加强办案力量，提高案件审查能力。转变办案方式，整合资源、提级监督，加大公司党组纪检组直接核查和重点督办力度，加强与上级纪委及地方检察机关的沟通协调，增强威慑力。各级纪检监察机构要继续清理退出与监督职责相冲突的管理流程和议事协调机构，正本归宗，集中精力干好主业，切实改变以往代替职能部门搞监督的做法，切实解决过去职责不清、职能发散、越位错位等问题。

加强对纪检干部履职的监督与管理。制定《纪委书记、副书记提名考察考核管理办法》，加强对纪委书记（纪检组组长）履职情况的监督考核，坚决克服不想监督、不敢监督、能力不足的问题。对监督畏首畏尾，做不到情况明、数字准、责任清、作风正、工作实的纪检干部，该撤换的撤换，该调整的调整；对不敢抓、不敢管，监督责任缺位的坚决问责；对自身不正、违纪违规的，严格按上限处理。

做遵纪守法的表率。作为执纪监督者和党的忠诚卫士，对纪检监察部门以及纪检干部的要求

必须严于其他部门和党员领导干部，必须带头守纪律、讲规矩，带头落实“八项规定”精神和抵制“四风”，践行“三严三实”，完善自我监督，健全内控措施，自觉接受组织和职工群众监督，明底线、知敬畏、存戒惧，坚决防止“灯下黑”，用铁的纪律、严的要求建设忠诚、干净、担当的纪检监察队伍，做华电事业的忠诚卫士。

要 事 特 编

集团公司召开 2015 年工作会议

2015 年 1 月 19 日至 21 日，集团公司在山东省济宁市召开 2015 年工作会。会议深入贯彻落实党的十八大、十八届三中、四中全会和中央经济工作会议、中央企业和地方国资委负责人会议精神，总结 2014 年工作，分析面临的形势，谋划未来发展，部署 2015 年任务。

会议强调，公司系统要准确把握宏观经济走势的新常态，深刻认识新常态，主动适应新常态，切实用新常态的观点审视和谋划工作；要准确把握能源行业呈现的新走势，正确认识当前能源清洁化、低碳化、多元化、智能化特征，抓住国家实施三大战略及“互联互通”带来的机遇，充分利用两种资源、两个市场，推动公司发展升级，推动公司做强、做优、做大。未来一个时期，公司要坚持稳中求进、实现可持续发展的总基调，顺应国内外能源发展的大趋势，遵循价值思维理念，统筹抓好增量的战略性增长和存量的内涵式提升，统筹利用国内国际两个市场、两种资源，统筹推动差异化发展、集约化经营、精益化管理，全面提升质量效益，全面提升管理水平，全面提升科技含量，全面提升幸福指数，全面提升品牌形象，推进公司做强、做优、做大。到 2020 年，全面完成“1181”“三个翻番”战略目标，公司综合实力达到国际一流水平，建成现代化、市场化、国际化的世界一流企业集团。

集团公司召开 2015 年上半年经济活动分析会

2015 年 7 月 15 日至 17 日，集团公司 2015 年上半年经济活动分析会在江苏省南京市召开。会议贯彻落实党中央、国务院及国资委近期一系列决策部署，总结上半年工作，分析面临的形势，部署下半年任务，谋划公司“十三五”时期发展。

会议强调，要准确把握公司战略总布局，遵循价值思维理念，统筹抓好增量的战略性增长和存量的内涵式提升，统筹利用国内国际两个市场、两种资源，统筹推动差异化发展、集约化经营、精益化管理，全面提升质量效益和企业核心竞争力。要科学谋划各产业发展，继续坚持以发电为主体，适度沿电力价值链延伸产业链，协同发展好煤炭、金融、科工以及新兴产业，采取“四轮驱动”“联合出海”的方式，加快“走出去”步伐，并将深度参与“一带一路”建设作为公司“十三五”发展的重要任务。要着力提升发展质量效益，控制好发展节奏，严控投资规模，注重质量效益，做深做细前期基础工作，加强对前期项目的论证分析和市场研判，把精益化管理贯穿至选、建、管全过程，提升项目的区域相对竞争力。落实公司战略，实现可持续发展，必须深化改革释放红利，增强内生动力和活力。公司上下要认真落实中央和国资委改革部署，按照“四个有利于”原则，进一步抓好集团总部层面的改革，加快推进科技创新、科工产业、国际业务及金融体制等重点专业领域改革，下大力气抓好总部“抓总”、区域“做实”和基层“强基”工作，锲而不舍，驰而不息，最大程度上释放改革红利。要加强党的建设和干部队伍建设，各级党组织、纪检组织要切实履行“两个责任”，坚持从严治党，把纪律和规矩挺在前面，处理好内部监督和外部监督的关系，关口前移，抓早抓小，防微杜渐；各级领导干部要充分认识新常态，在思想、工作、能力、行为上适应新常态，在新常态下有所作为；要从战略的高度，全面审视和系统谋划公司人才的可持续发展，建立健全人才选拔、培养、使用、引进机制，多领域、多层次、多岗位培养锻炼干部，为公司改革发展提供强有力的人才支撑。

集团公司全面深化改革工作

2015 年，集团公司认真落实十八届三中全会精神，深刻领会国企改革、电力体制改革等新政策、新要求，适应公司战略发展需要，全面深化公司改革工作。研究制定了《2015 年度改革工作要点》和《2015 年下半年重点改革任务安排意见》，明确了改革的目标任务和工作措施。围绕建设规范董事会试点要求，健全公司法人治理结构，按照建立现代企业制度要求，强化依法治企，组建了公司董事会和四个专门委员会，建立和完善了董事会会议、党组会议、董事长办公会议、总经理办公会议、季度工作例会、党组纪检组会议等制度。推进集团总部“抓总”、区域公司“做实”、专业公司“做优”、基层单位“强基”的管控体制改革，推进发电企业区域化管理、煤炭企业专业化管理改革，推行燃料、物资、资金三项“大成本”集约化管理，有力增强了企业发展的动力、活力。

集团公司积极推进依法治企工作

2015 年，集团公司坚持依法治企，用法治思维和法治方式推动改革发展，建设法治华电。在党中央有力领导下，深入开展巡视工作，坚定不移地推进党风廉政建设和反腐败斗争。对于中央巡视组和国家审计署向集团公司反馈的问题和意见，成立了整改领导小组和工作办公室，研究制定了整改方案，明确了四大类 43 项整改任务，逐一逐级明确责任和整改要求，确保每项整改工作落到实处。落实“两个责任”和“三严三实”要求，严格执行《中国共产党廉洁自律准则》《中国共产党纪律处分条例》等规章制度，严明纪律、严守规矩，强化责任、改进作风。坚持用制度、用规矩管人管事管作风，完善并严格执行作风建设各项规章制度，固化专项巡视和刹风正纪成果，建立防止“四风”反弹的长效机制，为企业发展营造风清气正的良好环境。

集团公司世界 500 强排名上升至第 345 位

2015 年 7 月 22 日，《财富》中文网与英文网同步全球发布 2015 年《财富》世界 500 强排行榜，集团公司以 344.877 亿美元的营业收入位列第 345 位，较 2014 年上升 23 位，上升幅度再次居同类型企业首位。这是集团公司自 2012 年首次进入世界 500 强以来，排名连续三年上升。

集团公司提前并超额完成“十二五”总量减排责任书重点项目建设任务

2015 年 8 月 24 日，随着华电能源哈尔滨第三发电厂 3 号机组脱硝系统投运，集团公司提前并超额完成“十二五”总量减排责任书重点项目建设任务。集团公司坚持走清洁、绿色、低碳发展之路，加强以燃煤机组脱硫、脱硝和超低排放为主要内容的环保技术改造，打造高效清洁、可持续发展的煤电升级版，推动国家生态文明建设。截至 2015 年底，共投运超低排放机组 30 台 949.5 万 kW，二氧化硫、氮氧化物排放总量比 2010 年下降 38.18%、42.17%，完成“十二五”减排任务的 239%、134%；脱硫、脱硝项目分别超额完成 78 台 2976.9 万 kW、75 台 2124.4 万 kW，为碧水蓝天做出了积极贡献。

集团公司全面推广“7S”管理工作

2015 年，集团公司在总部、发电企业、煤炭企业推广以“整理、整顿、清扫、清洁、素养、安全、节约”为内容的“7S”管理工作。围绕“强基”指引和“7S”管理实施方案，通过组织“7S”管理现场培训、总结经验、选树典型、推广指导，相关企业现场环境明显改善，设备管理水平大幅提升，基础管理不断夯实，降本增效成果显著。

集团公司深入开展“三严三实”专题教育

开展“三严三实”专题教育，是深入推进全面从严治党的重要部署，是严肃党内政治生活、严明党的政治纪律和政治规矩的重要抓手。中央“三严三实”专题教育工作座谈会后，2015年4月28日，集团公司党组第一时间召开专题会议，学习传达中央“三严三实”专题教育工作座谈会精神，并就抓好专题教育3个方面9项工作提出要求、做出明确部署。2015年5月13日，集团公司董事长、党组书记李庆奎带头为公司系统上“三严三实”专题教育党课，以此为标志，集团公司“三严三实”专题教育启动开局。专题教育期间，集团公司组织制定了专题教育实施方案，明确了总体要求、参加范围、方法措施和组织领导，并配套编制专题教育流程图，将方案任务分解为7大类31小项具体措施，同时就专题教育中困扰基层单位的10个方面的共性问题集中进行解释答复。公司系统党员干部认真学习习总书记系列重要讲话精神，提高认识、把握内涵，充分认清“不严不实”问题，自觉按照“三严三实”要求修身做人、为官用权、干事创业、管党治党，切实把专题教育成果转化为推动改革发展的实在举措，受到中组部有关领导的充分肯定。

重要媒体报道

华电集团推广湿式静电除尘技术

（2015年5月8日 《中国电力报》）

2015年4月29日，中国华电集团公司湿式静电除尘技术推广会在华电天津军粮城电厂召开。中国华电集团公司副总经理、党组成员邓建玲出席会议并讲话。

邓建玲指出，军粮城项目作为华电集团超低排放的成功范例，为华电集团“超低能耗、超低排放”改造工作积累了宝贵经验，湿式静电除尘技术作为超低排放技术路线中的主流技术，在军粮城项目上取得了良好成绩。

针对下一步工作，邓建玲强调，一是认真总结军粮城电厂湿式电除尘改造的成功经验，尽早争取到优惠政策；二是华电工程公司要继续优化工艺路线，提高市场竞争力；三是树立“讲大局”的思想，华电系统上下要齐心协力，共谋发展，精诚合作，交流共享，推广湿式电除尘工艺，实现“双超”目标。

湿式静电除尘器作为军粮城项目实现烟尘超低排放的关键设备，是华电集团自主研发并成功应用的国内首个无外壳湿式电除尘器，也是行业内公认的控制微细颗粒物等气溶胶排放最有效的手段之一，使用寿命可超过25年，应用前景广阔。

中国华电向西藏地震灾区捐款100万元

（2015年5月10日 国资委网站）

近日，中国华电集团公司向西藏地震灾区捐款100万元，华电西藏分公司号召员工捐款2.8万元，善款将及时转入西藏自治区民政厅救灾专户。

受尼泊尔地震影响，西藏自治区日喀则市聂拉木、吉隆、萨嘎和阿里地区普兰等18个县受到强震波及，发生地震及多次余震，房屋倒塌，交通中断，人员伤亡，近30万人不同程度受灾。

为支持灾区人民抗震救灾，彰显中央企业社会责任，5月6日，中国华电决定向地震灾区捐款100万元，为灾区人民抗震救灾及灾后重建工做贡献一份力量。同时，华电西藏分公司党组向全体党员、员工发出献爱心捐款倡议，得到积极响应。华电将继续关注灾情和灾区需求，以实际行动帮助灾区同胞重建家园。

华电集团清洁能源占比超1/3

（2015年5月21日 《光明日报》）

华电集团日前发布的2014年社会责任报告显

示，目前公司发电装机容量已达 1.23 亿 kW，全年投产新能源装机容量 320 万 kW，清洁能源装机比重超过 1/3。2014 年度在《财富》世界 500 强排行榜中位列 368 位，较上年提升 21 位。

华电与联通开展网络安全合作

（2015 年 6 月 18 日 《中国电力报》）

2015 年 6 月 12 日，中国华电集团公司与中国联通网络信息安全专家论坛暨网络安全统一管控项目签约仪式在京举行。国资委、公安部和国家能源局等主管部门领导，集团公司董事长李庆奎、总经理程念高、副总经理辛保安和中国联通集团董事长常小兵、副总经理姜正新出席仪式。

华电国内首个风机结构物安全监测试验进展顺利

（2015 年 6 月 30 日 中电新闻网）

截至 2015 年 6 月，国电南自研制的风机结构物安全监测及自动化系统在宁夏南华山风电场已安全稳定运行 240 余天，试验积累了大量可靠的监测数据，准确反映了风机基础的稳定状况与风机塔筒的工作运行状态。此次试点研究是国内首次对风电行业风机结构物进行的正规性监测试验。

近年来由于风力发电结构物破坏引起的风电不安全事故频频出现，如风叶断裂、法兰破坏、塔筒折断等。在风力较强的月份，运行人员更加关注风机的安全状况，而基础的监测数据是关键数据之一，但目前并无完善的基础监测系统。针对以上情况，结合国内风电场管理改革趋势，2014 年 7 月，国电南自与宁夏新能源公司合作在南华山风场试点建设风机远程监测系统，并启动相关研究。2014 年 10 月，对基础和塔筒实现了自动监测。试验期间，通过系统采集的钢板应力数据与塔筒挠度数值及时监测到异常振动，为现场人员检测风机提供了准确信息。

这套风机结构物安全监测及自动化系统，包括风机处理单元、风场监测单元和风场管理单元。通过在风机塔筒和基础的重点部位布置传感器，采集塔筒挠度、钢板法兰应力和基础钢筋应力等数据，采集装置将采集的数据传输至服务器，对风机塔筒和基础的健康状况进行诊断。通过数据模型预测塔筒应力、位置等的变化趋势，对基础不均匀沉降和塔筒法兰部位螺栓强度实时监控，综合评判风机结构健康状况，提醒运行人员及时发现隐患，采取措施，避免重大损失。

国电南自拟在该系统运行的基础上，建立风机健康诊断平台，可对风机结构物健康运行进行实时评价和远程诊断，从而更加及时、准确、有效地评判风机结构物的安全状况，对推进风电安全管理的自动化和信息化，提高风电场安全管理水平，获得最佳的经济效益和社会效益必将起到积极作用。

中国华电巴厘岛电站竣工深化中印尼能源合作

（2015 年 8 月 11 日 新华网）

2015 年 8 月 11 日，由中国华电集团公司投资修建的印度尼西亚巴厘岛一期燃煤电厂项目举行竣工投产仪式，这标志着中国与印尼在能源和基础设施建设领域的深入合作迈入新阶段。

中国华电董事长李庆奎在当天的仪式上说，华电巴厘岛电厂的投产运营，不仅顺应中国“一带一路”战略构想，也充分契合印尼“海洋强国”的发展思路。未来，中国华电除了坚持高标准做好电厂的生产运营管理工作外，还将积极参与印尼的电力新项目，为印尼发展输出优质能源。

巴厘省省长助理伊·格图特·维加表示，巴厘岛每年接待 1000 多万国内外游客，对电力稳定和正常供给有较高要求，中国华电巴厘岛一期燃煤电厂的竣工将改变巴厘岛目前依赖外岛输电和燃油发电的局面，希望中国华电等中国企业继续参与巴厘岛的电力、道路、码头等基础设施建设，促进巴厘岛的进一步发展。

中国驻印尼大使馆经商处公参王立平表示，能源合作是中印尼双边关系的重要议题，中方一直以来全力支持印尼早日解决电力短缺问题。未来中国企业将继续扩大对印尼电力等能源领域的投资力度，创造更多就业机会，提升印尼整体电力发展水平。

据悉，中国华电巴厘岛燃煤电厂项目总投资

额约6.7亿美元，中国华电下属公司华电工程作为投资方和总承包商负责建设并控股运营电厂30年。电厂使用高效清洁燃煤技术，运营过程中不产生污染。

BP和中国华电集团签署百亿美元液化天然气大单

（2015年10月22日　人民网）

BP与中国华电集团（下称“中国华电”）今日签署了一份价值高达百亿美元的销售与购买协议。根据该协议，BP将向中国华电供应每年高达100万t的液化天然气（简称“LNG”），为期20年，总价值高达100亿美元。

在中国国家主席习近平和英国首相卡梅伦的见证下，这一协议连同其他若干商业协议在伦敦签署。

BP首席执行官戴德立表示：“这是BP与中国买方企业签署的又一长期LNG供应协议，将在促进中国能源供给多样化和经济增长中扮演重要角色。该协议的签署，在促进中国与BP、中国与英国作为全球贸易伙伴联系的同时，也帮助中国通过使用低碳燃料，实现改善空气质量，降低排放的承诺。”

作为与中国企业签署的若干商业协议之一，这一液化天然气销售与购买协议将在BP在华既有的重大业务基础上，再增添价值数十亿美元的贸易价值，进一步促进了中英日益强化的贸易联系。

“40多年来，BP始终致力于在中国的业务发展。我们非常乐意通过这一协议继续支持中国能源供给多样化，促进中国经济增长。该协议的签署也标志着天然气市场向全球互通迈出了坚实的一步，这对于所有着眼于能源供给多样化和能源安全的国家和地区来说都至关重要。”戴德立进一步强调。

中国华电集团公司是中国五大国有发电公司之一，同时是五大发电公司中最大的燃气电厂发电商。

“中国华电与BP签署的LNG长协合同，既符合两家公司的共同利益，也契合两国能源发展政策”，中国华电董事长李庆奎表示：“发展低碳清洁的能源产业是中国华电的一贯思路，并把绿色华电发展成世界一流的能源集团。我们期待与BP进一步加强全方位合作，积极为能源安全、清洁能源和可持续发展做出贡献。”

BP中国总裁杨恒明表示：“我们预测，到2035年，中国将成为全球最大的能源进口国。我们始终致力于成为中国值得信赖的能源合作伙伴，为中国多样化能源供给和改善空气质量做出贡献。与中国华电签署这一协议彰显了BP对中国市场的长期承诺。”

华电首个超低排放新建项目杨凌1号机组通过试运

（2015年12月1日　《中国电力报》）

2015年11月23日15时，华电集团首个超低排放新建项目——陕西华电杨凌热电有限公司2×35万kW项目1号机组顺利通过168小时连续满负荷试运行，正式投入商业运营。

杨凌热电项目于2014年5月28日开工建设，是陕西省“十二五”规划“上大压小”的重点火电项目，建设2台35万kW国产超临界燃煤空冷热电机组，配套建设热网工程，是关中区域重要的电源支撑点。该项目采用高效除尘脱硫吸收塔技术、超净电袋复合除尘技术、低氮燃烧技术，安装SCR脱硝装置，采用“烟塔合一”技术，烟气通过165m高的自然通风间冷塔排放，控制对环境空气的污染。

据悉，该项目1号机组实现了厂用带电、锅炉水压试验、汽轮机扣盖、点火吹管、机组整套启动、机组并网运行、168试运“七个一次”成功。目前，该项目2号机组已完成吹管工作，整套启动前准备工作就绪，有望于年底投产发电。

二、集团公司概况

公 司 简 介

中国华电集团公司（以下简称“中国华电”）是国家实施电力体制改革、由国务院批准组建的五家全国性国有独资发电企业集团之一。2002 年 12 月 29 日，中国华电在人民大会堂揭牌成立，注册资本 120 亿元人民币，主营业务为：电力生产、热力生产和供应；与电力相关的煤炭等一次能源开发；相关专业技术服务。

电力体制改革划分到中国华电的共有 117 个单位（发电企业 116 个，专业公司 1 个），运行装机容量 2554 万 kW，在建装机容量 613 万 kW。中国华电成立以来，在党中央、国务院的正确领导下，深入贯彻落实科学发展观，全面履行中央企业的经济、政治和社会责任，全力确保电力、热力安全稳定供应，加大产业链延伸力度，大力调整产业结构，优化电源结构和资产布局，确保国有资产保值增值。截至 2015 年底，中国华电发电装机容量 13476 万 kW，资产总额 7613 亿元，控股煤矿产能达到 6500 万 t/年，资产主要分布在山东、贵州、福建、江苏等 30 个省（自治区、直辖市）以及俄罗斯、柬埔寨、印尼等国家。控股华电福新能源股份有限公司、华电国际电力股份有限公司、华电重工股份有限公司、华电能源电力股份有限公司、国电南京自动化股份有限公司、贵州黔源电力股份有限公司和沈阳金山能源股份有限公司等上市公司。

华电宪章——中国华电集团公司企业文化体系

（2015 年 7 月修订）

前 言

宪章是组织关于自身使命、宗旨、原则的一般规定，亦即一个组织的价值宣言与行为规章。企业文化是企业人普遍认同和遵守的价值观和行为规范体系，是对企业存在的价值意义的诠释及其实现途径的选择，从而成为企业管理思想和管理模式的集中体现。“华电宪章”是中国华电集团公司践行社会主义核心价值观的具体化，是中国华电集团公司的文化宣言、基本方略和行动总纲。

一、公司标识

中国华电集团公司标识是以公司英文名称的缩写“CHD”为基础演变而来的图形。

中国华电集团公司标识以极富美感的形式传递着丰富而深刻的内涵。她象征拧结一体的绳索，丝丝缕缕，形成强大的合力，展现了大工业的气势和能量的聚合，是企业发展、员工团结的象征。流畅的线条寓意动力的形成、能量的转换，传达并强化“中国华电”以发电为主体，煤炭、金融、科工等产业统筹协同发展的特征，充满现代企业蓬勃的朝气，彰显现代企业追求卓越的理念。形似涌动的波涛，寓意企业面向社会、面向市场，锐意进取、海纳百川、开拓无限的经营思想。

标识的标准色为天蓝色和海蓝色，天蓝是晴空的颜色，寓意博大、宽广、高远、阳光；海蓝是大海的色彩，寓意睿智、理性、稳健、清洁。以蓝色为主体色彩，代表先进的科学技术和生产力，蕴含强烈的生态文明追求，洋溢可持续发展的生机活力，彰显以人为本、造福人类的宏伟志向。

标识集中表达中国华电团结、向上、高效、合作、环保的企业形象。

二、公司使命：创造更大的经济、社会、人文价值

立志图强报国，自觉服务党和国家工作大局，坚定履行国企责任，勇担促进经济发展、社会和谐、人文繁荣之重任，倡行价值思维理念，坚持走安全发展、集约发展、绿色发展、和谐发展之路，努力实现规模速度与质量效益相统一、企业发展与经济社会资源环境相适应、物质文明与精神文明相支撑、企业发展与员工发展相协调，不断创造更大的经济、社会、人文价值，为实现中华民族伟大复兴的“中国梦”贡献力量。

三、公司愿景：打造价值华电、绿色华电、创新华电、阳光华电、法治华电、幸福华电，建成现代化、市场化、国际化的世界一流能源集团

顺应时代发展进步潮流，不断增强价值创造和可持续发展能力，全面打造价值华电；保护生态环境，矢志清洁低碳发展，全面打造绿色华电；

持续创新管理，提升科技含量，全面打造创新华电；倡导阳光透明，营造风清气正、奋发向上氛围，全面打造阳光华电；强化法治意识，坚持依法治企，全面打造法治华电；倡行以人为本，促进凝心聚力、和谐稳定，全面打造幸福华电。

运用现代企业管理理念、方式、技术，推动企业由传统央企向现代企业转型，实现公司治理体系、治理能力、技术装备现代化。融入全面深化改革浪潮，坚持以市场为导向，建立起符合市场规律、适应市场竞争、跟上市场变化、对接市场需求的经营运作模式。利用国内国际两个市场、两种资源，融入国家“一带一路”战略，着力在全球范围内配置资源、参与竞争、推广品牌，增强国际化运营实力。通过不断提升现代化、市场化、国际化水平，建成世界一流能源集团。

四、核心价值：诚信、求真、和谐、创新

以诚信作为企业和员工言行的基本准则，真诚服务利益相关方及社会公众，言必行、诺必践。

以求真作为企业和员工知行的基本遵循，坚持实事求是，一切从实际出发，不断探求事物发展规律，按客观规律办事。

以和谐作为企业和员工修行的自觉意愿，坚持以人为本、致力科学发展、热情服务社会，努力营造企业与员工、社会、自然友好共融的和谐环境。

以创新作为企业和员工前行的不竭动力，倡导创新精神，健全创新机制，鼓励创新行为，始终保持创造活力。

五、工作原则：有利于推进科学发展、有利于提高经济效益、有利于维护和谐稳定、有利于树立良好形象

以“四个有利于”作为开展各项工作的依据、判断是非的标准和决定言行的标准。企业和员工谋划工作、议事决策、日常言行，都要自觉以集团公司事业全局、战略部署、整体利益统一思想和行动；都要自觉将“四个有利于”作为衡量工作可行性、言行正确性、结果有效性的基本准则，勇于创新当行则行，坚持原则逾矩则止。

六、发展理念：高效、清洁、共赢、持续

坚持以质量效益为发展的主要标准，在发展中调结构，在调结构中提效益，不断促进各产业发展结构科学、布局合理、资产优良、业绩优秀。

坚持运用先进技术保护生态环境、推进节能减排、集约利用资源，努力推动生态文明建设，实现低碳、循环、绿色发展，积极建设环境友好型、资源节约型企业。

坚持与各利益相关方和社会各界真诚协作、互助共赢，在合作中谋求共同发展，在发展中实现互利互惠，以合作意愿、共赢态度携手各方共同推动经济社会协调发展。

坚持着眼长远利益，追求永续经营，稳健扎实前进，永葆发展活力，持续创造价值，实现企业与社会、员工可持续发展的协调统一。

七、经营理念：依法合规、精益增效

坚持依法治企、合规经营，落实资产经营责任，严格财经纪律，推行全面风险管理和内控机制建设，构建简明有序、运转顺畅的经营管控体系，不搞违法获利，不踩法律红线，不抱侥幸心理，确保依法合规覆盖全部经营活动，切实防范经营风险，努力实现国有资产保值增值。

坚持精益管理、提质增效，加强集中控制、全面预算、统筹运作、精打细算，注重向存量资产要效益，实施效益全过程贯穿，经营全要素管控，风险全方位防范，着力构建大经营、大财务、大成本的管理格局，走精益管理、集约高效之路，不断提高价值管理水平和价值创造能力。

八、安全理念：以人为本、全员尽责、防治并举

以保障生命安全、员工健康作为安全工作的出发点和落脚点，全面发动、充分依靠员工做好安全工作，确保做到不伤害自己、不伤害他人、不被他人伤害、保护他人不受伤害。

以全员明责、知责、尽责作为安全工作的行动指针，坚持依法治安，强化红线意识，建立党政同责、一岗双责、齐抓共管责任体系，确保安全责任、投入、培训、管理和应急救援到位，时时、处处、事事绷紧安全弦。

以抓预防、重治本作为安全工作的基本途径，突出预防为主，推动机制创新和技术革新，实施综合治理，努力实现零违章、零缺陷、零隐患、零伤亡、零事故，建设本质安全型企业。

九、廉洁理念：公私分明、清正廉洁

坚持严以修身、以德立身，时刻保持秉公用权、奉公守法之正气，正确处理公与私、个人与集体的关系，努力做到公私分明、先公后私，大公无私、公而忘私，全心全意为人民服务。

严守道德底线、法纪红线，时刻牢记立党为

公、执政为民的理念，严格执行廉洁从业各项规定，努力做到胸怀坦荡、品行正直，正气在身、洁身自好，堂堂正正做人、干干净净做事。

十、员工守则

爱国爱企，乐于奉献，共担华电责任；

团结友善，勇于超越，共建华电家园；

勤勉敬业，敢于创新，共兴华电伟业；

严以律己，敏于执行，共守华电规章；

诚实守信，善于合作，共铸华电品牌。

全体员工爱国爱企，乐于奉献，做到爱党爱国爱企、关爱社会、扶贫济困；树立崇高理想，不图安逸、不讲索取，以奉献为荣，同心同德履行责任、共建和谐。

全体员工团结友善，勇于超越，做到忠于职守，善于合作，与企业荣辱与共；解放思想，与时俱进，追求卓越，保持旺盛的创业激情，同舟共济建设家园、美化人生。

全体员工勤勉敬业，敢于创新，做到勤奋工作、兢兢业业、任劳任怨，尽心尽力做好每件事；终身学习、勤于思考、大胆探索、积极变革，齐心协力推进事业发展、基业长青。

全体员工严以律己，敏于执行，做到自重、自省、自警、自励，严格遵守国家法律法规、企业规章制度；令行禁止，全面、迅速、有效地把企业决策转化为自觉行动，戮力同心依法治企、干事创业。

全体员工诚实守信，善于合作，视形象为生命，视诚信为根基；坦诚做人、守信做事，团结协作、共赢互进，共建共享品牌美誉、形象美名。

结　语

文化引领发展、文化凝聚意志、文化塑造品牌。“华电宪章”是中国华电责任担当、理想追求、发展路径、管理思想的集中展示。中国华电及全体员工将华电宪章深植于心灵、融汇于战略、体现于制度、外化于行为，凝聚起实现永续发展的强大软实力。

领 导 成 员

董事长、党组书记：李庆奎

董事、总经理、党组成员：程念高

党组副书记、副总经理：任书辉

党组成员、副总经理：辛保安、邓建玲、陈建华

党组成员、纪检组组长：蒋亮平

领导人员变动情况：

2015 年 6 月，王怀书不再担任集团公司总会计师。

2015 年 12 月，任书辉任集团公司党组副书记。

组 织 结 构

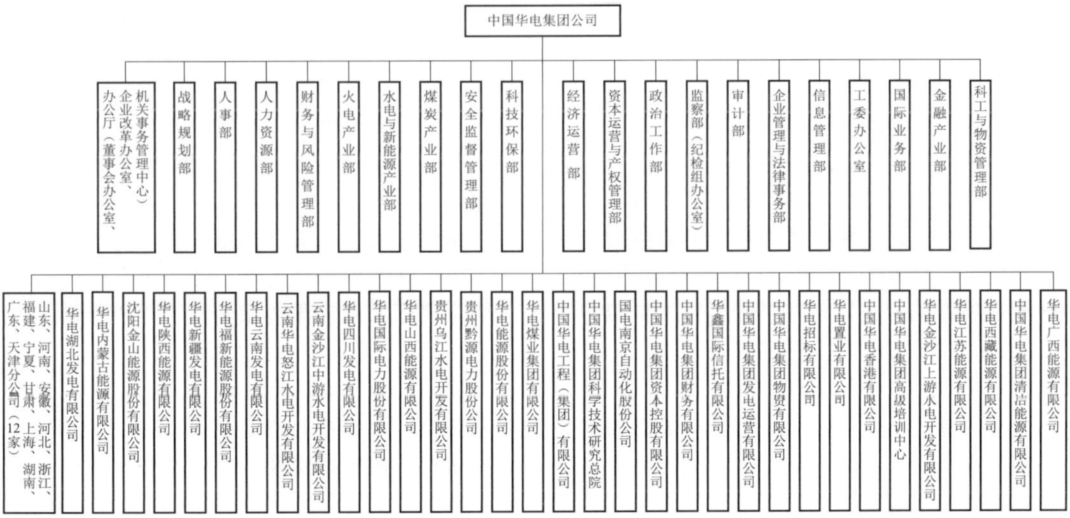

年 度 业 绩

2015年，集团公司在党中央、国务院以及国务院国资委的正确领导下，积极应对经济下行压力加大、电量需求下滑、金融市场动荡、煤炭产能过剩等错综复杂的外部形势，紧紧围绕“改革创新调结构，做实强基稳增长”这条主线，着力转方式、调结构、推改革、提效益、抓整改，各项工作取得新的成绩。全年总体保持安全稳定，没有发生较大及以上安全生产事故，没有发生对集团公司稳定造成不利影响的事件。完成销售收入2000亿元，同比减少5.9%；实现利润256亿元，同比增长24.5%；实现利税431亿元，同比增长17.9%；资产负债率81.96%，同比降低1.22个百分点；完成全口径发电量4892亿kW·h，同比降低1.14%；生产原煤4805万t，同比增长7.3%；集团公司在世界500强排名第345位，较上年提升23位。

中国华电集团公司工作规则（试行）

（2011年6月27日党组会议审议通过）

第一章 总 则

第一条 为使中国华电集团公司（以下简称“公司”）各项工作实现法制化、规范化、制度化、科学化，根据国家有关法律、法规和《中国华电集团公司组建方案》《中国华电集团公司章程》，制定本规则。

第二条 本规则适用于公司总部。

第三条 公司工作以邓小平理论和“三个代表”重要思想为指导，深入贯彻科学发展观，认真落实党中央、国务院决策部署，全面履行中央企业经济、政治和社会责任，以公司战略为统领，以转变发展方式为主线，以创造可持续价值为目的，以改革创新为动力，坚持以人为本，推动做强做优，着力打造价值华电、绿色华电、创新华电、幸福华电，努力建设具有国际竞争力的世界一流能源集团。

第四条 公司员工要认真履行岗位职责，坚持与时俱进，勤勉廉洁，服从命令，顾全大局，自觉维护公司利益和公司形象。

第五条 公司总部各部门要坚决贯彻落实公司做出的各项决策和工作部署，进一步转变管理方式和工作作风，加强协调配合，规范办事程序，推进信息化管理，提高工作效能，保证工作质量。

第二章 公司领导及有关负责人职责

第六条 公司总经理和党组书记对公司全面工作负责。总经理主持公司全面行政工作，党组书记主持公司党组工作。

第七条 公司工作中的重大事项，必须经党组会议、总经理办公会议讨论决定。

第八条 副总经理、总会计师、党组纪检组组长协助总经理、党组书记工作，按分工负责分管工作，对总经理、党组书记负责；受总经理、党组书记委托，负责其他方面的工作或者专项任务；经总经理、党组书记授权，可代表公司进行社会公务、商务和外事活动。

第九条 总工程师、总经济师、总审计师（总法律顾问等，以下统称总师）和总经理助理在其职责范围内协助总经理、党组书记工作，对总经理、党组书记负责，完成总经理、党组书记交办的工作及其他公司领导按分管工作委托的事项。经总经理、党组书记授权，可代表公司进行社会公务、商务和外事活动。

第三章 实行科学民主决策

第十条 健全公司议事规则，明确重大决策、重要人事任免、重大项目安排和大额度资金运作（简称“三重一大”）事项的决策规则和程序，完善部门研究、专家咨询和集体决策相结合的决策机制。实行集体决策、科学决策、民主决策和依法决策，建立严格的、可追溯的决策责任追究制度。

第十一条 凡属“三重一大”事项，除遇重大突发事件和紧急情况外，必须由党组或经理班子以会议形式做出集体决策，不得以传阅、会签或个别征求意见等方式代替集体决策。

第十二条 各部门提请公司讨论决定的重大决策建议，必须进行技术经济分析、政策研究、法律审核，必要时要经过专家或研究、咨询、中介机构的论证评估。涉及相关部门的，应协商沟通；涉及公司系统所属单位的，应事先征求意见。

第十三条 公司实行督查工作制度，不断健全完善公司重大决策和重要工作部署贯彻落实的有效保障机制。

办公厅是公司督查工作的归口管理部门，负责对公司系统贯彻公司决策和执行工作任务情况进行督促和检查。各部门、各单位是督查事项的责任单位，负责办理职责范围内的督查事项，组织做好本部门、本单位内部的督查工作。

公司重大决策和工作部署做出后，各部门、各单位要及时研究制订方案措施，明确责任目标，迅速抓好落实，保证工作成效。

对落实公司督查事项不力的部门、单位或个人，在公司总部或系统内进行通报。经反复督查仍不能落实，给公司造成大的损失或严重影响的，追究相关人员的责任。

第四章　坚持依法经营

第十四条　依法经营的核心是规范经营行为，有效控制风险。公司及各部门、各单位要按照合法经营、行为正当、高效有序、诚实守信、权责一致的要求行使经营管理权力，强化责任意识和法纪观念，不断提高依法经营管理的能力和水平。

第十五条　公司及各部门、各单位要加强制度建设，强化法制教育，健全内控制度，完善考核奖惩制度，建立激励与约束机制，实现经营管理活动的可控、在控，防范经营风险，有效预防单位犯罪和职务犯罪，保障生产安全、经济安全、政治安全和形象安全。

第十六条　公司要自觉接受国务院国资委、监事会及有关行政部门的监督，对国有资产监督和行政监督中发现的问题，要认真查处和整改并及时报告。

第十七条　加强公司系统内部监督，严肃财经纪律，严格执法执纪。各部门、各单位要自觉接受企业监察、审计、财务等部门的专项监督，严禁设立“小金库”和违规关联交易等不规范经营行为。

第十八条　公司及各部门、各单位要接受新闻舆论监督和员工民主监督，便于员工知情、参与和监督。

公司及各部门、各单位要重视人民群众来信来访工作，进一步完善信访制度，确保信访渠道畅通；公司领导同志及各部门、各单位负责人要亲自阅批重要的群众来信。

第五章　工作安排布局

第十九条　公司每年根据党中央、国务院工作安排和公司实际，提出年度重点工作目标，确定总体工作思路和重点工作措施等事项，形成公司年度工作安排，下发执行。

第二十条　各部门、各单位要加强工作的计划性、系统性和预见性，根据公司年度工作安排，制订年度、季度和月度工作计划，认真抓好落实，每月向公司领导报告执行情况。办公厅适时做出通报。

第六章　会议制度

第二十一条　公司实行党组会议、总经理办公会议、年度工作会议、年中工作会议、经济活动分析协调会议、公司领导例会、专题会议制度。

第二十二条　党组会议制度。

党组会议由党组书记召集并主持，党组成员参加。党组书记因故不能召集并主持时，由党组副书记召集并主持。根据会议内容，由主持人确定有关人员列席会议，必要时可召开党组扩大会议。党组会议严格贯彻执行党的民主集中制原则，出席会议的党组成员原则上不少于成员总数的三分之二。

党组会议的主要议题是：

（一）传达学习党中央、国务院的重要文件和会议精神以及党中央、国务院领导同志的指示精神，研究贯彻落实的意见和措施。

（二）审议公司的发展战略、经营方针、中长期发展规划等。

（三）审议公司改制、兼并重组、关闭破产方案。

（四）审议公司管控模式、组织结构调整和机构设置。

以上（二）、（三）、（四）项，由分管副总召集有关部门研究提出议案，经总经理同意后，提交党组会议审议。

（五）研究决定由集团公司党组直接管理的干部任免、调动、考核、奖惩和后备人选的确定等事项，研究决定向控股和参股企业委派股东代表，推荐董事会、监事会成员和经理、财务负责人，以及其他重要人事任免事项。

（六）研究决定集团公司党的建设、干部和人才队伍建设、反腐倡廉建设、精神文明建设、思想政治工作、巡视工作、维稳信访工作、企业文化建设中的重大问题。

（七）讨论通过以党组名义上报上级领导机关的重要请示、报告，以及发送公司系统的重要文件。

（八）研究总经理、党组书记认为应提交党组会议研究决定的事项，以及其他需要党组决定的重要问题。

党组会议原则上每月召开一次，党组书记可根据情况决定临时召开。

第二十三条 总经理办公会议制度。

总经理办公会议由总经理或总经理委托的公司领导召集并主持。公司领导、总师、总经理助理和办公厅主任参加。根据会议内容，由主持人确定其他人员列席会议，出席会议的成员原则上不少于成员总数的二分之一。

总经理办公会议的主要议题是：

（一）传达和研究贯彻党中央、国务院及有关部门的重要文件、指示和决策部署。

（二）通报公司及公司所属单位的主要工作情况，检查总经理办公会议议定事项的落实情况，布置近期工作。

（三）审议公司年度投资计划、生产计划、基建计划、财务预决算方案、资金预算方案和利润分配方案；审议公司年度工作报告。

（四）研究决定公司安全生产、工程建设、经营管理、科技创新等方面的重大问题；研究决定公司监察、审计工作中的重大问题；审议公司内部改革方案。

（五）研究决定公司重大项目投资；研究决定公司重大资产处置、重大国有产权变动等资产（产权）管理事项；研究决定公司总部限额以上资金调动和使用，以及公司系统限额以上的捐赠事项，公司系统内企业的担保事项，公司系统内期权、期货等金融衍生业务。

（六）审议公司及公司所属单位的工资总额与经济效益挂钩实施办法、基础工资制度、工资分配政策、重大劳动工资改革方案。

（七）研究决定公司对外经济技术合作与交流重大事宜。

（八）审议公司章程修改方案、公司增加或减少注册资本的方案，以及公司合并、分立、变更公司形式、解散等方案；对公司发行债券做出决议；审议公司重要管理制度。

（九）审议公司所属单位生产、经营、改革、发展方面的重大决策方案和其他需经总经理办公会议研究的请示、报告。

（十）审议子公司股票发行方案。

（十一）讨论通过以公司名义上报上级领导机关的重要请示、报告，以及发送公司所属单位的重要文件。

（十二）总经理认为应研究的其他问题。

会议一般每月召开二至三次，总经理可根据情况决定临时召开。

第二十四条 年度工作会议制度。

年度工作会议出席人员为公司领导，总师、总经理助理，各部门主要负责人，公司系统有关单位党、政主要负责人。根据会议需要邀请上级部门和领导参加。

会议的主要任务是：

（一）传达学习党中央、国务院及其有关部门的方针政策和指示精神，提出贯彻落实意见。

（二）总结和部署公司的年度工作。通报和兑现年度考核及奖惩情况，表彰公司年度先进单位和个人，签订年度绩效目标责任书。

（三）交流公司系统的工作经验。

（四）讨论审议其他重要工作事项。

第二十五条 年中工作会议制度。

年中工作会议出席人员为公司领导，总师、总经理助理、各部门主要负责人，公司系统二级单位主要负责人。根据会议需要邀请上级领导和部门参加。

会议的主要任务是：

（一）传达学习党中央、国务院及其有关部门的方针政策和指示精神，提出贯彻落实意见。

（二）总结分析公司上半年工作情况，检查通报公司年度工作目标的完成进度，调整部署下半年工作思路及工作目标、进度。

（三）交流公司系统经营管理、改革发展的做法和经验。

（四）讨论研究和安排其他重要工作事项。

第二十六条 经济活动分析协调会议制度。

经济活动分析协调会议由公司领导主持，公司有关领导、总部各部门及公司所属有关单位负责人参加，分为月度会议和季度会议两种形式。

会议的主要任务是：

（一）通报全国电力、煤炭、资金等市场运行情况和发展趋势，分析公司生产经营状况，揭示公司经济运行中存在的突出矛盾和问题。

（二）研究提出下阶段经营策略和目标，对相关工作进行安排部署。

第二十七条 公司领导例会制度。

公司领导例会由总经理或总经理委托的其他公司领导主持，公司领导班子成员参加，根据需要由总师、助理、办公厅主任和有关部门负责人列席。会议原则上每半月召开一次，特殊情况由总经理决定。

会议的主要任务是：

（一）通报集团公司党政领导班子的工作进展情况和下一步工作打算，相互交流沟通情况。

（二）安排、协调、研究和总结阶段工作，部署下一步工作。

（三）需要公司领导例会研究的其他问题。

第二十八条 专题会议制度。

专题会议由公司领导主持召开，总部有关部门、公司所属有关单位负责人参加，专题研究解决有关具体工作事项。

第二十九条 会议组织。

党组会议、总经理办公会议的组织工作由办公厅负责。公司领导不能出席党组会议、总经理办公会议，须向会议主持人请假；如对议题有意见或建议，可在会前提出；请假人数超过规定，会议应暂缓召开。提请党组会议、总经理办公会议讨论的议题，由分管领导审核后提出，分别报党组书记、总经理研究确定。议题于会前送达与会人员。

年度工作会议、年中工作会议、经济活动分析协调会议、公司领导例会的组织工作均由办公厅负责，公司有关部门协助。

专题会议的组织工作由业务主管部门负责，办公厅协助。

第三十条 会议材料。

《党组会议纪要》由党组秘书负责整理，《总经理办公会议纪要》由总经理办公会议秘书负责整理，经办公厅主任审核后，分别由党组书记、总经理签发。会议决定事项宜于公开的，经审定后及时在公司系统内部通报。

党组会议、总经理办公会议记录为公司商业秘密文档，应按规定进行存档，查阅文件应按规定履行管理程序。

专题会议的会议纪要由业务主管部门起草，会议主持人签发。

年中工作会议和公司工作会议的主要文件在会后以公司文件印发，由总经理或党组书记签发。

第三十一条 会议管理。

公司实行会议计划管理制度，每年年末编制下年度重要会议计划，经办公厅综合平衡后，报总经理办公会议批准。因特殊情况需要在计划外召开重要会议，由主办部门提出申请，经分管公司领导审核后，由办公厅报总经理或党组书记审定。

公司及各部门召开的工作会议要坚持精简、高效、节约原则，减少数量，控制规模，严格审批，并尽可能采用视频会议等快捷、节俭的形式召开。公司会议原则上在北京召开，特殊情况下需在京外召开的，应报请总经理或党组书记批准。

第三十二条 遇有紧急决策事项，来不及开会研究时，为保证决策工作迅速实施，可由有关部门或单位经公司分管领导同意，报总经理、党组书记研究决定后先行实施。事后及时向党组或经理班子报告，党组或经理班子按程序予以追认。

第七章 作风纪律和公务活动制度

第三十三条 公司各级领导人员要坚决贯彻执行公司决定和工作部署，严格遵守纪律，有令必行，有禁必止。

第三十四条 公司各级领导人员要做学习的表率，密切关注国内外社会、经济、科技等方面发展变化的新趋势，不断充实新知识，丰富新经验。公司通过适时举办专题讲座等方式组织学习有关业务知识。

第三十五条 公司各级领导人员要深入基层考察调研，了解情况和指导工作，解决实际问题。在公司系统内出差、考察等活动，一律轻车简从，不收受下属单位赠送的贵重物品、现金、有价证券、支付凭证等。

第三十六条 党中央、国务院有关部门、地级以上人民政府、有关单位邀请或要求公司领导参加会议、出席重要活动或来公司会见公司领导，由办公厅提出初步意见请示总经理或党组书记后统一安排。

公司所属单位邀请公司领导出席会议或重要活动，应事先报办公厅，由办公厅请示公司领导进行安排。

第三十七条 严格控制各种庆典活动，公司举办重大的庆典活动，须经总经理、党组书记批准。

第三十八条 公司对外发布信息和对外宣传报道统一由办公厅负责。公司领导参加有关活动的新闻报道，新闻单位采访公司领导，均由办公厅审核后报公司领导批准。公司重要会议、活动的新闻通稿，由公司新闻发言人审定，必要时报公司领导审定。

公司实行新闻发言人制度。各部门及其工作人员不得擅自以公司名义接受采访、发表文章。公司系统不得有任何与公司决定相违背的言论和行动。

第三十九条 以公司名义开展各种社会活动，印制出版各种书籍、资料，举办各种展览展示活动，以及向公司领导约稿进行公开发表、报请公司领导题词题字等，均需报办公厅统一协调。以公司名义公开发表或收录入书的文章，均需经有关领导审定并在报送领导前交办公厅审核。以公司名义开展的外事活动按外事管理规定进行。

第四十条 公司领导的外事活动，一般由业务部门向外事部门提出建议，外事部门负责初审并会签办公厅，经分管外事工作的公司领导审核，报送总经理、党组书记审定。

第四十一条 总经理、党组书记出国（境）访问，按国务院有关规定办理。公司其他人员出国（境），由外事部门制定具体审批管理办法。出访期间工作代理安排根据公司规定执行。

第四十二条 总经理、党组书记出差、休假按国务院规定办理。副总经理、总会计师、党组纪检组组长、总师、总经理助理出差、休假，应请示总经理、党组书记同意，并通知办公厅。出差、休假期间工作代理安排根据公司规定执行。

第四十三条 各部门正职出差或休假，应事先请示分管公司领导同意，明确一位副职主持本部门工作，并报办公厅；副职出差或休假要经正职同意。各部门负责人一般不得同时出差或休假。

第四十四条 公司领导、各部门负责人出差，原则上避免集中在同一区域。确属工作需要的，由办公厅协调，报公司领导决定。

第四十五条 各部门、各单位要严格逐级请示、报告制度，对工作中的重大问题以及遇有突发事件，必须按照公司重大事项报告制度和突发事件应急管理规定处理。

第四十六条 公司系统工作人员要严格遵守保密纪律和外事纪律，严禁泄露国家秘密和公司商业秘密，坚决维护国家和公司的安全、荣誉和利益。

第八章　公文审批管理制度

第四十七条 公司收文及办理原则。

（一）各单位、各部门送公司的各类正式文件，一律由办公厅统一登记编号进行分送处理。

（二）中共中央、国务院的文件及领导同志批示件和交办事项，按分工送总经理、党组书记阅批。

（三）中共中央、国务院有关部门，各省（自治区、直辖市）人民政府及公司所属单位的重要文件，按分工送总经理、党组书记或分管公司领导阅批。

（四）其他一般业务文件，按分工送公司有关部门阅办。

第四十八条 公司总部签报及办理原则。

（一）各部门向公司领导和总师、总经理助理请示、报告事项用签报。

（二）办公厅为签报的管理部门。除人事任免、案件查处等内容的签报按有关规定办理外，其余签报均应通过办公自动化系统呈报。

第四十九条 公司发文及办理原则。

（一）向党中央、国务院及国家有关部门的请示报告，送分管公司领导审核后，由总经理、党组书记按分工签发。

（二）公司党组发文、公司任免文件由党组书记签发。

（三）一般发文按分工送分管公司领导签发，发文内容如涉及两位以上领导分管工作，应送有关领导核签。

第五十条 各级领导审批文件时，应明确签署意见，并注明审批时间。

第五十一条 公司公文常用形式包括：公司党组文件、公司文件、公司函、公司党组纪检组文件、公司办公厅文件、公司办公厅函、公司部门函等。公司及各部门要进一步精简公文，提高公文办理的效率。

第五十二条 以下事项授权签发：

（一）公司便函、公司介绍信、贺电、唁电等授权办公厅主任签发。

（二）公司管理的干部离退休、参加工作时间和待遇变更以及人事、劳动统计报表等，授权人力资源部主任签发。

（三）财政请款、银行印鉴变更等授权财务与风险管理部主任签发。

（四）公司领导出入境礼遇、申请邀请境外相关业务人员来华函件等授权国际合作部主任签发。公司系统出国及赴港、澳、台的任务批件和证件，经签报请示分管领导同意后，授权国际合作部主任签发。

（五）非常规类用印，应填写用印单，经主管部门负责人签字后，送办公厅主任核签。

第九章　附　　则

第五十三条 本规则由办公厅负责解释及检查监督。

第五十四条 本规则自印发之日起试行，2007年2月9日颁发的《中国华电集团公司工作规则》（中国华电总〔2007〕158号）同时废止。

三、总部建设与管理

政务工作

秘书工作

持续完善决策机制。按照建立现代企业制度要求，不断完善党组会、董事长办公会、总经理月度协调会以及季度工作例会等运作机制，初步构建起权责分明、高效执行的现代企业治理体系。“三重一大”决策机制不断完善，科学决策、民主决策、依法决策和集体决策的水平进一步提升。2015年，累计组织公司党组会议25次、董事长办公会12次、董事会4次。

提高文秘工作水平。认真学习领会上级精神，准确把握集团公司党组、公司主要领导的重要思路和重大决策部署，较好地完成了公司年度工作会主要材料的起草，成为全年乃至今后一个时期公司工作的重要纲领性文件；起草完成了公司主要领导向中组部、国资委、能源局等上级有关单位和行业组织的汇报材料；以及主要领导参加各种重要活动讲话材料；同时，配合做好了系统单位、总部部门做好公司有关重要材料的修改把关工作。完善秘书服务方式，抓好服务工作衔接，全面提升服务质量。实施公文标准化管理，公文管理水平和质量大幅提升。加强工作协调，进一步强化了公司公务活动的计划性和协调性。

督查督办

紧紧围绕集团公司“改革创新调结构、做实强基稳增长”这条主线，按照“四个坚定不移”的工作要求，将全年重点工作和全面深化改革意见全部纳入重点督办范畴，制定了年度重点任务分解表，细化确立了8个方面38项具体任务，逐项明确时间节点，落实责任分工，跟踪督查督办。根据任务清单，加大跟踪督办力度，强化工作进展评价，对照年度重点工作、季度阶段任务和重要指标进度要求，对重点工作进展情况进行督查评价，指出目标差距和存在的不足，督促有关部门和单位加快工作完成进度；坚持每个季度分析通报各项督查任务的具体落实情况，促进了公司重大决策部署的贯彻落实。

政策研究

紧密贴近集团公司改革、发展、经营中心工作，加大政策研究力度，特别是针对国家新形势新政策和公司改革发展中遇到的重点难点问题，组织开展了电力体制改革、碳排放权交易、超低排放技术等方面的信息搜集和研究工作，完成了石油价格走势对集团公司LNG产业发展的影响与对策研究、关于集团公司燃煤机组实施“超低排放”的思考和建议、国内碳排放权交易情况及集团公司应对策略研究等政策研究报告，提出了建设性建议。收集和整理系统内外部的信息，定期编发《每周动态》，为公司系统各级领导干部实施决策和开展工作提供信息参考。

会议管理

健全完善决策机制。根据新的法人治理结构，不断健全完善公司执行层面的会议制度体系。按照“决策（参谋）、执行、保障监督”各环节协调运转、有效制衡的现代法人治理总体要求，公司设立党组会、董事长办公会、总经理协调会、季度工作例会、投资审核会等制度，各负其责、协调运作。

加强会议计划管理，严格京外会议审批，规范各类会议的召开形式、经费、标准和报批程序，坚持开小会、开短会、讲短话，提高会议效率和质量。精心组织会务，圆满完成集团公司年度、上半年经济活动分析会及季度工作例会等重要会议的组织服务工作。及时组织传达上级重要指示和会议精神，会议材料、会务组织和服务质量显著提升，得到与会代表认可。

保　密　管　理

2015年，集团公司认真贯彻国家关于保密工作的方针政策和工作部署，深入落实集团公司保密委各项工作要求，开展保密工作调研，加大保密工作投入力度，加大商业秘密信息系统建设力度，不断夯实保密工作基础，发挥保密工作保安全、保稳定、保发展的作用。全年集团公司未发生重大及一般失泄密事件。

总值班管理

总值班室严格执行《中国华电集团公司值班制度》，确保24h内外联络畅通。加强重大节日和重要敏感时期值班应急工作，建立应急工作网络和实时通信平台，提高信息传递和协调沟通效率。及时完成公司召开的重大会议联系工作及OA不通单位的急件传真工作。规范有序地完成会议室、电子广告牌、应急门卡的管理和使用。总值班室在确保公司政务信息畅通，保证公司正常运转，维护稳定，更好地为公司领导和企业服务等方面发挥了重要作用。

规章制度修订和清理

2015年，集团公司进一步加强规章制度建设，对集团公司各部门印发的每项规章制度，都要求加配“流程图”。全面清理集团公司2003年成立以来至2016年2月颁发的规章制度，适用于公司系统的现行有效的规章制度共计495件（其中，规章制度482件，应急管理制度13件），适用于公司总部的现行有效的规章制度53件，累计废止规章制度371件。全年共审核规章制度78件，批复章程19件。

文　档　管　理

机　要　管　理

2015年，着力加强机要收件（机要条码）以及文件发送（机要条码）等重要环节的管理，强化过程控制，确保机要文件交换安全、保密、准确、及时，从未发生错办、漏办、遗失、延误等现象，未发生失密和泄密事件。按照国务院交换站要求，配合做好机要文件新交换自动化管理系统运行，及建设集团公司机要信件管理系统。

文　件　管　理

集团公司公文处理实行规范化、制度化、科学化的集中统一管理原则。非涉密文件实行全程电子文件运转；涉密文件实行纸质文件运转，保证文件运转及时、安全，查找、利用方便、快捷。全面贯彻落实中央八项规定精神和“文山会海”专项整治要求，加强公文管理与考核，严控发文和收文两个关口，加强审核把关，公文流转速度得到有效改善。

按照国务院国资委有关要求，定时接收非涉密公文传输系统传输的各类文件，保证国务院国资委下发文件的时效性，使文件得以正常运转。严格按照非涉密公文系统传输要求完成公司文件的上报工作，凡涉及公司秘密以及标有密级的文件一律不通过系统传输，保证公司上报文件在传输、交换过程中的安全、保密。严格落实集团公司印章管理规定，对各类文件用印加强内部管理。

档　案　管　理

2015年，档案工作以巩固国务院国资委档案工作评价A级为目标，完善规章制度，夯实管理基础，扎实开展项目档案管理工作。进一步加强对公司系统档案业务的指导，抓好项目档案验收工作，档案管理进一步规范，管理水平全面提升。加强建设项目档案管理以及档案基础管理，做好了档案编研工作。

无纸化办公

优化OA系统功能，启用了电子印章，有效提高了电子文件及电子印章的安全性；优化流程设置，对于公司领导已有明确批示意见的文件，可以及时发送办理部门处理，加快了文件流转速度；增加了逾期文件提醒功能和统计功能，不定期对逾期文件进行通报，增强公文流转督促措施。

新闻宣传

围绕集团公司中心工作和改革发展中的重点、难点和热点问题，着力强化对外新闻宣传、内部媒体建设和社会责任工作，加大综合信息编报力度，为集团公司经营发展营造了良好的舆论氛围。建成并启用了公司总部新的形象宣传平台。利用网络媒体容量大、反应快、形式活等特点，进一步优化网站界面，提高运行速度，及时发布集团公司重要新闻、系统动态消息和业界动态信息。加强杂志选题策划，不断提高编辑水平，提升编辑质量，着力打造封面文章、管理、观察等杂志专栏，增强可读性和吸引力。加强网站、杂志专题报道，制作工作会议、社会责任报告发布等专题或专栏，集中报道了公司转方式、调结构、推创新、提效益的典型做法。加大日常舆情监控力度，促进集团公司健康发展。

强化社会责任管理，采取多种形式加强与利益相关方的沟通，积极创新社会责任工作，成功编制和发布集团公司社会责任报告，主动回应社会关切，受到媒体高度关注。集团公司入选十大责任国企，社会责任发展指数位列全国第二位。

法律事务

制定法制规划

制定实施《中国华电集团公司关于落实中央企业法制工作新五年规划的实施方案》。根据国务院国资委《关于落实中央企业法制工作新五年规划有关事项的通知》精神，研究制定了《法制工作新五年规划》，提出了集团公司今后五年法制工作的总体目标和基本原则，明确了全面推进法治华电建设的主要任务，成立了领导小组，对有关工作内容进行了细分，确定了责任部门和完成时间。

重要会议部署

（1）集团公司依法治企工作会议，宣贯《集团公司法制工作新五年规划》，对集团公司依法治企、建设法治华电工作进行全面部署。

（2）《华电法典》发布会，进一步确立《华电法典》作为“企业内部法规”的核心地位，全面构建系统完备、科学规范、运行有效、执行有力的华电特色规章制度体系。

（3）法律纠纷案件处理推进会，针对公司系统2015年案件纠纷发展新态势，对公司系统案件清理及2015年新发案件备案情况进行了通报，听取了公司系统15家二级单位对58件1000万元以上金额的重大法律纠纷案件处理工作情况汇报。

（4）落实中央企业法制工作新五年规划领导小组第一次会议，对《集团公司法制工作新五年规划》责任分工表确定的70项任务推进情况进行了检查。

（5）加强合同管理暨ERP项目（二期）合同模块推广启动视频会议，通报公司系统合同管理情况，启动该ERP项目（二期）合同模块向全公司系统的推广工作。

组织体系建设

（1）“对标先进，查找短板”。选择中国建筑工程总公司、中国石油天然气集团公司、国家电网公司等3家先进央企开展对标。通过对标，找出了与先进央企在法律组织体系上的差距。

（2）组织开展三期法律培训班。2015年4月16~23日，举办为期8天、151名学员参加的法律执业资格考前培训班，做好法律顾问执业资格收尾考试工作；2015年8月4~6日，举办煤炭托管企业领导人员培训班，增强公司系统煤炭企业领导人员、关键管理岗位人员的依法经营意识和依法治企能力；2015年10月20~22日，举办集团公司总法律顾问培训班，设立依法治企理论、合同管理、合规管理、风险纠纷处理及集团公司新五年法制规划五个专题，全面提升业务能力素质。

（3）推进公司系统总法律顾问专职化。公司系统二级单位有40家设置了总法律顾问，占全部44家二级单位的91%。以正式文件明确法律机构的共40家，其中设置独立法律机构的3家，分别为华鑫信托设法律合规部、国电南自设证券法务部、财务公司设监察审计与法律事务部，合署办公的37家。

开展法律风险防范

制订《重大合同管理办法》，加强并购合同的管控力度，要求非电并购项目合同必须通过集团公司审批才能签订，电力并购项目合同签订必须事先报集团公司备案。

深化开展法律体检活动，针对各单位存在的主要法律风险源点，提出法律风险防范工作建议并形成《法律风险提示意见书》，对华电煤业、清洁能源公司进行了风险高发企业现场抽查。

完成公司定期合同及案件纠纷清理工作，实时完善管理，及时发现风险。并购项目相关尽职调查报告，通过企法部与业务部门、尽调主责律所的“三读”审查，方能作为定稿报告供业务参考，并尝试针对尽职报告中的风险问题，出具风险提示函。

合同模块建设

根据集团公司ERP整体工作部署，完成ERP（一期）9家电厂试点单位的消缺验收工作。全面推进公司系统单位的ERP合同模块部署。

外 事 管 理

管理体系与基本制度

深入学习贯彻中央外事工作会议精神，加强外事管理制度建设，不断完善外事管理体制机制，确保出访团组出访实效与海外项目开发工作的顺利开展，助力集团公司实现国际化战略目标。印发《中国华电集团公司因公临时出国（境）经费管理办法》，规范集团公司因公临时出国（境）人员费用管理；印发《关于进一步落实因公临时出国（境）团组公示的通知》，完善集团公司因公临时出国（境）团组的公示范围、公示内容和公示期限，加强对因公出访团组的事前把关、事中跟踪、事后监督，形成闭环管理，提高出访质量。为节约企业经营成本，结合集团公司在境内涉外业务因公出国（境）中存在的一些问题，制订《中国华电集团公司境内涉外业务因公出国（境）团组管理办法》，对境内涉外业务团组实行二次审批制度。

外事纪律与国家安全

严格执行中央精神，进一步严肃外事纪律，强化团组行前公示、费用预算工作。加强重要领域和部门的保密设施及技术安全防范工作，配合国家安全机关对境外重点群体和人员实施严防严控，开展风险排查，主动沟通涉外项目情况。开展涉外单位国家安全及境外公共安全管理专项培训，构建和完善境外公共安全风险防范体系，提升企业境外安全管理人员安防水平和危机处理能力，确保集团公司外事安全。

全面深化改革

法人治理结构

按照建立现代企业制度要求，建立了以董事会为中心的法人治理结构，修订完善了公司党组会、董事会、董事长办公会、总经理办公会等议事规则，初步构建起权责对等、运转协调、有效制衡的现代企业法人治理体系。

管控体制优化

全面落实“抓总、做实、做优、强基”的管控体制，调整完善总部机构设置，加大对二级单位特别是区域公司的管理授权，完成对31家二级单位的授权以及定编定员调整、16家单位区域内新能源公司组建工作，区域公司投资多元化、管理一体化格局初步形成。内蒙古公司统筹区域内新能源企业争取市场电量优势凸显，四川公司在解决电站征地移民等历史遗留问题上发挥了区域协调作用。运用“7S”、星级创建等手段，全面提升基层企业“强基”工作水平，39家基层企业被评为五星级企业。推进发电区域化、煤炭专业化改革，完成了14家煤矿、47家发电企业管理移交，通过厘清责任、联动考核、契约管理等方式，有效发挥了煤业专业化管理优势和区域公司统一协调优势。

重点领域改革

加快推进电力市场化改革，初步搭建了区域一体化营销平台，组建内蒙古、贵州等首批区域售电公司，其他区域售电公司筹建工作有序实施。深入开展专题研究，在国际业务、科技体制、科工和金融产业等重点领域改革方面，进行了积极有益探索，形成了初步改革方案。

四、科 学 发 展

综　述

概　述

2015年，集团公司以“改革创新调结构、做实强基稳增长”为主线，各项工作取得新的成效，主要经营发展指标创出历史最好水平，进入到集团公司成立以来的最好时期。在极其复杂严峻的经营环境下，集团公司经营业绩再攀新高，利润总额、净利润、净资产收益率、国有资产保值增值率等主要经营指标继续保持同类型企业前列。

贯彻落实国家能源战略，强化战略统领，集中精力做强做优做大发电主业，抓住发展机遇，加快补齐短板，重点在沿海沿江、能源基地送出端布局清洁高效煤电项目，一大批战略性项目成功落地，增强了发展后劲。加快调整电源结构，金沙江上游水电开发实现重要突破，水电、气电装机继续领先同类型企业；加大风光电发展力度，清洁能源装机占比达到37%，电源结构和区域布局明显优化。协同推进煤炭、金融和科工产业发展，稳步拓展LNG、页岩气等战略性新兴产业，大力实施“走出去”战略，国际化水平进一步提升。

战略与规划

“十三五”规划编制

按照集团公司2020年发展战略，在已开展相关规划研究成果的基础上，集团公司全面启动“十三五”规划编制工作，注重深入分析研究宏观形势、经济发展趋势及有关政策，充分考虑国家能源发展战略、深化电力体制改革、节能减排、环境保护等与能源电力发展密切相关的政策因素影响，特别是中央关于“十三五”规划建议提出的发展理念，从可持续发展的角度出发，注重统筹公司各产业板块、各区域的协同发展。集团公司董事长、总经理和有关领导多次组织听取“十三五”规划编制情况汇报，广泛听取意见，分析研判形势，统一思想认识，对集团公司发展和“十三五”规划编制工作提出明确要求。集团公司董事会战略委员会专门听取了“十三五”规划编制情况汇报，对集团公司发展提出了许多建设性的意见和建议。

“十三五”规划编制完成后，经集团公司党组会审议研究，并经集团公司一届五次董事会审议批准后正式印发实施。规划明确了集团公司在“十三五”期间发展的指导思想、发展思路和规划任务，提出到2020年实现“1881”发展目标，建成“六个华电”“三化一流”能源集团。

投资决策管理

为适应电力体制和国企深化改革等要求，集团公司组织开展投资管理改进工作研究，修订了《投资管理办法》《经济评价办法》等投资管理制度。进一步规范项目发起条件，优化立项决策程序，保证决策质量；加强项目开工决策管控力度，严把开工条件；加强“三同”指标对比分析，强化项目竞争力分析；完善项目边界条件选取原则，建立热网项目评价模型和经济效益评价参数体系，调整火电等项目部分参数和评价指标，进一步适应电力体制改革要求。

火电产业发展

火电发展思路及规划

（1）科学合理把控火电项目前期节奏。密切跟踪国家政策和铁路通道、特高压电网规划，重视落实电力市场和外部建设条件。优先发展大型高效港电一体化、煤电配套外送以及路口电厂项目。积极开拓供热市场，因地制宜推进供热相关项目发展。在北方大中型城市和新兴工业园区，积极发展高效热电联产机组；现役纯凝机组根据合理供热半径范围内热负荷需求情况，适时进行改造。

（2）积极稳妥发展燃气发电和分布式能源。重点在负荷稳定、天然气供应有保障、市场承受能力较强的江浙沪、珠三角、京津冀等经济发达区域，发展重型燃机发电、燃机热电联产以及分布式能源项目。

火电前期项目开发

2015 年，核准火电项目 25 项 2408 万 kW，其中：煤电 20 项 2266 万 kW，气电 5 项 142 万 kW。莱州二期、句容二期、可门三期、芜湖二期 1 号机组等一批战略性项目获得核准。列入国家 2015 年煤电建设实施方案项目 703 万 kW，包括山东龙口四期 1 台（1×66 万 kW）、河北裕华二期 1 台（1×35 万 kW）、陕西安康（2×66 万 kW）、福建可门三期（2×100 万 kW）、湖南平江（2×100 万 kW）和新疆沙湾（2×35 万 kW）。

工程基建管理

立足长远谋发展，工程建设有序推进，项目建设取得新突破。投产机组容量 650 万 kW。江苏句容一期项目荣获“国家优质工程金质奖”，江苏吴江、浙江半山、新疆喀什项目获得“国家优质工程奖”。梳理规范采购管控流程，强化采购全过程管理，完成 45 个项目单位 303 项工程类、服务类及设备类标段的招标采购工作。设计优化工作不断加强，完成江陵、西黑山、南雄、芜湖二期、句容二期、永利、石家庄燃机、山西锦兴、莱州二期等 9 个项目的初设审查。机组主要经济技术指标不断提升，高参数、新技术、新材料在项目上有不同程度上的示范应用。注重过程管控，通过机组整套启动前检查以及年度达标投产检查，分析共性问题，研究改进措施，不断提升管理的效能。在建火电项目 13 个，1103.3 万 kW，实现了投产机组各项指标优良和在建工程基本可控、在控的良好局面。

重点工程建设

华电湖南常德发电有限公司（简称常德公司）一期 2×660MW 机组工程建设。

（1）基本情况。常德公司一期两台 660MW 超超临界燃煤机组是湖南省“十二五”重点建设项目，该项目由中国华电集团（48.98%）、陕西煤化集团（48.98%）、常德市经建投资集团（2.04%）共同出资新建。项目于 2003 年 10 月由集团公司和常德市政府共同发起，并开展项目前期工作，2013 年 10 月取得国家发展改革委核准批文。2013 年 12 月 26 日复工建设，两台机组分别于 2015 年 12 月 17 日、12 月 29 日通过 168h 试运行。

2015 年，常德公司一期工程建设全面进入安装调试阶段，1、2 号机组分别成功实现了锅炉水压试验、倒送厂用电、DCS 受电、锅炉点火吹管、汽轮机冲转、首次并网、168h 试运行等重大节点“七个”一次成功，并在 2015 年底实现机组双投。该项目是集团公司首座大规模采用现场总线技术的项目，是华中地区首个实现超低排放的新建项目，是湖南省首家采用等离子点火技术、汽动引风机、中速磨等新技术的项目。截至 2015 年 12 月底，项目累计完成投资 47.9 亿元，其中 2015 年完成投资 24.3 亿元。

常德公司以2015年实现机组“双投”为目标，认真做好项目开工筹划，深入研究设计优化，编制了“四策划一优化”方案，全面加强工程建设全过程控制，工程总体协调推进，工程安全、质量、进度可控、在控。截至2015年12月31日，华电湖南常德一期工程累计连续安全施工736天，在国家能源局湖南能监办2015年安全评比中获“电力安全生产工作先进集体”荣誉称号，连续两年获集团公司“安全生产先进单位”荣誉称号，并顺利通过了国家能源局的专项检查。

(2) 积极推进工程设计优化工作。锅炉专业完成锅炉四管易磨损部位防磨瓦的优化加装；完成磨煤机、风机等油站不锈钢管路替代。热工专业对总线电缆桥架布置、电缆敷设、接线、网段划分等各阶段安装单位的施工工艺和施工规划进行了检查把关，确保现场总线技术的成功应用。输煤系统落煤管采用流线型，同时将导料槽进行密封处理，采用无动力除尘装置，进一步降低输煤系统的粉尘浓度，改善系统运行环境。

(3) 工程质量可控、在控。以创行业优质工程和高质量达标为目标，加强工程质量监督管控力度，成立工程质量管理委员会，统筹协调各参建单位在质量监督管理方面存在问题。一是按照“业主方、监理方、施工方以及质检机构”四位一体开展质量监督工作，每周召开质量管理例会，检查通报质量管理情况；二是加强到厂设备、材料质量验收，建立设备开箱验收质量台账，先后发现1号锅炉集箱管座焊缝大面积裂纹（缺陷率最高达87.67%）、1号汽机中压缸裂纹（裂纹深度达130、100mm）、汽轮机高低压旁路阀材质与技术协议不符、低温省煤器材质不符等重大设备质量缺陷；三是高度重视金属及压力容器监督管理，组织锅检中心、施工单位等质检人员对锅炉受热面、全厂管道及压力容器焊接质量定期检查，并在锅炉酸洗和冲管结束后，扩大割管检查范围，采用管屏U型弯内沉积物磁性检测新工艺，对受热面进行了全面的检查和处理。

(4) 工程造价控制成效显著。2015年新增贷款19.48亿元，贷款利率在银行基准利率基础上下浮5%。加强融资政策、税费减免和各种费用补偿政策的研究，最大限度实现增值税的抵扣。截至2015年12月底，取得基建进项税留抵3.2亿元，预计项目竣工投产后可获得6000余万元专用设备所得税抵免和3.45亿元增值税抵扣。

安全生产管理

深入贯彻落实新《安全生产法》，全面推行“党政同责、一岗双责、失职追责”，完善安全责任体系，修订安全奖惩规定、安全评价标准，编制员工安全九项基本技能。突出问题导向，强化整改监督，深化危化品整治、“六打六治”打非治违专项行动，集中整治现场存在的违章，规范安全生产秩序。着力加强反违章和作业环境本质安全管理，扎实开展季节安全大检查、外包工程、炉内升降平台等专项治理和防汛检查，突出抓好基建和环保技改安全管理。强化应急救援和安全培训能力建设，创新举办首届安全应急技能大赛，编制17部安全应急技能视频培训片。圆满完成防汛和抗战胜利70周年纪念等重要活动安全保电任务。加强机组检修规范化管理、推进精细化管理试点，督导重点区域、单位加大降“非停”力度，完成塘寨公司两台锅炉综合性治理。着力实施供热体系建设，推动襄阳工业供热项目及新疆、内蒙古等“三北”区域新增采暖供热项目快速建设，推广昌吉、滕州高背压与包头热泵等余热利用项目改造，强化热网管理，促进供热板块发展。下发脱硝、脱硫设计导则，规范改造全过程管理，提升环保设施改造质量。完工脱硫改造30台、脱硝改造14台、除尘改造50台。深入推进火电企业“强基”和“7S”管理，完成“样板厂”和“示范厂”选树工作。

水电与新能源产业发展

概　　述

2015年，水电及新能源项目投产559万kW，其中水电193万kW、风光电350万kW（不含收购容量）、分布式能源16万kW。截至2015年底，水电装机容量达2522万kW，风光电装机容量1321万kW；水电新能源产业总发电量首次突破1000亿kW·h，创历史新高。

水电与新能源发展思路及规划

坚持价值思维和可持续发展理念，积极加大优质资源储备，全力争取国家支持政策，全力解决水电发展经济性等问题，差异化、分批次推进项目开发，做好当前、立足长远，全面做好水电发展各项工作。

认真贯彻落实国家能源战略和相关产业规划，适应国内外能源发展趋势，把发展风光电作为新时期能源发展的主攻方向，以提高发展质量和效益为中心，加快风光电发展，发挥各方优势，调动各方积极性，加大资源获取力度，加强技术和管理创新，增强产业竞争力，坚持集中与分散结合，规模与效益结合，新建与并购结合，有序开发“三北”区域风光电资源，加快开发中东部和南方地区风光电资源。

水电项目开发

规范重点水电项目前期工作月报制度，加强项目预可行性研究、可行性研究内审以及各阶段决策边界条件复核，实现全方位、全过程的设计和决策闭环管理。开展水电项目勘察设计费调研，为集团公司后续水电项目确定合理低价的勘察设计费用提供了依据。积极有序推进重点流域及重大项目前期工作，金沙江上游水电项目在国家能源局的协调下，明确华中东四省为其电力送出方向和消纳市场，完成苏洼龙、叶巴滩、巴塘、拉哇立项决策，苏洼龙项目列入国家2015年重点项目投资计划，取得6亿元国家专项建设基金；叶巴滩、巴塘列入国家2016年重点项目投资计划。金沙江中游基本完成龙头水库比选方案。西藏大古列入国家2015年重点项目投资计划，可行性研究报告通过国家发展改革委批复，取得43.3亿元中央预算内投资定额补助和5亿元国家专项建设基金。怒江完成水电规划和规划环评报告修编，能源扶贫思路基本形成，配合国家能源局向国务院报送了《怒江水电开发和能源扶贫工作思路及方案》，六库、赛格、亚碧罗可行性研究设计工程部分基本完成。认真研究国家抽水蓄能项目发展政策，积极稳妥推进抽水蓄能项目开发，福建周宁抽水蓄能项目可行性研究工作基本完成。

新能源项目开发

集团公司已建成风光电项目中，“三北”地区仍是主力，建成四个百万千瓦级风光电基地，内蒙古、新疆、甘肃风光电装机容量均超过200万kW，宁夏突破100万kW。分布不均衡局面正在逐步扭转，湖北、河南、北京风光电装机容量实现“零”的突破，中东部和南方地区比重稳步提升。前期储备项目中，中东部和南方地区的比重大幅增加。风光电资源总量达到5239万kW，丰富的资源储备为集团公司优选精建实现“十三五”风光电发展目标提供了强有力的保障。2015年，核准新能源（风电和光伏）项目84项433.3万kW，立项备案58项300.2万kW，发起备案165项1539.1万kW。

在可行性研究报告审查中，研究光伏最佳容配比，提高项目投资回报。建立海上风电设计联络会工作机制，协同解决机组选型、基础处理、抗台风、施工组织等关键问题，提高前期统筹协调能力。根据各区域实际情况，发布集团公司年度风光电项目概算指标执行标准，确保集团公司风光电项目在区域内具有相对竞争力。

征地移民管理

（1）2015年，按计划完成全年征地移民工作任务。一是前期项目取得突破性进展。完成怒江中下游移民安置流域总体规划课题验收，配合完成怒江水电开发能源扶贫相关材料；苏洼龙完成移民安置规划报告的审查，并取得了项目核准；叶巴滩移民安置规划报告正在进行审查；巴塘完成实物指标调查，正编制移民安置规划大纲；拉哇完成实物指标调查细则及工作方案的审查，正开展申报“封库令”；浦西取得移民安置规划大纲的批复。二是移民搬迁安置工作稳妥有序推进。大古完成移民搬迁安置工作；立洲、达克曲克完成下闸蓄水阶段移民专项验收；卡基娃、立洲开展建设征地移民安置规划调整工作。三是积极开展水电项目库区遗留问题处理，加快推进移民概算调整、用地手续办理及移民竣工验收工。索风营、构皮滩、思林、沙沱完成移民安置规划变更（调整）及水库概算调整；完成系统内水电与新能源项目工程用地手续办理情况的检查；组织调研棉花滩库区遗留问题，研究解决措施；立洲、撒多、梨园、古田溪扩建取得用地批复；上通坝、俄公堡、洛古、沙沱、牛都取得土地证。全年公司系统未发生移民群体性不稳定事件。

（2）根据集团公司管理创新要求，积极创新水电项目征地移民管理工作。创新开展移民工作实施策划，组织开展苏洼龙水电站征地移民实施组织策划，用以指导开展移民搬迁安置工作；创新开展水电工程用地策划工作，针对水电工程用地面积大、取得用地指标难、办理用地手续慢，相当多工程竣工投产后依然存在违法用地现象的情况，组织召开水电用地策划研讨会，研究如何从前期阶段策划好工程各类用地、合理确定用地指标，建设阶段有序、合法用地、及时完成用地手续办理，提出指导性工作纲要，用以指导集团公司水电工程用地工作；创新开展移民信息化建设工作，组织调研水电移民信息化系统建设，为启动集团公司水电移民信息化系统建设创造条件；创新开展水电工程竣工移民专项验收工作，积极推进董菁水电站移民专项验收相关工作，组织系统内水电项目单位参观学习董箐电站移民档案归档工作，同时部署公司系统移民档案管理工作；《西南地区水电开发与移民安置协调发展共赢模式研究》荣获集团公司2015年管理创新成果一等奖、2015年全国电力企业管理创新成果一等奖。

（3）继续推进建章立制。根据国家对于跨界河流水电开发保密工作管理相关规定，组织起草印发了集团公司跨界河流水电开发保密工作管理细则。根据国家简政放权的新形势，及时调整管理思路，主要有：一是严格内审制度，技术性文件（调查细则、大纲、规划、“先移民后建设”文件、设计变更、调概、代建工程勘测设计文件），必须经内审后才能外审；二是严格加强管理移民投资超概问题，掌控设计变更主动权，移民工程参建方提出的变更申请，均需由项目法人组织设代、综合监理单位研究，确需变更的，在征求地方移民机构和项目主管部门意见后，报经省级移民机构认可，由项目法人委托设计单位编制变更报告；三是将“统规代建”工程纳入主体工程范畴进行质量、进度、安全及投资管理。

工程基建管理

重视“四策划、一优化”工作，完成水电项目“四策划、一优化”指南编写，开展了池潭项目“四策划、一优化”初审，有序推进苏洼龙、大古、博瓦等项目编制工作。认真落实“四策划、一优化”要求，高质量完成古田溪水电站建设，树立了集团公司中小电站厂房简（免）装修的典范。同时注重优化设计工作，招标前开展金上拉哇枢纽布置、大古大坝开挖及库岸处理、叶巴滩场内道路布置等优化，节约投资超过20亿元；招标后完成卡基娃左岸下游滑坡体处理、叶巴滩降曲河排水洞、大古导流洞支护衬砌、六丙公路消防等项目优化工作，节约投资超过8000万元。明确风电项目设计优化工作内容，重点针对风机微观选址、道路方案、吊装方案和升压站工程开展，为风电投资控制起到了重要作用。

建立水电工程动态投资控制体系，采取设计概算—执行概算—合同价三段式的造价管控方式，重点开展执行概算管理、全过程优化设计、设计变更和合同变更的事前审查等工作，2015年除个别项目外，大部分水电项目投资控制在执行概算以内，提升了项目的市场竞争力和盈利能力。组织开展了新疆达克曲克水电项目蓄水前内部质量检查。

加快风光电项目推进力度，结合风光电项目建设难点和特点，重点加强征地、送出、设备交货等方面的组织协调，保障项目建设进度。在充分调研基础上，制定《中国华电集团公司风电（光伏发电）项目概算指标（2015年版）》《中国华电集团公司风电工程达标投产考核办法（2015版）》和《中国华电集团公司光伏发电工程达标投产考核办法（2015版）》，进一步规范风光电项目建设管理。在风电机组招标阶段，创新“带方案”招标模式，以度电投资为主要评价项目，合同签订时，须同时签订发电量承诺书，保证达到预期的受益水平，降低风电项目投资风险。

加强招标管理工作，水电项目将业主工程师预算价直接控制到市场“合理低价”水平，实现了在业主期望的价格水平下优选择施工单位的目的。2015年共完成88个标段的招标工作，累计概算投资115亿元，中标价合计80亿元，投资节余率达到30%，有效控制了水电与新能源板块的工程投资。重视合同预谈判工作，实行事前谈判报备制，对不合格的分包队伍及时进行调整，同时跟踪监督中标单位履行合同约定的分包管理情况。

积极推进水电“准EPC”建设管理模式，在总结新疆达克曲克水电站经验的同时，有序推进金上巴塘、西藏大古等水电站“准EPC”模式开展建设管理，目前已进入现场开展工作。

安全生产管理

（1）认真贯彻落实国家和集团公司安全生产重要工作部署，积极开展有关工作。2015年，水电新能源产业各单位未发生人身事故、设备事故、火灾事故及负主要责任的交通事故，未发生洪水漫坝、垮坝、水淹厂房等重大不安全事件。

（2）春、秋季安全大检查及各种专项安全检查情况。组织专家从制度、管理、设备、现场、培训等各方面对公司系统11家单位春、秋检情况进行了复查，并对各单位检查中暴露的问题，重点督促整改措施落实。排查出一般事故隐患3422项，整改完成3307项，整改完成率96.64%，落实隐患治理资金884.74万元。

（3）安全性评价、技术监督巡查情况。完成7家水电新能源企业安全性评价复查，完成17家水电新能源企业技术监督巡查。

（4）防汛工作开展情况。组织召开集团公司2015年防汛工作视频会议，分析总结存在的问题和面临形势，全面部署防汛各项工作。各单位结合会议精神，进一步强化防汛责任制落实，修编完善应急预案，积极开展应急演练，抓好防汛设施管理，及时修复受损设备设施，加强自然灾害防御，做好防洪调度，严格执行汛期值班制度和领导带班制度，各项准备充分，防范措施到位。福建区域成功抗击了“5·19”100年一遇洪水及“苏迪罗”台风，四川区域成功抗击了“8·29”50年一遇洪水，保证了流域各电站大坝、厂房及上下游人民群众生命财产安全，实现了安全度汛。

2015~2017年水电提效计划

（1）认真贯彻落实集团公司全面深化改革要求，提高集团公司水电运营管理水平，实现水电效益水平新突破，从“远程集控、状态检修、生产优化、提效增容”4个方面有序开展2015~2017年水电提效计划。

（2）远程集控和状态检修方面。按照“统筹规划、技术论证、试点先行、稳步推进”的原则，以光照电厂为远程集控平台试点，以董箐电厂为状态检修诊断平台试点。

（3）优化调度方面。按照“整体效益最大化，短期效益服从长远效益”的原则，以降低水耗为抓手，组织乌江公司、金中公司、乌溪江电站围绕水位控制系数，研究典型电站、梯级、流域优化调度方式，建设优化调度评价体系。

（4）提效增容方面。福建公司华安1号、范厝1号、万安溪3号共3台机组完成了提效增容改造，总装机容量由42MW增至43.7MW，最高提效达9.4%；福建公司高砂1号完成恢复铭牌出力改造，改造前出力11MW，改造后出力12.5MW。

星级企业创建和“7S”管理

按照《中国华电集团公司水电新能源企业推广“7S”管理实施细则（试行）》以及《中国华

电集团公司发电企业推广 7S 管理实施方案》有序开展 7S 管理推广工作，于 2015 年 5 月 27 日和 7 月 30 日分别在贵州和新疆召开了水电、新能源企业 7S 管理现场会，全面分析 7S 管理推广工作面临的形势和存在的不足，安排部署今后一段时期的工作任务。通过编制《中国华电集团公司风电工程达标投产考核办法》和《中国华电集团公司光伏发电工程达标投产考核办法》，将 7S 管理内容融入风电、光伏发电工程建设。

2015 年，系统各单位在集团公司党组的正确领导下，水电新能源产业各单位深入贯彻落实科学发展观，全面落实集团公司年度工作会议精神，以星级发电企业创建为载体，面对天然来水偏少一成，弃风限电大幅增加等困难，水电和新能源企业发电量再创新高，创造了较好的经济效益。构皮滩发电厂等 15 家单位荣获集团公司“五星级发电企业”称号，沙沱发电厂等 19 家单位荣获集团公司“四星级发电企业”称号，棉花滩水电厂等 30 家单位荣获集团公司“三星级发电企业”称号。其中，五星级发电企业同比增加了 6 家，四星级发电企业与上年持平，三星级发电企业同比增加了 10 家。

新能源“两个平台”建设

按照新能源区域化改革方案要求，稳步推进新能源“两个平台”建设。远程集控平台方面，2015 年 8 月，试点单位蒙西区域新能源远程集控平台通过了上线评审，并推广至宁夏、甘肃、新疆、黑龙江、蒙东等 5 个区域。远程诊断平台方面，以蒙西区域为试点单位，库伦风场为试点风场，围绕着新能源远程诊断工作，2015 年 9 月中旬，在蒙西区域上线试运行，经过多次升级完善，初步具备上线评审验收条件。

水库优化调度和差异化考核

按照差异化管理的要求，坚持以水位和耗水率指标为主的水电生产考核原则，扎实推进水库优化调度，实现非汛期水库维持在较高水位运行，并在汛前有序消落水位，加强汛期的精细调度，动态控制水库水位，2015 年集团公司水电企业水能利用率达 82%，同比增加 7%。

煤炭产业发展

煤炭产业发展思路及规划

深入分析内外部形势，科学谋划煤炭五年发展。按照集团公司“十三五”规划整体工作安排，开展煤炭产业“十三五”发展规划研究和页岩气产业发展规划编制，结合集团公司电力主业发展需要，不断对煤炭规划进行优化，明晰了煤炭产业发展思路和目标。

发展思路：坚持“保障安全、服务中心、产用协同、物流通畅、创造价值”的总体思路，坚持择优新建和扩能提升相结合，坚持退出低效资源和整合淘汰落后产能相结合，重点建设山西、陕西、内蒙古、新疆四大煤炭基地，打造通畅的物流运销链条，提高煤炭自给率和内销率，全面提升煤炭产业专业化管理水平，提升经济效益。

规划目标：到 2020 年，控股煤矿生产能力 8000 万 t/年，原煤产量达到 8000 万 t，煤炭洗选能力 8000 万 t/年，商品煤内销率达到 70% 左右。铁路外运量达到 5000 万 t，港口吞吐能力达到 7000 万 t/年。

煤炭专业改革和产业管理创新

深入推进煤炭专业化管理改革，进一步贯彻落实集团公司《关于全面深化改革的意见》，在 2014 年完成专业化管理煤矿的移交基础上，华电煤业与委托方就托管费用、安全专项资金、应急管理、销售等工作签署了补充协议，进一步明确双方管理界面和合作考核，落实移交安全评估存在问题整改，煤炭专业化管理经过一年的磨合期，工作逐步规范，专业管理步入正常。创新煤炭产业工作管理，借鉴电力企业 7S 管理的成功经验，煤炭产业引入 7S 管理，完成煤炭企业 7S 管理试点。组织煤炭产业管理人员7S培训，召开7S管理现场推进会。肖家洼煤矿、白芦煤矿和福建储运可门码头三家试点单位制定工作方案，明确责任人和节点目标，定期组织试点工作检查，印发7S管理工作半月简报。经过一年的工作，完成7S管理技术规范和推进务实2本用书编制，3家单位圆满完成试点工作任务，企业面貌取得明显改善。集团公司于2015年12月中旬在肖家洼煤矿召开7S管理总结现场会，对全面推行7S管理进行了安排部署。煤炭行业引入7S管理，创造性地与安全质量标准化、星级安全煤矿等工作有机融合，对集团公司煤炭产业提升管理、创新发展提供了强大动力。

煤炭项目开发

一是科学推进前期项目工作。可可盖煤矿完成可行性研究优化设计及中咨公司审查；东高家梁煤矿取得划定矿区范围探矿权延期批复；淖毛湖一号矿井取得水土保持方案、规划选址、社会稳定风险评估批复；富锦煤炭项目取得黑龙江省国土资源厅储量评审备案。二是加大基建及试生产项目证照办理力度。甜水堡二矿取得划定矿区范围、节能评估、社会稳定评估批复；小纪汗煤矿取得采矿许可证、开工备案报告和试生产批复，缴纳完成新增建设用地使用费，开始进行单位工程质量认证；肖家洼煤矿取得安全设施设计、煤矿职业卫生专篇批复，环境保护专篇已经专家评审待批复；下梨园煤矿取得开工备案报告；万通源煤矿取得环评和安全专篇变更批复。三是有序推进乌江公司煤矿整合重组，完成煤矿兼并重组方案的编制、报批，完成杨柳田、元江等煤矿整合范围地质勘探，完成杨柳田等8处整合煤矿初步设计的编制和技经中心内部审查。四是坚持稳步培育、稳健发展新兴产业的基本原则，综合把握推进的速度与节奏，控制投资风险，确保发展质量。页岩气方面，科学稳妥推进勘查工作，完成3口地调井、3口探井钻探，压裂排采1口（来页1井），贵州正安安页1井志留系钻获页岩气流，湖北来页1井和来地1井志留系、湖南永顺永页1井志留系和鹤峰鹤地1井二叠系见页岩气显示。煤化工方面，加强榆林凯越煤制甲醇试运行制约因素整改，装置趋向稳定运行。煤制芳烃开展技术方案论证，进行芳烃联合装置规模能力与投资研究，完成2013~2014年科技课题《甲醇制芳烃工艺优化与催化剂工业化技术研究》验收，完成集团公司2015年科技项目《以新型碳纳米材料为核心的甲醇制芳烃工艺水处理回用系统原型开发》的技术方案审查，取得一项专利授权。

煤炭项目基建工程管理

推进一优化四策划，工程管理持续改善，年度投资完成32.25亿元。开展煤炭基建项目造价分析，理清各建设项目的建设背景、造价情况及超欠原因。制定工程建设“一优化四策划”管理办法，召开煤炭工程建设工作座谈会。开展重点项目设计变更及投资概算调整。组织下梨园、甜水堡二矿、万通源、甜水堡等煤矿项目的基建专项审计，完成下梨园、万通源煤矿概算调整，完成甜水堡二矿初步设计收口和小纪汗、肖家洼煤矿设计变更以及曹妃甸煤码头三期工程设计变更等工作。

煤炭对标管理

一矿一策定向施策，逐矿分析价格、成本和效益贡献，制定有针对性的增效措施。对于有边际贡献生产煤矿组织好产销运营，大力开展降本增效；无边际贡献煤矿，暂停前期、基建和生产，精简机构人员，减控亏损。暂时停止24处无边际贡献煤矿生产，安排停产停运煤矿机构人员调整，内设机构减少50.5%，精简富余用工2974人。重点加强不连沟、肖家洼、小纪汗、隆德、石泉等大型特大型煤矿生产管理，不连沟煤矿生产稳定在1500万t，肖家洼、隆德煤矿在保证安全前提下产量超过1000万t。加强设备管理，健全分级管控的设备管理体系，引导支持小改小革，开展设备点检，肖家洼煤矿起步设备在线监测诊断分析，推行“两票三制”，提高了设备可靠性和安全性。修旧利废，节支降耗，直接成本完成36.5元/t，较预算下降1.8元/t。商品煤平均售价128.8元/t，同比下跌47.4元/t。以销售为中心，统筹内外煤炭销售工作，煤炭内销率按照销售量口径完成44.1%，同比提高12.3个百分点。

安全生产管理

2015年，煤炭产业未发生较大以上生产安全事故，发生一起1人伤亡事故，煤炭生产百万吨死亡率0.021，继续保持国内先进水平。狠抓煤矿安全质量标准化建设，综合开展安全质量标准化建设动态达标，开展星级安全煤矿考核评比。持续开展煤矿安全检查和隐患排查治理活动，着重排查重点区域、重点煤矿的通风瓦斯、顶板管理、水害、机电运输等方面的安全隐患，实行重大隐患挂牌督办制度。确保安全技改投入，实施不连沟煤矿通风系统改造、肖家洼煤矿矿井高压供电系统防越级跳闸系统等26项安全技改项目，累计投入资金超过1.3亿元。多层次开展安全教育培训工作。集团公司领导和煤炭产业部领导亲自到生产煤矿开展安全宣讲活动，给煤矿全体职工上安全大课，取得较好效果。开展“说身边事、教育身边人”安全宣讲活动，取得较好效果。开展煤矿安全生产人员“全覆盖”培训，组织3期煤矿高级管理人员（煤矿副总工程师以上）、5期煤矿中层（区队长级）管理人员培训，及各矿组织的班组长以下从业人员培训，受训人数超过9000人次，累计超过30万学时。组织采煤机作业技能大赛，周随军、任国强等9人获得个人奖，隆德、不连沟、石泉、榆横煤电等4家单位获得集体奖。

金融产业发展

概　　述

2015年，集团公司金融产业认真贯彻落实集团公司工作会议精神，按照集团公司“围绕一条主线、推进两个加快、突出两个支撑、强化两个保障”的总体思路，积极应对内外部复杂多变经济金融形势，坚持集团化管控、专业化发展、市场化运作和精益化管理，全年实现平稳较快发展，产业价值和服务集团公司能力显著提升。

（1）经营发展方面。2015年，金融产业控股金融机构管理资产规模3116亿元，近三年复合增长率为28%；资产总额和合并所有者权益分别为647亿元和149亿元；2015年实现利润总额33.3亿元，近三年复合增长率为16%；净资产收益率由不足6%增至14%。

（2）产融结合方面。产融结合“顶层设计”不断完善，协调机制日益健全，深化举措逐步落实。截至2015年底，资金归集率、账户入网率均达到94%以上；累计为集团提供各类资金支持超过2400亿元，节约财务费用超过56亿元。

金融产业发展规划

（1）指导思想。以服务集团发展为使命，把握经济金融发展形势，持续推动金融改革，深化金融管控体制改革，弥补发展短板，增强产业价值；立足服务集团发展，完善金融布局，延伸金融功能；以稳健发展为前提，加强风险管控，夯实基础管理，推动专业化管理、市场化运作、协同化发展，打造金融机构核心竞争力，构建与集团发展相适应的金融服务体系。

（2）发展思路。立足集团发展，深化金融改革，优化产业布局，强化风险管理，实现转型发展。

（3）规划布局。围绕集团总体发展战略，深化金融管理体制改革，打造形成金融综合化经营中心、内部金融服务平台，努力提升服务集团发展、市场拓展、规范发展和经营创效能力，实现产业发展转型升级。

（4）重点任务。为全面完成2020年战略目标，金融产业将以服务、创效两大职能为核心，巩固壮大现有金融机构，稳步推进金融平台拓展，加快资源整合，提升可持续发展能力；以改革为手段，建立健全统一、规范管理体系；以战略规划、风险管理、绩效薪酬、人才队伍、企业文化建设为重点，不断提升华电金融品牌形象和市场地位。

一是加快金融机构转型升级。财务公司进一步发挥资金归集、资金结算、资金监控和金融服务“四个平台”作用；打造系统金融资源全过程专业化管理的司库型管理模式，为集团公司财务战略提供操作平台；信托公司加快引入外部战略投资者，加大业务创新和网点布局，获取各类业务资质，实现全国性、全牌照经营；建立能源信托业务特色优势，利润总额、人均利润、净资产收益率等主要经营指标进入行业中游；租赁公司健全内控制度及业务管理体系，实现管理运作制度化、规范化；以股东业务为基础，在控制风险的前提下稳健拓展能源相关领域市场化业务；探索境外人民币及外汇资金引入通道，辅助集团降低融资成本；做好租赁资产的盘活与运用，探索租赁资产证券化，提升杠杆水平和创效能力；保险经纪开拓系统内责任险、人身险、车辆险等保险经纪领域，降低保费成本，提升协赔能力和保险覆盖水平。沿能源产业延伸服务链条，积累客户资源，树立品牌形象。拓展再保、互保业务领域，逐步建立综合保险保障服务体系；证券公司加快发达区域网点布局和团队建设，成为证券经纪、承销与保荐、咨询、投行、资管、融资融券等综合金融服务提供商，在全牌照业务体系下，突出能源领域特色，实现由经纪业务为主向综合经营、特色经营转变。深入参与集团上市公司市值管理、债券发行、投行业务、资产管理等金融业务，为集团公司资本运作提供支持。

二是稳步推进金融平台建设。发起设立金融租赁公司，通过银行间市场资金拆借、发行金融债、吸收股东存款等特性，放大财务杠杆，降低融资成本，实现与现有租赁平台协同运作；适时进入基金领域，组织跟进私募股权基金等领域，积极储备专业化人才，把握政策窗口期，择机完成发起设立，培育并提升金融产业资产管理能力；开展自保、互联网金融、担保等金融服务领域研究，做好可行性分析，把握市场机会，完善金融产业链，充实并培育金融后备力量。

三是着力完善金融风险管理体系。健全风险监管体系，结合金融机构行业特点分类建立风险监管指标体系，建立基于风险特征的业务准入体系；加强风险全流程管理，组织制定金融产业风险资产处置、风险问责等管理办法，组织重点风险项目处置进行督办、评价和考核，推行领导及业务人员递延薪酬、竞业禁止、风险提留等制度规范，防范职业道德风险；完善内控制度体系，规范业务操作和决策流程，实现业务管理标准化、流程化和规范化；完善法人治理、组织架构和授权决策体系，形成决策、执行、监督各层级权责分明、有效制衡的运作机制。

四是推进金融产业的协同化运作。整合金融机构客户资源、销售渠道、研发力量，建立金融门户和客户关系数据库，面向内、外部客户提供“一站式”金融服务，增强产品附加值和核心竞争力；统一品牌形象，组织开展金融品牌宣传，统一各金融机构管理理念、企业文化，形成统一的金融形象和品牌特色，提升华电金融市场地位。

五是加快金融技术创新。加大信息技术投入，完善信息化系统功能，逐步实现金融平台与集团管理平台有效整合和无缝衔接；提高金融信息化程度，建设金融门户、金融监管等管理系统，以信息化手段提高管理效率和规范性水平；加大金融服务网络覆盖，打造便捷高效、安全可靠、功能强大的网上服务平台，增强技术保障能力。

金融产业机构设置及运作概况

1. 金融产业部

金融产业部（以下简称“金融部”）是集团公司金融产业管理的专业部门。部门下设金融风险监管处和金融业务发展处，全面负责金融产业发展战略研究、发展规划、风险监管、运营协调、金融机构间合作、行业研究、产业对标以及集团公司系统成员单位银行账户审批等工作。

2015 年，金融部全面贯彻落实集团公司工作会议精神，认真履行部门职能，积极应对内外部环境变化，加快转型创新，紧密围绕金融价值提升和服务集团发展两条主线，扎实推进金融改革、规划研究、风险监管、产融结合、服务协同、金融研究、账户管理等重点工作，推动金融产业实现健康有序发展。一是加强战略管控。科学研判内外部发展形势，结合金融产业“十二五”发展规划评估，牵头制定金融产业“十三五”发展规划，谋划发展愿景，提出战略目标、规划布局和重点任务。二是推进金融改革，贯彻落实集团公司《关于全面深化改革的意见》，牵头有关部门和金融机构制定完善《中国华电集团公司深化金融体制改革建议方案》，明确改革目标和重点工作。三是扎实开展风险监管，在全面风险管理体系建设和日常风险监管的基础上，进一步健全管理体系，完成金融机构第二阶段建设成果评价并形成评价报告，明确并督办第三阶段建设重点建设任务；制定《关于加强信托产品流动性支持监管的指导意见》，指导制定《不良资产处置清收管理办法》和《风险项目业绩考核与奖惩管理办法》；强化风险项目管理，按季编制《重大投资风险监测报告》，组织对合规、风险问题进行督查整改；组织开展重大事项审查，对金融机构重大投资项目以及投资计划、三会议案等事项进行审查，规范风险数据报送格式及要求，按月编制风险分析报告，提出风险应对策略和管控建议，组织开展金融机构现场检查，形成检查报告并提出整改要求。四是深入开展金融对标和金融研究。以对标管理常态化、外部调研广泛化、金融研究专业化为原则，组织开展年度、月度对标，组织实施信托、租赁、保险经纪专项对标；以信托行业股权转让、互联网金融、证券公司管控、信托刚兑调研为课题开展专题研究并形成研究报告，提出工作建议。五是规范账户管理。规范日常审批管理。2015 年全年共受理账户开立申请 424 个，批准同意开立账户 416 个，未批准 8 个；综合运用多种手段夯实监管成效。根据账户决算审计情况形成集团公司银行账户管理报告，对存在问题进行了集中通报；组织开展国电南自账户管理现场检查，提出整改建议；继续将账户管理情况纳入集团决算审计，制定审查台账及要求。

2. 中国华电集团资本控股有限公司

中国华电集团资本控股有限公司（以下简称“资本控股公司”）于 2007 年 5 月成立，注册资本 51.58 亿元，是中国华电集团公司的全资子公司。资本控股公司是集团公司资本服务和金融拓展的核心平台，负责推进集团公司金融机构发展、管理集团公司参股金融股权，开展投行、投资、融资和理财顾问等业务。截至 2015 年底，控股华信保险经纪公司、北京华信保险公估公司、川财证券有限责任公司、华电融资租赁有限公司 4 家公司，全年实现利润总额 2.5 亿元，净资产收益率 5.1%。

2015 年，资本控股公司深入开展党的群众路线教育实践活动，坚持“稳固、提升、发展、创效”的发展思路，加快发展方式转变，经济效益和发展质量取得较大提升。一是经营业绩再创新高。着力调整业务结构，优化盈利模式，全年实现利润总额突破 10 亿元。二是加强机构管理创新。优化本部组织架构，完善机构管理机制，稳步推进平台拓展工作，积极关注和研究金融领域拓展机会。同时进一步完善管理流程，2015 年修订完善了资本控股公司投资业务制度、风控管理制度、会议制度、费用报销管理制度，以及企业负责人履职待遇等制度 20 余项。三是风险管理能力显著提升。建立健全固定收益类非标准化业务、租赁公司市场化业务准入指引等风险管理制度，优化风控管理流程，加强风险项目处置和后续审计监督及问责力度。四是党建工作取得积极成效。扎实推进“三严三实”教育活动，不断加强领导班子建设，认真落实党风廉政建设责任落实，为资本控股公司实现跨越式发展提供坚强政治保障。

3. 中国华电集团财务有限公司

中国华电集团财务有限公司（以下简称“财务公司”）成立于 2004 年，注册资本 50 亿元，是由中国华电集团公司控股，系统内 9 家企业参股的具有独立企业法人资格的全国性非银行金融机构。财务公司是集团公司资金运作的重要平台和经济效益持续增长的重要来源，主要面向系统成员单位开展贷款、结算等金融业务，同时负责系统成员单位资金归集，辅助集团公司现金管理。截至 2015 年底，财务公司实现利润总额 15.1 亿元，月均资金归集率 95.2%，净资产收益率为 16.8%。

2015 年，财务公司以提升服务集团发展能力和公司价值内涵为中心任务，不断夯实管理基础，着力推进创新发展，在服务与创效方面均取得显著成效。一是坚持战略引领。始终坚持“回归本源、服务集团、模式升级、固本强专”的战略定位，以价值创造为目标，以战略转型为主线，坚持以服务集团整体发展为使命，不断提升财务公司产融结合价值内涵和价值贡献。二是提升金融服务。优化部门设置，设置以客户服务为主设置的统一对外窗口；逐步构建以战略为方向、客户为中心、满意为标准的立体式客户服务体系，推动服务转型切实落地。多种手段加强资金集中管理，强化日常资金动态监控，做好资金市场预测分析；强化优质结算，改进对账方式，加强调度统筹，确保资金结算准确和资金链安全。三是创新业务模式。不断拓展产业链金融服务新模式，以“华电电票”为主要载体，以主机和煤炭采购为重点突破口，加强与三大主机设备制造商财务公司和神华销售公司的合作，推动建立上下游产业链间合作共赢的生态圈。四是夯实管理基础。全面推进全面风险管理体系和内控体系建设，扎实开展对标管理，进一步加强人才队伍建设和骨干人才的培养力度，着力打造集团公司现金流量预算管理和信息化业务平台建设，管理基础进一步夯实。五是坚持党建引领。扎实开展“三严三实”教育实践活动，持续加强依法经营和反腐倡廉宣贯，进一步丰富“金帆”企业文化内涵，为财务公司发展提供坚实的政治保障。

4. 华鑫国际信托有限公司

华鑫国际信托有限公司（以下简称“信托公司”）于2010年3月18日正式成立，注册资本22亿元，中国华电集团公司为控股股东。信托公司是服务集团、面向社会的重要平台，是集团公司连接资本市场和外部金融资源的重要渠道。截至2015年底，信托公司管理资产规模超过1752亿元，实现利润总额8.1亿元，净资产收益率为16.8%。

2015年，信托公司积极应对多变复杂的内外部发展环境，以全面深化改革为统领，坚持“稳、改、调”的工作总基调，聚焦转型发展、创新驱动、提质增效三大任务目标，全力抓改革、促转型、强管理、推发展，全面完成年度各项经营指标，保持健康有序发展。一是加速业务转型。积极培育信托业务主动管理能力，优化业务结构，全年新增信托规模1059.74亿元，集合信托、财产权信托同比增幅为30.25%、84.04%，占比不断提高，信托规模进一步得到优化。二是强化产品创新。取得特定目的信托受托人、信贷资产证券化以及私募投资基金管理人资格；加入了保险资产管理协会，信保合作模式从单纯通道类型向全方位合作转变，资金管理型产品取得重要突破。三是增强内控体系建设。进一步完善内控机制，建立健全业务管控规范，严格业务准入把关，加强业务引导，强化风险项目处置，确保项目风险可控在控。四是加强人才队伍建设。坚持市场化用工机制，加大成熟业务团队和高端专业人才引进力度，进一步完善绩效考核机制，激发员工创效动力。同时，积极开展业务培训，财务公司人才队伍整体素质显著增强。五是强化党建建设。扎实开展三严三实活动，全面落实党风廉政建设工作要求，严格落实中央八项规定和集团公司有关要求，管理运营成本同比显著降低。

5. 川财证券有限责任公司

川财证券有限责任公司（以下简称“川财证券”）是经中国证监会批准成立的专业证券公司，注册资本金6.5亿元，公司前身是四川省川财证券公司，目前资本控股公司作为川财证券单一第一大股东对其行使经营管理权。川财证券坚持以市场化运作为中心，业务范围涵盖证券经纪、证券投资咨询、证券承销、证券自营和证券资产管理、投资基金销售以及保荐机构等诸多方面。截至2015年底，资产总额45.1亿元，实现利润总额5.3亿元。

2015年，川财证券坚持市场化运作，以“升级突破”为主线，以“业务协同”为动力，创新进取、积极作为，各项业务全线发展、经济效益大幅提升、管控水平稳步提高，经营业绩显著提升。一是创效能力显著增强。2015年，川财证券实现营业收入7.95亿元，同比增加4.69亿元；实现利润总额5.3亿元，同比增加3.89亿元；净资产收益率为8.63%。二是资质获取获得突破。2015年新取得代销金融产品、私募基金综合托管业务等业务资格。实现业务全牌照，为进一步拓展业务空间、寻求业务创新发展提供支撑。三是拓展融资渠道。通过综合运用资产收益权转让、发行次级债等途径进一步拓展融资渠道，确保流动性充足。四是管理基础全面巩固。不断完善治理结构，建立健全体制机制，着力推进制度流程体系优化、风险合规体系建设、信息化平台建设和与市场化相适应的人力资源体系建设等重点工作，管理效能显著提升。五是强化党的建设。扎实开展“三严三实”教育活动，坚持党性要求、制度规范、流程约束三管齐下，着力抓好党风廉政建设工作。

6. 华信保险经纪（公估）有限公司

华信保险经纪（公估）有限公司（以下简称“经纪公司”）成立于2003年9月，是经中国保险监督管理委员会（以下简称“中国保监会”）批准的全国性专业保险经纪公司，注册资本金1亿元，由集团公司内19家企业共同出资组建。经纪公司立足华电，面向市场，经营范围涵盖保险经纪、再保险经纪、风险管理咨询与评估等业务；

保险经纪业务涉及电力、煤炭、交通、运输、制造、化工、商业等诸多领域。截至2015年底，资产总额和所有者权益均为2.8亿元，实现主营业务收入1.6亿元，利润总额1.3亿元，净资产收益率36.9%。

2015年，经纪公司坚持科学发展，努力提升服务，不断开拓市场，各项工作取得了良好成效，主要经营指标达到历史最好水平。一是抓好集团统保。完成2015~2017年度集团公司财产保险统保安排，统保企业较上年度增加70家，实现签单保费4.67亿元，节约保险成本3759万元。二是开发多种险种。同时积极推进车险、工程险、寿险等业务，完成金沙江上游苏洼龙水电站、四川水洛河新藏水电、重庆奉节燃煤火电等33项系统内工程保险安排。完成集团公司系统21个区域车险统保协议签订，涉及车辆4200辆，保费3200万元。三是提升服务能力。开展了以“真诚沟通、贴心服务”为主题的客户走访活动，先后走访福建、山东、贵州等20多个区域近百家投保企业，征集客户意见和建议36条并逐一反馈落实。采取分区域培训与深入厂矿培训相结合等方式，举办专题培训11次，培训900人次。全力跟踪协调赔案进展，全年共计结案752起，赔偿金额2.57亿元。四是开拓外部市场。推进客户资源二次开发，积极推广雇主责任险、公众责任险、营业中断险等险种，拓宽增收渠道，注重市场化任务分解落实与考核测评。五是深入开展党建工作。坚持“融入中心抓党建、抓好党建促发展”，认真组织开展“三严三实”专题教育，严格贯彻中央八项规定精神和集团公司“22项要求”，确保党风廉政建设和纪检监察工作落到实处。

7. 华电融资租赁有限公司

华电融资租赁有限公司（以下简称“租赁公司”）经商务部门批准，由资本控股公司发起设立并于2013年9月在天津正式成立，注册资本18.5亿元。资本控股公司和华电香港分别持股55.01%和25%，光大永明人寿持股19.99%。截至2015年底，资产总额143.1亿元，实现利润总额1.5亿元，净资产收益率6%。

2015年，租赁公司坚持以“服务集团、产融结合”为目标，稳步推进电力能源、交通运输全面发展，经营发展态势良好。一是规模效益稳步提升。2015年租赁业务规模131.28亿元，新增投放规模43.8亿元，实现营业收入6.88亿元，利润总额1.5亿元。二是增资工作圆满完成。原有三方股东采用新比例增资方式进行增资，增资后股东合计资本金出资达到18.5亿元，控股股东资本控股公司对租赁公司的持股比例增资后由原来的50%增加至55.01%。三是外部融资力度增大。2015年，与16家银行完成授信审批，合计授信135亿元，引入外部资金近42亿元，为集团公司发展提供有效支撑。四是管理能力显著提升。建立健全管控体系，优化业务流程，强化人力资源管理和风险管理，进一步深化市场化机制。五是党建工作不断加强。深入开展“三严三实”系列活动，做实领导班子和队伍建设工作，全面加强党风廉政建设，切实为租赁公司经营发展提供政治保障。

金融服务与创新

2015年，金融产业围绕可持续发展，坚持“创新是企业发展的永恒主题和动力源泉”理念，以提升金融价值和服务集团发展为总目标，全面深化金融改革，不断推动管理、产品和服务创新，为金融产业加快转型升级、提升管控效能和提升行业竞争力创造了条件。

1. 管理创新

2015年，金融产业在产业管理、风险管理、对标管理等方面加快推进体制机制创新，产业和机构管理水平显著提升。一是深化金融改革。有序推进金融体制改革，对金融体制改革进行“顶层设计”，多次组织开展外部调研，结合当前内外部形势研究提出金融产业发展方向和定位并在此基础上进一步优化完善改革方案。二是完善金融绩效考核。以价值提升为目标，以转型升级为导向，科学设置金融产业各机构考核指标、权重并针对性制定配套考核细则。三是优化管控模式。资本控股公司、财务公司结合业务和服务开展需要，对内部部门设置架构和人员配置进行了针对性调整和升级，管理效率显著提升。四是强化金融创新研究。以对标管理常态化、外部调研广泛化、金融研究专业化为原则，开展年度、月度对标，组织实施信托、租赁、保险经纪专项对标；以信托行业股权转让、互联网金融、证券公司管控、信托刚兑调研为课题开展专题研究并形成研究报告，提出工作建议，为集团公司发展决策提供有力支撑。

2. 金融产品与服务创新

2015年，金融产业紧密结合市场需求和服务集团发展需要，进一步加大金融产品和服务创新力度，不断加速资质获取、丰富金融功能、优化业务流程，金融产业创效和服务能力得到显著提升。财务公司以“华电电票”为主要载体，以主机和煤炭采购为重点突破口，加强与三大主机设备制造商财务公司和神华销售公司的合作，已为11家成员单位向三大电气集团开出财务公司电票近200张，金额合计约16亿元。2015年为成员单位开立电票支付系统外煤款金额达3.22亿元，开创了金融服务新模式。积极推进薪资增值服务工作，探索员工薪资管理新路径和新方法；开发现金流量预算管理平台，为集团公司资金管理提供信息化支撑；信托公司获得特定目的信托受托人、信贷资产证券化、私募投资基金管理人等业务资格；加入保险资产管理协会，信保合作模式向全方位合作转变。全年新增信保合作规模超过240亿元，并以保险金信托为突破口切入家族信托；川财证券取得代销金融产品、私募基金综合托管业务等业务资格。不断整合资源，创新打造全业务链服务体系，业务收入类型由单一的债券业务收入转变为债券、股权、投资、产品管理费、财务顾问费等多种业务收入来源；经纪公司在财产统保的基础上，探索推广车险区域统保，完成集团系统21个区域车险统保协议签订，涉及车辆4200辆，保费3200万元。不断拓宽二次开发业务渠道，完成一批雇主责任险、货物运输险、营业中断险等业务安排。

金融风险管理

金融风险管理是金融产业保持健康、稳健和可持续发展的根本前提和重要保证。金融产业始终将风险管理作为核心工作常抓不懈。2015年，金融产业坚持非现场监测与现场检查并重、差别监管与重点监管并举、体系推进与日常监管并行的金融风险监管理念，不断丰富风控内涵，完善管理手段，优化管理流程，切实确保金融风险低位可控。

在全面风险管理体系建设和日常风险监管的基础上，结合经济走势调控监管重点，有序开张风控重点工作。一是健全管理体系。完成金融机构第二阶段建设成果评价并形成《全面风险管理体系第二阶段建设成效评价报告》，明确并督办第三阶段建设重点建设任务；制定《关于加强信托产品流动性支持监管的指导意见》，指导各金融机构制定《不良资产处置清收管理办法》和《风险项目业绩考核与奖惩管理办法》。二是强化风险项目管理。按季编制《重大投资风险监测报告》，组织对合规、风险问题进行督查整改；积极跟进资本控股公司、信托公司等风险项目兑付及处置进度，组织涉险机构落实责任分工，细化处置方案，明确完成时限，确保风险可控、在控。三是开展重大事项审查。严格履行重大事项审批职责，对金融机构重大投资项目以及投资计划、三会议案等事项进行审查。四是提升日常监管效能。规范风险数据报送格式及要求，按月编制《金融风险分析报告》，提出风险应对策略和管控建议；组织开展金融机构现场检查，形成检查报告并提出整改要求。

科工产业发展

科工产业改革发展思路

发展思路：坚持把创新摆在华电科工产业发展全局的核心位置；坚持把质量作为建设强大科工产业的生命线；坚持把可持续发展作为建设强大科工产业的重要着力点；坚持把结构调整作为建设强大科工产业的关键环节；坚持把人才作为建设强大科工产业的根本。

规划：紧密结合《中国制造2025》战略，聚焦主业，以创新发展为主题，以满足集团公司打造“三化一流”世界能源集团的需求为主攻目标，提高科工产业产品和服务综合集成水平，完善多层次多类型人才培养体系，促进产业转型升级，培育有华电特色的科工文化，实现由华电制造到华电创造的历史跨越。

核心业务整合

科工产业围绕打造世界一流能源集团及由“华电制造”向“华电创造”的愿景，开展了核心业务梳理整合。“中国华电工程（集团）有限公司”成功更名为“中国华电科工集团有限公司”（以下简称“华电科工”），华电科工围绕一流科工集团战略，积极推进业务整合和资源优化配置，统筹布局重工及高端制造、环保及新能源、电站投资建设等业务板块协同发展，核心业务的质量规模效益、行业领先地位和核心竞争能力不断提升。国电南自聚焦主业，梳理出电力自动化、工业自动化、信息化等核心专业，加大科研投入，国产励磁系统在国内最大 F 级燃机上成功应用、水电站“远程诊断”和“集中监控”两个平台开发工作实现集团公司预期目标，自动化保护专业重返行业领先地位。

工程项目开发

华电重工成功中标江苏滨海北区 10 万 kW 海上风电海工部分总承包项目，标志着海上风电工程综合实力已获得业界的充分认可；水处理分公司签订红沿河核电等 3 个海水淡化项目，在核电海水淡化领域实现“零”的突破；脱硝工程累计投运容量跃居国内行业第二位，火电和核电常规岛水处理工程市场占有率位居行业首位。承建集团公司脱硫、脱硝、湿除项目机组 89 台，总装机容量达到 910 多万千瓦，为集团公司煤电机组环保改造和“十二五”节能减排目标实现做出重要贡献；电站投资建设业务方面，华电科工作为电力行业唯一一家企业成功入围中国工业大奖候选名单，参建的江苏句容百万机组工程荣获国家优质工程金奖，总承包建设的江苏吴江项目、参建的新疆喀什项目等 5 项工程荣获 2015 年度中国电力优质工程奖。国电南自 1000kV 特高压监控系统和保护设备上全面取得突破，并获得 5 座新一代智能变电站订货业绩；配电系统实现辽宁、云南及陕西市场零突破；预装式变电站在国网预装式变电站招标中连续三次中标。华电江东天然气热电联产项目实现国产励磁系统在国内最大 F 级燃机上的应用，打破了国外产品在该专业领域的技术垄断。水电业务中标世界第四大水电站委内瑞拉古里水电站改造项目。轨道交通签订埃塞俄比亚铁路、郑徐客专等普铁的四电集成工程；京福高铁、吉图珲高铁、宁安高铁及淮安市有轨电车一期工程项目已正式运营。信息化业务中标秦山核电、中广核的信息系统等级保护测评项目，共完成近 70 家电力企业的等保测评及安全评估工作。

人才资源

华电重工股份有限公司、华电郑州机械设计研究院 2015 年成功创建“国家级博士后科研工作站”。华电科工共有 4 个博士后科研工作站，2 个院士工作站，与徐建中院士、金红光院士全面合作，企业配套团队 16 名。国电南自重新定位研究院职责，2015 年聘请了一批首席科学家，构建专业研发团队；“江苏省企业院士工作站”2015 年 7 月通过了验收。

获奖情况

截至 2015 年底，华电科工 11 项科技成果通过集团公司或行业协会成果评审，获得评审专家的高度评价；4 项集团公司重点科技项目顺利通过验收；9 项科技成果获得 2015 年度集团公司科技进步奖；2 项成果获得中电联首届中国电力创新奖。环保型超大储量数字化圆形料场系统顺利获批为北京市高新技术成果转化项目；燃气电厂低频噪声源头治理成套装备被列入《国家鼓励发展的重大环保技术装备目录》。国电南自获得集团公司科技进步一等奖 1 项、二等奖 1 项、三等奖 3 项；获得中国电力科学技术三等奖 2 项；获得江苏省科学技术三等奖 1 项（公示）；获得中国电力技术市场协会 2015 年电力企业科技创新体系建设成果一等奖。

"走出去"战略

境外投资项目

2015年，集团公司境外投资坚持建并结合的方针，在继续积极发展绿地项目的同时，加大并购力度，完成了印度嘉斯迈一期燃煤电站项目、塞尔维亚科温煤电一体化项目、柬埔寨维玛康水电项目、秘鲁圣玛利亚水电项目、印尼马拉堡二期燃煤电站项目、波兰乌达宁风电、印尼萨拉托加燃煤电站项目、土耳其AGAN燃煤电站项目等发起决策，参与澳大利亚太平洋水电并购项目的竞标工作，越南沿海二期项目商务结构优化后完成决策，有序推进印尼玻雅、罗马尼亚罗维纳里、塞尔维亚科温、孟加拉吉大港等火电项目的前期工作。截至2015年底，集团公司控股的境外在运装机容量92.2万kW，在建装机容量48.3万kW，核准待开工装机容量264万kW，项目主要分布在印尼、柬埔寨、俄罗斯、西班牙、加拿大、越南等国家。

对外工程承包

2015年，新签署了印尼西西拉水电项目总承包合同，进一步提高了系统外的项目比重。该项目位于印度尼西亚北苏门答腊省，总装机容量0.46万kW，总承包合同金额1104万美元。截至2015年底，已累计完成电站EPC合同金额14.58亿美元，装机容量126.7万kW。正在实施的电站EPC合同总额8881万美元，总装机容量为5.46万kW。已签署协议待开工EPC合同总额31.95亿美元，总装机容量264万kW。电站EPC业务开展区域主要在印尼、柬埔寨、越南等东南亚国家。

对外技术服务

2015年完成对外技术服务合同4个，合同总金额5434万元，总装机容量168万kW；新签合同4个，合同总金额为4458万元，总装机容量108万kW。截至2015年底，对外技术服务累计完成总装机容量2024.6万kW。正在执行的合同25项，服务总装机容量1413.29万kW。主要服务内容为电厂运营规程编写、人员培训、调试及试运营、商业运营等。项目主要分布于东南亚、南亚、拉美及非洲等区域。

此外，华电电力科学研究院、贵州乌江水电开发有限责任公司、山西和祥建通工程项目管理有限公司、北京华电万方管理体系认证中心等单位开展了境外电厂技术尽职调查、预可行性研究审查、工程监理、设备监造等业务服务，促进境外电厂技术服务业务不断迈向高端化、长期化。

国际贸易

2015年，完成国际贸易额1.42亿美元。其中，进口产品主要为煤炭，2015年度进口煤炭约35.6万t；出口产品主要为集团公司系统单位生产的电力自动化系统、保护装置、通信设备、翻车机、装船机、输煤系统设备、凝结水系统、补给水系统、污水处理系统以及其他电厂设备，出口目的地主要集中在亚洲、非洲、欧洲及大洋洲。

境外风险防控与公共安全管理

在积极拓展境外业务的同时，注重境外风险防控与公共安全管理。通过制定《国际业务前期风险管理办法》，形成层次分明、重点突出、梯次递进的国别风险清单和评价标准，2015年，先后对印度、塞尔维亚等国家的13个项目进行了发起或立项决策阶段的风险审查，对多个项目的重点商务合同进行合规审查。承担国家能源局《"一带一路"电力能源合作研究》课题，构建了具有华电特色的国别风险和市场机遇评价模型，为集团公司"两片一链"国际化经营战略提供支撑的同时，着手树立集团公司在该领域的品牌。参与国务院国资委《“一带一路”国别风险和安保体系研究》，丰富和宣传华电安全管理方法。建立健全境外风险动态预警机制、突发风险信息沟通机制，年内对印度等9个国家疫情灾害、社会动乱等及时发布风险提示。组织主要涉外单位开展境外突发事件应急预案整改，并进行抽查演练，切实增强了应急预案可操作性和相关人员的工作熟悉度。

五、经 营 管 理

综合计划与统计管理

投资计划管理

优化投资安排，加快结构调整。已核准在建的火电项目原则上按照合理工期安排投资，优先保证投产项目投资需求。燃机、分布式等气电项目要结合天然气价格调整及供需情况，合理把握开工时机，严格开工决策备案管理，原则上项目开工必须满足电价落实且具有较好的预期收益。水电项目要结合配套送出、市场消纳等因素，把握建设和开工节奏。为提高清洁能源比重，根据国家已出台的风电价格调整方案，对已核准且电价明确下调的三类区域的风电项目要统筹安排投资、确保投产，并力争均衡投产。审慎推进煤炭类项目投资，严格管理程序，投资计划安排重点以确保煤矿安全生产、提高煤矿管理水平为导向安排投资。

动态管理，合理控制投资规模。年度投资计划分为首批下达计划和预安排计划，原则上首批下达计划项目必须为外部审批程序齐全、内部决策程序完善且具有良好预期收益以及重点战略性项目，重点战略性项目原则上为大型流域水电、重点煤电等；凡外部审批程序（核准）、内部决策程序（立项、开工备案）暂不完善的项目列入预安排计划。进一步加强投资监控，加大计划执行跟踪分析，充分发挥审计监督、统计监督和财务监控的作用，规避投资风险。继续将投资计划纳入各单位年度绩效考核管理。

2015年，各类投资项目基本按照年度计划有序推进，投资规模和项目建设进展可控，全年共下达6批投资计划612亿元，实际完成600亿元，完成率98.1%，投资管控基本正常。

综合统计管理

全面、及时、准确完成各项定期统计报表。对内统计报表方面，全面完成了集团公司生产月报及投资月报、五大集团公司共享信息等统计工作，为集团公司领导全面了解系统生产情况，及时决策提供参考；完成《2015年度华电集团公司统计资料提要》《2015年华电集团公司统计年报汇编》的审核、汇总等工作。对外统计报送工作方面，按照国家能源局、国务院国资委、中电联、煤炭协会等上级部门和相关统计协会的要求，及时、准确完成2015年统计年报和2016年定期统计调查任务，及时准确完成上级部门布置的各项统计调查工作。

加强统计分析，提高统计服务水平。定期收集电力行业、其他电力集团有关国民经济、电力生产、行业发展和煤矿产能、产量等方面的统计信息，不断扩大信息收集种类，涵盖范围，完善五大集团公司共享信息涵盖内容，为集团公司投资、生产经营决策提供更有价值的信息服务。不断完善统计信息系统建设，定期查找问题，更新系统，根据生产经营管理要求，优化统计指标设置，完善指标计算方法和统计口径。系统设置更灵活，各产业部门和职能部门可以共享统计数据，并根据管理需求自行设置统计口径，满足管理工作需求。

财　务　管　理

概　　述

2015年，集团公司完成销售收入1975.6亿元，同比下降6.76%；实现利润254.8亿元，同比增长23.8%；实现净利润189.2亿元，同比增长21.5%；实现母公司净利润76.2亿元，同比增长13.8%；上缴利税448.1亿元，同比增长17.8%；净资产收益率14.4%，同比提高0.8个百分点；归属于母公司净资产收益率15.8%，同比下降0.6个百分点；资产负债率81.57%，同比降低1.61个百分点。集团公司利润总额、净利润、净资产收益率、国有资产保值增值率等主要经营指标继续保持同类型企业前列。

全面预算管理

开展保增长专题活动。按国务院国资委要求，成立专项工作领导小组和工作小组，确定确保目标和争取目标，并从坚定信心、市场开拓、精益化管理、成本费用控制、资金资产负债管控、资源配置、低效无效资产处置、亏损治理、安全生产、科技创新、依法治企等11个方面提出了保增长具体措施。

全面开展亏损企业专项治理工作。从市场和政策两方面入手，从日常经营和资本运作两方面着眼，组织开展“降本增效、提质升级”主题活动，成立增收节支专项工作领导小组和工作小组，制定增收节支实施方案，按“一企一策”要求，组织开展亏损企业专项治理工作，加大资不抵债累计亏损企业止血工作力度。其中，山西能源公司被纳入国资委重点减亏企业名单，减亏成效明显，陕西蒲城电厂获得5亿元国有资本预算支持。

推进“两金”专项清理工作。根据国务院国资委要求，结合板块实际情况制定“两金”清理总体原则和目标：有定额管理的压降到定额内；未制定定额标准的，2015年压降7.5%～10%，2016年压降15%～20%，或者达到同行业对标先进水平；电厂流动资产周转率提高0.5次，截至2015年底，“两金”清理成效明显。

资金的优化配置与管控

（1）提升资金精益管理手段。完成周资金预算系统开发和上线运行，系统使用覆盖集团公司所有单位；完成带息债务网络台账管理系统设计和实施商选定工作、开发和上线试运行。

（2）加强集团公司总部融资管理工作。修订2015年度总部融资计划，安排年度资金运用方案，按月组织编制总部现金流量预算，不断降低资金备付，提升资金管理精细度。截至2015年末，集团公司总部负债710亿元，其中：直接融资490亿元、间接融资165亿元、结算中心余额54.8亿元。

（3）通过结算中心发放委托贷款等资金运作手段降低集团公司总部税负。集团公司总部对下委托贷款余额为390亿元，其中统借统还资金余额为283亿元，节约营业税6000万元，结算中心日均归集资金64.2亿元，节省所得税支出7000万元。

（4）发挥集团公司总部优势，统筹债券发行。2015年，向有关单位分配债券额度1151亿元，集团公司系统发行债券978亿元。截至2015年底，存续债券余额1012亿元，其中：短融115亿元，超短融530亿元，企业债亿38元，中票144亿元，私募债135亿元，金融债10亿元，公司债20亿元，永续债20亿元。

债务风险管理

（1）实行负债规模和负债率双控管理。按照国务院国资委要求，在2015年初对所有二级单位负债率按区间设定了下降目标，并通过投资计划的滚动下达对二级单位资产负债率实施动态管控；修订资产负债率考核管理办法，将资产负债率指标纳入企业业绩考核，从完成情况和预算准确率两方面进行考核。集团公司资产负债率管控工作成效明显，负债率连续7年下降，为集团公司“十三五”资产负债率控制在80%以内奠定了坚实的基础。

（2）加强债务动态管理与到期资金监控。按月做好集团公司系统债务变动的分析与监测工作，对债务来源、期限、种类及资金投向进行分析，监控还款资金来源情况，对到期借款偿还困难、融资成本上升较快、资金接续存在问题的单位予以重点关注，并根据情况采取措施予以协调解决，保障集团公司系统资金安全和信用安全。

（3）强化规范担保管理。按照“风险可控、优化配置、有偿使用”的原则，严控新增对外担保、压降以前年度存续对外担保。为海外项目、煤矿、经营困难火电企业提供融资担保，保障其资金正常周转。完善海外项目融资担保论证和决策程序，做好投资跟踪监督工作，支持集团“走出去”战略的实施。

内控机制建设和监督检查

（1）开展内控体系建立健全与运行实施工作。按照集团公司关于全面深化改革和依法治企的工作要求，推进内部控制与风险管理顶层设计，研究制定全面风险管理与内部控制制度，为所属单位开展相关工作提供指引。华电国际、华电煤业、黔源电力等试点单位，通过运行调整、强化执行保障和完善监督评价等措施，进一步完善优化内控体系，建立健全各管理领域管控措施。

（2）强化财务监督职能，开展财务稽查。印发财务稽查工作指引和指南，组织稽查培训，制定稽查方案，组织中介机构对江苏、贵州等4个区域公司开展现场稽查，梳理145个自查报告，编制总体稽查报告，推进企业合规经营管理，推动企业领导人员依法治企。

（3）配合国务院国资委监事会做好监督检查工作。

财税政策研究与补贴争取

对二级企业和基层企业开展财税工作自查，督促企业做好财税工作组织、财税筹划，降低企业涉税风险。组成6个查评工作组赴66家企业开展财税工作整改查评，暴露问题、督导整改，为国家税务总局税务大数据检查活动排查隐患、夯实基础。

开展财税政策专项研究工作，2015年重点研究营改增政策对集团公司系统的影响，印发政策解读，指导基层企业针对性开展税务筹划工作。

财务预决算工作

编制2016年财务预算上报国务院国资委。按照“二下二上、先下后上”的年度预算编制流程，结合集团公司“十三五”战略规划及管理体制变动与管理需求，以提升经济效益和控制资产负债率为重点，以战略引领、资源优化，价值导向、效益优先，对标先进、管理提升，统筹协调、风险可控为原则，编制集团公司2016年财务预算，确定2016年利润和资产负债率、投资规模和权益资金目标。

组织完成700家企业2014年度财务决算工作，协调处理决算重大事项。每月准时完成800户子企业1000项指标的财务快报编报工作，按时提供分析报表。

财会基础工作

（1）完善集团公司系统财务管理制度体系。根据中央巡视组巡视整改要求，完成了投资资金预算、重大并购资金、重大煤炭采购预付款管理等制度的制定，明晰资金业务操作流程。

（2）开展会计核算质量提升工作。编制集团公司煤矿企业会计核算指南，制定核算指南工作推进方案，督导煤矿企业落实，提升煤矿企业会计核算工作质量。

（3）加强前期项目费用和项目竣工决算管理。组织前期项目单位规范设置财务账套，按月报送相关报表，强化前期项目财务核算管理；将项目竣工决算完成情况与星级企业评选和评先评优、业绩考核挂钩，有效提升项目竣工决算工作的时效性。

财务信息化

稳步推进财务信息化工作。完成全面预算管

理信息化系统招标和合同签订；推进 ERP 建设，参与火电、水电、燃料、PMIS 等推进组对推广单位的运行评价；指导福新公司推进财务共享服务中心建设工作；在江苏望亭电厂开展资产设备账卡物联动工作试点，制订设备和固定资产目录，组织开发 SAP 系统。

财会队伍建设

强化财会专业“门槛”要求。对 124 名 2015 年入职的财务人员进行了岗前专业知识、职业道德培训和考核，不合格不予定岗。

与上海国家会计学院联合举办财务干部管理培训班，采用外聘名师和内部讲解的方式，对 284 名基层企业财务负责人、98 名基层企业负责人进行财务专题培训；选派 6 名二级单位总会计师参加国管局组织的总会计师素质提升工程。

加大财会领军人物的培养力度，2015 年共有 1 人入选财政部会计领军人物，1 人入选中央国家机关财会领军人物，14 人入选集团公司“千人计划”。

管理创新与对标

对标管理

2015 年，研究制定了《中国华电集团公司对标管理暂行办法》，发布了《中国华电集团公司对标指标体系（2015 版）》，确定了 2015 年对标指标体系共包含两大类 10 组共 59 项指标，对标管理体系试运行工作全面启动。编制发布了《中国华电集团公司 2015 年上半年对标管理体系试运行情况通报》《中国华电集团公司 2015 年前三季度对标指标情况通报》，标志着集团公司初步建立了发电板块对标平台和对标体系，并打通了区域公司的对标路径，逐步建立起对标工作常态机制。在此基础上，对 2014 年度五大发电集团公司经营发展业绩情况进行了对标分析研究，形成了《五大发电集团公司 2014 年业绩对标报告》，系统地分析集团公司在行业竞争中存在的优势与劣势，查找短板，找出差距，为制定切实有效的措施，加快建设世界一流企业集团提供支持。

管理创新

根据《中国华电集团公司管理创新成果管理办法》，首次在集团公司系统组织开展管理创新项目征集、选题和立项工作，下发了《中国华电集团公司 2015 年管理创新项目计划》，确定了 10 项重大项目和 200 项一般项目。对集团公司系统上报的 2015 年 175 项成果进行了初评，共选出 81 项成果参加集中评审，2015 年 5 月 19～20 日，召开了集团公司管理创新成果评审会，聘请了由中电联、五大发电集团公司等单位外部专家和集团公司有关部门人员组成的专家组，共评审出一等奖 12 项、二等奖 18 项、三等奖 25 项，共计 55 项，并对获奖成果进行了表彰、颁发了获奖证书。

在集团公司评审的基础上，坚持优中选优，选出优秀成果向中电联、中企联等单位进行了推荐，组织申报电力行业、全国企业管理现代化创新成果。2015 年，集团公司系统共有 16 项成果获全国电力行业企业管理创新优秀成果，其中一等奖 5 项，二等奖 11 项，获奖成果数量居五大发电集团公司第一。积极组织参加 2015 年度全国电力企业管理创新论文大赛，集团公司系统共有 18 篇论文获得一等奖，企法部荣获优秀组织单位。

资 本 运 营

上市公司权益融资

2015 年 8 月，圆满完成华电国际非公开发行 10.56 亿元股 A 股股票工作，增发价格 6.77 元/股，募集资金总额 71.47 亿元，降低集团公司资产负债率 0.77 个百分点，是华电国际历史上发行价格最高、募集资金最多的一次权益融资。此次发行正值 A 股市场经历股灾暴跌之际，依靠集团公司资产注入工作的有力支撑，凭借华电国际盈利处于历史最好时期的坚实基础，抢抓有利时间窗口，圆满完成了发行工作。

资 产 重 组

（1）实施东北区域重大资产重组方案。方案主要内容为：集团公司将辽宁华电铁岭发电有限公司（以下简称“铁岭公司”）51% 股权转让给华电能源，华电能源与铁岭公司另一股东方辽宁能源投资（集团）有限责任公司再以持有的铁岭公司股权认购金山股份新增发行股份。历经一年多时间，该方案最终获得国资委、证监会核准，同时通过了华电能源、金山股份两个上市公司股东大会的批准，解决了困扰集团公司近 10 年之久的华电能源股改历史承诺和东北地区同业竞争问题，增强了对金山股份的控制力，加强了与地方政府的合作，实现了多方共赢。

（2）集团公司将持有的华电湖北发电有限公司 82.5627% 股权协议转让给华电国际，集团公司取得资金 41.5 亿元。在半年时间内，高效解决了包括房产土地权属完善、合并报表、资产剥离、诉讼事项等诸多问题，最终于 2015 年 7 月 1 日完成资产交割，为华电国际 A 股成功增发奠定了坚实基础。

低效无效资产处置

2015 年，集团公司成功处置北京华安泰投资有限公司 100% 股权、深圳市龙电电气有限公司 82% 股权等 29 项低效无效资产，收回资金 27.96 亿元，处置价格较账面价值增值 54.30%，实现了国有资产保值增值。

产 权 管 理

（1）集团公司产权登记工作得到了国资委的认可。在国务院国资委现场核查的 30 户中央企业中，集团公司近三年产权登记事项登记准确率为 100%，取得了最好的成绩。

（2）为进一步提高资产评估工作质量，将评估机构备选库中的 32 家机构调整为 18 家，删除了 14 家综合实力弱、报告问题多的评估机构。

（3）进一步加强和规范三会管理，2015 年共完成 76 次二级公司制企业“三会”协调审核。

资 产 并 购

（1）完成陕西公司和泛海能源合作开发红墩界煤电一体化谈判，实现了陕西公司控股开发红墩界 2×66 万 kW 电厂项目。

（2）完成河北张家口围场等风电项目收购，收购核准风电装机容量 20 万 kW。

市 场 营 销

电 量 管 理

（1）积极参与市场竞争，提高市场占有率。集团公司营销系统积极参与市场竞争，市场电量超过 400 亿 kW·h，占总发电量的 7%。在 17 个开展市场交易的省区中有 12 个省区市场电量占有率超过平均水平，山东、内蒙古、湖北市场电量占有率分别超过平均水平 8.1%、3.2%、2.45%，煤机设备利用小时超过“三同”45h。湖南公司创造性开展大用户争取工作，协商中国联通公司华中数据服务中心落户湖南，未来 3 年，直供电量将增加 18 亿 kW·h。

（2）加强水电优化调度。集团公司水电 2015 年初蓄能达到 80 亿 kW·h 的历史高位，按照枯水期控制高水位、丰水期提前腾库降水位的原则，开展优化调度工作，在来水同比下降 13% 的情况下，集团公司水电发电量同比增长 16%，具有调节能力的主要水库均未发生弃水。贵州水电优化调度年完成发电量 412 亿 kW·h，同比增长 14.6%，为集团公司做出重要贡献。

（3）深入开展电量优化工作，促进节能增效。面对利用小时下滑的不利形势，大力开展多层次的电量优化工作，实现电量优化转移超过 100 亿 kW·h，增加发电收益 6 亿元。四川、云南水电代发火电电量 20 亿 kW·h，江苏、湖北等地区开展高效火电代发小火电电量超过 80 亿 kW·h，四川、江苏等省区向系统外优化转移电量 40 亿 kW·h。甘肃和湖北通过多方协调取得风（光）火置换电量 2 亿 kW·h，实现了全国首例跨区风光电替代火电发电，增加效益 1.2 亿元。

（4）开展电量攻关，抢发电量。集团公司营销系统分别在 2015 年 5 月和 10 月开展了两次以追赶“三同”为目标的电量攻关行动。

（5）有序开展应对电力体制改革工作。创新管理体制和机制，提前开展适应市场化竞争的体制机制建设工作。完成了蒙能公司区域一体化营销体系建设方案和售电公司筹建准备，并在其他先期开展市场化改革试点的地区，以及装机规模大、对集团公司经营效益有重大影响的山东、江苏等区域全面推进市场营销管理体制和机制建设。各区域公司基本完成了专职营销部门的组建和人员配备工作，初步搭建了区域一体化营销平台的框架，蒙能公司和乌江公司完成售电公司工商注册，其他区域成立了售电公司筹备组，售电业务准备工作有序开展。

（6）开展大用户调查建档工作。指导各区域公司提早开展用户摸底调查，建立用户档案，排查筛选潜在优质用户，开展协商和谈判，取得了重要进展；河南、安徽等区域也筛选了优质用户，确立了合作意向，为下一步迎接市场化挑战，提高市场占有率奠定了基础。

电、热价格管理

（1）积极应对煤电价格联动，取得成效。高度关注煤电价格联动动向，加强与有关部门的沟通和协调，提前布置调价准备工作。

（2）疏导解决电价矛盾。燃机电价矛盾得到较好疏导，平均电价得到提高。

（3）争取核定新投产水电电价，四川、云南等水电大省建立并出台水电电价形成机制实施细则，梨园水电站电价按照上浮一挡核定。

（4）研究能源价格改革，应对电价市场化改革。研究煤电价格联动、可再生能源电价、燃机电价和环保电价等形成机制，为争取政策奠定基础；研究配售电市场和输配电价，统计分析销售电价，了解工商业和大工业用电价格情况，为开展大用户直供电交易和将来占有售电侧市场做好准备；分析集团公司各类发电机组成本、价格和盈亏平衡，指导各单位参与市场竞争。

推进供热板块化管理

2015 年，集团公司召开了供热工作现场会，为深入贯彻供热现场会精神，落实供热经营工作精益化管理要求，首次开展了2014年度供热企业经营查评工作，编制下发了《中国华电集团公司开拓热力市场指导意见》和《中国华电集团公司进一步推进供热板块化管理的指导意见》。

（1）首次开展了供热企业经营查评。依据《中国华电集团公司供热企业经营工作评价标准（试行）》，进行了供热经营查评工作。通过组织区域内自查评、区域间互查评和专家组现场查评三个阶段，历时5个月对集团公司系统20个区域、69家供热企业完成了查评，发现了供热经营中的问题，提出整改意见和建议，形成了集团公司查评总报告和各区域查评分报告，并在集团公司系统进行通报。

（2）摸底盘点公司系统热力市场开发潜力。下发了《关于上报2015年热力市场开拓方案和措施的通知》，根据各区域公司上报情况，对集团公司系统供热企业基本情况、供热能力与设计水平差距以及下半年热力市场开拓潜力进行摸底盘点，形成《关于2015年热力市场开拓有关情况的汇报》，提出努力开拓热力市场，健全供热经营精益化管理体系，提高供热业务贡献度的工作重点。

（3）出台了《中国华电集团公司开拓热力市场指导意见》，针对目前供热经营中存在的问题，提出大力开拓热力市场的指导思想和基本原则，从超前规划、优化结构、以量补价、电热兼顾、加强考核等方面提出了具体工作方案和措施。

（4）出台了《中国华电集团公司进一步推进供热板块化管理的指导意见》。组织召开关于进一步推进供热板块化管理座谈会和召开征求意见会议，经过两轮对集团公司总部各相关部门、各主要二级单位和部分三级企业研讨，编制完成《中国华电集团公司进一步推进供热板块化管理的指导意见》，从规划引领，超前布局；板块管理，提质增效；夯实基础，保障安全；完善指标，构建体系；建立机制，有效激励；提升服务，创立品牌等六个方面提出了供热板块化管理的工作目标和保障措施。

电热费回收

2015年，电热欠费回收整体平稳，电热费回收率完成99.19%。针对电力市场改革过程中电热费欠费额不断增加的问题，分析欠费原因，制定回收措施。向国家发展改革委、财政部反映可再生能源电价附加欠费情况，解决了2012年以前的欠费。督导各二级单位加大力度回收，有效处理陈欠电热费，降低欠费额。

燃料管理

完善燃料管理体制机制

2015年，根据燃料体制改革方案，完成燃料中心的建设并启动运转，提升下水煤及自产煤协调力度，指导各单位依据市场变化调整采购策略。深化燃料管理体制改革过程中，坚持价值思维和全局统筹的管理理念，保持燃料管理“体制稳固、机制灵活”的特点。各单位按照集团公司“三级管控”的管理体制开展燃料管理工作，各层级间做到责任压力到位、能动性加强，同时通过改革实现因地制宜的差异化管理，达到提升燃料管理水平、控制电煤采购成本的目标。

燃料供应

2015年，集团公司累计采购电煤1.69亿t，同比减少2797.32万t。入厂热值完成19.18MJ/kg，比上年上升0.39MJ/kg。2015年，电煤采购工作在保障电煤供应的同时优先采购自产煤，促进集团公司煤电板块的协同发展，全年采购自产煤1824万t，同比增加587万t，完成年度计划内销量的91%，按年度实际商品煤产量全年内销率为44.1%；按年度计划商品煤产量全年内销率51.2%。

电厂燃料管理

市场管控两手硬，降本增效成效显著。落实燃料采购管理体制改革方案，强化电煤采购管理日常工作机制，坚持月度工作协调机制，坚持下水煤及自产煤的专项协调机制。大力推进电煤“阳光采购”活动，开展燃料采购管理专项监督检查工作。全面推广入厂煤标准化实验室建设，45家电厂通过了国家评定认可委（CNAS）评审，25家单位通过了集团公司级实验室评审验收，全系统占比87%。举办第三次燃料采制化技能大赛，开展燃料智能化验收试点工作，组织召开入厂煤验收智能化建设现场会。强化煤质抽检、人员培训工作，完成952人次业务培训工作。加强燃料信息系统建设，第一批完成燃料与ERP集成的区域为江苏、内蒙古、贵州。以电煤对标加强监督评价，促进电煤采购和管理双提升。

物资采购管理

采购管理

（1）构建三级管控体系。在乌江公司、江苏公司等设有物资部，华电国际、华电能源等设有区域物资公司的基础上，在金山、四川、云南、新疆等区域设立物资管理部门，在湖北、陕西、内蒙古、西藏等区域建立区域物资公司，其他区域公司均明确了履行采购与物资管理职责的部门，初步搭建了“集团—二级—基层”三级采购与物资管理体系。

（2）加强采购过程管理。组织召开了24次集团公司采购领导小组会议，根据审议情况下发了采购领导小组会议纪要。集团公司采购领导小组每月定期召开两次例会，大大缩短了采购周期。加强采购规范性、合法性管理，强化了采购工作的过程管理，严格事前、事中管控，采购效率显著提高。2015年，集团公司直接管理范围内的采购中标金额392.74亿元，节约资金74.53亿元，节资率15.95%。

（3）持续深化行业对标。按照国务院国资委关于采购管理专项提升工作要求，将采购管理对标作为建立采购管理提升长效机制的重要措施来抓，对集团公司系统采购管理对标工作进行了再部署、再深化，进一步明确了以国务院国资委“优秀”指标为提升目标，制定了专项提升计划和具体落实措施，促进了集团公司系统采购与物资管理水平持续提升。在2015年度国务院国资委发布的央企采购管理提升对标指标中，集团公司整体指标在同类型企业中处于中上游水平。

（4）开展大宗物资集采。深入开展重要大宗物资集中采购，切实发挥了集约优势。充分发挥打捆和框架招标优势，组织光伏组件框架招标、风机主机打捆招标、电缆框架协议询价采购、进口阀门竞争性谈判等集中采购。华电国际、乌江公司、江苏公司、华电能源等二级单位开展石灰石、酸碱等大宗物资集中采购，平均节资率约15%。通过发挥两级集中采购平台作用，集中采购的优势和效益进一步凸显。集中采购率呈现出逐年上升的良好态势，2015年度集团公司集中采购率达到76%。

（5）积极推行上网采购。整合内部市场和资源，把集团公司电子商务平台的推广应用作为集团公司系统提高招标和采购效率、降低采购成本的重要平台。定期下发应用情况通报，开展各级上网采购培训。完成了电子商务平台与集团公司ERP系统的集成，在ERP上线单位实现了采购过程全流程电子化。电子采购水平不断提高，上网采购率稳步上升。2015年共有351458项物资实施了电子采购，同比增长8.16%，完成交易物资239818项，采购金额122.23亿元，同比增长203%，年度网上交易总额392亿元，同比增长35%。

（6）培育集团优质供应商。继续推进供应商管理工作。2015年，共有7541家供应商申请加入集团公司供应商网络，系统各单位共审批通过4013家供应商（包含16567个产品目录）；系统各单位对交易供应商就“服务、质量、交货时间、价格”等方面做了48111次履约评价工作。组织了2015年度供应商年度评审工作，系统各单位对交易供应商进行综合评价，所有评价数据均及时同步到供应商评价系统中，为各单位采购选择供应商提供了依据。完成了火电、水电新能源、煤矿、煤化工、路港等供应商类型的产品目录及评价指标审查工作。

（7）开展多种形式培训。组织举办了集团公司2015年第一期采购管理培训班，来自集团公司有关部门、二级单位的采购管理人员、监督管理人员，共196人参加了培训。组织举办集团公司供应商管理及评价系统视频培训，来自集团公司系统的259家单位，共1135人参加了培训。

物 资 管 理

（1）开展库存对标，库存资金占用明显下降。组织开展集团公司库存对标工作，通过库存对标，形成集团公司、二级单位和基层企业的三级物资库存对标管理体系，促进各级企业不断优化库存结构，降低库存资金占用。对集团公司备品备件情况、库存情况进行专题研究。通过电厂与设备制造厂家物资寄售、备件联储，系统各单位库存结构得到进一步优化。

（2）开展联合联储，有效降低资金占用。组织开展华电能源300MW机组与哈电集团、华电国际300MW机组与上电集团联储。安排启动了华电国际600MW机组内部联储。牵头编制了跨集团1000MW机组与东汽集团联储汽机清册，并和其他集团一起与东汽集团进行了谈判。通过开展二级单位和各基层发电企业的备件联储工作，既保证了备品备件的质量和及时供应，又大大降低各电厂的备品备件储备资金占用。

内 部 审 计

内外部审计巡视问题整改

（1）完成审计署2013年度财务收支审计结果整改情况公告。按照审计署统一部署，集团公司于2015年6月28日在公司网站对外发布了《2013年度财务收支审计结果整改情况公告》，通过采取“签订审计整改责任书”“挂牌督办”“对账销号”“零报告制”等有效措施，并完善长效机制建设规范管理，集团公司已基本完成审计署对外公告中涉及的问题整改工作，整改工作得到国家审计署的充分肯定。

（2）积极督导落实国家审计整改。组织召开审计整改协调会，如期完成审计报告和审计决定意见反馈工作。针对审计署报告指出问题，分类梳理分析，建立整改台账，挂牌督办。能够立即整改的问题，责成相关单位立即整改到位。事实已难以纠正的问题，通过建立长效机制，严格规范管理程序，杜绝类似问题再次发生。正在整改中的问题，自上而下建立公司领导挂牌督办、职能部门牵头整改、责任单位具体落实、审计部门协调督促的整改责任体系，以签字背书的形式，逐一明确责任人、整改目标和整改完成时限，与7家二级单位签订了8个问题审计整改责任书进行挂牌督办，进一步提升了审计整改工作效果。针对审计署指出的问题，按照集团公司内部管理规定，组织二级单位对六个审计问题进行事实还原，梳理重要节点和关键责任人，依法依规依纪落实责任，为集团公司党组纪检组处理处罚提供依据。

（3）建立内部审计发现问题整改的长效机制。根据《国务院关于加强审计工作的意见》（国发〔2014〕48号）和《党政主要领导干部和国有企业领导人员经济责任审计规定实施细则》等有关规定，审计部出台了《中国华电集团公司审计发现问题整改工作考核办法》，并将审计发现问题整改工作纳入二级单位和总部绩效考核。

制定审计发展规划

按照党中央、国务院以及国务院国资委关于加强审计工作、深化审计转型发展、推动企业做强做优的要求，结合集团公司建设世界一流企业集团和自身发展的内在需要，起草完成了《中国华电集团公司2015~2020年审计工作发展规划》，进一步完善“三级管控、两级审计、区域派驻、下审一级”的审计监督体系，持续创新审计工作机制，努力开创内部审计工作新局面。印发了《中国华电集团公司关于贯彻落实中央企业内部审计工作会议精神的若干意见》，结合集团公司有关实际，提出切实转变内部审计观念、加强和改善二级审计工作体制机制建设、坚持问题导向，加强对重大经营事项的专项审计，开展内部控制审计评价、实现企业领导人员经济责任审计全覆盖等具体措施意见，为企业实现内部审计转型升级和持续健康发展提供优质监督服务。

完善领导人员经济责任审计

根据国家七部委联合印发的《党政主要领导干部和国有企业领导人员经济责任审计规定实施细则》规定，按照“谁任命、谁审计”和“离任必审”原则，按时完成山东公司、陕西公司、金中公司、乌江公司、资本控股公司、经纪公司等14家单位原领导人员的任期经济责任审计。审计资产总量2026.97亿元，提出审计意见76条，提出审计建议13条。重点审计评价领导人员履职尽责情况，做到功过是非明确，定性科学，责任清晰，为纪检监察、组织人事等部门干部考核、任命和奖惩提供可信、可用、可靠的审计结果。

开展专项审计

围绕企业经营发展重点环节，组织开展了对山东潍坊、贵州大方、新疆乌鲁木齐热电厂的资金管理专项审计，揭示了目前集团公司资金管理存在的共性和个性问题，对集团公司和有关基层单位提出了意见和建议。按照公司领导要求对华电能源有关事项进行了专项审计核查，向公司领导提交了核查报告，揭示了存在的风险，提出了建议。对华电煤业甘肃万胜煤矿对华电煤业甘肃万胜煤矿进行基建专项审计，对肖家洼等3家煤矿企业工程建设其他费用进行了审计。对总部机关和北京华滨物业管理有限公司（原华电科贸有限责任公司）的财务收支情况进行了专项审计。

审计队伍建设

（1）总部审计力量得到加强。经过深入调研，向集团公司领导提交了《华电集团审计队伍建设现状分析及建议》《关于中国华电集团公司总部审计队伍情况的汇报》，集团公司人事部发文调整了审计部及派驻审计机构人员编制。集团公司通过在系统内公推遴选总部部分空缺岗位人选，为审计部配齐了基建审计处处长、经营审计处副处长岗位，充实了总部审计力量。

（2）调研派驻区域审计处人员选配情况。2015年，集团公司6个派驻区域审计处人员编制从18人调整为30人，为落实程总在2015年审计工作会议提出的“2015年底，要确保已批复审计定编人员到位，特别是总部和派驻区域审计处人员要尽快到位”的要求，审计部持续与集团公司人事部、人资部以及华电能源、山东公司、四川公司、福建公司、陕西公司、湖北公司沟通协调，力争人员早日到位。先后山东、四川、福建、湖北、陕西分别与各区域公司主要负责人进行了落实。起草了《关于派驻区域审计处人员选配情况的报告》，并协调福建公司人事部门起草了《在福建公司系统内公开招聘集团公司驻福州审计处空缺岗位人选方案》，经与集团公司人事部协商一致后发布了招聘公告。

（3）开展校园招聘。审计部指派专人随集团公司校园招聘组赴中央财经大学、上海财经大学、中南财经政法大学等高校进行宣讲、招聘，要求国家统招研究生及以上学历应届毕业生，完成规定学业并获得相应学历、学位，本专业综合成绩优秀；服从工作安排，有较强的奉献精神和团队协作精神，愿意为集团公司内部审计事业发展贡献力量；身体健康；985或211高校、担任学生会干部或班干部、有一定工作经历且表现突出的优先考虑。确保总部和派驻区域审计处人员尽快到位，为将来审计工作储备高素质人才。

（4）选派人员参加审计署审计。应审计署要求，审计部选派2名审计派驻处同志参加审计署组织的项目审计，历时3个月，使年轻审计人员得到一次难得的实战锻炼机会，收获了宝贵的工作经验。通过这种以审代培方式，广泛学习和借鉴了国家审计的先进理念、方法和手段，实现了既锻炼队伍又学到真经的双重功效。

六、科技与环保

综　　述

概　　述

2015年，集团公司认真贯彻落实国家生态文明建设和创新驱动发展战略要求，坚持科技环保与经营发展协调同步，深入创建国家创新型企业，打造建设现代化、市场化、国际化的世界一流企业集团，科技环保工作取得了明显成效。

科　技　工　作

科技支撑体系建设

为加强科技引领以及创新驱动发展，成立了集团公司科技委员会，并研究提出了科研总院和电科院整合方案和科技工作改革建议，聚合集团公司系统科技资源，提高集团公司科研创新能力，强化科技支撑体系建设。2015年，集团公司拥有火电发电系统能效检测技术实验平台、生物质高效制备及综合利用技术研发（实验）中心、国家能源分布式能源技术研发中心等国家级研发机构4个。2015年，集团公司共安排科技项目（技术标准）266项，研发资金29.63亿元，研发强度达到1.4%。

重大科学技术创新

“国家能源分布式能源技术研发（实验）中心系统测试技术研究室三期”研发平台在国家发展改革委立项，获得能源自主创新专项经费1209万元。“大型电站冷源节能创新研究与示范”项目取得第二批高新技术产业补助资金700万元。“甲醇制芳烃工业化”等国家级课题的研发稳步推进，拥有华电核心技术和自主知识产权的多相流分离技术、燃煤污染物超低排放技术初步进行了推广应用，“高效分离技术深度控制燃煤电厂大气污染物排放的研究应用”科技示范项目完成建设。

科技成果评审与验收

2015年，集团公司组织完成了47项科技成果的评审和30项重点科技项目的验收工作，取得一批科技成果。涌现出“新一代四卷筒抓斗卸船机”“1000MW超超临界机组大型分散控制系统”等一批具有重要影响力和推广应用价值的科技成果。

科技进步奖励

（1）集团公司科技进步奖。2015年，共有47个项目获得集团公司科技进步奖。“基于现场节能剖析和部件特性的可交互式节能监控平台”等4项成果为一等奖，“脱硝系统液氨排放方法研究及消纳装置的研制与应用”等16项成果为二等奖，“基于给水泵密封水改造的1000MW机组凝结水系统节能优化研究与应用”等27项成果为三等奖。

（2）获得行业内奖项。2015年，集团公司完成推荐35项成果申报中国电力科技进步奖、中国电力创新奖、国家能源软科学研究成果奖、水力发电科技奖及电力职工技术成果奖等，获得一等奖1项、二等奖3项、三等奖8项。集团公司被国家工信部批准成为第二批“互联网与工业融合创新试点企业”，国电南自等4家企业成为第二批“两化融合管理体系贯标试点企业”。黄湘、周铁梁等6人获中国电机工程学会“中国电力优秀科技工作者奖”及“中国电力优秀青年工程师奖”。

知识产权保护和技术标准化管理

加强科技创新的引导，将知识产权（专利）等科技创新指标纳入集团公司绩效考核体系，对重点二级单位获取知识产权数量提出明确安排。集团公司累计拥有有效授权专利超过1500项，其中发明专利328项，有效授权专利数量较“十一五”末期增长了5倍多，超额完成了既定目标。

加强技术标准管理工作，积极推进企业技术标准化管理体系建设，成立了集团公司技术标准化工作领导小组，进一步推动集团公司技术标准战略和技术创新协同发展。2015年，印发了《中国华电集团公司技术标准体系框架》，在集团公司内首次正式发布了《技术标准编制导则》等3项技术标准。启动“大中型火力发电厂智能升压站技术导则”等17项智能发电技术标准编制工作。

科技交流与培训

2015年，集团公司与中国电力出版社合作，继续在集团公司系统开展“科技书屋”建设活动。第二批选出32家先进发电企业、高新技术企业及科研单位与中国电力出版社建立双方战略合作伙伴关系，共建“科技书屋”。积极组织参加“2015年中国电机工程学会年会”等重要学术会议，不断提高技术人员的科技素养。邀请知名专家举办了能源互联网及售电侧放开、碳捕集项目、燃煤电厂超净排放等4期先进技术视频讲座，有力提升了集团公司系统的科技素养和新技术视野。

科技期刊出版

2015年，集团公司主管的《华电技术》《电力自动化设备》和《发电与空调》3种科技期刊的学术水平不断攀升，国内、国际的影响力进一步扩大，知名度和美誉度进一步提高，已经成为广大专业技术人员发表科技成果、共享技术信息的重要载体。

《华电技术》为中国核心期刊（遴选）数据库源刊和中国学术期刊综合评价数据库源刊，已加入《中国学术期刊（光盘版）》《中国期刊网》《万方数据——数字化期刊群》及美国《乌利希期刊指南》（UPD）、美国《化学文摘》（CA）等期刊文献数据库，已获得国际检索CODEN码。2015年，《华电技术》获评中国电力报刊协会优秀电力期刊。全年共刊出论文320篇。

《电力自动化设备》为中文核心期刊、中国科技核心期刊、RCCSE中国权威学术期刊、中国国际影响力优秀学术期刊，被指定为“中国电力教育大学院（校）长联席会（UAEE China）信息发布期刊”，以高端学术和核心应用结合为办刊方向。在海外，被美国《工程索引》（EI）、美国《剑桥科学文摘》（CSA）、应该《科学文摘》（SA）、俄罗斯《文摘杂志》（AJ）、美国《乌利希期刊指南》（UPD）、荷兰《文摘与引文数据库》（Scopus）6个国际检索数据库收录。2015年初，《电力自动化设备》在中国科学评价研究中心发布的“RCCSE中国学术期刊评价研究报告”中被定位为第一等级A+，获评“RCCSE中国权威学术期刊”。2015年8月，《电力自动化设备》再次入选新版“中文核心期刊”目录，连续第5次被《中文核心期刊要目总览》收录。2015年10月，《电力自动化设备》再次入编新版“中国科技核心期刊”目录，其核心总被引频次、核心影响因子、综合评价总分位居同类期刊前列。2015年12月，《电力自动化设备》蝉联“中国国际影响力优秀学术期刊”，在5600余种备选的中国学术期刊中位居“TOP10%”。

《发电与空调》是报道暖通空调与制冷（含太阳能、水处理和给排水）以及电力机械（含多种施工机械）行业的以工程应用技术为重点的综合性刊物，为《中国期刊全文数据库》收录期刊、《中国学术期刊综合评价数据库》统计源期刊、《中国学术期刊（光盘版）》入编期刊、《中国核心期刊（遴选）数据库》收录期刊、《万方数据——数字化期刊群》全文上网期刊、《中文科技期刊数据库》收录期刊、《CAJ-CD规范》执行优秀期刊，国内刊号为CN 33-1372/TH，国际刊号为ISSN 2095-3429。2015年收到稿件529篇，其中电力稿件285篇，空调稿件244篇。2015年，《发电与空调》全年6期均按时出版，平均期印数5000册，发行量4800册。

互联网与工业融合创新试点企业

贯彻落实《信息化和工业化深度融合专项行动计划（2013~2018年）》的有关要求，集团公司成功申报国家互联网与工业融合创新试点企业。对照国家工信部对创新试点企业的指标要求，组织编制了集团公司创建“创新试点”企业实施方案（初稿）。国电南京自动化股份有限公司、东风水电厂、华电曹妃甸重工装备有限公司、白音华金山发电有限公司等4家单位被列为第二批两化融合管理体系贯标试点企业。

环　保　工　作

环　保　监　管

创新环境监督机制，“互联网+环保监督”模式基本形成。集团公司出台了环境事件责任追究办法，进一步强化各级领导干部生态文明建设的责任和义务；组建成立集团公司环保监督技术服务中心，推动环保监督专业化、系统化、常态化；环保信息化平台逐步健全完善，火电厂污染物排放实时监控系统实现与集团公司三级管控体系相匹配的环保动态同步监督、数据同步分析体系，环保监督能力持续加强；完善环保监督检查方法，采取暗查暗访、突击检查、基建项目环保“三同时”检查等多模式，对企业合法生产建设行为及企业存在的环保风险进行排查落实，指导企业落实环保要求，全年对14个火电厂、3个煤炭企业下达环保风险预警书，对4个火电、19个水电基建项目提出环保“三同时”整改要求并跟踪落实。以单个企业“水气声渣”多因子满足环保要求为“点”，以实时监控平台的三级联动为“线”，以火电、水电、煤炭产业全面落实环保要求为“面”，集团公司环保监督逐步呈现“点、线、面”协调推进的良好格局。

环境污染治理

编制完成《中国华电集团公司“十三五”燃煤电厂超低排放规划》并上报环境保护部。2015年，SO_2排放总量为55.83万t，同比下降3.02%，比2010年下降38.18%，完成“十二五”减排任务的239%；NO_x排放总量为58.67万t，同比减少9.38%，比2010年减少42.17%，完成“十二五”减排任务的134%。截至2015年底，集团公司脱硫装机容量8394.1万kW，占集团公司煤电装机容量的比例为99.8%，同比提高0.1个百分点；无旁路机组累计231台、装机容量7940.6万kW，占脱硫装机容量的94.6%，同比提高14.6个百分点。脱硝机组共有221台、装机容量8135.2万kW，占燃煤总装机容量的比例为96.1%（不含燃气），同比提高5.6个百分点。

生　态　保　护

积极开展绿色水电课题研究，协调推进督促怒江规划环评和怒江水产种质资源保护区调整工作，水电生态保护工作稳步推进。2015年，集团公司新增2座鱼类增殖放流站，实现珍稀保护鱼类增殖放流370万尾；累计建成9座鱼类增殖放流站，累计放流珍稀特有鱼类1137万尾。

环　保　前　期

创新环保前期管理体系，重点项目环评审批取得重大突破。适应国家项目审批体制改革，建立“总部政策指导、区域积极协调，基层努力推动”的环保前期工作新格局；建立前期项目环评、水保报告内部审查机制和年度计划的刚性执行，指导系统不同区域环保前期工作的协调落实。扎实推进重点项目环评、水保审批，句容二期、莱州二期、芜湖二期一台、江陵一期、永利一期、十里泉扩建、哈热六期、南雄热电、昆山燃机、石家庄燃机等计划开工项目以及金沙江上游苏洼龙、雅鲁藏布江中游大古等力争核准项目环评批复全部取得，广东汕头、湖南平江等环评难点项目实现突破，有力保障了集团公司前期项目的顺利推进。

环保“三同时”及环保水保验收

着力加强建设项目环保风险防控。下达环保“三同时”年度计划，对275个前期、基建项目提出重要节点环保要求。开展年度建设项目风险和环境监管问题排查，实施项目环保风险预警制度。加强环保验收现场督导，环保水保竣工验收有序推进，六安首例通过环保部的环保设施先期验收，塘寨、渠东等完成竣工环保验收。水电蓄水验收更加规范，梨园、马马崖、善泥坡水电站完成蓄水环保验收，有力保障如期下闸蓄水。2015年，完成环保验收项目16个836万kW，其中竣工验收项目10个285万kW；完成水土保持竣工验收项目22项922万kW。

碳排放管理工作

组织碳盘查

完成集团公司碳盘查工作。对108家火电企业、314台机组（总装机容量9644.4万kW）2010~2015年的二氧化碳排放情况进行了全面盘查。根据盘查结果，2010年以来集团公司碳排放强度持续下降，2015年单位供电量碳排放强度为658g/（kW·h），比2010年降低了16.8%。

国内自愿减排项目备案

积极稳健推进国内自愿减排项目备案工作，研究制定备案开发策略，下发备案指导计划，截至2015年底累计有15个项目完成备案，形成358万t年减排能力，其中贵州北盘江董箐发电厂项目是迄今全国装机容量最大、计入期内预计减排量最多的CCER项目（计1150万t）。

履约与碳交易

督促试点控排企业圆满完成年度排放履约工作。督促控排企业按时完成排放报告和交易策略，实现2014年度碳排放履约率100%，配额累计买入量52.6万t（金额1807.56万元），累计卖出量37.5万t（金额949.67万元），累计净支出857.88万元，累计可用于出售或下一年度履约配额及减排信用余额为38.8万t。

排放管理体系及制度建设

2015年，集团公司进一步健全碳排放管理体系，明确二级公司和基层排放企业碳排放管理归口部门，形成自上而下的三级管理体系；建立自下而上的三级报送制度，完成碳排放电子报送系统建设，编制温室气体排放统计核算管理办法。

能力建设

不断强化碳排放管理能力建设，在集团公司系统组织召开国内碳排放权交易政策及市场建设讲座视频会，依托碳盘查项目在全系统范围组织开展集中、分区和现场培训，培训人员超过1500人次，积极培育系统内专业机构和单位参与碳市场相关业务，构建自身完整的碳市场产业链。

七、信息化建设与管理

信息化管理

信息化制度建设

2015年2月，为进一步加强和规范信息化建设管理，印发了《中国华电集团公司信息化建设管理办法（2015版）》。为规范信息化系统业务交付管理，印发了《中国华电集团公司信息化系统业务交付管理办法（试行）》。

2015年10月，为加强和规范公司系统信息化建设管理，支撑提升集团公司系统的企业管理水平，重新修订了《中国华电集团公司企业信息化水平评价办法（2015版）》。

信息化培训

2015年2~5月，在集团公司相关单位以视频培训、现场培训等多种形式组织进行《中国华电集团公司2014~2017年信息化规划》和ERP（一期）项目推广实施和信息系统安全等级保护等专题工作。2015年5~6月，分两批组织运维中心员工到望亭电厂和包头电厂进行学习培训。

信息化队伍建设

2015年3月，组建成立ERP开发团队，集团公司基本具备了自主进行ERP系统开发、实施和运维能力，并承担了ERP（二期）开发、实施任务。

信息化专项改革

2015年，以“创建一流能源集团，实现ERP系统全覆盖”“落实三级管控要求，部署IT运维管理系统”和“加强网络信息安全，统一互联网出口管理”3个专项改革为抓手，全面推进并完成了信息化专项改革，有力地提升集团公司信息化日常管控水平和信息化工作技能。

IT创新成果

2015年12月，在集团公司组织的信息化技术成果鉴定会上，来自于政府部门和央企集团的知名信息化专家对集团公司“异构ERP平台集成与业务财务安全支付一体化应用”“跨域无会管服务视频会议系统应用”和“企业云平台架构设计与核心业务应用”等3个项目的技术成果进行了鉴定和评审，一致认为集团公司信息化成果上会项目均达到了国际先进水平，对全国大型企业的管理创新、风险管控以及运维水平的提升具有借鉴意义和示范作用，可进一步深化应用，加快产品化步伐，适时进行推广，可以有效降低企业经营风险，提高集团公司管控能力，通过IT技术管理创新可靠地支撑了集团公司创造更大的经济价值和社会价值。

网络与安全

网络安全统一管控

2015年6月12日，集团公司与中国联通网络信息安全专家论坛暨网络安全统一管控项目签约仪式在北京举行。该项目将构建集团公司网络安全防护体系，建设网络安全统一管控平台，实现对集团公司互联网、广域网和移动网络接入的安全统一管控。项目成功申报了国家发展改革委2015年国家信息安全专项。

网 络 安 全

2015年8月，围绕中央网信办《2015年国家网络安全检查工作指南》的要求，组织集团公司总部及所属各单位针对物理安全、网络安全、主机安全、应用安全、数据安全和终端安全等方面内容开展了网络信息安全检查工作。

信息安全等级保护

2015年6月，完成了集团公司总部等级保护信息安全自查，并接受了公安部和北京市公安局信息安全现场检查第7小组的现场检查，集中开展了等保二级、三级网络改造工作，完成了等保三级应用系统迁移等安全整改相关工作。

2015年7月，集团公司大集中部署了等级保护管理平台，为集团公司及时掌握各单位等级保护工作进展和变化情况提供了技术平台保障，进一步提高了等保工作管理水平和工作效率。

应 用 系 统 建 设

ERP系统一期项目推广

2015年12月，ERP系统一期项目按计划完成了在江苏能源、蒙能公司、乌江公司、黔源电力和金中公司5个区域31家电厂正式上线运行，实现了财务业务安全支付一体化目标，项目通过集团公司验收评审。

互联网、系统网、总部网网站改版

2015年12月29日，经过改版的互联网、系统网、总部网网站正式上线。全新改版上线的互联网重点介绍集团公司战略目标、重点项目、社会责任等关切的内容。系统网定位为公司企业和职工交流平台，增加了一线风采、书画、摄影等展示一线员工的栏目。集团公司总部网定位为总部员工办公服务平台，改版后的网站实现了与总部OA办公自动化、邮件、蓝信等多个信息系统的集成，特别是通过集团公司统一用户管理平台，实现门户与各系统之间的单点登录，通过蓝信即时通信系统，实现门户通知和待办任务实时发送手机客户端。

物资公司ERP系统

2015年12月，物资公司ERP系统正式上线运行。该系统满足了物资公司业务管理和操作层面的需求，实现了物资公司主数据的统一管理，物流、资金流、信息流三流合一，财务业务安全支付一体化目标。

八、人力资源管理

综　　述

概　　述

2015 年，集团公司人力资源工作坚持围绕中心、服务大局，以中央巡视组反馈意见的整改为抓手，持续深化干部人事制度改革，积极推进干部人事、劳动组织、绩效薪酬、人才开发等工作，为推进集团公司战略实施提供了坚实的人力资源保障。截至 2015 年底，集团公司所属二级单位 57 家，三级单位 630 家；员工总量 10.9 万人，企业领导人员 2675 人；全员劳动生产率 70 万元/（人·年）。

领导班子和干部队伍建设

企业领导班子建设

2015 年，国务院国资委对公司领导班子成员职务进行调整，集团公司副总经理任书辉兼任党组副书记，王怀书不再担任集团公司党组成员、总会计师职务。2015 年 12 月，根据中央统一部署，集团公司党组召开了“三严三实”专题民主生活会，主要领导同志带头对班子和自身存在的问题进行对照检查，班子成员逐一进行了对照检查，并开展了深刻的批评与自我批评。通过这次会议，每个班子成员都经受了一次新的思想洗礼和党性检验，对自身存在的问题与根源有了更加清醒的认识，对下一步整改方向和目标有了更加清晰的把握，触及了灵魂，凝聚了共识，形成了互动交流、民主和谐的良好氛围，达到了“团结—批评—团结”的目的。

贯彻落实中央关于干部人事工作的有关要求，加强领导班子和干部队伍建设。2015 年，对集团公司系统 44 家二级单位领导班子和 268 名班子成员进行年度综合考评，对领导班子选人用人工作进行检查，对新提拔的 219 名厂（处）级以上领导人员进行了满意度测评。2015 年度，集团公司系统选人用人满意度评议结果平均值为 96.2%，新提拔干部满意和基本满意率平均值为 94.03%，同比分别提高 0.5 个百分点和 4.4 个百分点。根据集团公司“好班子”和“好干部”标准，全年调整二级单位及规模以上企业领导班子 85 次，涉及干部 265 人次、董监事 64 人次，调整后领导班子和干部队伍结构更加优化，整体功能得到较好发挥。组织实施 4 个集团公司部门正、副主任级岗位的公推遴选工作，做到公开工作方案、公平参与竞争、公正选用干部，选人用人的民主氛围更加浓厚。落实国务院国资委配备总法律顾问的要求，为 43 家二级单位配备了总法律顾问。有针对性地参与指导部分二级单位“三严三实”专题民主生活会，帮助指出存在的问题并督导落实，领导班子思想政治建设和作风建设不断深化。

干部人事制度改革

按照集团公司三级管控改革思路，积极稳妥地做好干部管理授权工作，华电国际、乌江公司等 11 家二级单位获得干部管理扩大授权，招标公司、香港公司获得干部管理授权，国电南自实行干部管理扩大授权改革试点，截至 2015 年底，44 家二级单位中已有 33 家获得干部管理授权，其中 15 家获得扩大授权，有效促进了区域公司“做实”、专业公司“做优”。加强干部人事制度建设，印发了《企业领导人员管理办法》《因私出国（境）管理办法》，修订完善了《企业领导人员选拔任用实施细则》《总部职位管理办法》《总部员工考勤休假管理办法》等制度，研究起草了《领导人员选拔任用工作全程纪实办法》《关于异地交流领导人员待遇的暂行规定》《关于组织人事部门对领导人员进行提醒、函询和诫勉的实施细则》，提高了制度的系统性和适用性。印发实施《二级单位党委（党组）议事规则》（试行），对二级单位法人治理结构、参与重大问题决策以及工作流程等进行了规范，为提升领导班子决策水平提供了重要遵循。认真学习贯彻《党组工作条例（试行）》，研究编制了二级单位党组清理规范工作方案。

企业领导人员管理与监督

截至 2015 年底，集团公司系统共有 2675 名企业领导人员，其中集团公司总师、助理、副总师级 20 人，正主任级 96 人，副主任级 232 人，正厂处级 813 人，副厂处级 1513 人。对 44 家二级单位的 216 名领导人员进行了考察，为优化领导班子结构提供了相关建议。根据“四大板块”发展需要，调整领导干部 805 人次，其中党组直管干部 265 人次，任前备案干部 237 人，任后报备干部 303 人；新提拔到更高职级领导干部 219 人，其中有 107 名优秀年轻干部进入领导干部行列；调整后的领导班子结构更趋合理，领导作用更显突出。

加大对二级单位选人用人工作的监督，结合授权工作，对各级企业级别、班子职数和干部职级进行梳理，摸清了基本情况，纠正了个别二级单位违反规定超职数、超职级安排干部的问题，全年共有 20 余名不符合资格条件的备案管理干部未获调整或提拔。严格执行干部个人有关事项报告制度，完成了集团公司系统 2630 名副厂处级及以上领导人员个人有关事项报告材料的组织填报、信息录入和汇总综合工作，报告率达到 100%。坚持“凡提必核”，2015 年对 507 名拟提拔人选进行重点抽查核实，有 18 人因未如实报告个人财产情况，受到批评教育、暂缓提拔及停止选拔任用处理。对 264 名领导人员进行随机抽查核实，向 14 名差距较大的领导人员函询了解情况，督促整改。

后备干部管理

组织开展“千人计划”人选考察推荐工作，实施 3 期主任级和副主任级后备人选“培训式选拔”，逐人形成个人评估报告，形成了部门正、副主任级后备干部初步人选名单，为加快培养优秀中青年领军人才提供了重要依据。研究制订了《中国华电集团公司“千人计划”优秀中青年干部培养规划（2016~2018 年）》，并对 140 名人选逐一制订培养计划，20 名后备人选走上了更高领导岗位。以“三严三实”为主题，组织举办 2 期厂处级干部培训班、1 期主任级干部培训班，干部的素质能力和作风建设进一步加强。组织参加中组部“一校五院”和国务院国资委培训 22 个班次，参训 87 人次，提升了集团公司系统领导人员战略决策能力和依法治企能力。配合举办了 4 期基层企业党委书记培训班，党委书记履职尽责的素质能力得到提升。

董事监事管理

完善集团公司系统公司制企业法人治理结构，调整相关企业董事、监事。根据股权变更和干部调整情况，按照三级管控模式，提出二级公司制企业董事、监事调整方案，加强对集团直接出资、按任前备案管理的三级公司制企业的指导监督。2015 年共对 13 家公司的 64 人次董事、监事进行了调整。

劳动组织管理

公司系统企业管控体系建设

2015 年，按照“‘做实’需要、精干高效、兼顾长远”的总体原则，综合考虑集团公司对二级单位的战略定位和管控模式，做好区域公司内设机构和人员编制的核定、配置工作。2015 年，先后对四川公司、金上公司等 30 余家二级单位本部内设机构和人员编制进行了批复，为区域公司“做实”充实了管理机构和管理力量。按照“因企制宜、应设尽设、满足需要、精干高效”的要求，完善了二级单位纪检监察机构的设置，量化人员配备，给22家二级单位新设立纪检监察机构，充实人员编制32人。按照发电企业区域化管理办法要求，督办各区域新能源企业管理整合，批复成立了16家福新公司区域分公司，研究制定了《关于深化发电企业区域化管理改革的有关意见》《发电企业区域化管理联动考核办法》，对管理移交倒逼机制、管控模式及管理运转机制、干部人事劳资管理职责界面及管理流程、绩效考核等做了进一步明确。截至2015年底，发电企业区域化管理整合已经完成，班子整合和配备到位，完成了“四定”方案编制工作。继续深化煤炭企业专业化管理改革，制定了《关于深化煤炭企业专业化管理改革的有关意见》《煤炭企业专业化管理联动考核办法》，对建立沟通机制、职责界面划分、重大事项应急及快速审批机制、绩效考核等作了明确，为促进双方的管理融合奠定了基础，保障了专业化改革的顺利落地。

大定员管理

为适应国家新的用工政策、满足企业实际需要、加强人才储备以及明确人工费用列支，在总结试点经验基础上，率先在同类型企业推行了涵盖企业管理、生产和后勤“三位一体”的大定员管理模式，提出了火电、水电新型机组典型电厂科学配备的全部岗位，印发了《新型发电企业大定员管理办法》“1+6”配套文件，并明确界定了劳务派遣费和业务外包费的核定原则和费用标准。大定员管理办法的实施，为核定用工标准、制定用工计划、合理引进人才等提供了依据，满足了基层实际工作需要，受到基层企业的普遍欢迎，集团公司在制度创新上也迈出了坚实一步。

员工职位序列体系建设

为推进员工职位职级序列工作，集团公司召开了现场会，对下一步工作作了全面部署，制定了《职位职级序列管理体系建设工作推进方案》；选取江苏公司作为二级单位试点，每家区域公司选取1~2家三级单位作为试点；成立了专家组，加强对工作的指导协调。截至目前，各试点二级、三级企业的推进方案和制度体系已经基本建成，进入到试点阶段，为明年全面推广打下了基础。通过推进员工职位序列体系建设，构建四大族群、六类职业发展通道，在员工岗位不变的情况下，正常晋升职位职级，有效解决“千军万马过独木桥”的问题，调动员工立足岗位成才的积极性。

绩效薪酬管理

差异化、专业化、精细化绩效考核

遵循差异化、专业化、精细化的原则，以全面预算管理和对标考核为手段，研究制定符合企业战略功能定位、所在行业特点以及区域经营环境的个性化考核方案，组织签订企业绩效目标责任书，充分发挥绩效考核“指挥棒”的导向作用，为实现年度发展经营目标提供了有效保障。将考核兑现结果逐家与企业主要负责人进行沟通反馈，通报企业各项绩效指标完成情况，指出其存在的不足和短板，取得了良好的效果。

全员业绩考核

贯彻落实集团公司全面深化改革的要求，大力推进全员业绩考核，针对火电企业生产模式和业务流程同质化、机构设置和定编定岗标准化的特点，到集团公司“固本强基”示范企业——邹县电厂现场调研，对邹县电厂业绩考核体系进行了系统的研究、梳理，在借鉴吸收其经验做法的基础上，印发了《火电企业全员业绩考核指导方案》，建立火电企业精细化、模版化、可复制的全员业绩考核体系，确定了18家试点单位，通过试点、推广，实现管理资源共享，充分发挥引领、示范作用，促进三级企业固本强基。

内部分配制度改革

贯彻落实《企业工资分配管理办法》，全面实施分板块、差异化工资总额调控机制，实现人均工资增长与效益、效率双对标等新的调控方式；深入研究内部分配结构调整方案，探索完善“千人计划”“边远津贴”等专项工资管理，建立薪酬数据对标发布机制，分配调控制度更加科学完善。

总部人事管理

总部机构和干部人事工作

认真落实国务院国资委推进央企改革、完善公司法人治理结构的部署，研究制定了董事会办公室组建方案，按规定程序办理了董事会秘书和职工董事推荐工作，为集团公司建设规范董事会工作提供了组织保障。调整了办公厅、企业改革办和机关事务管理中心的内设机构，调整了结算中心的设置方式和管理关系，进一步明确了管理职责，理顺了管理模式。认真落实集团公司《审计体制机制深化改革方案》，调增了审计部及派驻区域审计处的人员编制，审计监督体系不断完善。调整了资产部、科环部、工程技术与物资管理部的人员编制，促进了部门职能作用的发挥。加大总部干部交流轮岗力度，2015 年交流干部 60 人次，31 名干部员工得到提拔任用，调整后干部队伍的活力进一步增强。创新实施集团公司成立以来最大规模的总部空缺岗位的公推遴选，涉及 11 个部门、34 个处级及专责岗位，推进“阳光”竞聘，从集团公司系统择优选拔 19 名人选到总部挂职试用，并第一次组织了入职集体谈话和岗前培训，在着力解决“考得好”和“干得好”问题上进行了探索实践，充实和加强了总部管理力量，有效促进了总部“抓总”能力和水平的提升。6 名总部员工被列入“千人计划”优秀中青年管理人才名单，按规定落实了职级和待遇，进一步激发了总部员工干事创业的积极性。结合集团公司 2015 年度重点工作，制定下发了总部部门绩效考核指标及评分标准，提高了绩效考核工作的针对性和有效性。

干部人事档案管理和因私出国（境）专项治理工作

认真落实中组部从严管理干部人事档案的部署和要求，召开了干部人事档案专项审核工作启动暨培训会议，印发了实施方案，专门编印了《干部人事档案工作业务指南》，按照 9 个环节有效推进，干部人事档案规范化水平进一步提升。完成党组直管干部 473 人档案的初审、复审和问题归类工作，正在开展“三龄两历一身份”的调查核实和组织认定等工作。坚持“凡提必审、凡转必审、凡进必审”，前移干部选任监督关口，有效发挥了档案在干部监督中的重要基础性作用。部署开展公司系统违规办理和持有因私出国（境）证件专项治理工作，制定了专项工作方案和有关制度，重点核查违规办理证件等 7 类问题，检查督促二级单位完善登记备案人员信息，严格规范审批程序，对发现的违规问题分别给予责任人批评教育、诫勉谈话、党内严重警告和留党察看处分，干部因私出国（境）管理工作得到规范。

老干部工作

积极参与国家抗日战争胜利 70 周年系列纪念活动，落实公司系统老干部有关待遇，向 52 名抗日老战士发放了纪念章，向部分离休干部发放了慰问金，公司系统符合条件的离休干部享受副省部（长）级医疗报销待遇，完成了困难企业离休干部医疗费资金补助申报。部署开展为党的事业增添正能量活动，节日期间走访慰问老干部，组织退休干部开展企业调研，开展退休党支部学习等活动，老干部老有所学、老有所乐、老有所为的管理机制不断完善。

综合服务工作

组织筹备集团公司党组“三严三实”专题民主生活会，配合开展集团公司领导班子副职人选考察推荐等相关工作，协调班子成员参加中组部、国资委举办的培训班 8 人次，为加强领导班子建设提供了积极服务。研究制定了 20 多项干部人事工作相关业务流程，建立了干部考察考核基础资料台账，并及时进行收集、整理和汇总，形成了干部从动议到任职的全程纪实资料，提升了干部人事工作基础管理水平。选派部分组工干部参加专题培训班，增强了专业素质，提高了知人善任、选贤任能的能力。组织做好 14 名调京干部员工户口备案和请示报批工作，全年共有 9 人获得调京批件，解决了部分干部员工的后顾之忧。根据上级文件调整了援疆援藏援青人员的有关待遇，做好西部地区等挂职锻炼干部的服务工作。加强学会协会管理，向中电联等学会协会调整推荐了 8 名成员人选。

人 才 强 企

培训基础体系建设

在对集团公司系统人力资源状况和员工培训工作深入调研的基础上，提出加强集团公司系统人才工作顶层设计方案，建立一套激发各类人才学习提升内生动力和提供外在保障的工作机制，形成人才工作合力，将集团公司系统员工培训工作纳入系统化、标准化、规范化、常态化轨道。一是制定火电、水电、新能源、煤炭和职能管理 5 大类别 70 个专业的岗位能力培训标准。此套培训标准面向集团公司系统广大基层企业员工，立足提升人岗匹配程度，在梳理岗位核心职能基础上，明确每一岗位的核心任职资格要求，建立相应的培训标准，构建服务于集团公司系统员工职业能力提升的标准化培训科目和模块化课程体系。完成了火电技能操作 10 个专业、15 个工种的岗位培训标准编写工作。二是加强教育培训资源整合，为技能员工培训提供场地平台。制定《加强员工技能培训中心建设规划方案》，以集团公司系统现有资源为基础，综合考虑培训资源地域覆盖、专业分布、服务对象等因素，在集团公司系统选择一批企业管理基础好、专业技能水平高、交通便利、区域内资产和人员相对集中的基层企业，建设成为集团公司员工技能培训中心，构建高技能人才大规模实操培训的平台，不断提升员工岗位技能和能力。三是推动全员岗位能力达标培训工作。制定《员工岗位能力达标培训管理办法》，规范员工开展培训工作的各个步骤、程序和工作要求，形成培训、取证、提升的良性循环内生动力。四是加强内部兼职培训师队伍建设，为人才培养提供保障。制定《兼职培训师管理办法》，按照“工学相长”的原则，充分发挥兼职培训师的“传帮带”作用，把他们的知识、技能、经验进行提炼并传授，快速提高在岗员工的岗位技能，培养公司系统高技能人才。

高层次人才队伍建设

制定印发《中国华电集团公司级专家管理办法》，组建集团公司“智库”，搭建专家与业务领域发展需求间的桥梁；根据国家人力资源和社会保障部的工作安排，在集团公司系统开展国家百千万人才工程人选推荐工作，选拔推荐入选国家百千万人才工程的 3 名人选；对 3 名“千人计划”专家工作进行阶段性总结评估，加强优秀人才日常管理，充分发挥高层次人才的激励和导向作用，打造一支以国家级领军人才为带头人，以专家为技术骨干，以一般技术和技能操作人员为基础的梯次清晰、专业全面的高素质专业技术和技能人才队伍。

职称评定和技能鉴定

2015 年，完成 1016 人的工程、政工、经济和会计专业技术资格评审工作，平均通过率为69.2%，完成1100余人的职业技能鉴定工作。

企业年金管理

概　述

修订《中国华电集团公司企业年金理事会章程》《基金过渡期投资管理办法》等一系列制度办法，建立新的投资运营机制和激励机制。积极拓宽投资渠道，在安全基础上确保实现投资收益最大化。修订《企业年金基金投资收益分配办法》《企业年金基金会计核算办法》，实现企业年金分期支付系统上线运行，进一步适应企业年金个人所得税的政策调整。多次组织业务培训，在集团公司系统内开展企业年金、补充医疗保险管理的自查自纠工作，扎实做好个人账户管理、财务记账、投资日常监控等日常工作，进一步加强企业补充保险规范管理。

九、党的建设和精神文明建设

党 建 工 作

扎实开展"三严三实"专题教育

认真落实中央部署，集团公司党组始终注重强化主体责任，始终以严的标准、严的措施对"四个关键动作"进行督导，安排专人参加总部党支部和二级单位党组（党委）的学习研讨，及时印发内部情况通报，切实把责任和压力传递到每个单位和每位党员领导干部。集团公司领导班子成员带头讲专题党课，带头为基层党组织书记讲党课并参加湖南公司、湖北公司领导班子专题研讨；集团公司党组全体成员结合工作调研加强对专题教育的工作指导，起到了良好的示范作用。集团公司系统各级党组织共安排党组（党委）书记讲党课263次，3个专题开展集中研讨135次，梳理查摆不严不实问题460余条，推动立规执纪和立行立改，践行"三严三实"的思想自觉和行动自觉不断增强，领导干部作风持续好转。集团公司开展"三严三实"专题教育典型经验被央视"新闻联播"报道，中组部《"三严三实"专题教育情况通报》先后3次刊载集团公司专题教育的好做法，人民网、国资委网站、中国电力报等媒体刊发介绍集团公司专题教育的文章10余篇。

深入推进党的建设改革创新

（1）开展党建专题调研。集团公司领导亲自带队，分3个片区深入12家二级单位和28个基层企业进行党建专题调研，并就有效发挥基层党委的政治核心作用形成调研报告，为集团公司党组提供了有效决策参考。

（2）党建制度改革初见成效。落实集团公司深化党建改革创新工作会精神和党建制度改革方案部署，全年共修订完善党建制度21项，印发包含93个制度文件的《党的建设有效制度文件清单》，组织编印制度文件汇编，基本构建起公司"大党建"制度体系。推动从严治党责任制全面落实，制定印发《二级单位党建工作考评办法》，成立6个考评组对42家二级单位进行全面查评，将考评结果及发现的问题逐一反馈并纳入集团公司绩效考核体系，增强了党组织书记抓党建工作的内生动力。

（3）组织首届党群业务技能大赛。大赛在中央企业开创先河，参与人员超过3000人，实现了对二级单位的全覆盖，有力推动了基层党群人员素质技能有效提升，得到了中组部党建所、中宣部政研所和国资委党建局、宣传局、群工局领导的充分肯定。

持续加强基层党建工作

落实中央组织部和国资委党委部署，精心组织基层党组织书记集中轮训，分4期对293名党组织书记进行了系统培训，实现了副厂（处）级及以上单位党组织书记轮训的全覆盖，提高了党组织书记政治素质和履职能力。落实《二级单位本部内设机构设置及人员编制管理办法》，督促部分二级单位健全政工机构，配备政工人员，打牢做实基础。围绕基层企业"强基"部署，组织60名基层企业生产一线党支部书记和班组长赴新疆公司部分基层企业开展党群"强基"观摩。举办首期青年政工人员实务培训班，系统编制培训方案计划内容，突出政工业务理论和职业技能，采用边学边练边考察的方式，对集团公司系统70余名"80后"政工人员进行调训，巩固党群业务技能大赛成果，锤炼青年政工队伍。推进党建信息化建设，党建信息管理系统一期项目完成开发并全部上线。召开直属党委2015年度党建工作座谈会，印发2015年工作要点，围绕"思想教育、队伍建设、改进作风、夯实基础、制度执行、典型带动"等重点内容扎实开展有关工作，直属党建基础工作进一步规范化、科学化。

反腐倡廉工作

中央专项巡视整改

（1）制定整改方案，建立责任清单。牵头组织制定总体整改方案，把整改任务、督办领导、责任部门和单位、工作措施、进度安排统筹形成表格化的整改清单，各项整改要素一目了然，便于对号入座、认领责任和检查督促。

（2）推动任务分解，建立责任体系。协助集团公司党组按班子分工对整改任务作了分解，以责任状的方式签字背书，形成自上而下的责任链条。

（3）加强检查督促，建立协调机制。每周召集一次整改领导小组协调会议，检查整改推进情况，研究、协调、解决困难问题。整改进展及有关问题，通过编制《中央巡视组反馈意见整改工作专报》（共18期），及时向中纪委、中央巡视办、中央巡视组和国资委党委、纪委报告情况，确保整改方向正确、措施得当。

深化作风建设成果

（1）抓专项治理。在集团公司系统组织开展了领导人员及管理岗位员工配偶、子女及其他特定关系人违规经商办企业问题专项治理。

（2）抓重点检查。强化节假日纪律执行和党风建设，从严规范领导人员履职待遇和业务支出，对公款奢侈浪费购买图书、出入私人会所、利用自建培训中心公款大吃大喝、领导人员超标用车用房、离退休人员违规占用公车公房等群众反映强烈的突出问题加大检查和整治力度，严肃查处顶风违纪行为。2015年12月，结合“大党建”综合考评，对全部二级单位进行了“五项经费”使用情况和落实“两个责任”的重点检查，并延伸到部分基层企业，进一步推进作风建设“常态化”。

落实党风廉政建设“两个责任”

（1）强化源头治理，协助党组把好选人用人关。全程参与集团公司党组管理干部的初始酝酿，认真履行对人事工作的监督职责。对廉洁上发生问题的领导干部拟用人选，坚决行使“一票否决权”。对尚未发现有明显违纪行为和腐败问题、但日常信访举报较多、各方普遍反映不佳的拟提任人员，均明确提出暂缓提任或反对意见，树立正确导向，防止带病提拔。

（2）紧盯权力运行，加强领导人员履职监督。推动健全执行、问责和经济责任审计等制度，开展了“三重一大”决策制度执行情况进行监督检查，揭示并纠正各级决策机构职责不清、制度不全、违反程序或超越权限决策等问题。

（3）坚持“抓早抓小抓细”，做到常教育、早敲打、早提醒。2015年6月，在集团公司系统集中开展了以突出纪律教育为主题的“反腐倡廉宣传教育月”活动，全面强化党员干部的纪律观念和规矩意识。对贯彻党风廉政建设责任制不力、出现违纪违法苗头的单位和领导干部，通过集体廉洁谈话、函询、诫勉谈话、组织处理等方式，早打招呼、早扯袖子、早处理。党组纪检组对总部148名处级以上干部、44家二级单位73名党政主要领导做到了谈话提醒“全覆盖”，并对总部部分部门负责人、二级单位班子成员及重点岗位人员100多人进行了专门约谈。

强化巡视监督

2015年，集团公司党组纪检组派出7个巡视组，分三批共对华电工程、国电南自、山西公司、置业公司等7家单位及其所属20家企业开展了全面巡视，并对有关业务关联单位进行延伸调查了解。同时，创造性地把中央巡视组和国资委纪委移交问题线索的核查处置作为巡视组的主要工作内容。

精神文明建设

思想政治工作

强化思想引领，通过党组中心组专题学习、视频辅导报告会等方式，及时组织全国“两会”、党的十八届五中全会精神及深化国有企业改革指导意见的学习宣传。广泛调查研究，召开集团公司系统党组（党委）中心组学习推进会，推动各级党组（党委）学理论、议大事、出思路、建班子。抓好形势任务教育，开展“新常态、新发展”主题形势任务教育，图文并茂编发读本，并制作成微信、电子杂志，利用网络推介，把干部职工思想统一到中央和集团公司党组的决策部署上来。运用“行动学习”法推进学习型党组织建设，利用中青年干部培训班、党委书记轮训班、青年政工人员培训班等机会组织亲身体验、促进掌握应用。推进职工思想动态分析制度落实，总体实现基层单位月度分析、二级单位季度分析。加强评先创优顶层设计，对集团公司层面奖项设置进一步梳理，协调完成评选制度修订事宜。

文明创建工作

积极培育和践行社会主义核心价值观，11 家单位新获“全国文明单位”称号，集团公司系统“全国文明单位”累计 17 家。注重落细落小落实，修订《文明单位管理办法》，在机制上促进思想教育、道德实践、志愿服务、文明有礼等。全面推进道德讲堂建设，举办集团公司精神文明建设经验交流暨道德讲堂观摩视频会，总结工作、开展交流、弘扬事迹，提升文明创建水平。积极推介集团公司培育和践行社会主义核心价值观的典型案例、典型人物，集团公司“青春励志故事会”案例入选中宣部“培育和践行社会主义核心价值观百家经验”，集团公司道德模范王萍故事获评网络人气十佳故事并入选《一线英雄传》，王萍荣膺国务院国资委组织评选的“最美央企人”称号，并受邀参加央视《开门大吉》栏目。运用新媒体服务宣传思想工作，开设微信公众号“华电微政工”，建立编辑队伍，组织业务培训，策划编发华电企业抗战故事系列、党群技能大赛系列、我们的节日系列等，应用新媒体、传递正能量。

企业文化建设

颁布《华电宪章》

以社会主义核心价值观为引领，根据集团公司发展战略和形势任务需要，通过开展华电文化理念征集活动等方式，在广泛听取各方面意见建议的基础上，组织修订并颁布了《华电宪章》（2015 版）。做好《华电宪章》宣贯，充分利用“华电微政工”新媒体传播平台，对《华电宪章》进行深度解读，强化《华电宪章》的主导地位。制定《中国华电集团公司企业文化建设管理办法》，明确了“一主多元、三个统一”的企业文化建设方针，促进了集团公司系统企业文化建设规范化、科学化发展。

加强企业文化建设顶层设计

制定《中国华电集团公司企业文化建设“十

三五”规划起草工作方案》，召开集团公司企业文化建设规划起草工作研讨会，编制完成《中国华电集团公司企业文化建设“十三五”规划》（初稿）。贯彻落实中央企业法制工作新五年规划实施方案要求，完成“法治文化”规划起草工作。

深化公司系统企业文化建设

加强集团公司系统企业文化典型经验的交流推广，挖掘系统各单位好经验、好做法，向国务院国资委宣传局报送了《邹县电厂“三基四化五全”安全管理模式促进安全文化落地深耕》特色案例。组织开展2015年电力行业企业文化优秀成果申报工作，集团公司系统共获全国电力行业企业文化优秀成果奖15个。

群　众　工　作

工　会　工　作

（1）职工岗位建功创效蓬勃开展。各级工会紧紧围绕“改革创新调结构，做实强基稳增长”主线，大力开展“集聚力量、建功华电”劳动竞赛和职工岗位创新创效活动。集团公司研究制定《职工创新创效活动管理办法》，指导集团公司系统职工创新创效活动开展。山东公司等单位组织了职工创新、QC成果的发布、推广，新疆公司在基层企业间组织开展经济技术指标对抗赛，华电能源通过逐家督导、资金扶持等方式推进劳模创新工作室的建立；安徽芜湖公司通过职工技术“揭榜攻关”解决生产技术难题，河北石热公司通过抓顶层设计、闭环管控、资源整合促使劳动竞赛更有实效。2015年，共有120项职工创新成果、195项QC成果获省级以上奖励，有7万余人次参与到各类劳动竞赛中，征集职工合理化建议20780条、采纳10323条、实施6299条，乌江东风水电厂等3家单位获评全国大型水电厂（站）劳动竞赛先进，2个集体获评全国工人先锋号，45个集体获评省、集团公司工人先锋号。扎实开展“巾帼建功”活动，发挥女职工“半边天”作用，福建漳平公司化学分析班等3个集体获评全国五一巾帼标兵岗，四川珙县公司方天莉等3名职工获评全国五一巾帼建功标兵。

（2）企业民主管理持续深入。贯彻落实集团公司党组《关于进一步加强企业民主管理的意见》，研究制定了《厂务公开工作规范》，集团公司民主管理制度体系不断健全；召开集团公司临时职工代表会议，选举产生了集团公司职工董事；开展民主管理专项检查，对二级单位贯彻落实集团公司“一意见两规范”进行了全面检查、指导。各单位按照集团公司要求、部署，以建立职代会制度为重点，深入推进企业民主管理，华电煤业、河北公司及19家基层企业完成了职代会制度建立，职代会制度在基层企业实现了全覆盖；福建公司出台了职代会议事规则、专委会等7个制度，规范职代会运作；云南公司在职代会上对领导人员职务消费、工程建设项目、大宗物资采购等进行公开；福建闽东公司等单位实施职工代表竞选，贵州乌江渡电厂等单位实行职工代表述职评议，湖北西塞山公司建立源头介入、过程进入、评价融入的职代会工作机制。全年落实职工代表提案1988件，组织职工代表巡视检查280次，陕西蒲城等10家单位获评省级厂务公开民主管理示范单位。

（3）社会主义核心价值观有力践行。各单位积极主动工作，把先进人物推出来、树起来，内蒙古公司等单位开展首届劳模评选，北京热电王凤雨等7名职工获评全国劳模，湖北黄石热电厂陈美玲等10名职工获评省级劳模，黔源电力王萍获评“最美央企人”，国电南自包德梅等2名职工获评“中国电力楷模”。大力宣传劳模精神，在集团公司杂志、网站进行了全国劳模事迹的专题系列报道，编印《中国华电集团公司劳模风采录》，对劳模的先进事迹进行了集中宣传。各单位通过演讲、故事会、微电影等形式把社会主义核心价值观融入广大职工工作和生活，使广大职工对核心价值观的认知、实践更加快速和有效，江苏公司在班组组织了“你感动了我”主题班会，河北公司组织了核心价值观巡回演讲。

（4）技能大赛在职工素质工程建设中发挥积极作用。创新组织集团公司五项技能大赛，电力安全应急大赛将公司系统近几年不安全事故案例作为试题，党群业务大赛属央企首创，并在中央企业宣传思想工作会上交流，继电保护大赛把企业继电保护技术监督工作纳入竞赛内容，火电精密点检联赛制成为评价工作、交流技术平台。组队参加央企档案技能大赛、第二届全国电力行业风电运检技能竞赛成绩优秀。以“创建学习型组织、争做知识型员工”为抓手，完善机制、创新载体、丰富形式，促进员工学技术、钻技能，乌江公司、四川公司等单位建立了与省总联合举办技能竞赛机制，河南公司对技能大赛优秀选手实行跟踪培养，华电能源在基层企业间开展技术比武擂台，山西能源建立职工电子书屋，金上苏洼龙公司等2家单位获评全国“职工书屋”示范点。2015年，共组织各层次技能大赛、技术比武818次，培训职工4.5万多人次，涌现中央企业技术能手14名、能源化学工会技术能手11名、集团公司技术能手57名，7人荣获省五一劳动奖章、6人荣获省五一巾帼标兵、26人荣获省“金牌工人”称号。

（5）服务职工、维护合法权益，促进了职工队伍稳定。切实维护职工合法权益。坚持把职代会作为维护职工合法权益主平台，凡涉及职工切身利益事项提请职代会审议决定。深入开展“安康杯”竞赛，强化职工劳动保护监督，维护好职工生命健康权，3300个班组参加了“安康杯”竞赛，新疆公司组织对基层单位劳动安全卫生、劳动保护进行专项互查，山东十里泉电厂等39个单位获评全国安康杯竞赛优胜单位，集团公司系统投入共470多万元为3万余名特殊工种职工进行职业病体检。真心实意服务职工，各级工会把工作重心、服务资源向一线倾斜，为职工办实事、解难题，四川公司通过开展“乐心、悦心、怡心、爱心”活动，建设职工书屋、医疗点和活动室46个；乌江沙沱发电厂对员工诉求实行多渠道受理、分类梳理、闭环处理，湖北襄阳公司组建职工服务志愿者服务队，浙江乌溪江电厂定期开展心理体测，运营公司改善海外职工文化生活条件、增强防灾避险意识，四川泸定公司针对电站地处偏远实际，积极解决职工购物、用餐、通勤等困难。扎实做好送温暖工作，华电能源哈发公司等单位建立了企业帮困、工会帮扶、社会救助、职工互助等多种帮扶救助机制，多渠道帮扶困难家庭、大病职工；西藏公司建立了“后方”家属困难帮扶机制，福建公司实行工会干部“1+*N*”结对互助困难职工。全年共投入送温暖资金790万元，走访慰问职工3.8万人次。组织开展健康有益职工文化活动。集团公司总部组织的“读万卷书、行万里路”活动，得到广大职工踊跃参与，在集团公司系统产生较好影响和带动。加强文体协会建设，通过协会组织活动、骨干带动职工参加活动，促使文化活动更符合职工胃口，更有吸引力，2015年，共开展各层次职工文化活动2300余次，成为凝聚人心、鼓舞士气的鲜活平台。

（6）班组建设在企业“做实强基”中发挥着基石作用。扎实推进“五型”班组创建，使班组建设很好地与企业星级创建、7S管理相融合，江苏公司、华电福新把QC成果、电量拓展等绩效作为“五型”标杆班组必备条件，黔源电力从健全班组制度、规范职工行为入手加强班组文化建设，内蒙古包头公司积极探索“微缺陷”治理和成本管控进班组。命名了99个“五型”标杆班组、660个“五型”优秀班组，表彰了59名优秀班组长；乌江构皮滩电厂保护班获得全国安全文化建设优秀班组特等奖，班长荣获省五一劳动奖章。大力加强班组长队伍建设，组织380名班组长参加了中央企业班组长第7期远程培训，选派21名优秀班组长到新疆进行“强基”现场观摩；二级单位很好地承担起了班组长培训主体责任，3年班组长轮训一遍的目标基本完成。大力推进班组信息化建设，集团公司班组建设信息系统已在87家基层企业上线运行。

（7）“三力”工会建设全面展开。制定了集团公司建设“三力”工会实施意见、建设标准和考评办法，建立了具有华电特色的工会工作评价体系；2015年底结合“大党建”考评对二级单位“三力”工会建设情况进行了检查、评价。各单位按照集团公司部署，积极推动工作的有效落地，江苏公司、华电能源等单位把“三力”工会建设与“做实强基”结合起来，修订制度、建立标准；

进一步加强工会组织建设，二级单位工作力量得到加强，浙江公司、金上公司成立工会，39家二级单位设置了工会（委）办、12家配备专职工作人员。广泛开展“建家”活动，高培中心等6家单位获评全国模范职工之家，陕西公司等10家企业获评省级模范职工之家。注重工会干部培训，培训工会干部2014人次。

规范深化共青团工作

学习贯彻中央党的群团工作会议精神，圆满完成了《中国华电集团公司2013～2015年共青团工作规划》各项目标任务。深化组织建设，构建形成“集团公司团委—二级机构团委—基层单位团组织”三级管控组织体系。以“建组织、配书记、选班子”为要求，按期换届、民主选举，集团公司系统具备建团条件的二、三级单位团组织覆盖率接近100%。加强队伍建设，开展“改革”“创新”主题宣教活动，举行第二届“青年五四奖章”评选、“奋斗的青春最美丽”青年成长论坛，组织“走进基层、转变作风、改进工作”调研、团干部和青年集体负责人培训班，选派多名团干部挂职援疆，提升团干部服务企业、服务青年的本领。大力实施岗位建功，开展“改革创新、青年先行”主题实践活动，举办第四届青年创新创效成果评选、“我为改革献良策”合理化建议征集、青年文明号创新创效创优活动，全年8个集体获“全国青年文明号”和“全国青年安全生产示范岗”称号，1人获“全国优秀共青团员”称号，8个青年集体和17名个人获“中央企业五四先进”称号。致力形象建设，打造品牌，发起“学雷锋、践行核心价值观”爱心捐赠活动，召开华电“幸福行动”推进会，捐建31所华电“七彩小屋”。编制《青春之路》案例集，推广“青春华电”微信平台，全年在中央企业青年网刊发稿件1400余篇，在110多家中央企业团委中名列第一。2015年，集团公司团委被评为“中央企业五四红旗团委”；《实施“三步走”梯级递进法抓实自身建设》案例被评为首届全国基层团建创新百佳案例和集团公司管理创新成果一等奖、全国电力企业管理创新成果二等奖。

十、交流与合作

国际交流与合作

高层会晤与战略合作

2015年，全力做好集团公司重大外事活动，帮助集团公司实施国家能源外交战略统一部署，先后接待了印尼国有企业部、俄罗斯能源部等政府部门，以及美国GE、俄罗斯第二地区发电公司、瑞士苏尔寿、德国西门子、ABB集团、英国BP集团、法国ENGIE集团、韩国SK集团等企业的来访参观。组织参加多项重大涉外活动，集团公司领导先后在京出席了中国—印度尼西亚经济合作论坛、赴英参加第四届中英能源对话会、赴泰参加2015亚太电协CEO会议。在国家领导人的见证下，与法国电力集团签署合作框架协议，与英国BP集团签署液化天然气销售与购买协议，推动实现互惠互助、共同发展。

出访团组与外国人来华邀请

2015年，受理出访团组215批次，批准196批次，团组出访人数828人次，新办护照113本，办理出境证明131份。坚持急件急办、有保有压，重点支持境外工程开拓类团组，该类团组占比达到76%，办理外国人来华邀请8次19人，保证了集团公司海外业务健康有序发展。

重大涉外活动

组织参加多项重大涉外活动，集团公司领导先后在京出席了中国—印度尼西亚经济合作论坛、赴英参加第四届中英能源对话会、赴泰参加2015亚太电协CEO会议。在国家领导人的见证下，与法国电力集团签署合作框架协议，与英国BP集团签署液化天然气销售与购买协议，推动实现互惠互助、共同发展。

十一、成 员 单 位

华电国际电力股份有限公司

概况

华电国际电力股份有限公司（简称华电国际）前身为山东国际电源开发股份有限公司（简称山国电公司），于1994年6月28日在山东济南注册成立，成立时总股本为38.25亿股，总装机容量182.5万kW。

1999年6月30日，山国电公司H股在香港联交所上市，总股本增至52.56亿股，其中境外上市外资股为14.31亿股。2002年底电力体制改革之后，山国电公司划归中国华电集团公司。为适应企业改革与发展需要，2003年11月1日，山国电公司正式更名为华电国际电力股份有限公司。2005年2月3日，华电国际A股作为国内询价发行第一股，在上海证券交易所正式挂牌上市。发行A股后，华电国际总股本达到60.21亿股。其中，集团公司占50.01%的股份；香港H股股东占23.77%的股份。2009年6月20日，华电国际办公地点由山东济南迁至北京，注册地未变。2009年12月1日和2012年6月21日，华电国际先后非公开发行A股7.5亿股和6亿股，总股本增至73.71亿股。其中，集团公司占44.19%的股份；H股股东占19.41%的股份。2014年7月18~30日，华电国际先后非公开发行A股11.5亿股和新增发行H股2.86亿股，总股本由73.71亿股增至88.07亿股，其中集团公司占50.04%的股份，其他H股股东占18.52%的股份，其他A股股东占31.44%的股份。2015年9月8日，华电国际非公开发行A股10.56亿股，总股本由88.07亿股增至98.63亿股，其中集团公司占46.84%的股份，其他H股股东占28.50%的股份，其他A股股东占24.66%的股份。

华电国际主要业务为建设、经营管理发电厂和其他与发电相关的产业，发展领域由单一的火电拓展到水电、风电、生物质能发电、太阳能发电、核电和煤炭产业。发展区域由山东 地拓展到四川、宁夏、安徽、河南、河北、浙江、内蒙古、天津、山西、重庆、广东和湖北等13个省（自治区、直辖市）。

截至2015年12月31日，华电国际本部下设“一室十二部”，分别是办公室、战略管理部、计划发展部、人力资源部、财务资产部、安全生产部、市场管理部、工程建设部、煤炭产业部、证券融资部、政治工作部、监察部、审计部。

截至2015年12月31日，华电国际控股发电总装机容量4577.53万kW，资产总额2066.55亿元。所属单位共有137家，其中分公司有10家，分别是华电国际北京分公司、华电国际山东分公司、华电国际安徽分公司、华电国际宁夏分公司、华电国际浙江分公司、华电国际河北分公司、华电国际河南分公司、华电国际天津分公司、华电国际广东分公司、华电国际四川分公司；子公司1家，为华电湖北发电有限公司；专业公司3家，分别是华电国际物资有限公司、华电国际项目管理有限公司、华电国际山东信息管理有限公司；技术服务中心1家，为华电国际电力股份有限公司技术服务中心；全资及控股发电企业88家；控股煤炭企业8家；煤炭运销公司4家；投资管理公司7家；控股热力公司13家；港务公司1家；电力工程公司1家。

领导人员

董事长：李庆奎

副董事长：陈建华、王映黎

董事：陈斌、耿元柱、苟伟、褚玉、张科

独立董事：丁惠平、王大树、宗文龙、魏建

监事会主席：李晓鹏

监事：彭兴宇

职工监事：陈斌、魏爱云

独立监事：查剑秋

总经理：陈斌

党委书记、副总经理：耿元柱

副总经理：彭国泉、邢世邦、王慧明

财务总监：陈存来

纪委书记、工委主任：陈斌

副总经理、总工程师：谢云

主要领导人员变动情况：2015年3月30日，陈斌任总经理；陈建华不再担任总经理职务。2015年5月26日，王映黎任副董事长；陈殿禄不再担任副董事长职务；张科任董事；王大树、宗文龙、魏建任独立董事；王跃生、宁继鸣和杨金观不再担任独立董事职务。2015年5月26日，魏爱云任职工监事；李景华、查剑秋任独立监事。2015年12月28日，李景华不再担任独立监事职务。

年度工作业绩

2015年，华电国际实现利润138.15亿元，同比增加31.68亿元；总资产突破2000亿元，达2066.55亿元；营业收入突破700亿元，达710.15亿元；控股发电装机容量突破4500万kW，达4577.53万kW，其中清洁能源占比19.59%；控股煤矿批复产能达1035万t/年，控参股煤炭资源储量达24.2亿t。资产负债率72.95%，同比降低3.49个百分点。

生产经营管理

（1）安全生产管理。全面落实新《安全生产法》，扎实开展季节性安全检查、重大危险源管理督查等工作，安全生产保持总体平稳。加强煤矿安全监督，煤矿安全状况稳定。全年水电板块实现"零非停"，火电机组强迫停运年台均次数0.44，同比降低0.48，创历史最好水平，11家火电企业实现"零非停"。扎实推进节能环保，2015年共有17台机组达到超低排放要求。供电煤耗完成303.37g/(kW·h)，同比降低2.40g/(kW·h)。在全国火电机组竞赛中，有29台机组荣获"全国火电优胜机组"称号。全面推进7S管理，设备治理水平和精益化管理水平明显提升。

（2）经营管理。全面实施"板块互补、要素互补"经营策略，区域公司利润中心和基层企业成本控制中心的管理职能得到有效发挥。一是市场营销业绩突出。全年争取市场电量184亿kW·h，完成发电量1910.54亿kW·h，7个区域利用小时超"三同"水平。统筹优化发电结构，通过多种替代方式增加效益5.9亿元。科学开拓热力市场，供热业务实现效益13.76亿元，同比增长37.97%。做好电热费回收工作，回收陈欠电热费2.46亿元。二是燃料管理持续增强。充分发挥规模采购优势，科学制定采购策略，合理控制进煤节奏，入厂标准煤单价完成518.3元/t，同比降低144.7元/t，降幅保持全行业领先水平。加强掺配掺烧精细化管理，节约燃料成本1.7亿元。三是资金管控和政策争取力度加大。抓住央行连续降准降息的有利时机，开展存量借款置换，合理控制债券融资规模，资金成本率完成5.21%，较预算低0.41个百分点，财务费用较预算减少10.74亿元。开展亏损企业"一厂一策"专项治理，累计减亏4393万元。加强政策研究，争取到财税等政策资金8.98亿元。

项目发展

抢抓稍纵即逝的战略机遇，实施三级联动机制，加快项目发展和结构调整的步伐，莱州二期、芜湖二期第一台机组、汕头一期、江陵一期、永利一期等重点项目共820万kW获得核准，60万kW及以上机组容量占比91.46%。龙口四期、裕华二期第一台机组分别列入山东、河北2015年度建设规划。湛江一期、定陶一期有望进入广东、山东"十三五"规划。加快清洁能源项目开发，核准风电84.2万kW、水电6.9万kW、光电36万kW、气电30万kW。持续提升工程管理水平，实施技术创新和设计优化，朔州热电、江东燃机、卡基娃水电、肥城风电等297.19万kW项目顺利投产。加强基建招标管理，完成基建招标金额113.93亿元，较概算节省投资23.6亿元。

改革发展

稳妥做好管理授权，在满足资本市场对上市公司要求的前提下，进一步加大对分公司的授权，为区域"做实"奠定了基础。深入推进"强基"工作，14家单位获得"五星级发电企业"称号。充分发挥集约化采购、市场化运作、专业化管理优势，全力打造煤炭物流供应链，控价议价、保障供应能力持续提升。深入贯彻集团公司煤炭专业化改革部署，进一步厘清了煤炭产业的管理层次和内容。持续加强信息化建设，继续开展FAM系统优化升级，深化六大核心业务模块规范应用，与集团公司ERP实现实时功能对接。加大科技、管理创新力度，获得国家级、集团公司级科技奖20项，中电联管理创新奖7项。深入开展内控评价，完善制度、优化流程、强化考核，风险防控能力进一步增强。推进法制建设，制定法制工作新五年规划，强化法律审核把关，协调处理法律纠纷案件，促进企业依法合规经营。

党的建设、精神文明建设、企业文化建设

扎实开展"三严三实"专题教育，在部分中央企业座谈会上交流经验，工作成效得到上级党组织充分肯定。进一步加强和改进党的建设，强化政治、制度、服务三大保障。加强服务型党组织建设、党建工作标准化，深化党建创新行动，组织活力持续增强。坚持"四个纪检"工作理念，落实全面从严治党、"两个责任""一岗双责"要求，严肃执纪强化监督，认真落实中央"八项规定"，推进重点领域权力制衡机制建设，党风廉政建设和反腐败工作进一步加强。加大宣传思想、企业文化、精神文明建设和工团工作力度，深化民主管理和创新创效，企业凝聚力和向心力进一步增强，荣获“中央企业党建思想政治工作研究先进集体”称号，被授予“首都文明单位”称号。

华电福新能源股份有限公司

概况

华电福新能源股份有限公司（简称华电福新）前身为华电福建发电有限公司（简称福建公司），福建公司成立于2004年10月，是中国华电集团公司在福建设立的全资子公司。2010年10月，福建公司更名为华电福新能源有限公司，并与华电新能源发展有限公司进行资产重组；2011年8月，企业改制为华电福新能源股份有限公司；2012年6月，华电福新在香港联交所上市，注册资本76.22亿元人民币。截至2015年12月31日，华电福新股权构成为中国华电集团公司占59.57%、中国电力工程顾问集团科技开发有限公司占3.03%、昆仑信托有限责任公司占2.43%、贵州乌江水电开发有限责任公司占2.25%、中国华电科工集团有限公司占0.94%、兴业创新资本管理有限公司占0.91%、福建省大同创业投资有限公司占0.30%、流通股占30.57%。

华电福新是集团公司清洁能源发展的主力军和海外发展的生力军，是集团公司的骨干企业和重要投融资平台，主要业务为电力生产、销售，电力建设、管理咨询，电力资源综合利用，环保及其他高新技术开发等与发电相关的产业。《华电福新发展战略及投资规划（2013~2017年）》研究分析国际国内能源形势，结合企业发展现状，提出“坚持可持续发展理念，以清洁能源发电为主线，充分发展国内市场，积极拓展国际市场；加快发展风（光）电，大力推进高效煤电，积极发展水电，超前布局气电（含燃气分布式能源），有效发展核电等其他清洁能源项目；加快产业链条延伸，积极参与港口、物流、LNG及碳资产开发等产业”的发展战略。

华电福新拥有包括水电、风电、煤电、分布式、核电、太阳能和生物质能等多种发电类型，资产分布在全国27个省、自治区、直辖市。截至2015年12月31日，华电福新控股装机容量达1384.52万kW，其中，水电250.79万kW，煤电360万kW，风电641.73万kW，太阳能79.97万kW，分布式及生物质能52.03万kW。水电方面，作为华东第一大水电公司，拥有福建省境内7个龙头水库；风电方面，作为中国领先的风电运营商，2015年风电投产容量超过100万kW；火电方面，可门电厂拥有全国最大的电厂自备码头，4台超临界燃煤发电机组全部安装脱硫脱硝及除尘系统等空气污染防治设施，达到业内高效清洁利用的先进水平；分布式能源方面，广州大学城项目为中国目前投产最大的天然气分布式能源项目；太阳能方面，已初步建立起青海、甘肃等多个光电基地；核电方面，持有福建福清核电39%的股权、三门核电10%的股权。

截至2015年12月31日，华电福新本部设置综合管理部（法律事务部）、规划发展部、人力资源部、财务管理部、资本运营与产权管理部、安全生产部、工程建设部、证券市场部、监察审计部、企业文化部（政治工作部）共10个部门。所属企业187家，其中全资单位98家，控股单位73家，分公司及筹备处16家。

领导人员

董事长、党组书记：方正

董事：江炳思、李立新、陶云鹏、宗孝磊、周小谦、张白、陶志刚

监事会主席：李长旭

监事：王崑、胡晓红、闫仲军、邹宣永、陈文新、丁瑞玲、侯佳伟

党组成员、总经理：舒福平

党组成员、副总经理：霍广钊

党组成员、总会计师、总法律顾问：杨艺

党组成员、副总经理：王志军

党组成员、纪检组组长、工委主任：闫仲军

党组成员、副总经理：孙涛

主要领导人员变动情况如下：2015年5月，孙涛任党组成员、副总经理；2015年9月，舒福平任党组成员、总经理。

年度工作业绩

2015年，华电福新实现利润总额26.23亿元，同比下降2.2%；累计完成发电量371.80亿kW·h，同比增加1.8%；实现销售收入153.47亿元，同比增长10.4%；资产负债率78.4%。

生产经营管理

（1）经营方面。华电福新通过四大板块协调发展、统筹推进，积极争取电量和财税政策补贴，创造效益。一是水电板块贡献超预期。通过统筹做好防汛、防台、发电、设备等方面工作，积极开展水库和流域优化经济调度，发电量创历史新高。二是煤电板块在挤压中抢占空间。通过实施整体营销策略，全力抢发电量，努力争取市场化电量 57.4 亿 kW·h。2015 年，煤电利用小时超过“三同”小时数约 50h。主动争取环保电价政策，永安两台机组和可门 2 号机组实现超低排放，积极争取电价补贴。三是风光板块结构优化亮点呈现。湖南、山东电价争取成果显著，郴州公司、乳山公司积极争取省内电价补贴并于年内全部结算。安徽、湖南、云南、河北、福清、茂名超额完成年度发电任务。四是分布式板块经营好转。协调广西南宁、上海莘庄、江西九江燃机长期打捆招标；南宁公司主动争取了两部制电价政策，全年利润突破 3000 万元；九江公司通过与中石油等石油企业谈判提前降低气价，降低成本 4000 多万元，实现扭亏为盈；厦门分布式、泰州医药城等单位积极争取各种国家、地方补贴。

（2）安全生产方面。一是完善制度强规矩。针对安全生产管理特别是新能源板块存在的突出问题，制定、修订了不安全事件性质认定、责任追究、技改、检修等 13 项管理制度，填补了部分业务的制度空白，管理更加有章可循。二是督查督办抓落实。运用生产营销视频会、生产运营监控中心和信息平台，及时掌握各板块安全生产状况，开展重要事项约谈、督查督办现场专项检查和专题分析。按照“四不放过”原则，对主设备损坏事件进行问责，对生产指标异常、火电“非停”多发、风电火险、大部件损坏以及锚杆断裂等事件进行了重点督办，下达整改通知书 13 份，共计 122 项整改项目，要求相关单位按闭环整改要求进行办理。三是设备整治见成效。开展华锐、南车风机设备综合治理，库仑风场整治后的机组经历 11~12 月份大风期考验，大风时段停机数大幅下降，效果初步显现。针对风机齿轮箱、发电机、叶片等大部件损坏和雷害、锚杆断裂等问题进行了专题研讨，提出相关治理措施。水电老机组改造和增效扩容项目有序推进，华安、高砂、范厝、万安溪部分改造机组投产，达到了性能提升、安全改善的预期效果。

（3）资金管控方面。正式上线了财务集中管控平台，实现了新能源板块财务数据集中部署，逐步实现精细化管理在线监控功能。一是降低融资成本。充分利用国家四次降息的有利时机，华电福新系统内提前归还、置换或下调高息贷款共 79.18 亿元，年节约利息支出 3400 万元，华电福新系统内新增银行授信 94 亿元。华电福新本部发行三期低于基准利率 16%~19% 总额 45 亿元的超短融资，节约财务费用 1300 万元；取得基石投资中能建 H 股综合年化利率仅 1.7% 的 5000 万美元等额港币一年期信用贷款。二是减少资金沉淀。压缩闲置资金，通过内部调拨调剂余缺，实行月末余额限额制，平均减少存量资金 2 亿元；通过委贷置换 8.5 亿元内部拆借，化解资金风险。三是严控资产负债率。围绕资产负债率红线做好资金预算和控制，按照效益优先、战略项目优先原则安排资本金、搭桥、打捆等融资保障手段，发行 20 亿元永续中票，降低公司资产负债率 2.3%。四是落实资金结算回收。通过强化考核，督促各项目及时签订购电合同，完善可再生能源电价附加资金的申报、电费回收工作，除可再生能源补贴外，没有陈欠电费。2015 年，大部分区域可再生能源电价附加资金结算滞后时间不超过一个季度，累计回收可再生能源电价附加资金 31.5 亿元。

（4）队伍建设方面。2015 年，录用高校毕业生 509 名，同时开展了 2016 年毕业生集中招聘工作，组织 3 家单位进行 179 人的市场化用工招聘，努力提升数量和质量，满足企业用工需求。利用火电、水电、风电、分布式四大培训基地，开展继保励磁、防汛和水库调度、风电运维等系列岗位培训工作，提升从业人员管理、技术和技能水平；编制风电运行、检修培训题库，建立风电培训、测评系统，全面开展全员持证上岗工作，开展了一期生产骨干培训考试和 6 次网络考试，共 742 人参试，合格率达 92%；选拔 10 人参加全国第二届风电运维和应急技能大赛，包揽个人和团体二、三等奖。

项目发展

（1）前期与并购方面。群策群力、超前布局，各板块项目全面推进，一批优质项目开花结果。一是高效煤电项目取得新成效。可门三期 2×100 万 kW 项目获得核准，邵武三期 2×66 万 kW 项目全面开工建设，诏安港电一体项目完成了集团公司立项，并进入福建省“十三五”能源规划。二是水电发展取得新进展。集团公司第一个抽蓄示范项目——周宁120万kW项目交通洞开工，项目取得环评批复，古田溪一级11万kW改扩建项目实现“双投”，池潭扩建10万kW项目于2015年11月正式动工。河北、海南、湖北、安徽等抽蓄项目开展评估工作。三是风光板块发展持续加快。甘肃毛井一期40万kW、内蒙古达茂旗20万kW、乌套海二期20万kW等项目以及中部、东南部的江苏滨海、河南宜阳、安徽无为二期、云南莲花山、山东高唐等一批风光电项目实现并网；福建、安徽、云南、江西等一批中东南部风电项目获得核准，宜春丰顶山4.8万kW项目核准实现了江西风电项目的零突破；福建海坛海峡30万kW海上风电进入国家规划，浙江玉环40万kW海上风电取得路条；“两江一岛”战略中的平潭海上陆上风电等项目完成预可行性研究审查；中东南风光项目在建和并网容量达100万kW，并网容量占比由14%提高到20.5%，布局得到进一步优化。四是涉气产业迎来新机遇。涉气项目的边界条件随着天然气价格走低，原放缓的项目迎来发展机遇。广东江门23万kW分布式项目桩基工程开工，广东清远15万kW分布式项目获得核准，上海莘庄二期、青岛流亭空港分布式项目通过集团公司立项并报地方核准，合肥巢湖20万kW分布式项目完成项目发起并上报集团公司发起备案，与地方政府及中石化签署了广西北海LNG大型燃机项目三边战略合作协议。五是资产并购成效进一步显现。首批中国风电10项容量总计63.6万kW风电项目取得阶段性成果。其中，5项容量总计39.6万kW项目已并网发电，运行情况良好。借助乌拉特中旗风电项目，与川井20万kW风电项目共建220kV送出工程，输送容量可达60万kW，盘活了停工近五年的川井项目，并为集团公司在乌拉特中旗、川井区域锁定百万千瓦风电项目奠定了基础。

（2）项目建设方面。2015年，58个在建项目共计448.09万kW，连续两年新增容量突破200万kW，完成北方Ⅰ、Ⅱ、Ⅲ类地区17项170.2万kW风电项目保电价建设任务。一是以强业主管控促进度。准确分析、把控建设过程中的各种问题，强化业主管控和协调力度，强化施工准备，严管节点计划，重视主设备交货进度，保持送出工程与主体工程同步建设。福建古田溪水电站扩建工程、甘肃毛井、内蒙古达茂旗、云南大黑山、江苏滨海等一批工程项目以较快速度推进，邵武三期于2015年10月18日顺利开工。二是以全寿命周期效益最大化保质量。开工前进一步做好主机选型、微观选址、总平道路、工艺系统等设计优化工作，充分利用风资源，保障每台风机年等效利用小时不低于1800h。新疆哈密、浙江长兴、湖北金泉等项目经优化审查后，利用小时明显上升。创新采用风电机组带方案招标方式，优选主机供应商及主机机型，提高主机整机及其关键部件可靠性。对箱变等设备选用性价比高、应用广、售后好的优质品牌。三是以全过程优化降造价。加大设计优化，严审内控概算，风电项目内控概算动态加权平均造价（不含送出）7555.13元/kW，比集团公司立项决策加权平均造价（不含送出）低409.29元/kW，总投资降低3.63亿元。光电项目内控概算动态加权平均造价（不含送出）8105.71元/kW，比集团公司立项决策加权平均造价低242.01元/kW，总投资额降低3625万元。加强合同履约监管力度和过程管控，务实推进竣工结算工作，完成41个项目的工程竣工结算。四是以标准化推动基建管理上台阶。严格基建程序管理，制定微观选址、道路及大件运输、变电站标准化设计、风机基础施工等4个指导意见，编写《华电福新南方山地风电项目建设流程》，完成风机、塔筒、箱变等设备材料招标、技术规范书、标准化范本的编制，有效地提高基建管理规范化水平。

党的建设、精神文明建设、企业文化建设

深入开展“三严三实”专题教育，认真查摆分析“不严不实”问题，建立健全整改落实机制，收到良好效果。制定实施了《关于落实“两个责任”的实施方案》，逐一签订《党风廉政建设责任书》，将落实情况作为重要指标列入《绩效合约》，抓好薪酬挂钩和刚性兑现。组织开展集团公司系统落实“两个责任”“三重一大”决策、“五项经费”管理专项检查，查找不足，督促整改落实。不断强化执纪监督问责。成立了党风廉政建设和反腐败工作协调办公室，及时掌握各监督领域发现问题，提出解决建议，促进了信息共享、职能互补、行动协调。制定实施了《领导干部谈话制度实施办法》，针对存在问题及时约谈有关单位“一把手”，注重抓早抓小，防止小错演变成大错。以中央巡视反馈意见和国家审计署发现问题整改为主线，开展问题线索“大起底”，加大信访举报查办力度，形成强有力震慑。充分发挥审计监督作用。对所属22家单位近年审计发现的133个问题开展“回头看”，不断健全“挂牌督办”机制，整改一项，摘牌一项，防控生产经营风险。积极开展基建项目全过程跟踪审计、企业领导人员离任经济责任审计、各类专项审计，及时揭示管理风险，堵塞管理漏洞。

华电煤业集团有限公司

概况

2005年8月，中国华电集团公司在重组原华电燃料有限公司和华电开发投资有限公司的基础上，组建了华电煤业集团有限公司（简称华电煤业），主要负责煤炭及相关产业的开发。

华电煤业在集团公司的正确领导下，秉持价值思维理念，践行“服务华电、创造价值”的公司使命，坚持“煤为核心、物流通畅、运销高效”的发展思路，大力实施“三步走”发展战略，协同推进煤炭、物流、煤化工（电力）、运销四大产业板块发展，着力构建以煤炭产业为核心，集煤、电、化、路、港、航为一体的产业架构，产业规模快速扩张，综合实力显著增强。

截至2015年12月31日，华电煤业注册资本36.57亿元，总资产599.19亿元，净资产155.26亿元，资产负债率74%（受托管理华电集团晋、陕、蒙、新、黑5个区域公司的14个煤矿，管理口径资产总额737亿元、净资产187亿元），煤炭产能5509万t；华电煤业本部设17个职能部门，拥有6个分支机构、4家全资子公司、12家控股子公司和19家参股公司。

领导人员

董事长、党组书记：丁焕德

总经理：管春峰

副总经理、党组副书记：殷作如

副总经理：李强德、张忠贵、路万科、兰毅

党组纪检组组长、工委主任、总法律顾问：杨信

总会计师：梁璟洲

年度工作业绩

2015年，华电煤业完成煤炭产量4836万t，同比增加30.2%。商品煤销售量4287万t，同比增加36.8%。甲醇产量55万t，同比增加153.1%。发电量51.68亿kW·h，同比增加22.9%。港口接卸量1050万t。船舶货运量2012万t，同比增加2.9%。吨煤完全成本控制在预算目标139.91元/t，比年计划低11.32元/t。吨煤直接生产成本控制预算目标54.68元/t。产权口径亏损15.12亿元，在环渤海动力煤价格指数年末较年初下降153元/t，煤炭行业亏损面高达90%以上的严峻形势下，华电煤业控股的四大主力煤炭企业整体实现盈利1.21亿元。

生产经营管理

积极协调落实集团公司自产煤系统内购销计划，控股煤炭系统内客户已覆盖10个区域的28家电厂，系统内销售量达1658万t，同比增加491万t，增幅42%，内销率45%。大力开拓非电用户，扩大销售半径，提升外销量，控股煤炭系统外销售量达2232万t，同比增加266万t，增幅14%。通过争取铁路运输“一口价”优惠政策，降低运费成本。在锦兴公司、白芦煤业、福建储运成功开展7S管理试点工作，编写集团公司煤炭企业《7S管理技术规范》和《7S管理推进务实》。不连沟公司建立覆盖煤炭企业生产经营管理全过程、企业员工参与全面预算管理体系，实现定额管理、预算管理和业务管理的有机结合。梳理完善生产消耗定额标准，设计定额编制标准模板102个，完成《定额管理手册》编制，在肖家洼煤矿实现部分试应用。积极开展税收筹划，争取西部大开发所得税优惠和税务局备案的专项设备投资和税收抵免。与2014年相比，企业吨煤完全成本下降4.6元/t，节约成本近1.8亿元。出台《亏损及停产停工企业管理暂行办法》，严格执行“月度考核、季度调整、年度清算”的组织绩效考核制度，突出以效益为导向的薪酬分配激励机制。

项目发展

以依法合规经营、提高发展质量为目标，加快前期手续和证照办理，加强重点项目建设管理。不连沟煤矿物流园及选煤厂项目取得年度用地指标；小纪汗煤矿取得采矿证和土地使用手续，铁路专用线贯通；隆德煤矿取得土地使用证，除矿井150万t/年环评外，其他证照均已取得；甜水堡

二矿井下主要生产系统已竣工，地面煤流及外运简易装车系统已形成，成功实现试运转；可可盖煤矿项目签署东部矿权转让协议；煤基芳烃项目前期工作积极推进，工艺方案和总图方案基本确定；不连沟电厂、兴县电厂取得核准，印尼萨拉托加电源项目通过集团公司发起决策，福建储运可门疏港铁路建成通车。

党的建设、精神文明建设、企业文化建设

华电煤业按照集团公司构建“大党建”格局的总体部署，针对所属企业地域分布广、行业跨度大、混合所有制企业多的实际状况，深化党建工作创新。扎实推进基层党组织“达标、创优、建示范”活动，创新开展党建“结对子”帮扶活动，党建工作水平得到大幅提升。截至2015年12月31日，在基层党组织中，示范党组织、优秀党组织分别达到12.5%、6.3%。按照落实“两个责任”和“一岗双责”的要求，完善党风廉政建设领导体制和工作机制，企业的执纪监督水平不断提升，问责力度不断加大，营造风清气正的良好氛围。深入开展群众路线教育、“三严三实”专题教育，严格执行中央“八项规定”和集团公司党组“22项具体要求”，党员、干部的作风明显改善。积极组织整改中央巡视组和国家审计署查出的问题，对不连沟公司等4家单位开展内部巡视和问题整改，加大审计工作力度，启动内部控制评价，提升了依法、依规治企的能力和水平。构建企业文化理念体系，在市场形势愈发严峻的情况下，企业广大干部员工的凝聚力、精气神愈发增强。

中国华电集团资本控股有限公司

概况

中国华电集团资本控股有限公司（简称资本控股公司）成立于2007年5月，初始注册资本6亿元。资本控股公司是中国华电集团公司全资子公司。2010年6月，集团公司为进一步促进金融板块发展，对金融板块实施改革，将金融板块分为三家。资本控股新的定位是负责推进集团公司金融机构发展，管理集团公司参股金融股权。资本控股公司的主要业务包括：投资业务、融资业务、资产管理业务、金融股权的投资与拓展，以及对集团公司现有参股金融机构股权的管理。

2015年，资本控股公司实现收入24.35亿元，其中所属机构实现收入16.36亿元，占比67%；股权分红收入3.3亿元，占比13%；本部财务性投资收入4.88亿元，占比20%。截至2015年12月31日，资本控股公司注册资金40亿元，净资产52.18亿元，合并口径管理资产规模680亿元，本部及所属机构共有员工419人。

领导人员

党组成员、董事长：田洪宝

党组成员、总经理：金树成

党组书记：兰强

党组成员、纪检组长兼工委主任：龙德文

党组成员、副总经理兼总法律顾问：刘晖

党组成员、华信保险经纪公司董事长、总经理：胡永庆

党组成员、华电融资租赁公司董事长、总经理：殷红军

副总经理：江涛

主要领导变动情况：2015年，郭怀保不再担任执行董事、总经理、党组成员职务；梁译之不再担任党组成员、副总经理职务；龚贻生不再担任党组成员、副总经理职务；江涛不再担任总会计师职务；田洪宝担任执行资本控股公司董事、党组成员和总经理。

年度业绩

2015年，资本控股公司实现利润10.15亿元，同比增长6%，完成全年预算目标的113%。其中，本部实现利润2.52亿元；北京华信保险（公估）有限公司与华信保险经纪有限公司（合并简称华信保险）实现利润1.29亿元，同比增长15.89%；川财证券有限责任公司（简称川财证券）实现利润5.3亿元，同比增长278%；华电融资租赁有限公司（简称华电融资）实现利润1.45亿元，同比增长1.42%。资本控股公司净资产收益率为11.2%；资产负债率为70.32%；实现EVA4.56亿元；主营业务收入增长率为41%。截至2015年12月31日，资本控股公司管理资产规模达680亿元。

经营管理

（1）投资业务方面。坚持谨慎的投资策略，压缩非标固收类投资规模，严控新投项目风险，投资收益稳步增长。华信保险完成集团公司统保安排，服务范围进一步扩大，新增投保企业70家，实现签单保费4.67亿元，签单佣金1.47亿

元；川财证券各业务线增效显著，实现营业收入7.95亿元，同比增长144%，盈利能力显著增强；租赁公司克服增资滞后、业务规模受限等困难，全年新增业务规模44.87亿元，保持利润持续增长。

（2）资产管理方面。企业投资渤海租赁定向增发项目，通过结构化设计，投资1.74亿元认购了中间级份额，实现收益率160%，提升了整体投资收益；川财证券加大新业务的拓展，固收资管业务实现收入2.55亿元，占总收入的32.1%；投行业务由单一的债券业务拓展到股权、投资、产品管理等业务，实现收入1.38亿元，占总收入的16%；其他新业务创收快速增长，传统经纪业务收入占比大幅下降，暂时仅占总收入的30%。

（3）融资业务方面。川财证券积极参与华电国际A股增发，筹集资金71亿元，降低集团公司资产负债率0.77个百分点。华信保险通过新一轮的集中统保，为集团公司节省保费近4000万元。产权交易部全年处置集团公司所属企业各类资产交易19项，交易规模15亿元，服务集团公司主业能力进一步增强。

（4）基础管理方面。一是调整组织机构。按照集团公司“专业公司做优”的要求，结合企业经营发展需要，对内设机构进行了调整。新设风控与法律部，着重加强涉险项目的处置和风险管理体系的建设，加大涉险项目处置力度，截至2015年12月31日，已基本处置完毕和恢复正常的风险项目共计4亿元，占总涉险项目26%；新设监察审计部（纪检组办公室），确保审计监督的独立性，加强监察、纪检监督作用；新设人力资源部，加大本部和所属机构人力资源市场化机制的管理，进一步提升企业人才竞争力。通过内设机构的调整，强化发展与研究职能、合规管理与风险控制职能、依法治企与审计监督职能，职责分工更加清晰，提升企业转型发展能力。二是优化管理流程。加强制度建设，2015年，修订完善《投资业务制度》《风控管理制度》《会议制度》《费用报销管理制度》以及《企业负责人履职待遇》等制度20余项；推进民主管理，加强“三重一大”民主决策，重大事项充分听取干部员工的意见和建议，进一步调动干部员工的主观能动性和积极性；规范会议管理，完善总经理办公会、党组会等会议审批流程，将月度例会、经济活动分析会、机构协调会整合为每月一次例会，增加周例会，进一步提高管理效率。三是创新管理模式。机构以创效为主、本部以管理为主的模式不断深化，通过管理模式的创新，2015年实现收入24.35亿元，其中所属机构实现收入16.36亿元，占比67%；股权分红收入3.3亿元，占比13%；财务性投资收入4.88亿元，占比20%，机构创效优势进一步显现。

党的建设、精神文明建设、企业文化建设

（1）“三严三实”专题教育方面。根据集团公司统一部署，认真开展“三严三实”专题教育，并按照集团公司列出的问题清单、责任清单、整改清单，结合企业实际制定实施方案和工作流程图，认真抓好四个阶段的工作，使“三严三实”内化于心、外化于行。落实巡视意见整改，成立以党政主要负责人为组长的巡视整改工作领导小组，统筹推进各项整改工作。制定切实可行的整改方案和措施，把整改任务分解为5大类17项具体任务，明确责任部门、责任机构和完成时限，责任落实到人，确保把巡视组的意见和建议转化为真抓实干的实际行动。

（2）党风廉政建设方面。按照“八项规定”和集团公司“22项”要求，严格控制五项费用，2015年企业五项费用同比下降明显。按照“一岗双责”的工作要求，明确各部门和各所属机构党风廉政建设的职责任务，健全完善责任分解、推动实施、督查问效和检查考核等工作措施，保证反腐倡廉建设各项任务落到实处。

中国华电集团财务有限公司

概况

中国华电集团财务有限公司（简称“财务公司”）是经中国银行业监督管理委员会银监复〔2004〕7号文件批准，根据《企业集团财务公司管理办法》在原北方有色金属工业财务公司基础上重组设立的财务公司，总部设在北京。财务公司是由中国华电集团公司控股，集团公司系统内9家企业共同参股组建的一家全国性非银行金融机构，注册资本金为50亿元。财务公司在业务上接受中国银行业监督管理委员会的监督指导，依法自主经营，自担风险，自我约束，自负盈亏，具有独立企业法人资格。

财务公司以加强企业集团资金集中管理和提高企业集团资金使用效率为目的，为企业集团成员单位提供财务管理服务，立足于集团、服务于集团。财务公司经营范围包括：吸收成员单位的存款；对成员单位办理财务和融资顾问、信用鉴证及相关的咨询、代理业务；协助成员单位实现交易款项的收付；对成员单位提供担保、办理票据承兑与贴现、办理成员单位之间的委托贷款及委托投资、办理成员单位之间的内部转账结算及相应的结算、清算方案设计；对成员单位办理贷款及融资租赁；从事同业拆借；经批准发行财务公司债券；承销成员单位的企业债券；对金融机构的股权投资；有价证券投资以及中国银行业监督管理委员会批准的其他业务。

财务公司规划到2016年12月31日，资产规模达到382亿元，年度盈利能力达到10亿元，净资产收益率达到10.88%以上，资金归集率达到88%，外部资金支持增长率8%。积极拓展票据、保函和融资租赁等创新业务；提高债券承销服务水平，提升融资顾问能力；把控投资风险，不断提高投资收益水平。经营创效能力、服务集团发展能力和外部市场拓展能力显著增强，同时形成多元化的金融产品布局。企业治理、内部控制和风险管理进一步完善，规范发展能力显著提升。

截至2015年12月31日，财务公司下设综合部、政治工作部、监察部（纪检办公室）、财务部、风险与合规管理部、审计部、客户服务一部、客户服务二部、资金运营部、结算业务部、战略研发部、信息部12个部门。财务公司共有员工57名，平均年龄37岁。财务公司共有党员41名，设党总支1个，下设2个党支部、9个党小组。

领导人员

总经理、党组成员：陈宇

党组书记、工委主任（兼）：余建华

副总经理、党组成员：李文峰、刘仁鹏、赵远波

纪检组组长、党组成员：方少华

年度业绩

2015年，财务公司实现利润15.12亿元，同比增长9.61%；月均资金归集率达到95.13%，净资产收益率完成16.29%；资产负债率79.24%；企业管理资产规模达706亿元。企业日均存款222.34亿元，日均贷款205.93亿元，累计办理票据业务58.52亿元，全年实现信贷收入12.13亿元；累计完成财务性投资收益41972万元，年化收益率30.12%。2015年，财务公司荣获由中国社科院金融研究所颁发的“2015中国金融机构金牌榜·金龙奖”，并获得“年度最佳风险管理财务公司”称号。

经营管理

（1）信贷业务方面。适度控制贷款规模、腾出空间和资源加大票据业务、让利成员单位、保障集团公司大额资金调用。推行星级客户评价和产品定价机制，从产品、价格、规模等方面向集团公司重要客户倾斜。在票据业务开展上，主动加强与神华销售公司等单位的合作，实现上下游产业链合作共赢；为成员单位开立电票支付系统外煤款3.22亿元。经过积极争取和精心准备，获准成为“跨国外汇资金集中运营管理”试点单位，完成境内的外币资金池构建，绑定14家单位22个外币账户，为服务集团公司“两片一链”走出去战略、扩大资金整合范围、提升外币资金运用效率创造有利条件。

（2）投资业务方面。根据资产负债匹配计算短期资金运作金额，企业资金状况和外部金融环境对短期资金运作的品种、期限进行合理配置。资金计划的管理水平不断提高，形成年度预算、月度例会、周碰头会、每日计划、实时调控相结合的资金计划管理体系；资金分析工作更加深入精细，内部外部、静态动态、近期远期、微观宏观分析相结合，资金规律、趋势判断准确，提高资金管理的前瞻性和指导性，超额完成2015年投资业务利润目标。

（3）基础管理方面。2015年，完成票据、信贷、合同签署、制度制订和存款查冻扣等业务流程的优化，不仅实现了限额指标体系的设定与测算、风险偏好整体策略及风险偏好体系的管理与运维，还搭建了风险偏好管理体系的基础构架。2015年，财务公司被北京银监局定为内控审计试点单位，按照监管要求开展了内控评价和审计。两次评价结果显示：主要经营管理事项均已建立内部控制，关键流程和控制均能得以严格执行。

（4）对标管理方面。通过各部门专项对标和企业全面对标，按照企业对标管理工作部署，围绕2015年的重点对标项目，广泛寻找标杆、分析差距，提出改善措施及实施节点，形成部门专项

对标报告。企业对标管理进一步细化，实现从粗略到具体，从简单到专业，从财务专项指标到全员整体对标转变，员工对标意识得到普遍提高，形成良好的对标氛围，通过“分析立项、对标落实、检验提升”“三阶段”闭环对标管理，员工了解到更多的先进管理方法和业务模式，促进了企业的业务发展和效益提升。

（5）人力资源管理方面。2015 年 5 月，财务公司开展了组织机构优化调整，整合企业分散的服务职能，成立统一的对外服务窗口——客户服务部，实现服务流程优化，提高服务水平和服务效率，进一步增强对集团公司的整体服务功能。根据集团公司的《职位序列管理办法》，探索建立专业岗位序列晋升通道，制定可操作的管理办法，打通专业型人才的成长空间。同时，不断创新人才培养体系，助力员工提升专业技能，实现职业生涯发展和个人快速成长，以此打造全方位的激励体系，更好地引进和保留人才。

（6）信息化管理方面。积极推进信息化项目建设，完成中国人民银行征信系统建设和核心系统优化，提升客户优质体验；主动承担集团公司信息系统建设任务，研发现金流量预算管理平台和带息负债系统，提升服务集团公司的能力。此外，在确保信息安全的前提下，通过增加运维安全监控设备，增强应急能力，升级核心系统直联银行专线，提高业务稳定性，引进国产网络设备，提升系统安全运行保障能力。

党的建设、精神文明建设、企业文化建设

（1）“三严三实”专题教育。把贯彻落实“三严三实”作为当前和今后的重要政治任务，财务公司党组高度重视，结合实际制定专题教育实施方案，高质量完成专题教育的“四个关键动作”，推动领导干部树立严实作风，促进企业改革发展各项工作。

（2）党的建设方面。财务公司紧扣党建工作“五位一体”总体布局，坚持目标导向，大力推动工作创新，充分发挥党建工作的引领和保障作用。一方面把“深化党建创新，服务改革发展”作为党建工作的重要举措，有针对性地制定及修订《党建考评方案》《加强服务型党组织实施办法》等多项办法制度，进一步规范基层党建各项工作。另一方面，不断创新党建载体和内容，通过开展“高扬金帆、助力发展”、党员“三自”管理等活动，使党建工作不断融入经营发展全过程，切实增强党建服务中心发展和推动各项工作的能力。

（3）企业文化建设方面。按照集团公司企业文化“一主多元”和“三统一”的管理要求，财务公司结合自身发展需要，对《金帆宣言》进行了修订。2015 年，财务公司把企业的重点、难点工作作为企业文化融入中心发挥作用的切入点，通过组织策划“强服务、扬金帆、发出华电好声音”“弘扬金帆文化、向战略出发”等活动，使“四位、五责、六勤”的文化理念更加深入人心。

中国华电科工集团有限公司

概况

中国华电科工集团有限公司（简称华电科工）是中国华电集团公司 100% 投资的有限责任公司，是中国华电集团公司科工产业板块的重要组成部分和发展平台。

2015 年，华电科工积极应对错综复杂的国内外形势，稳步推进深化改革，狠抓生产经营、市场开拓、科技创新及党的建设等工作，发展质量稳步提升。华电科工作为电力行业唯一一家企业成功入围中国工业大奖候选名单。企业下属的华电电科院、水处理分公司首次评为集团公司“四星级科工企业”。

领导人员

董事长、党组书记：孙青松

党组成员、副总经理：马骏彪（集团公司部门正主任级）

党组成员、副总经理：刁培滨

党组成员、副总经理：姜学寿、彭刚平

党组成员、纪检组组长兼工委主任：侯佳伟

党组成员：王汝贵

党组成员、副总经理：李林威

总工程师：沈明忠

巡视员：黄湘

主要领导人员变动情况：2015 年 1 月，沈明忠任总工程师；2015 年 4 月，杨勇不再担任党组成员、总经理职务；2015 年 5 月，刁培滨担任党组成员、副总经理。

年度工作业绩

2015 年，华电科工资产总额达到 306.32 亿元，实现营业收入 132.97 亿元，利润 6.52 亿元，资产负债率74.33%。巴厘岛电厂正式进入商业运营，累计发电14.29亿kW·h，实现营业收入3亿元，利润8000多万元；巴淡电厂机组实现营业收入2亿多元，利润4000多万元；重工四大制造基地完成销售收入14亿多元，利润6000多万元；脱硫脱硝BOT业务实现营业收入1.8亿元，利润5000多万元；华电水务市场占有率和品牌影响力不断提高，在运水厂日处理水量28万t；山东节能公司制造的国内最大流量高效卧式循环水泵样机通过试运行，泵效率的节能评价值优于国家标准；产业园分布式能源站实现机组发电并网运行，开创了国内最大的楼宇式分布式能源站并网、上网先例。

生产经营管理

（1）安全生产方面。强化安全生产责任制落实，加强安全费用投入与管控，完善、落实各项规章制度。加强安全生产宣传教育，深入学习安全法规知识、安全事故案例及安全管理先进经验，提高员工安全生产意识。开展春、秋季安全大检查，重点领域、重点环节专项安全隐患治理及安全生产标准化建设活动。华电万方积极开拓安全评估业务，完成50多个发电工程建设项目安全生产标准化评审和安全评价。

（2）市场营销方面。2015年，华电科工新签合同金额200亿元，集团公司外新签合同金额51亿元。产业转型突破。华电重工成功中标江苏滨海北区10万kW海上风电项目，海上风电工程综合实力获得业界认可。华电机械院加快传统产业转型升级，实现塔机、烟囱防腐、电站装备等业务市场新拓展。水处理分公司签订红沿河核电等3个海水淡化项目，在核电海水淡化领域实现"零"的突破。业务投资储备。新能源分公司在新疆、山西等区域签订光伏或风电资源框架合作协议56万kW，为新能源投资业务做好资源储备。分布式能源分公司加强市场跟踪，成功签订天津北辰项目总承包合同，中标四川能投广安项目总承包工程；签订4台燃机维修合约式服务合同，合同金额2.2亿元，为改善合资公司经营状况奠定了基础。海外业务扩展。围绕"两片一链"，加快"走出去"步伐，越南沿海二期顺利完成股权收购方案变更审批、境外投资证书签发等工作；成功获得印尼西西拉水电站、越南沿海三期扩建卸船机、委内瑞拉水处理系统和越南核电凝结水项目，国际市场业务空间进一步扩大。

（3）工程建设方面。截至2015年12月31日，华电科工项目在建规模340.82亿元。江陵项目作为一号工程，高标准、严要求，超前做好达标创优、施工准备、质量工艺、安全文明施工"四个策划"，深入开展工程整体设计优化，实施设计优化方案91项，主体工程有序推进。中煤榆林项目顺利投入商业运行，连续三年被评为年度"优秀EPC总承包商"；参建的江苏句容百万机组工程荣获国家优质工程金奖，总承包建设的江苏吴江项目、参建的新疆喀什项目等5项工程荣获2015年度中国电力优质工程奖。风电、光伏项目总承包规模大幅增加，总装机容量175万kW，11个风电、太阳能光伏项目克服工期紧、自然条件恶劣等困难，成功按期投产发电。承建集团公司脱硫、脱硝、湿除项目机组89台，总装机容量达到910多万千瓦，为集团公司煤电机组环保改造和"十二五"节能减排目标实现做出重要贡献。

（4）运营项目管理方面。初步建立以安全生产部、专业公司和生产运营单位三级管理模式，针对企业运营项目涉及专业范围多、地域广、管理体制不同等特点，制定巴淡电厂、环保BOT项目及污水处理厂可靠性、消耗性指标考核细则，推进月度分析报表闭环管理，生产运营单位各项指标不断优化。巴淡电厂安全可靠性逐步提高，管理水平明显提升，平均供电煤耗同比降低5.07g/（kW·h）；巴厘岛电厂平均供电煤耗满足供电协议要求；环保BOT项目平均脱硫电耗、石灰石耗量及脱硝液氨耗量均小于考核值；在运水厂吨水电耗、药耗同比持续下降。

（5）精细化管理方面。加快建立以设计为龙头的总承包建设体系，编制EPC项目设计管理手册，明确专业设计管控要点，具备自主设计和科研创新能力，成功获得北京市设计创新中心认定，负责设计的"新都华润雪花啤酒分布式能源项目"获得"2015年度分布式能源优秀设计单位奖"。完善采购分级分层管理体系，建立评标专家库，构建合格供方动态管理及评价考核机制，提高采购经理专业技能，采购管理水平进一步提升。完善"四算"管理体系，加强预算评审与执行监督，工程建设成本持续降低。总结"六五"普法工作经验，明确未来五年法务工作规划，制定合同示范文本，妥善处理合同纠纷，企业法律风险可控、在控。加强三体系管理，全面开展内外审监督检查和不符合项整改，企业继续保持了三体系认证资格；扎实推进工程项目创优活动，1 项成果获得全国工程建设 QC 成果二等奖；18 项成果获得电力建设 QC 成果奖；3 项成果获得电力建设科学技术进步奖。

（6）基础管理。一是财务管理不断加强。强化预算管理，细化预算项目，完善考核机制，预算约束作用有效发挥；加强现金流量管理，通过财务信用评级、发行短期融资券、拓展融资渠道等方式，保障了资金需求。严格控制“两金”占用，加大存货、往来款项清理工作力度。积极争取财税补贴，努力向政策要效益。获得集团公司“财税工作先进单位”称号，被评定为北京市第一批出口退（免）税一类企业。二是投资管控持续深化。设立投资审核会，完善基建投资、股权投资程序，强化投资管理职责，把控发起、立项和开工三大关键决策环节，提高审核的深度和质量，有效防控投资风险。三是职能管理更加优化。坚持“量身定做”“一企一策”，结合企业业务特点及不同发展阶段，深化短板考核，突出年度经营绩效和发展绩效指标，充分发挥考核的激励导向作用。四是信息化水平不断提高。初步建立供方管理、工程项目与财务支付一体化管理等子系统，为企业经营管理提供支持和保障。强化网络与信息系统安全，将互联网、广域网和移动网络统一接入集团公司网络安全管控服务平台，开展互联网访问信息系统等级评定，制定信息整体安全规划，有效保障信息系统安全。

改革发展

（1）结构调整方面。积极加快调结构、转方式、优布局，各业务板块实现长足发展。依靠工程承包获取收益的单一发展局面得到有效改观，装备制造和资产经营业务成为新的增长点。圆形料场成套设备、火电四大管道连续保持行业龙头地位，特种胶带输送机、电站空冷系统业务处于国内领先，工业噪声治理、海上风电工程打开局面；脱硝工程累计投运容量跃居国内行业第二位，火电和核电常规岛水处理工程市场占有率位居行业首位；总承包建设的西塞山项目被集团公司树为 60 万 kW 样板工程，印尼阿萨汉项目被誉为中国企业走向国际市场的“名片”；太阳能热发电、生物质沼气发电等专业技术和品牌位居国内领先地位；率先捕捉到分布式能源产业发展先机，形成了主机设备、总承包、运营服务一体化的特色产业链。

（2）资本运作方面。积极响应国家号召，履行央企责任，增持华电重工股份 104 万股，坚定了投资者信心，一定程度上稳定了重工股价；完成华电水务内部股权调整，上市主体股权结构更加清晰；中介机构正式进场，水务上市工作全面推进。

（3）内部改革方面。落实集团公司科工产业改革部署，企业正式更名为中国华电科工集团有限公司，编制业务整合方案，将企业业务优化整合为科技研发、重工及高端制造、环保及新能源、电站投资建设四大业务板块，更加突出科技创新驱动产业发展、转型升级的作用。按照现代企业制度和法人治理结构要求，规范“三重一大”民主决策程序、决策范围，完善日常决策和运行机制，科学民主决策水平不断提高。

（4）科技创新方面。作为集团公司科工产业板块的重要支柱，华电科工大力加强科技创新力度。一是强化科研平台基础建设。细化分解科研考核指标，加大研发费用投入、专利、新技术及产品的创收等指标考核力度，持续激发各单位科技创新的积极性。制定下发 2015 年科技项目开发计划，确定新立科技项目 103 项、结转项目 88 项，在研科技项目达到 191 项。加快科技研发平台建设，企业再次通过国家高新技术企业认定，国家分布式能源系统测试技术研究室通过审批；成立集团公司环境保护监督技术中心，构建“互联网+环保监督”新模式、“火力发电系统能效检测技术实验平台”等能源自主创新项目按计划稳步推进。华电重工、华电机械院成功创建国家级博士后科研工作站。二是持续丰富科研成果创新。大力推进关键核心技术的研发、验收和评价，持续提升公司科技含量和核心竞争力。截至 2015 年 12 月 31 日，企业共获得专利 287 项，其中发明专利 42 项；共计持有专利 823 项，其中发明专利 94 项。11 项科技成果通过集团公司或行业协会成果评审，获得评审专家的高度评价，7 项成果达到国际先进、国内领先水平；4 项集团公司重点科技项目顺利通过验收；9 项科技成果获得 2015 年度集团公司科技进步奖；2 项成果获得中电联首届中国电力创新奖。环保型超大储量数字化圆形料场系统顺利获批为北京市高新技术成果转化项目；燃气电厂低频噪声源头治理成套装备被列入《国家鼓励发展的重大环保技术装备目录》。三是全面推进科研成果转化。企业自主研发的湿式除尘技术成功应用于天津军粮城电厂9、10号机组改造工程，作为国家煤电机组环保改造示范项目，正式通过天津市环保局验收；在此基础上，获得山东莱州1号机组、天生港等13个湿式除尘项目。以陕西杨凌项目为依托，高效除尘脱硫塔技术顺利完成研究成果转化，打造了超低排放技术的又一成功案例；自主研发的污水处理近零排放技术转入工业化应用，签订内蒙古河西等3个电厂废水零排放项目，为开辟水处理超净排放市场奠定基础。引进新型空间网架技术，签订土右、十里泉等多个电厂煤场封闭项目合同。开展机组高效亚临界节能改造，创新燃煤机组冷源节能技术，在邹县电厂60万kW燃煤机组示范应用，降低供电煤耗约1.5g/（kW・h）。积极开展火电机组性能优化、智能供热、余热利用等节能降耗技术改造，为集团公司燃煤机组供电煤耗指标位居五大发电集团前列做出重要贡献。

党的建设、精神文明建设、企业文化建设

（1）“三严三实”教育。认真贯彻中央精神和集团公司党组部署，把“三严三实”专题教育作为重中之重，融入经常性党建，从严务实地抓好党课教育、专题学习研讨、领导班子民主生活会等关键环节。

（2）党的建设。建立健全党的基层组织，12个二级党组织完成换届选举；理顺内部党组织结构，在14个项目部建立健全党小组，党的组织和党的工作覆盖率进一步提高；建立完善党组中心组理论学习、领导班子成员联系点、党员领导干部双重组织生活等制度，分层分级开展学习培训，提升党群人员业务素质。

（3）党风廉政建设。认真落实企业党组主体责任，把作风建设摆在更加突出的位置，与全系统基层党组织签订党风廉政建设责任书，与专业公司领导班子成员、新提任领导干部进行廉洁、诫勉谈话；加强《党章》《中国共产党党员领导干部廉洁从政若干准则》《中国共产党纪律处分条例》等党内规章制度的学习，开展党风廉政建设宣传教育月活动，广大党员干部的依法治企意识得到全面提升；针对集团公司巡视和审计工作发现的问题，主动作为，认真反思，逐一签订责任书，明确整改时限，全程跟踪督导，力促整改。

（4）工团组织和企业文化建设。完善系统工会组织建设，8个二级单位的工会组织建立工作如期推进；广泛开展劳动竞赛、导师带徒等活动，持续激发职工的创造活力；举办职工丰富多彩的文化活动，满足职工精神文化追求。深化民主管理，落实员工代表会议制度，开展干部职工意见建议征集、困难职工帮扶救助，推进职工阅览室建设等“十件实事”，使职工充分享受到企业的关怀和温暖。以服务青年成长成才和建功立业为重点，多方位、多层面关心青年，连续多年开展“悦读青春”“青春讲堂”“行走春风”献爱心等团青品牌活动，激励广大团员青年的工作主动性和创新性。

中国华电集团发电运营有限公司

概况

中国华电集团发电运营有限公司（简称华电运营公司）于2007年6月11日经国家工商总局批准在北京市登记注册，7月17日正式挂牌成立，是中国华电集团公司的全资子公司。华电运营公司与中国华电集团北京能源有限公司采取“一体化运营管理”的方式，既是区域公司（北京、广西、青海三个区域和天津一个厂）又是专业公司，主要从事业务包括：直接投资经营管理发电企业；负责集团公司在境外投资电厂的生产运营；通过市场化运作为国内和海外电厂提供运行、维护、检修服务和发电生产技术服务等。

华电运营公司探索确立了“建设综合型、国际化一流发电运营公司”的发展战略。2015年4月9日，集团公司批复华电运营公司本部增设市场运营部（燃料管理部）、工程管理部。2015年4月18日，集团公司批复成立了“北京华运天宁文化产业有限公司”（工商注册更名为北京华韵天宁文化科技有限公司）。2015年9月30日，集团公司批复成立了“北京华电顺义分布式光伏发电有限公司”（工商注册更名为北京华电分布式光伏发电有限公司）。2015年12月25日，集团公司批复成立了“华电运营格尔木光伏发电有限公司”“华电共和太阳能发电有限公司”。

截至2015年12月31日，华电运营公司资产总额122亿元，本部设职能部门9个，所属单位26家，共有员工7305人；全资或控股经营发电容量396万kW（天津军粮城、广西贵港、大通、北京热电、北京水电、青海德令哈太阳能、北京密云太阳能公司等7家发电企业）；运营中国华电海外投资的发电容量89.4万kW（印尼巴淡火电厂、印尼巴厘岛火电厂、柬埔寨额勒赛水电站）；市场运营发电容量2559万kW（35个项目），其中海外1074万kW（15个项目）。

“十二五”期间，华电运营公司资产总额从2010年的86亿元增长到2015年的122亿元，增长了42%；利润总额从3.3亿元增长到7.37亿元，增长了123%；装机容量从242万kW增长到396万kW，增长了64%；新签市场服务合同金额从2亿元增长到5亿元，增长了150%；运营的市场化服务项目从18个增加到35个，增加了17个；管理的单位从8个增加到26个，增加了18个；员工总量从2600多人增长到7300多人，增加了4700多人，基本实现了“十二五”发展规划的主要目标任务，综合型、国际化一流发电运营公司建设迈上新台阶。2015年，华电运营公司被评为集团公司先进企业。

领导人员

执行董事、党组成员、总经理：金英军

党组书记：王江

党组成员、副总经理：李德明、程彦林、王枫

党组纪检组组长、工委主任：陈伟

党组成员：吕锡江

总工程师：张开利

主要领导人员变动情况：2015年7月10日，吕锡江担任华电运营公司党组成员（集团公司部门副主任级）；2015年9月30日，吴建春不再担任华电运营公司党组成员、副总经理职务，担任中国华电广东分公司党组成员、书记（集团公司部门正主任级）职务。

年度工作业绩

2015年，华电运营公司实现利润7.37亿元；资产负债率72.44%，较年初降低3.99个百分点；发电量完成160.86亿kW·h，完成年度目标的85.79%；供电煤耗完成309.6g/(kW·h)，较年度目标降低0.4g/(kW·h)；厂用电率完成5.4%，与年度目标持平；新签市场服务合同金额5亿元；密云太阳能、京西热力2个项目投产运营，北京通州燃气、天宁文化科技创新园项目开工建设，北京顺义光伏项目获得开工批复，青海共和一期、二期及格尔木光伏、诺木洪风电、广西柳东屋顶分布式等项目实现核准，天津军粮城“65万kW燃气+35万kW燃煤”热电联产项目获得“路条”，发起了青海德令哈2×35万kW热电联产项目。

生产经营管理

（1）安全生产方面。严格安全生产责任制，强化了责任追究和监督考核。开展“春检”“秋检”、危化品整治等专项活动，排查隐患1918项，整改率96%。圆满完成“两会”“抗战胜利70周年大阅兵”等特殊时段的保电任务。安全管理全覆盖，海内外市场服务项目安全稳定。利用负荷降低、机组调停机会加强设备治理，顺利完成18台机组小修和2台机组大修。构建信息化管理平台，推动提升技术监督水平。印发实施《华电运营公司2016~2020年节能升级工作规划措施》；细化对标管理；组织降耗专项治理，军粮城公司制定了35万kW机组节能增效技改方案，推行运营项目差异化安全管控，特别加强海外项目应急管理，保证中国华电海外投资项目安全运营。巴厘岛分公司高效开展生产准备和设备试运，3台机组顺利投产、实现安全运行。巴淡分公司完成两台机组小修，机组“非停”同比大幅减少。

（2）经营管理方面。加强市场营销，最大程度地争取电热量，积极开展大用户直供电；有效应对电价调整，实现下降幅度最小的预期目标。军粮城公司争取到超低排放奖励电量2.1亿kW·h，2015年供热量同比增加189万GJ，9、10号机组争取到1分/（kW·h）的超低排放电价。贵港公司争取到0.8分/（kW·h）的差别电价，与8家大用户进行了直供电协商。大通公司向西部水电集团提供直供电量4亿kW·h，设备利用小时达到6511h。北京热电公司供热期上半年延长22天、下半年提前10天，有效改善指标、降低了成本。努力降本增效，着力降低煤价，2015年，企业的标准煤单价（含税）同比降低134.63元/t。深化现金流量和市场服务企业预算管理，预算管理实现全覆盖。强化经营过程管控，规范月度经济活动分析，提升会议的针对性和实效性。严控成本支出，费用同比减少6074万元。积极向政策要效益，贵港公司节约税费1548万元，北京热电公司

余热锅炉改造获得节能奖励 719 万元，对华电运营公司本部及所属单位进行财务稽查，提高企业规范经营水平。开展了“两金”专项清理和低效无效资产处理。进一步规范资金支付，加强了基建资金和财务管理。开展财务收支、制度执行情况专项审计，强化基建项目审计，对 5 家单位进行了企业领导人员离任审计。规范合同管理，合同审查率 100%。

项目发展

（1）项目发展取得突破。一是北京区域项目进展顺利。通州燃气项目完成主机招标，协调确定接入系统建设模式及完工时间，加快热力管网施工；密云太阳能项目 2015 年初投产发电，取得较好经济效益，成为北京市首家投产的大型地面光伏电站；京西热力项目如期投产供热，成为华电运营公司第一个与热用户直接交易的项目；天宁文化科技创新园项目完成所有前期工作，一期工程年底开工建设；顺义屋顶光伏项目获得核准并取得开工批复；怀柔农光互补光伏项目取得集团公司发起备案批复。二是广西区域项目有序推进：玉林热电联产项目根据热负荷落实情况有序推进；合浦港电一体、贵港二期项目完成立项决策；柳东新区屋顶分布式光伏项目取得政府备案（核准）批复，完成立项决策程序；柳城大岩山风电项目通过运营公司发起；龙胜风电项目正在推动接入系统建设。三是青海区域项目取得成效：科学制订“942”发展规划，积极谋划区域发展；共和一期 10MW、共和二期 25MW、格尔木 50MW 光伏项目完成备案（核准），其中共和一期和格尔木光伏项目已招标确定设计、建设、监理单位和光伏组件供应商，准备开工建设；诺木洪一期 49.5MW 风电项目取得核准；德令哈热电联产项目抓紧开展各项前期工作，完成发起决策程序和初步可行性研究审查。四是天津区域项目取得突破。取得建设“65 万 kW 燃气+35 万 kW 燃煤”热电联产项目的“路条”，截至 2015 年 12 月 31 日，该项目完成初步可行性研究审查，获得集团公司发起备案批复，积极拓展了供热市场和新能源项目。

（2）市场服务稳步推进。2015 年，签订了印尼阿贡 2×13.5 万 kW 机组 7 年、江西乐平 2×5 万 kW 机组 25 年、新疆准东项目 4×35 万 kW 机组等长期运维合同；运维的 60 万、100 万 kW 等级发电机组达到 15 台。海外技术公司以长期运营的波黑斯坦纳瑞项目为突破，积极推进海外项目投资收购。加强海外市场开发，肯尼亚 3×35 万 kW 机组 25 年运营项目的合同谈判基本结束。天津联合检修公司顺利完成大通公司 1 号机组大修；较好地完成系统外首台燃气机组大修。各市场服务企业普遍重视加强项目安全管理，保证了员工和生产安全。海外技术公司规范用工管理，加大了应届毕业生的招聘培养力度。华电联合公司狠抓班组建设；开发拥有了一批技术骨干，扩大直聘员工数量。印尼公司较好地发挥了区域协调服务和管理作用。巴淡分公司用工本地化管理成效明显。努力提高服务质量，斯里兰卡项目继续保持机组长周期安全运行，老挝洪萨、越南沿海、印尼阿贡等海外项目运营任务开展顺利，新疆农六师、贵州兴义等项目得到业主认可，山西神池风电项目连续 6 年安全稳定运营，多次获得业主嘉奖。广西靖西项目被评为华电运营公司 2015 年度 A 级优质管理项目。2015 年，各运营基地企业共培养输送项目经理 16 名、专业技术骨干 318 名。

改革发展

（1）内部调整方面。落实集团公司关于专业公司“做优”、区域公司“做实”的改革要求，优化调整企业本部机构设置，管理职能逐步健全。调整京西热力、密云太阳能公司等单位管理关系，整合资源、提高效能。企业上下严格执行集团公司企业内设机构和岗位管理规定，努力降低管理成本。开展制度“废、改、立”工作，全年新建及修订企业制度 36 项。

（2）激励约束机制方面。修订《华电运营公司绩效考核暂行办法》，完善新建投资项目、对标指标绩效管理规定，提高了考核的差异化、专业化和精准化水平。强化本部管理职能，召开安全生产、人资管理等专业会议，研究部署专项工作。职能管理向基层延伸下沉，深入一线指导帮助企业解决生产经营发展等方面的问题。

（3）精益化管理方面。认真开展星级发电企业、优质管理项目创建活动，扎实推进 7S 管理，基层企业精益化、专业化、信息化管理水平不断提升，主要经济技术指标稳步优化。军粮城公司、贵港公司、北京热电公司达到集团公司信息化 A 级水平。军粮城公司 7S 管理成效明显，现场管理、设备治理、文明生产迈上新台阶，其他单位 7S 管理也不同程度提升。

党的建设、精神文明建设、企业文化建设

推进党建改革创新，制定印发了《深化党的建设制度改革工作实施办法》，出台“两个100%”党建考评办法等制度，推行党建考评管理。认真开展“三严三实”专题教育，严实之风深入人心。加强“三力”工会建设，关心职工思想动态和工作生活，组织安全应急和党群业务技能大赛，开展了“五个一”系列活动。开展了“两个责任”“三重一大”决策制度、“八项规定”精神贯彻落实情况专项检查，各单位落实“两个责任”更加认真到位。组织学习宣贯廉洁自律准则和纪律处分条例，严肃廉洁谈话，党员干部的廉洁自律意识进一步提高。按规定认真处理了有关信访案件。加强重点领域监督，开展燃煤管理专项监察。加强领导班子和人才队伍建设，2015年，提任9名副处级及以上干部，交流20名副处级及以上干部，选拔任用16名项目经理，企业选人用人满意和基本满意率90%以上。落实中央和集团公司要求，与有关地方政府加强交流合作，选派优秀干部援青援疆，起到促进地方建设和沟通桥梁的作用。组织招聘了104名应届毕业生，加大市场化选聘员工的力度，海外项目本地员工增加113名，队伍结构得到优化。继续推进综合型人才培养和员工素质提升，2015年选拔了50名技术技能专家、15名综合型人才，员工培训率超过95%。

中国华电集团物资有限公司（华电招标有限公司）

概况

中国华电集团物资有限公司（简称华电物资）于2011年8月18日在北京成立，注册资本金21782.38万元人民币，是中国华电集团公司的全资子公司。主要经营范围包括：开展电源、煤炭、物流、产品制造等领域的生产和建设中所需的重要物资和大宗物资的采购、物流服务、建造、催交、代理代销、物资调剂、信息技术咨询等业务；受集团公司委托开展系统生产和建设所需的重要物资和大宗物资的集中采购配送、备品分工储备，以及上述业务范围内的相关管理工作。

华电招标有限公司（简称华电招标）于2003年9月19日在北京成立，注册资本金为8200万人民币。华电招标主要从事电力及地方工程建设项目、技改、大修及科技环保项目等所需设备、材料、备品备件的招标代理业务，并提供相关电子采购服务。

截至2015年12月31日，华电物资与华电招标实行合署办公，下设办公室（法律事务部）、经营发展部、人力资源部、财务资产部、政治工作部（工会办公室）、监察审计部（纪检办公室）、市场开发部、火电业务部、水电与新能源业务部、招标业务一部、招标业务二部11个部门。

领导人员

执行董事、总经理：黄少雄

党组书记：王宁

副总经理：黄安平、李志强、孙忠军

纪检组组长：刘书德

主要领导人员变动情况：2015年5月15日，刁培滨不再担任副总经理职务；于彦显不再担任总工程师职务。2015年7月10日，李志强、孙忠军任华电物资（华电招标）公司副总经理、党组成员，不再担任总会计师职务。

年度业绩

2015年，华电物资实现利润总额1.41亿元，完成集团公司考核指标1.3亿元的109%；实现服务满意度99.48%；实现直接集中采购供应商评价率100%；实现电子招标率75.68%；实现评标专家抽取率100%；实现评标专家评价率100%。

经营管理

（1）业务管理方面。集采平台方面，按照集团公司批复意见，完成了企业本部机构改革，进一步调整优化部门设置，理顺管理关系；协助集团公司核定企业本部集采收费标准，解决了长期困扰企业生存发展的难题。电商平台方面，办理完成“中国华电集团公司电子商务平台”备案及ICP经营许可证，集团公司正式授权电商公司负责电子商务平台的建设与运营；坚持电商平台与ERP系统同步开发、同步建设，建设投运ERP系统一期项目，实现业务、财务、支付一体化；电子招投标系统的开发完善取得突破，截至2015年12月31日，已有3个批次3个标段通过试点应用；开发上线专家库系统，并积极争取集团公司支持，进一步补充完善评标专家库。协助集团公司开展供应商评价，组织评价培训，优化产品目录及评价指标，使集团公司供应商评价率达到72%。

（2）服务管理方面。一是继续做好招标审查工作。编制完成《主机和重要辅机采购文件审查建议方案》，发挥企业招标与采购方面的经验和优势，协助集团公司加强采购流程前端管控，同时牵头做好主机和重要辅机合同谈判。二是开展招标模式创新研究。以强化招标计划、规范招标程序为出发点，围绕实行“招标班车制”、建设“评标中心”，开展调查研究，形成具体方案。三是积极参与备品备件管理。组织完成发电企业备品备件库存管理现状调研，协助建立集团公司三级库存管理体系，明确由区域物资公司履行所在区域的库存管理职能。协助建立跨集团备品备件联储机制。四是全面启动碳盘查项目。受集团公司委托，企业负责系统内火电企业碳盘查项目的集中招标、签约、管理组织工作，先后完成了碳排放电子报送系统开发与部署、碳排放盘查和能力建设，并已形成300多万元的经营收入，为企业开展碳交易打下基础。

项目发展

（1）招标代理方面。完成725个批次、1734个标段，项目概算465.46亿元，中标金额393.63亿元，节约投资71.8亿元，节资率15.43%。

（2）集中采购方面。签订合同603份，其中直接集中采购合同286份，销售合同263份，咨询合同54份，集中采购金额总计172.38亿元，节约资金2.2亿元，节资率约1.27%。

（3）电子采购方面。全年发布招标公告1222个，同比增长12%；实现网上招标批次数736个，同比增长4%；发布询竞价单35万笔，同比增长8%；成交订单26万笔，同比增长4%；网上交易金额235.93亿元，取得较好水平。

党的建设、精神文明建设、企业文化建设

以“三严三实”专题教育为抓手，大力加强党建和队伍建设，企业荣获集团公司文明单位、先进基层党组织等称号。加强领导班子和干部队伍建设，企业党组获得集团公司干部管理授权，在选人用人上实现更大的“自主权”和“决策权”。严格执行《中国华电集团公司企业领导人员管理办法》，做好或配合做好干部选拔任用工作，全年调整各级领导干部11人次；加强干部监督，开展报告个人事项和干部人事档案核查工作。强化“两个责任”落实，逐级分解党风廉政建设责任，企业没有发生人员违规违纪问题；加强教育培训工作，全年开展ERP最终用户、涉外合同等各类培训47次，覆盖546人次，全员培训率达到100%；发挥工团组织桥梁纽带作用，畅通民主渠道，丰富员工文化生活。青年创新创效成果荣获集团公司创新创效管理类铜奖。

中国华电香港有限公司

概况

中国华电香港有限公司（简称香港公司）是中国华电集团公司的全资子公司，于2006年6月在香港注册成立。截至2015年12月31日，注册资本金25.34亿港元，资产总额106.6亿元。企业主要从事在国内外开发、建设、运营和管理发电厂，以及电力能源、煤炭、交通、海运、进出口及相关行业的投资和融资活动。

香港公司2014～2020年发展战略为：到2020年，实现“8281”发展目标。即企业总发电装机容量800万kW（国外发电装机容量640万kW，国内发电装机容量160万kW），拥有并运营一探明储量在2亿t及以上的境外煤矿，资产负债率控制在80%左右，净资产收益率10%。资产总额、销售收入、利润水平在2013年基础上实现跨越增长，成为具有国际竞争力的“走出去”综合型一流能源企业。

截至2015年12月31日，香港公司共有员工214人，下设综合管理部、人力资源部、计划发展部（风险管理与法律合规部）、项目开发一部、项目开发二部、生产运营部、投融资管理部、财务资产部、政治工作部（监察部）等9个职能部门。香港公司下辖管理各级子企业有9家，其中二级子企业6家，三级子企业3家；派出机构1家。二级子企业为中国华电柬埔寨额勒赛下游水电项目公司、华电新加坡捷宁公司、华电环球（北京）贸易发展有限公司、上海奉贤燃机发电有限公司、华电（印尼）玻雅发电公司、华电融资租赁有限公司。三级子企业为华电捷宁斯卡娅热电有限责任公司、上海华电奉贤热电有限公司、上海华电集科分布式能源有限公司。派出机构为中国华电香港有限公司北京代表处。

领导人员

董事长：张涛

董事：陈全、傅维雄、袁亚男、赵龙君

总经理：赵龙君

党组书记：陈全

副总经理：文端超、叶德杰、罗积满

纪检组组长：付卫

总经济师、总法律顾问：王勇

总经理助理：王运泽

主要领导人员变动情况：2015 年 5 月，罗积满任党组成员、副总经理。

年度工作业绩

2015 年，香港公司实现利润 3.05 亿元，完成年度目标 2.83 亿元的 108%；累计完成发电量 9.68 亿 kW·h，完成年度目标 11.32 亿 kW·h 的 85.51%；净资产收益率 9.04%，同比减少 24.58%；资产负债率 72.8%，略高于年度控制目标。

生产经营管理

（1）安全管理方面。坚持“安全第一、预防为主、综合治理”的方针，强化红线意识，全面落实安全生产责任，密切关注境外项目安全风险，积极采取防范措施。健全应急体系，完善应急预案，组织进行应急演练，增强各单位安全意识，提高突发情况反应和处置能力。2015 年，企业未发生人身重伤及以上事故，未发生一般及以上设备事故，未发生造成严重社会影响或外交影响的不安全事件，安全形势总体平稳。

（2）经营管理方面。围绕集团公司下达的年度利润目标，牢固树立价值思维，全力开源增收、挖潜增效，经营业绩持续提升，资产规模跃上百亿元新台阶，创历史最好水平。一是加大运维管理工作。柬埔寨额勒赛下游水电项目公司优化水库调度，确保设备安全、可靠、稳定运行，全力稳发、多发。2015 年，企业荣获柬埔寨矿产能源部颁发的“良好社会贡献奖”、柬埔寨国家电力公司颁发的“发电运行优异企业”称号和中国电力企业协会颁发的“2015 年中国电力优质工程奖”等多项荣誉。二是加强资本运作。积极探索境外债券发行，发挥投资融资平台作用，争取通过国际资本运作，保障海外业务自身良性发展。三是强化挖潜增效。在继续做好煤炭贸易、设备材料采购等业务外，积极转变经营思路，以现有项目为依托，开拓新的业务，探索贸易新领域。

项目发展

（1）项目发展战略规划。在香港公司 2020 年发展战略的基础上，科学谋划“十三五”发展布局、发展重点、发展举措，坚持将中远期规划与近期目标相结合，把企业愿景渗透到日常工作中。积极融入国家“一带一路”“互联互通”、全球能源互联网等国际化发展战略，围绕集团公司“走出去”战略，以“两片一链”为重点，积极开拓南美、非洲等新兴市场，谋划全球布局，优化资源配置，提高国际化经营水平，努力实现公司跨越发展。

（2）在建项目顺利推进。国内项目，2015 年 11 月，上海奉贤南桥新城燃机项目实现两台机组全部投产。2015 年 12 月，上海科技大学能源中心项目 1、2 号机组投产发电。境外项目，俄罗斯捷宁斯卡娅燃机项目工程质量、安全、投资可控、在控，着力推进实现 2016 年投产发电。

（3）重点项目取得突破。印尼玻雅燃煤电厂项目签署融资协议，完成“四个策划”，积极做好开工前各项准备工作。在集团公司“建购并举”战略引领下，加大境外资产并购力度，紧盯有规模、有效益、有平台的战略性并购项目，积极参与海外优质资产并购。俄罗斯阿尔汉格尔斯克并购项目签署联合开发协议，积极开展资产交割准备工作。

（4）新兴市场重点跟踪。明晰思路，明确定位，做到有进有退，有所为有所不为，专注风险可控的区域，整合资金、人才资源向两国政府支持的大项目集中，精耕细作东南亚和中东欧成熟市场，千方百计开拓南美、非洲等新兴市场，形成重点跟踪项目群。

党的建设、精神文明建设、企业文化建设

扎实开展“三严三实”专题教育，以上率下改进作风，激发干事创业活力，党员干部精神面貌发生新变化，知大事、明大理，活动开展得到集团公司充分肯定。认真落实集团公司“大党建”工作，完善修订党群监察工作制度 16 项。注重闭环管理，不断规范党内组织生活、反腐倡廉、厂务公开等工作。贯彻落实党风廉政建设“两个责任”，创新运用“廉洁香港”APP，实现对境内外干部员工反腐倡廉教育与监督全覆盖。扎实做好员工思想教育，开展“我为社会主义核心价值观代言”“道德讲堂”等活动，引导员工认同社会主义核心价值观，认同爱岗敬业奉献美德，增强员工凝聚力。不断加强新闻宣传工作，及时传递企业改革发展的信心和党员干部转作风的决心，增强舆论引导力。围绕中心工作开展团青和工会活动，着力打造“三力”工会，引导全体干部员工投身企业改革发展。

华鑫国际信托有限公司

概况

华鑫国际信托有限公司（简称华鑫信托）是经中国银行业监督管理委员会（简称银监会）依法批准设立的非银行金融机构，前身为佛山国际信托投资有限公司（简称佛山信托）。

2004年，中国华电集团公司启动佛山信托重组和重新登记工作；2008年12月24日，完成重新登记并更名为华鑫国际信托有限公司。2009年9月完成华鑫信托验资，注册资本金3.2亿元。其中，中国华电集团公司占比51%，中国华电集团财务有限公司占比49%。2010年2月9日，取得银监会颁发的《金融许可证》；2010年3月15日，经营地址迁至北京市西城区，并于2010年3月18日正式挂牌开业；2010年12月23日，经股东方同意并报银监会批准，股东同比例增资至12亿元；2012年4月9日，经股东方同意并报银监会批准，股东同比例增资至22亿元。

华鑫信托自组建以来，严格遵守《公司法》《信托法》和银监会各项监管法规，不断完善法人治理结构，建立了股东会、董事会、监事会、经营层的“三会一层”管理架构和各专门委员会。企业内设33个部门，其中中后台部门11个，前台业务部门23个。

经银监会批准，华鑫信托获准经营范围如下：资金信托、动产信托、不动产信托、有价证券信托、其他财产或财产权信托，作为投资基金或基金管理企业发起人从事投资基金业务；经营企业资产重组、并购及项目融资、理财、财务顾问等业务；受托经营国务院有关部门批准的证券承销业务；办理居间、咨询、资信调查等业务；代保管及保管箱业务；以存放同业、拆放同业、贷款、租赁、投资方式运用固有资产，以固有财产为他人提供担保，从事同业拆借。

华鑫信托实施转型发展战略，全面围绕投资银行、资产管理、财富管理和专业受托服务四大领域，把企业建设成为管理先进、风控优先、业绩优良，具有核心竞争力与鲜明特色的金融信托公司，全面实现“135”战略目标，即在“十三五”末，实现利润总额不低于10亿元，受托管理资产规模达到3000亿元，净资产规模达到50亿元，行业综合排名位居央企控股信托公司前列。

截至2015年12月31日，华鑫信托管理资产总规模超过1752亿元，较年初增长6.8%；资产总额44.9亿元，同比增长36.6%；股东权益34.6亿元，同比增长10.5%。

领导人员

董事长：李长旭

总经理、党组成员：朱勇

党组书记、副总经理：金树成

党组成员、首席财务官、工委主任：杨丹青

党组成员、副总经理：陶钧

党组成员、党组纪检组组长：李红淑

主要领导人员变动情况：2015年5月，李红淑任党组成员、党组纪检组组长；金树成不再兼任党组纪检组组长职务。2015年9月，蔡概不再担任党组成员、首席风险控制官职务。

年度工作业绩

（1）管理资产规模稳中有增。2015年，华鑫信托管理资产总规模超过1752亿元，较年初增长6.8%。其中信托资产规模超过1707亿元，同比增长6.18%。2015年新增集合规模421.49亿元，同比增加86.17亿元，增幅达25.7%。

（2）业务经营效益实现突破。2015年，华鑫信托实现各项业务收入15.47亿元，较上年增长63.5%。其中，信托业务收入5.94亿元；固有业务收入9.53亿元，较上年增长179.2%。企业实现账面利润8.06亿元，风险准备金4.2亿元，当期实际利润达到12.26亿元，净利润突破9亿元。

（3）固有业务投资成效显著。固有业务多年开辟的定增市场业务在2015年开花结果，全年实现投资收益9.53亿元，超额完成任务4.5亿元，固有业务投资收益率跃升至25%以上，并且没有发生风险项目。

（4）资本实力、信托报酬率等主要指标处于合理期间。2015年，企业净资产收益率16.82%，信托资产报酬率0.35%，人均利润350万元。

（5）各项监管指标依法合规。截至2015年12月31日，企业各项监管指标均符合监管要求。净资本/各项风险资本之和为135.54%，大于100%；

净资本/净资产为 86.39%，大于 40%，未来业务拓展空间仍然较大。

（6）安全生产保持稳定局面。未发生公司和员工违法违纪案件，未发生对公司稳定和形象造成不利影响的事件。

生产经营管理

（1）优化业务结构调整。一是信托业务结构进一步优化。全年新增信托规模 1059.74 亿元，集合信托、财产权信托同比增幅为 30.25%、84.04%，占比不断提高，存续信托规模进一步得到优化。二是业务创新和传统业务升级维度不断延伸。取得特定目的信托受托人资格，通过中国证券投资基金业协会备案，取得私募投资基金管理人资格，加入了保险资产管理协会，资金管理型产品取得重要突破。三是固有业务发展模式不断创新。结构化定增项目开花结果，新设荣盛发展定增项目 25 亿元、万丰奥威定增项目 17.4 亿元，进一步巩固定增市场地位。迪马股份实现年化投资收益率 185%，投资收益水平创企业历史新高。成功引入集团公司企业年金累计近 17 亿元，推进体外资金池项目，与蚂蚁金服等开展资金合作。

（2）强化内控体系建设。一是加强业务引导。修订发布了《地方国有投资平台公司业务指引》《信贷资产证券化业务指引》《财产权信托业务指引》等 7 部重要业务指引，集中拓展了一批优质平台类项目。二是强化风险防控。对企业存续集合信托类、应收账款、涉及重点风险领域项目和尽调环节操作风险进行 5 次专项风险排查，督办落实风控举措和增信措施。三是提高项目审批效率。进一步细化完善风险要素，提升运用大数据识别风险能力，持续编发近 300 家信用风险高危企业名单，提升项目报送质量；落实项目分类管理，制定管理办法，在风险可控前提下简化审批环节，完善不同业务审核清单、标准和流程，优化项目审批流程，提高审批效率。四是提升尽职调查水平。继续推动风险管控端口前移，对多个重大集合项目进行补充现场尽调；进一步完善尽调报告，要求所有主动管理融资类的信托项目必须提前做好风险处置预案；制定《客户授信额度评定操作办法》，提前对客户进行尽职调查、授信评定工作。五是落实内控审计整改。开展新增项目内控审计、中介机构专项审计、风险项目专项审计等，梳理风险隐患集中的环节，健全内部控制措施，优化经营管理流程，从源头上落实内控长效机制。

（3）提高科学管理水平。一是积极开展对标管理。2014 年，与百瑞信托、外经贸信托、中诚信托等多家企业广泛交流，围绕“找问题、补短板、破瓶颈”，进一步明确包括主要经营指标在内的 11 个方面 40 项重点对标任务，设定中长期对标任务。2015 年，持续落实具体责任部门和改进措施，并提高对标工作的年度考核比重。二是提高资金管理水平。制定《保障基金管理暂行办法》，完成信托业保障基金 6 亿元授信，顺利引进低成本资金 2.06 亿。统筹做好资金回笼、投资和支出计划，充分利用信保基金代收代缴、同业拆借、同业授信等资金工具，累计获得工行、平安、信保基金公司等 6 家金融同业 33 亿元授信额度，投资固信支持、同业存款及闲置资金短期理财近 70 笔，获得短期理财收益 310 余万元。

改革发展

（1）业务转型方面。一是推进结构优化为发展“减负”。不断减少“三低一高”产品，通过增量优化和存量调整，提升整体发展质量，提高固信协同，推进优质信托项目开发，同时，主动放弃一批处于弱周期产业项目，提前清算一批可能触发风险的存续项目，提高项目审查门槛。二是推进改革创新为发展“蓄力”。贯彻落实集团公司转型发展要求，召开业务转型发展座谈会，集中解决一批制约企业发展的“老大难”问题，完善业务分类管理，建立低成本资金引入渠道，细化项目审批标准，健全风险项目处置机制等。三是提升服务质量为发展“聚能”。组建上海财富管理中心，业务布局进一步拓展；财富管理工作持续推进传统的产品销售向财富管理服务转变，加强产品创新，加快“触网”速度，初步实现产品推介、申购赎回等多项服务“线上化”，互联网运用走在行业前列，聚集了一批包括地方城商行、上市公司和高端个人客户在内的稳定投资者，全年实现销售规模近 60 亿元，同比增长超过 25%。

（2）队伍建设方面。一是优化人才队伍结构。提高人才引进针对性，实施高端人才“猎取工程”和校园招聘“英才孵化”工程，全年重点引进业务创新型人才、风险合规人才和专业财富管理人才 50 余人，人才队伍结构进一步得到优化。二是提高人才开发实效。以转型发展为导向，丰富和完善教育培训体系，持续完善“空中课堂”网络教育平台，开展“培训季”提高全体员工学习业务的积极性。三是突出绩效考核引导。在行业对标的基础上，进一步健全绩效考核体系，以业绩为导向，体现岗位价值，确保收入分配向业务一线倾斜，向关键岗位倾斜，向优秀人才和突出贡献者倾斜，基本形成具备较强竞争力的绩效考核体系。

党的建设、精神文明建设、企业文化建设

（1）“三严三实”专项教育细致落实。将“三严三实”专项教育这一主题作为推动改革发展的首要政治任务来抓，聚焦作风建设，紧密结合华鑫信托实际，始终保持与集团公司党组认识一致、要求一致、行动一致。一是原原本本“学”。结合实际制定学习方案，严格按照教育主题开展三次专题研讨。二是多措并举“找”。领导班子和35名副厂处级以上干部“自我画像”，通过深入群众找、对照典型找、自我排查找等方式，共性梳理出“不严不实”三大类12个突出问题。三是重点回头“看”。对照整改落实事项和领导干部个人整改清单，深入查找没有解决的遗留问题，主动关注反复“冒泡”的老问题和密切留意在工作中产生的“苗头性”、倾向性新问题，进一步剖析问题根源，统一建立台账，对照“不严不实”问题进行归类，紧抓不放，一并整改。四是从严从实“建”。坚持把开展专题教育与做好当前改革发展各项工作结合起来，动真格马上改。针对存在的问题，制定出台“华鑫六戒”，在中层干部中开展“签字背书”；根据企业管理和业务开展实际从严从速出台规章制度10余项；多次召开业务调度会，对“十三五”战略规划、业务转型创新、风控体系优化、运营体系构建等重点工作进行再研讨、再规划并明确6项重点任务，切实落小、落细、落到实处。

（2）党建规范化管理持续完善。一是规范组织建设。坚持“三同步”的原则，及时根据承担的任务和党员队伍的变化情况，规范组织建设，制定出台党员关系接转规范，截至2015年12月31日，党组织覆盖率达100%；坚持“一份责任书，多项责任制”的形式，及时把党建思想政治工作纳入考核之中，实现了将“软指标”变为了“硬任务”；依托“三会一课”制度抓好党员常规学习教育。全面实行“三会一课”制度，定期、定时、定内容抓好党员学习教育，党小组、党员“三会一课”制度落实率一直保持在98%以上；依托《政治学习参考》和“四学一提升”活动抓好党员理论培训。二是狠抓基础管理。起草了制度建设规范清单，先后组织修订完善《党组议事决策规则》《实施“三重一大”制度的规则》等制度5项；以党组中心组理论学习为“龙头”，突出领导班子和领导干部这个重点，先后对企业战略、内控合规、财务管理、人力资源、党的建设等5余个专题进行了重点研讨，相关领导亲自调研、亲自执笔调研报告；通过开展形势政策教育，编辑年度形势政策教材“晓鑫说事”，努力把阶段任务的意义讲透、把形势讲清、把困难讲够、把责任讲明；企业持续推动创先争优，提出了“班子建‘四好’、组织创‘四强’、党员争‘四优’、员工创一流”的要求。

（3）党风廉政建设扎实推进。一是着眼于领导带头。2015年，对于落实“两个责任”，实行党组主体责任人“签字背书”制度，其他班子成员对承担的党风廉政建设责任进行签字背书，作为责任考核和问责的依据。二是着眼于制度体系建设。持续加强落实“三重一大”制度，健全执行、问责和经济责任审计等制度，修订完善“三重一大”事项的监督检查实施办法等在内的规章制度4项，启动企业成立以来第一次岗位廉政风险防范排查工作。三是着眼于推进廉政文化建设。积极宣传党风廉政建设和反腐败工作的方针政策、决策部署和工作成效。全员开展精读反腐倡廉教育读本《中国历史的教训》的“思与悟”活动。利用《廉政教育》、企业内网、LED显示屏等阵地，办好反腐倡廉专栏和专题。启动“正、和、实、严”廉洁文化修订工作，倡导提出“华鑫六戒”。

（4）企业文化建设取得成效。华鑫信托坚持文化引领，思想导航，融入中心，服务发展。2015年，企业自主树立、具有行业特色的“鼎信”企业文化体系荣获中国电力企业联合会电力行业企业文化优秀成果二等奖和集团公司年度思想政治研究成果二等奖，进一步扩大了影响力。企业坚持以文化陶冶情操，依托机关工会、共青团组织开展丰富多彩的文体活动，连续开展摄影比赛、开展义务植树以及羽毛球、健康瑜伽健身活动；举办“快乐工作，健康生活”主题长走活动暨

“员工健身日”；开展合理化建议征集；针对“新员工多、年轻员工多、市场化选聘员工多”的情况，举办了“奔跑吧兄弟，加油吧华鑫”的主题素质拓展活动，使员工的主人翁责任意识明显增强。

华电置业有限公司

概况

华电置业有限公司（简称置业公司）成立于2005年6月8日。置业公司控股上海华滨投资有限公司，其全资子公司北京华滨投资有限公司下设北京华滨物业管理有限公司、嘉峪关华滨置业有限公司、湖北华滨投资有限公司、云南华滨投资有限公司4个子公司，以及分公司北京华滨国际大酒店。

置业公司成立初期，主要负责安福大厦（2008年4月更名为中国华电大厦）的建设工作。中国华电大厦西翼写字楼于2009年2月28日投运，东翼酒店于2009年11月5日开业运营。2011年3月，集团公司正式赋予了置业公司行使集团系统闲置土地资源开发利用的管理职能，明确由置业公司主导系统内重大项目的前期工作和开发建设。

置业公司紧紧围绕集团公司的战略部署和发展需求，发挥专业优势，着力构建开发、运营、服务三位一体协同发展的业务布局，即全力做好闲置土地开发，提升经济效益；加强对中国华电大厦、上海华电大厦以及其他项目建成后持有型资产的运营管理；立足集团发展战略需求，协助做好集团公司小型基建管理、系统内闲置土地资源开发的服务指导等工作，为集团公司战略实施提供专业化服务保障。

截至2015年12月31日，置业公司共设置7个职能部门，分别为综合管理部、规划发展部、财务资产部、工程管理部、市场开发部、政治工作（监察审计）部、运营管理部。置业公司员工有上级批复42人、企业自聘251人、劳务派遣248人，共计541人（其中北京华滨物业管理有限公司198人由机关事务管理中心代管），酒店外包人员146人未纳入总合计人数。

领导人员

董事长：黄沈阳

董事：黄沈阳、褚玉、陈树胜、胡晓红、刘晖、罗贤、王海山、孙德利、梁璟洲、王瑞天

职工董事：蔡声芸

监事会主席：黄少雄

监事：黄少雄、谢斌、姜学寿、魏永志、赵学雁、张力、陈德贵

职工监事：于忠民、谢成良、靳伟文、苏弘达

党组书记：黄沈阳

党组成员、总经理：邵林

党组成员、副总经理：王成瑞、单宏胜

党组成员、纪检组组长、工委主任：蔡声芸

主要领导变动情况：2015年3月30日，蔡声芸任党组成员、党组纪检组组长、工委主任。2015年9月30日，黄沈阳任董事长，不再担任副总经理；王栋不再担任董事长。

年度业绩

2015年，置业公司通过深化改革、强化管理、狠抓整改、提升效益等措施，实现营业收入40267万元，完成利润总额13358万元，企业合并口径资产总额达到50.67亿元，资产负债率34.50%。

经营管理

基础管理方面。按照集团公司深化“总部抓总、区域做实、专业做优、基层强基”的管控体制改革要求，夯实基础管理，促进了企业管理的专业化、制度化和规范化。一是规范完善制度建设。开展电力系统和部分央企闲置土地开发利用情况的调研工作，编制了房地产一二级开发的流程图。严格执行“三重一大”决策制度，重大事项议事的频次和效率持续提升。制定实施了《投资管理办法》和《项目计划管理办法》。二是深入做好增收节支工作。2015年，租金收入同比增加1377万元，主营业务利润率进一步提升，五项经费同比下降14.33%。三是强化安全生产管理。扎实开展安全生产大检查、组织推进安全生产月活动。制定实施了工程建设质量管理办法，指导项目公司做好有关技术方案论证工作。四是提升风险防控能力。推进依法治企，认真审核各类合同、协议、法律文件，加大决策的法律审核把关力度，提升了法律风险防控能力。五是完善人资管理。完善绩效考核，推行专业化、差异化考核，引导企业各二级单位紧盯核心业绩目标，薪酬分配向关键岗位及基层岗位倾斜，员工人均工资稳步增

长，激励效果进一步增强。完善市场化用工机制，吸引优秀专业人才，推动置业公司本部薪酬套改方案的落实，调动了员工干事创业的积极性。

经营管理方面。一是强化运营项目管理。加强北京华滨国际大酒店经营，紧紧围绕经营任务，坚持为集团公司和系统各单位服务好，努力建立良好口碑，提高经营效益。2015 年，酒店实现经营收入 1.195 亿元，实现经营毛利 5475 万元，宾客满意率 95%。酒店在携程及去哪儿网客户评分均列首位，在网络评价及推荐情况方面，超过国贸、贵都、民族、大悦城等酒店。组织完成中国华电大厦超标办公用房的设计改造工程，认真组织实施大厦大修技改工作，提高大厦运维质量。二是抓好在建项目前期服务工作。上海华电大厦物业招租，积极与系统内意向租户加强沟通协调，明确租赁安排事宜，通过招标确定了第一太平戴维斯为对外招租代理单位，戴德梁行为物业顾问单位。编制大厦租赁价格体系和宣传折页，为后续招租及物业运营打下了坚实的基础。

项目发展

武昌热电厂项目。厂区地块正式获得武昌区发展改革委的立项批复，明确了规划设计首选方案。棚户区地块解决了公租房异地配建问题，现场拆迁有序推进，与武昌区土地储备整理中心签订了土地合作储备的补充协议。

昆明发电厂项目。土地一级开发整理社会投资人身份已中标，取得了用地指标批复，积极开展与国家开发银行等单位的战略合作洽谈工作。此外，置业公司与华电山西能源有限公司（简称山西能源公司）、国电南京自动化股份有限公司（简称国电南自）签署了合作框架协议，共同推进山西能源大厦项目、南京新模范马路地块项目的开发工作。

上海华电大厦项目。深入做好外立面和精装修施工图纸的设计优化，幕墙、机电安装稳步推进，具备精装修进场施工条件。项目获得住房和城乡建设部颁发的“三星级绿色建筑设计标识”证书，优质结构工程通过上海市建筑行业协会评审。

甘肃嘉峪关项目。华滨新嘉苑项目完成各项施工工程，具备竣工验收条件，群策群力推进房屋销售工作。

党的建设、精神文明建设、企业文化建设

扎实开展“三严三实”专题教育。党组书记带头讲党课，分管领导结合分管工作开展问题会诊，着力在“严”和“实”上改进提高，把教育活动融入企业生产经营工作，以作风建设助推业务发展。按照集团公司二级单位党建考核实施细则，梳理细化工作任务，分解各项指标，落实党建工作责任。积极配合做好上级单位的巡视监察工作，严格执行中央“八项规定”和集团公司党组“22 项具体要求”，推动形成良好的廉洁文化氛围。加强审计监督，建立涉及审计、纪检等工作的制度 12 项，组织开展在建项目跟踪审计、运营项目的常规审计工作，规范相关单位的经营管理工作。在集团公司党组的大力支持下，置业公司开展了包括置业公司总经理在内的系统部分领导岗位的公推遴选工作，总经理、专职纪检组组长的到任充实了置业公司领导班子队伍，为置业公司可持续发展提供了坚强的政治保证。对有关部门和二级单位的干部结构作了调整优化，抓好干部个人事项报告、人事档案审核、基层领导班子民主测评等工作，提升干部队伍素养。广泛开展职工健步走、爱心捐款、羽毛球比赛、“读万卷书，行万里路”等活动，凝聚职工队伍，推动和谐企业建设。

中共中国华电集团公司党校（中国华电集团高级培训中心）

概况

中共中国华电集团公司党校（简称集团公司党校）成立于 2007 年 4 月，属中央党校和国务院国资委党校分校管理序列，是中国华电集团公司学习、研究、宣传党的理论的重要阵地，是公司系统大规模培训企业党政领导干部和中青年后备干部的主要渠道。中国华电集团高级培训中心（简称高培中心）成立于 2005 年 10 月，是中国华电集团公司组建的国有独资全民所有制企业。集团公司党校与高培中心实行“一套机构、两块牌子”的管理模式。

集团公司党校（高培中心）坐落在具有“京师锁钥”之称的燕山南麓密云，校园占地 80000m^2，建筑面积 19000m^2，拥有报告厅、多功能厅、大中小会议室等各种教学培训设施以及后山观光道路、康体中心、网球馆、足球场等健身服务设施。现有各类会议室 13 个，最大会议室可容纳 500 人；学员餐厅 3 个、包间 6 个，最大餐厅可容纳 200 人；学员宿舍 254 间，其中标间 190 间、单间 64 个；可同时为 400 人以上提供餐饮、住宿、培训服务，可满足每年 93600 人天的接待。

截至 2015 年 12 月 31 日，集团公司党校（高培中心）拥有办公室、财务资产部、政治工作部、教学研究部、教务管理部、后勤服务部 6 个部门，员工 179 人，系统内员工 19 人（含班子 3 人）、劳务用工 160 人。

领导人员

1. 中共中国华电集团公司党校

校长：李庆奎

常务副校长：曲明鑫

副校长：周承玉、方薏

2. 中国华电集团高级培训中心

党委书记、主任：曲明鑫

党委委员、副主任、工会主席：周承玉

党委委员、副主任、纪委书记：方薏

年度工作业绩

2015 年，共举办培训班 37 期，培训学员 2948 人次、20794 人天，培训期数、培训人次、培训人天数均创建校 10 年以来的最高纪录，培训完成率 100%、满意率 95% 以上，得到集团公司领导、相关部门及广大学员的普遍好评。顺利通过了集团公司审计和地方消防、治安、维稳检查，通过了北京市企业安全生产标准化达标验收，全年实现了“四个安全”。3 号楼翻建工程、后山道路顺利完工，大修、技改工程进展顺利，大大改善了办学环境和硬件设施，提高了培训接待能力和接待水平。

经营管理

教育培训方面。牢牢把握党校姓党根本原则，充分发挥了干部培训的主渠道、主阵地作用。主动适应新常态，精准调整发展战略，按照“面向系统、服务集团、创建一流”战略定位，将“集团满意、学员满意”作为工作出发点、落脚点，着力转变思想观念，转型升级调结构，充分发挥党校职能作用，实现三大转变：即实现工作重心由原来的酒店服务为主向以教学培训为主转变，由以系统外接待为主向以系统内服务为主转变，由以争取经济效益最大化为主向以服务集团战略、培育“华电好干部”为主转变。全年共举办集团公司党的十八届五中全会精神研修及 2016 年工作务虚会议、集团公司 2015 年中青年干部培训班、基层党组织书记集中轮训、以“三严三实”为主题的中青年干部培训班等 37 期培训（2014 年同期 15 期），同比增长 146%，圆满完成了集团公司各项培训任务。

管理服务方面。坚持高标准、严要求，管理服务水平不断提升。一是组织机构更加优化。根据集团公司部署，完成党校组织机构调整，由原来 5 个部门调整为 6 个部门，各部门职能也进行了相应调整，进一步明确责任、理顺工作关系。二是基础管理不断加强。全面启动规章制度的梳理、修订工作，治理整顿过去不合理的陈规陋习，共新建制度 4 项、修订 18 项、废止 6 项，并注重加强制度宣贯和督查督办力度，使遵守制度、依规办事成为干部员工的自觉行为；加强信用管理，在电力行业 2015 年信用企业评价中荣获“AAA 级信用企业”称号；加强质检管理，全年组织不定期抽检 10 次，发现问题 92 项，整改率 100%，全年服务满意度 95% 以上；全面实施闭环管理，推行“月计划、周分解、日关注”的管理模式，做到事事有计划、有反馈、有具体责任人，增强工作的计划性和执行刚性，提高工作质量；加强对标管理，多次组织到中航、大唐、神华等同行业单位对标学习，进一步拓宽思路、找准差距、明确工作方向。三是营销工作显著增强。在高质量完成集团培训、接待任务的基础上，充分发挥党校的资源优势、培训优势和服务优势，创新开展“委托培训”服务，为华电国际、华电工程等系统内二级单位提供高层次、有针对性的培训，得到了相关二级单位的良好评价。见缝插针、广开渠道，积极开拓外部市场，与中国电子信息产业集团有限公司、中国光大银行、三星电子等知名企业建立长期培训合作关系，成功申办中央国家机关、北京市政府、密云区政府会议定点单位，顺利完成北京市委书记郭金龙密云调研接待任务。实现培训淡季、节假日接待社会团队与完成日常培训接待任务的相互补充，盘活存量资产，提高经济效益，提升党校品牌。四是基建、技改工程进展顺利。按期完成 3 号楼的验收、移交、启用，增加学员宿舍 92 间，会议室 1 个，使全校房间达到 254 间，各种会议室达到 13 个，可同时接纳 400

人以上培训学习，提高了党校的培训接待能力。顺利完成后山道路施工，不仅拓展了校园空间，同时为学员提供了健身、休闲的好去处。严格按照施工计划，全力推进大修技改项目，进一步改善党校的办学环境和硬件设施。

党的建设、精神文明建设、企业文化建设

扎实开展“三严三实”专题教育。按照集团公司党组安排部署扎实开展专题教育，将专题教育与党校日常管理工作有机融合、相互促进，以严实作风组织编制“十三五”规划、完善规章制度建设、实施精益化管理、推进改革发展工作，努力将改革任务落实好，在干事创业的实践中锤炼作风、增强活力。

夯实党建工作基础。成立政治工作部，涵盖人事、人资、党建、纪检监察、宣传、工会、团青等业务内容，促进党建工作更好地开展；两次对党支部进行了调整，使支部设置更加科学、合理，第一党支部荣获“集团公司先进基层党组织”荣誉称号。

加强反腐倡廉建设。全面落实“两个责任”，形成了“党委统一领导，落实两个责任，一岗双责、双轮驱动，各部门分关把守、齐抓共管”的工作机制，做到每项工作有责任领导、有具体责任人，一级抓一级，层层抓落实，将党风廉政建设责任制落到实处。

加强企业文化建设。加大形象宣传力度，投运新版网站，加大宣传工作奖惩力度，2015 年共完成内发稿 91 篇、外发稿 25 篇，制作宣传橱窗 25 版，充分展现了党校的良好形象；先后举办了合理化建议征集、主题读书、羽毛球比赛等活动，完成员工活动室布置并投入使用，丰富了员工生活，增强员工队伍凝聚力和向心力，企业荣获“全国模范职工之家”荣誉称号。

中国华电集团科学技术研究总院（中国华电集团科学技术研究总院有限公司）

概况

中国华电集团科学技术研究总院（中国华电集团科学技术研究总院有限公司，简称科研总院），是经中国华电集团公司批准组建的综合性科学技术研究机构，为集团公司的二级单位。科研总院于 2011 年 7 月 18 日在集团公司总部揭牌成立；2011 年 9 月 19 日，在中华人民共和国国家工商行政管理总局正式注册。科研总院的注册资本金 1 亿元，股权比例为：中国华电集团公司 50%，中国华电科工集团有限公司（简称华电科工）40%，国电南京自动化股份有限公司 10%。

科研总院经营范围为能源技术研发、技术转让、技术咨询、技术服务；技术进出口；技术信息咨询；软件产品开发及销售；电力、煤炭、化工、石油、天然气、新能源、环保及节能节水等相关领域工程系统的设计、制造、安装、调试、试运行、试验、检测、分析、咨询、监理及工程承包；电气设备、自动控制系统、智能设备、机械设备、机电设备、五金交电、仪器仪表、化工产品（不含危险化学品）的生产和销售。企业主要业务范围：跟踪国内外能源科技进展，组织开展能源领域重大科技攻关和产品研发，为集团公司战略规划、生产运营、工程建设、高新技术产业和管理决策等提供技术保障和服务。

科研总院的发展战略：争取用 3~5 年的时间，建成能够支撑集团公司发展的科技研发体系和技术服务体系，有效带动集团公司产业结构升级与优化，在以“超低能耗，超低排放”为研究方向的一批特色技术领域处于国际领先地位；争取用 5~10 年的时间，成为在电力、煤炭、工程技术等产业的关键领域、关键环节具有较强自主创新能力，科技产业达到行业领先水平，具有一流科技人才、一流科研实力、一流管理水平、一流产出效益的国内知名科研单位，为集团公司生产经营和科学发展提供有力的技术支撑。

截至 2015 年 12 月 31 日，科研总院在册员工 97 人，下设综合管理部、科研项目管理部 2 个职能部门（人力资源、财务等工作依托华电科工相应职能部门进行，与华电科工合署办公），下辖管理华电技术经济研究院（简称技经院）1 个下属单位，中国华电智能能源研究中心（简称智能能源中心）、中国华电多相流分离技术研究及应用中心（简称多相流中心）、中国华电煤炭清洁利用技术研发中心（简称煤炭中心）、中国华电页岩气开发利用研究中心（简称页岩气中心）4 个内设机构。

领导人员

董事长兼院长（总经理）：邓建玲

常务副院长（常务副总经理）：孙青松

副院长（副总经理）：肖克勤、陈远台、张国远

副院长：陈耀斌、彭维明

年度工作业绩

2015年，科研总院共获取专利授权23项，其中，发明专利2项，实用新型21项；新申请软件著作权5项，已获授权1项。

经营管理

（1）强化安全管理。结合落实集团公司相关安全生产工作要求，开展一系列安全生产工作。一是建立健全安全生产管理体系。二是进行安全培训教育，组织开展员工安全生产自救、急救知识培训。三是组织安规考试。四是对实验室、试验现场开展了安全大检查。同时，为确保科研仪器、设备安全，完成了总院固定资产统保工作，并对各中心符合进口贴息政策的技术和装备进行梳理、统计，为下一步申报做好准备工作。

（2）细化项目组织管理。一是加强科技项目合同审核，确保合同内容、金额与项目立项批复一致，确保知识产权归属清晰，确保安全责任落实到位等。二是执行项目季报、月报制度，及时掌握各项目进度，确保项目按计划实施。三是组织完成集团公司组织的国家级研发课题及集团公司重点科技项目进展情况汇报。四是组织对结题进行把关，确保项目按预期完成任务、材料符合结题要求。五是开展了科技项目执行预算编制工作，使经费支出更具计划性、项目相关性、经济合理性。

（3）加强项目基础建设。一是加快实验室及研发平台的建设。科研总院立足研发，着眼未来，先后启动了系统数字模拟智能优化控制技术实验室、分离技术物理实验平台、高性能计算平台和催化材料实验室建设工作。2015年，数字模拟智能优化控制技术实验室和高性能计算平台已投入使用；催化材料研发实验室基本建成，具备SCR催化剂制备、小型成型、表征和评价功能；分离技术物理实验平台已完成全部设备采购，开展了平台调试工作，完成无粉工况下的系统联调。实验室及研发平台的建设，为进一步自主研发奠定坚实基础。二是重视加强制度宣贯和培训工作。为加深员工对总院规章制度的了解，畅通各项制度有效执行，针对常用制度和新修编制度组织员工开展了集中培训。为提升员工综合素质和专业水平，组织各科研单位参加中电联举办的电力企业标准化人员培训班和集团公司有关科技培训会。

（4）完善项目质量管控。技经院紧跟集团公司发展，积极引进人才，广泛联系专家，不断完善质量管控体系，提高工作标准，服务集团公司的层次已逐渐提升到编制规划和制定导则、标准的层面。2015年，受集团公司委托全面参与集团公司“十三五”发展规划编制工作。先后配合集团公司战略规划部、火电产业部、水电与新能源部开展了《中国华电集团公司投资项目经济评价办法》《火电工程设计导则（B版）》《分布式项目开工决策流程、效益测算要求、报告格式规定》等的编制工作。技经院新增火电项目环评报告内审、资产收购项目经济评价、电厂废水处理项目设计审查等业务。圆满完成集团公司委托的各类项目的技经评审和风险评估工作。组织完成了40余项技经评审和风险评估工作，其中火电（含热电）项目21个、分布式能源项目4个，工程及其他项目16个。电源项目静态投资1125亿元，总装机容量28700MW。技经院通过及时反馈项目立项评估、设计评审及造价咨询等工作中发现的项目管理、工程技术、投资控制等方面问题，为集团公司投资决策提供了依据，成为集团公司、二级单位、项目单位之间的重要桥梁。

（5）战略课题研究成果丰硕。2015年，科研总院围绕集团公司产业发展，组织各中心结合自身专业特长，开展大量基础性、前瞻性、战略性课题研究。一是基础性课题研究。负责编制《燃煤电厂细粉分离器技术条件》等企业标准；承担集团公司2015年政策研究课题《煤矸石综合利用制度研究》；开展燃煤电厂低负荷运行安全性、经济性和环保等相关问题分析调研工作，完成燃煤电厂低负荷运行问题调研报告；二是前瞻性课题研究。积极开展工业4.0与智能火电发电技术、能源互联网和电力交易平台等前沿技术研究；完成“慕课网”“科技交流服务平台”建设构思；开展燃煤电厂超低排放技术路线的研究和调研工作。三是战略性课题研究。组织“十三五”重点任务征集工作，针对以集团公司牵头的“煤炭清洁排放控制”领域课题，组织华能、通用、东方电气等12家中央单位进行集中讨论并形成建议书。

项目发展

（1）智能能源中心自主开发的分布式能源智能系统运行优化工具（简称 iDOS）。2015 年 2 月下旬，在上海莘庄分布式能源站正式上线，显示了良好的优化效果。自主研发的“园区型分布式能源智能优化系统”和“楼宇型分布式能源智能优化系统”，2015 年 11 月，在上海科技大学能源中心和国家会展中心（上海）能源中心同时上线，已顺利进入在线跟踪优化指导阶段。丰台华电产业园分布式能源站优化项目，完成了历史数据分析和优化方案，正在设计的智能运行控制系统上线后，预计一年可节约燃料成本约 300 万元。

（2）多相流中心开展节能减排项目技术改造。实施的长沙电厂分离器优化改造示范项目，节能减排效果显著且安全可靠，项目成效得到北京市科委、集团公司的充分肯定和高度评价，已具备大规模推广应用条件。在高效分离原理已得到充分验证的基础上，多相流中心积极开展技术应用推广工作，于 2015 年承担潍坊电厂和长沙电厂制粉系统优化示范改造项目，以及章丘电厂和长沙电厂燃煤电厂尾部烟气深度净化器示范应用项目。截至 2015 年 12 月 31 日，潍坊、章丘两个项目已圆满完成。其中，潍坊电厂项目成功解决了粗粉分离器中软性物质（编织袋、杂草等）堵塞问题，出力、均匀性指数、分离效率、细度远超于设定目标，整个机组制粉系统优化改造后能耗及 NO_x 排放大幅降低，得到了使用方潍坊电厂的高度评价；章丘电厂项目使燃煤电厂尾部烟尘浓度降到 $5mg/m^3$ 以下（实测值低于 $1\ mg/m^3$），实现了集团公司“超净排放”目标，为新技术推广奠定坚实基础。

（3）煤炭中心积极开展火电厂燃煤干法脱灰脱硫技术开发。完成云南、四川、贵州等地区多家电厂调研和煤炭取样分析工作。通过桐梓电厂现场 10t/h 小型试验，验证了实验室分析结果的准确性和分选设备的可靠性；实施电厂磨煤机石子煤高效分离工艺技术开发项目，先后完成磨煤机石子煤的煤质特性及可选性分析、半工业性分选试验、工业性分选试验、卓资电厂示范工程建设，有效解决了燃煤电厂石子煤量较大、堆放和处理困难问题；宽温度窗口 SCR 脱硝催化剂研发课题，完成了粉末催化剂性能测试，证实改性配方的中低温活性明显优于现有商用催化剂粉末配方。

（4）页岩气中服务新兴产业发展。通过进驻清洁能源公司，为油气板块提供贴身对口服务。2015 年，共完成各层级（集团公司、二级单位及省级专题）研究课题 22 项，其中《经济新常态下天然气发电产业可持续发展研究》研究成果已经申报国家能源局“能源软科学研究优秀成果奖”；《非常规气藏产能评价系统》荣获集团公司第四届“青年创新创效优秀成果奖”。各项专题研究成果对集团公司编制页岩气及 LNG 产业“十三五”规划起到重要支撑作用。

党的建设、精神文明建设、企业文化建设

科研总院开展总院主题党日活动，组织党员义务劳动，为多相流中心航天桥办公区清理环境；为庆祝科研总院成立四周年，组织开展“我的得意之作”员工才艺作品征集展示活动，广泛征集员工个人优秀原创作品并在内网集中展示，通过开展活动为科研总院生日献礼；注重关心员工身心健康，组织科研总院青年员工参加“七夕单身联谊”“北京马拉松志愿者”等活动；安排中医师为员工进行健康讲座和义务诊疗；建立宣传屏和“文化长廊”，开辟让访客了解科研总院的新窗口，同时也潜移默化的影响和感染员工；制作科研总院“宣传小册”，编辑发行《中国华电科研》杂志，积极收集能够反映科研总院创新发展的新闻素材、音像图片，及时更新、丰富总院互联网站内容，积极培育科研总院“人才为本、价值为上、创新为荣、奉献为乐”的企业精神。

中国华电集团清洁能源有限公司

概况

中国华电集团清洁能源有限公司（简称清洁能源公司）成立于 2014 年 6 月 6 日，是在中国华电工程（集团）有限公司油气开发分公司的基础上，由中国华电集团公司（51%）、中国华电工程（集团）有限公司（33.5%）和华电煤业集团有限公司（15.5%）共同出资组建。清洁能源公司注册资本金 17 亿元人民币，注册地点为北京市昌平区科技园区创新路 7 号 2 号楼 2338 室。清洁能源公司经营范围为石油天然气（含页岩气和液化天然气）有关的技术开发、技术服务和咨询；石油天然气（含页岩气和液化天然气）投资、管理；

天然气管网建设、管理；进出口业务。

2014年，清洁能源公司与中国石油化工集团公司（简称中石化）联合收购了加拿大西北太平洋LNG项目15%权益，其中清洁能源公司占5%，获取69.5万t/年LNG；华电广东江门LNG接收站项目进入了调整后的《广东省“十二五”能源发展规划》；华电江苏赣榆、广东惠州LNG接收站项目分别进入省能源发展“十三五”规划，并积极争取上报国家发展改革委；2015年，清洁能源公司负责湖南永顺、湖南花垣、湖北鹤峰、湖北来凤咸丰4个页岩气区块探矿权勘探开发。

清洁能源公司的战略定位是集团公司油气业务的专业化投资和管理公司，集团公司油气业务的资源开发平台、运营管理平台和投融资平台，统一经营和管理集团公司油气业务，同时，履行集团公司油气业务管理延伸职能，为集团公司油气业务的发展战略、决策、技术提供支撑和保障。

截至2015年12月31日，清洁能源公司本部设立办公室（法律事务部）、计划投资部、财务资产部、党群工作部（纪检办公室、工会办公室）、市场营销部、勘探开发事业部和项目合作事业部。在华南、华东、华北地区分别成立三家分支机构，全资拥有华电天然气加拿大有限公司（LNG资源事业部）、华电天然气香港有限公司、华电天然气新加坡有限公司；控股湖南省页岩气开发有限公司和湖北省页岩气开发有限公司；参股贵州黔能页岩气开发有限责任公司、中石化加拿大LNG有限公司和中石化加拿大蒙特尼有限合伙企业；管理广东江门LNG筹备处、华电页岩气开发利用研究中心；与华电江苏能源有限公司共同管理华电赣榆LNG接收站筹备处。

领导人员

总经理、党组副书记：谢春旺

党组书记、纪检组组长、工委主任：王锡南

党组成员、副总经理：王成章

党组成员、总会计师：王毅

年度工作业绩

页岩气区块投资8338.47万元，LNG前期费用完成1125.65万元，严格控制在年初制定的投资金额范围内；资产总额达到41.31亿元；所有者权益10.21亿元；营业收入1.12亿元；利润总额-3.37亿元；资产负债率75%。

PNW项目（华电5%权益）：累计投资12994万加元，其中上游完成投资12247万加元，下游完成投资747万加元；下游液化厂最终投资决策（FID）审批条件基本具备。签订300万t/年LNG非约束性关键条款协议（KTA），初步确定4~5家供应商短名单，启动350万t/年LNG约束性协议谈判；经集团公司审批，与BP签署50万~100万t/年LNG长协采购合同，取得历史性突破；与集团所属企业签署230万t/年的天然气长期供气意向协议，并有150万t/年的意向协议正在洽谈。

江苏赣榆、广东惠州LNG接收站已进入省能源发展“十三五”规划并积极争取上报国家发展改革委；华北、华南区域实现LNG上岸通道方案、管网连接方案、槽车运输方案和下游市场落实的阶段性突破。

经营管理

制订战略规划。结合企业实际，制订中、长期油气产业发展规划和战略。委托世界一流能源战略研究企业埃森哲完成《油气业务发展规划报告（第一版）》，制订中长期油气发展规划和战略。配合集团公司战略部、水新部和煤炭产业部分别编制了《“十三五”LNG产业发展规划》和《“十三五”页岩气产业发展规划》，PNW项目、江苏赣榆LNG接收站、天津专用管线、广东三水和顺德LNG运输通道、广东LNG接收站前期等项目列入集团公司“十三五”规划，“十三五”期间，集团公司天然气产业总投资规模为85亿元。同时，根据集团公司“十三五”规划，初步编制完成公司“十三五”发展规划，与集团公司对油气产业的战略定位、发展规划形成统一思想，为企业的长远发展奠定坚实基础。

夯实基础管理。一是完善组织机构建设。基于集团公司党组的高度重视和大力支持，批复了清洁能源公司的组织机构设置和人员编制，并对领导班子进行了补充，将领导班子成员增至6人，从而形成了日趋完善的科学决策体系。企业组织机构初步搭建完成，华南、华东、华北三家区域分公司的工商注册工作基本完成。二是加强人才队伍建设。完善人才培养机制。对标国际先进企业，积极推进定岗定责、制定领导干部选拔任用方案，规范选人用人；实施员工职位职级体系，建立较科学的四族、六类职业发展体系，进一步调动员工比学赶超积极性；制定《员工工资套改办法》，核定员工岗级、薪酬待遇，稳定员工队伍，创建公平和谐人文环境。截至2015年12月31日，企业员工总数111人，本部员工65人（不含页岩气技术中心8人），控股公司员工46人，保证企业成立初期的工作需要。三是完善制度体系建设。始终高度重视并扎实推进制度和体系建设，截至2015年12月31日，已出台财务、投资、人事、人资、办公管理、技术管理、后勤保障等相关制度和管理办法共计38项，形成较完善的基础制度体系，保证企业起步阶段的正常稳定运营。此外，组织制定并发布《落实中央企业法制工作新五年规划》，明确今后五年法制工作总体目标、工作原则、主要任务，为企业发展提供更加坚实的法律支撑和保障；全面梳理采购、投标和销售、投资决策、气体矿产勘探开发业务流程，明确管理方针，初步搭建起企业两级三层次质量管理体系，并经有关认证机构外部审核后顺利取证；建立页岩气作业者管控体系，经过一年多的探索和尝试，初步建立起本部事业部与区域公司之间的作业者和投资方的管理关系；创新管理手段，推动信息化体系建设，建立起内网办公系统，简化管控层级，提高管理效能。四是强化财务资产管理。对企业经营计划、资产负债、收入成本、费用支出、资金使用等进行分级分层把关和汇总，推动和实行全面预算管理，并通过建立企业整体经营及预算完成情况季度专题会议制度，强化预算的过程控制；结合企业实际，初步确定境外公司机构设置、功能性货币、资产折旧、利息资本化等十余个核心会计原则，搭建了企业境外财务管理基础框架，确定境外公司会计核算方法，取得集团公司财务部及主审会计师事务所的认可；不断扩大综合授信额度，向中国工商银行、中国建设银行、中国银行、北京银行合计申请无担保综合授信40亿元额度，并推进向中国建设银行新加坡分行申请境外综合授信工作，初步搭建公司境内可用资金池，强化自身造血功能。

拓展核心业务。一是勘探工作取得丰硕成果。截至2015年12月底，湖北鹤峰、来凤咸丰、湖南花垣、永顺4个区块累计勘探投入约2.56亿元，累计完成野外地质详查10404km^2，实施地质资料井5口，开展了大量样品分析测试、页岩气地质条件分析等综合研究项目，并进行了压裂试采工作，获取了丰富的第一手资料。通过三年来对各区块地质评价、野外调查、二维地震、钻探试气等方面的深入研究，对优选优质区块的综合分析，及时提出对现有区块两年期探矿权延续与核销的科学论证方案，经集团公司审批后已上报国土资源部办理相关手续。此外，成功获取黔北正安—务川勘查区及黔西南勘查区地质调查证，与中国地质调查局共同部署的安页1井在志留系石牛栏组获得新发现，火焰高度超过20m，显示了在该区进行工业开发的良好苗头，为继续推进页岩气勘探工作打下良好基础。二是PNW项目执行工作有序推进。上游气田储量落实、产量快速增长，下游液化厂有条件投资决策（CID）顺利完成，最终投资决策（FID）的审批条件已经具备。集团公司与中石化加拿大合资公司董事会顺利召开，小股东发言权和利益保障体系逐步建立。三是海外长协贸易气取得新突破。与马石油、雪佛龙、英国天然气等十几家全球主要供应商的LNG长协采购谈判持续进行，与马石油、雪佛龙等签订了非约束性关键条款协议（KTA），初步确定4~5家供应商短名单，锁定长协供应量约为300万t/年。在此期间，长协谈判团队认真研究当前全球LNG行业现状，深入了解到全球LNG需求疲弱、供求失衡的特点，精准把握到气价持续走低并即将探底的态势，在与各大油气公司交流中抓住对方急于实现突破的心理，果断出击，选定BP作为首个长协采购合同的谈判对象，利用供方市场向买方市场转变的契机，获得了具有竞争力的合同价格和有利合同条件。经过扎实深入的分析研究和艰苦谈判，2015年10月，在国家主席习近平和英国首相卡梅伦见证下，集团公司李庆奎董事长与英国石油公司CEO鲍勃·戴德立签订了50万~100万t/年LNG长协采购协议，取得海外长协贸易气突破。

项目发展

通道建设前期工作快速推进。一是重点区域通道前期布局和销售网络布局初具。经过前期深入调研和积极筹备，华南、华东、华北区域前期项目工作进展顺利，区域销售分公司获得集团公司批复，工商注册和分公司机构建设工作已启动，国内物流通道建设及销售网络布局初步形成。二是积极开展LNG接收站项目前期工作。根据集团公司统一部署，结合集团公司在长三角、珠三角和环渤海地区的天然气发电装机布局和未来规划，加强与地方政府的沟通及区域公司的配合，先后与惠州、汕头、舟山、临湘等地方政府签订合作框架协议，抢占港口和岸线资源。其中，连云港赣榆接收站项目获得地方政府支持，集团已批准发起并成立项目筹备处，与华电江苏能源有限公司达成合作意向，将共同出资建设该接收站；惠州LNG接收站项目已获得广东省能源局支持，同意列入省“十三五”规划。三是全力开拓下游物流通道。为做好集团公司天然气发电项目的气源保障供应工作和建立集团公司海外气源稳定的下游物流通道，结合集团公司的燃机项目布局，积极在珠三角、长三角、环渤海和华中地区开展通道规划和开拓工作。积极探索借用“三大油”等油气公司接收站转运LNG模式，打通华电LNG接收站投产前的海外LNG上岸通道。以PNW项目合作为契机，全面推进与中石化在LNG接收站、管道和气源等方面的合作，双方先后签署了战略合作框架协议、华北地区供气合作协议以及南疆、军粮城输气专线投资合作协议，华北区域有望尽快取得实质性突破；积极研究利用“两江一河”（长江、珠江和京杭大运河）船运、专属管道、陆上槽车等输运的物流方式，全力打通LNG接收站至华电燃气电站和分布式能源站的物流通道。启动并完成“两江一河”LNG内河接收站规划和《中国华电内河LNG运输系统研究》，布局内河岸址资源；对江浙沪两省一市管网现状和规划进行了收资调研，为下一步参与省、地级天然气管道开发和集团公司规划布局新的燃机电站提供参考；以三水、顺德分布式能源站项目天然气供气协议签订和配套气化站项目为契机，与广州港集团签订《LNG接收及相关业务合作项目合作协议》，为华南LNG液态通道项目前期工作加速推进奠定了基础。加大与集团内区域公司的协调和合作，落实供气保障，以市场开拓带动通道建设。截至2015年12月31日，已经与河北、天津、江苏、广东、上海、湖北等公司签署或达成意向性供气协议，按各省门站价格定价，基本落实约350万t/年供气量。

新资源获取稳中求进。一是稳妥推进国内新资源获取。通过开展前期野外踏勘、室内研究，与国土部地调局油气中心加强合作；密切跟踪中国石油天然气集团公司（简称中石油）蜀南项目进展，开展合作区块评价和项目经济性分析，为集团公司决策提供科学依据；紧跟国家能源体制机制改革步伐，稳妥推进新疆常规油气区块评价、邵阳短陂桥煤层气探矿权区块评价及广西桂北地区页岩气资源调查等工作，为企业下一步择机获取国内优质新资源打下基础。二是审慎对比海外优质资源。按照公司的统一部署，LNG资源事业部对北美、东非和印尼潜在的重点上游投资项目进行了跟踪，并开展前期工作。

多平台建设进展顺利。一是初步建成海外贸易平台。上半年完成了新加坡公司注册登记和办公场所租赁、装修，加强了机构设置、财务体系建立和贸易团队打造等，构建海外贸易、物流、结算为一体的营运中心的基础工作正稳步推进。二是启动海外金融平台建设。三是配合集团燃管中心赴上海石油天然气交易中心考察对接相关业务。

改革发展

充分借助专业机构和自身优势，积极做好项目评价和天然气产业研究。探讨LNG全产业链商业合作模式，开展企业对标研究；全力做好LNG气源项目评价及技术支持，为企业投资决策提供重要依据。以中标区块评价研究为基础，积极开展科技立项。独立开展集团公司“十三五”LNG、页岩气产业发展专题研究、集团公司前瞻性技术储备项目“华电非常规气藏有利区优选方法及开发策略研究”等科研工作。全年共完成各层级研究课题22项，其中“非常规气藏产能评价系统”荣获集团公司第四届青年创新创效优秀成果奖，部分专题研究成果支撑了集团页岩气及LNG产业“十三五”规划编制工作。同时，清洁能源公司在国内外学术期刊上共计发表论文3篇，其中中文核心文章2篇、EI类1篇。

党的建设、精神文明建设、企业文化建设

持续深入开展“三严三实”专题教育，深入学习贯彻党的十八大及五中、六中全会精神和习近平总书记系列重要讲话精神，按照中央全面从严治党要求和集团公司党组总体部署，坚持不懈加强党的建设，持续深入开展“三严三实”专题教育；加强党政工团组织建设，先后组织召开公司系统第一次党员大会和团员大会，分别选举产生第一届机关党委会、纪委会和团支部委员会，有效加强党建、团建工作的组织保障和机构保障；通过建立员工代表制度和开展青年员工座谈会，初步建立员工诉求通道和表达机制，通过清洁能源公司成立一周年系列活动、“爱心小屋”捐赠活动、“改革”“创新”主体宣教、青年创新创效活动以及“健步走”比赛等积极培育企业文化，打造国际化油气公司的良好文化氛围。

中国华电集团公司天津分公司

概况

中国华电集团公司天津分公司（简称天津分公司）成立于2008年2月26日，是中国华电集团公司在天津市的派出机构，与华电国际电力股份有限公司天津分公司“一套人员、两块牌子、合署办公”，负责集团公司和华电国际在天津市的发展规划、项目前期、市场营销和协调服务等工作。

截至2015年12月31日，集团公司在天津区域的运营总装机容量190万kW，共有4家发电企业，其中天津军粮城发电有限公司（简称军粮城公司，含天津军电热电有限公司）装机容量为150万kW，天津华电福源热电有限公司（简称福源公司）装机容量为40万kW；此外天津区域还有天津华电南疆热电有限公司（简称南疆公司）、天津华电北宸分布式能源有限公司2家基建单位和天津华电天投热力有限公司（简称天投公司）1家供热单位。

截至2015年12月31日，天津分公司本部设有综合管理部、规划建设部2个部门，在册员工8人。

领导人员

党组成员、总经理：宋敬尚

党组书记、副总经理：安同溪

党组成员、副总经理、工委主任：许明

党组成员、副总经理、纪检组组长、总法律顾问：刁友锋

主要领导人员变动情况：2015年7月10日，安同溪任党组成员、书记、副总经理；2015年6月1日，刁友锋兼任总法律顾问。

区域年度工作业绩

2015年，天津区域企业保持安全生产稳定良好局面，未发生重特大设备和人身死亡事故，未发生企业经营和领导干部违法违纪案件，未发生对企业形象造成严重不利影响的事件。天津区域发电企业共完成发电量86.77亿kW·h，供热量641.51万GJ，实现利润7.08亿元。

区域生产经营管理

（1）安全管理方面。以落实新《安全生产法》和新《环境保护法》为重点，深刻汲取天津港“8·12”特别重大火灾爆炸事故教训，持续保持安全生产高压态势，区域未发生人身、设备等不安全事件。以推进“7S”管理和创星级企业为抓手，指导区域企业不断夯实安全生产基础，确保区域生产安全稳定。福源公司深入开展“安全生产基础管理年”活动，完善制度建设，规范行为准则，并结合机组检查性大修，完成燃机进气系统改造和热工装置完善的2项重大设备改造，设备运行稳定性显著提升；南疆公司以建设“三同领先”精品工程为目标，积极做好工程安全风险预控，不断强化现场施工管理，确保实现基建安全。

（2）经营管理方面。一是加大市场营销力度，充分利用燃气机组优势，落实福源公司年度电量计划18亿kW·h；积极争取电价有利政策，实现福源公司燃机上网电价在2015年4月20日由0.65元/（kW·h）调整为0.73元/（kW·h）；强化电热费回收力度，2014~2015年度热费收缴率完成100%，陈欠热费也全部收缴完毕。二是加强燃气稳定供应，保持与天津市发展改革委、天然气华北销售公司的沟通协调，指导福源公司科学制定天然气用量计划，确保了全年用气量；主动沟通引导，实现福源公司天然气门站气价在2015年4月1日由3.14元/m^3下降到2.7元/m^3，2015年11月20日又下调至2.0元/m^3。三是强化财务成本管控，加强资金管理，指导福源提前偿还借款1.2亿元，资金成本率实际完成5.37%，较2014年6.46%降低1.09个百分点，全年财务费用较年初预算节约464万元；争取到各项政策资金9147万元。

区域项目发展

（1）项目发展取得突破。坚持以科学发展观统领全局，把发展作为第一要务，不断优化项目发展战略布局，积极以前瞻性眼光甄选新项目、抢抓新机遇，构建“水火风光”等多元化发展、多点开花、全面协调推进的能源格局。一是取得南港热电项目开发权，2015年6月23日签订项目投资合作协议，2015年12月29~30日通过了项目可行性研究报告内部审查。二是滨海新区文化中心天然气分布式能源站示范项

目申请报告于2015年12月31日获得天津市发展改革委的核准批复，同时该项目被列为国家级分布式能源示范储备项目。三是军粮城公司650MW燃气+350MW燃煤热电联产项目于2015年11月23日顺利通过初步可行性研究。四是风电、光伏等新能源项目开发持续推进，完成汉沽风电测风塔建设工作，签订杨家泊镇羊角村"渔光互补"光伏发电项目合作协议书。五是开展蓟县抽蓄项目规划选点工作，积极落实项目选址范围内土地使用性质、规划用途等外部建设条件。六是跟踪京津冀一体化进程，加快推进武清高村燃机、福源公司二期扩建项目，密切关注宁河京津合作示范区光年城及宝坻京津中关村科技城开发进程，及时切入前期规划，全面、有序推进区域长远发展。

（2）工程建设稳步推进。一是南疆燃机主体工程完成开工决策备案程序，于2015年12月18日顺利实现燃机厂房第一方混凝土的浇筑工作，工程全面开工建设；二是积极推进南疆应急供热工程建设，应急锅炉及配套设施建设已基本完成；三是加快推进热网建设，抢占热力市场，福源公司新建供热管网12km，换热站7座，新增供热面积92万m^2，天投公司新建供热管网4.7km、换热站1座，实现集团公司在滨海新区热网建设的突破。

改革发展

按照集团公司、华电国际全面深化改革总体部署，逐步深入推进区域改革创新。一是强化区域公司本部管控职能。按照华电国际编制要求，在原有综合管理部、规划建设部的基础上，双轨运行安全生产部、财务审计部、市场营销部，补充配置管理岗位人员，为进一步发挥区域管理主体作用、切实担负起生产经营和发展建设等重任奠定基础。二是推动精益化管理。强化标准化管理，建立健全制度体系，认真梳理现行制度、标准和规范，全面深入开展对标管理和经济活动分析。落实基层企业"强基"管理要求，全面推行7S管理，夯实管理基础，福源公司获得集团公司"三星级发电企业"称号。三是密切关注国家及天津市电力体制改革相关政策，落实区域公司市场竞争的主体责任，积极配合天津市发展改革委赴江苏、浙江调研燃机电力市场管理和改革情况，为集团公司在天津区域电力市场改革中打好基础。

党的建设、精神文明建设、企业文化建设

扎实开展"三严三实"专题教育，突出问题导向，围绕"严以修身、严以律己、严以用权"开展学习研讨，坚持边学边查边改，找出"不严不实"问题，切实抓好整改落实，持续提升党建科学化水平，确保企业科学发展；强化党风廉政建设和反腐败工作，切实落实"两个责任"，进一步加强工程建设、经营发展廉洁风险防控，深入开展反腐倡廉宣传教育月活动，组织进行区域企业集中廉洁谈话，党员干部签订守纪承诺，突出责任意识，强化作风建设；加强工团工作，组织参加集团公司电力安全应急技能大赛、党群业务技能大赛、继电保护技能大赛和华电国际环保知识技能竞赛，推动职工岗位成才，福源公司《提高燃机余热锅炉系统热效率》QC成果荣获中国电力建设协会一等奖。深入开展"青"字号创建活动，先后有3个集体和7名员工荣获集团公司、天津市团市委及华电国际的"号、手"和"最美青工"等荣誉称号。

中国华电集团公司山东分公司

概况

中国华电集团公司山东分公司（简称山东分公司）成立于2009年7月，是中国华电集团公司在山东省的派出机构，与华电国际电力股份有限公司山东分公司"一套人员，两块牌子"，负责集团公司在山东区域的发展规划、能源项目开发、生产运营管理、电力市场营销、统一对外协调等工作。

截至2015年12月31日，山东分公司下设办公室（法律事务部）、规划建设部、人力资源部、财务资产部、安全生产部、市场运营部、政治工作部（工会办公室）、监察审计部（纪检组办公室）、燃料管理部9个部门，管理10家火电企业、17家新能源企业、5家热力公司和1家港务公司，装机容量1611.27万kW，是集团公司装机规模最大的区域公司。

领导人员

总经理、党组成员：季军

党组书记：袁明刚

党组成员、副总经理：黄鹏

党组成员、副总经理、总工程师：厉吉文

党组成员、副总经理：董凤亮、李京修

党组成员、党组纪检组组长、工委主任：来建民

主要领导人员变动情况：

2015年3月，来建民任党组成员、党组纪检组组长、工委主任。2015年5月，季军任总经理、党组成员；李京修任党组成员、副总经理；白桦不再担任总经理、党组成员职务。

区域年度工作业绩

2015年，山东分公司完成发电量833亿kW·h，综合供电煤耗完成303.89g/（kW·h），同比降低3.42g/（kW·h）；完成供热量3479万GJ，同比增加506万GJ；新投产容量27.94万kW。完成利润总额95.6亿元，同比增加15.5亿元，盈利额度占集团公司盈利总额的37%，利润、净资产收益率、EVA均创历史最好水平。

区域生产经营管理

经营业绩继续提升。山东分公司盈利额度继续保持集团公司各区域公司首位，所属火电、风电企业均超额完成利润目标，其中华电国际邹县发电厂（简称邹县电厂）盈利28.9亿元，华电莱州发电有限公司（简称莱州公司）、华电潍坊发电有限公司（简称潍坊公司）超10亿元。一是市场运营扎实有效。以利用小时达到“三同”水平为底线，制定市场营销专项奖励办法，每天分析、每月奖惩计划兑现情况，全年机组利用小时完成5348h，高于电网平均水平106h。开拓有效市场电量78亿kW·h，合理优化转移电量20.85亿kW·h，增加效益2.48亿元。积极争取政策支持和各项补贴，4台机组脱硝电价、24台机组除尘电价、2台超净排放机组电价获得批复。强化供热板块化管理，开拓热力市场，新增供热面积约1300万m^2。华电章丘发电有限公司（简称章丘公司）成功实现跨区长距离向济南东部供热，取得了良好的经济、社会效益。二是燃料管理不断加强。按照“降煤价、优结构、控库存、利环保”的策略，优化进煤结构，控制合理库存，严控采购成本。深入开展“燃煤监督年”活动，加强入厂煤全过程管理，燃煤监督长效机制初步形成。入厂煤标准化实验室实现区域全覆盖，所属10家火电企业全部通过CNAS认可，燃料质检综合楼选址新建单位7家，改建单位3家，通过高起点、高标准建设，提升燃煤采制化管理能力和操作技术水平。三是财务管理进一步强化。加强经济活动分析和全过程预算，实施现金流周预算管理，实现资金日归集率100%、月精确率98%。坚持向政策要效益，争取财税费优惠4.4亿元。

安全生产保持稳定。坚持安全、节能、环保、技术“四轮驱动”，按照“党政同责、一岗双责、失职追责”的要求，全面落实安全生产责任制。认真贯彻新《安全生产法》，强化安全生产的红线意识、责任意识和忧患意识，推行安全诚信体系建设，加大对责任性、重复性不安全事件的追责力度，建立安全生产承诺制度，开展隐患排查治理、检修精细化管理、运行“零误操作”等专项活动，实施外包工程安全诚信管理。建立机组“非停”奖惩机制，机组“非停”得到有效控制。落实新《环境保护法》及“两个等同于”要求，健全环保管理标准体系，加强环保指标日常监管，环保设施可靠性切实提高。结合国家、地方对污染排放的要求，组织实施环保治理改造，全年完成超低排放改造机组11台；制定并执行《山东分公司环保信息通报制度》，及时掌握区域内各单位环保管理异常情况；定期组织专家对其环保管理情况和设施运行情况进行风险评估，评估结果给予通报。

区域项目发展

区域项目发展全面提速。火电项目核准266万kW、取得“路条”132万kW。新能源装机容量突破60万kW，较年初翻了一番，电源结构不合理的短板有效改善。重点火电项目方面，莱州二期2×100万kW、十里泉扩建第二台66万kW获得核准，龙口四期2×66万kW取得“路条”，定陶一期2×100万kW获得集团公司立项并完成可研审查。其中，龙口四期以“调结构”的方式进入山东省2015年火电建设追加规模。基建管理不断提升，建立以安全、质量、进度、造价为主控目标的基建工程责任制，科学开展设计方案优化，基建工程高质量投产。新能源发展成效显著，肥城安临站、肥城桃园、枣庄台儿庄、莱西南墅一期、莱州郭家店二期、龙口北马6个风电项目合计27.94万kW投产，沂源徐家庄等5个风电项目合计25万kW核准待建，枣庄台儿庄等4个光伏项目合计9万kW完成备案。拓展新能源资源145万kW，其中发起章丘长白山等9个风电项目合计

86 万 kW、龙口北马等 6 个光伏项目合计 15 万 kW，项目资源制约瓶颈得到有效缓解。

改革发展

区域集约化管控持续强化。制定实施深化"做实"工作方案，扎实推进改革创新，提升区域集约化管理水平，管理体系不断完善。依据集团公司"做实"工作指引和华电国际新管理界面，明确职责定位，全面加强职能管理，修订及新建规章制度 254 项，形成一整套管理标准体系，保证各项工作有标准、管理范围全覆盖；建立机关部门、员工两个层面的工作标准，实现"职责无漏项、量化有依据、质量有要求"。管理平台进一步健全。以第一时间抢占电力市场为目标，加快区域一体化营销体系建设。研究新能源管理整合方案，优化管控模式，促进区域新能源项目快速发展。完善绩效管理，加强过程跟踪控制，强化兑现激励，促进压力层层传递、任务逐级落实、目标逐级保障。基础管理得到夯实。树立"两个一样"的理念，以设备治理为重点持续强化 7S 管理，设备健康水平和职工素养明显提升。创新开展样板企业验收工作，邹县电厂、莱州公司被评为 7S 管理标杆企业，4 家单位被授予 7S 管理先进企业称号。

人力资源配置持续优化。强化干部队伍建设，严格选拔任用程序，对 7 家单位班子进行调整充实，干部队伍的凝聚力、战斗力不断提升。推进大定员管理，开展超员企业定向调配工作，接收毕业生人数创历史新高，人力资源配置持续优化。统筹区域培训资源，对厂处级领导人员、党群从业人员和新入职员工三支队伍进行了全员集中培训，组织各专业培训班 21 场次，队伍素质持续提升，夺得集团公司技能大赛团体一、二等奖各 3 项，包揽集团公司电力安全竞赛前 8 名、华电国际环保竞赛前 12 名，19 人荣获集团公司技术能手称号。

技术创新管理取得成效。深化能耗指标对标，20 台机组在全国火电机组能效对标竞赛中荣获优胜机组称号，其中 5 台机组获得一等奖。莱州 2 号、章丘 3 号、莱城 4 号三台机组被评为集团公司标杆机组。科技创新取得新成果。新增授权专利 14 项，获得集团公司科学技术进步奖 9 项、山东省科技奖 8 项。《大型再热机组循环水直接供热改造技术的研究与应用》科技项目荣获联合国"全球人居环境绿色技术（产品）范例"大奖。

党的建设、精神文明建设、企业文化建设

深入开展"三严三实"专题教育，举办区域专题视频党课，开展集中学习研讨，党员干部作风建设持续加强。围绕提升党建科学化水平，修订完善党建绩效考评体系，组织直属机关党委换届选举，开展政治工作年度查评，对照上级要求查找短板并积极整改，在集团公司党建绩效考评中名列前茅。深化党建创新，党建工作绩效评价、品牌建设相关课题研究分获中央企业、集团公司政研成果一等奖，党组中心组学习经验在集团公司作典型推广。落实全面从严治党、"两个责任""一岗双责"要求，严守"中央八项规定"，深入贯彻廉洁自律准则和纪律处分条例，建立"明、述、询、查、评"制度 12 项，健全内控制度体系，党风廉政建设进一步加强。践行社会主义核心价值观，大力加强精神文明创建，企业被评为"山东省文明单位"。品牌建设取得新突破，多项工作被人民日报等权威媒体报道，所属莱州公司等 8 家单位被授予集团公司"五星级发电企业"，品牌建设规划得到有效落实。强化"三力"工会建设，深化"五型"班组创建，推进团青建功立业，山东分公司团委被评为"中央企业五四红旗团委"和"山东省先进团委"。

中国华电集团公司河北分公司

概况

中国华电集团公司河北分公司、华电国际电力股份有限公司河北分公司（简称河北分公司）成立于 2007 年 12 月 26 日，是中国华电集团公司、华电国际电力股份有限公司在河北省的派出机构。

河北分公司自成立以来，注重把规模发展与结构优化相统一，形成"三集群一基地"的战略发展格局。即以石家庄为中心的热电联产项目集群、以张家口为中心的风电项目集群、曹妃甸大型能源综合项目集群和沧州海兴核电项目基地，下辖河北华电石家庄热电有限公司（简称石热公司）、河北华电石家庄裕华热电有限公司（简称裕华公司）、河北华电石家庄鹿华热电有限公司（简称鹿华公司）、石家庄华电供热集团有限公司（简称供热集团）、河北华电混合蓄能水电有限公司（简称河北水电公司）、河北华瑞能源集团有限公司（简称华瑞公司）、河北华电沽源（康保）风电有限公司（国投张家口风电有限公司）等7个企业主体以及2个前期管理单位。区域控股装机容量2566MW，其中火电1735MW，风电700MW，光伏74MW，水电57MW。石热公司位于石家庄市区中北部，在运3台25MW背压供热机组和2台200MW双抽供热机组，装机容量475MW，现状供热面积3340万m^2，九期2×400MW级燃机项目已核准在建。裕华公司位于石家庄市区南部，运行2台300MW供热机组，现状供热面积1944万m^2。鹿华公司位于石家庄市区西部，运行2台330MW空冷供热机组，供热面积2474万m^2。供热集团以经营热网为主，下辖6家（分）子公司，总资产约28.49亿元，一次管网长度超900km，年供热量约2500万GJ，热费收入约13.5亿元，服务人口超200万，整体供热规模约7700万m^2，是国内供热规模第二大的供热企业。河北水电公司位于石家庄鹿泉市，下辖岗南、黄壁庄2座梯级水电站，在运3台常规发电机组和1台蓄能发电机组，总装机容量57MW，是国内第一座混合式抽水蓄能电站。华瑞公司是一家以电源项目投资与经营、新能源开发等业务为主，多元化业务并存的集团公司，包括3家直属公司和15家参控股公司，参控股发电项目权益装机容量1766MW，其中自主运营蔚州风电发电容量2×49.5MW。河北华电沽源风电有限公司（简称沽源公司）、河北华电康保风电有限公司（简称康保公司）、国投张家口风电有限公司（简称国投公司）为华电国际电力股份有限公司的全资子公司，河北华电尚义风力发电有限公司（简称尚义公司）为华电新能源发展有限公司的控股子公司，2015年底4家企业按照集团公司关于深化风电及太阳能产业集中管理改革的安排部署进行整合，四块牌子一个领导班子，其中沽源公司风电250MW、光伏24MW，康保公司风电100MW、光伏30MW，国投公司风电100MW，尚义公司风电150MW、光伏20MW。曹妃甸筹备组负责推进曹妃甸2×1000MW火电项目、5000万t煤炭码头、装备制造基地、2×350MW热电项目、200MW海上风电等项目。其中200MW海上风电项目已经取得路条，列入《全国海上风电建设方案（2014~2016）》；曹妃甸装备制造项目一期已建成投产；曹妃甸煤炭码头项目核准在建。内蒙古商都风电有限公司负责乌兰察布市商都和锡林郭勒盟正镶白旗、镶黄旗、苏尼特右旗、卓资5个风电项目前期工作，占有资源总量3000MW。

2012年起，按照授权和委托，担负集团公司和华电国际在河北省的项目发展、市场营销、燃料管理以及对区域所属企业的责任制考核、经营管理、人力资源管理和安全生产管理工作。截至2015年12月31日，河北分公司下设综合管理部、规划建设部、生产营销部（供热办公室）、燃料管理部、财务审计部、政治工作部6个职能部室。

领导人员

党组成员、总经理：康金柱

党组书记、副总经理：赵伟

党组成员、副总经理、纪检组组长、工会主席：崔义德

党组成员、副总经理：于凤典、卢新君

区域年度工作业绩

2015年，河北分公司实现利润20.17亿元，发电量完成107.86亿kW·h，同比升高7.98%；售热量完成2331.58万GJ，同比降低5.27%；综合厂用电率完成10.67%，同比升高0.19个百分点；供电煤耗完成302.78g/（kW·h），同比降低0.25g/（kW·h）；供热煤耗完成39.94kg/kJ，同比升高0.11kg/kJ。

区域生产经营管理

（1）安全生产稳步提升。学习贯彻新《安全生产法》，全面落实各级安全责任。深入开展季节性安全检查、"六打六治"等专项工作，区域无中断安全生产天数及不安全事件。积极开展"零非停"，狠抓"四管泄漏"，连责考核企业领导班子，扭转非停多发势头。完善生产指标对标体系和对标管理，开展指标竞赛，深挖节能潜力，供热期裕华、鹿华煤耗分别降至230g/（kW·h）和232g/（kW·h），低于百万机组水平。全面完成燃煤机组超低排放技改任务，成为集团公司首个超低排放区域。深入推进7S管理，加大日常检查、通报和考核，以示范企业带动区域整体推进，设备治理和精益化管理水平明显提升。

（2）经营业绩再创新高。狠抓经营要素管控。华瑞公司盈利突破5亿元，裕华公司突破4亿元，供热集团超过1.9亿元，沽源、康保、牧场、尚义同比都有大幅增长。强化营销协调和经济运营，火电利用小时达到5495h，同比上升226h，比统调平均水平高391h，风电弃风限电率同比降低13.77

个百分点。全面完成智能热网建设和石热、裕华、鹿华热网区域互联互通工程，供热安全性、经济性明显提高。积极响应并圆满完成供热一管到户阶段性任务，为实现供热全产业链管理和收益最大化创造了有利条件。加强个性电价突破，争取到超低排放机组 0.8 分/（kW·h）电价支持。结合供热一管到户，保持居民热价相对稳定，工商业热价调价幅度低于预期。严厉打击虚报空置房、欠费窃热行为，挽回损失 2000 多万元。深入研究开展财税费筹划工作，争取各类政策资金 2.78 亿元，直接创造效益 5464 万元。多种手段优化资金管控，获得河北银行整体授信 8.9 亿元，财务费用和资金成本率同比降低 8894 万元和 0.59 个百分点，清理和处置低效无效资产，收回资金 2438 万元。

（3）燃料管理巩固优势。坚持“效益、精益、阳光”的燃料管理方略，科学制订并动态优化采购策略，率先建立市场煤询价采购工作机制，入厂含税标准煤单价和入炉综合标准煤单价保持集团公司和同区域最低，降节燃料成本 5.64 亿元。三家燃煤企业全部通过 CNAS 认证。入厂入炉标准煤单价差 11.04 元/t，同比下降 43%，节约燃料成本 2924 万元，厂内管理指标在集团公司名列前茅。各企业科学掺配掺烧，节约燃料成本 2914 万元。

区域项目发展

多元化项目开发稳步推进。投产沽源、康保、塞北 3 个光伏项目 5.4 万 kW；石热公司九期燃机完成开工决策，启动 GIS 站工程建设；裕华二期一台 35 万 kW 机组列入河北省 2015 年火电建设计划；曹妃甸 20 万 kW 海上风电项目开展风机招标和施工准备工作；康保脑包图 3 万 kW 光伏项目列入河北省 2015 年光伏并网补贴计划，沽源元宝山 2 万 kW 分布式光伏项目列入建设计划；蔚县西岭 20 万 kW 风电，赞皇、涞源各 10 万 kW 光伏项目通过集团公司发起备案；张家口赤城、邢台横岭 2 个抽水蓄能项目启动选址工作；沧州核电项目完成可研阶段工作，基本具备核准条件。

改革发展

认真履行在改革创新中的主体责任，实施大用户直供电、工商业热用户开发、燃料询价议价、安全单项考核、电量专项考核、燃料专项考核、资金管理考核、一管到户绩效考核等改革创新举措，使区域和各企业充分释放资源和经营要素的活力动力创造力。一是完善体制机制。针对区域“水、火、风、热、投资”并存的特点，完善财务、技术、经济、燃料指标对标体系，修订四项责任制考核办法，制定总经理奖励基金管理办法，激发了企业的积极性和创造性。二是信息化适时更新管理。适应管理界面变化，加强内控制度建设，完成区域公司 132 项制度的立改废并实现内部网站查询。三是优化资源整合。积极推进发电企业区域化管理，完成沽源、康保、国投、尚义公司管理整合。四是推动人资管理。裕华、鹿华公司完成职位序列管理和大定员工作，沽源公司完成首批市场化用工招聘。五是强化风险防控。严格落实依法治企，进行燃料、财税、粉煤灰、合同、印章、委托运营费管理等专项检查，严格督促问题整改，区域风险防控能力进一步增强。

党的建设、精神文明建设、企业文化建设

全面落实从严治党要求，深化党建改革创新，完善制度体系，落实党建责任，构建了“大党建”工作格局，党建考核被集团公司评定为 A 级。深入开展“三严三实”专题教育活动，干部队伍作风进一步转变。开展“建示范、创品牌、当先锋”基层服务型党组织创建活动，实现“五个服务”目标。全面落实“两个责任”，加强教育引导，增强政治自觉，把纪律和规矩挺在前面，强化执纪监督，营造了良好的党风廉政建设政治生态。持续抓好审计署反馈问题整改，最大限度挽回企业损失，启动了追责程序。开展干部档案专项审核、领导人员重大事项核查、因私出国（境）专项治理、配偶子女及其他特定关系人违规经商办企业专项治理，强化对领导干部监督，提高了讲纪律守规矩政治意识。落实加强和改进群团工作的意见，充分发挥群团组织的特点和优势，在民主管理、劳动竞赛、青春建功、助推企业生产经营和改革发展上主动作为，发挥群团组织和凝聚作用。加强社会主义核心价值观、华电宪章宣贯，开展“身边的榜样、前行的力量”巡讲活动，厚重区域软实力。

华电内蒙古能源有限公司

概况

华电内蒙古能源有限公司（简称内蒙古公司）成立于 2009 年 3 月 27 日，是中国华电集团公司在原华电内蒙古公司基础上改制重组的全资子公司，控、参股企业共9家，包括5家火电、新能源企业1家、煤炭企业1家、煤化工企业1家、燃料企业1家，总装机容量（管理口径）超过578万kW。

领导人员

党组成员、总经理：李丰

党组书记、副总经理：巴希（蒙古族）

党组成员、副总经理：程刚（蒙古族）、赵跃平

党组成员、纪检组组长、工会主席：武云

总工程师：王如祥

副总工程师：郭建民

年度工作业绩

2015年，内蒙古公司实现利润（考核口径）9.32亿元，完成年度考核指标104.72%；净资产收益率完成17.2%，同比升高8.15%；资产负债率完成82.34%。发电量完成179.75亿kW·h，同比降低0.34%；供热量完成1243.85万GJ，同比增加11.54%；供电煤耗完成317.54g/（kW·h），同比下降0.82g/（kW·h）；综合厂用电率完成7.1%。综合标准煤单价完成240.46元/t，同比降低60.61元/t。电源项目核准13万kW，投产装机容量7万kW。

生产经营管理

安全生产总体平稳。一是不断强化安全基础管理。认真贯彻《安全生产法》，全面落实各级安全责任，完善安全制度和规范体系；持续推进本质安全型企业建设，加强应急救援和安全培训能力建设；扎实开展季节安全大检查、“六打六治”、外包工程等专项行动，重点排查整治液氨系统、氢气系统等安全隐患；高标准开展安全性综合评价，可靠性指标同比优化；成立专项安全督查组，加强监督管控。全年区域未发生大的不安全事件，实现长周期安全运行。二是不断强化节能减排管控。进一步落实国家环保政策，在提前完成“十二五”减排任务的基础上，严格按照“环保管理高于主机管理标准”要求，以华电内蒙古能源有限公司包头发电分公司（简称包头公司）为试点逐步构建环保管理新模式。加强环保源头预防，严格执行基建项目环保“三同时”，规避环保风险。

经营业绩创出新高。一是市场营销科学有力。把握新电改环境下的市场形势，双管齐下，强化“与用户、电网合作”和“计划电量与交易电量”两手抓，优化电量结构，提升机组负荷率，全力抢发增发。发挥机组优势，争取节能调度政策红利，增加基数电量计划2.76亿kW·h；完成交易电量46.84亿kW·h，市场份额高于市场准入比例。公用机组利用小时超三同水平95h，自备机组利用小时完成6465h，超全网20万MW以下公用机组2242h。二是成本控制卓有成效。强化全面预算管理，实施精益化管控，降低燃料成本，区域综合标准煤单价同比下降60.61元/t，包头公司、包头东华热电有限公司（简称东华公司）同比分别下降59.51元/t和54.81元/t；优化债务结构，节约财务费用2000万元；争取财税优惠政策，全年减免税费超1亿元；落实“中央八项规定”，压缩非生产性费用支出，五项经费同比降低357万元。三是企业内控管理不断强化。清理低效无效资产47项，回笼资金166万元；加强内控体系建设，整合纪检监察、审计、财务等资源，强化法律审核，有效管控风险，开展审计检查15项，增收节支1687.45万元；加强纠纷案件管理，规避法律损失风险1亿元，追溯案件欠款1200万元。

项目发展

外送电源项目扎实推进。十二连城项目被自治区列入准格尔煤电基地输电系统规划，并上报国家能源局，完成“蒙西—天津南”特高压外送电源项目评优；多伦项目完成安全预评价、地质灾害危险性评估备案，正在寻求新的送出方向；呼伦贝尔项目、大路一期项目完成集团公司发起决策备案，正在编制初可研报告；纳林河项目完善初可研报告，争取列入外送规划。

战略性火电项目稳步发展。土右一期按照国优工程标准组织施工，基本具备投产条件；土右二期完成集团公司发起决策备案，被包头发展改革委上报争取列入自治区“十三五”规划；河西二期与包头政府、北京神雾环境能源科技集团股份有限公司（简称神雾集团）签订《合作框架协议》，已被包头发展改革委上报争取列入自治区“十三五”规划；东华二期、乌达二期完善可研报告，东胜、伊金霍洛、阿拉善3个热电项目编制初可研，正在争取进入自治区“十三五”规划。

新能源项目进展明显。土左50MWp光伏项目投产；二连三期光伏首批10MWp项目、锡林浩特光伏第二批10MWp项目完成集团公司立项决策备案并投产；四子王旗二期、土左旗、鄂托克旗共

130MWp 光伏取得核准备案批复；杭锦旗一期风光项目取得鄂尔多斯新能源产业示范区同意入园的批复；多伦 100MW 风电完成集团公司发起决策备案，核准申请报至多伦县发展改革局。

改革发展

治理结构逐步优化。把握国企改革核心思想，按照建立现代企业制度要求，完善公司党组会、总经理办公会等议事规则，探索优化法人治理结构，研究构建决策、执行、监督、保障“四位一体”的治理体系，有效提升执企能力和管理效率。

管控体制日益完善。根据集团公司管理权限要求，进一步规范管理，优化流程，特别是理顺了区域化和专业化改革后的管理关系，履行管理职责，落实管理责任，做到责权明确、各就其位，区域化、专业化改革落地生根、初见成效，内蒙古区域基本形成投资多元化、管理一体化格局。

市场化改革取得突破。统筹把握市场动态，认真评估市场潜力及趋势，构建区域一体化营销平台，组建集团公司首家售电公司，健全电力营销管理机制，所属各企业均成立营销部门，初步构建“以市场为导向、以客户需求为中心”的市场营销体系。

管理创新有效提升。在区域公司“做实”、基层企业“强基”总体要求下，推动 7S 管理“全覆盖”，全面启动“567”工程，为“十三五”期间企业转型升级奠定基础。突出依法治企，优化资源配置，推动薪酬改革，强化全过程审计、管理审计和审计成果应用，加强标准化建设，推进星级企业创建。

党的建设、精神文明建设、企业文化建设

认真学习宣贯十八大和十八届历次全会精神，统一“从严治党、改革创新、务求实效”思想共识；加强组织建设，完成基层党委换届；强化党建制度建设，夯实党建基础；推动党建创新，构建“大党建”格局，在集团“大党建”考评中获 A 级成绩。扎实开展“三严三实”专题教育，构建“三严三实”立体化学习平台；开展劳动模范表彰、道德模范评选、廉洁文化月等立项活动；扎实开展专题研讨，公司党组及基层党委均深入查摆剖析、自主发现不足、协同解决问题，确保了活动效果。全面落实党风廉政建设责任制，落实“两个责任”，履行“一岗双责”，强化党性党风党纪和廉洁从业教育，开展“全覆盖”式党风廉政建设巡视检查，下发 6 家所属企业《问题整改通知书》。突出“四好”班子建设，强化干部管理，注重干部任职交流，全年区域 5 名厂处干部跨单位、跨岗位交流；深化干部公开选拔，加强干部考核监督，全年提任 6 名厂处级干部；加大人才引进力度，全年引入人才 245 人；强化员工培训，整合培训资源，组织 768 人次参加各项培训，有效提高队伍素质。加强企业文化和品牌建设，与《华电宪章》一脉相承的“创行者”理念体系初具雏形；加强职代会、厂务公开建设，维护员工权益；推进员工创新创效，开展财务、安全应急等 7 项技能竞赛、“送温暖”活动，举办羽毛球、乒乓球等比赛，丰富员工业余文化生活。

华电山西能源有限公司

概况

华电山西能源有限公司（简称山西能源公司）于 2009 年 9 月 27 日由中国华电集团公司山西分公司改制成立，注册资本金 19.97 亿元，是中国华电集团公司在山西区域能源产业发展和资产管理的主体，代表集团公司负责区域内华电事务的统一协调工作。山西能源公司在晋产业发展定位为“电为核心、煤为支撑、新火并举、优化发展”。

山西能源公司产业涉及电力、热力、煤炭，以及工程监理、招标代理、电力检修、煤炭营销等，拥有控股公司 11 家，参股公司 6 家，权益发电装机容量 950MW，发电前期项目规划装机容量 11000MW 以上，核定煤炭产能 210 万 t/年。

截至 2015 年 12 月 31 日，山西能源公司下设办公室（法律事务部）、规划发展部、财务资产部、人力资源部、政治工作部、监察审计部、安全生产部、市场运营部（燃料管理部）、工程管理部、综合产业管理部 10 个部门，在册职工 2308 人。

领导人员

总经理：王凤蛟

党组书记、副总经理：杜将武

纪检组组长、工会主席：徐志刚

副总经理：宋伟、王正华、袁裕祥、赵利民

主要领导人员变动情况：2015 年 1 月，王瑞不再担任副总经理；2015 年 4 月，焦荣幸不再担任党组书记职务；2015 年 5 月，杜将武任党组书记、副总经理。

年度工作业绩

发电产业。发电量完成 18.88 亿 kW·h，较计划少发 6.56 亿 kW·h；供热量完成 667 万 GJ，较计划多供 69 万 GJ；综合供电煤耗完成 288.85g/（kW·h），较计划降低 46.98 g/（kW·h）；合计亏损 1898 万元，较预算减亏 2588 万元。

煤炭产业。生产原煤 119.9 万 t，销售 120 万 t，亏损 824 万元，较预算增亏 4939 万元。

综合产业。工程管理运营项目 44 个，完工项目 34 个，新增合同额 7298 万元；房地产销售住宅 11 套、车位 76 个；煤炭运销发运原煤 170 万 t。合计盈利 13273 万元，较预算减利 118 万元。

生产经营管理

安全生产保持稳定。以“防磨防爆”为重点，强化技术监督和技术管理工作，机组可靠性管理水平不断提升。全年发生机组“非停”5 次，同比减少 1 次，年台均 0.83 次，比 2014 年降低 0.67 次。忻州广宇煤电有限公司（简称广宇公司）取得全年无“非停”的历史最优成绩。3 家供热企业全年未发生供热不安全事件，区域所属所有基建项目保持安全无事故记录，取得良好的经济和社会效益。大力开展反违章工作，积极推进隐患排查治理和应急管理，全年处理各类隐患共计 300 余项。广宇公司成为首批完成应急预案且在能源局备案的企业。扎实推进环保管理工作，全年未发生环境违法事件。

经营管理扎实有效。着力抓好电量、供热、燃料、政策和资金等关键要素优化，经营管理成效显著。一是积极争取电量。与省经信委、能监办及电网公司沟通协调，争取到基础电量计划 15.66 亿 kW·h，基础外电量 5.74 亿 kW·h，有效提升机组利用小时数 1063h，高于区域同类型机组“三同”平均水平 304h。二是积极增加供热效益。华电大同第一热电厂有限公司（简称大一电厂）稳定同煤的供热负荷；广宇公司供热面积持续增加，热负荷屡创新高，收益大幅提高。三是积极降低燃料成本。跟踪煤炭市场变化，及时优化采购策略，合理控制采购节奏，入厂标准煤单价同比降低 89.01 元/t，燃料成本同比降低 5124 万元，综合供电煤耗同比降低 40.48g/（kW·h）。四是积极开展新增项目创收。山西和祥建通工程项目管理有限公司（简称和祥建通）成功中标盂县百万机组监理项目，取得电力工程总承包三级资质，为调整经营结构创造了条件；全年新增合同额、利润目标均超计划完成。和泰紫园住宅尾盘销售基本完成；长风西街项目发起通过集团公司备案，并与置业公司签订合作框架协议。山西晋能燃料有限责任公司（简称晋能燃料）运销能力较年度计划增长 70%。五是积极提供项目资金保障。全年全面完成年度还贷、续贷任务，有效保障了项目建设资金需求及生产经营资金链安全；全年综合融资成本率 5.69%，较年初降低 0.62 个百分点。

规范管理持续深化。一是“规范管理年”活动扎实有效。精心策划、精心组织，着力在合同清查、建章立制和 7S 管理方面下功夫。完成 9 大方面合同清查，限期完成 6 大类 60 余项具体问题的整改；累计制定修订管理制度 80 余个，从体制机制上堵塞管理漏洞。二是巡视审计整改扎实有力。企业党组将巡视反馈问题整改作为重要任务来抓，坚持问题导向、落实责任、分类施策、多措并举推进整改工作。审计整改任务全面完成，巡视提出的 5 大类 46 项整改问题完成 41 项，办结率达 89%。本着认真负责的态度，坚持教育惩处的原则，对巡视与审计中有关问题的责任人进行了问责，挽回或避免经济损失 1.57 亿元。三是债权债务清理稳步推进。成立法律诉讼工作小组和债权债务清理工作小组，加大债权债务清收力度，积极应对涉诉案件。4 起案件结案，挽回经济损失 1172.9 万元，避免经济损失 536 万元。梳理债权债务清理 101 项，办结 85 项，追回债权 3639 万元，解决债务 695.8 万元。

项目发展

能源项目拓展成果显著。在企业多年前期工作积累的基础上，2015 年取得 5 个项目核准、1 个项目“路条”的丰硕成果。襄垣 2×600MW 项目获得核准，汾阳、石槽沟、泽州（代管项目）3 个 100MW 级风电项目获得核准，五寨 100MW 风电取得晋北三市年内唯一“路条”，年度风电取得容量在驻晋央企能源集团排名第一；左云光伏 100MW 项目核准备案，成功入围全国光伏产业“领跑者”基地。偏关项目以忻州市“十三五”规划第一的排名进入山西省“十三五”规划。

改革发展

人资管理不断强化。一是修订完善《企业领导人员管理办法》等4个管理制度，进一步夯实了干部管理工作基础；增强企业领导人员交流轮岗工作力度，全年调整干部3批次29名，企业各级领导班子执企能力明显提升。二是优化人力资源结构，稳步实施《大一电厂三年实现按定员组织生产指导意见》，充分发挥内部人力资源市场调配作用，通过区域内人员调配方式分流大一电厂富余人员29人；调整企业本部机构及岗位设置，开展本部部分管理人员公推遴选工作，招聘应届毕业生113人，充实队伍新生力量；构建职位职级序列体系，广宇公司、朔热公司在职位职级序列建设和大定员工作中先试先行，工作正在深入推进。三是全年突出重点，多途径、分层次、分类别开展培训工作，各类培训累计4325人次，45人通过初、中、高级职称评审，认定后续学历22人，选拔确定优秀专业技术人员9人，优秀技能操作人才5人，职工队伍学历、技术技能结构不断优化。

机构体制不断完善。发电区域化、煤炭专业化管理改革有序推进，成立了山西华电新能源分公司，配齐了领导班子，完成了“四定”方案，管理界面更加清晰。

党的建设、精神文明建设、企业文化建设

扎实开展“三严三实”专题教育。组织有力，推进有序，成效显著。党员干部作风明显改进，企业风气整体向好，党群干群关系进一步密切，为企业可持续健康发展提供了政治保障。

全面夯实党建工作基础。积极推动新建企业基层党组织建设，盐湖、襄垣公司实现基层党组织同步建设。大一、广宇、朔热公司三家单位党建工作通过中电联认证中心的标准化认证复检；全年规范发展党员16人。

持续强化党风廉政建设。认真落实党风廉政建设“两个责任”，积极宣贯、严肃执行《中国共产党廉洁自律准则》《中国共产党纪律处分条例》，加强对三重一大决策制度执行、招标管理、干部选拔任用等重点领域、重点环节的监督检查，严控经营风险，廉洁从业和规范经营步入常态。

深入推进精神文明和企业文化建设。广泛宣贯《华电宪章》，出版《华电晋韵》12期，有力推进《企业文化建设三年规划》实施。大力发挥群团工作优势。创办“职工电子书屋”，倡导职工读好书、提素质、增能力；筹集资金20余万元，资助入学困难职工子女34名，慰问一线职工992人。

沈阳金山能源股份有限公司

概况

沈阳金山能源股份有限公司（简称金山股份公司）是集火力电力、风力发电、煤炭生产及营销、供热、供汽为一体的综合性基础能源企业。其前身苏家屯热电厂始建于1986年；1989年出售给沈阳钢铁总厂，更名为沈阳钢铁总厂金山电厂（简称金山电厂）；1998年6月4日，冶金国有资产经营有限公司对沈阳钢铁总厂实行局部转制，以金山电厂为主体成立了沈阳金山热电股份有限公司，于2001年3月28日在上海证券交易所上市；2006年11月正式更名为沈阳金山能源股份有限公司。

2002年，金山股份公司因原股东方股权转让使丹东东方新能源公司（简称丹东新能源公司）成为第一大股东；2002年6月，金山股份公司成功收购沈海热电厂26%股权；2005年10月完成股权分置改革；2006年10月向机构投资者定向增发4100万股人民币普通股；2009年10月，因集团公司辽宁区域子公司——华电金山能源有限公司（简称华电金山公司）收购丹东新能源公司全部股权成为集团公司间接控股企业；2010年12月，集团公司以金山股份公司为主体，进行辽宁区域华电资产的管理整合，金山股份公司作为集团公司二级单位管理，并与华电金山公司实行“一套人员、两块牌子”的管理模式，使金山股份公司成为集团公司位于辽宁的区域子公司。

截至2015年12月31日，金山股份公司所属企业共19家。其中，金山股份公司直接投资的企业15家，包括全资企业9家、控股企业4家，参股企业2家；授权管理的企业4家。控股装机容量为552.83万kW，另有15.35万kW风电和光伏发电项目核准在建。根据集团公司有关管理整合的意见，整合后的金山股份公司设置总经理工作部、计划发展部、人力资源部、财务管理部、安全生产部、工程建设部、市场营销部、党群工作部（工会办公室）、监察审计部、证券管理部10个职

能部门。

领导人员

董事长、党组书记：金玉军

党组成员、纪检组组长、工会主席：刘双宝

党组成员、副总经理：陈爱民

党组成员、副总经理、总法律顾问：于学东

党组成员、财务总监：周可为

党组成员、副总经理：崔建民、魏英杰

主要领导人员变动情况：2015 年，金玉军担任董事长、党组书记，不再担任总经理；于学东兼任总法律顾问；崔建民、魏英杰担任党组成员、副总经理；李丙信不再担任党组书记、党组成员、副总经理。

年度工作业绩

2015 年，金山股份公司及所属企业共完成发电量 235.43 亿 kW · h；机组利用小时数 4259h（其中火电机组 4389h，所属辽宁区域统调火电机组 4460h，较全省平均水平高 165h）；供电煤耗 314.65g/（kW · h），较年度计划值低 0.8g/（kW · h）；发电厂用电率 7.2%，较年度计划值低 0.23 个百分点；实现利润总额 6.72 亿元。

生产经营管理

（1）生产管理水平不断提高。一是安全生产局面保持稳定。针对安全生产工作“零非停”“零事故”的目标，金山股份公司所属各单位能够围绕总体部署，制定本企业的保障措施并认真加以落实。在区域公司系统开展的 4 次安全大检查的推动下，区域内较好地保持了安全生产的稳定局面。区域公司所属 18 台燃煤机组中，年内连续运行 100 天以上的机组达到 12 台，占机组总数的 67%。其中，沈阳金山能源股份有限公司金山热电分公司（简称金山热电分公司）2 号机组和丹东金山热电有限公司 2 号机组连续运行均超过了 200 天；辽宁华电铁岭发电有限公司的 1 号机组连续运行已超过 223 天，并仍在继续运行，该公司全部 6 台机组更是于 8 月 2 日～9 月 14 日连续运行 44 天，创造了该公司全部机组同时运行的新纪录。截至 2015 年 12 月 31 日，金山股份公司整体实现安全生产 1801 天。二是环保工作超前谋划。针对“十三五”节能减排任务，金山股份公司根据各单位环保现状及检修工期，制定了“十三五”减排规划和减排时间表。除辽宁华电铁岭发电有限公司一期脱硝可研需进一步细化、论证，其他各机组可研初审工作均已完成。三是机组能耗指标得到优化。通过检修过程中有针对性措施的具体落实，强化技术监督和实施专项技改项目等，使能耗指标得到优化。2015 年，金山股份公司供电煤耗同比下降 2.68 g/（kW · h）；发电厂用电率在 4 家所属电厂新增环保设施投运的情况下，同比仅升高 0.3 个百分点；入厂标准煤单价 425.65 元/t（不含税），同比下降 30.16 元/t。金山热电分公司 2 号机组供电煤耗完成 289.14 g/（kW · h），同比下降 7.58 g/（kW · h），并在集团公司同类型机组中被评为标杆机组。四是燃料管理智能化提升。金山股份公司以辽宁华电铁岭发电有限公司为试点，开展燃煤智能化验收建设工作，技术方案已编制完成，并通过集团公司审核，后续的设备招标采购等工作正在进行中。丹东金山热电有限公司铁路专用线及厂外输煤系统工程于 2015 年 4 月 21 日正式开工，进展顺利。

（2）市场营销工作成效显著。以持续强化市场营销工作为抓手，极力争取年度、月度电量计划，千方百计争抢市场交易份额，为完成年度生产经营目标奠定了坚实基础。一是积极争取外部电量。金山股份公司所属辽宁区域火电机组共获得年度计划电量 160 亿 kW · h、计划小时数 3924h，高于全省统调火电平均计划小时数 127h；全年累计争取到各类市场交易电量 37.47 亿 kW · h（上网电量，其中送华北电量 9.17 亿 kW · h、大用户直供电量 22.96 亿 kW · h、关停机组电量 1.5 亿 kW · h、受让能港电厂交易电量 3.84 亿 kW · h）。二是积极优化内部电量。将东电沈阳热电有限公司的 1.01 亿 kW · h 和桓仁金山热电有限公司的 0.5 亿 kW · h 富余电量分别转让给了沈阳金山能源股份有限公司金山热电分公司和阜新金山煤矸石热电有限公司，实现区域公司电量的内部优化，金山股份公司 2015 年所属辽宁区域统调火电机组平均利用小时数高于省内五大集团标杆值 189h。三是积极加强供热市场开发。金山股份公司持续加大市场开发力度，直供热挂网面积现已达 2657.6 万 m^2，其中年内新增 279.7 万 m^2，全年累计完成供热量 1507.3 万 GJ。丹东金山热电有限公司的挂网面积已达 1618 万 m^2，占金山股份公司总挂网面积的 60.9%，其中 2015 年新增挂网面积 213.6 万 m^2，占企业增量的 76.4%，为金山股份公司开拓供热市场、树立供热品牌做出突出贡献。

（3）精益化管理取得成效。一是“创星”工作较好地完成年度预定目标。各创建单位在年初所制定目标的指引下，根据区域公司“创星”工作的总体部署，盯紧各项关键指标不放松，及时查找自身差距，切实落实整改措施，推动了区域整体“创星”工作的深入开展。白音华金山发电有限公司连续3年被评为集团公司“五星级发电企业”，辽宁华电铁岭发电有限公司成功跨入集团公司“五星级发电企业”行列，阜新金山煤矸石热电有限公司、丹东金山热电有限公司、沈阳金山能源股份有限公司金山热电分公司和华电铁岭风力发电有限公司顺利完成年度“创星”“保星”目标。二是“7S”管理成效逐步显现。金山股份公司全面推进“7S”管理以来，各单位共开展“7S”管理推进专项活动20次，编制、修订规章制度126项，治理设备超过1.2万台次；分批次建设样板间（区）245处，培训督导师235人次。随着推进工作的不断深入，“7S”管理的成效在促进文明生产和降本增效上逐步显现出来。区域公司所属各电厂目前的生产现场日渐整洁、有序，安全防护设施不断完善，目视化管理基本到位；库房管理日趋规范，账卡物相符度明显提高；办公环境干净舒适，资料管理规整齐全；运行设备跑、冒、滴、漏等影响文明生产的缺陷得到及时、有效治理，可靠性不断提高。

（4）人资管理全面加强。金山股份公司拟订了《三级单位机构和管理人员编制管理办法》，并有针对性地明确了基层企业职位序列方案及三年分步递减实施方案。白音华金山发电有限公司、丹东金山热电有限公司两家试点单位完成职位职级序列建设目标。此外，各单位劳务派遣人员的整顿方案也随之形成。干部梯队建设体系进一步完善，选人用人机制也更加规范。教育培训计划得到全面落实，2015年参加区域公司组织的各类培训人员达到437人次，基层单位组织的岗位培训达5311人次。

项目发展

（1）资产重组取得历史突破。2014年2月正式启动的辽宁华电铁岭发电有限公司资产证券化即金山股份公司重大资产重组工作，并于2015年12月16日获得了证监会的核准批复。针对同一个标的资产，解决两家上市公司资本运作障碍，重组方案从设计到落实的整个过程，在资本市场上没有先例可以遵循。此次重大资产重组的成功，不仅解决了涉及辽宁华电铁岭发有限公司的同业竞争问题，完善了上市公司资本平台功能，更重要的是使上市公司整体实力明显增强，对金山股份公司未来发展将产生深远影响。除此之外，辽宁华电铁岭发电有限公司于2015年8月完成12.55亿元历史亏损的全部弥补，为推动上述证券化进程和企业发展的良性循环做出积极贡献。

（2）前期项目工作进展迅速。2015年10月28日“锡盟—江苏泰州”特高压线路通过核准，为白音华金山发电有限公司二期项目创造了条件，成为金山股份公司“十三五”发展的重大事项。彰武大林台、阜新娘及营子、阜新双山子、彰武孙家坑各48MW风电项目及彰武后新秋10MWp光伏发电项目等新能源项目前期工作进展迅速，其中大林台、娘及营子和双山子项目已通过核准。

党的建设、精神文明建设、企业文化建设

（1）“三严三实”专题教育取得实效。在以“三严三实”专题研讨为主题的党组中心组学习中，通过12次专题研讨，查摆班子问题9个、领导班子成员问题18个，并针对党的建设与纪律、企业文化、安全生产薄弱环节、灰渣综合利用和纪检监察等问题进一步统一了认识，并制订出整改和督导措施。

（2）党建工作扎实开展。2015年，金山股份公司党建工作坚持党组织的核心领导，加强以区域公司党组、基层单位党委、党支部为主体的各级党组织，在党的自身建设、思想政治工作、党风廉政建设、工会和团青等各个方面的领导，以服务中心工作为核心，全面构建“大党建”工作格局。强化基础建设，出台《党建工作考评办法（试行）》，以推动党建各项措施的落实；推行基层单位“书记创新工程”，以课题化设计、项目化推进、工程化管理、规范化建设、制度化激励的方式，使基层党建工作更为扎实；壮大党员队伍，通过积极与辽宁省国资委党委沟通，区域公司系统2015年度的党员发展名额增加33%。

（3）廉政建设有效推进。金山股份公司党组注重推进党风廉政建设主体责任的落实，2015年初组织修订完善了《党风廉政建设责任书》内容，明确了党风廉政建设的责任目标，组织区域公司本部人员参观了警示教育基地，举办了“学党章、唤醒党章党规意识”专题讲座，使反腐倡廉意识普遍增强；区域公司纪检组对物资采购监督管理办法进行了修订完善，并及时制止不规范投标行为2起，取消了部分单位的投标资格，收到良好效果；开展了领导人员配偶、子女等特定关系人违规办企业情况专项治理，区域公司本部全体人员、所属单位副科级以上人员及重要岗位从业人员，都按要求进行详细自查。

（4）工团工作及精神文明建设取得成效。金山股份公司各级党政机构对工会和团青工作给予了强有力的指导和支持，系统的各项工会和团青工作得到规范开展。其中：民主管理工作在集团公司的全面检查中获得好评；在集团公司职业技能大赛中取得了整合以来的最好成绩，所属白音华金山发电有限公司选拔的鞠宏鹏获得集团公司继电保护大赛个人一等奖，区域公司团体获得三等奖。此外，金山股份公司员工还取得党群知识大赛个人三等奖。2015年度共青团共计10项工作及活动被集团公司推荐给“中央企业团青网”加以宣传，包括沈阳金山能源股份有限公司金山热电分公司团员青年踊跃参加公开竞聘、白音华金山发电有限公司青年干部喜获集团公司创新创效活动银奖等。区域范围内还开展了多项文体活动，活跃了职工生活，培养了团队精神，提升了企业凝聚力。

（5）企业文化建设持续深化。以“担当”精神为代表的优良文化元素不断积淀，“同·新”文化所倡导的“与企业同舟共济”的理念，逐渐得到广泛认同，区域内风清气正、蓬勃向上的文化氛围和忠诚敬业、戮力同心、团结协作的优良文化新风尚正在逐步形成。在“同·新”文化形成的历程中，金山股份公司系统先后涌现出诸多独当一面、勇于担当的典型事例，包括这些年来白音华金山发电有限公司开展五星级企业创建、辽宁华电铁岭发电有限公司化解集体职工群体上访事件、实现资产证券化、丹东金山热电有限公司突破供热市场等。事例背后蕴涵的这种不讲条件、挺身而出的“担当”精神，引领金山股份公司企业文化的进一步发展，并正在持续升华固化。

华电能源股份有限公司（中国华电集团公司黑龙江分公司）

概况

华电能源股份有限公司（中国华电集团公司黑龙江分公司）（简称华电能源）前身是黑龙江电力股份有限公司，成立于1993年2月18日，是黑龙江省政府和原电力工业部首批股份制试点企业之一。1996年4月22日，B股在上海证券交易所上市；1996年7月1日，A股在上海证券交易所上市。2003年2月，随着电力体制改革的深入实施，通过资产移交，正式成为中国华电集团公司控股的大型电力上市公司。2006年6月13日，华电能源股份有限公司与中国华电集团公司黑龙江分公司进行机构整合，集团公司将华电能源定位为其在黑龙江地区的电力发展主体和资本运作平台，承担着集团公司在黑龙江地区能源产业发展的重任。

华电能源全资、控股发电企业9家，火电总装机容量615万kW，约占黑龙江省统调火电装机容量的35%。其中，全资电厂：哈尔滨第三发电厂（简称哈三电厂，装机容量160万kW）、牡丹江第二发电厂（简称牡二电厂，装机容量122万kW）、富拉尔基发电厂（简称富发电厂，装机容量120万kW）、佳木斯热电厂（简称佳热电厂，装机容量60万kW）、富拉尔基热电厂（装机容量22.5万kW）；控股电厂：哈尔滨热电有限责任公司（简称哈热公司，装机容量60万kW）、黑龙江华电齐齐哈尔热电有限责任公司（简称齐热公司，装机容量60万kW）；中国华电集团哈尔滨发电有限责任公司（简称哈发公司，装机容量10.2万kW）；黑龙江新世纪能源有限公司（装机容量0.3万kW）。区域总供热面积7540万m^2，是哈尔滨市、齐齐哈尔市、牡丹江市和佳木斯市等主要大中城市的供热主体，在龙江地区占据较大的发电、供热市场份额和具有较强的整体竞争优势。此外，还全资拥有华电能源工程有限公司（简称工程公司）、黑龙江省龙源电力燃料有限公司；控股黑龙江龙电电气有限公司（简称龙电电气）、黑龙江富达投资有限公司、华电彰武发电有限公司、北京优邦投资有限公司（长发煤矿项目）；参股黑龙江华电联合物资有限公司（简称物资公司）；拥有黑河兴边矿业有限公司、陈巴尔虎旗天顺矿业有限公司2家煤炭企业，煤炭设计产能120万t/年。

截至2015年12月31日，华电能源本部下设总经理工作部（法律事务部）、战略发展部、人力资源部、财务资产部、安全生产部、工程与供热管理部、市场营销部、证券管理部、政治工作部（企业文化部）、监察审计部、综合产业部、工会办公室。

领导人员

董事长：任书辉

总经理、党组副书记：霍利

党组书记、副总经理：孙德利、梅君超、苏盛波

党组成员、纪检组组长、工会主席：王华斌

党组成员、总会计师：张利

党组成员、副总经理：姜青松

总工程师：常立宏

年度工作业绩

2015年，华电能源利润总额完成1.02亿元，同比减少1.09亿元。火电发电量完成241.47亿kW·h，同比少发6.09亿kW·h；风电发电量完成7.07亿kW·h，同比增长16.72%。售热量完成3730万GJ，同比增加232万GJ。煤炭产量完成96万t，同比下降22万t。综合供电煤耗完成314.62g/(kW·h)，同比下降4.83g/(kW·h)。综合厂用电率完成9.34%，同比降低0.06%。入炉综合标准煤单价完成479.25元/t，同比下降36.69元/t。二氧化硫排放绩效完成0.52g/(kW·h)，同比下降0.28g/(kW·h)。氮氧化物排放绩效完成2.75g/(kW·h)，同比下降0.4g/(kW·h)。

生产经营管理

经营管理成效显著。围绕年度经营目标，狠抓关键要素，全力增产增收、降本提效，8家发电企业全部盈利，齐热公司利润突破2亿元，哈三电厂利润超过1.5亿元，佳热电厂利润完成1.47亿元。积极应对不利市场环境，加强电量营销，在年度发电计划中争取到政策性电量8亿kW·h。强化运营协调，努力抢发多发，全年发电量比工信委调控目标超发7.7亿kW·h、比电网公司调电计划超发4.7亿kW·h。大力实施电量优化，厂间和厂内合计优化转移电量20.1亿kW·h，节约燃料成本7000万元。突出抓好燃料成本控制，科学制定电煤谈判和采购策略，搭建电煤采购竞争平台，坚持“一厂一策”和煤价对标，消化铁路运费涨价8341万元，标准煤单价同比下降7%，同比节约燃料成本3.92亿元。发挥煤电协同作用，采购自产煤81万t，占两矿年度总销量的63%。加强资金管理，制定、实施降低财务费用整体操作方案，财务费用同比下降6315万元。积极争取政策，全年获得税收优惠、财政补贴、节能环保补贴、热网配套费等累计达4.32亿元，10台机组环保电价及时获批。完善监审监理工作机制，下达监理通知书14份，提交监审监理建议110条，节约资金1950万元。强化资本运作，股改承诺问题得到解决，华电能源成为金山股份第一大股东。切实防控经营风险，对4家企业进行财务稽查，对13家企业进行审计监督。全力以赴抓巡视整改工作，巡视整改取得阶段性成果。

安全环保不断强化。深入学习贯彻新《安全生产法》，认真落实各级安全责任，建立完善“党政同责、一岗双责、失职追责”的安全生产责任体系。大力推行《发电企业安全生产管理规范》，加强安全生产基础管理，富发、哈三电厂连续安全生产超过5000天。加大安全生产隐患排查力度，开展“四不两直”监督检查12次，扎实开展春秋检、安全生产月、安全专项整治等工作，5097项安全生产隐患、问题得到整改或监控，查处作业性违章及联责处罚299人次。深入推进7S管理，投入近5000万元完成7S综合治理项目209项，各企业现场文明生产治理和7S目视化明显改善。强化安全生产教育培训，组织开展区域典型事故应急演练。加强检修管理和技术攻关，完成49台次机炉大小修，哈三、牡二、富发电厂汽轮机振动异常情况得以改善。单机300MW以上企业全部实施精密点检，发现重要主辅设备问题157项。充分发挥热泵、低真空技术的节能作用，回收机组冷端余热568万吉焦。开展金牌机组评比，深化对标管理，持续优化机组能效水平，4台机组在全国火电300、600MW级机组能效对标及竞赛中获奖，齐热公司2号、哈三电厂3号、齐热公司1号机组分获一、二、三等奖，佳热电厂1号机组获得供电煤耗指标最优奖。哈三电厂3号、哈热公司7号机组前三季度在全国五大发电集团同类型机组中供电煤耗最优。高度重视环保工作，投入资金7.77亿元进行环保技改，完成8台机组脱硝、5台机组脱硫、11台机组除尘器改造，除计划关停机组外，现役机组脱硫、脱硝及烟尘排放达标机组

容量占比分别提升至 100%、78.74%、74.99%，提前超额完成国家确定的“十二五”减排目标。

项目发展

在建工程项目进展顺利。富热工程实现主厂房暖封闭，水塔安装完毕，烟囱到顶。哈热工程主厂房施工到顶，汽轮机 12.55m 基础完成，锅炉钢架安装到第五层。齐热 1×116MW 热水炉项目按期投运，增加供热能力 200 万 m^2。积极推进项目前期工作，齐热二期扩建和热网扩建、富热热网替代等 3 个项目通过集团公司立项。富发 3×200MW 纯凝机组综合供热改造获得东北能监局批准。佳热 1×116MW 热水炉项目获得集团公司开工批复。哈发启动 2×80MW 背压机组初可研。

市场资源拓展取得突破。与省 904 地质勘察院建立战略合作关系，探索开展地热资源开发研究利用。大力推广智能供热，智能化换热站达 300 座，占全部换热站的 61.72%。积极发展优质热负荷，总供热面积达 7540 万 m^2，同比增加 644 万 m^2，增加 9.29%。工程公司除尘、SNCR 脱硝业务保持行业领先优势，全年合同额超过 3.4 亿元，华电能源外部市场占比超过 60%。龙电电气智能供热业务外部市场拓展取得突破，华电外部市场合同额占比超过 40%。物资公司网上电子采购率达 92.5%，26 项主机备品、22 项热网备品已进行实物联合储备。

改革发展

推进治理结构创新。落实集团公司改革整体部署，积极推进发电企业区域化管理，企业受托管理华电在黑龙江的风电、生物质电企业两家，分别为福新能源黑龙江分公司（华富电力投资有限公司）、桦川协联生物质能热电有限公司，总发电装机容量 55.42 万 kW。华电能源对两家企业进行整合，组建新领导班子，对管理部门进行“四定”；全面落实煤炭专业化管理，将所属兴边、天顺两个煤矿全部移交给华电煤业集团公司管理。

推进体制机制创新。优化人资管理加强领导班子和干部队伍建设，企业党组获得集团公司管理扩大授权，调整配齐配强部分企业领导班子。加强人才队伍建设，63 人进入集团公司“千人计划”，确定企业“百人计划”人选 91 人。深入推进全员业绩考核，调整基层企业工资总额管理办法，完善领导人员薪酬激励与约束机制。佳热、牡二电厂开展职位职级序列建设试点。开展综合产业治理整顿，停业、废业多经企业 30 家，394 名职工回到主业岗位。积极推进“三供一业”项目移交，年内移交 7 项，累计移交 14 项，国有资本预算补助全部提前到位。密切跟踪电力体制改革进展，编制市场营销工作体系建设方案，认真开展大用户普查、调研和分类等相关工作。

推进科技管理创新。深化企业管理创新，牡二、佳热 2 项成果获得集团公司管理创新成果奖，企业热网设计导则、智能供热标准修编完成并正式出版；加大科技创新力度，获得国家发明专利 2 项、实用新型专利 5 项。公司 1 个项目获得中国电力创新三等奖，富发、哈发 2 个项目获得集团公司科技进步二等奖。工程公司现已拥有“袋式、电袋、湿电”3 种“超净”除尘技术。龙电电气智能供热仿真培训中心首期建设完工，第二代热计量产品进入试用阶段。

党的建设、精神文明建设、企业文化建设

认真组织开展“三严三实”专题教育，扎实做好书记讲党课、专题学习研讨、民主生活会等工作，各级领导干部党性修养得到加强、工作作风持续改进，践行“三严三实”的思想自觉和行动自觉进一步增强。召开党建改革创新工作会议，完善党建制度体系，努力构建“大党建”格局，企业党建工作被集团公司党组评定为 A 级。开展党群业务技能竞赛，促进党群干部业务素质提升。纪检组深化“三转”，聚焦中心任务，推动“两个责任”落实。把纪律和规矩挺在前面，加强反腐倡廉宣传教育，积极开展效能监察，认真受理和查处信访举报，严肃责任追究，全年共有 7 人受到党纪行政处分。以社会主义核心价值观引领企业文化建设，宣贯《华电宪章》，加强区域企业文化交流，推动“三同”文化外化于形、内化于心。深化企业民主管理，大力开展劳动竞赛，成功举办第三届职工综合运动会，帮助职工解决实际困难，充分调动职工的积极性和创造性，企业工会获得“全国模范职工之家”称号。基层团委全部完成换届工作，评选表彰公司首届“青年五四奖章”，开展第二届青年创新创效成果评比，为青年员工成长成才搭建平台。

中国华电集团公司上海分公司

概况

中国华电集团公司上海分公司（简称华电上海分公司）原为上海代表处，成立于2007年4月6日，同年12月25日更为现名，是中国华电集团公司在上海市的派出机构。华电上海分公司负责中国华电集团公司在上海市的项目发展、经营管理、安全环保、党的建设、协调服务工作。

截至2015年12月31日，华电上海分公司管理上海奉贤燃机发电有限公司（简称奉贤燃机公司）、上海华电奉贤热电有限公司（简称奉贤热电公司）、上海通华燃气轮机服务有限公司（简称通华公司）、上海华电集科分布式能源有限公司4家企业，装机总容量159.02万kW，是上海电网安全运营的重要力量。华电上海分公司本部下设办公室、规划发展部、安全生产部、财务资产部、党群工作部5个职能部门。

领导人员

党组书记、总经理：葛建国

党组成员、纪检组组长、副总经理、工会主席、总法律顾问：毕建军

党组成员、副总经理：王贵彦、顾金芳

区域年度工作业绩

2015年，随着奉贤热电公司（2×440MW燃气—蒸汽联合循环机组）实现年内“双投”，华电上海分公司装机容量实现翻番，实现销售利润1.55亿元，同比增长0.31亿元，创历史最好水平。

区域生产经营管理

经营管理方面。外拓市场，内强管理。通过加大营销力度、争取电价政策、加强资金管理、控制成本费用等一系列措施，使分公司系统人均创效能力始终居于集团前列。一是加大营销力度。积极争取电量政策，根据两部制电价特点，将9E机组部分电量转移至9F机组，提高边际效益。奉贤燃机公司紧密关注气电价格机制，精确安排发电计划，利用气电联动时间差争取电量近4000万kW·h，完成利润300多万元。加大电费回收力度，积极做好电费回收和服务补偿争取工作。加快新机发电许可证取证和商运确认，实现商运电费提前结算。分公司系统全年实现电费收入5亿元，电费回收率100%，创造了历史新高。二是加强成本费用管理。加强全面预算管理，做好日经济利润的编制与分析，在成本费用上不断挖潜，取得明显成效。奉贤热电公司连续三年在单位容量固定成本（集团火电企业对标管理指标）评比中排名前三甲。加强资金预算管理，提高资金周转效率，有效控制资金成本，降低财务费用。建立税前筹划和风险评估机制，与税务机关建立良好的沟通机制，推进各项税务筹划工作规范有序。积极争取年度地方教育费附加返还、分布式项目的财政补助资金等专项财政资金。

安全管理方面。落实“强基”要求，围绕“双突出，保安全”，突出责任落实和现场管理，实现安全生产年度目标。一是落实安全生产责任制。明确安全生产控制目标和保障措施，切实加强企业安全生产管控能力，做到安全责任层层落实。完善安全生产考核机制，持续保持安全生产高压态势。二是强化安全监督检查。通过季节性安全生产大检查、工程建设安全质量专项整治行动、迎峰度夏防台防汛和电力工程系统专项检查等活动，查出安全隐患117项，发现问题54项，并全部实现闭环整改。三是加强安全教育培训。全面贯彻落实新《安全生产法》，加强职工特别是一线员工的安全教育，牢固树立安全生产理念，提高本质安全水平和事故防范能力。四是积极履行社会责任。推进节能减排，投入两亿元开展奉贤燃机四台机组低氮燃烧改造和机组冷却塔噪声综合治理工作。扎实开展“万家企业节能低碳行动”，全年减排标准煤228.6t，超计划完成185.69t，为完成“十二五”减排目标画上圆满句号。

区域项目发展

重点项目取得突破。加快奉贤二期项目建设进度，年内实现双投，奉贤热电公司荣获“上海市重大工程优秀公司”称号。上海科技大学分布式能源项目正式进入供能生产阶段，履行了央企的社会责任。以上项目的投运，使得华电上海分公司装机容量实现翻倍，为推动集团公司在沪发展奠定了坚实的基础。

新兴产业得到有序推进。加强与数据信息、互联网等行业的沟通交流和实地调研，充分利用数据信息行业的会议与论坛平台，积极宣传清洁供能方案（LNG、天然气分布式、海上风电、太

阳能等）+数据中心的商业模式，广泛吸引潜在客户群体。在与奉贤杭州湾开发公司签署协议的基础上，与奉贤区政府签署了进一步的战略合作框架协议，奉贤杭州湾LNG暨国际大数据中心项目进展顺利。

区域产业协同发展。坚持“区域一盘棋”的理念，整合优质资源，形成发展合力，积极协调推动分布式和新能源项目前期工作。在华电上海分公司的协调帮助下，闵行二期获得核准，崇明风光气一体化示范项目取得崇明发展改革委支持性文件。持续推进燃机备件和检修服务工作，攻坚克难积极开拓市场。通华公司与客户企业签订3个长协，完成奉贤燃机燃烧室低氮改造项目，还与中山嘉明电力有限公司签订了超过2600万美元的燃烧室改造项目合同，进一步扩大了市场占有率和影响力。

改革发展

推动人资管理机制创新。一是完善人才管理制度，规范和优化基层管理部门和管理人员设置，做到精简和高效；修订完善人才管理办法、竞聘上岗管理制度，持续推进绩效薪酬制度创新。二是加大薪酬的激励力度。做好多层级的薪酬分配，全力做好年度工资总额预算、清算等重点工作，进一步加强对核心人才的激励，向骨干和一线员工倾斜，员工收入稳步增长，营造和谐的劳动关系。三是扎实做好人才引进和培养工作。努力做好人才评价工作，2名专业人员被列为集团公司首批优秀中青年技术技能人才，3名人员通过了高级技术职称资格的评审。扎实做好人才引进工作，引进系统内外专业技术骨干26人，招聘和接收应届毕业生22人，充实和壮大企业人才队伍，为企业发展注入活力。拓宽人才培养思路，以“强基础、补短板、精业务、提效率”的人才培训思路，围绕企业中心工作共举办（或参加）各类培训班183个，培训员工1208人次。其中，厂处级以上领导培训208人次，专业技术及经营管理人员培训704人次，技能培训278人次，全员培训率达96.3%。

推动科研成果创新。依托集团公司和当地的科研项目，积极参与科技项目研究，不断推动科技创新，提升科技对企业发展的贡献力。组织开展技术创新、QC课题等群众性科技活动，“优化联合循环机组启动过程”荣获集团公司青年创新创效铜奖。

党的建设、精神文明建设、企业文化建设

全面加强党的建设。以集团公司党建工作综合考评为抓手，全面加强党的建设。以党建工作联席会议和工团活动为抓手，积极探索适合上海区域的“大党建”工作机制。设立党群工作部，完善党建工作机构，配备专职党务工作人员。认真抓好“三严三实”专题教育，进一步推进党员领导干部作风建设，强化纪律和规矩意识，增强党性。抓好党风廉政建设。深化教育和管理，强化廉洁从业意识和法治思维。组织加强对《准则》和《条例》学习，明确党员领导干部要遵循的道德“高线”和纪律“底线”。切实落实“两个责任”“一岗双责”，做到党风廉政建设和反腐败工作与企业中心工作同部署、同落实、同检查、同考核。认真抓好思想引导和企业文化建设。注重思想引导，开展岗位建功、练兵比武等活动，服务青年成长成才。践行群众路线，全力服务职工，做好在沪企业引进人才的各项服务工作，提高员工“幸福指数”。大力宣贯社会主义核心价值观，在职工队伍中广泛开展形势任务教育，加大对集团公司形势任务教育读本和《华电宪章》的宣贯力度，营造团结向上的和谐氛围，打造华电在沪文化软实力，提升文化的融合凝聚力。

华电江苏能源有限公司
（中国华电集团公司江苏分公司）

概况

中国华电集团公司江苏分公司成立于2003年4月，2013年8月改制为华电江苏能源有限公司（简称江苏公司），是中国华电集团公司在江苏区域的子公司，负责组织开展集团公司在江苏区域的发展规划、项目前期、工程建设、安全生产、经营管理、公共关系、精神文明等工作。

截至2015年12月31日，集团公司在江苏区域的在运装机容量为922万kW。下属：望亭发电厂（上海华电电力发展有限公司、中国华电集团公司江苏望亭发电分公司、江苏华电望亭天然气发电有限公司）、江苏华电扬州发电有限公司（简称扬电公司）、江苏华电戚墅堰发电有限公司（简称戚电公司）、华电江苏能源有限公司句容发电厂（简称句容公司）、江苏华电吴江热电有限公司

（简称吴江热电）、江苏华电仪征热电有限公司（简称仪征公司）、江苏电力发展股份有限公司、江苏华电通州热电有限公司、江苏华电煤炭物流有限公司、江苏华电昆山热电有限公司、江苏华电如皋热电有限公司、江苏华电通州湾能源有限公司、江苏华电句容储运有限公司、华瑞（江苏）燃机服务有限公司（简称华瑞公司）、上海通华燃气轮机服务有限公司共 15 个全资和控股单位，以及区域化管理的华电福新能源股份有限公司江苏分公司（简称福新江苏分公司）。

截至 2015 年 12 月 31 日，江苏公司本部设有办公室（法律事务部）、战略规划部、人力资源部、财务资产部、安全生产部、工程管理部、市场运营部、政治工作部（工会办公室）、监察审计部（纪检办公室）、燃料物资部 10 个部门。

领导人员

执行董事、总经理、党组副书记：陈海斌

党组书记、副总经理：戴军、齐崇勇、孙志宏、叶小平

党组成员、纪检组组长、工会主席、总法律顾问：洪顺荣

党组成员、副总经理：杨惠新

主要领导人员变动情况：2015 年 9 月，杨惠新任党组成员、副总经理。

区域年度工作业绩

2015 年，江苏公司完成发电量 394.39 亿 kW·h，同比增长 1.8%；供热量 981 万 GJ，同比增长 19.5%；电费回收率 100%；煤机供电煤耗完成 288.98g/（kW·h），同比下降 1.61g/（kW·h）；实现利润总额 32.27 亿元，同比增长 25.61%；完成 EVA 22.13 亿元；等效净资产收益率 34.17%；归属于母公司所有者的净利润 20.4 亿元。

区域生产经营管理

（1）生产管理方面。江苏公司以“三会一督查”为主要手段，协调和管控区域日常安全生产，安全生产保持基本稳定。强化“零非停”理念，实施一系列奖惩考核机制，“非停”同比下降 7 次，扬电公司、仪征公司和吴江热电实现“零非停”。抓好机组经济运行，加强技术攻关和设备治理，全年完成 12 台次机组检修。强化厂内燃料管理，句容公司入厂煤标准实验室通过集团公司验收。华瑞公司初步具备修理能力，承接完成了仪征公司和天津武清电厂燃机检修任务。有序推进信息化建设，ERP 试点通过集团验收，4 家单位全面推行 ERP 合同管理模块；自主开发“六个平台”和大数据报表系统，区域信息化管控水平整体提升。

（2）经营管理方面。完善“两个会议、六个平台”，努力拓展“五个市场”，按要素管控经营活动，向市场、管理和政策要效益。加大营销力度，实施区域营销一体化运作，优化资源配置，争取各种有利政策；通过内部电量统筹、争取外部市场电量，保证了句容百万机组利用小时数全省第一。严控成本费用，对燃料、物资、资金等“大成本”实施规模化、集约化、精益化管控。2015 年常规煤种市场采购价格在区域最低，有效节约成本，同时通过长协煤置换取得一定收益；扩大集采范围，2015 年底集采率达 50%，降低了物资采购成本；通过资金平台运作，节约财务费用 0.42 亿元。强化资本资产运作，积极处置无效低效资产，融资利率 4.55%、流动资产周转 6.5 次、非业务类应收款占用为零，均为集团公司最好水平。加强过程管控，进一步完善“两个会议”制度，生产经营按月度考核，项目发展和基建按季度考核，每月及时预警、纠偏，加大督查督办力度，形成管理闭环，对预算偏差较大的职能部门实施连带考核。

区域项目发展

（1）前期项目产业协调发展。一是做强电热主业。充分发挥企业整体优势，调动各方积极性，用 7 个月时间快速核准句容二期（2×1000MW）煤机项目；加强项目储备，通州湾百万煤机通过集团公司立项决策，被南通市列为 2016 年重大电源项目之首；昆山、如皋热电联产项目获得核准；海上风电项目取得实质性突破，大丰项目开展测风；区外来电白音华（2×600MW）机组项目上报国家能源局。积极拓展热力市场，提升存量资产效益，6 家运营企业均纳入当地供热规划。加强对外合作，与地方政府、知名企业等签署 13 项战略合作协议，全面争取资源，实现发展共赢。二是推进产业链项目。实施多元化发展，赣榆 LNG 接收站项目列为集团公司“十三五”规划的首选项目和江苏省发展改革委 2016 年重大项目投资计划，百万煤机的码头项目通过集团公司立项决策。打造教培基地，编制《岗位能力培训标准　火电技能分册》，上升为集团公司标准并出版；建成戚电

燃机运行和扬电检修两个实训基地。

（2）基本建设项目有序推进。严把基建各道关口，编制工程造价管控制度体系，加强全过程设计优化和对标。戚电F级燃机二期工程静态投资比批准概算有效下降；昆山F级燃机工程改善外围边界条件，工程造价比可研估算有效降低。实行工程建设责任书制度，配套实施奖惩激励机制。加强基建专业人才培训，提升各建设单位项目管控能力。句容一期工程荣获国家优质工程金质奖，戚电F级燃机二期工程实现“双投”，通州、扬州、昆山燃机项目主体工程实现开工，句容二期项目施工准备和桩基工程开工，华瑞公司主厂房封顶，句容储运中心、如皋、新能源项目等有序推进。到2015年底，江苏公司累计核准、在建项目445万kW，投产107万kW，装机容量达到922万kW。

改革发展

（1）管理创新整体推进。一是优化内部管理体系。优化区域管控体系，根据集团公司授权，明晰管控权责，坚持问题和业绩导向，抓住两头、监督中间，加强区域管控，对纳入区域化的福新江苏分公司实施一体化管理。深化标准化建设。江苏公司本部在完善标准制度的基础上，编制重要业务流程图75项，定期开展对口检查，强化制度执行力度和考核；基层企业均已建立管理、技术、工作三大标准体系。狠抓内控体系建设。强化监督问责，狠抓招标规范运作，试行技术商务标和价格标错时评标，创新建立监标18条要点，对典型招标违规予以通报，招标秩序整体规范向好；组织相关人员签订《履职承诺书》，对监察审计、财务稽查、安全督查、工程监管、管理诊断中发现的问题实行“四不放过”，建立干部履职痕迹档案，对责任人在职务晋升、评先评优中实行“一票否决”。二是完善人才管理机制。进一步完善人才培养、使用管理办法，建立了管理、技术、项目三条发展通道；探索建立员工职位序列体系，选聘26名专业技术人才为首席、一级、二级工程师（技师）；两批23名企业优秀同志到本部挂实职锻炼；实施“双百”工程，395名员工完成30个专业、55门课程集中培训；强化“一人一计划”人岗匹配培训，全年培训员工1.9万人次。二是基础管理创新。全面推进强基建设。编制区域“强基”总体方案，各企业运用7S管理、星级企业创建等手段，实施精益化管理，7S管理实现全覆盖。三是改革领域平台创新。积极推进重点领域改革，编制《政策研究》和《深改简报》，紧跟政策导向，及时总结深改动态；应对电改新形势，筹建区域能源服务公司；全年67项具体改革任务基本完成。

（2）科技环保工作全面加强。出台科技创新奖惩办法，整理创新成果，申报23项国家专利，其中15项获得授权，实现企业系统专利零的突破。《创建标准化监审业务体系》项目获集团公司第四届青年创新创效优秀成果管理类金奖。实施技改责任书制度，完成望亭、扬电共4台机组环保改造，均达到超低排放标准，陆续取得环保电价。各企业环保设施投运率100%，减排目标超额完成。

党的建设、精神文明建设、企业文化建设

扎实开展“三严三实”专题教育，对查摆出的650个问题强化整改并落实考核，年内整改完成率达80%以上。深化党建工作，加强领导班子和干部队伍建设，强化执纪监督问责，落实“两个责任”任务分解，下达党风廉政建设履责清单，开展岗位廉洁风险点排查。推进党建标准化建设，建成由24项工作标准和近70项管理标准构建的“大党建”制度体系。推进企业文化、品牌建设，在《华电宪章》框架下，修订完善以“创者先行”为核心、各企业子文化共同组成的江苏公司企业文化体系，倡导“一党委一典范、一企业一品牌”，选树各类典型。继电保护、燃煤采制化、安全应急、党群业务等技能竞赛以赛促学，获集团公司党群业务技能竞赛二等奖、燃煤采制化竞赛三等奖。深化健康食堂、快乐运动、美化环境“三项活动”，凝聚员工精气神，提升员工幸福感。

国电南京自动化股份有限公司

概况

国电南京自动化股份有限公司（简称国电南自）是1999年11月18日在上海证券交易所上市的国家电力系统首家高科技上市公司（股票代码600268），被誉为中国电力高科技第一股，现为中国华电集团公司直属子公司。国电南自前身为南京电力自动化设备总厂，始建于1940年。新中国成立后，国电南自在电力自动化领域相继研究生产出中国第一代、第二代静态继电保护产品，创造过多项全国第一，被誉为中国电力自动化现代产品的摇篮和孵化器。

国电南自的发展思路是坚持市场导向和价值理念，始终秉承创新科技、回报社会的公司使命，紧紧围绕“开百年老店、建百亿企业”的愿景目标，大力实施“三化一流”的发展战略，认真按照“三步走”的发展步骤，全面落实“2211”发展计划，努力把国电南自打造成为市场化、现代化、国际化的世界一流电力高科技上市公司，以“十三五”战略规划为引领，夯实安全生产基础，强化市场营销，突出科研创新和管理提升，充分利用资本市场平台，切实加强人才队伍建设，确保全面完成今年各项目标任务，为实现国电南自百年振兴的南自梦而不懈奋斗。

国电南自业务涵盖电网自动化、电厂自动化、轨道交通、新能源、节能环保、信息技术、工程总包等业务，专注于自动化、清洁化、信息化的技术研发及产品服务，打造智能电网、电厂与工业自动化、信息与服务、新能源与节能环保等核心业务，致力于提供整体解决方案等。

领导人员

董事长：王日文、江炳思

董事：张东晓、刘传柱、金泽华、陶云鹏、王辉、刘雷、杨富春

董事、总经理：应光伟

独立董事：张振华、冯丽茹、李民、张建华、戚啸艳

监事会主席：李长旭

监事：周顺宏

职工代表监事/董事会秘书：王茹

职工代表监事：徐磊

副总经理：严平、李建浏

副总经理、财务总监/副总经理兼财务总监：经海林

总工程师：郭效军

总经济师：李克成

主要领导人员变动情况：2015 年 4 月，江炳思任董事长。5 月，王日文不再担任董事长；黄源红不再担任董事、总经理。7 月，张言苍不再担任董事、党组书记、副总经理；应光伟任总经理、董事。

年度工作业绩

2015 年，国电南自完成订货合同金额 74.09 亿元，同比增长 30%，回款 56.3 亿元，同比增长 2.2%。经立信会计师事务所审计，营业收入 55.85 亿元，同比增长 14.91%；实现利润总额 24034.74 万元，同比增加 48463.09 万元；实现净利润 15369.42 万元，其中归属母公司净利润 3044.74 万元，同比增加 37140.85 万元。

生产经营管理

市场营销方面。抓住市场营销龙头，订货水平增长迅速。通过国电南自总部和各二级单位的齐心协力，国电南自营销工作成效明显，着眼于订单和客户满意度，一切工作围绕用户来展开，形成国电南自总部管政策、监督、指导、培训以及市场总体策划，二级单位重在销售和单一产品推介的营销策略。加大产品推介力度，将市场需求与科技研发充分结合，以满足客户需要为目标推动公司生产运营。针对集团公司内项目，采取集团层面、区域公司层面、项目公司三级联动的营销路径，尝试“一家牵头、多家配合”的营销模式，短期内取得良好成效。与北方公司、西门子、华为、海康威视等企业开展战略合作，借鉴国际国内市场的渠道，推动企业技术进步、产业升级、管理提升和市场扩张。2015 年，企业经营业绩 V 型反转，逆势增长，全年订货在经历一季度大幅度下挫后，同比大幅增长，达到历史最好水平。在 2015 年国家电网公司第一至六批统一招标中，国电南自电网份额约占 13.53%，排名升至第二名；新能源工程、南自美卓、信息事业部和总包事业部订货、收入、利润均创新高。

科技研发方面。扎实开展研发工作，有效促进产品技术升级。重新定位研究院职责，使研究院回归到技术研究和科研成果研发的道路上来。调整研发组织架构，聘请和任命了一批首席科学家，促进科技创新步入快车道。主要研发工作齐头并进、成效显著，全年共有 23 项新产品、新技术通过省部级鉴定，完成专利申请 242 项，获得专利授权 161 项，是前几年的总和。在吸收源代码的基础上，推动对 MAXDNA 系统进行了多项研发改进，有效提升跨平台应用能力，满足多市场需求，系统先进性达到行业领先水平。《数字化变电站高可靠性网络化采样继电保护新原理及其架构体系研究》荣获南方电网公司科技进步一等奖，《1000MW 超超临界机组大型分散系统》荣获集团公司科技进步一等奖，《城市轨道交通综合监控系

统》荣获南京市科技进步一等奖。顺利完成信息系统集成一级资质换证复审，把不可能变为现实。

项目发展

智能电网业务。1000kV 特高压监控系统和保护设备上全面取得突破，并获得 5 座新一代智能变电站订货业绩；配电系统实现辽宁、云南及陕西市场零突破；预装式变电站在国家电网公司预装式变电站招标中连续三次中标。

电厂与工业自动化业务。华电江东天然气热电联产项目实现国产励磁系统在国内最大 F 级燃机上的应用，打破国外产品在该专业领域的技术垄断；maxDNA 系统成功拓展到万胜煤矿综合自动化项目；首次签订循环流化床 DCS 项目，标志着 maxDNA 系统在电厂控制系统领域进一步扩展。水电站“远程诊断”和“集中监控”两个平台开发工作实现集团公司预期目标；中标世界第四大水电站委内瑞拉古里水电站改造项目；签订梨园水电站枢纽工程安全监测自动化系统项目；完成企业首个水调自动化系统——华电木里河项目。签订埃塞俄比亚铁路、郑徐客专等普铁的四电集成工程，以及南京地铁 4 号线、长春地铁 1 号线电力监控系统；京福高铁、吉图珲高铁、宁安高铁等已经开通运营；实施的第二条 EPC 总承包淮安市有轨电车一期工程项目已正式运营。

新能源业务。新签订 260MW 的太阳能光伏总承包和 100MW 风电总承包项目；签订埃塞俄比亚 GDYW-2400kV 输电线路设备供货及服务合同。

信息与服务业务。完成 ERP 一期项目的推广实施，以合同管理为纽带，实现业务财务支付一体化单轨上线运行；承担集团公司 ERP 二期开发和实施项目；实施“互联网+IT”行动，对集团公司系统各单位互联网应用的统一安全管控归口管理。

节能环保业务。中标蒲城电厂机组电除尘改造项目，并在新疆吐鲁番电厂签订了低低温除尘合同，取得除尘岛成套业务的业绩。等离子点火成功应用于无烟煤和生物质领域。“火电厂电动给水泵系统节能增效整体解决方案”“集装箱式高压动态无功补偿（SVG）一体化解决方案”和“光伏电站 1MWp 光伏发电单元一体化解决方案”得到推广应用。成功签订了上海华电大厦、陕西华电大厦和河南省省直机关综合办公楼等物业的弱电智能化项目。

改革发展

2015 年，国电南自推进企业内部改革，激活体制机制，强化内控管理，促进管理效益双提升。梳理、调整、健全规章制度，制定修订 49 个管理制度，完善议事办事规则。强化安全生产和质量管理，在总部全面推行 7S 管理，开展质量管理及项目管理专项调研，安全生产水平和产品、工程质量得到有效提升。推行电子化采购，ERP 和 SRM 系统进行对接，促进各级采购过程阳光、高效、受控，全年通过阳光采购降本、法律维权减损 1.82 亿元。改革分配激励机制，签订南自非常时期绩效合约，推行薪酬改革，形成“创造价值、论功行赏”的分配机制。试行利润目标“竞标”机制，进行利润分享计划试点。以 400 客户热线为支点，推动企业整体服务工作的全面改进，有效提升客户满意度。加强品牌建设，通过技术研讨会、展览会、微信公众平台、企业形象宣传片等平台着力开展产品、技术、品牌宣传，扩大市场影响力。

党的建设、精神文明建设、企业文化建设

以“三严三实”为抓手，着力抓好巡视整改工作，践行“三严三实”，充分发挥党建工作优势，为企业发展提供坚强政治保障。抓好巡视整改，严谨整改方案，严明整改责任，严控整改进度，严肃整改纪律。进一步加强党建工作和队伍建设，为企业稳步发展提供坚强后盾，认真履行“一岗双责”职责，结合分工抓好党建工作。注重企业文化建设，提升南自核心竞争力。坚持以社会主义核心价值观、《华电宪章》和《南自基本法》引领企业文化建设，把“诚信、求真、和谐、创新”的核心价值观，内化为精神追求，外化为自觉行动。充分发挥工团组织的作用，加强运营保障。加强“星级发电企业”“先进单位”“南自之星”“南自劳模”等典型选树活动，深化劳动竞赛、技术比武、文体活动，强化班组建设。加强运营保障工作，为离退休职工做好服务，关注职工情感愿望，关爱职工成长生活，让才华职工有舞台，让困难职工有归属，营造和谐凝聚的良好氛围，引导广大职工共同建设欣欣向荣的新家园，共同创造幸福美好的新生活。以文化为纽带，充分发挥群团优势，打造国电南自百年基业。

中国华电集团公司浙江分公司

概况

中国华电集团公司浙江分公司（简称浙江分公司）于2003年4月23日在杭州成立，其前身为中国华电集团公司浙江代表处。2007年12月21日更名为中国华电集团公司浙江分公司。根据中国华电集团公司战略发展需要，2012年6月11日，成立华电国际电力股份有限公司浙江分公司，实行“一套班子、两块牌子、合署办公”。浙江分公司负责在浙江省的规划发展、安全生产、市场营销、项目前期、工程建设、公共关系、党建工团等方面的领导、管理、协调和服务工作。截至2015年12月31日，浙江分公司拥有可控装机容量456.2万kW，具有气电、水电、火电、风电等多种能源结构，是浙江省电力建设发展的一支重要力量。

截至2015年12月31日，浙江分公司下设综合管理部、生产运营部、规划建设部、财务审计部、市场运营部、政治工作部共6个部门。负责管理杭州华电半山发电有限公司（简称半山公司）、浙江华电乌溪江水力发电厂（简称乌溪江电厂）、杭州华电下沙热电有限公司（简称下沙公司）、华电浙江龙游热电有限公司（简称龙游公司）、杭州华电江东热电有限公司（简称江东公司）、杭州闸口艮山门电厂留守管理处（简称留守处）、舟山华电风力发电有限公司（简称舟山风电公司）；管理华电电力科学研究院、浙江杭钻机械制造股份有限公司2个华电企业的党群组织；另有中核集团三门核电有限公司、浙江钱清发电有限责任公司2个华电参股企业。

领导人员

总经理、党组成员：马志明

党组书记：王存洲

纪检组组长、工会主席、党组成员：唐健

副总经理、党组成员：熊卓远

区域年度工作业绩

2015年，浙江分公司完成发电量55.36亿kW·h，完成供电煤耗247.42g/(kW·h)，发电水耗3.38m^3/(kW·h)，综合厂用电率4.13%，区域实现利润总额4.11亿元，同比增长24.5%。乌溪江电厂荣获集团公司2015年度“五星级发电企业”，半山公司、乌溪江电厂、江东公司荣获集团公司安全生产先进单位。

区域生产经营管理

（1）安全生产方面。一是安全基础不断夯实。按照“党政同责、一岗双责、失职追责”要求，强化安全生产责任制，签订年度责任书，落实企业主体责任。通过安委会和安全座谈会，贯彻上级精神，部署目标任务，协调问题，交流经验，强化工作落实。二是扎实开展隐患排查治理。通过安全性评价、季节性检查、易燃易爆、外包工程管理、网络等保测评等专项检查，排查治理安全隐患。三是强化安全监督管控。加强基建施工、大修及重特大技改作业现场安全管控，强化监督检查指导，下发检查备忘录，跟踪整改闭环，确保各项安全保障措施落到实处。四是加强安全技能培训。通过新《安全生产法》培训、电力安全技能大赛、燃机运行技能竞赛和“零误操作”活动，有效提升安全技能水平。五是管理意识持续加强。以“零非停”理念，开展机组精细化检修、设备精密点检和隐患排查整治，有效提升设备可靠性，全年实现考核“零非停”。六是强化环保监督管理。落实企业环保主体责任，组织开展“环境守法宣传年”活动，加强新环法宣贯。半山5号煤机脱硝改造通过环保验收。半山燃机二期、下沙项目通过环保“三同时”竣工验收，龙游、江东项目完成试生产备案。通过区域整体协调，4家火电企业以地方环保最低定价，完成初始排污权缴费和交易工作。

（2）经营管理方面。一是持续优化能耗指标。全面实施《浙江区域四项责任制考核办法》，加强对利润、电量、气耗、煤耗、水耗等关键指标考核，主要指标持续优化。首次将燃机发电气耗指标纳入责任考核，降气耗工作取得新成效。燃机发电气耗明显改善，区域全年实现198.13m^3/(MW·h)，其中半山公司完成199.14m^3/(MW·h)，同比下降1.86m^3/(MW·h)，节约天然气530万m^3，降低成本1580万元。乌溪江精心调度，湖站全年来水35亿m^3，首次实现来水30亿m^3以上不弃一方水。二是不断强化成本管控。加强审计监督管理。持续加强审计监督为重点的内控机制建设，加大重点领域的监督力度。修订《资金管理办法》《财务预算及费用报销管理办法》等内控制度，促进企业规范经营。企业各单位加强资金管理，有效降低资金成本，提高资金利用效率。专题研究控亏减亏措施。加强对亏损企业帮扶指导，通过召开专题分析会，及时研究部署，对内深入挖潜、严控成本，对外争取容量电价、热电联产政策，制订控亏减亏多项措施，完成美元贷款置换工作，规避汇率波动带来的风险，企业实现同比减亏1500万元。三是不断深入推进7S管理。以全面推行7S管理为契机，加强设备整治和文明生产治理，强化员工素养提升。半山、乌溪江、下沙3家在运单位基本完成7S现场打造目标，龙游、江东、舟山风电结合工程基建，高标准落实7S推行工作。

区域项目发展

以先进技术创新引领项目发展。加强与清华大学、浙江大学等院校的合作，重点筹划推进华电浙江煤炭分级利用清洁发电示范项目，项目已纳入省“十三五”电力发展规划初稿。

大力拓展新能源项目。杭州湾10MWp屋顶光伏项目已通过发起，与湖州南浔区签订了建设260MWp光伏电站项目的合作协议。

区域装机规模显著提升。新投产龙游、江东项目136.55万kW，长兴弁山风电2.2万kW。同时，半山燃机二期荣获“中国电力优质工程奖”、下沙项目荣获“中国安装工程优质奖”。

改革发展

管控体制机制不断完善。以区域管理效益提升为核心，不断完善区域管控体系建设，调整组织机构、充实人员配备，修订部门职责，进一步“管实”企业规范运作。探索新型经营模式，研究区域营销、物资等集约化管理工作，进一步统筹区域一体化管理，加强华电在浙企业的资源整合、优化内外部资源配置。队伍建设不断加强。通过完善劳动用工、薪酬分配、人才培养等激励约束机制，使各级人员的岗位贡献与薪酬分配、职业发展紧密挂钩。起草新建单位的“四定”指导方案，完善绩效考核办法、教育培训计划等十多项制度和计划，坚持组织优秀人员到本部挂职锻炼，充分调动干事创业的积极性和创造性。

科技创新取得新突破。强化机组大修和重特大技改过程管控，完成半山8号机、乌溪江湖站2号机大修。半山燃气锅炉开工建设，启动乌溪江黄站机组提效增容研究，完成10个重大技改实施任务。科技创新取得新突破，新增授权实用型专利3项，获得省电力科技进步奖3项，完成5个科技项目验收。

党的建设、精神文明建设、企业文化建设

扎实开展“三严三实”专题教育。区域副厂处级及以上干部、本部全体党员、基层企业中层干部和党员骨干全程参加学习讨论，强化责任担当，形成了“领导带头、全员参与”“严处要求、实处发力”的生动局面，激励了广大干部员工以“严、实”作风打好改革发展攻坚战。

强化党建工作。融入中心抓党建，凝心聚力促发展。制定实施《浙江分公司2015~2016年党建工作纲要》，确立十大目标和任务分解，明确分公司、基层企业两级任务和完成时限。实施季度通报、年中督查巡视、年终党群纪检工作考评，做到“党建不达标，企业不评优”。加强“从严治党、依法治企”，落实“两个责任”。健全了“党政同责、一岗双责、齐抓共管、全员参与”的廉政责任体系。规范程序审慎用权，加强重点督查巡视，创新落实主体责任，有力保障企业依法合规经营。

精神文明建设和企业文化建设成果显著。积极开展应急、燃机、继保、党群等一系列业务培训和技能竞赛，荣获集团党群业务大赛团体三等奖，个人第1名、第6名，队伍素质持续提升。同时浙江区域荣获集团公司2个“标杆班组”，9个“优秀班组”；“青年创新创效成果”1个金奖、2个铜奖；2项管理创新成果奖。半山公司荣获浙江省“五一劳动奖状”、集团公司先进基层党组织、华电国际先进企业称号；乌溪江电厂蝉联第四届全国文明单位、荣获华电国际先进企业称号；下沙公司荣获集团公司文明单位、华电国际企业文化先进单位、第三届青年创新创效优秀成果技术类银奖；江东公司荣获华电国际工程管理先进单位称号。浙江分公司市场运营部荣获华电国际先进集体称号。

中国华电集团公司安徽分公司

概况

中国华电集团公司安徽分公司（简称安徽分公司）成立于2006年2月18日，其前身为中国华电集团公司安徽代表处，2007年12月25日更名为中国华电集团公司安徽分公司，与华电国际电力股份有限公司安徽分公司一套班子、两块牌子、合署办公，由华电国际电力股份有限公司行使管理职能。

2007年1月26日，中共中国华电集团公司安徽分公司党组、中共华电国际电力股份有限公司安徽分公司党组成立。2010年12月13日，安徽分公司工会成立。2011年6月，安徽分公司机关党委成立。安徽分公司成立以来，认真贯彻落实集团公司、华电国际的决策部署，不断解放思想、强化战略统领、注重管理创新，集团公司在皖规模不断扩大，控股企业5家，投运总装机容量419.5万kW（六安电厂2×66万kW，六安发电2×13.5万kW，芜湖公司2×66万kW，宿州公司2×63万kW，宿州生物质能2×1.25万kW），在建芜湖二期3号机组100万kW。

截至2015年12月31日，安徽分公司机关机构设置为办公室（法律事务部）、人力资源部、规划建设部、财务审计部、安全生产部、市场运营部、燃料管理部、党群工作部8个部门，区域员工1239人。

领导人员

总经理：徐旭

党组书记：李学军

副总经理：张言苍、郭召松、李秀财

纪检组组长、工会主席、总法律顾问：刘克军

主要领导人员变动情况：2015年3月30日，刘克军任党组纪检组组长、工会代主席；李学军不再担任党组纪检组组长、工会主席职务；6月10日，刘克军任工会主席；6月16日，刘克军任总法律顾问（兼）；7月10日，张言苍任副总经理（集团公司部门正主任级）。

区域年度工作业绩

2015年，安徽分公司完成发电量183.67亿kW·h，利用小时超过区域“三同”水平；综合供电煤耗完成289.61g/(kW·h)，同比降低6.23g/(kW·h)；综合厂用电率完成4.84%，较年度预算低0.36个百分点。区域实现利润173200万元，完成总部下达利润目标的109.7%，利润总额和增幅创成立以来最好水平。其中，六安公司实现利润62500万元，芜湖公司实现利润61600万元，宿州公司实现利润50500万元。等效净资产收益率32.24%，在区域中名列前茅；单位千瓦盈利能力412.95元/kW，在区域中名列第一；人均利润贡献率145.09万元/人，在集团公司系统名列前茅。芜湖二期3号机组核准并开工建设，项目发展取得历史性突破，企业实力和竞争力上升到新高度。

区域生产经营管理

（1）安全管理持续提升。区域各单位继续保持长周期安全生产，区域机组全部实现“零非停”，锅炉四管实现“零泄漏”，其中宿州公司为华电国际系统“零非停”时间最长的单位，区域锅炉四管实现“零泄漏”，芜湖、宿州公司连续3年以上保持锅炉四管“零泄漏”，六安公司累计实现安全生产10周年。宿州、六安、芜湖公司荣获“全国安全文化建设示范企业”称号。

（2）生产指标持续优化。宿州1号机组、六安4号机组被集团公司命名为60万等级超临界和超超临界燃煤发电标杆机组。芜湖、六安二期大气污染物平均排放指数全年实现40mg/m^3、32mg/m^3，同比均下降30%以上，其中二氧化硫、氮氧化物排放已接近超低排放标准。芜湖、六安公司获“安徽省环保诚信企业”称号。

（3）市场营销卓有成效。协调参加安徽省26.16亿kW·h大用户直供电平台竞价，竞得申报上限的全部6.17亿kW·h直供电量，全力与省能源局和华东电网沟通，增加区域单位环保节能奖励、热电联产、电网检修补偿皖电东送电量合计1.9亿kW·h；同时派专人到电网公司驻点紧盯电量计划兑现率，最终区域年累计完成利用小时超区域五大发电集团“三同”平均水平，在困境中实现了突围。

（4）燃料成本管控有力。进一步完善市场煤采购“邀约询价、底价出清”制度，市场煤全部推行招标采购。年度长协煤在省内率先实现全部市场化运作，缩小长协煤与市场煤标准煤单价差66元/t，提高长协煤的价格贡献度。入厂标准煤单价同比降低150.31元/t，节约成本7.6亿元。其中宿州公司入厂标准煤单价同比降低190.18元/t，在集团公司降幅最大、安徽区域煤价最低。

（5）财务管理成效显著。科学运行日经济利润系统，着力抓好月度预算执行监控和滚动预测管理，提高资金运作效果，区域单位带息负债减少9.47亿元，财务费用全年节约5040万元。资金成本率完成5.36%，同比降低0.65个百分点。宿州生物质能取得财政禁烧补贴640万元，在全省

同类型电厂中补贴份额最多。高质量完成六安二期工程竣工决算，为华电国际近五年来速度最快。全年取得财税政策资金1562万元，较年度目标增加414万元。

区域项目发展

持续优化结构布局，加快推进重点火电和新能源项目发展。芜湖二期3号机组2015年10月28日取得省发展改革委核准批复，2015年12月18日项目正式开工建设。协调集团公司领导与省领导进行了会见与沟通，为芜湖二期4号机组尽快纳入规划奠定了基础。六安三期项目可研阶段工作已基本完成。宿州二期项目可研报告内外部审查已完成，核准所需的主要支持性文件也已取得，具备纳入规划条件。新能源拓展全面提速，濉溪刘桥、萧县龙城、六安石板冲和芜湖方庄等一批光伏发电项目已与地方签署合作开发协议。

改革发展

（1）整合区域资源。制订下发了《“做实”工作实施方案》，落实“五项职能”和“六项机制”建设，新建管理制度22项，修订24项。健全绩效目标责任制考核体系，初步形成了绩效目标逐级落实、压力传递、上下联动的良好格局。整合区域优势资源，在安全生产、市场营销、燃料管理、7S管理、党建等各领域广泛开展座谈研讨和培训交流，加强巡视、指导和评价，实现区域管理效能最大化。

（2）推进基层“强基”。总结宿州公司试点单位经验，组织召开区域强基工作经验交流会，统筹好星级企业创建、7S管理、对标管理、班组建设等“强基”工作。以设备治理为根本，对薄弱环节特别是输煤系统进行专项治理，取得阶段性成果。在集团公司系统率先7S管理整体联创，实现7S管理100%全覆盖，安徽分公司及宿州7S理典型经验被集团公司推广。

（3）开展品牌建设。在机关各部门开展“职能管理品牌”创建，在基层单位中开展“品牌企业”创建，打造“华电安徽”品牌的升级版，总结提炼了28项区域品牌建设优秀成果，3项入选集团公司2015年管理创新成果；8项入选全国电力企业管理创新成果，其中一等奖3项；1项入选电力行业现代化管理创新五年经典案例；3项获集团公司优秀政研成果，其中一等奖1项；2项获集团公司科技进步奖；2项获国家新型实用专利。

党的建设、精神文明建设、企业文化建设

（1）“三严三实”专题教育方面。组织多个层面的专题党课，开展党组中心组9次专题研讨学习，班子成员结合区域重点难点问题领题发言，思想认识进一步深化，教育成效得到上级公司充分肯定。组织区域全体党员进行《党章》考试，强化党性意识，严守政治规矩，增强政治定力。

（2）党建纪检监察方面。“三位一体”大党建工作体系、主题实践活动和党组大调研特点鲜明，构建了“一个体系、两个载体”的党建品牌。落实党委、纪委“两个责任”，切实履行“一岗双责”，加强燃料、物资、工程等重点领域效能监察，实行燃料等关键岗位人员定期轮换制度，确保依法廉洁从业。

（3）精神文明建设、企业文化建设方面。安徽分公司和六安、宿州、生物质能公司均保持集团公司文明单位称号，芜湖公司保持集团公司文明单位标兵称号，六安、宿州公司晋级全国文明单位。加强队伍建设，举办了区域首期领导人员依法治企规范管理培训班、区域第四期中层干部培训班、首期新员工入职培训班，累计举办各类专业技术培训30余次，区域2000余人次参加了培训。参加上级各类技能大赛并取得优异成绩，在集团公司燃煤采制化技能大赛中获团体一等奖，在集团公司继电保护技能大赛中获团体二等奖，3名选手获“中央企业技术能手”称号，3名选手获“集团公司技术能手”称号。2个班组被集团公司新授予“五型”标杆班组，8个班组被集团公司新授予“五型”优秀班组，3个青年创新创效活动项目获上级公司表彰。

中国华电集团公司福建分公司

概况

中国华电集团公司福建分公司（简称福建公司）是中国华电集团公司在福建的分支机构，按照委托授权，负责集团公司福建区域企业生产、经营、发展等管理工作。

2003年2月，根据国家电力体制改革精神，集团公司在福建设立“中国华电集团公司福建分公司”。2004年10月，集团公司实施从总分公司到母子公司管控模式改革，将“中国华电集团公司福建分公司”改制为全资子公司“华电福建发电有限公司”。2010 年 11 月，为推进新能源板块上市，通过更名、重组、改制，“华电福建发电有限公司”改制为“华电福新能源股份有限公司”，并设立中国华电集团公司（华电福新能源股份有限公司）福建分公司，实行“两块牌子、一套人马”运作。

根据集团公司“1881”“六个华电”“三化一流”战略部署，企业规划，2016~2020 年要在确保如期实现“133”战略目标基础上，努力争取全面建成华电系统一流区域公司。整体分两个阶段推进：第一阶段：到 2018 年，投运装机容量突破 1000 万 kW，利润总额超过 30 亿元，各项工作及主要指标进入集团区域公司前 3 名，实现“133”战略目标。第二阶段：到 2020 年，投运装机容量、利润总额在 2015 年 618 万 kW、22 亿元的基础上实现“双翻番”，达到 1200 万 kW 以上、40 亿元以上，综合实力显著增强，全面建成华电系统一流区域公司。

截至 2015 年 12 月 31 日，福建公司本部设办公室（法律事务部）、规划发展部、人力资源部、财务资产部、安全生产部、工程管理部、市场营销部、政治工作部（工会办）、监察审计部（纪检办公室）9 个部门，共有全资、控股管理单位 33 家（火电 4 家、水电 18 家、风电 2 家、专业公司及其他 9 家），在册员工 6000 余人。企业投运、在建、核准装机总容量 1015 万 kW，其中投运容量 618 万 kW（水电 249.94 万 kW、火电 360 万 kW、风电 7.8 万 kW），在建、核准容量 397 万 kW，电源结构呈现“水火共进、风光气核并举”特点，具备较好的互补结构和较强的可持续发展能力，2008 年以来持续保持福建第一大发电企业位置。

领导人员

总经理、党组副书记：李立新

党组书记、副总经理：舒福平

党组成员、副总经理：邓平强、陈瑞兴

党组成员、总会计师：林茂绩

党组成员、工会主席、纪检组组长：王卫红

主要领导人员变动情况：2015 年 5 月 15 日，赵跃平不再担任党组成员、副总经理。

区域年度工作业绩

2015 年，福建公司完成发电量 251.4 亿 kW·h，同比减少 12%；实现利润总额 22.6 亿元，同比减少 7.79%；综合供电煤耗 313.37g/(kW·h)，同比下降 0.16g/(kW·h)。其中，火电实现利润 7.01 亿元，同比减 7.51 亿元，发电量 154.42 亿 kW·h，同比减 38.74 亿 kW·h；水电实现利润 11.51 亿元，同比增 0.79 亿元，发电量 94.5 亿 kW·h，同比增 5.29 亿 kW·h；风电实现利润 5375 万元，同比增 370 万元，发电量 2.48 亿 kW·h，比增加 0.39 亿 kW·h。

区域生产经营管理

（1）安全生产方面。一是夯实安全基础管理。认真贯彻新《安全生产法》《环境保护法》，加强星级企业创建、7S 管理、安全文化建设，大力推进安全生产标准化、规范化管理，不断深化本质安全型企业建设。漳平、安砂、池潭、棉花滩、古田溪 5 家单位被集团公司评为“安全生产先进单位”。二是扎实开展安全专项检查及治理。做好防汛防台风工作，成功防御沙溪流域“5·19”特大洪水、“苏迪罗”“杜鹃”强台风正面袭击；狠抓设备隐患排查整治，高唐机组振动、白沙定子绝缘缺陷整治圆满完成，可门锅炉“氧化皮”综合防治成效明显。三是积极推进环保减排改造。6、11 月永安两台机组超低排放改造顺利通过验收，成为全省首个实现超低排放电厂，得到省减排办公室表扬。

（2）经营管理方面。一是加大市场营销力度。坚持周协调、月分析例会制度，加强对标分析，完善整体营销，全力抢发电量。抓住下半年雨水较多、来水均匀有利形势，优化安砂、池潭等龙头水库调度，水电板块月发电量连续 5 个月创同期新高，提前 41 天完成年度发电计划，全年发电量、年末库存电量分别达到 94.5 亿 kW·h、9.7 亿 kW·h，均创历史最好水平。全年火电板块利用小时数 4289h，比平均“三同”小时数高 50h，排名第二。积极争取各类电量指标，永安借助热电联产题材，机组调控系数由年初 1.15 争取到 1.38，多争取电量 2.91 亿 kW·h，年利用小时数达到 4739h。邵武充分利用关停政策，争取了 5000h 替代指标，高出全省 30 万 kW 及以上煤机平均“三公”小时数 2100h 以上，多争取电量 5.25 亿kW·h。积极争取电价，在全省煤机标杆电价下调 3.38 分钱形势下，永安、漳平少降了 1.5 分钱，与沿海火电厂的差别电价幅度扩大到 3 分钱。8 月起，企业所属 23 座水电站，共计 139 万 kW 水电上网电价提高 2 分钱。二是强化财务成本管控。全面加强预算管理，积极开展全方位对标，深入推进精益化管理。加强资金管理，抓住融资宽松有利时机，降低资金成本，完成永安、太禹等共计6.77亿元高利率贷款置换，池潭、可门新增贷款利率下浮10%。实施“以大带小、以优带弱”打捆融资，化解了后垄溪、西门等单位融资难、融资贵问题。加强资产运作，完成可门一、二期合并，编制上报平潭码头项目收购、合溪水电站资产重组方案。积极争取财税补助，集美分布式取得关税减免和项目改造中央财政补助资金1819万元，万安溪、高砂、金湖取得小水电增效扩容补助资金2955万元。按照“三年一个周期”要求，完成第一轮23家单位财务稽查，有力促进规范管理、依法经营。

区域项目发展

（1）前期工作取得新突破。2015年，在集团公司董事长李庆奎和省委省政府主要领导共同见证下，平潭项目合作框架协议顺利签订，发展实现良好开局。2015年1月，安溪青洋风电一期核准取得“开门红”。2月，邵武三期获得核准。3月，与福清市政府签订风电特许权框架协议，顺利化解发展障碍。7月，可门三期进入省火电建设规划实施方案，11月18日喜获核准，福建公司首个百万千瓦机组项目成功落地。2015年12月，在风电上网电价即将下调之前，福清青屿、赤礁、龙潭、惠安泉惠、连城石壁山、漳平红尖山、安溪青洋二期7个风电项目核准捷报频传。全年核准风电项目8个，共计33.63万kW，占全省份额32%。周宁抽蓄、福清海坛海峡海上风电前期工作快速推进，基本具备核准条件；平潭30万kW风电开发权得到落实；诏安港电一体、平潭油气、泉州LNG等战略性项目积极推进。

（2）基建工程稳步推进。针对新一轮基建高峰期任务艰巨、情况复杂特点，确定了“四三二一”工程管理思路，启动“强业主建设年”活动，出台“三同领先”实施意见等一系列制度，加大基建人员业务培训力度，加强设计优化、开工准备、施工协调、生产移交策划，全面推进基建精益化管理。古田溪一级改扩建圆满完成“双投”目标，投产后各项指标优良，成为集团公司中小型水电建设示范工程。邵武三期2×66万kW超超临界煤电项目经过积极准备，实现当年核准、当年开工目标。可门三期开工准备全面展开，14号配套码头开工建设。池潭扩建、周宁抽蓄交通洞、全省首个分布式能源站示范项目集美分布式一期工程正式动工。福建公司首个光电、首个山地风电项目厦门光电一期和连江风电部分投产。华安扩建通过工程竣工验收。在建工程实现安全与质量“双零”目标。

改革发展

（1）优化区域管控模式。按照集团公司统一部署，对“做实”和“强基”进行积极探索和实践，扎实推进技术经济中心、生产监控中心、财务共享中心、教育培训中心“四大中心”建设。本部水电集控中心、宁德、龙岩、富屯溪、古田溪水电集控分中心建设基本完成，闽东公司芹山水电站“少人维护、运维合一”管控试点正式实施；本部火电监视中心正式投入运行，对各火电单位生产实现实时、集中、专业监管；技术经济中心技术监督、计量业务开始启动。

（2）完善人才管理体制机制。完善干部监督管理体系，扎实开展领导干部年度综合考评、试用期考评，不断加强日常重大事项报告、因私出境、干部人事档案管理。加强人才队伍建设，选拔134名公司系统后备干部，推荐18名优秀后备干部、20名技术人才和25名技能人才进入集团公司“千人计划”。积极开展竞争性选人用人，完成本部第一批15名公推比选人员考核录用，实施第二批4个管理岗位，以及平潭、漳州能源、棉花滩、闽东等单位空缺岗位公开招聘，推动人才合理流动。着眼可持续发展，招聘录用应届毕业生241名，为企业成立以来新进员工人数最多一年。有效推进“3+3”全员轮训，举办12期培训班。围绕经营、发展、安全三大中心任务，突出价值创造、业绩导向，实行“一企一定”差异化考核，完善激励约束机制。

党的建设、精神文明建设、企业文化建设

深入开展“三严三实”专题教育，认真完成领导干部讲党课、专题学习研讨会、“不严不实”问题查找、专题民主生活会等“规定动作”，作风建设不断加强。扎实推进“人党建”工作，出台基层单位党建工作考评办法等一系列制度，加强基层党组织建设，公司本部在集团公司二级单位党建工作考评中被评定为A级。严格落实“两个责任”，组织领导干部廉洁谈话76人次，进行责任追究2人次。积极开展岗位创先、“三比三促”

技术大比武、“改革创新、青年先行”活动，在集团公司电力应急管理、燃煤采制化、党群、档案业务技术比武中取得优异成绩，团青工作连续三年在集团公司考评中名列前茅。

中国华电集团公司湖北分公司

概况

中国华电集团公司湖北分公司（简称湖北公司）于 2003 年 3 月 26 日正式成立。2009 年 12 月，湖北分公司改制，组建成立华电湖北发电有限公司，同时履行集团分公司和区域子公司的职能。

截至 2015 年 12 月 31 日，湖北公司装机容量 552 万 kW，资产总额 162 亿元。员工总数 2267 人，运营 11 家控股企业，分别是：湖北华电襄阳发电有限公司（简称襄阳公司），运行容量 260 万 kW（4×33 万 kW、2×64 万 kW）；湖北西塞山发电有限公司（湖北华电西塞山发电有限公司）（简称西塞山公司），运行容量 202 万 kW（2×33 万 kW、2×68 万 kW）；黄石热电厂（内核企业），运行容量 53 万 kW（1×20 万 kW、1×33 万 kW）；以及湖北华电电力工程有限公司（简称工程公司）、湖北金源水电发展有限公司、华电湖北燃料有限公司、湖北华电江陵发电有限公司（简称江陵公司）、湖北华电武穴风力发电有限公司、湖北华电随县殷店光伏发电有限公司、湖北华电枣阳光伏发电有限公司。代管企业 1 家，湖北华电武昌热电有限公司（简称武昌公司），运行容量 37 万 kW（2×18.5 万 kW）。

领导人员

董事长、总经理、党组成员：章明

党组书记：王幼平

党组成员、副总经理：王晓林、彭光明

党组成员、纪检组组长兼工会主席：刘强

总会计师：于涛

区域年度工作业绩

2015 年，湖北公司实现利润 24.46 亿元，同比增加 11.12 亿元，完成年度考核目标的 148.2%。资产负债率 58.75%，较年初下降 9.68%。综合供电煤耗完成 308.44g/(kW · h)，同比下降 2.34g/(kW · h)，综合厂用电率完成 6.19%，同比降低 0.18%。武昌公司第二台套燃机于 4 月 23 日投产运营，武穴、随县等风光电项目于 12 月并网发电。

区域生产经营管理

（1）安全生产保持平稳。认真落实新《安全生产法》，推行三级单位安全生产风险抵押，实行安全大检查企业领导人“签字背书”和不安全事件“说清楚”制度，严格落实领导责任制考评，扎实开展季节性安全大检查、“反违章”专项整治等活动，安全基础进一步夯实，安全生产总体平稳。深入开展设备隐患排查，加强重大缺陷跟踪督办，一类障碍和“非停”同比大幅减少，黄石热电厂全年“零非停”，襄阳公司全年未发生“四管”泄漏障碍，西塞山公司连续 3 年获得“湖北省安全生产红旗单位”称号。不断加强能耗指标对标管理，主要经济技术指标持续改善。扎实推进节能环保工作，全年完成 17 台次改造任务，投入资金 3.03 亿元。加强环保设施运维管理，主要大气污染物达标排放。

（2）市场营销扎实有效。充分发挥两级营销组织作用，加强与政府、电网的沟通协调，送出卡口、电网支撑、热电联产等基数电量优势题材全部争取到位，大用户直供、外送等各类市场电量占比均超过容量机组平均占比，全年累计争取市场电量 41 亿 kW · h。坚持“超前发电”策略，合理安排机组检修，电价调整前抢发多发，年度电量计划完成率在区域中名列第一，煤机利用小时超区域“三同”206h。加大新机电价、气价争取力度，武昌公司上网电价调增为 0.7092 元/(kW · h)，气价按大用户直供价每立方米下降 0.3 元，为第二台套燃机投产即盈利打下坚实基础。

（3）燃料管理持续加强。以燃料预算管理为抓手，准确研判市场走势，科学制定采购、库存策略，强化预算执行刚性，在一季度煤价处于高位时坚决降库存，在三季度煤价处于低位时开始逐步提升库存，库存结构始终保持相对最优。坚持市场煤“阳光采购”、长协煤市场化运作，神华下水煤采购均价比挂牌价低 30 元/t，襄阳公司入厂煤标单、黄石热电厂入炉煤标单均为省内标杆。坚持价值思维理念，在确保安全和环保的前提下，累计掺烧低质低价煤 236 万 t，节约燃料成本 7100 万元。加强厂内燃料管理，黄石热电厂入厂、入炉煤样抽检连续 9 个季度 100%合格，在集团公司 83 家抽检单位中名列第一；襄阳公司承办集团公司燃料智能化建设现场会，向全集团公司推广“燃料采制一体化”和“数字化煤场”项目建设成果。

（4）财务管理成效显著。抓住央行多次降准降息的有利时机，开展存量借款置换，综合资金成本为5.34%，同比降低0.62个百分点，节约财务费用8400万元。落实在建项目利率下浮10%贷款40亿元，保证了资金供应。加强政策研究，争取到财政补贴和税收减免等资金6460万元。

（5）基础管理稳步提升。连续三年的“服务基层年”活动圆满收官，三年来，针对基层单位提出的102个影响和制约企业经营发展的热点、难点问题，企业均认真落实到位，完成率达到了97%以上，切实解决了基层的实际困难。大力开展标准化体系建设，以构建效率最优、流程最短的管理链条为目标，修订完善、颁布实施5大体系295项标准，各项管理程序更加规范、高效。全面提升信息化管理水平，搭建综合业务管理信息平台，全面集成区域生产、经营、管理信息流，部分管理业务实现无纸化流转和全过程可追溯，提高了管理效能。加大法律工作体系建设，不断完善总法律顾问制度，重大合同、重要决策、规章制度的法律审核把关达到三个“100%”，制定了法制工作新五年规划，依法治企理念得到有效落实。

区域项目发展

（1）投产在建项目：江陵公司一期工程（2×66万kW）超超临界燃煤发电机组于6月16日获得核准，9月28日正式开工。武昌公司第二台套（1×18.5万kW）燃气机组全面完成建设工作，于4月投产发电。武穴风电（8万kW）、枣阳光伏（10万kW）、随县光伏（15万kW）项目年内完成核准（备案）及开工建设，截至2015年12月31日，累计并网11.4万kW。

（2）前期项目：襄阳宜城项目获得集团公司立项批复，黄石热电厂异地扩建项目、鄂东港电一体化项目取得初可审查意见。黄金山、黄麦岭、阳新渔光互补等5个新能源项目通过集团公司发起。襄阳、宜昌风电项目取得测风路条，开始测风。

改革发展

（1）区域资源结构调整。围绕“1334”深改方案，突出重点，扎实推进，8大类、42项改革任务基本落实到位，为区域“做实”奠定了基础。积极推进发电区域化管理，搭建新能源管理的统一平台。成立物资公司，重组燃料公司，实现燃料、物资等大成本要素资源的集约化、一体化管理。

（2）人力资源管理优化。重新设计区域绩效考核体系，优化指标和权重设置，考核结果直接与薪酬挂钩，充分调动了区域广大干部员工干事创业热情。以集团公司干部管理授权为契机，规范提拔、调整任用组织程序，完善目标引导、激励反馈、多层多维评价考核体系，干部管理工作更加合规高效。加强职业通道建设，全面落实“双优”人才津贴待遇，17人入选集团公司“千人计划”，92人入选公司优秀人才库。三是加大科技管理创新力度。襄阳公司、西塞山公司各有1项创新课题获集团公司管理创新成果一等奖。完善企业本部标准化体系，启动ERP二期推广，建成综合业务管理信息系统并投入使用。加强与上市公司管理对接，深入开展内控评价，风险防控能力进一步增强。全面推进7S管理，各单位设备治理水平和精益化管理水平明显提升，西塞山公司、黄石热电厂通过示范验收。

党的建设、精神文明建设、企业文化建设

扎实开展“三严三实”专题教育活动，强化宗旨意识，促进作风转变。坚持党建改革与区域“做实”相衔接，深化服务型党组织建设，组织活力进一步增强。落实全面从严治党、“两个责任”“一岗双责”要求，认真抓好八项规定落实，推进重点领域权力制衡机制建设，党风廉政建设和反腐败工作进一步加强。加大宣传思想、企业文化和精神文明建设、工团工作力度，深化民主管理和创新创效，企业凝聚力和向心力进一步增强。整合培训资源，加大培训力度，人才队伍素质持续提升，3名同志在集团公司采制化、安全应急技能大赛中获奖，1名同志入围全国会计领军人物。

中国华电集团公司湖南分公司

概况

中国华电集团公司湖南分公司（简称湖南分公司）前身为中国华电集团公司湖南代表处（简称湖南代表处），于2003年10月挂牌成立。2007年12月21日经集团公司党组决定，湖南代表处更名为湖南分公司。按照集团公司的有关规定，湖南分公司认真履行对管辖范围内企业的领导和管理职能，积极开展工作，承担资产保值增值责任，确保各项事业的可持续发展。

截至2015年12月31日，集团公司在湘已投产发电机组装机容量260.58万kW，即湖南华电长沙发电有限公司（简称长沙公司）2台600MW火电机组，湖南华电常德发电有限公司（简称常德公司）2台660MW火电机组，湖南华电郴州风力发电有限公司（简称郴州公司）47台装机总容量85.8MW的风电机组，占湖南省统调装机总量的8.63%，位居第四位。截至2015年12月31日，湖南分公司下设办公室（法律事务部）、规划发展部、财务资产部、安全生产部、燃料管理部、人力资源部和党群工作部等7个部门。按照集团公司委托和授权，管理区域长沙公司、常德公司、平江公司、湘潭公司、郴州公司5家基层企业。

领导人员

总经理、党组副书记：仇甜根

党组书记、副总经理、纪检组组长：赵学雁

副总经理、工会主席、总法律顾问：周晓鸥

副总经理：李又红

区域年度工作业绩

2015年，湖南分公司实现利润3.38亿元，同比增加1.20亿元；发电量完成37.92亿kW·h，同比下降9.94%；设备利用小时完成3160h，同比减少349h；供电煤耗完成304.5g/(kW·h)，同比下降0.03g/(kW·h)；受火电机组超低排放影响，发电厂用电率累计完成5.78%，同比升高0.66%；新投产容量136.95万kW。

区域生产经营管理

（1）经营效益创历史新高。一是加大市场营销力度。加强电力市场分析，狠抓电量争取和兑现，在电力市场持续低迷的情况下，发电量计划完成进度居全省第三，高出全省平均水平2.68个百分点。积极探索大用户直供模式，长沙公司“牵手”湖南联通、深圳证通公司，达成直供电意向，两个项目建成投产后，每年可新增10亿kW·h以上的直供电量。进一步拓展非电产业发展，长沙公司供热年收入达到3100万元，同比增长6%。二是降低燃料成本。科学制定电煤采购与库存策略，优化采购时机和供煤结构，煤炭采购价格位于全省“三同”流向火电厂最低水平。三是强化资金管控。积极争取并落实优惠政策，长沙公司抵减企业所得税213万元，常德公司取得基建进项税留抵3.2亿元。成功解决了仰天湖一期长期遗留问题，争取到0.7元/(kW·h）的政策补贴电价。强化资金管理，优化贷款结构，资金成本大幅降低。长沙公司财务费用同比减少5200万元，降幅达27%；常德公司贷款利率比银行基准利率下浮5%以上。

（2）安全生产保持平稳态势。一是全面落实安全生产责任制。深入开展春秋季安全检查、隐患排查治理、“六打六治”和“五整治、五落实”等活动，确保了生产、基建安全稳定局面。长沙公司全年实现“零非停”，常德公司顺利通过国家能源局安全专项行动督查，整个工程未发生一起人身伤亡事件，连续两年获集团公司安全生产先进单位。二是深入推进检修精细化管理。高效完成了长沙公司1号机组、石门公司3号机组小修。三是强化环保设施技改管理。积极探索、实践超低排放技术路线，长沙公司完成了脱硫系统提效改造，二氧化硫、氮氧化物排放达到超低排放标准，正全力推进“火电厂节能综合优化”“燃煤电厂尾部烟气深度净化”两个科研项目，实施后将全面实现超低排放。常德公司两台机组168h试运期间各项技术指标实现全优，烟尘、二氧化硫、氮氧化物排放远远低于国家超低排放标准，成为华中地区首个超低排放新建电厂。石门公司完成3、4号机组脱硫增容改造，实现达标排放。

区域项目发展

（1）火电项目工程建设取得成效。一是常德工程建设实现双投。在设计图纸和设备供应滞后、实施超低排放造成炉后工程严重滞后的情况下，分公司靠前指挥、协调指导，常德公司科学组织、创新施工、全力而为，成功解决了高低压旁路阀供货等问题，创造性地组织湿电整体吊装，圆满实现两台机组年内“双投”目标。由于工程抢在2016年前投产，可以享受上网电量加价1分/(kW·h)的政策，每年增收2000万元以上。二是平江工程建设顺利启动。在推进平江项目前期工作过程中，紧密配合政府，大力开展舆论宣传引导，成功将“火电风波”化“危”为“机”。2015年5月12日，平江项目取得国家能源局“路条”，12月22日，正式取得核准批文，12月29日工程启动。

（2）新能源风电项目稳步推进。加大优质风电资源的开发和储备，年内实现郴州太平里 49MW 项目建成投产，郴州白石渡 49MW、郴州油麻 46MW、蓝山四海坪 100MW 风电项目开工。宁远梅岗 120MW、蓝山白毛坪 50MW、仰天湖二期 100MW 等 3 个风电项目已上报湖南省能源局，列入 2016 年风电核准规划。

区域改革发展

（1）管理体制有机融合。按照区域“做实”、基层“强基”工作要求，完成本部机构调整，开展新能源区域化管理整合等管理改革，进行了煤炭、设备物资、资金等经营要素集约化管控的探索和尝试。大力开展管理创新，长沙公司将“阿米巴”与星企创建、“7S”管理有机结合，管理成效突出，成功跻身集团公司“五星级”发电企业行列。“7S”管理深入开展，长沙公司完成 8 批共 192 个样板区打造；常德公司推行基建 7S 管理，有效促进工程安全文明和质量工艺水平提升。

（2）科技创新成果显著。加大创新管理，积极组织区域创新宣讲，创新成果显著，2015 年区域共取得 8 项受理专利，2 项授权专利，共有 12 篇科技论文在国内刊物发表或获奖。长沙公司实施了“多相流高效分离技术”，常德项目采用背压式汽动引风机技术，大范围实施总线技术，为建设数字化电厂奠定了基础；长沙公司 90 后青年邢亚飞发明了“无人机盘煤仪”技术，常德公司《火电企业基建期的人才准备管理创新》获集团公司管理创新三等奖。

党的建设、精神文明建设、企业文化建设

扎实开展“三严三实”专题教育，深入组织学习会议和讲话精神、开展专题党课、对照典型检查反思等活动，进一步强化党的建设，巩固和深化群众路线教育实践活动成果；大力推进党建改革创新，按照“五个一”工程的部署，着力完善系统基层组织建设；全面落实党风廉政建设责任制，将监督职能回归主业，有力地发挥了监督保障作用。进一步加强人才队伍建设，组织开展本部空缺岗位、平江总工程师、常德生产岗位等公开竞聘，营造“公开、公平、公正”的用人氛围；完成石门公司员工的分流和后续配置，确保企业员工队伍稳定；常德公司生产准备人员经过有针对性的培训，确保了基建向生产的平稳过渡。以“三力”工会建设为抓手，紧扣中心工作，持续开展“问计于职工、问需于职工”活动，有效组织集团技能竞赛，大力开展“五型”班组创建、“工人先锋号”等活动。加强区域文化建设顶层设计，长沙公司、石门公司、常德公司分别形成具有自身特色的“道、和、德”文化体系。

中国华电集团公司河南分公司（华电国际电力股份有限公司河南分公司）

概况

中国华电集团公司河南分公司（简称河南分公司）位于河南省郑州市，成立于 2008 年 1 月，是中国华电集团公司在河南省的派出机构，与华电国际电力股份有限公司河南分公司合署办公，负责集团公司在河南区域的规划发展、生产运营管理、电热力市场营销和对外协调等工作。

河南分公司管理运营发电企业 3 家，运营装机容量 264 万 kW。华电新乡发电有限公司（简称新乡公司）是集团公司在河南的第一家发电企业，成立于 2003 年 8 月 28 日，一期工程 2 台 660MW 机组于 2007 年实现双投产。华电漯河发电有限公司（简称漯河公司），是集团公司在河南的第一家热电联产发电企业，成立于 2008 年 9 月 9 日，一期工程 2 台 330MW 热电联产机组先后于 2009 年 12 月、2010 年 5 月投产运营。华电渠东发电有限公司（以下简称渠东公司）成立于 2009 年 11 月 6 日，一期工程建设 2 台 330MW 机组热电联产机组先后于 2012 年 11 月 14 日、2013 年 7 月 20 日投产运营。

截至 2015 年 12 月 31 日，河南分公司下设办公室（法律事务部）、规划建设部、人力资源部、安全生产部、财务审计部、市场运营部、党群工作部、燃料管理部 8 个部门，在编员工 23 人。

领导人员

党组成员、总经理：曲振尧

党组书记：尹正军

党组成员、副总经理、工会主任：白长青

党组成员、党组纪检组组长、总法律顾问：刘扬志

党组成员、副总经理：邵志刚

主要领导人员变动情况：2015 年 5 月，刘扬志任党组纪检组长兼总法律顾问、党组成员，邵志刚任副总经理、党组成员。2015 年 7 月，尹正

军任党组书记，曲振尧不再兼任党组书记职务。2015 年 10 月，亓焕军不再担任副总经理职务。

区域年度工作业绩

2015 年，河南分公司实现利润 5.07 亿元，发电量完成 103.03 亿 kW·h，机组利用小时完成 3903h，比统调公用煤机高 155h。售热量完成 426.41 万 GJ，同比增加 85.5 万 GJ。入厂标准煤单价完成 484.81 元/t，同比降低 165.79 元/t。供电煤耗完成 306.7g/(kW·h)，同比降低 3.01 g/(kW·h)。

区域生产经营管理

（1）强化市场营销。积极争取年度基础电量计划，供热、中水、污泥掺烧等优势政策均落实到位。漯河公司供热增加 200h、污泥掺烧奖励 100h，渠东公司供热增加 200h。坚持不懈外拓市场，争取到关停小火电替代电量 4.5kW·h、燃机替发电量 4 亿 kW·h 和大用户直供电 1.8 亿 kW·h。优化机组运行方式，争取到漯河公司单机最低负荷 25 万 kW。

（2）规范燃料管理。通过每月召开煤炭采购协调会，制定不同阶段的采购价格、进煤结构、库存结构。科学控制采煤节奏，在年初煤价相对高位最大限度减少采购煤炭，消耗煤场库存，在煤价相对低位着力优化库存结构，保持合理库存。有效应对煤电互保政策，优化分解采购指标、控制节奏，降低煤炭价格。加强掺配掺烧管理，掺烧低质煤、煤泥和高硫煤 94 万 t。开展燃料全过程规范化管理评价，查找问题 84 项，并督促落实整改。加强煤场规范化管理，开展以防汛、防自燃为重点的煤场治理活动。积极推进入厂煤实验室建设，三家电厂全部认证。

（3）加强财务管理。实施精细化预算管理，利用经济活动分析会跟踪纠偏，制定改进措施。开展财务稽查自查，在集团公司稽查报告质量评价中，被评为优秀区域。结合央行 5 次降息，通过签订补充协议、提前归还或置换等方式对存量借款利率进行调整，节约财务费用 649 万元。提高资金使用效率，区域平均资金成本率 5.32%，同比降低 0.6 个百分点。加强政策研究应用，取得公共基础设施、居民供热等财税政策奖励 4688 万元。

（4）夯实安全管理。组织开展以零违章、零缺陷、“四不放过”零突破为主要内容的“三个零”活动，安全生产管理水平持续提升。新乡公司实现“零非停”。漯河公司两台机组获得大机组竞赛的一、二等奖。认真开展春秋检、安全活动月、防汛以及危险化学品隐患排查等各类检查 29 次，发现问题或提出建议 799 项，组织开展“举一改一”检查活动，对查出问题整改情况进行现场确认，推动整改落地。加强检修现场全过程跟踪监督，实现机组检修安全、质量、工期、费用的有效控制。坚持逢停必查，完成区域 8 台次锅炉防磨防爆三级特检，三年保持未因锅炉四管泄漏导致非停的记录。重视环保设施治理，科学组织制定新乡公司 1 号机组超低排放技改方案，高质量完成第一阶段改造任务，达到超低排放预期目标。漯河公司、渠东公司分别获得开工批复。深入推进 7S 管理，组织开展现场观摩和最佳样板区评选，漯河公司 1 号炉磨煤机区域、渠东公司输煤系统 3 号及 4 号皮带区域、新乡公司碎煤机区域等 8 个区域被评为最佳样板区。

区域项目发展

完成台前、沈丘和漯河、新乡二期四个 2×100 万 kW 项目初可研外审并报省发展改革委。加大新能源项目前期工作力度，在新乡、平顶山、安阳、濮阳等地区拓展资源优良、可深入开发的光伏项目 11 个，已经发起和备案的达 58 万 kW。

改革发展

（1）优化内部管理体制。主动适应新电改，制定区域营销体系建设方案。按照“做实强基”要求，调整优化部门机构设置，内设机构由 6 个增加到 8 个，组织制定部门职责，理清管理界面，理顺管理流程，提升精细化管理水平。加强执行力建设，加大重点事项的督察督办，强化区域整体管控、综合协调和执行刚性，对企业主要经营指标、前期项目等重大事项纳入四项责任制考核，认真研究考核兑现。基层各单位按照集团公司“强基”工作指引，将精益化管理理念融入企业管理，注重加强制度建设、补齐短板、打造品牌，企业管理水平持续提升。深入推进内控建设，认真查找企业风险点，对存在的问题明确责任，落实整改，并通过开展“回头看”活动，检查整改成效。深入开展内控评价，各单位均一次性通过华电国际审查。

（2）完善人才管理机制。注重加强干部管理，认真做好干部考察考核，对部分新提任干部开展任前专项考察，坚持工作实绩和品德考察并重，运用近距离接触干部、加强干部日常了解以及民主监督等手段，通过与领导干部、中层和职工代表分层次推荐和个别谈话形式，全面了解企业领导班子和干部队伍建设情况，确保干部考核评价的科学性和后备干部推荐工作的公正性。认真做好副处级及以上干部档案的整理完善和个人重大事项报告审核。提拔副厂处级干部4人，推荐提拔正处级干部1人，交流任职处级干部4人。强化各单位中层干部管理，严格选拔任用程序、职数配备、考核评价。强化人才开发培训，各单位采取公开竞聘、提高技能大赛优秀人员待遇、晋升提拔等形式，引导员工从“要我学”向“我要学”转变。培养选拔各类专业带头人15人。在新乡公司推进职位职级管理试点，拓展员工成长进步通道，促进全员成长。河南分公司组织开展17项专题培训和区域新入职员工集中培训，有针对性地制定培训计划，加强过程管理，取得积极成效。

党的建设、精神文明建设、企业文化建设

强化党建基础管理，成立推进党建工作领导小组及其办公室，检查梳理党建工作情况，细化分解党建考评工作，做到定岗、定责、定任务。上线运行党建信息化管理系统。强化理论武装，印发《中心组学习制度》，高质量组织学习研讨，不断提高领导干部的理论水平和学习自觉性。认真落实党风廉政建设“两个责任”，开展“三严三实”专题教育和党的群众路线教育实践活动“回头看”，组织开展《准则》和《条例》学习宣贯月活动，巩固强化作风建设。完善11项基础管理制度，强化对权力运行、落实“中央八项规定”精神、“五项费用”支出等方面监督，组织对粉煤灰综合利用进行效能监察，提出监察意见并督促落实整改。深化推进文明单位创建。发挥典型引领作用，弘扬并践行社会主义核心价值观。成立河南分公司工会组织，健全完善职代会建设、厂务公开、民主管理等制度，促进工会管理的规范化。组织开展燃煤采制化、继电保护、环保知识、安全应急技能大赛等活动，促进职工素质提升。获得集团公司燃煤采制化大赛团体二等奖，3名选手分获化验、采制、全能的第二、第三、第六名；组织开展区域燃煤“火眼金睛”技能大赛、创新创效等活动，获得集团公司创新创效成果铜奖，河南分公司团委荣获“河南省省直工委五四红旗团委”荣誉称号。

中国华电集团公司广东分公司

概况

中国华电集团公司广东分公司（简称广东分公司）成立于2007年12月26日，前身为于2007年7月16日成立的中国华电集团公司广东代表处，全面负责集团公司在广东省的发展规划、项目前期、市场营销和协调服务等工作。2010年9月，成立了华电国际电力股份有限公司广东分公司，实行两块牌子、一套班子；同时负责华电福新能源有限公司在广东基层企业的区域管理等工作。

截至2015年12月31日，广东分公司管理4个运营发电企业，包括韶关市坪石发电厂有限公司（B厂）（简称坪石公司）、广州大学城华电新能源有限公司（简称大学城公司）、茂名市中坳风电有限公司（简称茂名中坳风电）、广东华电徐闻风力发电有限公司，装机容量分别为725MW、156MW、49.5MW、49.5MW；10家基建前期项目公司，分别是华电湛江发电有限公司、汕头华电发电有限公司、广东华电韶关热电有限公司、华电国际电力股份有限公司深圳公司、华电广东顺德能源有限公司、华电佛山能源有限公司、华电徐闻风电有限公司、华电福新江门能源有限公司、华电福新清远能源有限公司、华电福新广东能源有限公司；另外，顺德（英德）、顺德均安大型燃机项目已取得“路条”，并成立了筹备处。

2015年，广东分公司本部组织机构进行了调整，原有的综合管理部、生产营销部、计划发展部等3个部门调整为办公室、规划建设部、人力资源部、安全生产部、财务审计部、市场运营部、党群工作部等7个部门。

领导人员

总经理：何光宏

党组书记：吴建春

副总经理、工委主任、总法律顾问：马瑞东

副总经理：张以平

纪检组组长：马良彦

主要领导人员变动情况：2015年5月，马良彦任纪检组组长、党组成员。2015年7月，何光宏任总经理、党组成员；尹正军不再担任党组书记、总经理职务，任河南分公司党组书记。2015年10月，吴建春任党组书记。

区域年度工作业绩

2015年，广东分公司实现利润2.09亿元，同比增加0.39亿元；发电量完成37亿kW·h，同比减少6.48亿kW·h；新获得核准项目6个，总容量258万kW。

区域生产经营管理

（1）经营管理方面。2015年，区域4家运营单位均保持盈利，坪石公司完成利润14602万元（不含公允价值摊销），大学城公司完成5079万元，茂名中坳风电完成957万元，广东华电前山风力发电有限公司（简称前山风电公司）完成219万元。一是加强市场营销管理。积极参与直接交易电量和竞价上网，大学城公司机组利用小时全年达4143h，较全省燃机平均利用小时数高1400多小时；重视对电煤市场信息收集与分析，按照“提质、保量、控价”总体思路，根据市场形势和煤价变化，优化进煤结构，降低燃料成本。坪石公司全年完成标准煤单价较年度预算低111.73元/t，同比降低142.86元/t，降幅16.37%；认真做好各项政策研究，区域企业全年共获得各类专项奖励及补助资金2172万元。二是强化资金成本管控。积极与授信银行谈判，韶关热电公司、深圳公司和佛山公司已分别取得利率下浮10%的银行授信。坪石公司对高利率借款进行提前归还和置换，节约利息支出443万元。茂名中坳风电通过置换等形式，贷款利率下浮5%，降低利息开支约140万元。前山风电公司已取得银行同意基准利率下浮5%的置换和新增贷款共5.3亿元。通过加强资金管理，有效节约财务费用，降低企业成本。

（2）安全生产方面。一是强化和落实安全生产责任制。按照年初责任制目标层层签订安全生产责任书，明确各级人员安全目标和责任，开展全员、全方位、全过程的安全管理，充分发挥安全生产保证体系和监督体系的作用，持续开展安全大检查、安全性评价、隐患排查治理等工作，确保安全生产稳定局面，全年未发生任何安全事故。大力倡导“零非停”理念，实施机组规范化、精细化检修，坪石公司实现全年“零非停”，大学城公司和坪石公司实现连续安全生产超过2000天。二是加强安全应急基础管理。针对广东用电高峰和汛台情况，早布置、早谋划，区域各单位制定措施，完善应急预案，有针对性地开展应急演练，加强现有救援物资的日常管理，保障应急物资和资金供给，事故灾害的预防水平和处理能力不断提高，在台风“彩虹”登陆期间保持了生产安全稳定。三是加强环保减排工作。牢固树立“环保工作等同于安全生产，环保设备等同于主设备”的“两个等同于”管理理念，加强环保设施运维管理，全年未发生环境污染事故。坪石公司实行10分钟预警机制及小时均值超标考核机制，同时从源头抓起，严控煤质质量，确保污染物稳定达标排放，顺利通过广东省环保监督性监测和烟气在线监控有效性审核。加强环保专业人员培训，组织进行环保知识竞答，参加华电国际举办的现场竞赛，取得第五名，获得团体三等奖。

区域项目发展

（1）煤电项目实现重大突破。韶关南雄项目于5月28日取得核准，现已开工奠基；汕头项目于12月31日取得核准，实现集团公司在粤沿海大项目的突破；湛江廉江项目已列入广东省“十三五”规划初稿，现正进一步与省市各级政府和有关部门沟通协调，力争进入最终规划。

（2）燃机项目扎实推进。核准的6个项目进入施工准备与建设阶段，深圳坪山项目已开工奠基，签订主机合同并进行辅机招标，完成初步设计审查，取得项目用地并开展场平工作；顺德西部和佛山三水项目已完成初步设计原则和主机技术规范书审查，正开展燃机招标；江门蓬江项目已完成初步设计审查，正开展辅机招标；清远华侨工业园项目正开展初步设计；番禺万博项目于2016年1月13日取得核准，现开展施工准备。取得“路条”项目正抓紧落实内外部条件，顺德英德2×46万kW燃机项目按照新的气价、热负荷等边界条件修改完善立项申请报告并上报华电国际，现已通过华电国际总经理办公会审核；顺德均安2×46万kW燃机项目合作协议正在签订中；江门沙堆项目2012年1月8日取得路条，根据当地政府的意见待江门蓬江项目顺利推进后再行启动。为落实项目气源，加强了与中国华电集团清洁能源有限公司的合作，顺德西部和佛山三水项目同步开展了气化站的前期工作。

（3）风电项目稳步发展。徐闻风电一期正开展风机基础施工，二期正进行风机招标，三期列入广东省陆上风电规划；前山风电二期在建，三期开展施工准备；茂名中坳风电二、三期已经进入国家核准计划取得“路条”。海上风电正开展调研，计划在粤东和粤西海域布局，抢占海上风电资源。光伏项目正在调研落实开发项目。

党的建设、精神文明建设、企业文化建设

扎实开展好“三严三实”专题教育，增强党员干部求真务实、干事创业的积极性和自觉性。加强党建工作，严格落实集团公司《二级单位党建工作考评办法》，着力提升区域党建工作水平。加强思想政治工作，组织进行职工思想动态调查，开展形势任务教育，着力增强干部职工攻坚克难的顽强意志、敢于担当的拼搏精神、团结奋进的大局意识。加强廉政建设，抓好党风廉政建设“两个责任”落实，深入推进反腐倡廉建设。组织开展廉政教育宣传月活动，加强对重点领域和关键环节的监督检查，巩固扩大作风建设成果。加强制度建设与内控管理，举办内控管理知识培训班，并对部分单位进行抽查，进一步提高各单位依法治企意识。抓好群团工作。结合区域实际，坚持服务企业中心工作，组织开展劳动竞赛、青年创新创效等活动。大力开展素质工程，抓好青年员工的培训，认真组织参加集团公司和华电国际举办的各项技能大赛活动，为青年员工的成长成才搭建平台。开展了“百人万步走”活动，工团组织的桥梁纽带作用有效发挥，凝聚力、向心力进一步增强。

华电广西能源有限公司

概况

华电广西能源有限公司（简称广西公司）于2014年4月由原中国华电集团公司广西分公司改制成立，是作为中国华电集团公司的二级单位进行管理，注册资本金1亿元。自广西公司成立以来，坚持以科学发展观为指导，以管理提升、项目落地为抓手，积极在广西各主要地市区域开发火电、分布式能源、燃气热电、风电、核电等能源项目。

截至2015年12月31日，广西公司拥有一个火电厂、一个天然气分布式能源电厂。华电贵港发电有限公司（简称贵港公司）一期工程2×630MW超临界燃煤机组，分别于2007年2月和6月投产发电。华电南宁新能源有限公司（简称南宁新能源公司）成立于2011年4月，所属的南宁江南分布式能源站，是广西地区首个天然气分布式能源站。广西公司共设立6个职能部室、5个项目筹备处，定员30人，开发各类能源项目30多个，规划总装机容量达900万kW。

领导人员

董事长、党组书记、纪检组组长：陈杰

总经理、党组成员：刘希勇

副总经理、党组成员、工委主任：贺庆

巡视员：彭锋

年度工作业绩

2015年，广西公司完成发电量474.22亿kW·h，完成工业总产值176.64亿元，上缴税金12.4亿元。推进华电合浦2×100万kW港电一体、玉林龙潭2×35万kW热电联产、贵港电厂二期扩建等项目；在柳州、桂林、北海等地积极开发风电、光伏、分布式能源等项目，柳东光伏项目、北海合浦三口项目前期工作基本结束，即将开工建设，为区域做强做大和滚动发展打下坚实基础。

生产经营管理

（1）安全生产保持稳定。切实落实安全责任体系，完善管理制度，扎实开展节前安全大检查、春秋检、防汛、安全生产月等专项活动，强化督办与整改落实；强化应急预案的管理以及特殊时期的安全监督工作，积极落实中央部委、集团公司就安全生产所做的一系列指示、批示的相关精神，举一反三的组织开展危险品专项检查、安全生产大检查等活动，针对天津港“8·12”重大事故，持续强化特殊时期的安全生产监管力度。截至2015年12月31日，贵港公司、南宁新能源公司安全生产分别累计达901天和464天，安全生产保持稳定。

（2）经营管理水平稳步提升。上下联动、积极协调，狠抓市场营销，积极与自治区政府相关领导、发改、工信等部门沟通汇报，努力提高机组负荷率，确保企业多发多供；积极开拓市场，指导基层企业开展直供电争取工作，多管齐下应对经济下行压力和电力市场化改革带来的冲击。2015年，区域企业累计完成发电量31.20亿kW·h，对外供热0.58GJ，主营业务收入13.1亿元，实现盈利1.22亿元。

项目发展

（1）火电项目方面。合浦港电项目已通过集团公司投资决策并完成可研报告编制；玉林龙潭项目积极落实热负荷，正在努力解决与国电机组小容量替代问题，相关政府文件已正式上报国家能源局，争取列入火电建设规划；贵港二期项目通过集团公司立项决策后积极稳步开展各项前期工作，并加强与自治区层面沟通协调，努力争取项目列入广西“十三五”发展规划。

（2）新能源项目方面。柳东新区分布式光伏项目顺利通过立项决策，已经成立公司，计划2016年9月建成投产；柳城大岩山、融安板榄风电项目完成风资源评估并通过发起决策，合浦山口、宾阳马潭光伏项目取得备案证及建设指标，其中，合浦山口项目已履行完集团内部立项审批程序，正在加紧落实建设条件。

改革发展

（1）优化人力资源配置。2015年4月完成了广西公司本部职能部门的调整工作，由最初的3个职能部门13个定员，发展到现在的6个职能部门18名员工，先后派遣了9名副处、正科级干部到地方政府及项目挂职锻炼，人才队伍建设不断加强，体系不断完善，员工素质及能力得到显著提升。

（2）完善管理体制机制。强化制度建设，不断完善管理体制机制，健全完善以业绩为导向的绩效管理体系和约束机制，完善用人用工、薪酬分配机制，制定管理制度强化对本部各部门及筹备处的月度和年度考评，有效提高企业管理水平；贯彻落实集团公司“做实”要求，主动工作，充分酝酿，反复研讨区域新能源整合方案，2015年南宁新能源公司正式纳入广西公司统一管理。

党的建设、精神文明建设、企业文化建设

着力在开展“三严三实”专题教育、落实“两个责任”和推进党建改革创新上下功夫，不断提升党建工作水平。坚持以“四个突出”扎实开展专题教育，全年组织党组中心组学习12次，下发学习材料17期63篇，召开专题民主生活会和组织生活会9次，组织班子成员讲专题党课4次、专题研讨3次，梳理领导班子“不严不实”问题8条；强化党风廉政建设，签订《党风廉政建设责任书》等55份，组织学习党内“两部法规”4次，纪律意识、规矩意识进一步增强。2015年，企业党建综合考评获得集团公司检查组好评。

华电云南发电有限公司（中国华电集团公司云南公司）

概况

华电云南发电有限公司（中国华电集团公司云南公司）（简称云南公司）是中国华电集团公司在云南省的派出机构，根据集团公司发展战略及工作部署，负责集团公司在云南区域的发展规划、项目前期、工程建设、安全生产、经营管理、公共关系等工作，确保区域内集团公司事业全面发展。

云南公司所属企业7家，分别是云南华电镇雄发电有限公司（简称镇雄公司）、云南华电昆明发电有限公司（简称昆明公司）、云南华电巡检司发电有限公司（简称巡检司公司）、华电云南发电有限公司以礼河发电厂（简称以礼河发电厂）、华电云南发电有限公司绿水河发电厂（红河分公司）、华电云南发电有限公司石龙坝发电厂、华电云南发电有限公司安宁风电分公司；代管企业1个，为朵古公司。

截至2015年12月31日，云南公司投产装机规模316.75万kW。

领导人员

党组成员、执行董事、总经理：柳邦家

党组书记、副总经理：杨灿光

党组成员、副总经理：刘建云

党组成员、总工程师：唐斌

总会计师：陈勇

党组成员、纪检组组长、工会主席：王凤峨

党组成员、副总经理：王汉武

主要领导人员变动情况：2015年5月27日，王汉武任党组成员、副总经理。

年度工作业绩

2015年，云南公司发电量59.45亿kW·h，同比减少25.33%；供电煤耗326.95g/(kW·h)，同比降低3.49g/(kW·h)；厂用电率4.94%，同比下降0.74%；利润-0.81亿元，比集团公司责任目标减亏2.59亿元。新投产风电项目装机规模18.1万kW。

生产经营管理

（1）安全管理方面。一是夯实安全基础。创新安全管理方式，深入推进设备精密点检，实现

设备“零缺陷”管理；以“标准化建设”“春检”、安全生产月、无违章创建等活动为抓手，加大设备隐患排查治理力度，对检查存在的重大隐患进行挂牌督办，排查各类安全生产隐患1061项，消除1052项，消除率99.15%。二是强化环保管控。严格执行污染物排放新标准、环保电价及设施监管办法，建立完善环保排放通报制度，全年没有发生影响公司形象的环保事件。三是加强内控监管。实行审计发现问题挂牌督办负责制、挂牌督办销号制、挂牌督办动态报告制，对2012年以来审计发现问题共97项进行集中整改，完成94项，整改率96.9%，其余3项正在整改过程中。把党风廉政建设责任制工作与生产经营工作同部署、同落实、同检查、同考核，深化“三严三实”活动，落实“两个责任”，强化权力监管，抓好教育预防，实现文化养廉，做到清正廉洁，确保公司形象安全。

（2）经营管理方面。一是提升营销能力。针对市场变化情况，积极采取措施，建立健全本部及基层单位市场运营机构，调整营销策略，修订电量奖励考评激励办法，实行基数电量完成情况与月度绩效挂钩，充分调动各单位争取电量的积极性。以电量为龙头，度电必争、优化调度，积极抢发枯期高价电；主动找客户、跑市场，积极参与水火清洁能源置换，完成电量交易12.39亿kW·h；成立云南公司售电公司筹备处，初步完成大用户调研、建档工作。昆明公司一台机组成为云南统调火电唯一供热机组；争取到燃煤电厂电煤补贴资金、能监办两个细则考核补偿费、老厂土地征迁补偿款、机组整体优化节能奖励等资金。二是深化对标管理。云南公司火电利用小时比省统调火电平均利用小时高294h，单位容量利润区域亏损最少，区域对标排名第一；累计厂用电率区域最低，利用小时同比下降938h的情况下，同比降低0.18%，降幅对标排名第一；累计完成入厂标准煤单价同比下降80.98元/t，所属3个火电厂均低于对标单位。三是强化成本管控。固定成本同比降低10079万元，五项经费同比降低244万元，其中，业务接待费降低32%。积极开拓融资渠道，加速资金周转，置换高息贷款，压缩融资规模，降低财务费用4247万元。坚持“以电定煤”，严控燃料成本，入炉综合标准煤单价同比降低45元/t，利润增加11338万元。开展区域集中采购及网上采购，减库存、降成本，年末库存金额同比降低745万元。

项目发展

拓展新能源资源45万kW。其中，风电25万kW，光伏20万kW。2015年7月20日，巡检司公司项目获得核准。2015年7月6日，安宁孝母山16.6万kW风电项目全面开工建设，12月19日首批风机并网发电，截至2015年12月31日，投产装机容量4万kW。九子母山4.8万kW风电项目取得核准所需全部支持性文件，核准请示相关材料已报云南省能源局，待批复。

改革发展

（1）优化人才管理机制。制定发布云南公司《2016~2020年人才建设规划》及干部交流挂职锻炼制度等办法，连续三年举办了后备干部培训班，165名青年后备干部参加培训；加强后备干部培养，建立领导干部交流锻炼机制，全年正处级干部交流任职6人，提拔任用1人；副处级交流3人，提拔任用3人，选派年轻干部下基层挂职锻炼1人。

（2）完善区域管控体系。厘清本部与基层单位的管理界面，建立起“权责对等的两级管控体系”，体现本部“抓住两头、监督中间”的管理职能，强化区域的管理职能。

（3）推进产业资源配置。积极推进综合产业发展，业务范围涵盖物管、酒店、余热发电、境内外项目运行维护检修、小水电项目参股控股等方面，呈现出良好的发展势头。完成云南区域新能源管理整合。

党的建设、精神文明建设、企业文化建设

（1）“三严三实”专题教育方面。突出思想教育这个重点，按照“学理论、议大事、明方向、强班子、集智慧、推发展”18字方针开展党组中心组专题学习活动和“三严三实”党课以及各类活动；开展党员理想信念教育活动，447名党员参加《党的基本知识》《十八大精神学习》考试；制定《领导干部调研工作制度》，坚持深入调查研究谋出路，领导干部调研57人次，形成调研报告10篇，其中实践应用的调研成果10项。

（2）党建工作方面。开展“攻坚克难，共产党员在行动”“降本增效、党员争先”等主题实践活动；对照集团公司“大党建”制度清单逐项梳理、逐项整改，健全和完善党的制度体系建设；

完成所属5家基层单位党委、纪委首次换届选举工作，实现基层党组织换届选举100%全覆盖；开展“大干100天，我为扭亏增盈做贡献”等岗位建功立业主题实践活动。

（3）党风廉政建设方面。强化党组（委）主体责任，实施党廉责任“一年一签”，2015年签订责任书77份；实施守纪自律“一年一诺”，各级党员领导干部、重点和关键岗位人员588人签署廉洁自律承诺书，651人围绕遵守五大纪律做出针对性守纪承诺；修订修编“三重一大”决策制度实施、工作规则，领导干部管理、选拔任用监督检查、采购监督管理等10项管理制度。

（4）精神文明建设方面。改进和创新文化建设、精神文明建设载体，认真践行社会主义核心价值观，坚持以主题鲜明、形式新颖、群众喜闻乐见的活动为载体，推动党建思想政治工作的整体创新；广泛开展社会主义精神文明创建系列活动；镇雄公司荣获“云南省文明单位”称号。

（5）企业文化建设方面。在集团公司“价值华电、绿色华电、创新华电、阳光华电、法治华电、幸福华电”的基础上，打造“七彩华云”文化品牌，制订发布了“以人为本，价值最大化”的企业文化纲领和规划，树立以“以文铸魂，以文塑人，以文树形”的理念，把企业文化“内化于心、外化为行、固化为制”，提升文化“软实力”，增强发展“硬动力”。镇雄公司的“银雁文化”、昆明公司的“聚文化”、绿水河的“和谐家文化”、以礼河的“汇文化”、巡检司“同文化”等文化品牌逐步叫响擦亮，呈现出华电文化、公司文化与基层文化融合发展的良好态势，促进企业和谐发展。

云南华电金沙江中游水电开发有限公司

概况

云南金沙江中游水电开发有限公司（简称金沙江中游公司）是经国务院批准同意，由中国华电集团公司、中国华能集团公司（2012年变更为华能澜沧江水电有限公司）、中国大唐集团公司、汉能控股集团有限公司以及云南省投资控股集团有限公司（2012年变更为云南省能源投资集团公司）按33%：23%：23%：11%：10%的股比，依照《中华人民共和国公司法》组建的大型水电流域开发公司。金沙江中游公司成立于2005年12月16日，截至2015年12月31日，企业注册资本金为68.56亿元。

金沙江中游“一库八级”即龙盘（上虎跳峡）、两家人、梨园、阿海、金安桥、龙开口、鲁地拉和观音岩水电站，总装机容量2058万kW，年发电量833亿kW·h。金沙江中游公司全资建设和管理龙盘、两家人、梨园、阿海四个梯级电站，参股建设金安桥、龙开口、鲁地拉和观音岩水电站，参股比例分别为12%、3%、17%、16%。滇中引水工程是金沙江中游水资源综合开发利用的重要组成部分，金沙江中游公司于2010年7月成为云南省滇中引水前期工作领导小组成员，与省滇中引水办一道作为“双甲方”开展滇中引水前期工作。

截至2015年12月31日，金沙江中游公司共有员工432人；下设办公室、规划发展部、人力资源部、财务资产部、安全生产部、市场运营部、工程管理部、政治工作部、纪监审计部、征地移民管理部、流域环保监测中心等11个职能部门，阿海发电分公司、梨园发电分公司、云南华电鲁地拉水电有限公司、集控中心、滇中引水工程筹备处、龙盘水电站建设筹备处、滇中引水工程筹备处等7个二级单位，还设有北京联络处、丽江办事处。

领导人员

董事长、党组书记：高盈孟

监事会主席：赵娜

总经理：王鹤鸣

副总经理：杨贵平、王宝忠、周卫东、温光兰

纪检组组长：黄国庆

年度工作业绩

2015年，金沙江中游公司完成投资44.14亿元（不含参股项目资本金出资），为年度投资计划45.54亿元的96.93%。完成发电量161.04亿kW·h，实现利润3.4亿元，资产负债率为73.43%，超额完成集团公司下达的“发电量130亿kW·h，利润1亿元”的年度生产经营目标。

生产经营管理

适应市场体制改革。配合云南省新电改试点工作，为进一步降低电价拉动经济增长，在市场

化交易基础上，云南省将丰水期电价政策延长至11、12月。2015年，云南省全网弃水152.64亿kW·h，企业所属三个水电站弃水达68.28亿kW·h；云南省全年市场化交易化电量448.15亿kW·h，平均降幅0.0871元/(kW·h)。

全力以赴狠抓电量。主动加强与政府及电网公司的沟通协调，积极配合电网公司开展跨流域水电站群联合优化调度，尽最大努力减少汛期弃水，增加上网电量。在确保基数电量的前提下，通过集中撮合交易、发电权交易、挂牌交易等多种方式积极参加云南市场化交易竞争，积极争取电量、电价。全年取得市场化电量69.64亿kW·h。

谋划拓展市场空间。与滇中产业新区达成初步战略合作意向，将适时签订长期战略合作协议；与云南冶金集团全面建立可持续发展战略合作伙伴关系，签订电力市场化交易战略合作协议，双方同意“十三五”期间完成300亿kW·h的电量直接交易合作，力争实现500亿kW·h。

强化内部管理。进一步加强内部协调机制，建立年度季度月度经营工作例会、周安全生产例会制度，明确市场运营部、安全生产部、财务资产部及各基层电厂生产经营工作主要职责，确保政令清晰、信息畅通。加强设备管理，积极组织新机组建设投产，适度提高汛限水位，优化机组运行方式，科学合理安排检修，全力保证电厂设备的正常、高效运行。强化成本管控，下大力气加强财税筹划，进一步加强电费回收。

项目发展

（1）基建工程有序推进。一是梨园水电站土建工程和机组安装均按建设进度计划有序推进。主体工程基本完工，安全质量受控。4、3号机组分别于2014年12月28日、2015年6月4日投入商业运行，1、2号机组安装及所有站内试验项目均已完成，具备投产发电条件。截至2015年12月31日，梨园水电站实现连续电力安全生产369天，自投产累计完成发电量44.36亿kW·h。二是阿海水电站5台机组已全部投产。主体工程全部完工，尾工基本完成。合同项目完工结算除少量涉及电厂运行的正在执行外，其余1184个项目全部完成，各专项验收工作正全面开展，水保已通过验收，成为流域首个通过水保验收的项目。截至2015年12月31日，阿海水电站实现连续电力安全生产1106天，自投产累计完成发电量207.38亿kW·h。三是鲁地拉水电站6台机组已全部投产。主体工程全部完工，抓紧开展大坝帷幕补强灌浆、溢流坝段台阶面修复、枢纽区边坡治理、反恐物防等少量尾工项目。合同项目完工结算有序推进，已完成418个合同项目的完工结算工作。截至2015年12月31日，鲁地拉水电站实现连续电力安全生产894天，自投产累计完成发电量122.75kW·h。

（2）前期项目稳妥推进。一是滇中引水项目平稳推进。8月可行性研究报告通过水利部审查上报国家发展改革委，勘察试验性工程已于9月29日在丽江、大理、楚雄三个点同步正式开工。按照要求，金沙江中游公司将滇中引水筹备处实体化运作，并积极与滇引办推进干线公司的组建工作，截至2015年12月31日，已基本完成投资协议和章程初稿的草拟工作，将根据筹资方案审批推进等边界条件落实情况适时完成组建。二是龙头水库开发前期准备不断完善。已正式纳入云南省五大基础设施网络建设规划，有望列为国家两个千亿级水电投资项目之一；云南省领导也明确表示待滇中引水工程可研报告获得批复后将考虑推进龙头水库前期工作。比选技术准备方面，2015年完成了龙头水库技术资料整理及三个比选坝址预可研报告修改完善工作，并协调省住建厅同意将龙盘水电站调整出玉龙雪山风景名胜区，为后续开发创造了有利条件。三是新能源开发前期工作稳妥推进。为落实金沙江中游和宁蒗县新能源项目送出和消纳问题，金沙江中游公司委托中国能源建设集团云南省电力设计院有限公司开展了《宁蒗县及金沙江中游流域周边新能源项目输电网规划与整体消纳方案研究》，明确近期开发项目下渣日光伏、东联光伏、依杂出光伏以及水草坝风电场等项目送出方案。10月，该研究报告已通过评审。11月，上述四个项目已完成项目发起决策程序，开始测光测风合同签订工作。

改革发展

（1）完善治理体系改革。金沙江中游公司不断完善“党组为政治核心，董事会为经营决策主体，总经理负责执行决策和日常经营管理”的治理体系，经过1年的磨合与实践，运作更加规范、高效，保证了科学决策、健康发展。按照集团公司区域“做实”、基层“强基”的管控体制改革思路，制定本部“做实做优”工作方案，提出决策管理、项目发展、生产运行、经营管理、用人考核、服务保障等六个方面的具体措施。企业各下属单位通过实施星级企业创建、“7S”管理、班组建设、全方位对标等系列管理举措，全面提升基层企业“强基”工作水平，阿海发电分公司、云南华电鲁地拉水电有限公司被评为集团“三星级发电企业”，阿海水工库维班被评为集团“五型”标杆班组，梨园计算机保护班、阿海运行三值、鲁地拉电气一次班等三个班组被评为集团“五型”优秀班组。

（2）推进法律体制建设。通过法制工作三年目标和“六五”普法阶段性目标的落实，以总法律顾问制度为核心的法律风险防范机制建设取得积极成效，规章制度建设、合同管理、法律审核把关、案件纠纷管理等进一步加强，法律工作与日常经营管理得到深度融合，“对外依法经营、对内依法治理”的格局基本形成。狠抓审计工作，顺利完成6位领导离任审计工作，并迅速整改到位；积极推进有关问题整改进展情况；按照“无项目不跟踪，无跟踪不全过程”的要求，全年累计完成基建项目跟踪审计11次，实现了全覆盖。

（3）创新财务协调机制。开拓融资渠道、创新融资方式，成功发行第一期短期融资券7亿元，降低财务费用1000多万元；积极协调合作银行将贷款利率下浮10%，提前归还9亿元的高息贷款。财税策划成绩突出，全年为企业节税和创利3.18亿元，其中阿海、鲁地拉项目取得“三免三减半”所得税优惠政策，减免税收1.95亿元；阿海、鲁地拉项目取得增值税退税收入1.23亿元。建立资金协调会机制，较好地解决了资金计划和实际需求偏差较大的问题，并减少了大量资金沉淀。

（4）加强信息一体化建设。按期完成梨园、鲁地拉项目ERP推广实施顺利通过验收，实现业务财务支付一体化单轨上线运行；完成本部及各二级单位OA系统优化升级工作，纳入集团统一平台；完成集团公司网络安全统一管控、统一互联网网站和邮件系统的建设工作，网络信息安全依托集团公司达到国内领先水平；阿海水电站计算机监控系统被列为国家级重要信息系统，阿海发电分公司被列为网络安全重点保卫单位，安全保障等级明显提升。

党的建设、精神文明建设、企业文化建设

按照党中央和集团公司党组“三严三实”专题教育总体要求和有关部署，扎实组织开展专题学习，完成三次专题学习研讨，并召开专题民主生活会。严格落实“中央八项规定”精神和集团公司党组“22项具体要求”、金沙江中游公司党组“20项要求”，完成领导人员办公用房调整，向集团公司上报公务用车处置请示并取得批复。认真落实集团公司纪检监察工作改革精神，健全完善企业纪检工作体系。按“垂直管理、双重领导”的原则，结合基层单位整合，3个基层单位纪委书记交叉任职，及时配置到位。文明单位创建工作取得新突破。金沙江中游公司本部和阿海发电分公司被评为云南省级文明单位。企业文化体系不断完善。主动融入《华电宪章》《华电金沙江中游水电宪章》正式发布。企业十年发展历程得到总结，《十年志》正式出版，并按照节俭的原则，组织十周年庆系列活动。EAP（员工心理帮扶计划）进一步推动实施，已形成“日常心理健康监控、定期开展各类现场服务、按需求进行及时危机干预”三位一体的工作运转模式。认真履行社会责任，按照省委扶贫攻坚的总体要求，积极推进定点扶贫挂联县的“挂包帮”“转走访”工作，取得良好的社会效果。

云南华电怒江水电开发有限公司

概况

云南华电怒江水电开发有限公司（简称怒江公司）成立于2003年7月，在云南省工商行政管理局登记注册，截至2015年12月31日，股权构成为：中国华电集团公司51%，云南省能源投资集团有限公司20%，华润电力控股有限公司19%，云南省电力投资有限公司10%。

截至2015年12月31日，怒江公司资产总额327116.3万元，在册员工68人，其中研究生学历11人，本科学历49人，专科学历8人；高级及以上职称23人，中级职称17人，初级及以下28人；平均年龄39岁。怒江公司本部设置办公室、人力资源部、财务资产部、规划发展部、基建管理部、征地移民管理部、政治工作部、监察审计部等8个职能部门，下设六库水电站建设分公司、赛格水电站筹建处、亚碧罗水电站筹建处、马吉水电站筹建处、六丙公路建设公司5个单位。

领导人员

董事长：程念高

副董事长：黄宁

董事：高盈孟、金泽华、罗锦华、周游、寇健、刘凡顺、赵智明、张静、黄国庆（职工董事）

监事会主席：李长旭

监事：何娟娟、窦健、汪洁、裴安亚（职工监事）、田光华（职工监事）

总经理、党组成员：高盈孟

党组书记：周游

党组成员、副总经理：吴云红、陈晓彬、郑江涛（兼总法律顾问）

党组成员、纪检组组长、工会主席：黄国庆

主要领导人员变动情况：2015 年 10 月，黄辉不再担任党组成员、副总经理，陈晓彬任党组成员、副总经理。

年度工作业绩

2015 年，怒江公司投资完成 30997.68 万元，累计完成投资 305187.22 万元。积极有序开展六丙公路、怒江南坝大桥至怒江二桥左岸连接线、移民安置总体规划等方面的工作。

生产经营管理

（1）积极推进项目规划。六丙公路环境影响报告书通过了云南省环境工程评估中心技术咨询，待上报省环保厅审批；《怒江中下游（云南境内）水电移民安置流域总体规划》及 4 个配套课题研究已完成，并通过权威部门和地方党委政府咨询；完成《怒江中下游干流开发河段生态敏感对象评估与风险规避对策》《怒江中下游水电建设对生物多样性的影响及保护方案研究》《怒江中下游水电开发国际影响专题研究报告》等多项重大课题的研究工作。

（2）严格规范费用管理。根据党中央和集团公司党组的规定，修订了华电怒江公司《公务接待工作管理办法》《日常管理费用管理办法》《公务用车管理暂行办法》《通信费用管理办法》《差旅费开支管理办法》等规章制度，进一步严格和规范“五项费用”管理。

项目发展

六丙公路一期工程建设有序开展，截至 2015 年 12 月 31 日，六丙公路一期工程Ⅰ标段除隧道机电消防工程、生态修复及绿化工程外全部完工；Ⅱ标段除 K7+800 滑坡体处理之外全部完工；Ⅲ标段兑房河特大桥和苗干山隧道完工，基本具备通车条件；怒江南坝大桥与通达桥连接线开工建设。

改革发展

（1）组织机构调整。根据集团公司深化战略管控体系改革的部署，怒江公司结合实际制定了“四定”方案，对组织机构进行了改革，将 7 个职能部门调整为 8 个，增设了监察审计部（纪检办公室），修订了《公司本部部门职责》，制定了《岗位说明书》。

（2）人员配置调配，结合公司组织机构调整和工作需要，提拔正（厂）处级干部 2 名，副（厂）处级干部 2 名，轮岗交流 6 名中层干部；为加强后备干部队伍建设，组织开展了正、副（厂）处级后备干部考察推荐工作，选拔调整了正（厂）处级后备干部 6 名，副（厂）处级后备干部 6 名。

党的建设、精神文明建设、企业文化建设

认真开展“三严三实”专题教育。深入贯彻落实党的十八大和十八届三中、四中、五中全会精神和习近平总书记系列重要讲话精神，结合公司实际，认真开展党的“三严三实”专题教育活动，对照“严以修身、严以用权、严以律己，谋事要实、创业要实、做人要实”的要求，聚焦对党忠诚、个人干净、敢于担当，着力解决“不严不实”问题，按照集团公司党组“三严三实”专题教育实施方案的安排部署开展活动，完成四个环节的各项任务，并通过领导班子民主生活会及党支部组织生活会，开展批评与自我批评，深刻剖析原因，提出整改措施，努力解决“不严不实”的问题。

落实党风廉政建设责任。认真落实公司党组的“主体责任”和纪检组的“监督责任”，与各部门和下属单位负责人签订了“党风廉政建设责任书”，党员干部签署了“廉洁自律承诺书”；制定了《领导干部谈话和诫勉制度实施办法（试行）》，领导班子成员与分管的部门、单位负责人开展廉洁谈话，督促落实党风廉政建设责任；贯彻民主集中制，制定了《“三重一大”决策管理暂行规定》，对重大事项决策、重要干部任免、重要项目安排、大额资金使用等，实行集体研究决定。建立了纪检、审计、法律联席会议制度，持续开展六丙公路一期工程跟踪审计，及时发现和纠正招投标、合同管理、承发包、现场管理、投资控制等建设环节中出现的问题，使得项目建设实施得以规范、有序、有效运行。

完善企业文化体系建设。根据集团公司企业文化"一主多元、三个统一"的原则，全面推进"六个华电、三化一流"能源集团建设步伐，努力建设一流的企业文化，再次对企业文化体系进行了修订完善，颁布《华电怒江文化》，形成以形象识别体系、企业制度体系、发展战略体系、员工行为规范体系、廉洁文化体系等五个体系作为支撑的企业文化体系。

贵州乌江水电开发有限责任公司（中国华电集团公司贵州公司）

概况

贵州乌江水电开发有限责任公司（简称乌江公司）前身为乌江水电开发公司，是1990年经国务院同意，原国家能源部、国家计委批准，于1992年正式成立的我国第一家流域水电开发公司，1999年改制为贵州乌江水电开发有限责任公司，产权比例为国家电力公司51%，贵州省49%。2002年12月，原国家电力公司持有的乌江公司51%股权整体划转集团公司。2013年10月18日，贵州省人民政府国有资产监督管理委员会将持有的49%股权划转贵州产业投资（集团）有限责任公司。截至2015年12月31日，贵州乌江水电开发有限责任公司的产权比例为集团公司51%，贵州产业投资（集团）有限责任公司49%。中国华电集团公司贵州公司（简称贵州公司）于2003年2月成立，是集团公司在贵州省的派出机构，负责集团公司在贵州省的生产经营管理、发展规划、电力营销、协调服务等工作。2007年1月9日，集团公司对乌江公司、贵州公司进行管理整合，两公司实行"一套机构、两块牌子、合署办公"，原有人员全部合并管理。2011年3月，乌江公司完成对集团公司在贵州区域的火电资产整合工作，收购原贵州公司所有资产。

截至2015年12月31日，乌江公司（贵州公司）已从成立之初拥有114万kW水电装机的单一水电流域开发公司发展成为水火电装机容量1319.5万kW、控股煤炭产能357万t/年的综合性能源企业，并涉足页岩气、管网等油气资源开发，风能、太阳能等新能源领域，初步形成了"水火互济、电煤并举、气网同步、综合发展"的发展格局。除全资拥有乌江干流的洪家渡、东风、索风营、乌江渡、构皮滩、思林、沙沱7座水电站，乌江公司（贵州公司）还控、参股贵州乌江房地产开发有限公司（100.00%股权）、贵州江电实业有限公司（100.00%股权）、贵州乌江水电成套设备公司（100.00%股权）、贵州华黔能源有限公司（50.00%股权）、贵州乌江水电工程建设监理有限责任公司（70.00%股权）、贵州华电毕节热电有限公司（92.00%股权）、贵州华电乌江电力工程有限公司（34.78%股权）、贵州华电塘寨发电有限公司（90.00%股权）、贵州华电桐梓发电有限公司（61.00%股权）、贵州乌江清水河水电开发有限公司（51.00%股权）、贵州华电清镇发电有限公司（100.00%股权）、贵州华电遵义发电有限公司（100.00%股权）、贵州华电大龙发电有限公司（100.00%股权）、贵州大方发电有限公司（45.00%股权）、贵州华电（毕节）头步发电有限公司（60.00%股权）、贵州华电安顺华荣投资有限公司（51.00%股权）、贵州华电华和能源有限公司（66.00%股权）、贵州华电水电工程项目管理有限公司（100.00%股权）、贵州黔能页岩气开发有限责任公司（51.00%股权）、贵州华电乌江售电有限公司（100.00%股权）、贵州华电蔡官发电有限公司（100.00%股权）、遵义铝业股份有限公司（26.91%股权）、中国铝业遵义氧化铝有限公司（26.72%股权）、贵州徐矿花秋矿业有限责任公司（39.72%股权）、贵州西电电力股份有限公司（3.56%股权）、重庆大唐彭水水电开发有限公司（12.00%股权）、国电安顺第二发电有限公司（18.00%股权）、华信保险经纪有限公司（6.00%股权）、华电财务有限公司（4.95%股权）、华电置业有限公司（7.20%股权）、华电煤业集团有限公司（4.83%股权）、华电福新能源股份有限公司（2.25%股权）、贵州黔源电力股份有限公司（12.40%股权）、贵州西源发电有限责任公司（21.00%股权）、贵州北源发电有限责任公司（40.00%股权）、珠海市鑫贵铝电发展有限公司（91.00%股权）、香港贵力航运企业股份有限公司（30.00%股权）、贵州通信投资股份有限公司（20.00%股权）、贵州汉方实业股份有限公司（3.85%股权）、贵州爱纶丝化纤有限公司（21.14%股权）。

乌江公司（贵州公司）贯彻落实集团公司和贵州省委、省政府的决策部署，围绕"水火互济、电煤一体、气网同步、清洁高效、综合发展”的战略思路，着力全面提升公司发展质量、经济效益和企业形象，着力打造价值乌江、绿色乌江、创新乌江、阳光乌江、法治乌江、幸福乌江，把公司建成国内领先、行业一流的综合性能源企业。

截至2015年12月31日，乌江公司（贵州公司）本部设12个职能部室，共有参、控股（含全资企业）和分公司47家，其中控股（含全资企业）22家，分公司7家，参股企业18家。拥有投产发电装机1319.5万kW，其中水电869.5万kW，火电450万kW，总装机容量约占贵州省统调总装机的34%，是贵州省装机规模最大的发电企业。

领导人员

董事长、党委委员：王文琦

副董事长、党委书记：郑华

总经理、党委委员：张志强

副总经理、党委委员：杨宝银

工会主席、党委委员：王汉生

副总经理、总会计师、党委委员：罗涛

副总经理、党委委员：黄志斌、李同策、白启树

副总经理、总工程师、党委委员：彭鹏

主要领导人员变动情况：2015年5月15日，彭鹏任副总经理、总工程师、党委委员；2015年7月10日，何光宏不再担任副总经理、党委委员职务；2015年9月10日，黄志斌任副总经理、党委委员；2015年12月31日，向长钧不再担任纪委书记、党委委员职务，改任副巡视员。

年度工作业绩

2015年，乌江公司（贵州公司）完成销售收入162.82亿元，同比增长2.21%；实现利润27.8亿元，同比增长13.61亿元；资产负债率为85.59%，同比降低2.26个百分点。完成发电量493.52亿kW·h，同比增长7.6；其中水电310.52亿kW·h，同比增长11.31%；火电183亿kW·h，同比增长1.83%。完成供电煤耗330.72g/(kW·h)，同比减少5.28g/(kW·h)。控股煤炭产量102.05万t，同比减少58.32%。启动大方电厂二期扩建项目“五通一平”工程施工；思林升船机成功完成首次过船试验，构皮滩、沙沱水电站通航设施建设按计划有序推进。

生产经营管理

（1）安全管理方面。乌江公司（贵州公司）不断健全完善安全责任体系，夯实企业安全基础，安全生产总体保持平稳局面。所属各单位继续保持长周期安全生产，其中洪家渡安全生产记录超过4000天，东风、索风营、乌江渡、大龙超过3000天。

（2）经营管理方面。实施“板块互补、要素互补”的经营策略，经济效益再创新高。一是水电发电量创历史最好水平。创造优化调度电量23亿kW·h，创造直接经济效益6.67亿元。在来水同比减少15%的情况下，实现多发电量32亿kW·h；年末水库蓄能同比增加12.35亿kW·h。二是市场营销持续强化。全年共签约41.93亿kW·h直供电协议；协调贵州省经信委调增大龙电量1.2亿kW·h，增加收益0.43亿元；实现塘寨转移代发电量近5亿kW·h，保障既得收益1.71亿元；毕节公司较2014年增加利润5062万元，设备利用小时达6101h，列贵州统调机组第一名。三是政策争取成效突出。环保技改完成机组的脱硝、除尘电价全部到位，取得增值税退税等政策效益4.61亿元。四是燃料管控水平明显提升。实现市场采购价格同区域、同流向最优，全年采购标准煤单价488元/t，在贵州四大发电集团对标中排名第二。五是资金管理不断加强。扩大直接融资品种与规模，企业系统单位资金实现平稳接续，全年财务费用同比减少3.44亿元，五项经费同比下降12.54%。

项目发展

（1）页岩气开发取得重大突破。企业所属黔能页岩气公司取得《中华人民共和国气体矿产勘查乙级资质证书》，优质高效完成“正安—务川”页岩气勘查区块首轮121.3km二维地震勘探工作，完成“安页1井”直井钻探并获良好气测。开展黔北天然气城际管网规划研究工作，并取得贵州省发展改革委“路条”。

（2）新能源开发快速推进。与7个县市签订或达成资源开发协议，锁定新能源资源230万kW，完成首批优选的15个风电项目的发起备案工作。

（3）火电及配套项目建设进展有序。大方二期首台机组取得贵州省发展改革委核准批复和集团公司施工准备备案批复；毕节热电二期项目已通过集团公司技经评估及投资论证会审查；毕节热网及大方铁路专用线等火电配套项目按计划有

序推进。

（4）水电项目规划初显成效。以水电项目公司为平台，在云南、新疆等地累计完成建设管理和咨询项目40余项，并与华电金沙江上游水电开发有限公司签订巴塘水电站（75万kW）项目管理协议。积极参与“中非产能合作论坛”，谋划“走出去”战略，得到省政府和集团公司大力支持。

（5）通航工程建设取得重要进展。思林水电站升船机按期完成过船试验，成为贵州省建成的首座过坝通航工程。

改革发展

（1）完善运营管理体制。完善企业工作决策、协调、督办机制，建立运营有力、协调顺畅、督办及时、管理闭环的“大运营”管理机制；改革公投资和生产费用管控方式，实施集中管理、分级控制的“大计划”管理方式；以ERP信息化系统上线推广为平台，实现燃料、物资、资金等“大成本”集约化管控；成立贵州华电乌江售电有限公司，成为贵州首批注册的售电公司。

（2）优化营销管控模式。企业所属9座梯级水电站全部实现“远程集控、少人维护”管控模式，成为国内首家实现这一模式的流域发电企业，标志企业水电管控水平处于国内领先地位。成立贵州华黔能源桐梓有限公司，在桐梓电厂试点实施采购集约化、运作市场化、管理专业化的燃料采购管理模式，整合电厂区位优势与煤炭销售专业优势，电煤保障和售煤创效能力同步提升。华电华荣公司撤销二级子公司，将煤矿安全生产、财务、销售、设备物资采购等全部划归华电华荣公司本部职能部门直管，人员大幅精简。

（3）优化人资管理机制。在东风发电厂、乌江渡发电厂、桐梓公司推行职位职级试点，探索构建职工职业发展通道框架体系，企业及本部《职位管理实施办法（试行）》印发推广实施；出台《乌江公司火电企业劳务派遣工选拔招聘管理办法（试行）》，着力解决劳务用工不规范问题，为下一步规范劳务用工奠定了基础。

（4）加大科技创新成果。2015年公司5项技术获国家专利授权，4项科技成果获集团公司科技进步奖，32项管理成果获省部级企业管理创新成果奖或优秀论文奖。

党的建设、精神文明建设、企业文化建设

扎实开展“三严三实”专题教育。乌江公司（贵州公司）党委认真贯彻落实中央、集团公司党组关于“三严三实”专题教育的部署和要求，把专题教育作为2015年工作的重中之重，扎实推进各项任务完成。按照“抓班子、带队伍、促改革、推发展”的党建工作总体要求，贯彻落实集团公司深化党的建设改革创新工作会议精神，持续加强和改进党的建设，努力提升党建工作科学化水平。加强思想建设，牢记宗旨，坚定信念。加强理论武装，强化党性教育；深化反腐倡廉教育，严守政治纪律和政治规矩；加强职工思想政治工作，培育和践行社会主义核心价值观；加强企业文化建设和新闻宣传工作，提升公司品牌形象。加强组织建设，强基固本，带好队伍。强化党建领导责任和基层组织建设，抓好领导班子建设和干部队伍建设，抓实人才队伍建设。加强作风建设，严明纪律，优化服务。推进作风建设常态化，规范党内组织生活，深入开展调查研究，推进服务型党组织建设。加强反腐倡廉建设，强化责任，严肃问责。强化党委主体责任，强化纪委监督责任，抓好信访举报的查处。加强制度建设，建立清单，划出底线。加强党建工作制度建设，认真贯彻民主集中制，完善干部和人才队伍建设制度。加强群团工作。汇集众智，聚强合力，强化群团组织政治性建设，扎实开展“三力”工会建设，推进“四叶草”团青品牌建设。

贵州黔源电力股份有限公司

概况

贵州黔源电力股份有限公司（简称黔源公司）成立于1993年10月12日，2005年3月3日在深圳证券交易所挂牌上市，股票简称“黔源电力”，股票代码00203。黔源公司贵州省目前唯一的电力上市企业，也是中国华电集团公司控股的7家上市公司之一。

黔源公司成立以来，致力于贵州“两江一河”（北盘江、芙蓉江、三岔河）流域梯级水电开发，企业所属控股子公司3家，即贵州北盘江电力股份有限公司（黔源控股51%）（简称北盘江公司），负责贵州北盘江干流梯级水电开发；贵州北源电力股份有限公司（黔源控股51.94%）（简称北源公司），负责贵州芙蓉江干（支）流梯级水电开发；贵州西源发电有限责任公司（黔源控股30%），负责北盘江干流上游善泥坡水电站的开发。截至2015年12月31日，黔源公司已经建成投产9座大中型水电站企业，总装机容量3230.5MW。其中，黔源公司全资直属的普定水电站84MW、引子渡水电站360MW；贵州北盘江电力股份有限公司所属的光照水电站1040MW、马马崖一级水电站558MW、董箐水电站880MW；贵州北源电力股份有限公司所属的清溪水电站28MW、鱼塘水电站75MW、牛都水电站20MW；贵州西源发电有限责任公司所属的善泥坡水电站185.5MW。此外，设立库坝集中管理及经济运行中心，负责公司生产调度管理、大坝安全及防汛管理、信息化管理、经济运行技术支撑系统建设及专业管理工作。

截至2015年12月31日，黔源公司共有员工662人，本部下设12个部室，分别是公司办公室（法律事务部）、规划发展部、人力资源部、财务资产部、安全生产部、市场运营部（计划经营部）、工程管理部、政治工作部（工会办公室）、监察审计部（纪检办公室）、证券管理部、征地移民管理部、流域环境监测中心。

领导人员

董事长、党委书记：刘靖

总经理：刘明达

副总经理：李洪泉、刘俊、陈均华

副总经理兼总工程师：毛恩涯

纪委书记、工会主席：田景武

副总经理：曹险峰

主要领导人员变动情况：2015年8月26日，曹险峰任副总经理。

年度工作业绩

2015年，黔源公司完成发电量101.04亿kW·h，同比增长25.51%；营业总收入27亿元，同比增长25.75%；实现利润7.28亿元，同比增长35.60%；总资产达182.3亿元。资产负债率76.42%，比年初下降2.64个百分点。

生产经营管理

（1）安全生产持续稳定。完善安全生产责任体系，加大设备检修、技改投入，开展各类安全大检查、应急演练和隐患排查治理等活动，排查一般隐患数量286项，其中已整改260项，整改率90.9%，保证了机组稳发满发，系统各厂站持续保持长周期安全记录。以安全事故案例为警示教育资源，让职工受到最直观的思想教育，举一反三，研究部署加强和改进措施，公司系统安全管控上有效“做实”。以星级发电企业创建为平台，以全面推广7S管理为手段，不断提升管理水平，切实增强企业安全保障能力和可持续发展能力，光照发电厂、董箐发电厂荣获集团公司“五星级企业”称号，普定发电公司、引子渡发电厂获得“四星级企业”称号。

（2）经营业绩创历史新高。一是优化调度增电量。面对来水总体偏枯一成多的不利情况，公司明确汛前“自上而下合理有序消落水位”，汛期“动态控制、抢发电量，提高洪水利用率”，汛后“合理控制各水库水位”的调度策略，通过优化调度，提高水能利用率，实现公司发电量超过设计多年平均发电量，实际耗水率较计划指标降低4.5%，累计增发电量5.6亿kW·h，创造经济价值1.84亿元。二是精益管理降成本。深入推进全面预算管理，严控成本费用开支，全年公司各项成本费用控制在预算范围内。推进资金精益化管理，强化资金计划管理，优化流动资产占用，最大程度减少有息负债余额。抓住央行多次降息的有利时机，主动置换高成本存量融资，降低融资利率，共减少财务费用7600万元。积极拓展融资渠道，目前北源公司、北盘江公司融资租赁工作已有实质性进展，通过融资租赁方式筹措资金，缓解了企业资金压力，降低了融资成本。三是政策争取提效益。积极争取电价，电价工作实现突破，马马崖发电厂获得0.3526元/（kW·h）的上网电价，与沙陀并列贵州水电最高电价，继2010年董箐发电厂0.306元创贵州水电最高电价以后，再次争取到贵州水电标杆电价。推进财税工作，落实光照发电厂增值税返税，2015年，光照发电厂获得增值税返税7200万元，马马崖发电厂取得了享受公共基础设施“三免三减半”的企业所得税优惠政策，当年减少所得税费用3600万元。善泥坡发电厂西部大开发“两免三减半”企业所得税优惠政策已基本落实。困扰公司多年的普定水电站耕地占用税历史遗留问题，也在2015年得以圆满解决，规避了经营风险。

项目发展

2015年1月，善泥坡电厂两台机组相继投产发电。1~6 月，马马崖电厂四台机组陆续投产发电，取得了半年四投的喜人业绩。工程建设安全可靠，质量优良，两个新投产电厂均超额、超设计电量完成全年电量目标，实现当年投产即盈利。善泥坡电厂 1 号机组连续满负荷安全稳定运行长达 3800 多小时，创同类型新投产机组安全长周期运行记录。

改革发展

（1）体制改革方面。按照集团公司关于全面深化改革的部署，结合区域公司“做实”和基层企业“强基”工作指引，完善管理体系，推动管理变革，从生产与基建并重向生产经营型调整，以全面提高管理效能为重点，完成公司深化改革第一阶段任务。根据集团公司《二级单位本部机构设置和人员编制管理办法》，公司制订本部机构设置和人员编制管理方案，调整了相关部门领导和管理人员，由原来的“九部一室”调整为十二个部门。为适应国家深化电力体制改革的需要，公司成立市场运营部，跟踪研究国家和贵州电力体制改革发展方向，主动适应贵州电力改革形势，积极开展了电量、电价、电费等市场营销工作。

（2）内部管控方面。一是 ERP 上线运行。作为集团公司 ERP 第一期推广单位，自 2015 年 3 月启动以来，按照“统筹推进、分类突破、全程督导、务期必成”的实施原则，紧扣差异化、精益化、专业化三大特性，制定针对性的大小厂实施策略，建立以“资产全寿命管理”为中心的财务支付一体化应用体系，将成本控制理念融入生产经营活动中，对财务、合同集中管理。通过一系列的措施，2015 年 10 月 31 日，公司 ERP 系统提前投入试运行。ERP 整体推进成效显著，数据采集率达 100%，上线率和数据的完整、准确率方面表现突出，关键用户、最终用户考试通过率和优秀率在集团公司第一期推广实施单位当中处于领先水平。二是“两个平台”建设可控再控。围绕“水电提效，改善水电员工生产生活水平，依靠技术进步提高水电站现代化管控水平和生产效率”这一目标，黔源公司确立“以点带面”的总体思路，光照发电厂、董箐发电厂分别作为集团公司远程集控试点和远程诊断试点，多措并举推进“两个平台”建设。通过加强沟通，争取南方电网公司对本公司远程集控建设的支持；统筹规划，构建专家库和在线分析诊断功能；过程监督，随时跟踪分析解决存在的问题及困难，“两个平台”建设有序推进，得到集团公司高度评价。三是 7S 管理再上台阶。在原有成果的基础上，按照抓“两头”带“中间”整体推进的工作思路，建立常态化的工作机制，制定计划和目标，严格计划的落实和过程监督，以评价激励推动持续性改善。通过组织观摩找差距补短板、内抓帮扶结对子共提高，持续推进公司系统 7S 管理从“形式化”向“习惯化”转变，各基层单位文明生产、设备健康状况、班组建设、员工精神面貌发生了明显变化。

党的建设、精神文明建设、企业文化建设

（1）扎实开展“三严三实”专题教育。认真学习党的十八届三中、四中、五中全会精神和习近平总书记一系列重要讲话精神，集中专题学习研讨，推进党建改革创新，逐步构建系统完备的党建制度体系。按照集团公司统一部署，扎实开展“三严三实”专题教育活动，广大党员干部的思想灵魂受到洗礼，工作作风明显转变。学习贯彻《关于在深化国有企业改革中坚持党的领导加强党的建设的若干意见》，把加强党的领导和完善企业法人治理统一起来的要求落到实处，坚持开展党委书记、纪委书记述职述廉，深化干部人事制度改革，选好配好企业领导班子，加大干部交流、管理力度，党组织建设不断加强。拓宽员工职业发展通道，完善职位序列体系，实施“70、80 工程”选拔培养计划，加大人才培养力度。

（2）认真落实党风廉政建设“两个责任”。多次召开基层党组织负责人会议，对落实“两个责任”、研究整改落实意见做出安排部署，巩固扩大了作风建设成果。

（3）加强工团组织和企业文化建设。开展“三力”工会建设、共青团主题教育实践活动，大力宣贯社会主义核心价值观，选树宣传劳动模范、道德模范和技术能手，营造了和谐发展氛围。2015 年，荣获“全国文明单位”“全国‘安康杯’竞赛优胜单位”“贵州省履行社会责任五星级企业”称号，连续五年进入贵州百强企业，党委荣获贵州省国资委党建工作考核一等奖。董箐水电站获得第十三届“中国土木工程詹天佑奖”、CCER（自愿减排）项目通过国家发展改革委审核备案，成为我国目前最大 CCER 备案项目。

中国华电集团公司四川分公司（华电四川发电有限公司、华电国际电力股份有限公司四川分公司）

概况

中国华电集团公司四川分公司（简称四川分公司）成立于2003年3月23日，是中国华电集团公司在四川设立的分公司，按照中国华电集团公司授权与委托，履行区域公司管理职责。华电四川发电有限公司成立于2004年11月8日，是以中国华电集团公司在川宝珠寺电厂等7家内部核算电厂全部资产、西溪河水电开发有限公司等13家控股企业和8家参股企业组建的有限责任公司，是中国华电集团公司的全资子公司。2014年10月14日，中国华电集团公司委托华电国际电力股份有限公司管理四川分公司，并设立华电国际电力股份有限公司四川分公司，与中国华电集团公司四川分公司、华电四川发电有限公司实行“一个机构，三块牌子，合署办公”。

四川分公司系统共有28家企业，运行装机容量847.9万kW，资产总额550亿元。其中，火电装机容量479万kW，主要有广安电厂、珙县电厂、白马电厂、高坝电厂、黄桷庄电厂、攀枝花电厂等；水电装机容量368.9万kW，主要有宝珠寺电站、紫兰坝电站、泸定电站、瓦屋山电站、雅安周公河流域梯级电站、杂谷脑河流域梯级电站、西溪河流域梯级电站、木里河俄公堡电站、水洛河宁朗电站和撒多电站。在建项目总装机容量237.14万kW，主要有凉山州木里河、水洛河流域梯级电站、阿坝州俄日河流域梯级电站、绰斯甲河蒲西电站等。规划建设项目总装机容量112.2万kW，主要有珙县电厂二期工程、攀枝花市安宁河下游梯级水电站、凉山州盐源县风电项目等。参股煤矿产能400万/t年，主要有广安龙滩煤矿、宜宾金堂煤矿、新维煤矿等。

领导人员

总经理、党组书记：罗小黔

党组副书记、副总经理：钟国东

党组成员、副总经理：蒋晓明

党组成员、总会计师：冯　荣

党组成员、纪检组组长、工会主席：王小红

党组成员、副总经理：周其平

主要领导人员变动情况：2015年3月30日，王小红任中国党组成员、纪检组组长兼工会主席。2015年9月30日，周其平任党组成员、副总经理。

区域年度工作业绩

2015年，四川分公司完成发电量244.96亿kW·h，同比减少29亿kW·h；销售收入78.66亿元，同比减少17.31亿元；利润2.1亿元，同比减少1.45亿元。其中，上市公司板块利润2.83亿元，同比减少0.6亿元；有限公司板块利润-0.73亿元，同比减少0.84亿元；资产负债率80.02%，同比下降0.49个百分点；投产水电44万kW，发电装机容量达到880.9万kW。

区域生产经营管理

（1）安全生产总体平稳。加强汛情、雨情监测，扎实开展防汛应急预案演练，严格落实各项防洪度汛措施，抓好地质灾害排查治理，实现安全平稳度汛。以“零非停”为目标，严格落实锅炉“四管”泄漏防范措施，扎实开展电气、热工隐患排查治理，设备可靠性逐步提高，机组非停同比下降11次，四川华电珙县发电有限公司（简称珙县公司）电气、热工实现“零非停”。强化运行小指标考核力度，耗差比集团公司平均值低2.04g/(kW·h)。内江高坝电厂自行设计、自主施工，顺利完成点火风道和脱硝喷氨装置改造，锅炉点火启动用油节省20%，达标排放条件下的机组负荷上限由6万kW提高到7.8万kW。扎实开展7S活动，现场文明作业环境持续改善。强化交通、消防和劳务用工安全管理，安全生产形势总体平稳。

（2）扭亏增盈成效显著。积极应对四川省火电电量骤降28.83%的不利形势，全力以赴抢电量、积极主动降成本、千方百计争政策，有效遏制住经营状况迅速恶化的势头。千方百计争取电量计划，积极拓展直供电市场，在全省水电利用小时同比下降113h的情况下，水电利用小时逆势增长179h，减少丰水期弃水电量6亿kW·h。用好用足替代发电政策，替代电量同比增加15.37亿kW·h，替代收益同比增加1.74亿元。积极协调政府主管部门推进2014年主网水电超发电量清算及火电欠发补偿工作，落实补偿资金8577万元。创新性开展保险理赔工作，全年实现赔付58起，其中杂谷脑公司二古溪道路获得受损赔付近1亿元。

（3）企业管理水平持续提升。初步修订绩效评价考核办法，切实加大业绩与薪酬的挂钩力度，更加注重绩效评价结果运用。推行精益化管理，狠抓要素管控，依靠“低成本”战略在相当程度减弱了电量大幅下滑的不利影响。落实“控价、保供、提质”的电煤采购原则，入炉标准煤单价同比下降146元/t，燃料成本减少4.29亿元；积极推进从预防性检修向预知性检修转化，三项费用同比压缩1.36亿元；积极把握连续降准降息的有利时机，强化筹融资工作，资金成本率同比降低0.39个百分点，剔除新投机组影响，存量单位财务费用降低1.37亿元。深入开展审计和效能监察，加强招投标监督，规范经营的水平和风险防范的能力持续提升。

区域项目发展

（1）大力推进水电开发。木里河卡基娃电站4台11万kW机组实现“一年四投”，水电装机容量突破400万kW；俄日河俄日电站6.9万kW获得核准，水洛河第二批次固滴、新藏、博瓦电站建设稳步推进。

（2）加快推进新能源开发。盐源风电第一批次凉风坳、银头山风电场共9.9万kW开工建设，第二批次小高山、观塔坡、牦牛山风电场共25万kW获得核准，第三批次长坪子、大河、沃底等风电场前期工作稳步推进；攀枝花灰场光伏一期项目取得备案批复，盐源凉风坳光伏项目备案工作抓紧推进。积极接洽优质清洁能源项目股权转让事宜，组织完成有关项目现场考察。

（3）多渠道落实建设资金。国道317线二古溪段改线公路正式开工。积极推进宜宾公司土地及建（构）筑物补偿事宜，与宜宾市达成一致意见，确认补偿金额超过5亿元。

改革发展

内部改革蹄疾步稳。认真学习贯彻国企改革、电力市场化改革等一系列文件，结合公司实际研究对接，切实用改革精神指导“做实”和“强基”。积极适应电力体制改革新要求，研究制定了区域一体化营销体系建设方案，明确了售电公司组建方案、运作策略和盈利模式。提前锁定大用户资源，与年用电量60亿kW·h的眉山市甘眉（铝硅）工业园签订了战略合作协议，拿下川内直供电协议第一单。积极稳妥优化机构设置，将本部项目前期与工程建设职能合并后成立基建部，组建成立盐源新能源公司，有效服务企业发展战略。改革企业评优选先管理体系，建立起先进典型选、育、用、荐新机制，进一步增强评优选先工作的规范性和系统性。

党的建设、精神文明建设、企业文化建设

认真开展“三严三实”专题教育，完善“三级联学”机制，抓好专题研讨，在推进企业改革发展的实践中锤炼作风、增强活力。严格落实党风廉政建设“两个责任”，切实加强监督执纪问责，公司系统全年未发生严重违反“中央八项规定”的事件。加强基层党组织建设，扎实开展“双争”活动和基层党组织“三分类三升级”活动。坚持服务中心工作，携手云南宁蒗县开展基层服务型党组织结对共建和爱心助学活动。加强干部队伍建设，全年共考察调整企业领导人员56人，推进领导干部跨区域、跨专业交流。扎实开展全员劳动竞赛，成功承办集团公司火电继电保护技能大赛，荣获团体二等奖。创新推进职工关爱工程，打造“四心”服务站点46个。召开四川分公司第二次团代会，完成团委换届选举。规范团组织建设，积极为青年成长成才搭建平台。

华电金沙江上游水电开发有限公司

概况

华电金沙江上游水电开发有限公司（简称金上公司）成立于2006年4月28日，是由中国华电集团公司、华电四川发电有限公司和华电国际电力股份有限公司共同出资组建的有限责任公司，主要负责金沙江上游川藏段水电资源开发建设和管理。2007年10月，中国华电集团公司决定整合在川管理关系，中国华电集团公司四川公司、华电四川发电有限公司、华电金沙江上游水电开发有限公司实行“一个机构，三块牌子，合署办公”。2014年10月23日，中国华电集团公司决定调整在川管理关系，华电金沙江上游水电开发有限公司与华电四川发电有限公司（中国华电集团公司四川公司）分开管理，不再合署办公，华电金沙江上游水电开发有限公司由中国华电集团公司直接管理。

金上公司成立以来，全面贯彻落实集团公司工作部署，攻坚破难，奋发有为，在水电资源开发权竞争异常激烈、水电开发环境复杂严峻的形势下，通过长期艰苦不懈的努力和扎实稳妥有效的工作，积极推动金上公司开发取得重大突破。金沙江上游流域规划环评和水电规划相继取得批复，苏洼龙、叶巴滩、拉哇和岗托、波罗、巴塘、昌波电站先后取得国家发展改革委同意公司开展前期工作的批复。苏洼龙、拉哇、叶巴滩和昌波等电站已被国家列入“十二五”支持西藏经济社会发展的重大建设项目，苏洼龙水电站已于2015年11月5日通过国家发展改革委核准。金上公司将通过卓有成效的工作，确保2016年核准开工建设巴塘、叶巴滩电站，2017年核准开工建设拉哇电站、力争核准开工建设波罗电站，力争“十三五”末核准开工建设岗托、昌波电站。到2020年，苏洼龙、巴塘电站投产，运行装机容量达到30万kW，在建装机容量620万kW；2030年前，力争金上公司川藏段梯级电站全部建成投产，建成千万千瓦级清洁能源基地。

截至2015年底，金上公司本部设总经理工作部（法律事务部）、规划发展部、人力资源部、财务资产部、工程管理部、移民管理部、流域环境保护管理中心、政治工作部（工会办公室）、监察审计部（纪检办公室）等9个部门，下属苏洼龙（昌波）建设公司、叶巴滩电站建设公司、巴塘（拉哇）建设公司、波罗（岗托）水电站建设公司筹备处和昌都分公司，主要开发建设金沙江上游川藏段岗托、岩比、波罗、叶巴滩、拉哇、巴塘、苏洼龙、昌波共8级电站，规划装机容量965.5万kW。

领导人员

董事长：杨清廷

总经理、党组书记：胡贵良

党组副书记、副总经理：段伟

党组成员、副总经理：黄辉

党组成员、纪检组组长、工会主席：王文德

党组成员、副总经理：侯建刚

党组成员、总会计师：杜静芝

党组成员、副总经理：汪良

主要领导人员变动情况：2015年3月30日，王文德任党组成员、纪检组组长、工会代主席。2015年7月10日，侯建刚任党组成员、副总经理，杜静芝任党组成员、总会计师，汪良任党组成员、副总经理。2015年11月10日，金上公司工会委员会第一次会议选举王文德为工会主席。

年度工作业绩

2015年是金上公司独立运作的第一个完整年。一年来，金上公司全面贯彻落实集团公司和董事会决策部署，紧紧围绕“一条主线、四项重点、五个关键”的工作思路，积极应对开发配套条件落实难、建设环境差、制约因素多、协调任务重等困难和挑战，求真务实，真抓实干，较好完成了各项任务目标。年内，苏洼龙电站通过国家发展改革委核准，该电站也成为金沙江上游干流核准的第一个电站，标志着金上公司水电开发取得实质性突破、我国构建西电东送接续能源基地和藏电外送拉开了序幕。2015年4月，国家能源局金上协调办专题会议初步明确苏洼龙、叶巴滩、巴塘、拉哇四级电站消纳市场和送出方向，原则同意有关政策建议；苏洼龙电站已列入国家专项建设基金第二批项目；苏洼龙、叶巴滩、巴塘和拉哇电站通过集团公司立项决策。公司各项目前期和筹建工作加快推进。叶巴滩电站移民安置规划大纲等19项专题取得批复，巴塘电站选址意见书等13项专题取得批复。各电站筹建工作较好完成年度节点目标。

项目发展

开发配套条件进一步明确。2015年4月14日，国家能源局召开金上公司水电开发协调会，明确金上公司川藏段苏洼龙、叶巴滩、巴塘、拉哇四级电站为西电东送接续能源基地首批项目，首批电源直接外送，其电力电量按照“由近及远”的原则优先在华中东四省消纳；原则同意完善电价形成机制、实施投资补助、实行金融与财税优惠等政策建议，保障项目合理投资效益以及电站正常运营。密切跟踪中央第六次西藏工作座谈会前后有关文件材料起草情况，会议明确提出推进建设西电东送接续能源基地，公司7个项目初步列入“十三五”中央支持西藏经济社会发展的重大项目。与国务院发展研究中心等单位共同开展了水电可持续发展政策措施研究，正向国务院提出相关政策建议。研究提出支持西藏水电发展的政策建议，并由国务院国资委报国务院办公厅。积极争取国家专项建设基金支持，苏洼龙电站已列入第二批基金项目，首期到位资金6亿元。金上—赣州直流送出工程已列入国家电网公司2016~2017年前期计划，预计2017年核准开工建设。苏洼龙、叶巴滩、巴塘和拉哇电站通过集团公司立项决策。

项目核准取得重大突破。动态梳理项目核准计划，紧盯专题审批及核准进度，促使尽快取得批复。2015年11月5日，国家发展改革委正式核准苏洼龙电站，该电站也成为金沙江上游干流核准的第一个电站，标志着金上水电开发取得实质性突破、我国构建西电东送接续能源基地和藏电外送拉开了序幕。叶巴滩电站移民安置规划大纲、选址意见书、水保报告等19项专题取得批复，环评报告、移民安置规划报告完成审查；“三通一平”工程取得开工批复。巴塘电站正常蓄水位、施工总布置、压覆矿产等13项专题取得批复，水保报告、行洪论证、规划符合性论证完成审查。拉哇电站正常蓄水位、施工总布置等专题取得批复，水保报告、行洪论证、规划符合性论证完成审查，取得“封库令”。波罗电站水生生态影响及对策措施专题研究形成初步成果；昌波电站开发方案调整工作基本完成，岗托电站完成库区抽样调查。

筹建工作进展明显。针对制约工程筹建的突出问题，与各级地方政府反复沟通协调，取得理解支持，苏洼龙、叶巴滩电站基本完成枢纽工程区征地。按照“合法合规、政府主导、市场行为”的原则，妥善解决当地百姓参工参建等长期困扰工程建设的突出问题，有力促进了工程建设顺利推进。精心研究苏洼龙、叶巴滩、巴塘和拉哇电站截流前工程建设节点计划，加强“四策划一优化”，工程安全、质量、进度、投资和环水保管理全面加强。创新承包商管理，根据承包商考核结果，分别采取颁发荣誉证书、提出整改意见、建议集团公司列入黑名单等措施，工程建设总体可控在控。优化油料和火工材料供应方案。筹建工作取得较大进展，形象面貌明显改观。苏洼龙电站4、8号场内公路及下游索桥完工，1号渣场排水洞、2号公路索多西隧道贯通；1号公路和4号渣场排水工程按计划推进，110kV施工供电工程完成铁塔组立和变电站土建，导流洞及业主营地开工建设，G215复建段完成招标。叶巴滩电站220kV施工供电工程进入设备调试阶段，即将投运；业主营地综合楼封顶，场内低线公路、进场公路和降曲河沟水处理工程开工建设。巴塘电站110kV施工供电工程完成线路架设，500kV变电站间隔扩建工程完成土建。拉哇电站110kV施工供电工程开始线路架设。巴拉路建成通车，巴塘业主营地于2015年12月底入住。同波路路基正在施工。

设计优化成效显著。充分发挥业主主导作用，分解细化设计目标，加强跟踪督促，确保设计质量和进度。推行设计工作考核评价，对3家设计单位兑现奖励，对1家设计单位考核设计费，形成良好导向。充分利用内外专家资源，对重要方案深入研究论证。从预可研、可研等布局阶段抓好设计优化，拉哇电站枢纽总布置、金沙江大桥、坝基基础处理、填坝材料、料场等设计优化工作取得明显成效。叶巴滩电站施工总布置、截流目标、施工导流、库区复建项目设计优化基本完成。落实巴塘电站“三通一平”环评审查提出的意见，枢纽布置优化方案得到环保部原则认可。昌波电站开发方式内部审查和设计优化工作按计划推进。

改革发展

2015年，金上公司进一步完善组织机构，充实管理人员，公司与基层单位的管理界面进一步明晰。将波罗筹备处与叶巴滩电站建设公司分离，波罗、岗托筹备处合署办公，各方积极性和作用得到充分发挥。全面落实集团公司“强基”工作部署，制订印发适应金上公司开发实际的《“强基”工作指引》，明确38项具体业务的管理目标、管理内容、组织保障和制度依据，确定了123个管理流程图。全面清理规章制度，制（修）订制度82个，重点在设计管理、承包商管理、绩效管理、移民实施策划等方面创新管理机制和方式方法。加强融资管理，年末资金成本率3.51%，同比降低1.36个百分点。积极推动项目公司注册有关工作，川、藏两省（区）已同意金上协调办第二次会议议定的项目注册和税收分配方案。加强税收筹划，优化调整甲供物资结算方式，有效规避税收风险。强化内控制度执行，抓好基建审计、效能监察、法律审核和问题整改。做好流域信息系统整体规划，现场网络与信息系统进一步完善，PMIS系统全面推广应用。

党的建设、精神文明建设、企业文化建设

扎实开展“三严三实”专题教育，思想政治建设和作风建设成效进一步显现。金上公司直属党委等4个党组织顺利组建，11个党组织选举全面完成。全面落实“两个责任”，加强反腐倡廉教育和监督检查，扎实开展“五项问题”专项清理和违规经商办企业专项治理。严格执行“中央八项规定”精神，“八项经费”、领导人员履职待遇和业务支出管理进一步规范。公开招聘20人，招聘毕业生10人，协商调动23人次，人员结构进一步优化。落实集团公司“千人计划”方案，加强干部职工能力素质培训，全员培训率98%。编印企业文化手册，企业文化理念逐步得到干部职工认同。金上公司工会正式成立，各级工会组织更加健全。高度关注职工健康，高原健康保障方案全面落实。向西藏无电地区捐助援藏资金2500万元，全面完成“十二五”电力援藏任务；向甘孜州扶贫活动捐助200万元。积极开展向患病职工、贫困学生和地震灾区爱心捐助活动，树立了良好企业形象。

华电陕西能源有限公司

概况

华电陕西能源有限公司（简称陕西能源公司）是中国华电集团公司的全资子公司，注册资金12亿元，全面负责中国华电集团公司在陕西区域内的电力、煤炭、新能源及其他项目的开发、建设和运营工作，承担经营发展责任、经济安全责任和国有资产保值增值责任。为实施集团公司发展战略，加快集团公司在陕事业发展，2007年4月6日集团公司批准成立陕西代表处；2007年12月25日，更名为中国华电集团陕西分公司；2009年4月29日，中国华电集团陕西分公司改制成立华电陕西能源有限公司。

截至2015年12月31日，陕西能源公司发电装机容量达到522.5万kW（含代管理运营榆横电厂装机容量132万kW），占陕西电网统调总装机容量的19.06%，居五大发电集团在陕装机容量第2位；控参股和代管理的企业14家，其中已运行企业8家，正在开展工程建设的企业2家、开展前期工作的企业1家，涉及煤电、风电、光伏发电、煤炭开发、煤炭物流、检修运营管理等多个领域；员工人数达到2807人；资产规模达到227.82亿元；资产负债率由2011年的103.92%降低到目前的88.18%；累计完成利润33.78亿元。

领导人员

董事长、党组书记：曾庆锋

总经理、党组成员：李丙信

副总经理、党组成员：牛万虎

党组纪检组组长、工会主席：张处放

副总经理、党组成员：罗振新

副总经理、党组成员、总法律顾问：王勇彬

主要领导人员变动情况：2015年5月15日，王勇彬任党组成员；田洪宝不再担任党组副书记、党组成员。2015年9月30日，曾庆锋任董事长、党组书记；李丙信任总经理、党组成员。

年度工作业绩

2015年，陕西能源公司完成发电量189.91亿kW·h，不含榆横电厂完成发电量138.23亿kW·h，实现销售收入总额62亿元；实现利润14.18亿元，超出集团公司利润目标2.18亿元，增幅达21.39%；资产负债率完成88.18%，同比降低1.28个百分点。公司“燃料单位成本”“入厂标准煤单价”“单位容量利润”“净资产收益率”在陕西区域继续保持领先。供电煤耗完成325.23g/(kW·h)，同比下降5.13g/(kW·h)；厂用电率完成8.7%，同比上升0.13%；燃油单耗2.28t/(亿kW·h)，同比降低1.13t/(亿kW·h)。陕西华电杨凌热电有限公司累计完成供热量67.34万GJ；陕西华电瑶池发电有限公司累计完成供热量49.6万GJ；陕西华电蒲城发电有限公司累计完成供热量12.58万GJ。

生产经营管理

（1）安全生产保持平稳。大力推行安全标准化建设，进一步加大安全隐患排查治理力度，同时，开展了电力安全、燃料、继电保护等基本知识和技能培训，不断提升员工安全生产技能水平，夯实安全管理基础。一是全面落实安全生产责任制。重点加强基建、技改工程建设和外包队伍安全管理；蒲电公司、瑶池公司、榆横电厂针对大修、技改项目的施工特点，制定安全专项管理专题，做到全过程监督管理；供热企业对供热设施及时进行维护检修，确保供热期间系统安全运行；二是加强安全隐患排查治理。各单位在机组停运检修期间，充分发挥“防磨防爆特检队”的专业优势，不断加强“四管”泄漏的治理，全年完成特检共计30台次，保证了机组安全可靠运行；深入开展季节性和专项安全大检查，深化工程建设、环保技改领域事故专项整治“回头看”，各项工作形成闭环管理；三是改善安全生产环境。全面推进创星级企业和“7S”管理，通过完善《7S工作管理办法》与召开“做实、强基、‘7S’管理”现场推进会相结合，对文明生产、项目技改、项目管理进行全面摸底，制定标准，完善落实，通过开展秋检复查及“7S”管理评比，各单位文明生产面貌得到了极大改观，经济技术指标持续改善，瑶池公司、榆横电厂分别完成集团公司“四星级”“三星级”企业的创建工作；四是完善能耗指标对标管理。大力推广蒲电公司生产指标管理与考评系统，每月对各单位的煤耗、厂用电率进行对标管理及分析，找出差距，制定有效措施，同时，印发了《发电企业能耗指标管理办法》，完善了能耗指标管理流程及考核办法，有效提升了公司整体管理水平。

（2）经营管理方面。一是降低燃料成本。全面实现公开招标采购，通过开展“阳光采购”大幅度降低采购成本，全年公司采购煤炭646.6万t，完成入厂煤热值19.46MJ/kg，同比升高0.28MJ/kg，完成入厂标准煤单价345.22元/t，保持了区域领先水平；二是强化资金管理。加强预算管理，节约开支。通过到江苏公司调研学习，并结合公司实际，完善月度经济会和计划会的管理办法，通过对日、月经济活动分析，及时发现指标差距，制定解决问题的措施，有效提高各项指标的可控性；继续推行票据结算，降低负债规模，使用银行承兑汇票结算6.28亿元，减少财务费用约1360万元；三是争取税收优惠政策。制定陕西能源公司《税务管理办法》，加大税务管理的考核力度，启动2015年专用设备所得税抵免工作。同时，加大财税优惠政策争取力度，取得税收优惠共1.57亿元。蒲电公司历史遗留问题取得突破性进展，国家财政部将5亿元国有资产预算专项资金拨付至集团公司，为彻底解决蒲电公司历史遗留问题迈出了坚实的一步。

项目发展

（1）基建工程方面。杨凌热电联产项目(2×35万kW）实现双投目标；榆林小壕兔（5万kW）光伏工程已建成并具备并网条件；神木高家堡（10万kW）和王盘山风电（10万kW）工程已开始风机吊装工作。

（2）项目核准、备案方面。获得核准发电装机容量152万kW，其中安康电厂2×66万kW，风电项目20万kW（定边王盘山风电三期5万kW、神木高家堡风电二期项目10万kW、小壕兔风电5万kW）；新增开发容量178万kW；

（3）前期项目方面，安康项目（2×66万kW）工程初步设计已通过审查；红墩界煤电一体化（2×66万kW）项目列入榆横—潍坊特高压输电通道配套电源项目，并完成了项目选址报告等工作；神木煤电一体化项目（2×100万kW）和彬长煤电一体化项目（2×100万kW）已编制完成项目初可研报告，项目已列入《陕西省“十三五”电力发展规划（待批稿）》备选项目；延安煤电一体化项目（2×100万kW）已完成项目建议书编制工作；瑶池公司二期扩建项目和红墩界煤电二期（2×100万kW）项目均完成项目初可研报告，正在办理相关前期手续；富县铁路煤炭发运站（300万t/年）取得省发展改革委“路条”批复。

改革发展

（1）规范决策运行机制。认真贯彻落实“依法治企”要求，修订完善了“三重一大”实施细则，规范了党组会、董事长办公会、总经理办公会等决策内容和召开形式，理清管理职责和工作界面，提高了工作效率。

（2）优化区域资源配置。为提升企业投资能力，降低企业整体税负，推进内部股权转让工作，完成杨凌公司44%股权，风电公司100%股权向蒲电公司的转让；与华电物资组建成立了陕西华电物资有限公司，将设备、材料等大宗物资采购统一管理，有效降低采购成本，提高整体效益。

（3）加强资本运作机制。为做好资金平衡管理，加强资金运作，实行现金流量滚动预算管理，完成“两金”清理工作，进一步对资金进行集中管理，提高流动资金周转率；积极使用银行承兑汇票进行结算，减少财务费用；与各银行积极沟通，对存量资产12亿元的贷款进行了置换，贷款利率较基准普遍下浮5%～10%，减少财务费用约1500万元。

（4）完善人才管理机制。先后制定了《陕西能源公司后备干部管理办法》《华电陕西能源有限公司所属企业中层干部管理暂行办法》等15项制度，规范了干部管理程序；通过与集团公司沟通，扩大领导人员管理授权批复和陕西能源公司本部“四定”方案均获得集团批复，为今后公司发展和干部管理争取到更大的发展空间。

党的建设、精神文明建设、企业文化建设

（1）“三严三实”专题教育。持续深化群众路线教育实践活动整改落实工作，扎实组织开展“三严三实”专题教育，高质量开展党组（党委）书记讲党课，集中进行了8次专题学习，高质量开展3次专题学习研讨，领导干部带头践行“三严三实”，促进了公司干部作风建设。

（2）党建工作方面。一是落实从严治党主体责任，深入开展“基层党组织建设年提升年”活动，全面推进党建信息化系统应用，根据工作需要完成了4家单位党支部完成换届；制定陕西能源公司党建工作考评细则，开展“党建工作试评价”，进一步规范基层党建工作；定期召开政工例会，举办党建工作现场交流座谈会，推广先进经验，全面提升党建工作水平。开展“党务干部能力提升年”活动，举办党群干部培训班，重点培养青年梯队，深入基层对通讯员进行培训，有效提升党群干部能力素质。二是强化党风廉政建设。落实“两个责任”，为各项工作提供纪律保障。持之以恒抓好“中央八项规定”和集团公司“22项具体要求”的贯彻落实，修订完善公司党风廉政建设责任制实施办法等，严格落实“两个责任”，制定了《陕西能源公司党风廉政建设落实党组主体责任实施办法》《陕西能源公司党组纪检组监督责任实施办法》《华电陕西能源有限公司领导人员任期经济责任审计办法》等8项制度；加大监察监督、审计力度，督促整改落实；开展系统内“五项费用”自查工作，促进费用规范管理和可控在控，各项费用较2014年同期大幅度降低；建立大修、技改后评价管理制度，加强对工程建设、招投标、燃料采购化验、技改工程等重点领域的监督检查，切实将权力关进制度的“笼子”。三是做好维护稳定工作。贯彻落实集团公司维护稳定工作会议精神，在维稳工作领导小组的领导下，对区域维稳工作进行了安排部署，排查梳理不稳定因素，制定了化解措施。建立了轮流值班制度。加强重大节日和重要活动期间的值班管理，严肃值班纪律。保证了公司正常的工作秩序，确保和谐稳定。

（3）精神文明建设方面，认真贯彻落实《华电法典》和以德治企相结合的基本方略，围绕项目发展，发挥《华电在陕西》内部报纸作用，制定区域新闻宣传报道制度，搭建区域宣传、交流的平台，强化新闻宣传工作，加大宣传力度，树立华电在陕西的良好形象，积极营造良好发展氛围。

（4）企业文化建设方面。全面营造健康向上的企业文化氛围，开展价值理念活动并贯穿到各项管理中，构建员工认同、具有陕西特色的企业文化。初步形成了与集团公司相统一而又符合陕西特点的企业精神、发展战略和奋斗目标，为项目发展和员工自我价值的实现提供智力支持。把廉洁文化纳入了企业文化建设，征集到“让廉洁之花常开；廉洁——企业发展的助推剂；廉洁从业、诚实守信、行为规范、道德高尚、乐于奉献；风清气正、廉洁从业；公平、公开、公道；廉洁奉公、诚实守信、爱岗敬业、公道正派”六条廉洁理念，逐步形成了“大纪检”理念。举办燃煤采制化、继电保护、电力安全应急技能和党群技能等四项技能大赛，锻炼了队伍，并有一人在集团公司举办的继电保护大赛中获得个人赛三等奖。举办“奋斗的青春最美丽，我为华电做代言”演讲赛暨团的工作经验交流座谈会、“五四”爱国主义教育活动，开展微电影作品征集，为青年员工提供展示才华的平台。

中国华电集团公司甘肃分公司

概况

甘肃能源项目筹备处成立于2007年11月20日，主要负责中国华电集团公司在甘肃省能源项目的前期筹备工作。2010年3月5日成立华电新能源发展有限公司甘肃分公司，2014年2月8日更名为华电福新能源股份有限公司甘肃分公司。2012年5月22日成立中国华电集团公司甘肃分公司（简称甘肃分公司）。甘肃分公司主要负责集团公司在甘风能、小水电、分布式能源、太阳能、核电、生物能、地热能、潮汐能等可再生能源项目的投资、建设、生产及电力销售；负责新能源项目工程建设的全过程管理以及安装、调试、运行和监理。

截至2015年12月31日，甘肃分公司总装机容量210万kW，其中风电175万kW、光电35万kW，资产总额1530361万元。甘肃分公司在甘肃和青海地区注册成立了12家项目公司，分别为甘肃华电瓜州风力发电有限公司、甘肃华电玉门风力发电有限公司、甘肃华电阿克塞发电有限公司、甘肃华电景泰风力发电有限公司、甘肃华电民勤发电有限公司、华电嘉峪关新能源有限公司、甘肃华电环县风力发电有限公司、甘肃靖远航天风力发电有限公司、华电格尔木太阳能发电有限公司、甘肃民乐华电福新太阳能发电有限公司、甘肃敦煌华电福新太阳能发电有限公司、武威市天合光能发电有限公司，区域总装机容量210万kW。

截至2015年12月31日，甘肃分公司下设办公室（法律事务部）、规划发展部（工程建设部）、人力资源部、财务资产部、安全生产部（市场运营部）、党群工作部（纪检办公室、工会办公室）6个部门。

领导人员

总经理、党组副书记：王和平

党组书记、副总经理：那仁满都拉

党组成员、副总经理：董小泊、曲曙光

主要领导人变动情况：2015年5月，那仁满都拉任党组书记、副总经理；王和平任党组副书记、总经理。2015年9月，董小泊、曲曙光任党组成员、副总经理。

区域年度工作业绩

2015年，甘肃分公司完成发电量211905.21万kW·h，同比增加49.23%；设备可利用率99.02%，同比上升2.19%。全年实现销售收入109950万元，利润总额3167.4万元；EVA完成-5326万元，同比减少18908万元。资产负债率84.3%，同比减少2.9%；净资产收益率2.22%，同比降低5.16%。核准风电项目40万kW，取得“路条”项目总容量190万kW，其中风电115万kW、光电5万kW、热电70万kW，储备战略性项目资源390万kW。续建毛井、靖远风电项目50万kW全部并网发电并投入商业运营。

区域生产经营管理

（1）安全生产方面。全年各级安全责任体系运作有效，运营、基建项目安全生产总体平稳，没有发生人身死亡事故和设备重特大事故。一是安全生产责任体系逐步健全。严格执行国家系列安全生产法律法规，强化落实分公司各级安全生产责任制，全面开展安全性评价工作，推行“7S”生产管理体系，实现安全生产责任体系全覆盖。二是强化安全生产责任考核。深入学习集团公司新颁布的《电力安全生产奖惩管理办法》，细化公司安全生产责任、监督、考核体系，有机结合并深入实施绩效考核机制，确保责任、绩效、奖惩协同全覆盖。三是安全检查活动推进深入有效。深入开展“加强安全法治、保障安全生产”安全月活动，并创新性地开展了“安全生产月回头看”活动，狠抓现场行为性违章和装置性违章，深化安全生产大检查和隐患排查治理，开展“六打六治”打非治违专项活动，注重现场应急预案演练，健全事故通报、奖惩机制，设备可靠性水平大幅提高。

（2）经营管理方面。全力开展市场营销与设备治理，降本增收，着力提升盈利能力。一是拓市场调结构。着力拓展外省市场，开展集团公司内火电发电权置换工作。分别与集团公司湖北、江苏及河南等区域公司开展电量置换工作，年内完成与湖北公司2亿kW·h电量置换工作。开展省内高耗能企业直供，参与政府组织的大用户直供交易，全年实现计划外营销电量1.9亿kW·h。二是抓维护降成本。通过集约化管控、备件共享运营模式，三项费用同比下降11.3%、单位用工数1.428人/(万kW)；通过远程故障诊断、员工师徒帮带措施，一类障碍次数明显降低，员工检修维护能力明显提升。除齿轮箱、发电机等五大部件（约占15%）需外委修理之外其余全部实现自主检修维护；取得承修、承试检修、油品检验资质，全部实现自主定检预试，全年节约外委费用6987万元。

区域项目发展

（1）电源结构持续优化。毛井、靖远50万kW风电项目投入运营，天水热电项目预2016年一季度将取得核准，特高压外送火电项目已列入甘肃省“十三五”外送基地规划。区域产业结构布局更加科学合理，环县、麻黄滩、嘉峪关等一批优势项目效益凸显。

（2）发展模式协同高效。严格遵循集团公司投资决策管理制度，细化内部投资决策流程，强化内外管控，实现项目发展与建设的合规性和协同性。

（3）工程优化初显效益。全面优化工程设计，提升项目优化报告执行力，以单元成本分析造价降低。工程造价趋于区域、集团系统最低，有力保障项目盈利能力。

(4) 工程进度协调可控。借鉴成熟项目管理经验，建立并实施地方协调机制，营造良好施工环境，强有力过程控制和刚性约束效果明显；组织项目建设专题协调会议，落实施工影响因素，建立完善要素风险分析、预案体系，坚持要素不落实不施工，从而形成资源集成、进度协调可控的良性运转机制。

改革发展

(1) 着力健全绩效考核评价机制。全面推行绩效考核管理体系，将企业年度绩效目标和部门阶段性绩效、岗位月度绩效紧密相连，强化绩效管理，确保企业整体目标的顺利实施。深化干部人事制度改革，完善人才考评机制，优化干部队伍结构，深入实施市场化用工管控职能，完善全员劳动合同约束体系，建立员工职级序列体系，搭建人才发展平台，持续推进公司"双30"人才梯队建设。

(2) 完善新能源项目集约管理模式。完善区域公司组织机构搭建，确定了本部各部门、检修维护中心的管理界面以及人员编制。建立适应企业新能源特点的"3325"管控体系建设，集中"人、财、物"核心资源配置，集约"建设、生产、监督"体系要素控制，压缩管理层级、缩短业务链条、实现协同高效运作，建立公司层级"利润、成本"运营监测（控）中心，完善"指标、责任、跟踪、评价、考核"体系。

(3) 深入推进协同体系建设。创新搭建"远程监控平台、云检修平台、协同管理平台"，实现生产检修管理标准化，"集中监控、集中检修"集约化生产管理体系，标准化管控体系全面形成并已初见成效。

(4) 全面完善效能管控体系。甘肃分公司全面风险管理体系和内控机制建设有序推进，重点业务管控流程进一步完善，推进全面预算管理，改进经济活动分析方式，日利润对标分析系统功能不断完善，强化信息化支撑，借助企业内网、协同平台管理，效能管控效果明显，基础管理水平再上新台阶。

党的建设、精神文明建设、企业文化建设

(1) 扎实开展"三严三实"专题教育。按照集团公司统一部署，组织广大党员干部认真学习习近平总书记系列重要讲话精神，深入开展"三严三实"专题研讨活动，充分认清"不严不实"问题，以"三严三实"作为正心修身的基本遵循、干事创业的行为准则、作风建设的根本标尺。各个环节扎实推进，取得实实在在的成效，广大党员干部工作作风明显转变，工作凝聚力和创造力进一步增强。

(2) 落实党建纪检责任。不断建立健全企业管理制度标准，构建依法治企的制度体系，提高依法治企执行力。完善"三重一大"决策机制，严格实行依法决策，不断夯实依法治企基础。落实纪检监督常态化。认真落实党风廉政建设"两个责任"，完善有效防范和监督机制，认真落实"一岗双责"，通过开展"依法经营、规范管理"专项审计"回头看"工作，入围投标商廉政信用等级评估、中标商廉洁互保共建合同约束条款全覆盖，完善企业系统季度和月度内控预算分析制度，保证"效能监察、过程审计、要素内控"三项工作全覆盖、零死角。

(3) 精神文明建设、企业文化建设。组织开展"青春·梦"技能竞赛、"凝聚正能量、岗位建新功"演讲比赛等活动，选树表彰青年员工先进，参加全国风电运维技能大赛，获得个人技术能手和团体二等奖，凝聚队伍合力，协作能力明显提升。形成组织健全、活动多样的组织保障能力，党、团、工会组织覆盖面100%，党员占员工比例35%。

中国华电集团公司宁夏分公司

概况

中国华电集团公司宁夏分公司（简称宁夏分公司）成立于2007年12月25日，其前身为华电集团宁夏代表处。宁夏分公司是中国华电集团公司在宁夏回族自治区设立的分支机构，主要负责集团公司在宁夏区域项目发展、市场营销、燃料管理及对区域所属企业的责任制考核、经营管理、人力资源管理、安全生产管理等职能。

2015年，宁夏分公司认真贯彻落实集团公司、华电国际各项决策部署，扎实开展党的群众路线教育实践活动，深入实施改革创新，全面提升发展质量与管理效益水平，积极创建一流区域公司，各项工作均取得较好成效。截至2015年12月31日，宁夏区域发电装机规模达到526万kW（其中：火电398万kW，风电125万kW，光伏3万kW），电力装机规模继续保持宁夏首位。

领导人员

总经理：赵晓东

党组副书记、副总经理：李延群

纪检组组长、工委主任：刘建怀

副总经理：李建坤、薄其明

主要领导人员变动情况：2015 年 5 月 15 日，赵晓东任总经理，李延群任党组副书记，薄其明任副总经理。

区域年度工作业绩

2015 年，宁夏分公司实现利润 7.52 亿元，其中：灵武公司完成利润 6.64 亿元；中宁公司完成利润 3327 万元；新能源公司完成利润 7711 万元；宁东太阳能公司完成利润 115 万元；银灵运销公司完成利润-86 万元。

2015 年，宁夏区域完成发电量 243.51 亿 kW · h，其中：灵武公司 192.59 亿 kW · h，中宁公司 35.65 亿 kW · h，新能源公司 15.27 亿kW · h。

区域生产经营管理

（1）安全生产方面。一是夯实安全管理基础。深入推进专项隐患排查治理，扎实开展季节性、专项安全检查及安全生产月活动，重点加强“四特”管控，持续推进“十条禁令”落实。二是提升设备管理水平。结合 7S 管理扎实开展设备治理，机组健康水平显著提升，区域全年共发生“非停”3 次，同比降低 3 次。圆满完成 4 台机组小修和 1 台机组大修，机组安全、经济性明显改善。新能源公司完成 529 台风机定检，发现并处理线路缺陷 659 条。三是加强环保减排力度。牢固树立“两个等同于”理念，加强环保设施运行和维护管理，积极推进环保设施升级改造，区域 6 台机组脱硝装置全部按期投运，灵武公司 1、2 号机组脱硫、除尘设备完成超净排放改造，提前具备超净排放能力。四是优化机组能耗指标。深入开展运行方式优化、燃煤掺配掺烧、小指标竞赛、耗差分析等活动，在负荷率持续偏低、环保设施增加的情况下，机组能耗指标不断优化。灵武公司 4 号机组荣获全国火电 1000MW 机组竞赛一等奖，中宁公司 2 号机组荣获全国火电 300MW 机组竞赛三等奖。

（2）经营管理方面。一是加大营销工作力度。积极推动区域营销一体化建设，确保计划电量兑现，抓实电量转移优化，提高度电收益，减少弃风限电损失。区域火电平均利用小时较全网平均水平高 237h，新能源弃风限电率 3.6%，较全网平均水平低 8.24 个百分点。灵武一期替代哈纳斯电量 7 亿 kW · h、灵武二期趸售青海 3.95 亿kW · h，共增加收入 9700 万元。二是强化燃料管理。发挥燃料集中采购优势，优化进煤结构，增加优质低价矿点进煤量。持续推进燃料管理规范化和精细化水平，灵武、中宁公司标准化实验室通过 CNAS 认证。三是加强资金管控政策争取。开实开好经济活动分析会，严格经营对标考核，开展全面预算管理，突出抓好资金预算管控。积极争取财税优惠政策，区域全年共取得政策性补贴 9600 万元，节约财务费用 5100 万元。

区域项目发展

（1）前期基建取得突破。永利一期 2×66 万 kW 超超临界空冷项目核准，受到集团公司嘉奖。海原二期、宁东七期共 20 万 kW 风电并网发电。宁东八期、海原李俊堡一期共 15 万 kW 风电项目核准。海原、西吉、同心共 27 万 kW 光电项目上报自治区发展改革委。

（2）项目储备积极推进。成立六个前期项目筹备组，与吴忠市政府、东方电气集团签署《项目投资框架协议》，规划惠安堡 4×100 万 kW 火电、100 万 kW 风电、2×5 万 kW 光热发电及 6 万 kW风光供热、城区供热等一揽子项目。与固原市西吉等县签署 170 万 kW 风电、90 万 kW 光电开发协议。储备吴忠一期、永利二期、中宁二期等“大块头”火电。

（3）新能源项目全面启动。开展大柳树水电、分布式能源加微网、抽水蓄能、污水处理等新兴能源项目前期工作。盐池、宁东共 11 万 kW 光热发电示范项目上报国家能源局，灵武生物质气化项目获“路条”。灵武公司向银川远距离供热项目前期工作启动。

改革发展

宁夏分公司按照集团公司区域“做实”，基层“强基”总体要求，持续强化区域管控，完善基层单位基础管理。本部“四定”工作顺利完成，新成立人力资源、市场运营等五个部门，面向集团系统公开招聘 11 名管理人员。厘清本部与基层企业管理界面，出台“四业集中”方案，健全完善本部管理机制，区域管控有效加强。开展基层企业管理诊断，帮助各单位查找短板，提出整改建议 57 项。以 7S 管理为抓手，强化现场和设备治理，区域全年共完成780个样板区的打造，基本实现生产、办公、后勤区域全覆盖。集团公司火电企业“强基”及7S管理推进现场会在灵武召开，灵武、新能源公司通过标准化良好行为企业AAAA级确认。加强专业技术领军人才培养力度，区域7名员工入选集团“千人计划”。新能源公司翟红以集团公司第一的成绩获“中央企业档案职业技能竞赛”二等奖；区域获集团公司继电保护技能大赛团体第四名；新能源公司获全国风力发电运行检修技能竞赛三等奖。

党的建设、精神文明建设、企业文化建设

扎实开展“三严三实”专题教育，领导干部认真查找自身存在的“不严不实”问题，高标准完成三次专题研讨和民主生活会。创新开展区域干部交叉巡回讲党课活动，组织“励志·律己”主题观影、“实干·担当”小论文征集，有效激发党员干部的思想自觉和行动自觉。制定下发《党建工作考评办法》等六项制度、方案，深入落实反腐败工作新部署、新要求，建立纪检组长与基层企业领导班子“一对一”廉洁谈话制度，确保党风廉政建设工作“四到位”。加强专业技术领军人才培养力度，区域7名员工入选集团“千人计划”。新能源公司翟红以集团公司第一的成绩获“中央企业档案职业技能竞赛”二等奖；区域获集团公司继电保护技能大赛团体第四名；新能源公司获全国风力发电运行检修技能竞赛三等奖。开展“金点子”、青年创新创效成果评选等活动，激发团员青年创新激情和奉献热情，灵武公司举办首届“员工节”，凝心聚力、提振士气。

华电新疆发电有限公司

概况

华电新疆发电有限公司（简称新疆公司）前身为中国华电集团公司新疆分公司。2003年1月17日，根据国家“厂网分开”的电力体制改革精神，原新疆电力公司的部分发电企业移交中国华电集团公司；2003年3月28日，中国华电集团新疆分公司正式成立；2006年6月28日，新疆分公司改制成为中国华电集团公司的全资子公司——华电新疆发电有限公司，负责集团公司在新疆地区发电资产的经营和管理，负责集团公司在新疆地区的发展规划、安全生产、市场营销、协调服务等工作。2013年8月12日，华电新疆发电有限公司由国有独资企业变更为国有控股企业，注册资本为6.61亿元，其中，中国华电集团公司股权比例为65.94%，深圳上银投资基金有限公司股权比例为34.06%。

新疆公司的发展战略是煤电并举，优化产业结构；立足环保，大力开发‘绿’电；履行责任，积极拓展热网，努力创建一流能源企业。截至2015年12月31日，新疆公司下辖企业35家，其中内核企业6家，全资企业16家，控股企业13家，职工总数3602人。下设办公室（法律事务部）、人力资源部、计划发展部、财务资产部、安全生产部、市场运营部（燃料管理部）、工程管理部、政治工作部（工会办公室）、监察审计部（纪检办公室）等9个部门。

领导人员

董事长、党组书记：杨明

董事、总经理、党组成员：李东政

党组成员、纪检组组长、工会主席：张卫中

党组成员、副总经理：缪宛新

总会计师：罗贤

党组成员、副总经理：水海波

副总经理：苏来曼·亚森

副巡视员：武茂伟、闫保建

主要领导人员变动情况：2015年5月水海波任党组成员、副总经理；武茂伟、闫保建任副巡视员。

年度工作业绩

2015年，新疆公司完成利润5.8亿元；完成发电量188亿kW·h，同比基本持平；完成售热量3363万GJ，同比增长16%；投产101万kW，核准217万kW，取得“路条”140万kW，装机规模达到620万kW，发展成果创历年之最。

生产经营管理

（1）经营管理方面。全力应对经济下行压力，着力内控成本、外拓市场，企业价值创造和抵御市场风险能力得到检验和提升。一是提升市场营销能力。累计争取市场电量61亿kW·h，占全网市场电量份额的30%。加强“三同”小时对标管理，火电机组利用小时高于全网平均利用小时304h，乌鲁木齐热电厂在同类型公用火电中排名第一。积极拓展供热市场，售热量同比增加455.8万GJ，供热收入同比增加8799万元。累计完成入厂标准煤单价 199 元/t，同比降低 15 元/t，减少燃料费支出 8807 万元。二是提升成本管控能力。持续优化融资结构，节约资金成本 4278 万元。强化基建项目全过程跟踪审计，核减工程费用 979 万元。严格控制费用支出，五项费用同比降低 9%。加强招标项目审计监督，节约资金 1.22 亿元。全年企业净资产收益率达到 10% 以上，共争取财税补贴资金 1.21 亿元。

（2）安全生产方面。一是安全生产管理成果显著。新疆公司连续 8 年在自治区安全性评价中名列前茅；荣获“全国安康杯”示范单位，是自治区唯一获此殊荣的企业。红雁池电厂、昌吉热电厂、苇湖梁新能源公司、和田水电公司荣获集团公司“安全生产先进单位”，喀什热电公司建设项目获得电力行业优质工程称号。二是节能减排管理成效突出。优化节能降耗措施。累计完成供电煤耗 314.7g/(kW·h)，同比降低 9.5g/(kW·h)；克服“两脱一除”改造对火电能耗的影响，综合厂用电率实现稳中有降。昌吉热电厂 1 号机组实施高背压改造，年节约标煤 6 万 t。扎实开展创标杆机组工作，乌鲁木齐热电厂、吐鲁番公司获得集团公司同类型标杆机组称号。

项目发展

（1）重点项目顺利投产。苇电达坂城 30 万 kW 风电项目全部建成投运。三塘湖二期、小草湖北一期等共计 70 万 kW 新能源项目投产发电。达克曲克水电项目第一台机组建成投运。截至 2015 年底，新疆公司新能源装机容量达到 238 万 kW，装机容量比例提升至 39%，跃居全疆第一。

（2）优质项目稳步推进。西黑山 2×66 万 kW“疆电外送”项目取得核准并开工建设，确定了“数字化电厂”、污水“零排放”的发展定位。吐鲁番 2×35 万 kW 冷热电项目取得核准，开创了新疆维吾尔自治区冷、热、电联供的先河。

（3）战略项目提前布局。哈密四期 2×35 万 kW 扩建项目、沙湾 2×35 万 kW 热电项目列入自治区发展规划；伊犁 2×66 万 kW“中巴外送”电源项目得到新疆维吾尔自治区主要领导的大力支持，正在积极开展前期工作。叶尔羌河流域水电前期工作稳步推进，鱼类保护专题报告获国家农业部批复，环评报告取得自治区环保厅批准。战略项目选点布局更加科学，为新疆公司“十三五”发展奠定了坚实的基础。

改革发展

（1）优化管理格局。落实集团公司发电产业区域化管理、煤炭产业专业化管理改革部署，新疆公司新能源公司组建成立，众兴煤矿移交专业公司托管，新疆公司投资多元化、管理一体化格局初步形成。完善新疆公司本部“四定”方案，先后成立市场运营部和物资管理部，优化企业管控体系。实施新疆公司系统多经企业整合，增加收益 2070 万元。优化喀什公司产权结构，降低了企业整体税负，拓展了盈利空间。

（2）优化资源配置。新疆公司能源综合监控中心建成投运，“风云”系统全面升级，打造了水电和新能源的“远程集控、少人维护”管理模式。ERP 一期试点项目顺利完成，财务支付一体化单轨上线运行。智能热网建设大力推进，实现了企业效益和人员效率的双提升。

（3）优化管理对标。综合国内、集团、区域三个先进层级，建立了涵盖生产、经营、发展、工程、党建、综合管理 6 个管理维度的“综合管理对标”体系，促进了综合管理水平的整体提升。

（4）频添管理成果。扎实推进“7S”及“强基”管理，乌鲁木齐热电厂强基工作成效明显，连续三年荣获全国火电机组竞赛一等奖，得到李庆奎董事长“让党旗更鲜艳、标杆更过硬”的充分肯定。红雁池电厂、乌鲁木齐热电厂、昌吉热电厂继续保持集团公司“五星级发电企业”称号，喀什公司、哈密公司、十三间房风电公司晋升为集团公司“四星级发电企业”。新疆公司先后荣获全国管理创新成果一等奖 2 项，集团公司管理创新成果一等奖 1 项、二等奖 3 项、青年创新创效银奖 1 项、“我为改革献良策”合理化建议表彰 4 项。乌鲁木齐热电厂、昌吉热电厂、煤业公司、红雁池电厂顺利通过 CNAS 认证，入厂煤验收达到国家级水平。

党的建设、精神文明建设、企业文化建设

（1）“三严三实”专题教育成效显著。新疆公司系统共举办专题党课 15 期，开展 45 次专题研讨，制定整改措施 32 项，对“不严不实”问题边学边查边改，领导干部从严从实的作风得到显著提升。

（2）党建工作水平进一步提升。按照“大党建”工作格局，积极构建党建管理考评新机制，新疆公司党建、文化、工会、团青四大品牌建设得到高度赞誉，在集团公司首次综合考评中荣获A级。成功承办集团公司基层企业党群“强基”现场观摩、自治区国资委企业文化建设协会会员大会，党建工作得到国务院国资委，自治区党委组织部、国资委高度好评。

（3）新疆华电品牌更具魅力。积极开展对口援疆，先后在喀什、乌恰、阿图什投入帮扶资金1233万元。响应自治区“访民情、惠民生、聚民心”活动号召，投入资金124万元对阿克土村实施精准扶贫，获得当地群众真情点赞。倾情赞助第十三届冬季运动会，提升了公司形象。加强精神文明建设，红雁池电厂、吐鲁番公司荣获“全国文明单位”。推进“幸福家园”行动，华电昌吉小区交付入住，华电哈密小区即将开工建设。强化典型选树，1名员工荣获全国劳动模范，35位“平民英雄”被授予公司“最美”殊荣。

华电西藏能源有限公司（中国华电集团公司西藏分公司）

概况

中国华电集团公司西藏分公司（简称西藏分公司）成立于2008年3月，是中国华电集团公司在西藏区域设立的分支机构，成立之初与中国华电集团公司四川公司合署办公。2012年5月，集团公司授权西藏分公司独立行使集团公司赋予的相关职责。2012年8月，注册成立华电西藏能源有限公司，与西藏分公司实行“一套人员、两块牌子”统一管理，根据集团公司授权和委托，主要负责集团公司在西藏区域的发展规划、项目前期和建设、电力生产、市场营销、协调服务等工作。西藏分公司主要负责开发建设大古水电站（66万kW）、巴玉水电站（80万kW），配合推进金沙江上游藏川段水电开发，积极参与西藏其他能源资源开发。

截至2015年12月31日，西藏分公司本部设办公室（法律事务部、人力资源部）、规划发展部、工程建设部、财务资产部、党群工作部（纪检办公室、工会办公室）5个职能部门，系统定员70人，现有员工51人。下设4家基层单位，分别是大古水电分公司、巴玉水电分公司筹备处、林芝筹备处、山南太阳能筹备处。

领导人员

执行董事、总经理、党组副书记：朱荣华

党组书记、副总经理：夏一勇

副总经理、党组成员：李正平

副总经理、党组成员、工委主任：陈忠勇

党组成员、纪检组组长：王文德（由华电金沙江上游水电开发有限公司党组成员、纪检组组长兼任）

主要领导人员变动情况：2015年5月15日，夏一勇任党组书记、副总经理。

年度工作业绩

2015年，西藏分公司完成基建投资4.47亿元。按集团公司批复完成成都中转基地办公楼购置和接收工作。大古水电项目取得重大突破，获得国家核准和预算内投资43.3亿元（占总投资比例35.5%）、开行专项基金18亿元（占总投资比例15%）。大古水电项目推进前期和争取补贴工作获集团公司100万元的特殊奖。补贴后在同区域近年批准建设水电项目中，企业资本金比例最低、单位千瓦投资指标最优，初步奠定成本领先优势，为电站建设和可持续经营打下重要基础。

生产经营管理

（1）工程管理方面。一是加强工程质量控制。开展电力工程质量专项监管和质量提升、落实施工方案等专项行动，落实施工单位内部三检制和监理终检制，推进工程试验中心和测量中心建设，单元工程优良率91.31%。二是完善采购体制机制。围绕设计优化以及采购文件审查、过程组织、合同谈判等关键环节，优化采购流程，完成水泥供应等重要基建项目采购27项，保证了建设需要。三是妥善解决制约问题。全面清理变更索赔项目，完成变更索赔审批26项，涉及金额560余万元。妥善解决资金不足、方案调整、牛圈建设选址等制约性问题，仅用不到1年时间完成全部移民搬迁，成为全国第一个真正实现“先移民、后建设”的大型水电项目，得到自治区领导和集团公司高度评价。

（2）经营管理方面。一是强化财务管控。大力推进融资工作。以信用贷款置换原集团公司担保贷款，节约财务费用并降低集团公司担保负担；大古水电站建设贷款和巴玉水电站前期搭桥贷款基本落实，翁果光伏项目贷款取得金融机构初步支持。加强全面预算管理，印发《费用报销手册》，推进现金流周预算工作，强化财务风险管控。规范领导干部履职待遇和业务支出管理，完成领导干部办公场所整改，严控各类费用，五项费用同比下降19.53%。二是强化依法治企。制定法制工作五年规划，强化法律审核把关，组织开展合同管理专项检查、“尊法、学法、守法、用法”法制宣传教育活动。强化审计监督，开展基层企业主要负责人离任审计，督促审计问题整改落实。配合集团公司制定跨界河流水电开发保密管理办法，加强大古水电项目保密管理。

区域项目发展

（1）前期项目取得重大突破。大古水电项目获得国家核准和补贴。自治区和集团公司分别于4月底、6月初向国家发展改革委上报项目核准申请。12月21日，国家发展改革委印发《关于大古水电站可行性研究报告的批复》（发改能源〔2015〕3005号）同意建设大古水电站，安排中央预算内投资43.3亿元，并明确给予开行专项基金18亿元（占总投资比例15%）。

（2）基建准备工程加速推进。大古水电项目施工准备工程加快推进。导流洞上半洞实现双洞全线贯通，开始底板混凝土浇筑；施工供电工程、爆破器材库、下游临时交通桥投入使用；左岸上游接线道路、下游接线道路、右岸下游低线道路毛路贯通；施工供水工程完成90%工程量；1号渣场完成挡护工程施工，2号渣场投入使用；现场管理营地主体工程完工；迁移人口安置点完成建设。

（3）资源争取取得积极进展。密切跟踪西藏境内其他流域水电规划工作，加强与规划设计单位联系，了解相关信息，及时向集团公司报告有关情况。争取林芝、山南、日喀则等地区清洁能源资源取得积极进展，林芝地区原则同意公司开展然布曲规划设计，并将意见报自治区发展改革委；与拉孜县签订20万kW太阳能项目开发意向协议；与日喀则市达成参与光伏产业园区开发初步意向。发挥沟通桥梁作用，配合金上公司协调解决了金沙江上游藏川段水电开发西藏侧有关问题。

区域改革发展

（1）优化管理体制结构。落实集团公司全面深化改革部署，制定6大领域改革方案和措施，统筹推进企业改革。企业本部着眼“做实”，修订公司工作规则、“三重一大”议事决策、合同管理、采购管理、重要情况报告等规章制度，全面理清与所属单位管理界面，出台326项“权力清单”，管理体制机制得到优化。克服困难抓好信息系统等级保护、网络安全统一管控、ERP合同模块实施等工作。对基层企业领导班子和内设机构负责人进行调整优化，提任5人、交流1人，向集团公司推荐“千人计划”优秀中青年人才1名。落实“一报告两评议”制度，加强领导干部监管、考核和个人事项报告管理。加强教育培训，员工参训230余人次，培训覆盖率100%。

（2）优化领域资源配置。大古水电分公司围绕“强基”逐步推进各领域改革。编制完成公司“十三五”发展规划初稿，与集团公司初步对接。编制内设机构和人员编制“四定”方案，获集团公司批复。成立山南太阳能筹备处，配备有关人员。定期开展工程建设资金专项检查，完善工程建设资金监管模式。启动办公场所7S管理示范区建设。公司管理创新成果获集团公司三等奖。

（3）积极推进科研工作。混凝土用凝灰岩粉矿物掺和料课题研究取得中间成果，有望在导流洞衬砌中先期运用；“智能水电厂建设技术标准研究”等4项课题通过集团公司立项。在集团公司安排下，与黔源电力签订大古水电站工程建设准EPC合作框架协议，相关人员已进场开展工作。

党的建设、精神文明建设、企业文化建设

（1）扎实开展“三严三实”专题教育。以“三严三实”专题教育为契机，组织党组织书记讲党课，党员干部深入学习十八届五中全会和习近平总书记系列重要讲话精神，围绕“严以修身、严以用权、严以律己”开展专题研讨，深入查找和整改不严不实问题，队伍作风持续改进。

（2）深化党建制度改革创新，计划的26项改革任务已完成11项，对公司系统党组织开展首次党建考核，企业直属党委在区直工委年度党建考核排名居五大发电集团在藏企业前列，公司党组在集团公司党建考核中获评为B级。

（3）落实党风廉政建设“两个责任”，以机制制度建设、廉洁教育、监督检查为重点，深化反腐倡廉工作。扎实开展反腐倡廉宣传教育月系列活动，开展“五项经费”专项检查，把落实“中央八项规定”纳入常态化管理。

（4）深化精神文明和企业文化建设，培育践行社会主义核心价值观，“厚德”文化理念体系初步形成并得到集团公司认可。加强企业民主管理，关心关爱员工，定期召开政工例会分析队伍思想动态、协调解决有关问题。积极开展工会活动，丰富员工文化生活。积极履行社会责任，代表集团公司向“4·25”尼泊尔地震西藏灾区捐款100万元，在桑日县捐款213.7万元，实施援助项目3个，改善了驻村群众生产生活条件，藏嘎村工作队被自治区评为先进工作队。

十二、荣　　誉

2015 年度集团公司先进企业

华电湖北发电有限公司

华电内蒙古能源有限公司

贵州黔源电力股份有限公司

贵州乌江水电开发有限责任公司（中国华电集团公司贵州公司）

中国华电集团公司安徽分公司（华电国际电力股份有限公司安徽分公司）

中国华电集团公司河北分公司（华电国际电力股份有限公司河北分公司）

中国华电集团财务有限公司

中国华电集团发电运营有限公司

2015 年度集团公司星级企业

一、五星级企业

1. 火电企业

华电莱州发电有限公司

华电国际电力股份有限公司十里泉发电厂

华电国际电力股份有限公司莱城发电厂

华电潍坊发电有限公司

华电青岛发电有限公司

华电龙口发电股份有限公司

华电滕州新源热电有限公司

华电章丘发电有限公司

军粮城发电有限公司

华电内蒙古能源有限公司包头发电分公司

包头东华热电有限公司

辽宁华电铁岭发电有限公司

白音华金山发电有限公司

黑龙江华电齐齐哈尔热电有限公司

华电江苏能源有限公司句容发电厂

江苏华电戚墅堰发电有限公司

安徽华电宿州发电有限公司

安徽华电六安发电有限公司（安徽华电六安电厂有限公司）

湖南华电长沙发电有限公司

华电新乡发电有限公司

华电漯河发电有限公司

华电新疆发电有限公司红雁池电厂

华电新疆发电有限公司乌鲁木齐热电厂

华电新疆发电有限公司昌吉热电厂

2. 水电及新能源企业

贵州乌江水电开发有限责任公司构皮滩发电厂

乌江渡发电厂

贵州乌江水电开发有限责任公司东风发电厂

贵州北盘江电力股份有限公司董箐发电厂

贵州乌江水电开发有限责任公司洪家渡发电厂

贵州北盘江电力股份有限公司光照发电厂

贵州乌江水电开发有限责任公司索风营发电厂

贵州乌江水电开发有限责任公司思林发电厂

内蒙古华电新能源分公司

浙江华电乌溪江水力发电厂

闽东水电开发有限公司

华电四川发电有限公司宝珠寺水力发电厂（四川紫兰坝水电开发有限责任公司）

华电福新能源股份有限公司古田溪水力发电厂

广州大学城华电新能源有限公司

华电福新能源股份有限公司江苏分公司

二、四星级企业

1. 火电企业

华电淄博热电有限公司

河北华电石家庄热电有限公司

河北华电石家庄裕华热电有限公司

河北华电石家庄鹿华热电有限公司

内蒙古华电乌达热电有限公司

丹东金山热电有限公司

沈阳金山能源股份有限公司金山热电分公司

华电能源股份有限公司佳木斯热电厂

上海奉贤燃机发电有限公司

望亭发电厂

江苏华电仪征热电有限公司

江苏华电吴江热电有限公司

安徽华电芜湖发电有限公司

湖北华电襄阳发电有限公司

华电湖北发电有限公司黄石热电厂

华电渠东发电有限公司

韶关市坪石发电有限公司（B 厂）

贵州大方发电有限公司

四川华电珙县发电有限公司

陕西华电瑶池发电有限公司
宁夏中宁发电有限责任公司
新疆华电喀什热电有限责任公司（新疆华电喀什热电二期有限公司）
新疆华电哈密热电有限责任公司
2. 水电及新能源企业
贵州乌江水电开发有限责任公司沙沱发电厂
福建省金湖电力有限责任公司
华电国际宁夏新能源发电有限公司
华电福新能源股份有限公司安砂水力发电厂
贵州黔源电力股份有限公司引子渡发电厂
华电福新能源股份有限公司池潭水力发电厂
福建闽兴水电有限公司
华电福新能源股份有限公司华安水力发电厂
贵州黔源电力股份有限公司普定发电公司
福建省沙县城关水电有限公司
新疆华电十三间房风电有限责任公司
福建省永安贡川水电站有限公司
华电福新能源股份有限公司山西分公司
永安丰海发电有限公司
周宁县后垄溪水电有限公司
福建省龙岩万安溪水力发电有限责任公司
福建古田双口渡水电有限公司
河北华电混合蓄能水电有限公司
北京华电水电有限公司
3. 煤炭企业
华电山西石泉煤业有限责任公司
4. 科工企业
华电科工水处理分公司
华电电力科学研究院
南京国电南自自动化有限公司
南京国电南自美卓控制系统有限公司

2015 年度集团公司安全生产先进单位

一、火电发电企业

华电章丘发电有限公司
华电国际电力股份有限公司十里泉发电厂
杭州华电半山发电有限公司
安徽华电宿州发电有限公司
华电新乡发电有限公司
石家庄华电供热集团有限公司
韶关市坪石发电有限公司（B 厂）
华电能源股份有限公司富拉尔基发电厂
黑龙江华电齐齐哈尔热电有限公司
福建华电漳平火电有限公司
华电湖北发电有限公司黄石热电厂
中国华电集团公司望亭发电厂
江苏华电仪征热电有限公司
辽宁华电铁岭发电有限公司
包头东华热电有限公司
忻州广宇煤电有限公司
陕西华电瑶池发电有限公司
贵州华电大龙发电有限公司
华电新疆发电有限公司红雁池电厂
华电新疆发电有限公司昌吉热电厂
云南华电昆明发电有限公司
天津军粮城发电有限公司
中国华电集团发电运营有限公司印尼巴淡分公司

二、火电项目建设单位

杭州华电江东热电有限公司
湖南华电常德发电有限公司
江苏华电戚墅堰发电有限公司

三、水电和新能源发电企业

华电四川发电有限公司宝珠寺水力发电厂
华电内蒙古开鲁风电有限公司
浙江华电乌溪江水力发电厂
华电莱州风电有限公司
贵州乌江水电开发有限责任公司思林发电厂
华电福新能源股份有限公司蒙东分公司
华电福新能源股份有限公司安砂水力发电厂
华电福新能源股份有限公司池潭水力发电厂
福建棉花滩水电开发有限公司
贵州北盘江电力股份有限公司董箐发电厂
华电云南发电有限公司绿水河发电厂
云南华电金沙江中游水电开发有限公司阿海发电分公司
新疆华电苇湖梁新能源有限公司
桦川协联生物质能热电有限公司
华电南宁新能源有限公司
华电福新能源股份有限公司甘肃分公司

四、水电和新能源建设项目单位

贵州乌江水电开发有限责任公司构皮滩电站建设公司

华电福新能源股份有限公司内蒙古开发建设分公司

华电福新能源股份有限公司古田溪水力发电厂

华电福新能源股份有限公司云南分公司

北京密云华电太阳能科技发展有限公司

新疆华电和田水电有限责任公司

五、煤炭企业

内蒙古蒙泰不连沟煤业有限责任公司

山西锦兴能源有限公司肖家洼煤矿

山西石泉煤业有限责任公司

山西朔州平鲁区茂华白芦煤业有限公司

陈巴尔虎旗天顺矿业有限责任公司

福建华电储运有限公司

陕西榆林凯越煤化有限责任公司

华电华荣投资有限责任公司滥坝煤矿

贵州华电华和能源有限公司丰源煤矿

六、涉煤建设单位

河北华电曹妃甸储运有限公司

2015 年集团公司科技进步奖获奖项目

序号	项目名称	主要完成单位	主要完成人	授奖等级
1	基于现场节能剖析和部件特性的可交互式节能监控平台建设	华电国际电力股份有限公司技术服务中心、华电国际电力股份有限公司山东分公司、华电莱州发电有限公司、华电国际邹县发电厂	王承亮 邢 涛 王 伟 李 军 宗绪东 刘茂明 姜仕涛 刘贤春 崔修强 蒋蓬勃 赵学山 刘 彬	一等奖
2	1000MW 超超临界机组大型分散控制系统	南京国电南自美卓控制系统有限公司、华电江苏能源有限公司句容发电厂	朱能飞 吴 科 秦明宝 王 勇 吴胜华 夏文祥 吴 军 马伟东 陈玉年 马振华 吴 锦 张自华	一等奖
3	新一代四卷筒抓斗卸船机	华电重工股份有限公司、华电江苏能源有限公司句容发电厂	周铁梁 刘文超 冷以康 陈 超 袁彦青 任改运 韦公勋 居 斌 徐 斌 李伯奎 王晓斌 庄东方	一等奖
4	一种超低 TOC 除盐水制备工艺的研究与应用	中国华电工程集团有限公司、博莱克威奇（北京）工程设计有限公司、华电水务工程有限公司	周小琴 杜亚强 李云林 王 俊 高 岩 侯 芳 王 晗 王 强 单志强 金毅宏 王正平 王建华	一等奖
5	脱硝系统液氨排放方法研究及消纳装置的研制与应用	华电国际山东分公司、华电章丘发电有限公司、山东英电节能科技有限公司	段君寨 李 超 任尚坤 刘金庭 王红卫 张现清 何卫国 闫中前	二等奖
6	基于定量分析的旋转机械振动故障诊断及精确处理研究	华电电力科学研究院	王宝玉 郦汉昆 邹晓辉 徐厚达 郭佳雷 李恒海 庞 乐 陈 浩	二等奖
7	燃煤电厂燃料全过程智能管控系统的研究与应用	湖北华电襄阳发电有限公司、中国华电集团福建分公司、武汉博晟科技信息有限公司、福建华电可门发电有限公司、华电电力科学研究院	郑智扬 刘尧平 张建华 柯劲平 陈敦炳 汪家军 陈 龙 王晓华	二等奖
8	基于煤炭检测实验室管理系统的开发与建设	华电电力科学研究院、长沙开元仪器股份有限公司	李小江 覃 涛 张德强 文亦敏 黄 诚 陈俊强 王小悦 李 晶	二等奖

续表

序号	项目名称	主要完成单位	主要完成人	授奖等级
9	PDS6100智能微电网能量管理与控制系统	国电南京自动化股份有限公司、南京国电南自城乡电网自动化工程有限公司	孙　锋　孟宪侠　童欲豪　朱华婧　赖晓路　陶保震　孙　攀　李　力	二等奖
10	1000MW汽轮机组汽流激振解决措施的研究与应用	华电莱州发电有限公司、华电国际技术服务中心	孙维国　成渫畏　张春杰　王佳梓　何　东　张泽滨　曹　辉　刘　彬	二等奖
11	4000t/h移置式带式输送机	华电重工股份有限公司	刘　皞　李　宇　石峥嵘　刘伯宽　李秀梅　韩刚华　王立波　王猛军	二等奖
12	双塔双pH值湿法烟气脱硫技术研究及应用	中国华电工程集团有限公司、华电环保系统工程有限公司	李苇林　沈煜晖　李　伟　苏军划　金颖姗　彭　斌　陶爱平　付丽辉	二等奖
13	哈锅660MW超超临界锅炉防磨防爆综合防治研究	安徽华电芜湖发电有限公司、江苏方天电力技术有限公司	段元光　徐　洪　周卫东　贺江南　徐光学　张　华　苑景丰　蒋建设	二等奖
14	静态爆破逆序开挖在发电生产区域高边坡倒悬岩体施工中的应用	洪家渡发电厂、中国水电基础局有限公司、中国电建集团贵阳勘测设计研究院有限公司	王永国　杨　明　刘兴举　岳　龙　田　毛　李江林　黄　琼　土　刚	二等奖
15	HG670/140-6型锅炉直吹式制粉系统原煤梯阶干燥的研究与应用	华电能源股份有限公司富拉尔基发电厂	刘翔太　王相军　宫志阳　洪　洋　赵振奇　徐俊义　田　伟	二等奖
16	立轴半伞式水轮发电机组导轴承瓦运行温度过高研究与处理	贵州黔源引子渡发电厂	刘安国　毛恩涯　马贤道　龚修琦　蒙祖义　李开祥　肖　堃　林倬玮	二等奖
17	电气智能防误操作管控系统的研究与应用	华电国际电力股份有限公司邹县发电厂	闫修峰　邢　涛　徐宝福　尤　华　孟祥国　李建星　李兴敏　李建华	二等奖
18	大焓降叶片在低真空供热机组上的研究与应用	中国华电集团哈尔滨发电有限公司、中国船舶重工集团公司第七〇三研究所	徐恩玉　全　威　汪天信　徐伟林　冯长春　王海成　朱胜国　范洪君	二等奖

续表

序号	项目名称	主要完成单位	主要完成人	授奖等级
19	区域电网瓦解后再启动的技术研究与应用	广州大学城华电新能源有限公司、普惠动力公司	蒋国璋 赵国峰 郝彦飞 谢俊晖 郑爱青 郑 迪 柳治民 刘传萍	二等奖
20	基于统一平台的燃财业务无缝集成与燃料业务全流程信息化管控的研究与应用	华电国际山东信息管理有限公司、华电国际电力股份有限公司、山东鲁能软件技术有限公司、湖南三德科技股份有限公司	韩学义 李乐安 刘 忻 孟庆峰 田 森 梁 静 王 薇 肖金龙	二等奖
21	基于给水泵密封水改造的1000MW机组凝结水系统节能优化研究与应用	华电邹县发电有限公司	刘传美 尤 华 田 丰 何 辉 常 滨 刘浩伟	三等奖
22	气力输灰双套管新型连接与固定技术研究与应用	安徽华电宿州发电有限公司	郭俊海 陈增春 娄海涛 吕鹏飞 顾四胜 赵 琰	三等奖
23	SP1400/（50+50）/15 型排土机开发及应用	华电重工股份有限公司	张起伟 周铁梁 赵 亮 叶 阜 韦公勋 王俊华	三等奖
24	300MW 级机组低负荷下脱硝系统运行技术研究与应用	华电国际电力股份有限公司邹县发电厂、华电国际电力股份有限公司、华电国际山东分公司	何新江 徐宝福 尤 华 刘灿起 张文鹏 王玉敬	三等奖
25	300MW 燃煤锅炉一次风自适应调温节能技术的研究与应用	华电国际电力股份有限公司十里泉发电厂、济南海普电力节能科技有限公司	韩荣利 刘 烨 赵逢辉 冯普锋 张宝国 高长安	三等奖
26	基于 330MW 机组 MGS4060 双进双出磨煤机多变煤种情况下钢球配比寻优的研究	华电渠东发电有限公司、若普自动化技术（北京）有限公司	张 峰 黄 坚 徐东升 曲永昌 段连峰 王润明	三等奖
27	望亭 300MW 纯凝机组长距离跨城市区域供热技术研究	中国华电集团公司望亭发电厂、南京苏夏工程设计有限公司	王建梁 徐国飚 莫国平 陶湘云 严 华 史 亮	三等奖
28	联合循环机组中低温余热深度利用技术改造	华电（北京）热电有限公司、中国华电集团发电运营有限公司、华电电力科学研究院	杨昆山 李京生 曾令大 郑立军 梁 勇 张海如	三等奖
29	PSX800 发电厂 GVC（AGC/AVC）控制系统	南京国电南自美卓控制系统有限公司	刘 元 张 迎 范永林 张铁男 殷 俊 薛 亮	三等奖
30	HP883 型中速磨煤机石子煤低排放的研究与应用	天津军粮城发电有限公司	侯 成 全 玮 赵年喜 高明贤 赵宏伟 安海旺	三等奖
31	PDS 370A/PDS 370B 智能台区监控终端	国电南京自动化股份有限公司、南京国电南自城乡电网自动化工程有限公司	任 彬 郭 乐 方斌斌 郑有余 张 瑞	三等奖

续表

序号	项目名称	主要完成单位	主要完成人	授奖等级
32	MQ180t 系列门座起重机	华电郑州机械设计研究院有限公司	朱君学 闫玉萍 王继东 李太周 胡水根 曾庆仪	三等奖
33	煤矿矿井排水在超临界电厂的应用技术研究	华电新乡发电有限公司、河南省电力勘测设计院	张磊 王绪文 霍书浩 石少常 于士富 冯泮臣	三等奖
34	一次风机 RB 优化研究与应用	华电国际电力股份有限公司莱城发电厂	张伟梅 吴茂坤 王永先 孙哲 刘振波 姜军	三等奖
35	数字化电能表系列及相关校验装置	国电南京自动化股份有限公司	郭立煌 周建波 郭乐 姚艳松 雍太利 陈靖公	三等奖
36	基于“远程集控、少人维护”管控模式下已建成大型水力发电厂计算机监控系统 LCU 通信介质改造	思林发电厂	张天吾 李继朝 杨焱 司泰升 侯晋 刘青松	三等奖
37	火电厂生产指标实时管理与考评系统开发	陕西华电蒲城发电有限责任公司	孙伟 罗振新 王勇彬 赵广勋 郭帆 任清洁	三等奖
38	200MW 空冷机组节水技术技改研究及应用	陕西华电瑶池发电有限公司	杨雪梅 肖淑芳 梁小龙 席芳 高泽勇 马永辉	三等奖
39	高硫酸根矿井排水回收技术的研究及应用	中国华电工程（集团）有限公司、陕西华电榆横煤电有限责任公司小纪汗煤矿	刘进 郭峰亮 秦树篷 李宏秀 马红亮 汪庆喜	三等奖
40	贵州东风水电站大坝绕坝渗流分析研究	东风发电厂、中国电建集团贵阳勘测设计研究院有限公司	黄定奎 罗勇 雷有栋 余波 韦波 张翔宇	三等奖
41	蒸汽相变抑尘降尘技术在输煤系统中的研究及应用	河北华电石家庄热电有限公司	高会民 郭明奎 申彦杰 马克 贾光华 陈军福	三等奖
42	烟草废弃物与城市污泥掺烧发电研究与应用	贵州华电毕节热电有限公司、华中科技大学煤燃烧国家实验室	丁学杰 吴胜波 武声忠 丁希江 张勇 宋扬	三等奖
43	定桨叶片空气动力性能优化研究及应用	黑龙江省华富电力投资有限公司、黑龙江华富风力发电穆棱有限责任公司、华电福新能源股份有限公司、保定金源风电工程有限公司	陈国光 陈旭 黄玉飞 郭庆烨	三等奖
44	风电机组齿轮箱运行维护与故障防范技术研究及应用	华电福新能源股份有限公司、华北电力大学	袁凯峰 柳亦兵 王和平 张文忠 马志勇 滕伟	三等奖

续表

序号	项目名称	主要完成单位	主要完成人	授奖等级
45	干雾抑尘系统在带斗门座起重机上的创新应用	华电莱州港务有限公司、秦皇岛思泰意达科技发展有限公司	刘　永　刘清亮 陈梦星　李忠东 王学礼　郭林泉	三等奖
46	提高一次调频合格率的研究及应用	华电漯河发电有限公司、河南省电力公司电力科学研究院	孙国强　张　伟 郑希峰　赵新普 杜　伟　冯红亮	三等奖
47	发电厂并网运行与辅助服务同步分析平台的研究与应用	华电龙口发电股份有限公司	李　晓　孙学军 赵训海　仲昭伟 水乔松　杨　文	三等奖

十三、大 事 记

1月

1月6日

集团公司董事、总经理、党组成员程念高，集团公司党组成员、副总经理陈建华在集团总部会见了上海电气（集团）总公司董事长黄迪南，双方就进一步加强合作交换了意见。

1月9日

集团公司党组成员、副总经理辛保安在集团总部会见了上海电力学院校长李和兴，双方就加强校企合作交换了意见。

1月9日

集团公司党组成员、副总经理邓建玲主持召开科技系统工作会议，并到华电科研总院、华电清洁能源公司调研。

1月12日

柬埔寨王国政府在华电额勒赛下游水电站举行项目竣工剪彩仪式，标志着额勒赛下游水电站建设全面完成。柬埔寨首相洪森，集团公司董事长、党组书记李庆奎，中国驻柬大使布建国、柬埔寨矿产能源部部长瑞赛等出席仪式并剪彩。

仪式结束后，李庆奎到额勒赛下游水电站现场，调研电站发展情况，看望慰问干部员工，并对下一步工作提出要求。

1月12~13日

集团公司董事、总经理、党组成员程念高到华电山东区域企业调研，要求山东分公司全方位争创华电标杆，助力集团改革发展。

程念高一行深入山东分公司本部、华电国际技术服务中心和莱州公司生产现场，慰问一线职工，听取工作汇报，了解企业生产经营、改革发展、管理创新等情况，对山东分公司、莱州公司的经营绩效、发展成果、管理创新举措给予高度评价，对华电国际技术服务中心在节能、环保、技术监督、技术合作交流方面做出的有益探索予以充分肯定，并对下一步工作提出要求。

1月12~15日

集团公司党组成员、副总经理任书辉到华电在沪企业调研。

任书辉实地察看了上海华电大厦、迪士尼项目、国家会展中心（上海）天然气分布式能源站项目、奉贤公司、杭州湾LNG冷电联供暨国际数据中心集群项目、华电上海海湾能源高效利用数据产业园项目、上海华电通用轻型燃机设备有限公司、莘庄工业园区燃气热电冷三联供项目八家企业生产经营、项目建设等情况，对各单位取得的成绩给予充分肯定，并对下一步工作提出要求。

1月14日

集团公司召开2015年度安全生产视频会议。集团公司董事、总经理、党组成员程念高出席会议并讲话，集团公司党组成员、副总经理陈建华主持会议。

1月14日

集团公司党组成员、副总经理陈建华在集团总部会见了中国电力工程顾问集团西南电力设计院院长宋培庆、党委书记李蕾，双方就进一步加强合作交换了意见。

1月15日

集团公司召开党组会，传达学习第十八届中央纪委五次全会精神，研究贯彻落实措施。集团公司董事长、党组书记李庆奎主持会议，在京公司领导程念高、辛保安、邓建玲、陈建华、王怀书、蒋亮平出席会议。

1月15日

新疆维吾尔自治区人民政府正式批复华电昌吉英格玛电厂（2×660MW）项目符合核准条件，同意开工建设。

1月19~21日

集团公司2015年工作会在山东济宁市召开。会议深入贯彻落实党的十八大、十八届三中、四中全会和中央经济工作会议、中央企业和地方国资委负责人会议精神，总结2014年工作，分析面临的形势，谋划未来发展，部署2015年任务。国务委员王勇，国资委主任、党委书记张毅分别做出重要批示。国务院派驻集团公司监事会主席熊志军出席会议并讲话。国务院国资委政策法规局副局长肖福泉代表国资委出席会议。集团公司董事长、党组书记李庆奎，集团公司董事、总经理、党组成员程念高，公司领导任书辉、辛保安、邓建玲、陈建华、王怀书、蒋亮平出席会议。

会上，集团公司主要领导与部分企业负责人签订了《2015年度绩效目标合同》。会议表彰了2014年度各类先进典型，印发了区域公司“做实”、基层企业“强基”工作指引。集团总部4个部门做了专题发言，系统10家单位做了交流发言。与会代表还就董事长、总经理讲话进行了分组讨论。

会议期间，公司领导李庆奎、程念高、任书辉、辛保安、邓建玲、陈建华会见了济宁市委书记马平昌，市委常委、副市长周洪，副市长石爱作等一行，双方就进一步加强合作、推动发展进行了交流。会前，与会代表还到邹县电厂进行了现场观摩。

1 月 22 日

全国政协副主席、全国总工会副主席马培华率全国政协调研组一行 30 余人到国内首家“超低排放”电厂——河北华电石家庄裕华热电有限公司调研节能减排工作。

1 月 23 日

集团公司董事长、党组书记李庆奎，集团公司党组成员、副总经理任书辉，集团公司党组成员、总会计师王怀书在福州市会见了福建省委书记尤权，省委副书记、省长苏树林，常务副省长张志南，双方就深化合作、加快推进有关项目进行了交流。

1 月 23 日

集团公司在湖南省长沙市召开“多相流高效分离技术成果发布暨推广应用现场会”。集团公司党组成员、副总经理邓建玲、北京市科委人才中心部长许宏霞出席会议并讲话。

1 月 23~24 日

集团公司党组成员、副总经理任书辉，集团公司党组成员、总会计师王怀书分别深入福建平潭综合实验区现场，了解项目有关情况，并要求各单位认真落实协议内容，稳步推进项目发展，探讨后期开发模式，促进区域可持续发展。

1 月 26 日

国电南自 2015 年工作会暨职代会在南京浦口高新科技园召开。集团公司党组成员、副总经理邓建玲出席会议并讲话。

1 月 26 日

华电清洁能源公司 2015 年工作会议在京召开。集团公司董事、总经理、党组成员，清洁能源公司董事长程念高出席会议并讲话。

1 月 27 日

集团公司党组成员、副总经理任书辉在集团总部会见了印尼国家电力公司财务董事萨沃诺、计划董事穆塔克一行，双方就进一步深化合作进行了交流。

1 月 27~28 日

华电国际电力股份有限公司 2015 年工作会议在北京召开。集团公司董事长、党组书记、华电国际董事长李庆奎做批示，集团公司党组成员、副总经理、华电国际总经理陈建华出席会议并讲话。

1 月 28 日

集团公司董事、总经理、党组成员程念高，集团公司党组成员、副总经理邓建玲在京会见了四川省能源投资集团有限责任公司董事长郭勇，并出席了双方战略合作框架协议签字仪式。

1 月 28~29 日

华电煤业集团公司在京召开 2015 年工作会议暨一届一次职代会。集团公司董事、总经理、党组成员程念高出席会议并讲话。

1 月 28~30 日

集团公司党组成员、总会计师王怀书赴俄罗斯，对俄罗斯电力市场及阿尔汉格尔斯克热电厂生产经营情况进行调研。

王怀书先后与俄罗斯阿尔汉格尔斯克州州长、俄罗斯第二地区电力公司、俄罗斯外经银行等当地政府和机构进行了会谈，了解俄罗斯电力市场情况，并就进一步深化合作进行了探讨。调研期间，王怀书还到阿尔汉格尔斯克热电厂，了解该厂生产经营情况，要求华电香港公司进一步细化对阿尔汉格尔斯克热电厂的尽职调查工作。

1 月 29 日

集团公司与法国电力集团（EDF Group）在北京签署合作框架协议。

中国国务院总理李克强、法国总理瓦尔斯见证签字仪式。集团公司董事长、党组书记李庆奎，法国电力集团董事长兼总经理乐威分别代表双方签字。签约仪式前，集团公司董事、总经理、党组成员程念高与法国电力集团高级执行副总裁兼亚太区总裁马识路进行了友好会谈，双方就执行好协议内容、进一步拓展合作领域等具体事宜作了深入交流。

1 月 29 日

集团公司董事长、党组书记李庆奎，集团公司党组成员、副总经理任书辉，集团公司党组成员、副总经理陈建华在集团总部会见了广东省湛江市委书记刘小华，市委常委、常务副市长赵志辉，双方就加快推进有关项目进行了深入交流，并见证了合作协议签字仪式。

1月29日

集团公司党组成员、副总经理陈建华在集团总部会见了中国电力工程顾问集团中南电力设计院院长关业林，双方就进一步加强合作交换了意见。

1月29~30日

华电工程（集团）有限公司召开2015年工作会议。集团公司党组成员、副总经理邓建玲出席会议并讲话。

1月30日

集团公司党组成员、副总经理辛保安在集团总部会见了韩国SK中国高级副总裁李新明一行，双方就开展LNG领域合作、加强企业文化交流等进行了友好会谈。

2月

2月2日

集团公司在总部召开老干部座谈会。集团公司董事长、党组书记李庆奎，老领导贺恭、迟文江等出席座谈会。

2月2~4日

集团公司董事、总经理、党组成员程念高到华电贵州区域企业调研，代表集团公司党组和李庆奎董事长向广大干部职工致以新年的问候与祝福。

程念高深入贵州华电安顺华荣投资有限公司杨柳田煤矿、贵州华电华和能源有限公司水城县比德丰源煤矿、乌江水电站远程集控中心、黔源电力光照发电厂生产现场，查看煤炭开采、机组运行、水电站生产调度等情况，听取工作汇报，看望慰问一线干部职工和基层特困职工代表，并对下一步工作提出要求。

2月3日

集团公司董事长、党组书记李庆奎，集团公司党组成员、副总经理任书辉在总部会见了俄罗斯联邦能源部副部长克拉夫琴科，双方就进一步加强合作进行了交流。

2月3日

集团公司直属党委在京召开2015年度党建工作座谈会，学习贯彻习近平总书记重要讲话精神和集团公司2015年工作会议精神，部署直属党委系统2015年工作。

集团公司董事长、党组书记李庆奎对直属党委工作做重要批示；集团公司党组成员、副总经理、直属党委书记辛保安在会上作讲话，并代表直属党委与直属各党委、党支部签订党风廉政建设责任书。

2月3日

华电财务有限公司召开2015年工作会议。集团公司党组成员、总会计师王怀书出席会议并讲话。

2月3~4日

集团公司党组成员、副总经理邓建玲到华电内蒙古、山西区域企业调研，看望慰问广大干部员工。

邓建玲深入山西忻州广宇煤电公司、华电蒙能包头发电公司、包头东华热电公司生产现场，了解企业生产经营情况，听取工作汇报，肯定了各公司2014年取得的成绩，并对下一步工作提出要求。

2月5日

根据中央巡视工作领导小组的部署，中央第十一巡视组向集团公司反馈巡视情况。中央第十一巡视组组长张化为代表巡视组向集团公司领导班子进行了反馈，李庆奎主持会议并作表态发言。

中央巡视领导小组办公室有关负责人及巡视组有关成员出席反馈会。中国华电集团公司党组领导班子成员出席会议，集团各部门副职以上干部和二级公司党政正职列席会议。

2月5日

集团公司董事长、党组书记李庆奎主持召开党组会，传达学习中央领导关于巡视工作的重要指示精神，研究专项巡视反馈意见整改落实工作安排。公司党组成员程念高、任书辉、辛保安、邓建玲、陈建华、王怀书、蒋亮平同志出席会议。

2月5~6日

集团公司干部人事档案专项审核工作启动暨培训会议在总部召开，贯彻落实全国组织部长会议和全国干部人事档案专项审核会议精神，部署干部人事档案专项审核工作。

2月6日

集团公司2015年工会工作会议在京召开。集团公司董事长、党组书记李庆奎作重要批示，集团公司党组成员、副总经理、工委主任辛保安出席会议并作工作报告。

2月6日

集团公司党组成员、副总经理任书辉在总部会见了国家电网公司党组成员、副总经理王敏，双方就进一步加强协调、推进发展交换了意见。

2月9日

集团公司党组纪检组召开2015年第二次集体学习（扩大）会议，传达学习习近平总书记关于中央专项巡视工作的重要讲话精神以及中央纪委领导同志讲话精神，通报了中央巡视组反馈意见情况。

2月10日

集团公司董事、总经理、党组成员程念高，集团公司党组成员、副总经理陈建华在集团总部会见了东方电气集团有限公司总经理斯泽夫、党组成员温枢刚一行，双方就进一步加强合作交换了意见。

2月10日

集团公司召开煤矿企业财务预算核算提升专题会议。集团公司党组成员、总会计师王怀书出席并讲话。

2月10日

全球契约中国网络年会暨全球契约中国最佳实践颁奖仪式在京举行，凭借在社会责任领域做出的努力和取得的成绩，集团公司《不断创新和丰富社会责任报告形式与内容》获评2014全球契约中国“社会责任管理与报告最佳实践”案例奖，并录入《2014全球契约中国网络年鉴》在全球发布。

2月12日

在羊年春节即将来临之际，集团公司在总部举行2015年春节团拜会。集团公司领导李庆奎、程念高、任书辉、辛保安、邓建玲、陈建华、王怀书、蒋亮平，与总部和在京单位员工齐聚一堂、共庆佳节，互致新年祝福。

2月13日

集团公司召开2015年反腐倡廉建设工作会议，学习贯彻十八届中央纪委第五次全会和中央企业反腐倡廉建设工作会议精神，落实中央第11巡视组专项巡视反馈的意见和要求。集团公司董事长、党组书记李庆奎出席会议并讲话，集团公司董事、总经理、党组成员程念高主持会议，公司领导任书辉、辛保安、邓建玲、陈建华、王怀书出席会议，集团公司党组成员、党组纪检组组长蒋亮平做工作报告。

2月15日

集团公司董事长、党组书记李庆奎，集团公司党组成员、副总经理陈建华在总部会见了中国能源建设集团有限公司董事长、党委书记汪建平，总经理、党委副书记、董事丁焰章，党委常委、副总经理赵洁一行，双方就进一步加强合作进行了交流。

2月15日

集团公司董事、总经理、党组成员程念高，集团公司党组成员、副总经理任书辉在总部会见了中国电建集团公司董事长、总经理、党委副书记，中国电建股份董事长、党委副书记晏志勇一行，双方就继续加强合作等事宜交换了意见。

2月15日

国务院派驻集团公司监事会主席熊志军到华电湖北公司慰问调研，向湖北区域广大干部员工及家属致以新春的问候与祝福。

熊志军听取了湖北公司的工作汇报，对湖北公司2014年各项工作取得的成绩给予肯定，并对下一步工作提出要求。

2月16日

集团公司董事长、党组书记李庆奎，集团公司党组成员、副总经理陈建华在济南市会见了山东省委书记、山东省人大常委会主任姜异康，山东省委常委、省委秘书长、省政协副主席雷建国，山东省副省长、省政府党组成员于晓明，双方就进一步加深合作进行了深入交流。

在鲁期间，李庆奎一行前往华电章丘发电有限公司慰问调研，深入该公司燃料质检部、集控室等生产场所，与一线员工亲切交谈，并对下一步工作提出要求。

2月16~17日

集团公司董事、总经理、党组成员程念高到华电湖南区域企业慰问调研，代表集团公司党组对湖南区域广大干部员工的辛勤工作表示衷心的感谢，祝愿他们新春愉快，幸福安康。

程念高先后深入湖南分公司本部、常德项目基建现场，详细了解企业生产经营、项目发展、页岩气开发和工程进展情况，亲切慰问一线干部职工，充分肯定了湖南区域企业2014年在项目建设发展和新能源开发等方面取得的成绩，并对下一步工作提出要求。

在湘期间，程念高还分别会见了湖南省能源局及常德市委、市政府主要领导，并与各方就加强合作等事宜深入交换了意见。

2月17日

黑龙江省委副书记、省长陆昊一行到哈尔滨热电有限责任公司，看望慰问节日期间奋战在一线的干部职工，代表省委、省政府，向他们致以新春的祝福和节日的问候。

2月25日

“春节”长假后上班第一天，集团公司董事长、党组书记李庆奎，集团公司董事、总经理、党组成员程念高先后到总部各部门及驻总部大楼各单位看望慰问，代表集团公司党组送上新春问候和新年勉励。

2月26日

集团公司董事、总经理、党组成员程念高在总部会见了韩国SK集团总裁曹大植，双方就加强合作交换了意见。

2月28日

在人民大会堂举行的全国精神文明建设工作表彰暨学雷锋志愿服务大会上，集团公司系统10家企业荣获第四届全国文明单位称号，黔源公司党委书记、董事长刘靖作为集团公司获奖单位代表，与其他代表一起受到习近平、刘云山等中央领导同志的亲切接见。

3月

3月4日

集团公司董事长、党组书记李庆奎，集团公司党组成员、副总经理任书辉在集团总部会见了湖南省岳阳市委书记卿渐伟，市委副书记、市长盛荣华，双方就有关事项进行了交流。

3月4日

集团公司“幸福行动”推进会召开。集团公司党组成员、副总经理辛保安，团中央青年志愿者工作部部长、中国青年志愿者协会副会长兼秘书长杨松，国务院国资委宣传局副局长、文明办主任韩天等出席会议。

3月6日

集团公司董事长、党组书记李庆奎到华电煤业集团有限公司调研，了解企业在安全生产、经营发展和深化改革等方面开展的工作，与企业中层以上干部进行座谈交流，并对下一步工作提出要求。

3月10日

集团公司ERP（一期）推广项目启动会在华电蒙能包头发电分公司召开。集团公司董事、总经理、党组成员程念高出席会议并讲话，集团公司党组成员、副总经理辛保安主持会议。

3月10~13日

集团公司党组成员、副总经理邓建玲到华电四川区域企业调研，并在成都市会见了四川省能源投资集团有限责任公司董事长郭勇、总经理张志远。

邓建玲到广安公司生产现场，了解企业生产经营和环保、技术改造等工作情况，看望慰问一线干部员工，对四川区域企业2014年和今年以来各项工作给予肯定，并对下一步工作提出要求。

3月11日

集团公司董事长、党组书记李庆奎，集团公司党组成员、副总经理任书辉在集团总部会见了印度尼西亚国有企业部部长莉尼及印尼7个大型国有企业负责人，双方就加快推进华电印尼项目、进一步拓展合作领域等事宜交换了意见。

3月11日

集团公司党组成员、副总经理辛保安到华电包头东华热电有限公司调研，了解企业生产经营、企业文化、群众路线教育实践活动、7S管理、劳动用工和蒙西电网电力体制改革试点等工作开展情况，并对下一步工作提出要求。

3月12~14日

集团公司党组成员、副总经理任书辉到华电广东区域企业调研。

任书辉先后到深圳坪山、顺德西部产业园、佛山三水和江门LNG接收站等项目现场，听取工作汇报，了解企业生产经营情况和各项目进展情况，肯定了各公司2014年取得的成绩，并对下一步工作提出要求。

3月17日

集团公司党组成员、副总经理陈建华在集团总部会见了来访的西门子有限公司董事会成员戴俪丝女士，双方就进一步加强合作交换了意见。

3 月 17~19 日

集团公司党组成员、副总经理邓建玲到华电浙江区域企业调研。

邓建玲先后到下沙公司和华电电科院，了解企业生产经营及新技术研发应用情况，对浙江区域企业在战略发展、生产经营、节能环保等各方面工作给予充分肯定，并对下一步工作提出要求。

3 月 17~20 日

集团公司董事、总经理、党组成员程念高赴新加坡调研并考察 BG、BP 集团新加坡公司，调研 LNG 产业发展状况和运行机制，推动与有关企业的深入合作，促进集团公司稳步实施“走出去”和“两片一链”战略。

调研期间，程念高先后会见了 BG 集团全球能源市场与运输业务总裁史蒂夫·希尔、BP 集团司库阿兰·海伍德，考察了新加坡裕廊岛 LNG 接收站。

3 月 18 日

集团公司党组中心组举行全国“两会”精神专题学习（扩大）会。集团公司董事长、党组书记李庆奎主持学习会并作重要讲话，在京公司领导辛保安、陈建华、王怀书、蒋亮平参加学习。国务院国资委研究中心主任楚序平应邀作专题辅导。

3 月 18 日

集团公司党组成员、副总经理陈建华在集团总部会见了广西贵港市委副书记、市长李新元，双方就深化合作、加快推进有关项目进行了交流。

3 月 22 日

集团公司董事长、党组书记李庆奎，集团公司党组成员、副总经理邓建玲在集团总部会见了 ABB 集团总裁兼首席执行官史毕福，双方就进一步深化合作进行了交流。

3 月 23~24 日

集团公司首次供热工作现场会在哈尔滨召开。集团公司董事、总经理、党组成员程念高出席会议并讲话，集团公司党组成员、副总经理陈建华主持会议。

3 月 24~25 日

国务院派驻集团公司监事会主席熊志军到华电广东区域企业调研。

熊志军到广州大学城公司生产一线，听取广东分公司、清洁能源公司和大学城公司的工作汇报，了解华电在广东区域的生产经营、项目发展情况，对各单位取得的成绩给予肯定，并对下一步工作提出要求。

3 月 25 日

福建省委书记尤权到福建华电可门发电公司调研。

尤权一行考察了可门发电公司三期项目场地、二期生产现场、7S 管理展厅，详细了解该公司生产经营发展情况，对该公司积极履行社会责任、不断推进发展升级、促进地方经济社会发展等工作给予充分肯定，并对下一步工作提出要求。

3 月 27 日

集团公司董事、总经理、党组成员程念高在陕西榆林市会见了陕西省委书记赵正永，省委副书记、省长娄勤俭，并出席了在榆林召开的第十三次陕北能源化工基地建设座谈会。

3 月 27 日

集团公司党组成员、副总经理任书辉出席了在人民大会堂举行的中国—印度尼西亚经济合作论坛，并见证了华电印尼玻雅 2×660MW 燃煤电站项目的融资协议签约仪式。

3 月 30 日

全国人大副委员长沈跃跃带领全国人大常委会大气污染防治法执法检查组，到河北华电石家庄裕华热电有限公司开展大气污染防治法执法检查落实情况跟踪调研，认为该公司积极落实新《环保法》，大力实施环保技改，转型绿色发展，节能减排效果明显。

河北省委副书记、省长张庆伟，省人大常委会党组副书记、省总工会主席王增力等省领导随检查组参加调研。

3 月 30 日

华电国际电力股份有限公司在京召开七届七次董事会。集团公司董事长、党组书记李庆奎主持会议并讲话，集团公司党组成员、副总经理陈建华出席会议。

3 月 31 日

中央电视台、中新社等中央媒体采访了集团公司董事长、党组书记李庆奎，对集团公司积极融入国家“一带一路”战略、大力实施“走出去”的做法进行报道。

3 月 31 日

集团公司煤炭产业 7S 管理现场推进会在华电

煤业山西锦兴能源有限公司召开，部署推进煤炭产业的7S管理工作，推动煤炭产业实现安全高效发展。集团公司董事、总经理、党组成员程念高出席会议并讲话。

3月31日

集团公司企业年金理事会四届三次会议在京召开。集团公司党组成员、副总经理辛保安出席会议并讲话。

3月31日~4月1日

集团公司党组成员、总会计师王怀书到华电山西能源有限公司调研，了解企业生产经营和资产、资金管理等情况，对山西能源公司在优化产业结构、寻求发展突破等方面的工作做法给予充分肯定，并对下一步工作提出要求。

4月

4月1日

全国政协副主席、民建中央常务副主席马培华带领“推进京津冀协同发展中的大气污染防治”专题调研组到天津军粮城公司调研。

马培华实地考察了军粮城公司机组实时环保在线监测情况，听取有关工作汇报，充分肯定了该公司在全力实施机组环保改造取得的突出成绩，并对下一阶段工作提出要求。

全国政协常委、民建中央副主席、环境保护部副部长吴晓青等陪同调研。

4月2日

山西省委副书记、省长李小鹏到华电朔州公司调研指导工作。

李小鹏深入工程建设现场，了解工程在节能、超低排放等方面采取的措施，听取了华电在晋、在朔发展规划报告，充分肯定该项目在节能环保方面的成功做法，高度评价华电在晋企业促进当地经济建设和社会发展做出的重要贡献，并对下一阶段工作提出要求。

4月2日

集团公司召开2015年防汛暨一季度安全视频会议。集团公司董事、总经理、党组成员程念高出席会议并讲话。

4月6日

印度尼西亚总统佐科在总统府接见了华电香港公司负责人，表示将全面支持华电在印尼的发展，希望华电更多地参与到印尼能源电力建设中来。

4月8~9日

集团公司2015年新能源工作座谈会在宁夏银川召开，安排部署2015年新能源产业改革发展、运营管理、效益提升等工作。集团公司董事、总经理、党组成员程念高出席会议并讲话。

4月9日

首届“中国电力楷模”选树活动发布会上，集团公司系统共6名职工获“中国电力楷模”“中国电力楷模提名奖”荣誉。

4月10日

集团公司依法治企工作会暨季度工作例会在京召开。会议贯彻党的十八届三中、四中全会精神和中央近期一系列决策部署，落实中央企业法制工作会议精神，总结一季度工作，布置下阶段任务，全面安排集团公司依法治企工作。

集团公司董事长、党组书记李庆奎出席会议并讲话，集团公司董事、总经理、党组成员程念高主持会议，在京公司领导任书辉、邓建玲、陈建华、王怀书、蒋亮平出席会议。国务院派驻集团公司监事会专职监事郭志红出席。

4月13日

集团公司党组成员、副总经理陈建华在集团总部会见了GE公司副总裁、GE发电与水处理集团全球发电业务总裁兼CEO维克托·埃贝特，双方就进一步加强合作交换了意见。

4月13~15日

集团公司董事长、党组书记李庆奎到华电江苏区域企业调研，重点了解该区域项目发展、深化改革及新能源产业发展情况。

李庆奎先后调研了华电物流与燃机服务中心、通州湾规划馆、昆山热电燃机项目现场和江苏LNG接收站，听取了江苏公司、清洁能源公司工作汇报，对江苏公司和清洁能源公司的工作成绩和精神状态给予充分肯定，并对下一步工作提出要求。

4月16日

国务院国资委召开中国华电集团公司建设规范董事会工作会议，宣布国资委聘任的华电集团外部董事，标志着集团公司规范董事会正式组建运行，也标志着集团公司向建立现代企业制度、建设世界一流企业迈出了新的步伐。

国资委副主任孟建民、监事会主席熊志军出席会议并讲话；国资委企业改组局局长李冰主持会议；中组部干部五局副局长么志宏、国资委企业领导人员管理一局副局长肖宗辉出席会议。集团公司董事长、党组书记李庆奎代表董事会发言；集团公司董事、总经理、党组成员程念高，外部董事郑宝森、文传甫、孙晓民、彭辰，在京公司领导任书辉、邓建玲、陈建华、王怀书、蒋亮平出席会议。

4月17日

国家发展和改革委召开全国电力体制改革工作电视电话会议。发改委党组书记、主任徐绍史，委党组成员、副主任、国家能源局局长努尔·白克力出席会议并讲话，委党组成员、副主任连维良主持会议。集团公司董事长、党组书记李庆奎出席会议，并就做好《改革意见》的贯彻落实作发言。

4月17日

2015年央企广西行暨合作项目签约仪式在南宁举行，集团公司董事、总经理、党组成员程念高应邀出席仪式。

在桂期间，程念高分别深入广西能源公司本部、南宁江南能源站，实地察看企业发展情况，听取有关工作汇报，肯定成绩，并对下一步工作提出要求。

4月17日

集团公司党组成员、总会计师王怀书到河北华电裕华公司调研资产管理情况。

王怀书深入该公司生产现场，查阅了有关资料，了解企业生产经营情况，充分肯定了该公司的基础工作，并对下一步工作提出要求。

4月19日

山西省委副书记、省长李小鹏，省委常委、常务副省长高建民到华电忻州广宇煤电有限公司，调研项目前期工作及工程建设情况。

李小鹏实地考察了广宇公司二期2×350MW热电机组工程施工现场，听取了有关项目前期工作及工程建设情况的汇报，对华电企业近年来为山西省做出的贡献表示感谢，并对下一步工作提出要求。

4月20日

集团公司党组成员、副总经理辛保安到华电陕西公司调研，了解该公司经营发展、依法治企、党的建设等工作情况，并对下一步工作提出要求。

4月21日

集团公司董事、总经理、党组成员程念高在集团总部会见了中石化党组成员、高级副总裁王志刚，双方就加强合作进行了交流。

4月22日

集团公司2015年审计工作会议在京召开。集团公司董事、总经理、党组成员程念高出席会议并讲话。

4月22~23日

集团公司董事长、党组书记李庆奎到华电湖北区域企业调研，了解该区域在节能环保、项目发展、工程建设、深化改革及党的建设等方面工作开展情况，并对下一步工作提出要求。

4月23日

集团公司党组成员、党组纪检组组长蒋亮平到华电天津军粮城公司调研检查工作。

蒋亮平先后来到军粮城公司集控室及燃料质检部、电气检修车间，查看机组运行、烟气排放、基础管理等情况，对该公司机组环保改造效果和7S管理成效表示肯定，并对下一步工作提出要求。

4月23~24日

集团公司董事长、党组书记李庆奎到华电川藏区域企业调研。

李庆奎参观了四川公司企业文化展厅，听取了四川公司、金上公司、西藏分公司的工作汇报，重点了解了三家企业的当前运营、发展情况和未来发展规划，对川藏区域企业在扭亏增盈、结构调整、深化改革和推进水电项目开发方面取得的成绩给予肯定，并对下一步工作提出要求。

4月27日

集团公司党组成员、副总经理邓建玲出席华电科研总院能源互联网研讨会，并与参会人员一道，对能源互联网、科技交流服务平台等内容进行研讨。

4月27~30日

国务院派驻集团公司监事会主席熊志军到怒江项目现场调研。

熊志军一行实地察看了赛格水电站、亚碧罗水电站、马吉水电站、贡山县城、六库水电站、小沙坝移民安置点以及六丙公路一期工程，听取了怒江公司的工作汇报，了解了怒江水电开发前期工作情况和当前存在的困难和问题，对怒江公司多年来积极推动怒江水电开发所取得的成绩给予肯定，并对下一步工作提出要求。

4月28日

2015年庆祝“五一”国际劳动节暨表彰全国劳动模范和先进工作者大会在北京人民大会堂隆重召开，中共中央总书记、国家主席、中央军委主席习近平在会上发表重要讲话，公司系统7名职工荣获“全国劳动模范”称号。

4月28日

集团公司董事、总经理、党组成员程念高，集团公司党组成员、副总经理陈建华在集团总部会见了哈尔滨电气集团公司董事长、党委书记邹磊，党委常委、副总经理吴伟章，党委常委、纪委书记白绍桐一行，双方就进一步加强合作等事宜交换了意见。

4月28日

集团公司党组成员、副总经理任书辉在总部会见了来访的福建省宁德市委书记廖小军一行，双方就推进华电周宁项目等事宜交换了意见。

4月28日

集团公司“五四”表彰大会暨青年成长论坛在华电高培中心举办。集团公司党组成员、副总经理辛保安出席论坛，为第二届“青年五四奖章”获得者颁奖，并热情寄语青年。

4月29日

集团公司董事、总经理、党组成员程念高，集团公司党组成员、副总经理任书辉在集团总部会见了来访的秘鲁阿苏尔公司总裁胡安·马努埃尔，双方就有关水电项目合作开发事宜交换了意见。

4月29日

集团公司湿式静电除尘技术推广会在华电天津军粮城电厂召开。集团公司党组成员、副总经理邓建玲出席会议并讲话。

5月

5月6日

尼泊尔8.1级地震造成西藏临近地区受灾，为支持灾区人民抗震救灾，彰显中央企业社会责任，集团公司向西藏地震灾区捐款100万元。

5月7日

国务院派驻集团公司监事会主席熊志军到湖北华电襄阳发电有限公司调研。熊志军到襄阳公司生产一线听取工作汇报，了解公司当前发展存在的困难及下一步工作安排，充分肯定了襄阳公司生产经营管理工作取得的成绩，并对下一步工作提出要求。

5月7日

中国水力发电工程学会和国务院发展研究中心联合组织的“新常态下中国水电可持续发展政策研究”课题研究调研组到华电金沙江上游水电开发公司调研。

5月8日

贵州省副省长王江平到华电东风发电厂进行水电厂防汛工作专题调研，检查该厂安全生产、防洪度汛等工作，并召开防汛专题会，听取乌江公司和其他发电集团在黔企业和政府有关部门的工作汇报，对防汛工作提出要求。

5月8日

华电陕西能源有限公司与泛海能源控股股份有限公司（简称泛海能源公司）在北京签订了《开发建设陕北红墩界煤电一体化项目合作协议》。

5月12日

集团公司与上海申能能源科技有限公司在上海签订节能减排新技术应用合作框架协议。集团公司党组成员、副总经理邓建玲出席签约仪式并发表讲话。

在沪期间，邓建玲一行还到上海华电集科分布式能源有限公司和中国华电集团清洁能源有限公司华东公司筹备处调研。

5月13日

集团公司董事长、党组书记李庆奎带头为公司系统上了一堂“三严三实”专题教育党课，以此为标志，集团公司“三严三实”专题教育正式启动。在京集团公司领导程念高、任书辉、蒋亮平在总部参加党课，集团公司党组成员、副总经理辛保安主持党课。

5月13日

集团公司董事、总经理、党组成员程念高在集团总部会见了法国ENGIE集团副总裁兼首席运营官伊莎贝拉·高珊女士，双方就进一步深化合作交换了意见。

5 月 13 日

集团公司党组成员、副总经理任书辉在总部会见了六安市委书记、市人大常委会主任孙云飞，市委常委、副市长束学龙一行，双方就推进六安项目发展等事宜交换了意见。

5 月 15 日

集团公司第一届董事会第一次会议在公司总部召开，标志着集团公司在构建现代企业制度、完善法人治理结构的进程中迈出重要一步。集团公司董事长、党组书记李庆奎，集团公司董事、总经理、党组成员程念高，外部董事郑宝森、文传甫、孙晓民、彭辰出席会议。国务院派驻集团公司监事会主席熊志军、国务院国资委改组局处长陈栋梁，在京公司领导任书辉、辛保安、邓建玲、蒋亮平列席会议。

会议听取了公司章程、董事会制度制定情况的说明，审议通过了《公司章程》，审议批准了《董事会议事规则》等基本管理制度，批准设立董事会提名委员会、薪酬与考核委员会、审计与风险管理委员会、战略委员会等四个专门委员会，同意王绪祥为集团公司董事会秘书人选。

5 月 16 日

集团公司党组成员、副总经理辛保安在集团公司党校与公司第二期基层党组织书记培训班的学员进行座谈，要求广大党员干部充分认识“三严三实”专题教育的重要意义，把崇德修身放在更加突出的位置，明大德、守公德、严私德，不断提高自己的思想境界，培养高尚情操，以人格魅力赢得职工群众信任和拥护，取得事业成就，实现人生最大价值。

5 月 19 日

陕西省委书记、省人大常委会主任赵正永到华电榆横煤电公司小纪汗煤矿调研。赵正永一行到小纪汗煤矿调度室，了解榆横煤电一体化项目的生产经营情况，听取华电煤业在榆发展情况汇报，对华电在榆投资建设发展所取得的成绩给予充分肯定，并对下一步工作提出要求。

5 月 19~20 日

集团公司 2015 年管理创新成果评审会在京召开。集团公司党组成员、副总经理辛保安出席开幕式并讲话。

5 月 20 日

集团公司第八份社会责任报告——《2014 年社会责任报告》在京发布，这也是集团公司发布的第三份“五星级”社会责任报告。

5 月 21 日

集团公司董事长、党组书记李庆奎，集团公司党组成员、副总经理陈建华在太原市会见了山西省委副书记、省长李小鹏。

调研期间，李庆奎、陈建华一行到山西能源公司本部，听取工作汇报，了解企业生产经营情况。李庆奎充分肯定了山西能源公司的各项工作，并对下一步工作提出要求。

在晋期间，李庆奎、陈建华一行还会见了忻州市委副书记、市长郑连生，就有关事宜交换了意见。

5 月 21~22 日

集团公司人力资源工作会议在京召开。集团公司董事、总经理、党组成员程念高，集团公司党组成员、副总经理辛保安出席会议。

5 月 25 日

集团公司党组成员、副总经理陈建华到重庆奉节电厂调研。陈建华一行深入奉节电厂现场，实地查看工程建设情况，听取奉节电厂工作汇报，了解工程建设面临的困难，充分肯定了该厂各项工作取得的成绩，并对下一步工作提出要求。

5 月 25~26 日

集团公司第一、第二巡视组分别进驻华电工程和资本控股公司，开展今年第三轮全面巡视。集团公司党组成员、纪检组长蒋亮平出席巡视华电工程动员大会并讲话。

5 月 26 日

集团公司董事、总经理、党组成员程念高在集团总部会见了常德市委书记王群，市委副书记、市长周德睿，市委常委、副市长赵建国，副市长沈习森等一行，双方就加快推进有关项目进行了交流。

5 月 26 日

集团公司召开《华电法典》发布会。集团公司党组成员、副总经理、总法律顾问辛保安出席发布会并讲话。

5 月 26~27 日

集团公司 2015 年火电项目基建工作现场会在重庆万州召开。集团公司党组成员、副总经理陈建华出席会议并讲话。

5月27日

集团公司水电企业7S管理现场推进会在乌江公司构皮滩发电厂召开。集团公司董事、总经理、党组成员程念高出席会议并讲话。

5月28日

集团公司党组成员、副总经理任书辉在集团总部会见了法国法兴银行自然资源和能源融资全球主管佛德里克先生一行，双方就加强能源领域的合作进行了探讨。

5月28~31日

第十八届中国（重庆）国际投资暨全球采购会（渝洽会）在重庆国际博览中心隆重开幕。集团公司党组成员、副总经理邓建玲应邀出席开幕式。

开幕仪式前，邓建玲与前来参会的电力系统企业负责人一道会见了重庆市委副书记、市长黄奇帆，并就加强合作进行了友好交流。

在渝期间，邓总一行还会见了国网重庆市电力公司总经理、党组副书记路书军。

6月

6月1日

集团公司董事长、党组书记李庆奎在集团总部会见了陕西省榆林市委副书记、市长陆治原，双方就进一步深化合作进行了交流。

6月2~4日

集团公司外部董事郑宝森、文传甫、孙晓民、彭辰一行赴内蒙古区域调研。

调研期间，外部董事一行实地考察了包头公司、巴音风光电场、蒙西新能源集控中心和不连沟煤矿的生产建设现场，与干部员工沟通交流；听取内蒙古公司、华电煤业整体经营发展情况的汇报，对内蒙古区域和煤炭企业改革发展、经营管理等工作给予高度评价，并就下一步工作提出要求。

6月3~4日

集团公司党组成员、副总经理辛保安到华电在沪企业调研，并主持召开华东片区党建工作座谈会。

辛保安到华远星海运有限公司、上海奉贤燃机发电有限公司、上海华电闵行能源有限公司等单位生产现场、车间班组和党建工作阵地，与干部员工座谈交流，听取华东片区7家区域公司党建工作情况汇报，并对下一步工作提出要求。

6月5日

集团公司精神文明建设经验交流暨道德讲堂观摩视频会召开。集团公司党组成员、副总经理辛保安出席会议并讲话，国务院国资委宣传局局长卢卫东、中央文明办有关领导应邀出席。

6月5日

集团公司目前最大海外投资项目——印尼巴厘岛3×142MW燃煤电厂项目1号机组顺利通过168h满负荷试运行，正式投产发电。

6月8日

集团公司董事、总经理、党组成员程念高在集团总部会见了广东省惠州市委书记、市人大常委会主任陈奕威，双方就加强合作进行了交流。

6月8~10日

集团公司党组成员、副总经理辛保安到华电京津片区企业调研基层党建工作。

6月9~11日

国务院派驻集团公司监事会主席熊志军到华电福建区域企业调研。

熊志军到生产现场实地考察，与一线员工交流，召开座谈会听取工作汇报，并对下一步工作提出要求。

6月10日

由集团公司与中国城市燃气协会分布式能源专委会、通用电气（中国）有限公司共同举办的“开启分布式能源的未来”战略峰会在上海开幕。集团公司董事、总经理、党组成员程念高，集团公司党组成员、副总经理邓建玲，通用电气高级副总裁斯蒂夫·伯兹、段小缨等出席。峰会同期举行了莘庄工业区分布式能源二期项目启动典礼。

活动期间，程念高、邓建玲会见了上海闵行区区委常委、副区长张国坤，上海莘庄工业区党工委书记、园区开发公司董事长王备军等。邓建玲一行还视察了华电莘庄工业园分布式能源站。

6月10日

集团公司火电企业“强基”暨7S管理总结推进现场会在宁夏银川召开。集团公司党组成员、副总经理陈建华出席会议并讲话。

6月11日

集团公司党组成员、副总经理邓建玲到华电电力科学研究院调研。

邓建玲先后到集团公司水电技术中心、国家

能源分布式能源技术研发（实验）中心微能源网实验平台，了解新技术研发、应用情况，并对下一步工作提出要求。

6 月 12 日

集团公司与中国联通网络信息安全专家论坛暨网络安全统一管控项目签约仪式在京举行。国资委、公安部和能源局等主管部门领导，集团公司董事长、党组书记李庆奎，集团公司董事、总经理、党组成员程念高，集团公司党组成员、副总经理辛保安和中国联通集团董事长常小兵、副总经理姜正新出席仪式。签约仪式后，有关专家向与会人员做了关于网络信息安全方面的专题讲座。

6 月 12 日

中央企业助推贵州经济发展座谈会暨签约仪式在贵阳举行。集团公司党组成员、副总经理陈建华出席座谈会，并见证了有关项目协议的签字仪式。

6 月 15 日

集团公司召开“十三五”发展规划编制工作座谈会，听取各有关部门及单位意见建议。集团公司董事长、党组书记李庆奎主持会议，在京领导程念高、任书辉、辛保安、邓建玲、陈建华、蒋亮平出席会议。

6 月 16 日

集团公司 ERP 试点单位业务财务支付一体化单轨运行验收暨 ERP 推广月度会在江苏华电扬州公司召开。集团公司董事、总经理、党组成员程念高，集团公司党组成员、副总经理辛保安出席会议并分别讲话。

6 月 16 日

集团公司党组成员、党组纪检组组长蒋亮平到华电国际电力股份有限公司督导巡视审计整改工作，并与班子成员进行廉洁谈话。

6 月 16 日

湖北华电江陵发电厂一期工程获核准批复。这是国家审批权限下放后，湖北省核准的首个大型火电项目。

6 月 16~18 日

集团公司党组成员、副总经理陈建华赴青海出席“2015 中国 · 青海绿色经济投资贸易洽谈会”，并到华电青海区域企业调研。

调研期间，陈建华先后到大通公司和德令哈公司生产现场，查看机组运行、7S 管理推行情况，到项目预选址场地实地踏勘，听取工作汇报，并对下一步工作提出要求。

6 月 17~18 日

集团公司 ERP 一期推广项目第二批单位启动会在贵阳召开。集团公司董事、总经理、党组成员程念高出席会议并讲话，集团公司党组成员、副总经理辛保安主持会议。

在此期间，辛保安先后到乌江公司本部，黔源公司董菁电厂、马马崖电厂调研，听取“三严三实”专题教育以及经营管理、党建等方面的工作汇报，对有关工作提出具体要求。

6 月 23~26 日

集团公司党组成员、副总经理辛保安到华电在陕企业调研，并组织召开集团公司党建工作西北片区座谈会。

辛保安先后到榆横电厂、隆德煤矿和蒲电公司等基层企业，深入生产一线、车间班组和党建工作阵地，与干部员工座谈，全面了解基层企业生产经营、员工生活和党建工作开展情况，并对各单位党建工作提出具体要求。

6 月 24 日

集团公司召开党组扩大会议，传达学习中央统战工作会议精神、中纪委杨晓渡副书记在中纪委五室联系单位纪委书记（纪检组组长）座谈会上的讲话精神，以及国务院国资委推进中央企业参与“一带一路”建设暨国际产能和装备制造合作工作会议精神。集团公司董事长、党组书记李庆奎主持会议，在京公司领导任书辉、辛保安、邓建玲、蒋亮平出席会议。

6 月 24 日

中国电力建设企业协会公布 2015 年度中国电力优质工程奖评审结果，集团公司所属江苏华电句容电厂 2×1000MW“上大压小”新建工程、新疆华电喀什热电有限责任公司 2×350MW 热电联产工程、江苏华电吴江 2×180MW 燃气-蒸汽联合循环热电联产工程、天津华电武清燃气分布式能源站 2×200MW 级燃气-蒸汽联合循环供热机组工程、杭州华电半山 3×415MW 天然气热电联产工程共 5 项工程榜上有名。

6 月 25~27 日

集团公司党组成员、副总经理陈建华到印尼巴淡 TJK 电厂及巴厘岛项目调研。

6月26日

2015年“青年态度·大型企业社会责任评价”发布会在北京大学光华管理学院举行，集团公司获评“最佳责任报告奖”。

6月26~27日

集团公司董事长、党组书记李庆奎应贵州省委、省政府的邀请，出席生态文明贵阳国际论坛2015年年会开幕式，期间到华电贵州区域企业调研。

调研期间，李庆奎先后听取了乌江公司、黔源公司工作汇报，深入黔源公司董箐发电厂，了解各企业生产经营和改革发展情况，看望一线员工；对贵州区域各企业在改革发展、生产经营管理、党的建设等各方面取得的成绩给予肯定，向华电在黔广大干部员工表示慰问和感谢，并对下一步工作提出具体要求。

6月29日~7月1日

集团公司董事会战略委员会、审计与风险管理委员会第一次会议在云南召开，会议专题研究了公司“十三五”发展规划和债务风险管控工作。集团公司董事长、党组书记李庆奎，集团公司董事、总经理、党组成员程念高，外部董事郑宝森、文传甫、孙晓民、彭辰出席会议。国务院派驻集团公司监事会主席熊志军及监事会办事处和总部有关部门负责人列席会议。

会后，郑宝森、文传甫、孙晓民、彭辰及监事会有关人员赴金沙江中游调研，实地考察阿海、梨园水电站等项目，对金中公司推进华电在滇水电开发工作给予充分肯定，并对下一步工作提出具体要求。

6月29日~7月3日

集团公司第19届技能大赛（电力安全应急）总决赛在山东十里泉电厂举办。集团公司党组成员、副总经理辛保安出席团体赛总决赛，并为获奖选手、优胜单位颁奖。

比赛前期，辛保安到滕州公司、十里泉电厂调研，深入生产一线，听取工作汇报，了解企业生产经营情况，充分肯定两个企业取得的成绩，并就下一步工作提出要求。

6月30日

集团公司董事会战略委员会、审计与风险管理委员会第一次会议在云南召开，会议专题研究了公司“十三五”发展规划和债务风险管控工作。集团公司董事长、党组书记李庆奎，集团公司董事、总经理程念高，集团公司外部董事郑宝森、文传甫、孙晓民、彭辰出席会议。国务院派驻集团公司监事会主席熊志军，及监事会办事处和总部有关部门负责人列席会议。

7月

7月1日

集团公司在四川成都召开重点区域市场营销体系建设暨筹建售电公司工作会议。集团公司党组成员、副总经理陈建华出席会议并讲话。

在川期间，陈建华到珙县公司生产现场了解情况，看望慰问当班员工，高度评价四川公司应对电力体制改革的超前意识、竞争理念和准备措施，充分肯定珙县公司在安全生产、经营管理等方面取得的成绩，对四川区域企业进一步做好有关工作提出要求。

7月3日

“推动京津冀协同发展·央企进河北”活动在河北省保定市举行。集团公司董事长、党组书记李庆奎，集团公司党组成员、副总经理任书辉应邀出席。

7月6日

集团公司党组成员、副总经理邓建玲到华电青岛公司及华电工程青岛催化剂厂调研。

在青岛公司，邓建玲深入运行集控室，了解企业生产经营及科技创新、节能环保等工作情况，听取工作汇报，对青岛公司成立八十周年表示祝贺，对该公司近年来发展变化给予充分肯定和高度评价。

在催化剂厂，邓建玲深入生产现场，了解催化剂生产、质量管控、实验检测情况，并对下一步工作提出具体要求。

7月7日

集团公司董事长、党组书记李庆奎在集团总部会见了中国电力企业联合会党组书记杨昆一行。

7月7日

集团公司董事长、党组书记李庆奎，集团公司党组成员、副总经理任书辉在集团总部会见了印度尼西亚巴里多·太平洋集团主席彭云鹏，双方围绕合作有关事项进行了探讨。

7月7日

集团公司在京召开华电金沙江上游水电开发有限公司、贵州乌江水电开发有限公司联手建设金上巴塘水电项目专题会议，并签署《华电金沙江上游巴塘水电站工程建设管理"准EPC"合作协议》。集团公司董事、总经理、党组成员程念高主持会议并讲话。

7月8日

集团公司党组中心组举行"三严三实"专题教育第一次研讨会，集团公司董事长、党组书记李庆奎主持研讨并作总结，公司领导班子全体成员参加。中组部干部五局、国资委党建局相关领导出席研讨会，公司党组中心组全体成员参加研讨。

7月9日

集团公司董事、总经理、党组成员程念高，集团公司党组成员、副总经理陈建华在集团总部会见了东方电气集团有限公司总经理斯泽夫，双方就进一步加强合作交换了意见。

7月9日

集团公司党组成员、副总经理任书辉在集团总部会见了广东省江门市委书记、市人大常委会主任毛荣楷一行，双方就华电江门LNG和分布式能源等项目发展问题交换了意见。

7月9日

集团公司"读万卷书，行万里路"活动启动仪式在总部举行。集团公司党组成员、副总经理辛保安出席仪式，为职工书屋揭牌并讲话。

7月10日

福建省发展和改革委下发《2015年度福建省火电规划建设方案》（闽发改能源〔2015〕452号），明确将华电可门三期2×1000MW扩建项目列入福建省2015年火电核准计划。

7月14日

江苏省发展和改革委下发《关于核准华电句容二期扩建工程项目的批复》（苏发改能源发〔2015〕678号），句容二期扩建项目获得核准。这是国家审批权限下放后江苏省核准的首个大型火电项目。

7月15日

集团公司官方微信"中国华电"正式上线。

7月15~17日

集团公司2015年上半年经济活动分析会在江苏南京市召开。会议贯彻落实党中央、国务院及国资委近期一系列决策部署，总结上半年工作，分析面临的形势，部署下半年任务，谋划公司"十三五"时期发展。集团公司董事长、党组书记李庆奎，集团公司董事、总经理、党组成员程念高，外部董事郑宝森、文传甫、孙晓民、彭辰，公司领导任书辉、辛保安、邓建玲、陈建华、蒋亮平出席会议。国务院派驻集团公司监事会主席熊志军等到会指导。

会上，集团总部4个部门做了专题发言，10家二级单位做了交流发言。会议印发了下半年重点改革任务和华电宪章修订版，征求了"十三五"发展规划的意见。

会议还安排与会代表到句容电厂进行"强基"观摩，并结合纪念抗日战争暨世界反法西斯战争胜利70周年，安排了与会代表参观南京大屠杀遇难同胞纪念馆，开展爱国主义教育。

7月17日

集团公司第一届董事会第二次会议在江苏南京市召开。集团公司董事长、党组书记李庆奎主持会议，集团公司董事、总经理程念高，外部董事郑宝森、文传甫、孙晓民、彭辰出席会议。国务院派驻集团公司监事会主席熊志军，公司领导任书辉列席会议。

7月17日

集团公司党组成员、副总经理邓建玲到国电南京自动化股份有限公司江宁科技园调研。

邓建玲到生产制造车间、产品验证中心、设备调试大厅以及产品展示中心，了解公司生产经营及新技术研发应用情况，听取工作汇报，对该公司在生产经营、业务拓展等方面取得的进步给予充分肯定，并对下一步工作提出了要求。

7月21日

集团公司党组成员、副总经理任书辉在集团总部会见了广东省汕头市委书记、市人大常委会主任陈茂辉一行，双方就有关项目发展问题交换了意见。

7月22日

集团公司董事、总经理、党组成员程念高在集团总部会见了湖南省发展和改革委副主任、能源局局长王亮方，双方就加快推进有关项目进行了交流。

7月22日

第三届"生态文明·美丽家园"关注气候中国

峰会在北京举行。集团公司“火电超低排放助力减排升级”项目获评“中国绿色科技创新成果奖”。

7月22日

《财富》杂志发布了最新世界500强排行榜，集团公司以344.877亿美元的营业收入位列第345位，较2014年上升23位。

7月27~28日

集团公司董事长、党组书记李庆奎到华电新疆发电有限公司视察指导工作。

李庆奎董事长先后到新疆公司本部、乌鲁木齐热电厂、苇湖梁新能源公司，就做好新疆区域安全生产、经济发展、创新管理、维护稳定、促进民族团结、真情援疆、加强党建等工作进行调研指导，对新疆公司经营发展和党的建设取得的成绩给予充分肯定，对弘扬企业文化、加快推进新疆区域又好又快发展寄予殷切期望。

7月27日~8月2日

集团公司党组成员、副总经理辛保安到四川公司、金沙江上游公司及金沙江中游公司调研，听取四川公司工作汇报，实地察看了解金上公司、金中公司项目建设进展情况，召开座谈会，充分肯定了上述公司取得的成绩，并对下一步工作提出具体要求。

7月30日

集团公司董事、总经理程念高，集团公司党组成员、副总经理任书辉在集团总部会见了山西省委常委、副省长付建华，双方就加强在发电、煤炭等领域的合作事宜进行了探讨。

7月30日

集团公司党组成员、副总经理邓建玲到华电科研总院煤炭清洁利用技术研发中心调研，并召开座谈会与科研人员进行交流。

7月31日

集团公司与环境保护部环境工程评估中心在北京签订战略合作框架协议。集团公司党组成员、副总经理邓建玲出席签约仪式并讲话。

仪式上，华电工程、西藏公司还分别就有关项目与评估中心签署合作意向书。

8月

8月1日

印度尼西亚巴厘岛3×142MW燃煤电厂3号机组顺利通过168h满负荷试运行，正式投产发电，标志着集团公司在印尼的第三个电源项目建成投产。

8月3~8日

集团公司党组成员、副总经理陈建华赴俄罗斯，到华电捷宁斯卡娅项目调研，并考察了阿尔汉格尔斯克热电厂。

陈建华在捷宁项目施工现场，听取参建各方工作汇报，了解项目进展情况，对捷宁项目在安全、质量、造价等方面的工作给予肯定，并对下一步工作提出要求。

8月5日

集团公司在内蒙古呼和浩特召开ERP一期项目第一批推广实施单位上线会暨ERP推广实施月度汇报会。会议由集团公司董事、总经理、党组成员程念高主持，集团公司党组成员、副总经理辛保安出席。

8月6日

集团公司在内蒙古呼和浩特召开华电蒙西集控中心新能源远程集控平台上线评审会暨推广启动会，集团公司董事、总经理、党组成员程念高，集团公司党组成员、副总经理辛保安出席会议并讲话。

8月10~17日

集团公司董事长、党组书记李庆奎到印度尼西亚、越南调研，出席华电印尼巴厘岛电厂竣工投产仪式，会见印尼政府官员及中国驻印尼、越南使节，考察两国电力市场情况。

8月11日

集团公司召开总部副主任以上领导干部会议，传达学习党中央和国务院国资委领导关于巡视工作的重要讲话精神，通报集团公司党组会议有关精神和巡视整改工作进展情况。

集团公司董事、总经理、党组成员、巡视整改工作领导小组副组长程念高主持会议并讲话。公司领导任书辉、辛保安、邓建玲、陈建华、蒋亮平出席会议。

8月12日

集团公司董事、总经理、党组成员程念高，集团公司党组成员、副总经理陈建华在总部会见了上海电气（集团）总公司董事长、上海电气集团股份有限公司董事长黄迪南一行，双方就加强合作等事宜交换了意见。

8月12日

集团公司董事、总经理、党组成员程念高到华电煤业集团公司本部调研，听取华电煤业工作汇报，了解企业生产经营、改革发展和管理提升等情况，对华电煤业成立10周年表示祝贺，并对华电煤业进一步深化企业管理和煤炭专业化管理工作提出具体要求。

8月13日

集团公司在江苏召开职级职位序列建设与大定员工作推进会，推进职位序列试点工作。集团公司党组成员、副总经理辛保安出席会议并讲话。

会前，辛保安到国电南京自动化股份有限公司、江苏华电吴江公司进行调研。他充分肯定了两单位在生产经营、科技创新等方面取得的进步，并对改革创新、党的建设、人才队伍、企业文化等工作提出要求。

8月13日

集团公司党组成员、副总经理邓建玲到内蒙古公司本部、卓资电厂生产现场和内蒙古华电新能源分公司集控中心调研。

在内蒙古公司本部，邓建玲听取工作汇报，了解上半年内蒙古区域经营、改革、发展情况以及巡视整改工作进度，肯定内蒙古公司上半年经营业绩，并对抓好巡视整改和生产经营工作提出具体要求。在卓资电厂，邓建玲就节能降耗、开拓市场等方面工作提出要求。

8月15~17日

集团公司党组成员、副总经理任书辉在福建出席了平潭综合实验区创业合作对接会，并到福清海坛海峡海上风电、诏安港电一体化项目场址实地调研，对下一步工作提出了具体要求。

8月18日

集团公司董事、总经理、党组成员程念高在集团总部会见了湖南常德市副市长沈习森，双方就进一步加强合作进行了交流。

8月18日

集团公司巡视组向山西能源公司反馈巡视意见，提出工作建议。集团公司党组成员、党组纪检组长蒋亮平出席巡视意见反馈会并讲话。

8月19日

集团公司在京召开安全生产视频会议，学习贯彻中央领导同志对安全生产工作的重要指示批示精神，落实近期国家各层级关于安全生产工作的部署，安排当前安全重点工作。集团公司董事、总经理、党组成员程念高出席会议并讲话，集团公司党组成员、副总经理陈建华主持会议。

8月20~21日

集团公司在辽宁召开部分重点单位法律纠纷案件处理工作推进会，听取公司系统部分二级单位法律纠纷案件处理工作的情况汇报，了解和分析案情，提出案件处理工作推进意见。集团公司党组成员、副总经理兼总法律顾问辛保安出席会议并讲话。

8月21日

集团公司董事、总经理、党组成员程念高，集团公司党组成员、副总经理任书辉在集团总部会见了马来西亚国家石油公司执行副总裁及上游负责拿督黄耀兴一行，双方就深入推进LNG等领域的合作进行了交流。

8月21日

集团公司在京举办涉外单位安全管理培训，贯彻国家安全及外事纪律有关要求，学习境外公共安全管理知识。集团公司党组成员、副总经理任书辉出席培训班开幕式并讲话。

8月21日

集团公司党组成员、副总经理陈建华到华电北京热电公司调研，检查企业安全生产工作，指导田径世锦赛和抗战胜利70周年纪念活动保电工作。

陈建华深入生产现场，详细了解机组大修及设备运行情况，充分肯定了该公司近年来安全生产、经营发展工作，并要求深刻汲取天津港“8·12”瑞海公司危险品仓库爆炸事故教训，切实做好安全生产及世锦赛和抗战胜利70周年纪念活动保电工作。

8月21~27日

国务院派驻集团公司监事会主席熊志军到华电金沙江上游公司、华电四川公司调研。

在金上公司，熊志军到苏洼龙电站库区、巴塘电站坝址、巴拉路以及巴塘县城业主营地，了解项目前期、工程建设和环水保工作情况，听取工作汇报，对金上公司取得的成绩给予肯定，并对下一步工作提出要求。

在四川公司，熊志军听取了工作汇报，对该公司提出的工作思路、任务目标、经营理念和采取的工作措施给予充分肯定，对四川公司取得的成绩给予高度评价，并对下一步工作提出具体要求。

8月22~23日

2015中国500强企业高峰论坛在广西南宁举行。论坛发布了“2015中国企业500强”名单，集团公司位列第69位。

8月24~28日

集团公司第20届技能大赛（燃煤采制化）决赛在河北石家庄裕华热电公司、鹿华热电公司举办，集团公司党组成员、副总经理、工委主任辛保安出席团体赛决赛，为获奖单位、选手颁奖并讲话。

8月26日

集团公司在京召开保密委扩大会议，贯彻落实中央及国资委关于保密工作的重要精神，研究部署进一步加强保密工作。集团公司董事长、党组书记、保密委主任李庆奎出席会议并讲话，集团公司党组成员、副总经理、保密委副主任辛保安主持会议。

8月26日

华电襄垣2×60万kW低热值煤发电项目获山西省发展和改革委核准。

8月27日

集团公司在京举办“走出去”法律风险防范专题讲座，邀请外部董事孙晓民就海外业务法律风险防范问题进行专题讲解。集团公司董事、总经理、党组成员程念高出席讲座并讲话，集团公司党组成员、副总经理任书辉出席讲座。

8月27~29日

集团公司董事长、党组书记李庆奎赴山西太原出席“2015年中央企业山西行”活动，分别会见山西省委书记王儒林、省长李小鹏，并到山西能源公司、肖家洼煤矿进行调研。

9月

9月1日

集团公司召开改革工作推进会议，部署改革任务，明确责任分工，加快推进重点领域改革。集团公司董事、总经理，党组成员程念高主持会议，集团公司党组成员、副总经理邓建玲、陈建华出席。

9月1日

集团公司党组成员、副总经理邓建玲在集团总部会见了瑞典CLEANERGY公司董事长BoDankis一行，双方就加强斯特林太阳能热发电领域的合作进行了交流。

9月1日

国电南京自动化股份有限公司武汉天和公司自主研发的300kW以上大功率无级可调等离子体发生器、智能点火系统、煤粉燃烧器，实现了低反应性煤粉（贫煤）稳定燃烧。该技术达到国际先进水平，填补了国内外等离子体点燃贫煤的技术空白。

9月7日

集团公司召开第一届董事会第三次会议，审议有关海外项目立项决策议案。集团公司董事长、党组书记李庆奎主持会议，集团公司董事、总经理、党组成员程念高，外部董事郑宝森、文传甫、孙晓民、彭辰，职工董事冯海鹏出席会议。国务院派驻集团公司监事会办事处副主任杨亦工，集团公司党组成员、副总经理任书辉列席会议。

9月7~9日

集团公司在京召开“十三五”环保规划沟通协调会，听取公司系统各二级单位“十三五”环保规划情况汇报，了解各区域环保政策和形势，提出“十三五”环保工作推进意见。集团公司党组成员、副总经理邓建玲主持会议。

9月8日

集团公司党组成员、副总经理任书辉在总部会见了上海市经信委副主任、国防科工办主任吴磊，双方就进一步加强合作进行了交流。

9月8日

华电国际非公开发行A股工作圆满完成。本次非公开发行价格为6.77元/股，发行股份10.56亿股，募集资金71.47亿元。

9月9日

集团公司董事长、党组书记李庆奎在《关于开展基层企业党群“强基”现场观摩交流活动情况的报告》上做出重要批示。批示强调，要高度重视基层建设，班组是企业的细胞，党支部（小组）是党组织的细胞，使细胞充满生机和活力，支撑集团公司可持续发展，要不断总结推广基层创造的新鲜经验。

9月10日

集团公司党组中心组举行“三严三实”专题教育第二专题学习研讨会。集团公司党组书记、董事长李庆奎主持研讨，中组部干部五局、国务院国资委党建局有关领导出席，公司党组中心组成员参加研讨。

9月10日

华电莱州二期（2×1000MW）火电项目获山东省发展和改革委核准。

9月11日

集团公司董事、总经理、党组成员程念高在湖南长沙市会见了湖南省委副书记、省长杜家毫，省委常委、常务副省长陈肇雄，并应邀出席了常德市与央企战略合作洽谈会。

在湘期间，程念高还到常德公司进行调研，了解项目基建情况，慰问一线干部员工，并对下一步工作提出具体要求。

9月14日

集团公司董事、总经理、党组成员程念高在集团总部会见了山东省东营市市委书记、市人大常委会主任申长友，双方就加强天然气发电、分布式能源、LNG等领域的合作进行了交流。

9月16日

集团公司党组成员、副总经理邓建玲在集团总部会见了通用电气公司（GE）全球高级副总裁、大中华区首席执行官段小缨，全球副总裁、中国发电事业部总裁杨丹，双方就进一步加强合作交换了意见。

9月16~17日

集团公司董事、总经理、党组成员程念高到华电广西区域企业调研。

程念高深到南宁江南分布式能源站、贵港发电公司生产现场，了解企业经营管理及机组运行情况，听取工作汇报，看望慰问一线干部员工，对在桂企业安全生产、经营管理以及项目前期工作给予充分肯定，并对下一步工作提出具体要求。

9月16~17日

集团公司党组成员、副总经理陈建华到华电内蒙古区域企业调研。

陈建华到内蒙古公司本部、土默特公司、不连沟公司等施工、生产现场，听取工作汇报，了解前三季度经营发展、安全生产、工程建设等工作进展情况，看望慰问一线干部职工，并对下一步工作提出要求。

9月16~23日

集团公司董事长、党组书记李庆奎到加拿大、美国调研，考察太平洋西北液化天然气（简称PNW）项目，会见加拿大进步能源公司等企业负责人、美国加利福尼亚州能源委员会主席等政府官员，参观芝加哥商品交易所，并与北美清洁能源领域专家进行交流，全面考察国际特别是北美清洁能源市场前景，探讨清洁能源产业发展、天然气发电产业链拓展机会。

9月17日

集团公司党组成员、副总经理任书辉在湖北武汉市出席“湖北-中央企业推进长江经济带建设座谈会”，并到湖北华电江陵发电有限公司调研项目建设情况。

调研期间，任书辉深入江陵公司施工现场，了解施工准备情况，听取工作汇报，并对下一步工作提出具体要求。

9月18日

由《中国能源报》社主办的“全国能源企业宣传工作经验交流会暨2015中国能源企业传播大奖颁奖典礼”在北京举行。集团公司获得“2015中国能源企业优秀宣传单位最佳创新奖”和“2015中国能源企业传播大奖优秀新媒体奖”。

9月21日

集团公司董事、总经理、党组成员程念高在集团总部会见了福建省宁德市市委书记廖小军，双方就进一步深化合作进行了交流。

9月21日

集团公司党组中心组举行学习会，专题学习《中共中央国务院关于深化国有企业改革的指导意见》，传达李克强总理主持召开的深化国有企业改革和发展座谈会及9月15日国资委党委（扩大）会议精神。在京集团公司党组中心组成员参加学习。

9月21~25日

集团公司党组成员、副总经理邓建玲到华电福建、浙江区域企业调研，并会见了有关清洁发电技术专家。

在福建，邓建玲先后来到邵武发电公司、棉花滩水电公司和福建公司本部，深入基建、生产现场，了解工程建设、设备运行、现场管理等情况，看望慰问一线干部员工，与干部员工座谈交流，并对下一步工作提出具体要求。

在浙江，邓建玲赴浙江大学热能工程研究所，会见了中国工程院院士岑可法、浙江大学副校长严建华，并就清洁发电技术进行了交流探讨。

9 月 22~23 日

集团公司党组成员、副总经理辛保安分别在参加湖北公司、湖南公司党组中心组“三严三实”第二专题研讨时强调，要高标准、严要求、求实效抓好“三严三实”专题教育，以“严、实”作风推动改革发展各项工作，并对“三严三实”专题教育的下一步工作提出了要求。

9 月 22~24 日

集团公司董事、总经理、党组成员程念高在成都出席了中国大坝协会 2015 学术年会暨第七届碾压混凝土坝国际研讨会，并到四川公司调研。

在川期间，程念高到四川华电杂谷脑公司调研，看望慰问一线干部员工，了解企业生产经营和工程建设情况，对四川公司及杂谷脑公司全力扭亏增盈、加快项目前期、确保安全稳定、履行社会责任等各项工作给予充分肯定，并对下一步工作提出要求。

9 月 22~24 日

集团公司第 21 届技能大赛（采煤机作业）决赛在华电煤业隆德公司举办。

9 月 23 日

集团公司党组成员、纪检组长蒋亮平到华电河北区域企业调研，检查“两个责任”落实情况。

蒋亮平深入石热公司生产现场，了解企业经营管理、机组运行、环保技术改造等情况，慰问一线干部职工，听取工作汇报，并对区域企业领导干部做了落实“两个责任”的集体谈话，充分肯定了河北区域各项工作取得的成绩，并对下一步工作提出了要求。

9 月 24 日

集团公司党组转发《习近平总书记以普通党员身份参加所在党支部组织生活会》的情况通报，集团公司董事长、党组书记李庆奎做出学习贯彻情况通报的批示，强调各级党员领导干部以习近平总书记为榜样，自觉以普通党员身份参加所在支部组织生活，与支部成员一起开展“三严三实”专题教育学习研讨，做到对党忠诚、敢于担当、严守纪律、好学上进。

9 月 25 日

集团公司召开三季度安全生产视频会议，总结今年以来安全生产工作，部署四季度及下阶段重点任务，并就中秋、国庆期间安全稳定工作做出具体安排。集团公司董事、总经理、党组成员程念高出席会议并讲话，集团公司党组成员、副总经理陈建华主持会议。

9 月 25~29 日

集团公司副总经理任书辉赴印度尼西亚考察华电印尼玻雅项目，并会见了印尼国家煤炭公司副总经理阿农先生。

调研期间，任书辉深入玻雅项目现场，与干部员工座谈交流，了解项目进展情况和员工工作、生活情况，对项目前期工作取得的成绩给予肯定，对中秋节依然坚持在工作岗位上的员工表示慰问。

9 月 28 日

集团公司董事长、党组书记李庆奎在《关于集团公司基层党组织书记轮训工作的报告》上做出重要批示。批示强调，在全面从严治党的新形势下，党的各级组织如何履行从严治党的主体责任，党的各级书记如何履行第一责任人的责任，需要不断地学习、研究、实践，要认真总结这次轮训经验，形成常态机制，深入学习、探讨、总结、提高，努力创造新的实践经验。

9 月 28 日

宁夏回族自治区党委书记李建华、自治区主席刘慧、自治区政协主席齐同生等率自治区有关厅、局负责人，到华电宁夏企业调研。

李建华 行听取了华电在宁产业发展情况的有关汇报，深入灵武公司生产现场与供热首站，了解企业生产经营、绿色发展、履行社会责任等工作情况，对该公司下一步工作提出具体要求。

9 月 29 日

集团公司董事、总经理、党组成员程念高在集团总部会见了雪佛龙公司副总裁皮埃尔·布莱伯，双方就进一步深化天然气领域的合作交换了意见。

10 月

10 月 9~10 日

集团公司董事长、党组书记李庆奎，集团公司党组成员、副总经理任书辉到江苏省连云港市调研，并与连云港市委书记杨省世就项目发展等问题进行了座谈交流。

调研期间，李庆奎深入华电赣榆港区项目现场，了解项目进展情况，听取江苏公司、清洁能源公司工作汇报，对两家公司及项目相关单位创造性开展工作取得的成绩给予肯定，并对下一步工作提出要求。

10 月 12 日

陕西华电安康一期 2×66 万 kW 火电项目正式取得陕西省发展和改革委核准批复。

10 月 13 日

集团公司在京召开三季度工作例会，贯彻落实党中央、国务院近期一系列决策部署，总结三季度工作，分析面临的新形势，安排四季度任务。集团公司董事长、党组书记李庆奎出席会议并讲话，集团公司董事、总经理、党组成员程念高主持会议，在京领导任书辉、辛保安、邓建玲、陈建华出席。

10 月 14 日

集团公司供热板块化管理座谈会在京召开，集团公司党组成员、副总经理陈建华出席会议并讲话。

10 月 15 日

集团公司 ERP 二期推广启动会暨一期推广实施月度汇报会在华电金沙江中游公司召开。集团公司董事、总经理、党组成员程念高出席会议并讲话，集团公司党组成员、副总经理辛保安主持会议。

在云南期间，辛保安先后听取了云南公司、怒江公司工作汇报，并与干部员工座谈交流，充分肯定了两公司取得的成绩，并对两公司在发展、管理、党建等方面工作提出要求。

10 月 16 日

国家环保部部长陈吉宁到华电章丘发电有限公司调研环保工作。山东省副省长王书坚、济南市长杨鲁豫，省政府办公厅、环保厅厅负责同志随同调研。

陈吉宁考察了该公司 3 号机组环保技术改造现场，了解机组污染物超低排放建设情况及近两年来环保设施升级改造情况，并就国家及地方标准执行情况、机组及环保设施运行情况进行了调研。

10 月 16~17 日

集团公司董事、总经理、党组成员程念高应邀赴陕西西安市出席“深化陕西省与中央企业战略合作座谈会”，并于会后到华电陕西区域企业调研。

在陕期间，程念高出席了陕西公司干部大会，并到富县矿业公司芦村 1 号煤矿井下现场，实地查看工程建设情况，对项目环境、工程质量给予肯定，对下一步工作提出了要求。

10 月 19~22 日

集团公司董事长、党组书记李庆奎出访英国，拜访 BP 集团伦敦总部，并在国家主席习近平和英国首相卡梅伦的见证下，与 BP 签署了液化天然气（简称“LNG”）销售和购买协议。集团公司党组成员、副总经理任书辉随团出访。

10 月 20 日

集团公司党组成员、副总经理陈建华在集团总部会见了日本三菱日立电力系统公司执行董事吉田泰二，双方就深化火电节能减排技术领域的合作进行了交流。

10 月 20~22 日

集团公司在华电高级培训中心举办企业总法律顾问培训班。集团公司党组成员、副总经理兼总法律顾问辛保安出席开班仪式并讲话。

10 月 20~23 日

集团公司董事、总经理、党组成员程念高到山西区域煤炭企业调研。

程念高到华电煤业托管的石泉、白芦、东易、万通源、下梨园煤矿井下作业现场，实地查看矿井生产及基建情况，听取工作汇报，对华电煤业以及山西区域各企业工作取得的成绩给予充分肯定，对广大干部员工表示慰问，并对下一步工作提出具体要求。在晋期间，程念高还到襄垣和信 2×600MW 项目施工现场检查指导。

10 月 21~23 日

集团公司首届党群业务技能大赛决赛在京举行，集团公司党组成员、副总经理、工委主任辛保安出席团体赛决赛并讲话。国资委宣传局局长卢卫东、党建局副局长熊洁、群工局副局长刘建功应邀出席并为获奖选手、团队颁奖。

10 月 22 日

山东省发展和改革委员会印发《关于华电国际十里泉发电厂“上大压小”2×660MW 超超临界

机组工程第二台机组项目核准的批复》（鲁发改能源〔2015〕1096号文）。

10月23日

集团公司召开公司系统党委（党组）中心组学习推进会。集团公司董事长、党组书记李庆奎作重要批示，集团公司党组成员、副总经理辛保安出席会议并讲话，国务院国资委宣传局副局长毛一翔应邀出席。

10月23日

集团公司举行“读万卷书，行万里路”总部健走活动（2014～2015赛季）总结表彰暨新赛季启动仪式。集团公司党组成员、副总经理、工委主任辛保安出席。

10月27日

集团公司董事、总经理、党组成员程念高在集团总部会见了GE全球副总裁、中国发电部总裁杨丹，双方就进一步加强合作交换了意见。

10月28日

安徽省发展和改革委印发《关于华电芜湖电厂二期扩建项目核准的批复》（皖发改能源〔2015〕580号），正式核准安徽华电芜湖公司二期扩建项目3号机组，并列入安徽省“十三五”重大建设项目库。

10月28～29日

集团公司党组成员、副总经理邓建玲出席“杭州华电下沙清洁能源互联网示范创新中心”建设工作座谈会，并到华电浙江区域企业调研。

邓建玲到华电江东热电有限公司调研，考察江东燃机工程现场，对下一步工作提出了具体要求。

10月30日

集团公司党组举行“三严三实”专题教育第三专题学习研讨会。本次研讨主题是“严以用权，真抓实干，实实在在谋事创业做人，树立忠诚、干净、担当的新形象”。集团公司董事长、党组书记李庆奎主持研讨并对“三严三实”专题教育做出部署，国务院国资委党建局有关领导出席，集团公司党组中心组成员参加研讨。

10月30日

集团公司党组中心组集体学习《中国共产党第十八届中央委员会第五次全体会议公报》。集团公司董事长、党组书记李庆奎主持学习会并发言，要求公司上下深入学习宣传、贯彻落实全会精神，以全会精神指导公司“十三五”发展。

11月

11月1日

“首届中国企业社会责任前沿论坛”在京举办。集团公司被评为“十大责任国企”；“中国华电，度度关爱”社会责任理念、《中国华电水电可持续发展报告》分别入选“十大责任理念”和“十大责任报告”。

11月4日

集团公司董事长、党组书记李庆奎，集团公司党组成员、副总经理陈建华在集团总部会见了海西州委书记、柴达木循环经济试验区党工委书记文国栋，州委副书记、州长、柴达木循环经济试验区管委会主任诺卫星一行，双方就进一步加强合作、加大对口援建力度进行了交流。

11月4～5日

集团公司党组成员、副总经理邓建玲在陕西省西安市出席“2015煤炭清洁高效开发与利用技术研讨会”，并到华电陕西区域企业调研。

调研期间，邓建玲到陕西公司本部、杨凌热电公司生产现场，听取工作汇报，了解生产经营情况，充分肯定了陕西公司今年以来改革创新、发展建设等工作取得的成绩，并对下一步工作提出具体要求。

在陕期间，邓建玲还会见了国网西北电网公司主要负责人，了解西北电网运行情况，就进一步加深合作进行了沟通。

11月5日

集团公司党组成员、副总经理任书辉在集团总部会见了哈尔滨电气集团总会计师刘智全，双方就进一步加强合作交换了意见。

11月5日

国家发展和改革委印发《国家发改委关于金沙江苏洼龙水电站项目核准的批复》（发改能源〔2015〕2571号），正式核准金沙江苏洼龙水电站，这是金沙江上游干流获得核准的首座电站。

11月6日

集团公司董事长、党组书记李庆奎，集团公司党组成员、副总经理辛保安在集团总部会见了韩国SK集团会长崔泰源一行，双方就进一步加强合作交换了意见。

11 月 6 日

集团公司在京召开加强合同管理暨 ERP 项目（二期）合同模块推广启动视频会。集团公司党组成员、副总经理兼总法律顾问辛保安出席会议并讲话。

11 月 6~7 日

集团公司董事、总经理、党组成员程念高在江苏省苏州市出席“首届国际能源变革论坛”，并于会后到江苏省有关企业调研。

在苏期间，程念高到华电赣榆港区项目现场，了解项目进展情况，听取江苏公司、清洁能源公司工作汇报，对两家公司及项目相关单位创造性开展工作取得的成绩给予充分肯定，并对下一步工作提出具体要求。

11 月 7 日

企业级自媒体年度价值榜于 11 月 7 日揭晓。集团公司在官方微信平台建设方面的表现获得公众与业界专家的认可，荣获“2015 企业级自媒体价值榜 TOP15”奖项。

11 月 9 日

集团公司党组成员、副总经理邓建玲在集团总部会见了 ABB 集团执行委员会成员、ABB 集团电力系统部总裁方秦（Claudio Facchin），双方就进一步加强合作交换了意见。

11 月 9~12 日

集团公司第 23 届技能大赛（火电继电保护）在四川宜宾分公司（珙县公司）举行。集团公司党组成员、副总经理、工委主任辛保安对大赛做出批示。

11 月 11 日

国务院国资委召开学习贯彻党的十八届五中全会精神视频报告会，集团公司党组中心组成员在分会场参加学习。集团公司董事长、党组书记李庆奎在会后强调，各单位要全面学习贯彻全会精神，深入思考谋划公司发展，积极推进集团公司“三化一流”愿景目标如期实现。

11 月 11 日

集团公司党组成员、副总经理邓建玲到科研总院多相流中心调研，了解科研总院以及多相流中心建设发展及重点科研项目情况，看望慰问一线科研人员，并召开座谈会与科研人员亲切交流。

邓建玲一行查看了多相流中心研发使用的科研设施和设备模型，听取了国家“千人计划”专家彭维明博士对集团公司重点项目——“燃煤电厂尾部烟气深度净化项目”中新技术、新设备应用的汇报，充分肯定了“超低能耗，超低排放”研究工作取得的成绩，并对下一步工作提出具体要求。

11 月 11~12 日

集团公司董事、总经理、党组成员程念高到华电内蒙古区域企业调研。

程念高先后到不连沟、高家梁、神通、金通、浩源、兴旺等煤炭企业及不连沟电厂生产现场，了解矿井及电厂生产运营情况，并对下一步工作提出具体要求。

11 月 11~12 日

国务院派驻集团公司监事会主席熊志军到华电陕西区域企业调研。

熊志军先后到陕西公司本部、杨凌热电公司、蒲电公司等生产现场，召开座谈会听取工作汇报，了解本部及各单位生产经营、项目发展、节能环保、工程建设、改革创新和党风廉政建设等方面情况，与干部员工深入交流，充分肯定成绩，并对下一步工作提出具体要求。

11 月 13 日

集团公司党组成员、副总经理任书辉在集团总部会见了内蒙古通辽市委书记罗永纲，双方就进一步加强合作交换了意见。

11 月 16 日

集团公司董事、总经理、党组成员程念高在集团总部会见了鄂尔多斯市委书记白玉刚，双方就进一步加强合作进行了交流。

11 月 16 日

集团公司董事、总经理、党组成员程念高在集团总部会见了俄罗斯第二地区发电股份有限公司总经理科罗廖夫，双方就进一步深化合作交换了意见。

11 月 18 日

福建省发展和改革委印发《关于华电可门电厂三期项目核准的复函》（闽发改能源〔2015〕198 号），正式核准可门三期 2×1000MW 清洁高效火电项目。

11 月 18~20 日

集团公司党组成员、副总经理陈建华到辽宁区域企业调研。

陈建华先后听取了金山能源和丹东、铁岭公司的工作汇报，并到丹东和铁岭公司生产现场、供热收费大厅、换热站和热网监控中心，了解两企业经营发展、安全生产、集中供热、工程建设及7S管理推进等工作情况，看望慰问一线干部职工，充分肯定了辽宁区域企业前一阶段各项工作取得的成绩，并就企业下一步发展提出要求。

11月20日

中央电视台《新闻联播》栏目播出了集团公司开展“三严三实”专题教育的新闻，集团公司董事长、党组书记李庆奎在接受采访时表示：“我们要求领导干部忠诚、干净、担当，让权力在阳光下运行。我们今年主要经济技术指标创造了历史最好水平。”

11月20日

集团公司董事、总经理、党组成员程念高在集团总部会见了三一集团董事长梁稳根、董事毛中吾一行，双方就加强新能源发电等领域的合作进行了会谈。

11月20日

集团公司召开二级单位纪检组长（纪委书记）专题学习会议，传达中央纪委领导重要讲话精神，集中学习《中国共产党廉洁自律准则》《中国共产党纪律处分条例》《中国共产党巡视工作条例》等党内法规文件。集团公司党组成员、党组纪检组组长蒋亮平出席会议并讲话。

11月25日

集团公司党组成员、副总经理陈建华在集团总部会见了陕西煤业化工集团副总经理王增强，双方就进一步加强合作进行了交流。

11月26~27日

集团公司在华电高级培训中心举办党的十八届五中全会精神研修班，召开2016年度工作务虚会，深入学习贯彻五中全会精神，研判内外部形势，听取各方意见建议，谋划公司“十三五”发展和2016年工作。集团公司领导李庆奎、程念高、任书辉、辛保安、陈建华、蒋亮平出席会议。

会议期间，集团公司董事长、党组书记李庆奎，集团公司党组成员、副总经理陈建华会见了西门子股份公司总裁兼首席执行官乔·凯飒一行，双方就加强合作等事宜进行了友好会谈。

12月

12月1日

集团公司2015年度财务决算暨2016年度预算会议在济南召开，集团公司党组成员、副总经理任书辉出席会议并讲话。任书辉充分肯定了2015年财务战线各项工作取得的成绩，要求各级财务工作人员总结发扬好的经验，改进不足之处，进一步提高集团公司财务和风险管理水平。

12月3日

集团公司召开党组（扩大）会，传达学习中央企业党的建设工作座谈会精神。集团公司董事长、党组书记李庆奎主持会议并讲话，在京公司领导程念高、任书辉、辛保安、陈建华、蒋亮平参加学习。

12月3日

第八届中国企业社会责任报告国际研讨会在京举行。《中国华电2014社会责任报告》荣获“金蜜蜂2015优秀企业社会责任报告·长青奖”。这是集团公司连续第四次获得“金蜜蜂”奖。

12月6~14日

人民网、《中国电力报》《中国能源报》等中央媒体及行业媒体先后在重要位置刊发集团公司董事长、党组书记李庆奎的署名文章——《努力开创新常态下企业发展新局面》。

12月8日

集团公司董事、总经理、党组成员程念高在集团总部会见了中国西电集团公司党委书记、中国西电电气股份有限公司总经理陈元魁，双方就进一步加强合作进行了交流。

12月8日

集团公司党组成员、副总经理陈建华在集团总部会见了中国神华集团副总经理、中国神华能源股份公司总裁韩建国，双方就加强煤炭领域的合作进行了交流。

12月8~9日

集团公司党组成员、党组纪检组组长蒋亮平到华电河南分公司调研督导，检查“两个责任”落实情况。

调研检查期间，蒋亮平出席河南分公司“大党建”综合考评会议，听取了河南分公司班子成员落实“两个责任”“一岗双责”情况的工作汇报，与班子成员及所属基层企业党政主要负责人进行了集体廉洁谈话，充分肯定了河南区域各项工作取得的成绩，并对下一步工作提出具体要求。

调研检查期间，蒋亮平拜会河南省省长谢伏瞻，就项目发展等问题进行了交流。

12月8~10日

集团公司董事长、党组书记李庆奎到华电湖南、广东区域企业调研，了解企业生产经营、改革发展及新建项目进展情况，看望慰问一线干部职工。

在湖南调研期间，李庆奎到常德公司、郴州风电公司施工及生产现场，查看工程建设及机组启动调试情况，分别听取了湖南分公司、常德公司、平江公司、郴州风电等单位的工作汇报，充分肯定了湖南区域企业在地方政府的大力支持下持续调整产业结构、推动企业跨越式发展取得的成绩，并对下一步工作提出要求。

在广东调研期间，李庆奎到坪石公司生产现场，听取了广东分公司和坪石公司工作汇报，对坪石公司在并购后抓安全、促生产、带队伍、提管理方面的工作给予充分肯定，对下一步工作提出具体要求。

12月14日

国务院国有资产监督管理委员会印发《关于任书辉同志任职的通知》（国资党任字〔2015〕126号），任命任书辉同志为中国华电集团公司党组副书记。

12月15~17日

集团公司党组成员、副总经理陈建华到福建区域企业调研。

陈建华先后到福建公司本部、可门发电公司、永安发电公司，深入集控中心、厂房、班组，察看了码头、基建工地，与一线员工亲切交谈，并召开座谈会听取工作汇报，了解企业生产经营情况，他充分肯定了福建区域企业在深化改革、项目发展、基础管理、安全生产等方面取得的成绩，并对下一步工作提出具体要求。

12月16日

集团公司煤炭产业7S管理总结推进现场会在华电煤业山西锦兴能源有限公司召开。会议总结7S管理试点经验，部署在煤炭产业全面推进7S管理工作。集团公司董事、总经理、党组成员程念高出席会议并讲话。

12月17日

集团公司召开第一届董事会第四次会议，听取董事会决议和授权执行情况的汇报，审议有关项目立项决策议案。

集团公司董事长、党组书记李庆奎主持会议，集团公司董事、总经理、党组成员程念高，外部董事郑宝森、孙晓民、彭辰，职工董事冯海鹏出席会议。国务院派驻集团公司监事会主席熊志军、办事处副主任杨亦工，中组部干部五局二处副调研员张辉，集团公司党组副书记、副总经理任书辉列席会议。

会前，外部董事郑宝森、孙晓民、彭辰一行赴石家庄实地调研公司水务、供热业务的经营发展，以及公司燃煤机组超低排放改造情况，听取了河北公司、水务公司等单位的工作汇报。

12月17日

中国华电工程（集团）有限公司正式更名为中国华电科工集团有限公司（简称华电科工）。集团公司董事长、党组书记李庆奎出席更名仪式并为华电科工揭牌。

仪式前，李庆奎听取了工作汇报，对该公司在深化改革、生产经营、科技创新、党的建设等方面取得的成绩给予了充分肯定，并对下一步工作提出具体要求。

12月17日

湖南华电常德发电有限公司2×66万kW项目1号机组顺利通过168h连续满负荷试运行，正式投入商业运营。

12月18日

集团公司召开党组中心组（扩大）学习会议，专题学习《中国共产党廉洁自律准则》和《中国共产党纪律处分条例》。中央纪委法规室主任马森述应邀作辅导报告。

受集团公司董事长、党组书记李庆奎委托，集团公司董事、总经理、党组成员程念高主持会议，在京公司领导任书辉、辛保安、陈建华、蒋亮平出席学习报告会。在京二级单位党政主要负责人和集团总部副处级以上干部在主会场参加学习。公司系统各单位领导班子和中层以上党员干部9000多人在287个视频分会场参加学习。

12月18日

集团公司董事会召开审计与风险管理委员会第二次会议，专题听取集团公司2015年财务决算工作安排的汇报，就有关工作提出了指导性意见。

12月18日

在北京召开的创建国家优质工程总结表彰大会上，华电句容电厂一期2×100万kW机组“上大压小”新建工程以综合排名第一的成绩，获得

"2014~2015年度国家优质工程奖金奖"。

12月21日

集团公司董事、总经理、党组成员程念高在集团总部会见了金风科技董事长武钢一行，双方就加强新能源发电领域的合作进行了交流。

12月23日

集团公司党组成员、副总经理陈建华在集团总部会见了东方电气集团有限公司总经理斯泽夫，双方就进一步加强合作交换了意见。

12月28日

集团公司在2011~2015年中央企业法制宣传教育活动中工作成绩显著，被国资委评为"六五"普法先进单位。

12月29日

集团公司在总部举行展望"十三五"暨形象平台启用仪式，正式启用公司新建形象平台。集团公司董事长、党组书记李庆奎出席仪式并讲话，集团公司董事、总经理、党组成员程念高主持仪式，在京公司领导辛保安、陈建华、蒋亮平出席仪式。

12月29日

华电常德电厂2号机组顺利通过168h试运行，正式投入商业运营，标志着常德电厂一期2×660MW项目全部竣工投产，实现年内"双投"目标。该项目是华中地区首个新建超低排放项目，也是华电集团首个660MW等级新建超低排放项目。

12月31日

华电汕头"上大压小"2×660MW超超临界清洁燃煤发电机组项目获得广东省发展和改革委核准批复。在"十二五"规划收官之际，华电在粤最大的火电项目前期工作画上了一个圆满句号。

十四、统计资料

华电集团公司2015年发电企业

单位	装机容量（万kW）	发电量合计（万kW·h）	发电量（不含试运行）		试运行发电量（万kW·h）
			本年（万kW·h）	同比增长（%）	
华电集团合计	**13 471.06**	**48 383 330**	**48 184 646**	**–1.22**	**198 684**
水电	**2522.12**	**8 441 423**	**8 424 548**	**16.28**	**16 874**
火电	**9627.97**	**38 321 675**	**38 171 719**	**–5.42**	**149 956**
其中：煤机	8473.20	36 009 524	35 930 536	–6.95	78 989
燃机	1149.44	2 278 098	2 207 131	29.32	70 967
其中：分布式	92.59	392 626	386 688	215.71	5937
生物质	5.33	34 053	34 053	–11.38	
风电	**1163.13**	**1 445 159**	**1 413 489**	**35.37**	**31 670**
太阳能	**157.84**	**175 073**	**174 889**	**32.72**	**183**
华电国际电力股份有限公司	**4617.52**	**18 240 455**	**18 187 377**	**–5.72**	**53 078**
水电	**448.55**	**1 511 939**	**1 509 516**	**15.18**	**2423**
四川华电泸定水电有限公司	92.00	378 141	378 141	4.96	
中国华电集团公司四川宝珠寺水力发电厂	70.00	154 084	154 084	–7.12	
四川华电杂谷脑水电开发有限责任公司	59.10	260 671	260 671	11.92	
四川华电杂谷脑公司狮子坪水电站	19.50	85 539	85 539	18.18	
四川华电杂谷脑公司红叶二级	16.80	75 651	75 651	13.28	
四川华电杂谷脑公司薛城水电站	13.80	59 047	59 047	7.58	
四川华电杂谷脑公司古城水电站	9.00	40 433	40 433	4.07	
浙江华电乌溪江水力发电厂	37.20	93 296	93 296	29.20	
四川华电西溪河水电开发有限公司	34.00	155 724	155 724	10.31	
四川华电西溪河公司联补水电站	13.00	57 512	57 512	11.22	
四川华电西溪河公司就久铁水电站	11.00	50 324	50 324	8.43	
四川华电西溪河公司地洛水电站	10.00	47 888	47 888	11.24	
四川凉山水洛河电力开发有限公司	32.40	126 319	126 319	33.14	
四川水洛河水电开发有限责任公司宁朗电站	11.40	43 775	43 775	10.83	
四川水洛河水电开发有限责任公司撒多电站	21.00	82 544	82 544	49.05	
四川华电瓦屋山水电开发有限公司	26.00	70 982	70 982	–6.19	
四川雅安杰森电力有限公司	14.30	45 453	45 453	–6.85	

主要技术经济指标（按电厂分）

上网电量		试运行上网电量（万 kW•h）	购网电量（万 kW•h）	发电设备平均利用小时（h）		发电厂用电率（%）		综合厂用电率（%）	
本年（万 kW •h）	同比增长（%）			本年	同比增长（±）	本年	同比增长（±）	本年	同比增长（±）
45 381 819	**−1.00**	**176 828**	**41 086**	**3842**	**−346**	**4.79**	**−0.22**	**5.90**	**−0.18**
8 352 612	**16.33**	**10 402**	**2487**	**3438**	**106**	**0.18**	**−0.01**	**0.88**	**−0.04**
35 463 655	**−5.43**	**139 782**	**22 809**	**4204**	**−395**	**5.98**	**−0.03**	**7.15**	**0.03**
33 279 831	−7.04	72 120	18 518	4385	−428	6.23	0.05	7.43	0.11
2 151 676	29.33	67 663	2761	2505	222	1.84	−0.13	2.64	0.04
377 496	214.60	4445	564	4408	−73	1.80	0.33	2.52	0.27
32 148	−11.45		1530	6384	−820	9.06	0.92	10.08	0.87
1 392 779	**35.54**	**26 471**	**13 788**	**1614**	**−142**	**0.73**	**0.23**	**2.44**	**0.45**
172 772	**32.95**	**172**	**2002**	**1295**	**9**	**0.85**	**0.16**	**2.36**	**0.18**
17 062 442	**−5.62**	**50 783**	**10 304**	**4159**	**−497**	**5.21**	**−0.12**	**6.24**	**−0.08**
1 491 987	**15.28**	**2409**	**464**	**3566**	**225**	**0.20**	**−0.01**	**1.19**	**−0.08**
375 390	4.95		67	4110	194	0.11	0.01	0.75	0.03
153 240	−7.15			2201	−169	0.13	0.01	0.55	0.03
258 348	12.00		24	4411	470	0.28	−0.02	0.90	−0.06
84 958	18.30		0	4387	675	0.18	−0.03	0.68	−0.10
75 175	13.27		23	4503	528	0.29	−0.02	0.66	0.04
58 251	7.61			4279	301	0.45	−0.02	1.35	−0.03
39 965	4.18		0	4493	176	0.24	0.00	1.16	−0.11
92 147	29.36			2508	567	0.27	−0.05	1.23	−0.12
153 252	10.25		102	4580	428	0.18	−0.01	1.65	0.03
56 661	11.18		37	4424	446	0.12	−0.01	1.55	0.01
49 645	8.42		30	4575	356	0.17	0.00	1.41	−0.01
46 947	11.11		35	4789	484	0.27	−0.01	2.04	0.10
124 563	33.11			3899	−257	0.13	−0.05	1.39	0.02
43 067	10.74			3840	375	0.24	−0.02	1.62	0.08
81 496	49.02			3931	−914	0.07	−0.06	1.27	0.01
68 373	−6.14		59	2730	−180	0.20	−0.03	3.76	0.01
43 650	−6.86		38	3179	−234	0.53	0.03	4.05	−0.03

单　　位	装机容量（万 kW）	发电量合计（万kW·h）	发电量（不含试运行）		试运行发电量（万kW·h）
			本年（万kW·h）	同比增长（%）	
华电雅安发电有限公司葫芦坝水电站	2.40	6494	6494	−8.08	
华电雅安发电有限公司水津关水电站	6.30	23 132	23 132	−6.15	
华电雅安发电有限公司楼方水电站	5.60	15 828	15 828	−7.36	
四川华电木里河水电开发有限公司	57.20	151 719	149 296	266.63	2423
俄公堡电站	13.20	46 756	46 756	14.82	
卡基娃电站	44.00	104 962	102 539		2423
四川紫兰坝水电开发有限责任公司	10.20	30 583	30 583	−5.95	
河北华电混合蓄能水电有限公司	5.70	4551	4551	−7.31	
四川华电磨房沟发电厂	3.75				
理县星河甘堡电力有限责任公司	3.40	20 582	20 582	0.47	
理县星河电力有限责任公司	3.30	19 834	19 834	−1.47	
火电	**3880.15**	**16 349 205**	**16 298 684**	**−8.12**	**50 520**
煤机	**3679.00**	**16 102 669**	**16 076 135**	**−9.02**	**26 534**
华电国际电力股份有限公司邹县发电厂	257.50	1 127 325	1 127 325	−22.45	
华电邹县发电有限公司	200.00	1 305 602	1 305 602	20.77	
华电潍坊发电有限公司	200.00	1 016 383	1 016 383	−11.05	
华电莱州发电有限公司	200.00	1 187 323	1 187 323	−3.40	
华电国际电力股份有限公司莱城发电厂	120.00	649 222	649 222	0.37	
华电青岛发电有限公司	122.00	621 335	621 335	−9.76	
华电龙口发电股份有限公司	88.00	451 666	451 666	−12.77	
滕州新源热电有限责任公司	93.00	506 981	506 981	−6.54	
华电章丘发电有限公司	92.50	495 221	495 221	−7.02	
华电国际电力股份有限公司十里泉发电厂	80.00	424 352	424 352	−9.33	
华电淄博热电有限公司	95.00	492 699	492 699	−9.23	
蓬莱东海热电有限公司				−100.00	
杭州华电半山发电有限公司	254.50	354 685	354 685	−43.43	
四川广安发电有限责任公司	240.00	607 676	607 676	−28.99	
四川华电珙县发电有限公司	120.00	386 262	386 262	−19.53	
中国华电集团公司内江发电总厂	52.00	23 899	23 899	−71.71	
四川华电黄桷庄发电有限责任公司	40.00			−100.00	
四川攀枝花三维发电有限责任公司	27.00	20 072	20 072	−65.98	
安徽华电芜湖发电有限公司	132.00	634 483	634 483	−11.05	

续表

上网电量		试运行上网电量（万 kW•h）	购网电量（万 kW•h）	发电设备平均利用小时（h）		发电厂用电率（%）		综合厂用电率（%）	
本年（万 kW•h）	同比增长（%）			本年	同比增长（±）	本年	同比增长（±）	本年	同比增长（±）
6085	−8.52		18	2706	−238	0.27	−0.03	6.56	0.18
22 675	−6.11		2	3672	−241	0.94	0.07	1.98	−0.04
14 890	−7.30		18	2826	−225	0.03	0.00	6.04	−0.04
148 445	266.82	2409		4678	788	0.16	−0.06	0.57	−0.05
46 461	14.81			3542	−348	0.14	−0.08	0.63	0.01
101 984		2409		5480	5480	0.18	0.18	0.54	0.54
30 008	−5.97			2998	−190	0.76	0.02	1.88	0.03
4501	−7.23		175	798	−63	0.70	−0.08	4.95	0.80
20 378	0.71			6054	28	0.10	0.00	0.99	−0.24
19 690	−0.78			6010	−90	0.09	0.01	0.72	−0.69
15 197 787	**−8.14**	**48 249**	**8010**	**4404**	**−527**	**5.76**	**−0.01**	**6.80**	**0.04**
14 981 197	**−9.09**	**25 083**	**7972**	**4445**	**−512**	**5.82**	**0.04**	**6.86**	**0.08**
1 055 922	−22.54			4378	−1268	5.75	0.05	6.33	0.11
1 231 401	20.83			6528	1123	5.49	0.21	5.68	−0.05
952 010	−11.39		949	5082	−631	5.83	0.36	6.43	0.37
1 142 065	−3.31			5937	−209	3.66	−0.04	3.81	−0.09
605 558	0.31		531	5410	20	6.05	−0.01	6.81	0.06
573 366	−9.77			5093	−551	5.70	−0.18	7.72	0.01
409 743	−12.73		457	5133	−752	8.15	−0.15	9.38	−0.02
467 257	−6.36		670	5451	−382	6.74	−0.23	7.97	−0.13
457 064	−7.11		2	5354	−404	6.31	−0.23	7.71	0.08
390 350	−9.52			5304	−546	6.60	0.10	8.01	0.17
451 113	−9.45			5186	−455	6.63	−0.67	8.44	0.23
	−100.00				−2977		−10.24		−15.73
337 688	−44.02		84	1394	−956	3.87	0.56	4.82	1.02
554 205	−29.36			2532	−1034	6.10	0.05	8.80	0.48
357 660	−18.95		21	3219	−781	5.07	0.01	7.41	−0.66
21 630	−71.72			460	−1165	8.30	0.00	9.49	0.04
	−100.00		1132		−671		−7.99		−16.49
18 048	−65.96		128	743	−1442	9.31	0.05	10.72	−0.10
603 666	−11.23			4807	−597	4.33	0.08	4.86	0.18

单位	装机容量（万kW）	发电量合计（万kW·h）	发电量（不含试运行）		试运行发电量（万kW·h）
			本年（万kW·h）	同比增长（%）	
安徽华电宿州发电有限公司	126.00	541 026	541 026	–15.56	
安徽华电六安电厂有限公司	132.00	642 847	642 847	87.25	
安徽华电六安发电有限公司	27.00	2232	2232	–95.04	
华电宿州生物质能发电有限公司	2.50	16 210	16 210	–22.24	
华电新乡发电有限公司	132.00	528 851	528 851	–8.10	
华电漯河发电有限公司	66.00	258 658	258 658	–16.36	
华电渠东发电有限公司	66.00	242 786	242 786	–9.51	
宁夏华电灵武发电有限公司	332.00	1 925 874	1 925 874	–7.19	
宁夏中宁发电有限公司（华电国际）	66.00	356 483	356 483	–13.63	
河北华电石家庄鹿华热电有限公司	66.00	353 250	353 250	4.84	
河北华电石家庄裕华热电有限公司	60.00	339 631	339 631	4.45	
河北华电石家庄热电有限公司	47.50	260 449	260 449	3.33	
韶关市坪石发电厂有限公司（B厂）	72.50	292 259	292 259	–18.45	
华电国际电力股份有限公司朔州热电分公司	70.00	36 926	10 392		26 534
燃机	**201.15**	**246 535**	**222 549**	**221.97**	**23 987**
杭州华电江东热电有限公司	96.05	39 450	24 286		15 164
华电浙江龙游热电有限公司	40.50	12 209	3386		8822
杭州华电下沙热电有限公司	24.60	13 527	13 527	–40.34	
天津华电福源热电有限公司	40.00	181 349	181 349	290.44	
风电	**280.42**	**374 673**	**374 539**	**56.50**	**134**
华电内蒙古开鲁风电有限公司	39.90	65 998	65 998	7.25	
华电科左中旗风电有限公司	4.95	9525	9525	14.48	
华电宁夏宁东风电有限公司	35.00	38 784	38 784	–9.72	
华电宁夏月亮山风电有限公司	9.90	17 774	17 774	–10.87	
华电国际宁夏新能源发电有限公司六盘山分公司	79.30	91 684	91 550	778.79	134
河北华电沽源风电有限公司	25.05	40 411	40 411	4.10	
河北华电蔚州风电有限公司	9.90	20 461	20 461	10.37	
河北华电康保风电有限公司	9.90	20 869	20 869	121.57	
国投张家口风电有限公司	10.05	17 273	17 273	32.85	
华电肥城新能源发电有限公司	9.98				
华电莱州风能发电有限公司	9.96	10 443	10 443		
华电枣庄新能源公司	5.00				

续表

上网电量		试运行上网电量（万 kW·h）	购网电量（万 kW·h）	发电设备平均利用小时（h）		发电厂用电率（%）		综合厂用电率（%）	
本年（万 kW·h）	同比增长（%）			本年	同比增长（±）	本年	同比增长（±）	本年	同比增长（±）
513 058	−15.57		309	4294	−791	4.91	0.00	5.23	0.03
614 932	87.91		1762	4870	−106	4.50	−0.33	4.62	−0.33
2021	−95.08		388	83	−1585	9.11	1.21	26.80	17.90
14 311	−23.64			6484	−1854	10.44	1.63	11.72	1.62
498 541	−7.98			4006	−353	5.22	−0.12	5.73	−0.13
239 282	−16.62			3919	−766	5.70	−0.08	7.49	0.29
227 994	−9.47		48	3679	−387	4.98	−0.20	6.11	−0.03
1 785 315	−7.35			5801	−449	6.75	0.08	7.30	0.15
333 811	−14.13			5401	−852	5.84	0.52	6.36	0.55
309 516	4.08		56	5352	247	9.30	0.70	12.40	0.64
312 700	3.91		65	5661	241	5.91	0.37	7.95	0.48
218 356	2.61			5483	177	8.93	0.77	16.16	0.59
273 039	−18.50		1202	4031	−912	6.19	0.06	6.99	0.25
9577		25 083	167	1426	1426	6.29	6.29	9.46	9.46
216 589	**224.09**	**23 167**	**38**	**2628**	**555**	**1.51**	**−0.25**	**2.69**	**−0.64**
23 369		14 815		1452	1452	1.90	1.90	3.78	3.78
3314		8352		1011	1011	1.50	1.50	2.15	2.15
12 565	−41.49			550	−399	2.40	−0.03	7.11	1.84
177 342	291.03		38	4534	−376	1.39	−0.04	2.23	−0.16
368 153	**55.67**	**125**	**1786**	**1526**	**−47**	**1.44**	**0.58**	**2.18**	**0.58**
65 444	7.34		259	1654	112	0.84	−0.08	1.23	−0.10
9424	14.60		31	1924	243	1.06	−0.10	1.38	−0.17
38 056	−10.65		183	1258	−174	1.88	1.02	2.35	0.93
17 587	−10.99		40	1795	−219	1.05	0.13	1.28	0.14
88 654	777.03	125	556	1204	240	3.16	0.19	3.77	0.06
39 964	4.06		97	1613	63	0.20	−0.03	1.35	0.07
20 203	10.28		85	2067	194	0.16	−0.23	1.68	0.21
20 546	124.91		97	2108	212	0.16	−0.32	2.01	−1.78
17 065	32.41		92	1719	2	0.55	0.18	1.74	0.66
10 303			51	2066	2066	1.34	1.34	1.83	1.83

单　　位	装机容量（万kW）	发电量合计（万kW·h）	发电量（不含试运行）		试运行发电量（万kW·h）
			本年（万kW·h）	同比增长（%）	
华电莱西新能源发电有限公司	4.98				
华电龙口风电有限公司	4.95	9704	9704		
华电淄博风电有限公司	4.80	7735	7735		
华电昌邑风电有限公司	4.95	8464	8464		
华电莱州风电有限公司	4.05	6478	6478	−9.18	
华电莱州风力发电有限公司（金城）	4.80	9070	9070	−1.75	
龙口东宜风电有限公司	3.00	0			0
太阳能	**8.40**	**4638**	**4638**	**182.35**	
河北华电康保风电有限公司光伏发电	3.00				
河北华电沽源风电有限公司光伏发电	2.00				
华电张家口塞北新能源发电有限公司光伏发电	0.40				
宁夏新能源宁东分公司光伏发电	2.00	3095	3095		
华电宁夏尚德太阳能发电有限公司	1.00	1543	1543	−6.06	
中国华电集团公司贵州公司（贵州乌江水电开发有限责任公司）	**1319.50**	**4 935 173**	**4 935 173**	**7.68**	
水电	**869.50**	**3 105 206**	**3 105 206**	**11.45**	
贵州乌江水电开发有限责任公司	869.50	3 105 206	3 105 206	11.45	
贵州乌江构皮滩水电站	300.00	1 019 159	1 019 159	22.33	
乌江渡发电厂	128.00	427 737	427 737	14.30	
贵州乌江思林水电站	105.00	416 407	416 407	11.05	
东风发电厂	69.50	282 327	282 327	1.52	
洪家渡电站建设公司	60.00	127 021	127 021	−8.56	
索风营电站建设公司	60.00	221 469	221 469	6.56	
沙沱电站建设公司	112.00	470 009	470 009	7.10	
乌江清水河公司大花水水电站	20.00	78 891	78 891	1.21	
乌江清水河公司格里桥水电站	15.00	62 185	62 185	0.02	
火电	**450.00**	**1 829 967**	**1 829 967**	**1.83**	
贵州大方发电有限公司	120.00	504 045	504 045	−7.01	
贵州华电塘寨发电有限公司	120.00	430 762	430 762	14.26	
贵州华电桐梓发电有限公司	120.00	488 216	488 216	11.14	
贵州华电大龙发电有限公司	60.00	223 902	223 902	−15.79	
贵州华电毕节热电有限公司	30.00	183 042	183 042	5.93	
中国华电集团福新能源股份有限公司	**1477.31**	**3 704 508**	**3 671 783**	**0.43**	**32 725**

续表

上网电量		试运行上网电量（万 kW•h）	购网电量（万 kW•h）	发电设备平均利用小时（h）		发电厂用电率（%）		综合厂用电率（%）	
本年（万 kW•h）	同比增长（%）			本年	同比增长（±）	本年	同比增长（±）	本年	同比增长（±）
9632			67	1960	1960	0.74	0.74	1.43	1.43
7621			62	1611	1611	1.47	1.47	2.27	2.27
8350			41	1710	1710	1.34	1.34	1.82	1.82
6366	−9.01		39	1599	−162	1.72	−0.19	2.32	−0.17
8937	−1.77		86	1890	−34	1.46	0.02	2.41	−0.05
4515	**175.85**		**43**	**1546**	**68**	**2.61**	**2.25**	**3.59**	**1.74**
2980			14	1547	1547	3.65	3.65	4.17	4.17
1535	−6.22		29	1543	−100	0.52	0.17	2.42	0.58
4 761 127	**7.99**		**3786**	**3740**	**202**	**3.09**	**−0.27**	**3.60**	**−0.29**
3 087 525	**11.51**		**1152**	**3571**	**367**	**0.14**	**−0.03**	**0.61**	**−0.04**
3 087 525	11.51		1152	3571	367	0.14	−0.03	0.61	−0.04
1 014 407	22.44			3397	620	0.11	−0.04	0.47	−0.08
424 918	14.39			3342	418	0.16	−0.02	0.66	−0.08
413 119	11.12		64	3966	395	0.16	−0.02	0.81	−0.07
281 356	1.58			4062	61	0.19	−0.02	0.34	−0.06
125 880	−8.87			2117	−198	0.22	0.01	0.90	0.34
220 420	6.52		4	3691	227	0.17	0.00	0.48	0.04
467 386	7.21		1085	4197	278	0.12	−0.03	0.79	−0.05
78 278	1.17			3945	47	0.15	0.02	0.78	0.04
61 764	0.06			4146	1	0.15	−0.03	0.68	−0.04
1 673 601	**2.04**		**2633**	**4067**	**−153**	**8.08**	**−0.21**	**8.69**	**−0.23**
462 432	−7.48		1318	4200	−317	7.85	0.57	8.52	0.58
390 162	15.66		711	3590	448	9.17	−1.07	9.59	−1.35
449 814	11.49		102	4068	−512	7.20	−0.45	7.89	−0.32
200 758	−16.19		245	3732	−700	9.49	0.27	10.45	0.44
170 435	6.56		258	6101	341	6.78	−0.60	7.03	−0.68
3 557 358	**0.91**	**25 215**	**14 623**	**2925**	**−495**	**2.42**	**−0.40**	**3.51**	**−0.20**

单位	装机容量（万 kW）	发电量合计（万kW·h）	发电量（不含试运行）		试运行发电量（万kW·h）
			本年（万kW·h）	同比增长（%）	
水电	**256.47**	**947 303**	**946 385**	**5.94**	**918**
福建棉花滩水电开发有限公司	70.60	186 292	186 292	14.98	
棉花滩水电厂	60.00	153 385	153 385	17.49	
白沙水电厂	7.00	17 384	17 384	2.60	
漳平市永福水电发展有限公司	2.40	10 478	10 478	3.91	
合溪水电厂	1.20	5045	5045	13.62	
福建华电电力工程有限公司	50.98	245 514	245 514	17.16	
福建省金湖电力有限公司	18.95	98 745	98 745	16.15	
福建省金湖电力有限公司高唐水电站	4.20	21 014	21 014	17.12	
福建省金湖电力有限公司孔头水电厂	4.05	22 591	22 591	19.56	
福建省金湖电力有限公司范厝水电厂	3.72	17 667	17 667	3.22	
福建省金湖电力有限公司大言水电厂	3.20	16 245	16 245	18.32	
福建省金湖电力有限公司良浅水电厂	3.00	17 122	17 122	18.82	
福建省金湖电力有限公司北溪水电厂	0.78	4106	4106	40.42	
福建闽兴水电有限公司	10.38	54 081	54 081	15.17	
福建闽兴水电有限公司照口水电厂	6.00	30 966	30 966	18.02	
福建闽兴水电有限公司峡阳水电厂	4.38	23 115	23 115	11.56	
福建高砂水电有限公司	5.00	23 187	23 187	21.63	
福建沙县城关水电有限公司	4.80	23 644	23 644	24.57	
福建万安水电有限公司	4.55	14 500	14 500	−2.55	
福建永安贡川水电站有限公司	4.30	18 812	18 812	27.35	
福建华投西门发电有限公司	3.00	12 544	12 544	26.97	
闽东水电开发有限公司	32.00	93 267	93 267	−10.11	
福建省古田溪水力发电厂	38.60	88 048	87 130	−30.75	918
福建省安砂水力发电厂	12.50	77 432	77 432	37.39	
华电福建池潭水力发电厂	10.00	69 725	69 725	12.61	
中国华电集团福建华安水力发电厂	14.00	60 512	60 512	12.75	
福建太禹投资（集团）有限公司	13.16	58 783	58 783	8.12	
周宁县后垄溪二级水电厂	4.00	15 929	15 929	−3.18	
福建古田双口渡水电厂	3.20	12 984	12 984	−12.89	
永安丰海发电有限公司	3.00	16 987	16 987	24.69	
中国华电集团福建南靖水力发电厂	2.50	9346	9346	5.20	

续表

上网电量		试运行上网电量（万 kW•h）	购网电量（万 kW•h）	发电设备平均利用小时（h）		发电厂用电率（%）		综合厂用电率（%）	
本年（万 kW•h）	同比增长（%）			本年	同比增长（±）	本年	同比增长（±）	本年	同比增长（±）
932 699	**5.96**		**318**	**3802**	**153**	**0.36**	**0.02**	**1.48**	**−0.02**
183 800	15.08		79	2639	344	0.21	−0.04	1.38	−0.08
151 607	17.61			2556	381	0.16	−0.06	1.16	−0.10
16 976	2.56		53	2483	63	0.35	0.02	2.65	0.07
10 286	3.90		18	4366	164	0.29	0.03	2.01	0.04
4932	13.17		8	4204	504	0.80	0.04	2.40	0.37
240 918	17.29		116	4826	701	0.58	−0.03	1.92	−0.13
97 298	16.24		29	5231	715	0.61	−0.03	1.49	−0.10
20 742	17.02		17	5003	731	0.73	−0.07	1.38	0.02
22 314	19.67		2	5578	913	0.44	−0.10	1.24	−0.12
17 481	3.43			4839	85	0.38	0.04	1.05	−0.20
15 843	18.54		10	5077	786	0.77	−0.04	2.53	−0.19
16 894	18.97			5707	904	0.44	−0.03	1.33	−0.12
4024	40.42			5298	1525	2.00	0.00	2.00	
52 798	15.20			5210	686	0.53	0.01	2.37	−0.03
30 042	17.85			5161	788	0.49	0.01	2.98	0.14
22 755	11.88			5277	547	0.58	0.00	1.56	−0.28
22 634	22.08		7	4637	825	0.53	−0.15	2.42	−0.39
23 222	24.43		19	4926	972	0.63	0.00	1.86	0.05
14 296	−2.22		31	3208	−98	0.40	−0.02	1.63	−0.44
18 373	27.51		22	4375	939	0.55	−0.08	2.45	−0.18
12 298	27.52		7	4181	888	0.85	−0.18	2.02	−0.47
92 696	−10.10		46	2915	−328	0.25	0.04	0.66	−0.01
86 129	−30.61			2774	−1784	0.13	0.03	1.15	−0.19
76 688	37.55			6195	1686	0.14	−0.04	0.96	−0.11
68 844	12.62			6972	781	0.12	−0.01	1.26	−0.01
59 854	13.12		47	4322	489	0.19	−0.03	1.17	−0.33
57 257	7.31			4551	258	1.11	0.27	2.60	0.73
15 648	−3.29		13	3982	−131	0.15	0.01	1.85	0.15
12 721	−12.91		11	4057	−600	0.22	0.03	2.10	0.05
16 602	24.61		6	5662	1121	0.54	−0.15	2.30	0.02
9210	5.21			3738	185	0.59	0.03	1.46	0.00

单　　位	装机容量（万 kW）	发电量合计（万kW·h）	发电量（不含试运行）		试运行发电量（万kW·h）
			本年（万kW·h）	同比增长（%）	
永安银河电力有限公司	0.80	6467	6467	4.21	
福建省金溪投资有限公司	0.80	4354	4354	3.52	
南靖恒盈电力有限公司	0.20	784	784	−3.10	
华安华顺电力有限公司	0.13	879	879	9.65	
火电	**414.24**	**1 771 645**	**1 766 020**	**−12.76**	**5626**
煤机	**360.00**	**1 544 247**	**1 544 247**	**−20.06**	
福建华电可门发电有限公司	240.00	1 040 709	1 040 709	59.93	
福建华电可门二期发电有限公司				−100.00	
福建华电漳平火电有限公司	60.00	219 193	219 193	−27.33	
福建华电永安发电有限公司	60.00	284 345	284 345	−10.95	
福建华电邵武发电有限公司				−100.00	
燃机	**51.71**	**210 965**	**205 339**	**170.06**	**5626**
广州大学城华电新能源有限公司	15.60	64 627	64 627	0.45	
华电南宁新能源有限公司	12.00	28 375	28 375	143.82	
上海华电闵行能源有限公司	12.00	63 330	61 707		1623
上海国际旅游度假区新能源有限公司	2.20	4203	255		3949
江西华电分布式能源项目筹备处	8.70	48 933	48 933		
湖北华电创意天地新能源有限公司	0.81	731	678		54
华电泰州医药城新能源有限公司	0.40	765	765	1245.79	
其他	**2.53**	**16 434**	**16 434**	**−1.22**	
桦川协联生物质能热电有限公司	2.40	16 400	16 400	−0.84	
湖北华电龙感湖沼气发电有限公司	0.13	33	33	−65.66	
风电	**725.03**	**892 666**	**866 660**	**26.79**	**26 006**
内蒙古华电库伦风电厂	40.35	68 528	68 528	−10.33	
内蒙古华电玫瑰营风力发电有限公司	24.93	47 540	47 540	−7.07	
达茂旗协合风力发电有限公司	20.10	1420	96		1324
内蒙古华电辉腾锡勒风力发电有限公司	12.15	22 614	22 614	−12.94	
内蒙古华电巴音风力发电有限公司	19.95	29 553	29 553	172.14	
华电新能源发展有限公司川井风电分公司	19.95	27 600	27 600		
内蒙古华电红泥井风力发电有限公司	9.90	22 831	22 831	4.55	
内蒙古三胜风电有限公司	4.95	11 487	11 487	−9.58	
内蒙古华电街基风电有限公司	9.90	14 800	14 800	6.89	

续表

上网电量		试运行上网电量（万 kW•h）	购网电量（万 kW•h）	发电设备平均利用小时（h）		发电厂用电率（%）		综合厂用电率（%）	
本年（万 kW•h）	同比增长（%）			本年	同比增长（±）	本年	同比增长（±）	本年	同比增长（±）
6339	4.04			8084	327	0.43	0.03	1.99	0.16
4345	3.47			5443	185	0.22	0.06	0.22	0.05
784	–3.10			3922	–126				
866	10.68			6975	614	1.47	–0.92	1.47	–0.92
1 677 502	**–12.56**	**4146**	**1946**	**4305**	**–815**	**4.54**	**–0.24**	**5.12**	**–0.19**
1 460 920	**–20.04**		**332**	**4290**	**–862**	**4.84**	**–0.05**	**5.42**	**0.00**
987 678	59.99			4336	–1086	4.62	–0.03	5.10	–0.03
	–100.00				–5472		–4.63		–4.98
207 274	–27.32		332	3653	–1374	5.02	–0.03	5.59	0.13
265 968	–10.67			4739	–583	5.49	–0.22	6.46	–0.32
	–100.00				–230		–9.17		–13.94
200 154	**168.15**	**4146**	**527**	**4307**	**52**	**2.16**	**0.67**	**2.78**	**0.61**
63 444	0.32		247	4143	18	1.61	0.17	2.21	0.12
27 630	143.39		154	2365	–3535	1.96	0.22	3.17	0.62
59 891		1576	70	5793	5793	2.59	2.59	3.06	3.06
188		2521	8	3838	3838	25.64	25.64	29.14	29.14
47 657			24	5624	5624	2.30	2.30	2.66	2.66
634		49	20	2600	2600	6.39	6.39	9.41	9.41
710	1291.08		4	1912	1685	2.45	–8.95	7.76	–13.90
16 429	**–1.16**		**1088**	**6486**	**–80**	**5.79**	**–0.16**	**6.65**	**–0.15**
16 400	–0.84		1075	6833	–58	5.77	–0.12	6.55	–0.06
29	–65.03		13	250	–479	15.27	–0.63	54.52	15.74
855 757	**27.15**	**20 904**	**11 183**	**1665**	**–163**	**0.49**	**0.08**	**2.55**	**0.61**
67 334	–10.22		157	1698	–196	0.12	–0.05	1.97	–0.09
47 033	–7.19		132	1907	–145	0.15	0.02	1.34	0.16
95		1293		1749	1749	0.22	0.22	0.96	0.96
22 274	–12.27		54	1861	–277	0.44	0.08	1.74	–0.71
29 347	173.95		38	1944	–28	0.18	–0.11	0.83	–0.76
27 223			28	2102	2102	0.17	0.17	1.47	1.47
22 544	4.25		35	2306	100	0.28	0.00	1.41	0.19
11 386	–9.68		27	2321	–246	0.44	0.05	1.11	0.14
14 525	6.36		60	1495	96	0.37	–1.01	2.26	0.49

单　　位	装机容量（万 kW）	发电量合计（万kW·h）	发电量（不含试运行）		试运行发电量（万kW·h）
			本年（万kW·h）	同比增长（%）	
内蒙古富丽达风力发电有限公司	4.95	11 006	11 006	−8.87	
内蒙古华电秦天风力发电有限公司	4.95	9597	9597	0.01	
内蒙古华电乌套海风力发电有限公司	34.95	24 368	23 728	93.13	640
内蒙古嘉耀风电有限公司	4.95	11 017	11 017		
内蒙古华电宏图风力发电有限公司	4.95	10 638	10 638		
乌拉特中旗协合风力发电有限公司	4.95	10 377	10 377		
四子王旗协合夏日风力发电有限公司	4.95	1007	752		256
巴彦淖尔市建技中研风力发电有限责任公司	4.95	834	51		783
华电福新察右中旗宏盘风力发电有限公司	4.95				
山西华电广灵风力发电有限公司	14.85	24 940	24 940	4.11	
山西华电阳高风力发电有限公司	4.80	8910	8910	16.54	
甘肃华电瓜州风力发电有限公司	20.10	16 382	16 382	−37.17	
甘肃华电玉门风力发电有限公司	54.40	58 500	58 500	136.55	
甘肃华电景泰风力发电有限公司	9.90	14 942	14 942	−12.55	
甘肃华电阿克塞风力发电有限公司	9.90	10 174	10 174	−30.72	
甘肃华电环县风力发电有限公司	59.80	50 567	50 567	62.58	
甘肃靖远航天风力发电有限公司	19.80	12 348	12 348		
哈尔滨依兰华富风力发电有限公司	9.90	15 323	15 323	−12.98	
黑龙江东宁华富风力发电有限责任公司	4.95	7135	7135	−4.17	
黑龙江华富风力发电穆棱有限责任公司（二期）	4.50	4403	4403	−26.78	
黑龙江华富风力发电穆棱有限责任公司	3.22	2701	2701	−24.69	
黑龙江华富风力发电木兰有限责任公司	1.20	2081	2081	18.62	
七台河丰润风力发电有限公司	4.95	7585	7585	−16.21	
七台河宏浩风力发电有限公司	4.95	6868	6868	243.19	
东宁瑞信风力发电开发有限公司	4.95	8384	8384		
华电虎林风力发电有限公司	9.45	8153	7333	−9.60	820
华电汤原风力发电有限公司	4.95	8015	8015	38.74	
华电吉林大安风力发电有限公司	14.70	22 661	22 661	38.85	
华电吉林双辽风力发电有限公司	4.95	7156	7156	−5.37	
辽宁铁岭风力发电有限公司	14.40	22 950	22 950	−4.39	
河北华电尚义风力发电有限公司	14.85	21 720	21 720	34.10	
康保协合风力发电有限公司	9.60				

续表

上网电量		试运行上网电量（万 kW•h）	购网电量（万 kW•h）	发电设备平均利用小时（h）		发电厂用电率（%）		综合厂用电率（%）	
本年（万 kW•h）	同比增长（%）			本年	同比增长（±）	本年	同比增长（±）	本年	同比增长（±）
10 892	−8.91		31	2223	−216	0.32	0.03	1.31	0.08
9473	−0.15		52	1939	0	0.22	0.09	1.84	0.23
23 332	93.07	629	77	2130	−347	0.34	−0.44	2.00	0.23
10 919			20	2226	2226	0.30	0.30	1.07	1.07
10 515			26	2149	2149	0.33	0.33	1.41	1.41
10 157			24	2096	2096	0.35	0.35	2.35	2.35
744		253	5	2053	2053	0.51	0.51	1.72	1.72
51		772		1880	1880	0.29	0.29	0.78	0.78
24 581	3.81		121	1679	66	0.21	0.03	1.92	0.54
8910	17.58			1856	263		−0.11		−1.08
16 309	−36.85		92	815	−482	1.82	1.29	1.01	−0.75
58 421	140.93		289	1075	−413	0.76	−0.07	0.63	−1.95
14 638	−12.02		1331	1509	−217	1.65	0.90	10.94	7.89
10 280	−28.40		205	1028	−456	2.08	1.16	0.97	−2.71
50 009	63.48		92	1689	−498	1.30	−0.24	1.29	−0.80
12 479			1715	1245	1245	2.76	2.76	12.83	12.83
15 084	−13.03		45	1548	−231	0.29	0.03	1.85	0.21
6970	−4.31		19	1441	−63	0.39	0.03	2.57	0.22
4323	−26.85		7	978	−358	0.74	0.25	1.95	0.10
2638	−25.05		4	839	−275	0.70	0.19	2.46	0.47
1985	18.04		11	1734	272	1.03	−0.20	5.13	0.59
7488	−15.18		27	1532	−297	0.23	−0.08	1.64	−1.09
6755	242.70		33	1388	−981	0.26	−0.01	2.13	0.44
8280			33	1694	1694	0.31	0.31	1.64	1.64
7179	−10.91	804	34	1625	−178	0.36	0.10	2.57	1.58
7925	39.53		24	1619	−157	0.34	−0.16	1.41	−0.55
22 314	38.86		145	1542	−18	0.18	−0.06	2.17	0.11
7049	−6.24		51	1446	−82	0.41	0.05	2.20	0.74
22 553	−4.53		120	1594	−73	0.16	0.01	2.25	0.10
21 502	34.41		103	1463	−171	0.27	−0.16	1.48	0.00

单　　位	装机容量（万 kW）	发电量合计（万kW·h）	发电量（不含试运行）		试运行发电量（万kW·h）
			本年（万kW·h）	同比增长（%）	
江苏华电滨海风电有限公司	9.90	8	3		5
江苏华电灌云风力发电有限公司	10.00	16 218	16 218	−8.83	
华电福新浙江长兴风力发电有限公司	2.20	899			899
浙江华电舟山风力发电有限公司	1.20	2598	2598	−11.14	
华电山东乳山新能源有限公司	4.80	7837	7837	8.03	
湖南华电郴州风力发电有限公司	8.58	16 529	16 529	167.94	
宜阳协合风力发电有限公司	4.80	2857			2857
云南华电大黑山风力发电有限公司	13.20	13 507	7136		6371
宁蒗牦牛坪风电场	4.95	9085	9085	−6.26	
云南华电朵古风力发电有限公司	4.95	8870	8870	8.16	
云南华电莲花山风力发电有限公司	4.20	9738	9738		
广东华电前山风力发电有限公司	4.95	6888	6888	75.07	
茂名市中坳风电有限公司	4.95	9698	9698	18.40	
华电（福清）风力发电有限公司	7.80	25 524	24 824	18.53	699
新疆华电小草湖风力发电有限责任公司	24.75	25 194	25 192	−23.64	2
华电福新新疆能源有限公司	20.00	2			2
新疆华电布尔津风电有限公司	9.90	14 474	14 474	−34.62	
新疆华电雪湖风力发电有限公司	14.85	19 462	15 150	9.75	4312
哈巴河吉源风电有限责任公司	4.95	17			17
布尔津吉源风电有限公司	4.95	2781			2781
新疆华冉新能源有限公司	4.95	13 055	13 055	8.55	
华电福新安徽新能源有限公司	9.60	14 158	9921		4238
西班牙 Elecdy Barchin 风电项目部	2.80	6151	6151		
太阳能	**81.57**	**92 894**	**92 718**	**68.91**	**176**
内蒙古华电库伦光伏电站	2.00	3374	3374	−9.50	
内蒙古华电玫瑰营风力发电有限公司（光伏）	1.00	1938	1938	0.02	
内蒙古华电巴音风力发电公司光伏发电	2.00	3188	3188		
华电新能源发展有限公司川井分公司光伏发电	2.00	3470	3470		
内蒙古华电红泥井风力发电公司光伏发电	1.00	1220	1220		
内蒙古华电街基风电有限公司光伏发电	0.90				
华电尚德东台太阳能发电有限公司	3.98	4324	4324	−10.19	
华阳姜堰太阳能发电有限公司	1.90	2220	2220	48	

续表

上网电量		试运行上网电量（万 kW•h）	购网电量（万 kW•h）	发电设备平均利用小时（h）		发电厂用电率（%）		综合厂用电率（%）	
本年（万 kW•h）	同比增长（%）			本年	同比增长（±）	本年	同比增长（±）	本年	同比增长（±）
3		5	0	472	472	7.39	7.39	9.35	9.35
15 916	−8.83		71	1622	−157	0.44	0.28	2.30	0.24
		893							
2575	−11.14		9	2165	−271	0.45	0.04	1.25	0.03
7718	8.26		46	1633	121	0.39	0.05	2.10	−0.25
16 229	165.53		37	2121	428	0.15	0.01	2.04	0.78
		2836							
7018		1546	7	7675	7675	1.57	1.57	1.76	1.76
8999	−6.03		29	1835	−123	0.12	−0.01	1.27	−0.16
8788	8.21		14	1792	135	1.12	−0.06	1.08	−0.06
9631			23	2466	2466	1.20	1.20	1.34	1.34
6834	75.14		48	1392	246	0.43	−0.02	1.48	−0.14
9607	18.73		12	1959	304	0.20	−0.01	1.06	−0.48
24 389	18.64	675	32	3651	273	0.17	0.00	1.88	−0.13
24 662	−24.02	2	1526	1271	−395	0.27	0.04	8.16	5.44
		2							
14 102	−34.84		212	1462	−774	0.24	0.10	4.03	1.33
14 910	9.50	4246	2897	2843	54	0.39	−0.08	20.71	18.91
		16							
		2741							
12 884	8.73		876	2637	208	0.37	−0.07	8.02	5.86
9826		4190	82	2131	2131	0.13	0.13	1.79	1.79
6151				2197	2197				
91 400	**70.19**	**164**	**1176**	**1225**	**225**	**1.06**	**0.00**	**2.69**	**−0.28**
3362	−8.19		15	1687	−177	0.18	−0.06	0.83	−1.42
1872	−1.51		9	1938	0	0.19	0.07	3.91	1.53
3091			6	1594	1594	0.16	0.16	3.25	3.25
3386			14	1735	1735	0.18	0.18	2.82	2.82
1139			5	1220	1220	0.27	0.27	7.03	7.03
4241	−10.01		32	1087	−123	0.73	−0.02	2.67	0.24
2177	48.66		22	1168	141	0.98	0.54	2.91	0.10

单　　位	装机容量（万 kW）	发电量合计（万kW·h）	发电量（不含试运行）		试运行发电量（万kW·h）
			本年（万 kW·h）	同比增长（%）	
华电兴化太阳能发电有限公司	17.80	19 182	19 180	202	3
华电嘉峪关太阳能发电有限公司	10.70	12 026	12 026	−13.51	
华电格尔木太阳能发电有限公司	3.00	4479	4479	1.87	
甘肃华电民勤发电有限公司	5.90	6628	6628	167.32	
甘肃华电阿克塞风力发电有限公司（光伏）	0.90	1620	1620	−3	
甘肃华电福新民乐发电有限公司	5.90	6278	6278	419.04	
甘肃华电福新敦煌发电有限公司	4.00	5031	5031	951.63	
武威天合光能发电有限公司	5.00	5613	5613	22.69	
云南华电维的太阳能发电有限公司	4.00	5733	5733	−1.05	
河北华电尚义风力发电有限公司（光伏）	2.00	142			142
华电福新高唐新能源有限公司	1.40	5	5		
奇台新特能源有限责任公司	2.00	2263	2263	18.23	
华电福新新疆木垒能源有限公司	2.00	2272	2242		30
木垒新特光伏能源有限责任公司	2.00	1741	1741		
上海华电太阳能发展有限公司	0.14	146	146	1.02	
北京华电福新国核能源有限公司	0.05	1			1
中国华电集团公司江苏分公司	**873.76**	**3 650 602**	**3 627 879**	**8.45**	**22 723**
火电	**870.40**	**3 649 459**	**3 626 745**	**8.41**	**22 715**
煤机	**462.00**	**2 450 673**	**2 450 673**	**−6.09**	
中国华电集团公司江苏望亭发电分公司	132.00	656 563	656 563	−19.65	
江苏华电句容发电有限公司	200.00	1 219 985	1 219 985	−1.57	
江苏华电扬州发电有限公司	66.00	266 864	266 864	−1.29	
中国华电集团公司望亭发电厂	64.00	307 262	307 262	8.62	
燃机	**408.40**	**1 198 787**	**1 176 072**	**59.89**	**22 715**
江苏华电望亭天然气发电有限公司	78.00	254 413	254 413	34.54	
江苏华电戚墅堰发电有限公司	173.00	338 785	316 070	67.14	22 715
江苏华电仪征热电有限公司	76.20	295 003	295 003	62.69	
江苏华电戚墅堰热电有限公司	44.00	180 065	180 065	20.20	
江苏华电吴江热电有限公司	37.20	130 521	130 521	397.64	
太阳能	**3.36**	**1143**	**1135**		**8**
江苏华电华林新能源有限公司	2.13	600	599		0
江苏华电赣榆新能源有限公司	0.80	535	535		

续表

上网电量		试运行上网电量（万 kW•h）	购网电量（万 kW•h）	发电设备平均利用小时（h）		发电厂用电率（%）		综合厂用电率（%）	
本年（万 kW•h）	同比增长（%）			本年	同比增长（±）	本年	同比增长（±）	本年	同比增长（±）
18 788	202.04	2	76	1128	−164	0.84	0.13	2.43	−0.22
11 980	−13.10		164	1124	−176	1.27	0.50	1.75	0.10
4495	9.27		19	1493	27	1.08	0.45	0.07	−6.94
6576	169.08		72	1123	703	1.90	0.01	1.87	−0.60
1497	−9		0	1800	−61	0.09	0.03	7.59	5.53
6261	495.97		50	1064	859	1.02	0.05	1.08	−12.74
5018	934.15		30	1258	1138	0.86	−3.71	0.86	−0.42
5543	23.56		443	1123	208	2.52	0.64	9.14	5.13
5646	−1.11		55	1433	−15	2.46	0.08	2.46	0.08
		132	2						
5				4254	4254	0.55	0.55	2.19	2.19
2230	18.28		4	1131	174	0.54	−1.60	1.60	−0.56
2224		30	156	1263	1263	0.29	0.29	7.79	7.79
1725				1156	1156	0.20	0.20	0.96	0.96
146	1.11		1	1019	10	0.22	−0.05	0.71	−0.30
		0							
3 476 252	**9.05**	**22 319**	**2458**	**4562**	**257**	**3.59**	**−0.55**	**4.25**	**−0.53**
3 475 142	**9.02**	**22 312**	**2450**	**4565**	**261**	**3.59**	**−0.54**	**4.25**	**−0.53**
2 324 617	**−5.91**		**1315**	**5304**	**−344**	**4.52**	**−0.26**	**5.20**	**−0.19**
623 750	−19.30			4974	−1216	4.39	−0.59	5.00	−0.40
1 163 510	−1.39			6100	−97	4.27	−0.18	4.63	−0.17
251 225	−1.54		1315	4043	−53	5.30	0.18	6.35	0.26
286 133	9.03			4801	381	5.13	−0.22	6.88	−0.35
1 150 525	**60.43**	**22 312**	**1135**	**3538**	**1204**	**1.65**	**−0.18**	**2.27**	**−0.35**
248 637	34.76		84	3262	837	1.92	−0.02	2.30	−0.17
309 489	67.72	22 312	1043	3271	847	1.76	−0.22	2.41	−0.39
289 425	62.96			3871	1492	1.32	−0.26	1.89	−0.17
176 199	20.23		5	4092	688	1.68	−0.04	2.15	−0.02
126 775	428.95		4	3469	2796	1.53	−0.68	2.87	−5.75
1111		**8**	**8**	**1346**	**1346**	**0.47**	**0.47**	**2.84**	**2.84**
575		0	3	1230	1230	0.56	0.56	4.58	4.58
535			5	1522	1522	0.37	0.37	0.90	0.90

单位	装机容量（万kW）	发电量合计（万kW·h）	发电量（不含试运行）		试运行发电量（万kW·h）
			本年（万kW·h）	同比增长（%）	
江苏华电东海新能源有限公司	0.30	4			4
无锡华电华惠新能源有限公司	0.14	4			4
华电能源股份有限公司（中国华电集团公司黑龙江分公司）	**615.00**	**2 416 139**	**2 416 139**	**−2.44**	
火电	**615.00**	**2 416 139**	**2 416 139**	**−2.44**	
华电能源电力股份有限公司哈尔滨第三发电厂	160.00	585 267	585 267	−6.86	
中国华电集团富拉尔基发电总厂	120.00	488 407	488 407	0.87	
华电能源电力股份有限公司牡丹江第二发电厂	122.00	369 017	369 017	−0.12	
哈尔滨热电有限责任公司	60.00	220 168	220 168	−4.81	
黑龙江华电齐齐哈尔热电有限公司	60.00	288 413	288 413	−8.34	
华电能源股份有限公司佳木斯热电厂	60.00	304 866	304 866	13.59	
华电能源股份有限公司富拉尔基热电厂	22.50	118 887	118 887	−10.86	
中国华电集团哈尔滨发电有限责任公司	10.20	39 706	39 706	−13.47	
黑龙江新世纪能源有限公司	0.30	1409	1409	49.39	
华电金山能源有限公司	**538.43**	**2 331 404**	**2 331 404**	**−4.95**	
火电	**528.40**	**2 319 088**	**2 319 088**	**−5.03**	
辽宁华电铁岭发电有限公司	240.00	1 001 089	1 001 089	−1.56	
白音华金山发电有限公司	120.00	500 630	500 630	−5.44	
丹东金山热电有限公司	60.00	283 000	283 000	−8.76	
阜新金山热电有限公司	60.00	286 572	286 572	−4.16	
沈阳苏家屯金山热电有限公司	40.00	223 387	223 387	−9.56	
东电沈阳热电有限责任公司	6.00	16 668	16 668	−47.07	
桓仁金山热电有限公司	2.40	7741	7741	−2.20	
风电	**10.03**	**12 316**	**12 316**	**12.50**	
辽宁彰武金山风力发电有限公司	2.47	2601	2601	2.48	
辽宁康平金山风力发电有限公司	2.47	2615	2615	7.16	
彰武华电风力发电有限公司	2.55	3704	3704	27.98	
康平华电风力发电有限公司	2.55	3396	3396	10.46	
中国华电集团公司湖北分公司	**560.40**	**2 162 420**	**2 160 383**	**4.45**	**2037**
火电	**549.00**	**2 162 417**	**2 160 383**	**4.45**	**2034**
煤机	**512.00**	**2 049 912**	**2 049 912**	**2.74**	
湖北华电襄阳发电有限公司	257.00	1 021 979	1 021 979	2.93	
湖北华电西塞山发电有限公司	136.00	535 409	535 409	7.23	

续表

上网电量		试运行上网电量（万 kW•h）	购网电量（万 kW•h）	发电设备平均利用小时（h）		发电厂用电率（%）		综合厂用电率（%）	
本年（万 kW•h）	同比增长（%）			本年	同比增长（±）	本年	同比增长（±）	本年	同比增长（±）
		4							
		4							
2 190 571	**−2.38**		**765**	**3929**	**−98**	**6.65**	**0.16**	**9.37**	**−0.04**
2 190 571	**−2.38**		**765**	**3929**	**−98**	**6.65**	**0.16**	**9.37**	**−0.04**
536 673	−6.80			3658	−270	6.07	−0.07	8.30	−0.06
432 312	0.13			4070	35	10.87	0.88	11.49	0.66
335 389	0.07			3025	−4	5.95	0.60	9.11	−0.17
200 431	−4.38		323	3669	−186	5.13	−0.67	9.11	−0.27
267 820	−8.16			4807	−437	4.18	−0.17	7.14	−0.18
282 809	14.18			5081	608	4.88	0.09	7.24	−0.48
100 307	−9.71			5284	−644	8.16	−0.61	15.63	−1.08
33 421	−16.91			3893	−606	4.64	−0.07	15.83	3.49
1409	49.39		442	4696	1552	31.36	−0.80	31.36	−0.80
2 121 541	**−5.38**		**117**	**4330**	**−232**	**7.27**	**0.25**	**9.01**	**0.41**
2 109 723	**−5.46**		**2**	**4389**	**−233**	**7.30**	**0.26**	**9.03**	**0.41**
928 990	−1.74			4171	−66	5.95	0.22	7.20	0.17
457 937	−5.65			4172	−240	7.64	0.03	8.53	0.20
257 122	8.82		2	4717	−453	6.76	−0.53	9.15	0.06
250 734	−6.30			4776	−208	10.80	1.72	12.51	1.99
195 913	−10.65			5585	−590	8.92	0.73	12.30	1.07
13 038	−48.71			2778	−2470	6.87	−3.62	21.78	2.50
5990	−8.58			3226	−73	5.79	1.25	22.63	5.40
11 818	**11.33**		**116**	**1228**	**54**	**0.23**	**0.03**	**4.98**	**0.82**
2550	2.47		39	1055	26	0.23	0.00	3.47	−0.16
2493	6.66		28	1061	71	0.30	0.09	5.70	0.14
3631	27.98		18	1453	134	0.17	−0.04	2.44	−0.23
3144	6.49		31	1332	−67	0.23	0.08	8.34	3.45
2 026 569	**4.65**	**1942**		**3976**	**−72**	**5.45**	**−0.21**	**6.19**	**−0.18**
2 026 569	**4.65**	**1940**		**3976**	**−72**	**5.45**	**−0.21**	**6.19**	**−0.18**
1 920 621	**2.88**			**4004**	**−48**	**5.54**	**−0.17**	**6.31**	**−0.13**
964 874	3.16			3977	113	5.18	−0.20	5.59	−0.21
506 177	7.29			3937	−349	4.54	−0.12	5.46	−0.05

单　　位	装机容量（万 kW）	发电量合计（万kW·h）	发电量（不含试运行）		试运行发电量（万kW·h）
			本年（万kW·h）	同比增长（%）	
湖北西塞山发电有限公司	66.00	288 991	288 991	-5.37	
湖北华电黄石发电股份有限公司	53.00	203 532	203 532	2.98	
燃机	**37.00**	**112 506**	**110 471**	**50.92**	**2034**
湖北华电武昌热电有限公司	37.00	112 506	110 471	50.92	2034
风电	**5.40**	**3**			**3**
湖北华电黄冈武穴风力发电有限公司	5.40	3			3
太阳能	**6.00**				
湖北华电随县殷店光伏发电有限公司	3.00				
湖北华电枣阳太平光伏发电有限公司	3.00				
华电新疆发电有限公司	**525.45**	**1 797 296**	**1 796 172**	**-1.84**	**1124**
水电	**8.50**	**17 627**	**17 490**	**77.46**	**137**
新疆华电沙尔布拉克水电有限责任公司	5.00	13 758	13 758	39.59	
新疆华电和田水电有限责任公司	3.50	3869	3732		137
火电	**373.50**	**1 620 176**	**1 620 176**	**-4.19**	
新疆华电红雁池发电有限责任公司	80.00	373 012	373 012	8.84	
华电新疆发电有限公司乌鲁木齐热电厂	66.00	319 445	319 445	-11.31	
华电新疆发电有限公司昌吉热电厂	66.00	278 062	278 062	-15.97	
新疆华电喀什热电有限责任公司	70.00	286 046	286 046	105.02	
新疆华电哈密发电有限责任公司	29.50	120 449	120 449	-28.53	
新疆华电吐鲁番发电有限责任公司	27.00	105 124	105 124	-29.94	
新疆华电苇湖梁发电有限责任公司					
新疆华电昌吉热电二期有限责任公司	25.00	105 135	105 135	-14.27	
新疆华电喀什二期发电有限责任公司	10.00	32 902	32 902	-56.98	
风电	**114.45**	**127 921**	**126 933**	**46.18**	**988**
新疆华电苦水风电有限责任公司	20.10	30 947	30 947	77.28	
新疆华电十三间房风电有限责任公司	14.85	25 767	25 767	12.76	
新疆华电苇湖梁新能源发电有限公司	30.00	34 932	34 029		903
巴里坤东方民生新能源有限公司	19.80	13 094	13 079	-42.05	14
伊吾东方民生新能源有限公司	9.90	10 326	10 326	352.04	
新疆华电淖毛湖风电有限责任公司	9.90	12 777	12 777	-41.05	
新疆华电白杨河风力发电有限责任公司	4.95	9	1		8
新疆华电珍珠泉新能源有限公司	4.95	70	7		63

续表

上网电量		试运行上网电量（万 kW•h）	购网电量（万 kW•h）	发电设备平均利用小时（h）		发电厂用电率（%）		综合厂用电率（%）	
本年（万 kW•h）	同比增长（%）			本年	同比增长（±）	本年	同比增长（±）	本年	同比增长（±）
260 028	−5.66			4379	−248	8.53	0.05	10.02	0.28
189 542	2.99			3840	111	5.75	−0.01	6.87	−0.01
105 948	**51.84**	**1940**		**3519**	**−438**	**3.76**	**−0.40**	**4.09**	**−0.59**
105 948	51.84	1940		3519	−438	3.76	−0.40	4.09	−0.59
		2							
		2							
1 661 360	**−1.69**	**1055**	**1782**	**3655**	**−662**	**5.57**	**−0.26**	**7.60**	**−0.10**
17 214	**77.72**	**124**	**35**	**2769**	**798**	**0.75**	**0.17**	**1.78**	**0.01**
13 556	39.95		1	2751	780	0.53	−0.05	1.47	−0.29
3658		124	34	2838	2838	1.55	1.55	2.89	2.89
1 488 446	**−4.23**		**665**	**4338**	**−540**	**6.13**	**−0.14**	**8.17**	**0.06**
336 176	9.05			4663	379	7.64	−0.06	9.88	−0.18
298 583	−11.62			4840	−617	4.15	−0.03	6.53	0.32
254 277	−16.19			4213	−801	6.27	−0.14	8.55	0.23
268 345	103.94		39	4086	−94	4.94	0.25	6.20	0.51
110 807	−28.69			4083	−1630	6.34	−0.06	8.01	0.19
97 346	−30.24			3893	−1664	6.81	0.39	7.40	0.39
94 324	−14.83			4205	−700	7.37	0.07	10.28	0.59
28 588	−57.59		626	3290	−565	10.40	0.65	15.02	2.81
124 414	**47.56**	**931**	**661**	**1536**	**−387**	**0.36**	**−0.05**	**2.50**	**−0.84**
30 233	77.65		134	1540	−2	0.24	−0.28	2.74	−0.43
25 173	13.55		152	1735	−271	0.59	0.07	2.90	−0.56
33 771		864	88	1928	1928	0.22	0.22	1.02	1.02
12 692	−41.95		68	1299	−981	0.71	0.30	3.48	0.19
10 071	350.11		106	1043	166	0.26	0.15	3.50	0.14
12 467	−40.70		107	1291	−899	0.30	0.07	3.26	−0.15
1		6	3	13	13	45.48	45.48	361.90	361.90
7		60	3	85	85	36.02	36.02	41.93	41.93

单　　位	装机容量（万 kW）	发电量合计（万kW·h）	发电量（不含试运行）		试运行发电量（万kW·h）
			本年（万 kW·h）	同比增长（%）	
太阳能	**29.00**	**31 572**	**31 572**	**–25.11**	
哈密市东方民生太阳能源开发有限公司	5.00	5576	5576	–32.31	
新疆华电石城子光伏发电有限责任公司	6.00	6627	6627	–36.49	
特变电工阿瓦提光伏发电有限公司	4.00	3842	3842	–33.58	
库尔勒新科太阳能发电有限公司	2.00	2171	2171	–20.15	
新疆华电和田光伏发电有限责任公司	4.00	4090	4090	–25.00	
巴州华能太阳能发电有限公司	2.00	2229	2229	–19.36	
新疆华电焉耆太阳能发电有限公司	2.00	2533	2533	–21.53	
焉耆县光润新能源发电有限公司	2.00	2424	2424		
哈密力诺太阳能	2.00	2081	2081	–41.15	
云南金沙江中游水电开发有限公司	**536.00**	**1 614 756**	**1 609 288**	**31.61**	**5468**
水电	**536.00**	**1 614 756**	**1 609 288**	**31.61**	**5468**
云南金沙江中游水电开发有限公司阿海水电厂	200.00	570 354	570 354	–20.01	
云南华电鲁地拉水电开发有限公司	216.00	607 438	607 438	20.37	
云南金沙江中游水电开发有限公司梨园水电厂	120.00	436 964	431 496	8345.01	5468
华电陕西能源有限公司	**516.40**	**1 899 082**	**1 882 065**	**–1.77**	**17 017**
火电	**506.00**	**1 882 590**	**1 865 573**	**–1.90**	**17 017**
陕西华电蒲城发电有限责任公司	132.00	569 646	569 646	–10.46	
陕西华电蒲城第二发电有限责任公司	132.00	555 455	555 455	–14.48	
陕西华电榆横煤电有限责任公司	132.00	516 761	516 761	28.01	
陕西华电杨凌热电有限公司	70.00	37 499	20 482		17 017
陕西华电瑶池发电有限公司	40.00	203 229	203 229	–4.30	
风电	**9.90**	**15 768**	**15 768**	**17.03**	
陕西华电风力发电有限公司	9.90	15 768	15 768	17.03	
太阳能	**0.50**	**724**	**724**	**–4.27**	
陕西华电靖边太阳能	0.50	724	724	–4.27	
中国华电集团发电运营有限公司	**396.00**	**1 580 227**	**1 580 227**	**–16.80**	
水电	**5.20**	**22**	**22**	**–99.36**	
北京华电水电有限公司	5.20	22	22	–99.36	
火电	**386.80**	**1 574 613**	**1 574 613**	**–16.79**	
煤机	**336.00**	**1 384 372**	**1 384 372**	**–17.00**	
广西华电贵港发电有限公司	126.00	307 377	307 377	–36.66	
天津军粮城发电有限公司	80.00	353 740	353 740	–19.12	

续表

上网电量		试运行上网电量（万 kW•h）	购网电量（万 kW•h）	发电设备平均利用小时（h）		发电厂用电率（%）		综合厂用电率（%）	
本年（万 kW •h）	同比增长（%）			本年	同比增长（±）	本年	同比增长（±）	本年	同比增长（±）
31 286	**−25.13**		**422**	**1089**	**−472**	**0.52**	**0.07**	**2.24**	**0.54**
5540	−32.08		60	1115	−532	0.48	−0.05	1.72	0.15
6563	−36.57		59	1104	−634	0.38	0.10	1.85	0.43
3810	−33.72		56	961	−486	0.84	0.22	2.29	0.81
2148	−20.03		37	1085	−274	0.63	0.08	2.75	−0.47
4069	−25.06		66	1023	−341	0.41	−0.04	2.12	0.69
2206	−19.32		29	1115	−268	0.63	0.17	2.37	0.50
2498	−21.58		46	1266	−348	0.67	0.02	3.20	0.60
2383			43	1212	1212	0.50	0.50	3.44	3.44
2069	−40.91		26	1040	−727	0.34	0.13	1.85	0.25
1 598 309	**31.53**		**19**	**3152**	**−510**	**0.14**	**0.04**	**0.68**	**0.06**
1 598 309	**31.53**		**19**	**3152**	**−510**	**0.14**	**0.04**	**0.68**	**0.06**
566 832	−20.06			2852	−1036	0.12	0.03	0.62	0.07
602 730	20.31			2812	−553	0.13	0.03	0.78	0.05
428 747	8336.58		19	4562	−4062	0.16	0.11	0.64	0.10
1 708 371	**−1.86**	**15 370**	**930**	**4181**	**−473**	**8.61**	**0.02**	**9.28**	**0.09**
1 692 086	**−2.00**	**15 370**	**912**	**4243**	**−486**	**8.67**	**0.02**	**9.35**	**0.10**
519 474	−10.44			4316	−504	8.36	0.18	8.81	−0.02
500 638	−14.77			4208	−713	8.81	−0.18	9.87	0.30
468 701	28.09		839	3915	−198	8.93	0.01	9.46	−0.09
19 108		15 370		5530	5530	5.78	5.78	6.71	6.71
184 165	−4.76		73	5081	−228	8.80	0.35	9.42	0.47
15 566	**17.49**		**16**	**1593**	**91**	**1.44**	**0.89**	**1.38**	**−0.42**
15 566	17.49		16	1593	91	1.44	0.89	1.38	−0.42
720	**−0.60**		**2**	**1449**	**−65**	**2.11**	**0.55**	**0.86**	**−3.99**
720	−0.60		2	1449	−65	2.11	0.55	0.86	−3.99
1 470 678	**−17.48**		**1657**	**3994**	**−827**	**5.38**	**0.37**	**7.04**	**0.80**
22	**−99.36**		**75**	**4**	**−645**	**148.48**	**147.53**	**345.98**	**343.77**
22	−99.36		75	4	−645	148.48	147.53	345.98	343.77
1 465 153	**−17.47**		**1524**	**4071**	**−822**	**5.39**	**0.37**	**7.05**	**0.79**
1 280 931	**−17.75**		**1388**	**4120**	**−844**	**5.93**	**0.46**	**7.57**	**0.87**
285 769	−37.33		594	2440	−1412	5.29	0.67	7.22	1.11
322 638	−20.11			4422	−1045	6.53	0.29	8.79	1.13

单　位	装机容量（万 kW）	发电量合计（万kW·h）	发电量（不含试运行）		试运行发电量（万kW·h）
			本年（万kW·h）	同比增长（%）	
天津军粮城热电有限公司	70.00	332 575	332 575	-13.44	
青海华电大通发电有限公司	60.00	390 680	390 680	8.19	
燃机	**50.80**	**190 240**	**190 240**	**-15.28**	
华电（北京）热电有限公司	50.80	190 240	190 240	-15.28	
太阳能	**4.00**	**5593**	**5593**	**55.83**	
华电德令哈太阳能发电有限公司	2.00	3430	3430	-4.43	
北京密云华电太阳能科技发展有限公司	2.00	2163	2163		
华电内蒙古能源有限公司	**323.95**	**1 507 906**	**1 507 906**	**-5.12**	
火电	**294.00**	**1 459 378**	**1 459 378**	**-5.87**	
内蒙古华电包头发电有限公司	120.00	545 122	545 122	-16.69	
内蒙古华电卓资发电有限公司	80.00	429 154	429 154	13.08	
包头东华热电有限公司	64.00	288 771	288 771	-8.99	
内蒙古华电乌达热电有限公司	30.00	196 331	196 331	-1.49	
风电	**4.95**	**10 020**	**10 020**	**-0.18**	
内蒙古华电二连浩特新能源有限公司	4.95	10 020	10 020	-0.18	
太阳能	**25.00**	**38 509**	**38 509**	**33.98**	
华电二连浩特公司	8.00	12 619	12 619	-2.78	
内蒙古华电潮格新能源有限公司	5.00	8498	8498	12.73	
内蒙古华电红格尔新能源有限公司	5.00	8627	8627	4.90	
内蒙古华电土左新能源有限公司	5.00	6787	6787		
内蒙古华电锡林浩特新能源有限公司	2.00	1978	1978		
贵州黔源电力股份有限公司	**323.05**	**1 010 366**	**1 002 437**	**24.55**	**7929**
水电	**323.05**	**1 010 366**	**1 002 437**	**24.55**	**7929**
贵州北盘江电力股份有限公司光照发电厂	104.00	263 382	263 382	-9.88	
贵州北盘江董箐发电厂	88.00	345 688	345 688	2.99	
贵州黔源股份公司引子渡水电站	36.00	96 577	96 577	1.19	
贵州北盘江马马崖电站建设公司	55.80	158 866	152 108		6758
贵州西源发电有限责任公司善泥坡发电厂	18.55	70 781	69 610		1171
贵州黔源股份公司普定发电公司	8.40	32 644	32 644	-0.31	
贵州北源电力股份有限公司鱼塘电站	7.50	28 190	28 190	-14.40	
贵州黔源芙蓉江清溪电站	2.80	8032	8032	-30.24	
贵州北源电力股份有限公司正安牛都电站	2.00	6205	6205	42.70	
中国华电集团公司云南公司	**289.05**	**594 571**	**594 522**	**-25.33**	**49**

续表

上网电量		试运行上网电量（万 kW•h）	购网电量（万 kW•h）	发电设备平均利用小时（h）		发电厂用电率（%）		综合厂用电率（%）	
本年（万 kW •h）	同比增长（%）			本年	同比增长（±）	本年	同比增长（±）	本年	同比增长（±）
308 753	−14.26			4751	−737	5.35	0.12	7.16	0.89
363 772	7.78		794	6511	493	6.39	0.44	7.09	0.32
184 222	**−15.48**		**136**	**3745**	**−675**	**1.47**	**−0.27**	**3.24**	**0.27**
184 222	−15.48		136	3745	−675	1.47	−0.27	3.24	0.27
5504	**55.56**		**58**	**1523**	**−272**	**1.36**	**0.36**	**2.62**	**−0.32**
3391	−4.17		58	1715	−80	0.99	0.00	2.82	−0.12
2113				1292	1292	1.94	1.94	2.30	2.30
1 385 037	**−5.33**		**304**	**4693**	**−402**	**6.78**	**0.18**	**8.17**	**0.21**
1 336 887	**−6.15**			**4964**	**−383**	**6.99**	**0.24**	**8.39**	**0.27**
511 331	−16.97			4543	−910	4.84	−0.01	6.20	0.31
385 407	13.46			5364	620	9.61	−0.02	10.19	−0.30
261 392	−9.24			4512	−776	6.97	0.17	9.48	0.25
178 756	−1.25			6544	−99	7.30	−0.18	8.95	−0.22
9914	**−0.10**		**11**	**2024**	**−4**	**0.28**	**−0.03**	**1.16**	**−0.08**
9914	−0.10		11	2024	−4	0.28	−0.03	1.16	−0.08
38 237	**33.89**		**293**	**1722**	**31**	**0.33**	**0.02**	**1.47**	**0.24**
12 488	−2.97		95	1802	−52	0.32	0.06	1.79	0.30
8455	12.95		76	1700	192	0.30	0.08	1.40	0.34
8581	4.62		55	1725	81	0.30	−0.17	1.17	0.23
6743			44	1634	1634	0.41	0.41	1.29	1.29
1969			23	1639	1639	0.32	0.32	1.62	1.62
994 490	**24.61**	**7869**	**423**	**3213**	**−34**	**0.13**	**0.00**	**0.83**	**−0.06**
994 490	**24.61**	**7869**	**423**	**3213**	**−34**	**0.13**	**0.00**	**0.83**	**−0.06**
261 572	−9.88		318	2533	−278	0.14	0.01	0.81	0.01
342 858	3.00			3928	114	0.10	0.00	0.82	−0.01
96 150	1.20			2683	31	0.16	−0.02	0.44	−0.02
151 080		6705	0	3367	3367	0.13	0.13	0.68	0.68
69 155		1165	26	3851	3851	0.13	0.13	0.69	0.69
32 102	−0.21			3886	−12	0.19	0.00	1.66	−0.10
27 526	−14.31		40	3759	−632	0.18	0.02	2.50	−0.08
7914	−30.27		14	2869	−1244	0.20	0.04	1.64	0.10
6133	43.05		25	3103	−572	0.21	−0.14	1.56	−0.02
559 345	**−24.80**	**48**	**1021**	**2114**	**−710**	**4.94**	**−0.75**	**6.09**	**−0.53**

单位	装机容量（万kW）	发电量合计（万kW·h）	发电量（不含试运行）		试运行发电量（万kW·h）
			本年（万kW·h）	同比增长（%）	
水电	**41.05**	**150 284**	**150 284**	**18.57**	
中国华电集团公司云南以礼河发电厂	32.15	110 943	110 943	24.90	
中国华电集团公司云南绿水河发电厂	4.50	16 224	16 224	5.95	
华电云南发电有限公司红河分公司	3.80	20 854	20 854	−1.37	
中国华电集团公司云南石龙坝发电厂	0.60	2263	2263	54.60	
火电	**240.00**	**444 238**	**444 238**	**−33.64**	
云南华电镇雄发电有限公司	120.00	181 566	181 566	−42.44	
云南华电昆明发电有限公司	60.00	197 645	197 645	3.12	
云南华电巡检司发电有限公司	60.00	65 027	65 027	−59.96	
风电	**8.00**	**49**			**49**
华电云南发电有限公司安宁风电分公司	8.00	49			49
中国华电集团公司湖南分公司	**252.00**	**407 396**	**387 271**	**−8.01**	**20 125**
火电	**252.00**	**407 396**	**387 271**	**−8.01**	**20 125**
湖南华电常德发电有限公司	132.00	28 231	8106		20 125
湖南华电长沙发电有限公司	120.00	379 165	379 165	−9.94	
中国华电集团公司上海分公司	**158.88**	**35 228**	**18 622**	**8.71**	**16 606**
火电	**158.88**	**35 228**	**18 622**	**8.71**	**16 606**
上海奉贤燃机发电有限公司	72.00	9174	9174	−46.45	
上海华电奉贤热电有限公司	86.00	25 742	9448		16 294
上海华电集科分布式能源有限公司	0.88	312			312
华电山西能源有限公司	**58.95**	**188 772**	**184 282**	**−27.82**	**4491**
火电	**54.00**	**177 028**	**177 028**	**−30.66**	
华电大同第一热电厂有限公司	27.00	78 454	78 454	−36.82	
忻州广宇煤电有限公司	27.00	98 574	98 574	−24.83	
风电	**4.95**	**11 744**	**7254**		**4491**
华电山西能源有限公司运城盐湖风电分公司	4.95	11 744	7254		4491
中国华电香港有限公司	**33.80**	**83 921**	**83 921**	**−3.90**	
水电	**33.80**	**83 921**	**83 921**	**−3.90**	
中国华电柬埔寨额勒赛水电开发有限公司	33.80	83 921	83 921	−3.90	
中国华电工程（集团）有限公司	**55.60**	**223 109**	**207 796**	**208.72**	**15 313**
火电	**55.60**	**223 109**	**207 796**	**208.72**	**15 313**
印尼巴厘通用能源公司	42.60	142 919	127 605		15 313
华电运营印尼巴淡分公司	13.00	80 190	80 190	19.14	

续表

上网电量		试运行上网电量（万 kW•h）	购网电量（万 kW•h）	发电设备平均利用小时（h）		发电厂用电率（%）		综合厂用电率（%）	
本年（万 kW•h）	同比增长（%）			本年	同比增长（±）	本年	同比增长（±）	本年	同比增长（±）
147 285	**18.74**		**1**	**3661**	**635**	**0.26**	**−0.03**	**2.00**	**−0.15**
108 312	25.17			3451	688	0.28	−0.05	2.37	−0.21
16 032	6.32			3605	736	0.19	−0.01	1.18	−0.34
20 705	−1.30			5488	−76	0.24	0.02	0.71	−0.08
2236	54.49		1	3772	1332	0.23	−0.09	1.22	−0.28
412 059	**−33.51**		**1020**	**1851**	**−938**	**6.52**	**−0.18**	**7.47**	**0.01**
167 692	−42.34		536	1513	−1115	6.65	−0.30	7.94	0.13
183 778	3.01			3294	100	6.23	0.15	7.02	0.10
60 590	−59.75		485	1084	−1623	7.05	0.08	7.57	0.12
		48							
		48							
359 950	**−8.77**	**18 836**	**295**	**3150**	**−358**	**5.75**	**0.63**	**7.13**	**0.79**
359 950	**−8.77**	**18 836**	**295**	**3150**	**−358**	**5.75**	**0.63**	**7.13**	**0.79**
7501		18 836		2746	2746	4.16	4.16	7.46	7.46
352 449	−10.67		295	3160	−349	5.78	0.66	7.12	0.78
18 029	**8.50**	**16 099**	**845**	**200**	**−37**	**2.63**	**−0.04**	**7.72**	**4.27**
18 029	**8.50**	**16 099**	**845**	**200**	**−37**	**2.63**	**−0.04**	**7.72**	**4.27**
8853	−46.72		556	127	−111	3.01	0.34	9.56	6.11
9177		15 800	289	453	453	2.27	2.27	5.93	5.93
		298							
161 000	**−28.67**	**4461**	**353**	**3287**	**−1441**	**8.51**	**−0.26**	**12.83**	**1.17**
153 844	**−31.84**		**337**	**3278**	**−1449**	**8.85**	**0.08**	**13.29**	**1.63**
67 512	−38.41		197	2906	−1693	9.52	0.32	14.20	2.45
86 332	−25.64		140	3651	−1206	8.31	−0.04	12.56	0.98
7156		**4461**	**15**	**3509**	**3509**	**0.17**	**0.17**	**1.56**	**1.56**
7156		4461	15	3509	3509	0.17	0.17	1.56	1.56
83 081	**−4.06**			**2483**	**−101**	**0.26**	**0.01**	**1.00**	**0.01**
83 081	**−4.06**			**2483**	**−101**	**0.26**	**0.01**	**1.00**	**0.01**
83 081	−4.06			2483	−101	0.26	0.01	1.00	0.01
186 307	**214.17**	**12 830**	**1404**	**6064**	**886**	**10.34**	**−1.62**	**11.02**	**−1.18**
186 307	**214.17**	**12 830**	**1404**	**6064**	**886**	**10.34**	**−1.62**	**11.02**	**−1.18**
114 603		12 830	1248	5999	5999	10.18	10.18	11.17	11.17
71 704	20.91		157	6168	991	10.58	−1.37	10.78	−1.42

华电集团公司2015年电力

地区名称	装机容量（万kW）			发电量		上网电量	
	本年	去年	同比增长（±）	本年（万kW•h）	同比增长（%）	本年（万kW•h）	同比增长（%）
按地区分	**13 471.06**	**12 253.58**	**1217.48**	**48 383 330**	**–1.11**	**45 381 819**	**–1.00**
水电	**2522.12**	**2328.60**	**193.52**	**8 441 423**	**–13.92**	**8 352 612**	**16.33**
火电	**9627.97**	**8958.73**	**669.24**	**38 321 675**	**5.64**	**35 463 655**	**–5.43**
其中：煤机	8473.20	8155.90	317.30	36 009 524	7.53	33 279 831	–7.04
燃机	1149.44	797.50	351.94	2 278 098	–24.39	2 151 676	29.33
其中：分布式	92.59	76.70	15.89	392 626	–65.41	377 496	214.60
生物质	5.33	5.33		34 053	12.84	32 148	–11.45
风电	**1163.13**	**842.14**	**320.99**	**1 445 159**	**–27.39**	**1 392 779**	**35.54**
太阳能	**157.84**	**124.11**	**33.73**	**175 073**	**–24.72**	**172 772**	**32.95**
贵州	**1642.55**	**1568.20**	**74.35**	**5 945 539**	**10.02**	**5 755 616**	**10.54**
水电	1192.55	1118.20	74.35	4 115 572	14.60	4 082 015	14.44
火电	450.00	450.00		1 829 967	0.95	1 673 601	2.04
山东	**1610.67**	**1581.33**	**29.34**	**8 337 848**	**–6.14**	**7 794 783**	**–6.11**
火电	1548.00	1548.00		8 278 111	–6.56	7 735 848	–6.56
风电	61.27	33.33	27.94	59 731	150.42	58 929	153.74
太阳能	1.40		1.40	5		5	
江苏	**917.74**	**810.17**	**107.58**	**3 693 320**	**9.41**	**3 518 087**	**9.34**
火电	870.80	777.10	93.70	3 650 224	9.11	3 475 851	9.04
风电	19.90	10.00	9.90	16 227	–8.79	15 919	–8.82
太阳能	27.04	23.07	3.98	26 869	112.25	26 317	112.28
四川	**884.65**	**840.65**	**44.00**	**2 452 001**	**–10.57**	**2 346 882**	**–9.65**
水电	405.65	361.65	44.00	1 414 092	14.44	1 395 339	14.55
火电	479.00	479.00		1 037 909	–31.09	951 543	–31.01
云南	**856.40**	**774.25**	**82.15**	**2 256 261**	**9.43**	**2 197 736**	**10.86**
水电	577.05	517.05	60.00	1 765 040	28.99	1 745 594	30.35

生产主要指标分地区情况

发电设备利用小时（h）		供电煤耗[g/（kW·h）]		综合供电煤耗[g/（kW·h）]		发电厂用电率（%）		综合厂用电率（%）	
本年	同比增长（±）	本年	同比增长（±）	本年	同比增长（±）	本年	同比增长（±）	本年	同比增长（±）
3842	**–346**	**305.24**	**–4.64**	**308.90**	**–4.55**	**4.79**	**–0.22**	**5.90**	**–0.18**
3438	**106**					**0.18**	**–0.01**	**0.88**	**–0.04**
4204	**–395**	**305.24**	**–4.64**	**308.90**	**–4.55**	**5.98**	**–0.03**	**7.15**	**0.03**
4385	–428	309.74	–3.55	313.58	–3.43	6.23	0.05	7.43	0.11
2505	222	232.97	0.08	234.58	0.37	1.84	–0.13	2.64	0.04
4408	–73	250.47	–3.87	251.95	–3.86	1.80	0.33	2.52	0.27
6384	–820	597.72	–27.85	551.21	–28.90	9.06	0.92	10.08	0.87
1614	**–142**					**0.73**	**0.23**	**2.44**	**0.45**
1295	**9**					**0.85**	**0.16**	**2.36**	**0.18**
3639	**148**	**330.72**	**–5.20**	**332.41**	**–5.15**	**2.59**	**–0.28**	**3.14**	**–0.31**
3477	263					0.14	–0.02	0.66	–0.04
4067	–153	330.72	–5.20	332.41	–5.15	8.08	–0.21	8.69	–0.23
5271	**–394**	**303.89**	**–3.42**	**306.46**	**–3.29**	**5.73**	**–0.07**	**6.55**	**–0.02**
5348	–354	303.89	–3.42	306.46	–3.29	5.76	–0.05	6.58	0.00
1773	77					1.19	–0.05	2.00	–0.44
4254	4254					0.55	0.55	2.19	2.19
4430	**198**	**269.19**	**–8.61**	**270.85**	**–8.63**	**3.55**	**–0.55**	**4.23**	**–0.52**
4564	261	269.19	–8.61	270.85	–8.63	3.59	–0.54	4.25	–0.53
1621	–158					0.44	0.28	2.30	0.24
1132	–91					0.82	0.13	2.53	–0.06
2850	**–457**	**318.01**	**–4.85**	**326.65**	**–4.65**	**2.58**	**–0.82**	**4.26**	**–1.01**
3711	181					0.19	–0.01	1.18	–0.08
2167	–977	318.01	–4.85	326.65	–4.65	5.83	–0.20	8.44	–0.10
2769	**–475**	**326.95**	**–3.50**	**329.49**	**–3.52**	**1.43**	**–0.86**	**2.13**	**–0.84**
3190	–401					0.15	0.04	0.80	0.03

地区名称	装机容量（万 kW）			发电量		上网电量	
	本年	去年	同比增长（±）	本年（万 kW•h）	同比增长（%）	本年（万 kW•h）	同比增长（%）
火电	240.00	240.00		444 238	−33.64	412 059	−33.51
风电	35.30	13.20	22.10	41 249	127.05	34 436	94.57
太阳能	4.05	4.00	0.05	5734	−1.02	5646	−1.11
内蒙古	**734.43**	**650.58**	**83.85**	**2 422 467**	**−0.77**	**2 248 534**	**−0.79**
火电	414.00	410.00	4.00	1 960 008	−5.76	1 794 824	−6.02
风电	286.53	215.58	70.95	410 760	25.65	402 625	25
太阳能	33.90	25.00	8.90	51 699	50.21	51 085	49.72
黑龙江	**670.42**	**665.47**	**4.95**	**2 503 186**	**−2.04**	**2 275 599**	**−1.95**
火电	617.40	617.40		2 432 539	−2.43	2 206 971	−2.37
风电	53.02	48.07	4.95	70 647	13.58	68 628	13.85
福建	**624.27**	**611.60**	**12.67**	**2 517 073**	**−11.56**	**2 418 008**	**−11.36**
水电	256.47	244.80	11.67	947 303	6.04	932 699	5.96
火电	360.00	360.00		1 544 247	−20.06	1 460 920	−20.04
风电	7.80	6.80	1.00	25 524	21.87	24 389	18.64
新疆	**615.80**	**523.80**	**92.00**	**1 878 556**	**−2.59**	**1 734 096**	**−2.10**
水电	8.50	5.00	3.50	17 627	78.84	17 214	77.72
火电	373.50	373.50		1 620 176	−4.99	1 488 446	−4.23
风电	198.80	114.30	84.50	202 906	19.85	190 972	16.53
太阳能	35.00	31.00	4.00	37 848	−14.12	37 465	−14.22
湖北	**561.34**	**530.63**	**30.71**	**2 163 185**	**3.94**	**2 027 232**	**4.68**
火电	549.94	530.63	19.31	2 163 182	3.94	2 027 232	4.68
风电	5.40		5.40	3			
太阳能	6.00		6.00				
宁夏	**525.20**	**511.35**	**13.85**	**2 435 236**	**−5.00**	**2 267 938**	**−5.09**
火电	398.00	398.00		2 282 357	−8.26	2 119 126	−8.48
风电	124.20	110.35	13.85	148 242	100.66	144 296	99.14
太阳能	3.00	3.00		4638	182.35	4515	175.85
陕西	**516.40**	**446.40**	**70.00**	**1 899 082**	**−1.74**	**1 708 371**	**−1.86**

续表

发电设备利用小时（h）		供电煤耗［g/（kW·h）］		综合供电煤耗［g/（kW·h）］		发电厂用电率（%）		综合厂用电率（%）	
本年	同比增长（±）	本年	同比增长（±）	本年	同比增长（±）	本年	同比增长（±）	本年	同比增长（±）
1851	−938	326.95	−3.50	329.49	−3.52	6.52	−0.18	7.47	0.01
2332	525					0.97	0.36	1.34	0.05
1433	−15					2.46	0.08	2.46	0.08
3660	**−392**	**319.54**	**−1.01**	**323.97**	**−0.78**	**5.86**	**−0.14**	**7.12**	**−0.08**
4734	−339	319.54	−1.01	323.97	−0.78	7.16	0.19	8.43	0.25
1882	−12					0.36	−0.09	1.52	−0.08
1703	−16					0.29	0.00	1.85	0.45
3760	**−141**	**307.64**	**−4.07**	**316.54**	**−4.94**	**6.47**	**0.13**	**9.15**	**−0.06**
3940	−98	307.64	−4.07	316.54	−4.94	6.65	0.16	9.35	−0.04
1452	−191					0.37	0.00	2.05	0.10
4085	**−461**	**311.53**	**−0.28**	**313.37**	**−0.16**	**3.11**	**−0.32**	**3.90**	**−0.26**
3802	153					0.36	0.02	1.48	−0.02
4290	−862	311.53	−0.28	313.37	−0.16	4.84	−0.05	5.42	0.00
3651	273					0.17	0.00	1.88	−0.13
3484	**−625**	**314.70**	**−9.54**	**321.56**	**−9.12**	**5.36**	**−0.23**	**7.68**	**0.20**
2769	798					0.75	0.17	1.78	0.01
4338	−540	314.70	−9.54	321.56	−9.12	6.13	−0.14	8.17	0.06
1588	−392					0.35	0.00	5.13	2.21
1103	−416					0.50	−0.03	2.47	0.75
3974	**−73**	**306.00**	**−2.42**	**308.43**	**−2.35**	**5.45**	**−0.21**	**6.20**	**−0.18**
3974	−73	306.00	−2.42	308.43	−2.35	5.45	−0.21	6.20	−0.18
4703	**−995**	**312.46**	**−3.06**	**314.30**	**−2.86**	**6.35**	**0.07**	**6.90**	**0.13**
5735	−516	312.46	−3.06	314.30	−2.86	6.61	0.17	7.15	0.23
1268	−178					2.57	1.40	3.10	1.43
1546	68					2.61	2.25	3.59	1.74
4181	**−473**	**325.22**	**−5.15**	**327.46**	**−4.92**	**8.61**	**0.02**	**9.28**	**0.09**

地区名称	装机容量（万 kW）			发电量		上网电量	
	本年	去年	同比增长（±）	本年（万 kW•h）	同比增长（%）	本年（万 kW•h）	同比增长（%）
火电	506.00	436.00	70.00	1 882 590	−1.87	1 692 086	−2.00
风电	9.90	9.90		15 768	17.03	15 566	17.49
太阳能	0.50	0.50		724	−4.27	720	−0.60
浙江	**456.25**	**317.50**	**138.75**	**516 664**	**−28.96**	**471 657**	**−32.51**
水电	37.20	37.20		93 296	29.20	92 147	29.36
火电	415.65	279.10	136.55	419 871	−35.62	376 935	−39.67
风电	3.40	1.20	2.20	3497	19.59	2575	−11.14
辽宁	**432.83**	**432.83**		**1 853 725**	**−4.81**	**1 686 157**	**−5.30**
火电	408.40	408.40		1 818 458	−4.92	1 651 786	−5.41
风电	24.43	24.43		35 266	0.90	34 371	0.39
安徽	**429.10**	**423.90**	**5.20**	**1 850 956**	**2.18**	**1 757 813**	**4.96**
火电	419.50	419.50		1 836 797	1.40	1 747 988	4.37
风电	9.60	4.40	5.20	14 158	8039.31	9826	
河南	**268.80**	**264.00**	**4.80**	**1 033 152**	**−10.40**	**965 816**	**−10.62**
火电	264.00	264.00		1 030 295	−10.64	965 816	−10.62
风电	4.80		4.80	2857			
河北	**265.95**	**248.95**	**17.00**	**1 078 757**	**6.28**	**964 353**	**5.89**
水电	5.70	5.70		4551	−7.31	4501	−7.23
火电	173.50	173.50		953 331	4.29	840 572	3.63
风电	79.35	69.75	9.60	120 734	25.78	119 280	25.89
太阳能	7.40		7.40	142			
湖南	**260.58**	**127.63**	**132.95**	**423 925**	**−0.76**	**376 180**	**−6.11**
火电	252.00	120.00	132.00	407 396	−3.23	359 950	−8.77
风电	8.58	7.63	0.95	16 529	167.77	16 229	165.53
甘肃	**206.30**	**156.40**	**49.90**	**200 108**	**45.00**	**199 009**	**46.82**
风电	173.90	124.00	49.90	162 913	43.31	162 135	45.21
太阳能	32.40	32.40		37 196	52.93	36 874	54.34
天津	**190.00**	**190.00**		**867 664**	**−1.19**	**808 732**	**−0.07**

续表

发电设备利用小时（h）		供电煤耗[g/（kW·h）]		综合供电煤耗[g/（kW·h）]		发电厂用电率（%）		综合厂用电率（%）	
本年	同比增长（±）	本年	同比增长（±）	本年	同比增长（±）	本年	同比增长（±）	本年	同比增长（±）
4243	−486	325.22	−5.15	327.46	−4.92	8.67	0.02	9.35	0.10
1593	91					1.44	0.89	1.38	−0.42
1449	−65					2.11	0.55	0.86	−3.99
1457	**−745**	**247.33**	**0.21**	**250.20**	**1.66**	**3.02**	**0.04**	**4.11**	**0.52**
2508	567					0.27	−0.05	1.23	−0.12
1323	−911	247.33	0.21	250.20	1.66	3.68	0.40	4.81	0.96
2155	−282					0.45	0.04	1.25	0.03
4283	**−224**	**311.52**	**−3.66**	**318.22**	**−3.17**	**7.08**	**0.30**	**9.05**	**0.46**
4453	−230	311.52	−3.66	318.22	−3.17	7.21	0.32	9.17	0.47
1444	−30					0.18	0.02	3.21	0.42
4354	**−590**	**288.98**	**−6.04**	**289.61**	**−6.23**	**4.59**	**−0.15**	**4.95**	**−0.14**
4379	−568	288.98	−6.04	289.61	−6.23	4.62	−0.13	4.97	−0.12
2131	2131					0.13	0.13	1.79	1.79
3903	**−465**	**306.70**	**−3.01**	**309.89**	**−2.68**	**5.28**	**−0.13**	**6.26**	**−0.02**
3903	−465	306.70	−3.01	309.89	−2.68	5.28	−0.13	6.26	−0.02
4332	**42**	**302.78**	**−0.25**	**315.95**	**−0.33**	**7.09**	**0.40**	**10.67**	**0.34**
798	−63					0.70	−0.08	4.95	0.80
5495	226	302.78	−0.25	315.95	−0.33	7.99	0.60	11.84	0.56
1731	59					0.25	−0.09	1.60	0.03
3088	**−366**	**304.20**	**−0.33**	**308.47**	**0.17**	**5.52**	**0.47**	**6.92**	**0.65**
3150	−358	304.20	−0.33	308.47	0.17	5.75	0.63	7.13	0.79
2121	428					0.15	0.01	2.04	0.78
1201	**−136**					**1.36**	**0.38**	**2.79**	**0.26**
1214	−392					1.35	0.39	2.76	0.29
1148	397					1.42	0.29	2.91	0.10
4567	**−877**	**311.20**	**−13.86**	**317.17**	**−12.18**	**5.00**	**−0.53**	**6.80**	**0.03**

地区名称	装机容量（万 kW）			发电量		上网电量	
	本年	去年	同比增长（±）	本年（万 kW•h）	同比增长（%）	本年（万 kW•h）	同比增长（%）
火电	190.00	190.00		867 664	−1.19	808 732	−0.07
上海	**173.22**	**72.14**	**101.08**	**102 907**	**495.71**	**78 255**	**366.89**
火电	173.08	72.00	101.08	102 761	499.88	78 109	370.06
风电							
太阳能	0.14	0.14		146	1.02	146	1.11
山西	**148.60**	**73.65**	**74.95**	**259 549**	**−9.53**	**204 068**	**−20.59**
火电	124.00	54.00	70.00	213 955	−16.19	163 420	−27.60
风电	24.60	19.65	4.95	45 594	44.28	40 647	30
广西	**138.00**	**138.00**		**335 752**	**−32.70**	**313 398**	**−32.94**
火电	138.00	138.00		335 752	−32.70	313 398	−32.94
广东	**98.00**	**98.00**		**373 472**	**−14.35**	**352 925**	**−13.97**
火电	88.10	88.10		356 885	−15.57	336 483	−15.51
风电	9.90	9.90		16 587	24.28	16 441	37.08
海外	**92.20**	**46.80**	**45.40**	**313 181**	**102.53**	**275 539**	**88.86**
水电	33.80	33.80		83 921	−3.90	83 081	−4.06
火电	55.60	13.00	42.60	223 109	231.47	186 307	214.17
风电	2.80		2.80	6151		6151	
青海	**65.00**	**65.00**		**398 589**	**7.99**	**371 658**	**7.67**
火电	60.00	60.00		390 680	8.19	363 772	7.78
太阳能	5.00	5.00		7909	−0.96	7886	3.06
北京	**58.00**	**56.00**	**2.00**	**192 425**	**−15.57**	**186 357**	**−15.80**
水电	5.20	5.20		22	−99.36	22	−99.36
火电	50.80	50.80		190 240	−15.28	184 222	−15.48
太阳能	2.00		2.00	2163		2113	
吉林	**19.65**	**19.65**		**29 817**	**24.65**	**29 363**	**24.49**
风电	19.65	19.65		29 817	24.65	29 363	24.49
江西	**8.70**	**8.70**		**48 933**		**47 657**	
火电	8.70	8.70		48 933		47 657	

续表

发电设备利用小时（h）		供电煤耗［g/（kW·h）］		综合供电煤耗［g/（kW·h）］		发电厂用电率（%）		综合厂用电率（%）	
本年	同比增长（±）	本年	同比增长（±）	本年	同比增长（±）	本年	同比增长（±）	本年	同比增长（±）
4567	–877	311.20	–13.86	317.17	–12.18	5.00	–0.53	6.80	0.03
778	**539**	**236.49**	**–41.37**	**237.47**	**–41.32**	**2.67**	**0.01**	**4.21**	**0.78**
778	540	236.49	–41.37	237.47	–41.32	2.67	–0.01	4.22	0.76
1019	10					0.22	–0.05	0.71	–0.30
2753	**–1142**	**281.87**	**–43.16**	**295.12**	**–40.27**	**7.17**	**–0.65**	**10.98**	**0.46**
3058	–1670	281.87	–43.16	295.12	–40.27	8.71	–0.06	13.07	1.41
1893	284					0.15	0.00	1.44	0.14
2433	**–1450**	**298.61**	**–3.75**	**303.89**	**–2.98**	**5.01**	**0.46**	**6.88**	**0.85**
2433	–1450	298.61	–3.75	303.89	–2.98	5.01	0.46	6.88	0.85
3811	**–696**	**325.17**	**–4.77**	**326.40**	**–4.82**	**5.13**	**–0.14**	**5.91**	**0.00**
4051	–747	325.17	–4.77	326.40	–4.82	5.36	–0.05	6.12	0.09
1675	229					0.30	0.01	1.24	–0.33
4203	**899**	**393.99**	**–32.02**	**394.00**	**–31.72**	**7.28**	**1.94**	**7.97**	**2.10**
2483	–101					0.26	0.01	1.00	0.01
6064	886	393.99	–32.02	394.00	–31.72	10.34	–1.62	11.02	–1.18
2197	2197								
6132	**454**	**330.88**	**0.31**	**332.64**	**0.01**	**6.29**	**0.45**	**6.98**	**0.24**
6511	493	330.88	0.31	332.64	0.01	6.39	0.44	7.09	0.32
1582	–15					1.04	0.25	1.26	–3.92
3336	**–733**	**215.62**	**–11.31**	**219.39**	**–10.32**	**1.49**	**–0.24**	**3.26**	**0.31**
4	–645					148.48	147.53	345.98	343.77
3745	–675	215.62	–11.31	219.39	–10.32	1.47	–0.27	3.24	0.27
1292	1292					1.94	1.94	2.30	2.30
1517	**–32**					**0.23**	**–0.04**	**2.18**	**0.31**
1517	–32					0.23	–0.04	2.18	0.31
5624	**5624**	**256.43**	**256.43**	**257.23**	**257.23**	**2.30**	**2.30**	**2.66**	**2.66**
5624	5624	256.43	256.43	257.23	257.23	2.30	2.30	2.66	2.66

华电集团公司 2015

单　　位	供热设备台数（台）	供热设备容量（万 kW）	热电比（%）	
			本年	同比增长（±）
华电集团合计	**195**	**4645.92**	**0.28**	**0.04**
华电国际电力股份有限公司	**58**	**1644.33**	**0.25**	**0.04**
华电国际电力股份有限公司邹县发电厂	3	100.50	0.19	0.07
山东潍坊发电厂	2	66.00	0.16	0.03
华电国际电力股份有限公司莱城发电厂	4	120.00	0.03	0.02
华电青岛发电有限公司	4	122.00	0.48	0.05
山东百年电力发展股份有限公司	4	88.00	0.19	0.05
滕州新源热电有限责任公司	4	93.00	0.20	0.07
华电章丘发电有限公司	4	92.50	0.23	0.06
华电国际十里泉发电厂	3	80.00	0.16	0.04
华电淄博热电有限公司	4	95.00	0.31	0.14
蓬莱东海热电有限公司				−1.10
安徽华电芜湖发电有限公司	2	132.00	0.03	0.01
华电漯河发电有限公司	2	66.00	0.31	0.07
华电渠东发电有限公司	2	66.00	0.18	0.09
宁夏华电灵武发电有限公司	2	120.00	0.02	0.02
河北华电石家庄鹿华热电有限公司	2	66.00	0.51	0.01
河北华电石家庄裕华热电有限公司	2	60.00	0.44	0.00
河北热电有限责任公司	5	47.50	1.12	−0.22
华电国际电力股份有限公司朔州热电分公司	2	70.00	0.00	0.00
杭州华电江东热电有限公司	2	96.05	0.09	0.09
华电浙江龙游热电有限公司	2	14.98	0.00	0.00
杭州华电下沙热电有限公司	1	8.80	6.93	2.41
天津华电福源热电有限公司	2	40.00	0.14	−0.04
中国华电集团公司贵州公司（贵州乌江水电开发有限责任公司）	**4**	**90.00**	**0.08**	**0.02**
贵州华电大龙发电有限公司	2	60.00	0.08	0.05
贵州华电毕节热电有限公司	2	30.00	0.07	−0.03
中国华电集团福新能源股份有限公司	**18**	**95.91**	**0.25**	**0.02**
福建华电永安发电有限公司	2	60.00	0.28	0.02

年供热生产情况

供热量（GJ）		供热厂用电量（万 kW·h）		供热厂用电率（kW·h/GJ）	
本年	同比增长（%）	本年	同比增长（%）	本年	同比增长（±）
196 960 120	**11.98**	**190 324**	**9.42**	**9.66**	**−0.23**
64 833 144	**10.95**	**62 441**	**13.90**	**9.63**	**0.25**
2 712 250	12.82	2064	15.84	7.61	0.20
1 627 921	0.05	1413	0.17	8.68	0.01
806 109	102.93	724	105.66	8.99	0.12
10 757 384	−0.12	9993	0.40	9.29	0.05
3 088 829	19.01	3285	16.91	10.63	−0.19
3 668 293	39.59	2594	28.59	7.07	−0.61
4 101 514	27.72	3761	27.83	9.17	0.01
2 472 423	16.00	2586	11.92	10.46	−0.38
5 553 867	62.61	4498	98.17	8.10	1.45
	−100.00		−100.00		−13.87
690 769	48.72	368	55.56	5.32	0.23
2 901 965	8.21	2272	1.96	7.83	−0.48
1 540 470	82.58	1225	54.84	7.95	−1.42
563 566		622		11.04	11.04
6 494 786	7.71	8111	5.54	12.49	−0.26
5 384 994	4.81	4967	15.36	9.22	0.84
10 528 406	−13.84	13 272	3.75	12.61	2.14
0		0		0.00	0.00
76 968		37		4.75	4.75
0		0		0.00	0.00
951 180	−7.77	129	−5.70	1.36	0.03
911 450	205.33	521	1248.85	5.71	4.42
1 121 748	**21.44**	**1307**	**9.74**	**11.65**	**−1.24**
668 178	103.33	901	51.94	13.48	−4.56
453 570	−23.79	406	−32.08	8.96	−1.09
3 987 816	**17.89**	**2473**	**−4.53**	**6.20**	**−1.46**
2 854 721	−4.95	2138	−12.12	7.49	−0.61

单　　位	供热设备台数（台）	供热设备容量（万 kW）	热电比（%）	
			本年	同比增长（±）
广州大学城华电新能源有限公司	2	15.60	0.04	-0.01
上海华电闵行能源有限公司	2	12.00	0.31	0.31
上海国际旅游度假区新能源有限公司	5	2.20	0.64	0.64
江西华电分布式能源项目筹备处	1	2.50	0.01	0.01
湖北华电创意天地新能源有限公司	2	0.81	0.12	0.12
华电泰州医药城新能源有限公司	2	0.40	2.53	2.53
桦川协联生物质能热电有限公司	2	2.40	0.46	0.02
中国华电集团公司江苏分公司	**11**	**287.40**	**0.23**	**-0.02**
江苏华电扬州发电有限公司	2	66.00	0.04	0.00
中国华电集团公司望亭发电厂	2	64.00	0.41	-0.01
江苏华电仪征热电有限公司	3	76.20	0.13	0.10
江苏华电戚墅堰热电有限公司	2	44.00	0.12	-0.01
江苏华电吴江热电有限公司	2	37.20	0.55	-2.13
华电能源股份有限公司（中国华电集团公司黑龙江分公司）	**27**	**452.70**	**0.56**	**0.04**
华电能源电力股份有限公司哈尔滨第三发电厂	4	160.00	0.26	0.04
华电能源电力股份有限公司牡丹江第二发电厂	3	80.00	0.37	0.04
哈尔滨热电有限责任公司	2	60.00	0.83	0.09
黑龙江华电齐齐哈尔热电有限公司	2	60.00	0.54	0.08
华电能源股份有限公司佳木斯热电厂	2	60.00	0.51	-0.09
华电能源股份有限公司富拉尔基热电厂	9	22.50	1.32	0.12
中国华电集团哈尔滨发电有限责任公司	5	10.20	3.34	0.47
华电金山能源有限公司	**12**	**228.40**	**0.43**	**0.07**
辽宁华电铁岭发电有限公司	3	90.00	0.18	0.02
丹东金山热电有限公司	2	60.00	0.47	0.13
阜新金山热电有限公司	2	30.00	0.27	0.06
沈阳苏家屯金山热电有限公司	2	40.00	0.48	0.06
东电沈阳热电有限责任公司	1	6.00	4.03	1.87
桓仁金山热电有限公司	2	2.40	5.45	0.32
中国华电集团公司湖北分公司	**12**	**483.00**	**0.03**	**0.00**
湖北华电襄阳发电有限公司	6	257.00	0.02	-0.01
湖北华电西塞山发电有限公司	2	136.00	0.05	0.01
湖北华电黄石发电股份有限公司	2	53.00	0.07	0.00

续表

供热量（GJ）		供热厂用电量（万 kW・h）		供热厂用电率（kW・h/GJ）	
本年	同比增长（%）	本年	同比增长（%）	本年	同比增长（±）
95 818	−16.59	44	17.52	4.58	1.33
677 570		0		0.00	0.00
5870		42		71.23	71.23
7061		2		3.31	3.31
2812		78		277.72	277.72
69 724		41		5.84	5.84
274 240	3.74	128	6.72	4.68	0.13
9 650 352	**18.01**	**4897**	**−6.09**	**5.07**	**−1.30**
417 911	−8.30	300	−4.18	7.17	0.31
4 498 644	5.83	3175	−0.28	7.06	−0.43
1 360 958	608.38	332	514.47	2.44	−0.37
805 332	7.39	227	0.35	2.82	−0.20
2 567 506	1.53	863	−39.98	3.36	−2.32
38 114 532	**3.65**	**42 845**	**−1.46**	**11.24**	**−0.58**
5 548 838	10.93	6789	6.26	12.23	−0.54
4 286 571	8.24	4544	8.27	10.60	0.00
6 601 886	6.16	7538	4.16	11.42	−0.22
5 630 465	6.44	5907	−2.49	10.49	−0.96
5 609 920	−3.26	5693	−11.21	10.15	−0.91
5 666 655	−1.89	8417	−16.13	14.85	−2.52
4 770 196	0.89	3958	25.59	8.30	1.63
16 622 693	**9.27**	**20 359**	**11.95**	**12.25**	**0.29**
2 720 512	6.66	2732	7.01	10.04	0.03
4 834 258	24.94	5261	32.71	10.88	0.64
1 268 388	14.65	2539	35.77	20.02	3.11
3 859 963	2.26	6157	−0.42	15.95	−0.43
2 419 627	−1.22	2394	−8.80	9.89	−0.82
1 519 945	3.96	1275	28.88	8.39	1.62
2 166 479	**6.40**	**1510**	**0.73**	**6.97**	**−0.39**
552 168	−26.46	403	−31.56	7.30	−0.54
919 857	29.62	578	33.31	6.28	0.17
496 756	3.72	425	6.30	8.55	0.21

单位	供热设备台数（台）	供热设备容量（万 kW）	热电比（%）	
			本年	同比增长（±）
湖北华电武昌热电有限公司	2	37.00	0.05	0.01
华电新疆发电有限公司	**17**	**346.50**	**0.54**	**0.09**
新疆华电红雁池发电有限责任公司	4	80.00	0.56	−0.02
华电新疆发电有限公司乌鲁木齐热电厂	2	66.00	0.63	0.19
华电新疆发电有限公司昌吉热电厂	2	66.00	0.53	0.12
新疆华电喀什热电有限责任公司	2	70.00	0.36	0.12
新疆华电哈密发电有限责任公司	3	29.50	0.43	0.14
新疆华电昌吉热电二期有限责任公司	2	25.00	0.71	0.18
新疆华电喀什二期发电有限责任公司	2	10.00		
华电陕西能源有限公司	**8**	**242.00**	**0.05**	**0.02**
陕西华电蒲城发电有限责任公司	4	132.00	0.03	0.02
陕西华电杨凌热电有限公司	2	70.00	0.20	0.20
陕西华电瑶池发电有限公司	2	40.00	0.07	0.01
中国华电集团发电运营有限公司	**8**	**200.80**	**0.28**	**0.11**
天津军粮城发电有限公司	4	80.00	0.24	0.11
天津军粮城热电有限公司	2	70.00	0.21	0.10
华电（北京）热电有限公司	2	50.80	0.50	0.12
华电内蒙古能源有限公司	**8**	**254.00**	**0.27**	**0.04**
内蒙古华电包头发电有限公司	2	120.00	0.23	0.07
内蒙古华电卓资发电有限公司	2	40.00	0.11	−0.02
包头东华热电有限公司	2	64.00	0.50	0.09
内蒙古华电乌达热电有限公司	2	30.00	0.28	0.00
中国华电集团公司云南公司	**2**	**60.00**	**0.11**	**−0.01**
云南华电昆明发电有限公司	2	60.00	0.11	−0.01
中国华电集团公司湖南分公司	**2**	**120.00**	**0.04**	**0.01**
湖南华电长沙发电有限公司	2	120.00	0.04	0.01
中国华电集团公司上海分公司	**4**	**86.88**	**0**	**0**
上海华电奉贤热电有限公司	2	86.00	0.00	0.00
上海华电集科分布式能源有限公司	2	0.88		
华电山西能源有限公司	**4**	**54.00**	**1.05**	**0.38**
华电大同第一热电厂有限公司	2	27.00	0.95	0.31
忻州广宇煤电有限公司	2	27.00	1.13	0.44

续表

供热量（GJ）		供热厂用电量（万 kW·h）		供热厂用电率（kW·h/GJ）	
本年	同比增长（%）	本年	同比增长（%）	本年	同比增长（±）
197 698	104.35	105	35.46	5.29	−2.69
29 472 954	**19.73**	**25 595**	**18.72**	**8.68**	**−0.07**
7 566 745	5.67	7444	6.33	9.84	0.06
7 275 815	28.03	5227	24.92	7.18	−0.18
5 273 370	8.13	4950	10.01	9.39	0.16
4 139 262	165.65	3156	264.35	7.62	2.07
1 874 682	6.04	1524	−7.74	8.13	−1.21
2 701 024	14.74	2515	13.57	9.31	−0.10
642 056	−47.14	779	−31.72	12.13	2.74
1 319 339	**79.29**	**901**	**8.01**	**6.83**	**−4.51**
673 393	150.08	129	−64.77	1.91	−11.68
150 303		108		7.20	7.20
495 643	6.22	664	41.77	13.40	3.36
8 920 489	**33.54**	**8411**	**47.28**	**9.43**	**0.88**
3 015 048	46.51	3707	51.38	12.29	0.40
2 488 775	60.33	3225	67.69	12.96	0.57
3 416 667	11.31	1480	10.48	4.33	−0.03
12 740 388	**11.03**	**12 440**	**4.70**	**9.76**	**−0.59**
4 485 450	17.22	3981	16.27	8.87	−0.07
1 057 069	8.77	942	7.65	8.91	−0.09
5 236 352	11.64	5295	−0.40	10.11	−1.22
1 961 517	−1.21	2223	−1.98	11.33	−0.09
781 936	**−3.52**	**664**	**−0.60**	**8.50**	**0.25**
781 936	−3.52	664	−0.60	8.50	0.25
559 165	**8.22**	**458**	**21.81**	**8.19**	**0.91**
559 165	8.22	458	21.81	8.19	0.91
0		**0**			
0		0		0.00	0.00
0		0		0.00	0.00
6 669 085	**9.21**	**6021**	**1.55**	**9.03**	**−0.68**
2 669 236	−6.10	2821	0.38	10.57	0.68
3 999 849	22.54	3200	2.60	8.00	−1.55

华电集团2015年发电机组容量变化情况

单位：万 kW

单 位 名 称	机组台数	机组容量	投产时间	汽（水）轮机/风机、光伏组件型号
一、电力装机容量		**13 471.06**		
水电		2522.12		
火电		9627.97		
其中：煤机		8473.20		
燃机		1149.44		
其中：分布式		92.59		
生物质及其他		5.33		
风电		1163.13		
太阳能		157.84		
（一）新投发电机组容量合计		**1209.37**		
水电		192.85		
火电		666.54		
风电		318.19		
太阳能		31.79		
1. 水电合计	**15**	**192.85**		
贵州西源善泥坡水电站	3	18.55		
1 号		9.00	2015.01.02	SF90–30/7800
2 号		9.00	2015.01.10	SF90–30/7800
3 号		0.55	2015.05.18	SFW5500–10/2150
贵州北盘江马马崖电站	4	55.80		
1 号		18.00	2015.01.10	SF180–48/12800
2 号		18.00	2015.02.11	SF180–48/12800
4 号		1.80	2015.04.30	SF18–18/4510
3 号		18.00	2015.06.02	SF180–48/12800
四川公司里卡基娃水电站	4	44.00		
1 号		11.00	2015.03.16	SF–J110–18/6250
2 号		11.00	2015.07.13	SF–J110–18/6250

续表

单 位 名 称	机组台数	机组容量	投产时间	汽（水）轮机/风机、光伏组件型号
3 号		11.00	2015.08.12	SF–J110–18/6250
4 号		11.00	2015.12.13	SF–J110–18/6250
云南金沙江中游梨园水电站	1	60.00		
3 号		60.00	2015.06.04	HLV186–LJ–815
福建省古田溪水里发电厂	2	11.00		
一级 7 号		5.50	2015.07.29	HL–LJ–255
一级 8 号		5.50	2015.09.25	HL–LJ–255
新疆华电和田水电有限公司（达克曲克）	1	3.50		
2 号		3.50	2015.08.16	SF35–28/6400
2. 火电合计	**31**	**666.54**		
（1）煤机	**9**	**314.60**		
印尼巴厘通用能源有限公司	3	42.60		
1 号		14.20	2015.06.05	N142–13.24/538/538
2 号		14.20	2015.06.29	N142–13.24/538/538
3 号		14.20	2015.08.01	N142–13.24/538/538
华电国际朔州热电分公司	2	70.00		
1 号		35.00	2015.11.03	CZK350/288–24.2/0.4/566/566
2 号		35.00	2015.12.14	CZK350/288–24.2/0.4/566/566
陕西华电杨凌热电有限公司	2	70.00		
1 号		35.00	2015.11.23	CJK350/306.9–24.2/566/566
		35.00	2015.12.31	CJK350/306.9–24.2/566/566
湖南华电常德发电有限公司	2	132.00		
1 号		66.00	2015.12.17	N600–24.2/566/566
2 号		66.00	2015.12.29	N600–24.2/566/566
（2）燃机	**22**	**351.94**		
湖北华电武昌热电有限公司	1	18.50		
2 号		18.50	2015.04.21	PG9171E
上海华电闵行能源有限公司（莘庄分布式）	2	12.00		
1 号		6.00	2015.02.10	LM6000PF
2 号		6.00	2015.02.10	LM6000PF
上海华电奉贤热电有限公司	2	86.00		
5 号		43.00	2015.08.19	SCC5–4000F(4+)

续表

单　位　名　称	机组台数	机组容量	投产时间	汽（水）轮机/风机、光伏组件型号
6号		43.00	2015.11.19	SCC5–4000F(4+)
湖北武汉创意天地分布式	2	0.81		
1号		0.40	2015.09.05	JMS 624 GS–N.L
2号		0.40	2015.09.05	JMS 624 GS–N.L
杭州华电江东热电有限公司	2	96.05		
1号		48.03	2015.09.22	M701F4
2号		48.03	2015.12.05	M701F4
江苏华电戚墅堰发电有限公司	2	95.00		
3号		47.50	2015.09.25	M701F4
4号		47.50	2015.11.16	M701F4
华电浙江龙游热电有限公司	4	40.50		
1号		12.76	2015.12.01	PG9171E
2号		12.76	2015.12.01	PG9171E
3号		13.03	2015.12.01	LCZ125–7.06/1.3/0.95
4号		1.95	2015.12.01	LB19–7.07/1.3
上海华电集科分步式能源有限公司	2	0.88		
1号		0.44	2015.12.09	JMS624GS–N.L
2号		0.44	2015.12.14	JMS624GS–N.L
上海国际旅游度假区分布式	5	2.20		
1号		0.44	2015.12.21	颜巴赫 J624
2号		0.44	2015.12.21	颜巴赫 J624
3号		0.44	2015.12.21	颜巴赫 J624
4号		0.44	2015.12.21	颜巴赫 J624
5号		0.44	2015.12.21	颜巴赫 J624
3. 风电合计	**1827**	**318.19**		
宁夏海原木头沟风电	11	1.65	2015.04.03	CCWE1500/87.DF
宁夏海源贾家山风电	33	4.95	2015.04.06	CCWE1500/87.DF
云南莲花山风电	6	0.90	2015.04.12	MY1.5Sh–70/65
宁夏海原北山洼风电	15	2.25	2015.09.03	CCWE1500/87.DF
山西盐湖分散式风电	33	4.95	2015.08.01	GW87/1500
华电达坂城西沟风电一场	100	15.00	2015.08.15	GW70/1500kW

续表

单位名称	机组台数	机组容量	投产时间	汽（水）轮机/风机、光伏组件型号
华电达坂城大连湖风电一场	33	4.95	2015.08.15	GW70/1500kW
华电福新安徽新能源有限公司（无为）	2	0.40	2015.09.10	W2000–111–80
甘肃环县毛井风电	200	40.00	2015.09.30	WT2000/D110/H80
宁东风电七期	25	5.00	2015.11.01	W2000–80–105
云南华电大黑山一期	24	4.80	2015.11.27	MY2.0–104
云南华电大黑山三期	24	4.80	2015.11.27	MY2.0–104
湖南华电郴州风力发电有限公司（太平里）	5	0.95	2015.10.31	WT2000
内蒙古四子王旗协合夏日风力发电有限公司	33	4.95	2015.12.05	UP1500–86–IIIB
内蒙古华电巴音风力发电有限公司 4 号	34	5.10	2015.12.07	SL1500
华电枣庄新能源公司（一期）	25	5.00	2015.12.20	W2000N–111–80
华电莱州风能发电有限公司（郭家店二期）	25	4.98	2015.12.26	W2000–111–80
华电肥城新能源发电有限公司（桃园）	25	4.99	2015.12.27	HZ111–2.0MW
华电肥城新能源发电有限公司（安临）	25	4.99	2015.12.27	HZ111–2.0MW
新疆东方民生三塘湖二期	33	4.95	2015.12.25	GW82–1500kW
新疆东方民生三塘湖四期	33	4.95	2015.12.25	GW82–1500kW
新疆小草湖北一期风电	33	4.95	2015.12.26	GW66–1500
新疆白杨河一期风电	33	4.95	2015.12.26	GW70–1500kW
华电莱西新能源发电有限公司（南墅风电一期）	25	4.98	2015.12.30	W2000–111–80
山东龙口东宜风电有限公司（北马）	20	3.00	2015.12.31	DF93–1500
湖北华电黄岗武穴风力发电有限公司	27	5.40	2015.12.31	MY118/2000
华电新能源发展有限公司内蒙古川井风电	47	7.05	2015.12.20	FD82B–1500
内蒙古巴颜淖尔市建技中研风力发电有限公司一期	33	4.95	2015.12.30	UP86–1500/IIIB
内蒙古协合达茂旗风电	134	20.10	2015.12.31	WD88–1500A；FD87D1.5MW
内蒙古华电乌套海二期	143	23.85	2015.12.31	H93–2.0MW；MY1.5Se
内蒙古福新察右中旗宏盘风电供热示范	25	4.95	2015.12.31	TZ2000/93
新疆华电雪湖风力发电有限公司（二期）	33	4.95	2015.12.05	70/1500
新疆哈巴河古源风电　期	33	4.95	2015.12.31	GW82/1500
新疆布尔津托洪台吉源风电一期	33	4.95	2015.12.31	GW82/1500
新疆华电雪湖风力发电有限公司三期	33	4.95	2015.12.31	77/1500;70/1500
新疆华电小草湖风力发电有限公司一场三期	33	4.95	2015.12.31	GW66/1500

续表

单位名称	机组台数	机组容量	投产时间	汽（水）轮机/风机、光伏组件型号
华电福新新疆能源有限公司（哈密）	100	20.00	2015.12.31	115–2000
新华电福浙江长兴风力发电有限公司（弁山一期）	11	2.20	2015.12.31	HW2/S2000(110)–III–80(B)
华电福新安徽无为风电二期	24	4.80	2015.12.22	EN–110
河北张家口康保协和风力发电有限公司一期	24	4.80	2015.12.31	XE96–2000
河北康保协和西营盘风电发电有限公司	24	4.80	2015.12.31	XE96–2000
宜阳协合风力发电有限公司	24	4.80	2015.12.31	MY2.0SE
华电虎林风力发电有限公司（石青山二期）	33	4.95	2015.12.31	SL 1500–90
甘肃靖远航天风力发电有限公司（贾寨柯二期）	25	4.95	2015.12.31	HWDL2000/106–85
甘肃靖远五合风力发电有限公司二期	25	4.95	2015.12.31	HWDL2000/106–85
华电（福清）风力发电有限公司（鲤鱼山）	5	1.00	2015.12.31	G87CS–2.0
华电云南发电有限公司安宁风电公公司（孝母山）	40	8.00	2015.12.25	FD116–2000
云南华电大黑山二期	18	3.60	2015.12.31	MY2.0–104
江苏华电滨海风力发电有限公司	45	9.90	2015.12.31	EN–110/2.2MW
4. 太阳能		**31.79**		
福新新疆木垒太阳能		2.00	2015.02.11	TSM–255PC05A
内蒙古华电锡林浩特光伏第一批		1.00	2015.02.16	HT72–156P–300
北京密云太阳能		2.00	2015.03.01	YL250 250P–29b
内蒙古华电土左太阳能		5.00	2015.03.03	TSM–305PC14
江苏南通鱼塘光伏一期		0.50	2015.04.17	TH72–156P–300W
江苏华电赣榆新能源有限公司一期太阳能		0.80	2015.07.24	HT72–156P–300W
内蒙古华电锡林浩特光伏第二批		1.00	2015.09.01	HT72–156P–300
北京华电福新国核能源有限公司（海淀光伏）		0.05	2015.12.26	多晶 C60 260
江苏无锡惠山洛社工业园分布式光伏		0.14	2015.12.26	JAP6–60–250/3BB
江苏东海种畜场一期鱼塘光伏		0.30	2015.12.29	JKM260P–60
江苏华电华林新能源有限公司（二期鱼塘光）		1.50	2015.12.30	HT72–156P–310(4BB)
河北尚义二工地光伏		2.00	2015.12.31	JAP6–72–305/310
河北沽源白土窑光伏		2.00	2015.12.31	JAP6–72–310
湖北华电枣阳太平光伏		3.00	2015.12.31	HT72–156P–310
湖北华电随县殷店光伏有限公司		3.00	2015.12.31	HT72–156P–310

续表

单位名称	机组台数	机组容量	投产时间	汽（水）轮机/风机、光伏组件型号
华电张家口塞新能源发电有限公司（分布式光伏）		0.40	2015.12.31	JAP6–60–260
河北华电康保脑包图风光互补光伏		3.00	2015.12.31	JAP6–72–310
华电二连浩特公司（三期光伏）		1.00	2015.12.31	HT72–156P–4BB–305
江苏兴化太阳能发电有限公司（沙沟光伏）		0.80	2015.12.31	HT72–156P–310
内蒙古华电街基发电有限公司光伏发电		0.90	2015.12.31	HT72–156P–4BB –310
华电福新高唐新能源有限公司（山东聊城）		1.40	2015.12.31	HT72–156P–305
（二）增容发电机组容量合计	**4**	**4.17**		
1. 水电合计	**2**	**0.17**		
福建省金湖电力公司范厝水电厂	1	0.12		
1 号		1.32(1.2)	2015.08.01	ZZ560A–LH–450
福建省龙岩万安溪水电公司	1	0.05		
3 号		1.55(1.50)	2015.08.10	HLD87–LJ–150
2. 火电合计	**2**	**4.00**		
包头东华热电有限公司	2	4.00		
1 号		32（原 30）	2015.01.01	C300/227.6–16.7/0.55
2 号		32（原 30）	2015.01.01	C300/227.6–16.7/0.55
（三）关停发电机组容量（火电）	**2**	**1.30**		
江苏华电吴江热电有限公司	2	1.30		
0 号		0.60	2015.04.30	B6–3.43/0.981
1 号		0.70	2015.04.30	CB6–3.43/1.27
（四）并购机组容量		**5.30**		
1. 水电项目	**1**	**0.50**		
福建太宇投资（集团）有限公司	1	0.50	2015.01.01	CJA237–W–95/2×9.5
2. 风电项目	**14**	**2.80**		
西班牙巴辛风电有限公司	14	2.80	2015.01.01	
3. 太阳能项目		**2.00**		
新疆木垒县新特光伏能源有限公司		2.00	2015.04.01	YL240P–29
二、煤矿产能		**6495.00**		

华电集团公司2015年核准项目情况

单位：万 kW

项 目 名 称	建设规模	机组构成	批准日期
电力项目	**3043.84**		
其中：水电	202.90		
火电	2407.60		
其中：燃机	129.80		
风电	336.98		
太阳能	96.36		
1. 水电	**202.90**		
池谭水电扩建	10.00	10.00	2015.01.10
四川俄日河俄日电站	6.90	6.90	2015.06.18
金上苏洼龙水电	120.00	4×30	2015.11.05
西藏内需电源重大项目	66.00	4×16.5	2015.12.21
2. 火电	**2407.60**		
新疆昌吉英格玛煤电项目	132.00	2×66	2015.01.15
福建华电邵武三期项目	132.00	2×66	2015.02.18
内蒙古大路低热值煤热电联产项目	60.00	2×30	2015.03.10
贵州大方二期1号机组	66.00	1×66	2015.04.28
广东南雄热电	70.00	2×35	2015.05.28
山西兴县低热值煤电发电项目	70.00	2×35	2015.05.28
湖北江陵一期	132.00	2×66	2015.06.16
新疆吐鲁番热电	70.00	2×35	2015.06.26
江苏句容二期	200.00	2×100	2015.07.15
云南巡检司电厂	60.00	2×30	2015.07.20
江苏如皋热电	3.80	3.80	2015.08.11
山西襄垣煤电	120.00	2×60	2015.08.26
山东莱州二期	200.00	2×100	2015.09.10
宁夏永利煤电	132.00	2×66	2015.09.20
陕西安康电厂	132.00	2×66	2015.10.12

续表

项 目 名 称	建设规模	机组构成	批准日期
山东十里泉电厂扩建第二台机组	66.00	1×66	2015.10.22
安徽芜湖二期第一台机组	100.00	1×100	2015.10.28
福建可门三期	200.00	2×100	2015.11.18
湖南平江一期	200.00	2×100	2015.12.22
广东汕头一期	132.00	2×66	2015.12.31
江苏昆山东部燃机	80.00	2×40	2015.02.13
广东清远华侨工业园分布式能源站项目	15.00	3×5	2015.01.05
广东顺德西部生态园分布式能源站项目	17.10	3×5.7	2015.01.05
广东华电三水工业园分布式能源站项目	17.70	3×5.9	2015.06.23
3. 风电	**336.98**		
陕西神木高家堡风电	10.00	10.00	2014.12.29
广东湛江徐闻东方红风电	4.95	4.95	2014.12.30
福建三明宁化鸡公岽风电	4.80	4.80	2014.12.31
四川盐源凉风坳	4.95	4.95	2014.12.31
四川盐源银头山	4.95	4.95	2014.12.31
广东湛江徐闻学田风电	4.95	4.95	2015.01.06
新疆吐鲁番珍珠泉小草湖北风电	4.95	4.95	2014.12.03
新疆吐鲁番白杨河风电	4.95	4.95	2014.12.04
辽宁阜新娘及营子风电	4.80	4.80	2014.12.31
内蒙古察右中旗宏盘风电	4.95	4.95	2014.12.31
山东肥城桃园风电	4.99	4.99	2015.02.04
广西龙胜平等风电	10.00	10.00	2014.12.12
青海都兰诺木洪风电	4.95	4.95	2015.03.02
辽宁彰武大林台风电	4.80	4.80	2015.04.07
山东莱州郭家店二期	4.98	4.98	2015.05.22
湖北华电武穴风电	8.00	8.00	2015.06.08
福建安溪青洋一期风电	4.80	4.80	2015.01.22
云南砚山黑巴风电	3.80	3.80	2015.07.10
新疆布尔津三期风电	4.95	4.95	2014.12.02
浙江长兴和平风电	7.00	7.00	2014.12.01
山东华电青岛南墅一期风电	4.98	4.98	2014.12.30

续表

项　目　名　称	建设规模	机组构成	批准日期
湖南郴州永兴油麻风电	4.60	4.60	2015.07.05
云南开远阿泽风电	4.80	4.80	2015.08.05
云南开远鲁姑母风电	4.80	4.80	2015.08.05
山东沂源徐家庄风电	4.80	4.80	2015.05.15
新疆十三间房四期风电	4.95	4.95	2015.08.13
甘肃靖远贾寨柯二期风电	4.95	4.95	2015.06.01
甘肃靖远五合二期风电	4.95	4.95	2015.06.01
内蒙古赤峰翁牛特旗高家梁风电	4.95	4.95	2015.09.01
宁夏宁东八旗风电	4.95	4.95	2015.10.01
安徽无为石涧风电	5.00	5.00	2015.10.01
安徽无为东山风电	2.00	2.00	2015.10.01
新疆木垒老君庙风电	10.00	10.00	2015.07.01
山西吕梁汾阳杨家庄风电	10.00	10.00	2015.11.01
陕西咸阳旬邑一期风电	5.00	5.00	2015.11.20
山东淄博昆仑二期风电	4.98	4.98	2015.11.20
湖南华电永州蓝山四海坪风电	10.00	10.00	2015.12.11
山东烟台龙口二期风电	4.98	4.98	2015.12.11
山东昌邑胶莱河二期风电	4.80	4.80	2015.12.11
陕西高家堡二期风电	10.00	10.00	2015.12.11
山东肥城虎门	4.99	4.99	2015.12.11
宁夏海原李俊波风电	10.00	10.00	2015.12.11
内蒙古固阳红泥井三期风电	10.00	10.00	2015.11.01
福建福清赤礁风电	4.80	4.80	2015.12.01
福建福清青屿风电	2.40	2.40	2015.12.01
内蒙古呼伦贝尔锡尼河 20MW 分散式接入风电项目	2.00	2.00	2015.12.01
陕西华电定边张岖先风电	5.00	5.00	2015.12.28
陕西华电榆阳小壕兔风电	5.00	5.00	2015.12.28
四川凉山盐源小高山风电	15.00	15.00	2015.12.30
四川凉山盐源牦牛山风电	5.00	5.00	2015.12.30
四川凉山盐源观塔坡风电	5.00	5.00	2015.12.30
安徽安庆大观风电	4.98	4.98	2015.12.25
福建福清龙潭风电	5.00	5.00	2015.12.28

续表

项 目 名 称	建设规模	机组构成	批准日期
江西宜春丰顶山风电	4.80	4.80	2015.12.31
甘肃庆阳环县毛井二期风电	20.00	20.00	2015.12.30
甘肃天水武山太皇山风电	5.00	5.00	2015.12.31
4. 太阳能	**96.36**		
江苏华电宝应 5MW 渔光互补光伏发电项目	0.50	0.50	2015.05.01
江苏华电华顺仪征 15MW 渔光互补光伏发电项目	1.50	1.50	2015.05.01
安徽华电巢湖东团山 20MW 光伏电站项目	2.00	2.00	2015.05.01
安徽华电巢湖小双河口 20MW 光伏电站项目	2.00	2.00	2015.05.01
江苏华电连云港东海种畜场水库 8MW_p 光伏发电	0.30	0.30	2015.05.01
江苏华电南通滨海园区 15MW_p 光伏发电项目	1.50	1.50	2015.05.01
青海华电格尔木光伏	5.00	5.00	2015.06.01
青海华电共和光伏	1.00	1.00	2015.06.01
湖北华电枣阳太平光伏	10.00	10.00	2015.06.01
湖北随县殷店光伏	10.00	10.00	2015.06.01
山东枣庄台儿庄光伏	1.00	1.00	2015.06.04
河北华电沽源元宝山分布式光伏（白土窑二期）	2.00	2.00	2015.06.23
山东华电章丘相公庄光伏	1.00	1.00	2015.06.26
山西华电大同左云“领跑者”光伏	10.00	10.00	2015.09.01
云南华电楚雄禄丰勤丰分布式光伏	0.40	0.40	2015.07.01
广西华电柳州柳东新区分布式光伏	1.00	1.00	2015.05.01
北京兴谷经济开发区标准化厂房分布式光伏	0.57	0.57	2015.08.01
北京顺义新华联合分布式光伏	0.30	0.30	2015.08.01
天津大港刘岗庄光伏	7.00	7.00	2015.09.01
吉林乾安敢字光伏	2.00	2.00	2015.06.01
内蒙古锡盟正镶白旗乌宁巴图光伏	3.00	3.00	2014.12.01
内蒙古固阳红泥井风光一体光伏	5.00	5.00	2015.05.01
内蒙古达茂旗巴音二期光伏	2.00	2.00	2015.09.01
山东泰安肥城 20MW_p 光伏发电项目	2.00	2.00	2015.12.01
山东枣庄峄城文峰山 50MW_p 光伏项目	5.00	5.00	2015.12.01
江苏仪征农光互补光伏	10.00	10.00	2015.12.01
江苏连云港赣榆墩尚渔光互补光伏	10.00	10.00	2015.12.01
四川攀枝花西沟灰场	0.29	0.29	2015.12.01